정보통신 경제학

이천표

博 英 社

서 문

현재의 시대상을 지식정보화사회라고 한다. 인력, 자본, 자연자원보다 지식과 기술이 경쟁력의 핵심이 되고 있는 경제사회상황을 지칭하는 것이다. 이런 여건하에서 모든 나라는 자신의 경제사회를 가능한 한 속히 진정한 지식정보화사회로 가꾸어 나가려 하고 있고 여러 부문에서 상당한 투자를 하고 있다. 지식정보화사회를 성공적으로 형성해 나가기 위해서는 이러한 투자를 효과적으로 수행해 나갈 수 있어야 한다. 이에 이 책에서는 효과적인 투자를 통해 지식정보화사회를 만들어 나가는 데 근간이 되는 것들을 경제학의 논리를 가지고 살펴보고자 한다.

정보화사회는 계속 변하고 있다. 정보통신기술의 도움을 받아 기왕의 경제활동이 보다 효율적으로 되어 가고 있으며 기왕에는 없던 새로운 경제활동이 나타나 새로운 사업으로 등장하여 경제사회 전반의 모양을 바꾸어 가고 있다. 이는 우리 안에서 뿐만 아니라 우리 밖에서도 마찬가지이나 우리 안에서보다는 우리 밖에서 더 활발하다고 보인다. 때문에 우리는 우리 밖에서의 변화를 알아 우리 안의 변화를 관리하는 데 활용할 수 있어야 한다. 이 책은 우리 밖에서 전개되는 새로운 사업들을 '사업기회 엿보기' 라는 시각을 가지고 조망해 본다. 그것에 자극받아 우리 안에서도 이런 사업들이 촉발되기를 기대한다.

정보화사회를 만들어 가는데 가장 중요한 요소를 하드웨어를 비롯한 기술 및 그러한 것을 이용하게 하는 소프트웨어나 응용방법의 두 가지로 구분한 뒤 이 둘을 비교해 볼 때 전자는 비교적 표준화되어 있어 이용에 큰 문제를 야기하지 않으나 후자는 그러하지 않고 각자의 이용목적에 지배되며 다기한 방식으로 구체화되고 있음을 알 수 있다. 소프트웨어나 응용방법은 표준화되어 있지 않아 마치 양복점의 재단사가 개인의 몸에 양복을 맞추는 것과 흡사하게 수요자의 수요에 맞추어야 하는 성격의 것들이기 때문이다. 이러한 차이를 인식하면서 우리는 우리의 실정에 맞는 정보화를 해 나가기 위해서 지녀야 할 요소들은 무엇이며 그런 것들을 획득하기 위해 어떻게 해야 하겠는가를 대답할 수 있어야 한다. 이 책은 이러한 대답을 마련해 보고자 하는 의식하에서 읽고 생각해 본 것의 결과이기도 하다. 본문에서 보게 되듯이 정보사회의 인프라를 제공하는 자, ISP, ASP 등과 HW, SW, 컨텐트를 제공하는 자, 이들을 보완 연결시키는 역할을 하는 자, 그리고 최종이용자가 각각 각자의 입장에서 표준화된 것과 특수 재단해 이용해야 할 것을 어떻게 구비하여 정보화사회에 적응하는지의 실상을 보이려 한 것이다.

오늘날 이러한 지식정보화사회의 핵심인자는 인터넷이다. 그런데 얼마 전까지 우리는 우리가 초고속 인터넷 강국이라고 자랑해 왔다. 초고속 인터넷 보급률이 2004년 현재 80%에 가까워 포화상태 운운하게끔 세계 1 위였던 것, 만 6세 이상 인구의 65%가 주당 평균 12.5시간 인터넷을 쓰고 있을 정도로 인터넷 이용이 보편화되어 있었던 것, 이를 지탱할 만큼 초고속 인터넷이 집약적으로 포설되어 있었던 것 등을 뽐내 왔다. 이런 점들을 보면 과연 우리는 인터넷 강국이라 할 수 있다. 나아가 많지는 않지만 세계적인 IT기술과 관련기업도 가지고 있다. 이들을 볼 때 우리가 상당한 수준의 지식정보화사회를 형성해 놓은 것은 분명하다. 그러나 보급률 1위의 자랑은 OECD가 밝혔듯이 2006년에는 덴마크, 네덜란드, 아이슬란드에 추월당하여 세계 4위로 됨으로써 무색하게 되었고 인터넷 인프라의 속도는 2007년 일본에게 압도당하게 되었다. 보다 염려스러운 것은 이렇게 우월한 인터넷기반을 잘 활용하고 있으며 그것으로부터의 편익이 집약적인 포설을 하는데 들어간 비용을 능가하여 비용효과분석의 차원에서 보아서도 마음껏 자랑할 수 있는 것인지가 확실하지 않다는 것이다. 우리는 외국에서 벌어지고 있는 양상을 보아 사회변화의 추이와 관련기술의 활용방법을 알고 또 우리의 생활의 개량 발전을 위한 소재를 마련하는 역량면에서 미흡하다. 예컨대 인류 지혜의 보고인 책의 내용이 점차 디지털화되고 있고 그에 따라 그러한 컨텐트에 대한 접근이 매우 용이하게 되었기에 이를 적극 활용하도록 해야 하나 우리 사회에서는 이런 움직임에 적응하는 데 활발하지 못하다.

여기에서 우리가 초고속 인터넷 강국이라는 등의 자화자찬에서 빠져나와 우리의 장점과 약점은 무엇인지를 알아야 하고 현재의 장점을 십분 이용하며 그 이상 발전하려 할 때 취하여야 할 길은 무엇이겠는지를 살펴보아야 할 필요가 생긴다. 우리나라는 초고속망의 포설이나 인터넷의 기계적 이용률면에서 세계 일류이다. 건강정보를 축적하고 모바일 폰으로 의사에게 전달하게 하는 건강정보시스템도 다른 나라보다 먼저 시도한 바 있다. 검색서비스, 메신저, 동영상 플레이어 등에서는 활발한 응용을 뽐내고 있고 댓글을 다는 데에서는 더 활발해 인터넷 소비대국이라 할 수 있다. 그러나 초고속망의 기반이 되는 각종 장비, 그 곳에서 쓰이고 있는 컨텐트 및 응용시스템, 컨텐트를 확충하고 응용시스템을 개선하고 개발하는 능력 및 제도 등에서도 인터넷 생산강국이고 세계 일류라고 할 수 있을지는 단언하기 어렵다. 많은 사람들이 자주 찾는 인터넷 사이트가 한정된 소수에 편중되어 있다는 것을 보더라도 우리는 일본이나 홍콩에도 뒤져 있다는 관찰이다. 보안의식이나 보안제도를 장치해 정보보안을 도모하는 데에서도 매우 취약하다. 암호화 알고리즘을 충분히 활용하려는 의식은 현재화되어 있지 않다. 지적재산권을 둘러싼 소용돌이와 불안을 충분히 인지하지 못하여 정보사회발전의 다이나믹스에 적절히 적응하지 못하고 있다. 전자상거래와 인터넷 뱅킹이 번성하고 있으나 그것의 악용 내지 남용가능성에 대해서는 유효한 대책을 마련해 놓지 못하고 있다. 휴대폰의 이용은 많으나 복제에 무력하고 안전성이 보장된다고 하기 어렵다. 연관산업이 취약하고 내수시장이 협소하다. 게임, 포털, 커뮤니티 서비스 등에서도 약점을 가지고 있으며, 언어와 문화적인 요인 때문에 음악, 영화, 컨텐트 산업에서 자신감을 지니지 못하고 있다. 인터넷의 전모를 이해하고 있는지는 의문이며 인터넷의 미래나 발전을 논의하는 데에서는 변방에 지나지 않는다.

현재 우리는 온라인 게임, PC방, 온라인 뱅킹, 사이버 증권거래 등에서 인터넷을 많이 쓰고 있다. 그런데 이러한 이용 각각에 대해 만약 비용편익분석을 하다고 하면 그 중 손해나는 이용 또는 낭비적 이용이 상당하리라 보인다. 나아가 인터넷의 광범위한 이용은 막대한 스팸메일이 창궐하게 하고 있고 25%에 근접하는 많은 수의 중고등 학생들의 인터넷 중독을 의심하게 하는 등 인터넷의 너른 보급과 더불어 나타나게 된 부작용도 만만치 않다. 정부의 중요기관을 비롯해 여러 곳이 외국으로부터 해킹당했으나 마땅히 대응할 방법을 찾지 못하고 무기력증에 빠져 있다는 것은 보안면에서의 어두운 단면이다. 마땅히 이러한 약점들을 극복할 수 있어야 하겠으나 우리는 이에 별로 효과적이지 못하다. 미래를 전망하는 데 있어 자신감을 결여한 채 추상적이다. 우리는 외국에서는 이미 문제점으로 부각되었고 해결책이 마련된 것에 대해서조차 아직 미처 인지하지 못한 것도 있고 해결책을 확보하지 못한 것도 있다.

우리의 이러한 사정은 가히 우물 안 개구리 격이다. 우물 밖에서 어떤 일이 벌어지는지를 모르면서 우물 안에서 자화자찬에 빠져 있다. 여기에서 우물 밖의 사정을 알아보고 그것을 참고로 삼아 우물 안에서의 미흡한 점을 극복해야 할 필요가 절실하게 된다. 인터넷을 더 잘 활용하기 위해 그것의 전모를 알고 우리의 자세를 재정비해야 할 필요가 생긴다. 지난 해 이러한 필요에 응하고자 우리 밖에서 전개되고 있는 인터넷 관련 변화를 중심으로 정보사회에서 벌어지는 여러 가지를 대국적으로 조명해 보려는 목적을 가지고 '우물 밖의 인터넷'이란 교양서를 낸 바 있다. 거기에서는 우리 밖의 사정을 알기 위해 현재 창의성을 과시하며 인터넷관련 많은 새로운 것을 보여주고 있는 미국에서의 변천상을 주로 탐구하려고 하였으며 이러한 사태의 발전을 조감함으로써 우물 밖의 진전을 감지하여 우물 안 개구리가 인터넷을 제대로 활용할 수 있게 충동질해 보려고 하였다. 이 책은 그것을 증보한 것으로 사업기회 엿보기를 특히 의식하며 2007년 후반기 이래 활발하게 전개된 인터넷기반 각종 사업들의 수익모델 내지 경제적 기반을 더 자세히 보려고 한 것이다.

오늘날의 정보화사회는 기존의 실제세계(real world)가 정보통신기술발달의 영향을 받아 바뀌어 가고 있는 측면과 그 이상으로 이른바 사이버 세계(cyber world)가 생겨 기존의 실제세계와 섞여 가면서 공존하고 있는 양상을 통해 만들어져 가고 있다. 이러한 신세계를 올바로 인식한다는 것은 결코 쉽지 않은 과제이며 그를 위해서는 컴퓨터 사이언스 이외에 철학, 사회학, 법학, 기술 등 여러 분야에서의 전문지식이 필요하다 하겠다. 나아가 이러한 지식들의 상대적 중요성은 계속 변화해 가고 있다. 이 분야의 전문대학원인 미국 Berkeley대학 SI(school of information; 2006 이전까지는 SIMS, school of information management and system)의 교과과정내용이 그것이 생긴 이래 지난 7년 동안 계속 변하여 왔다는 것이 이를 증거한다. 이런 상황에서 어떤 한 분야의 전문지식을 가지고 정보화사회를 이해하려고 한다는 것은 장님의 코끼리 만지기의 예가 보여주는 것 이상의 한계를 가지기 쉽다. 장님이 코끼리의 전모를 제대로 파악하는 것이 어렵다는 기본 설정에 추가하여 변하지 않는 코끼리와 달리 계속 변하는 정보화사회의 실체를 감안해야 하기 때문에 정보화사회를 제대로 인식하는 것은 지난의 과제이다.

이러한 근본적 어려움을 인지하고 있음에도 불구하고 이 책에서는 감히 오늘날 정보화사회 및 그것의 핵심이라고 할 수 있는 인터넷의 전모를 파악해보고자 하였다. 특히 인터넷 핵심주제의 과거와 현재, 기왕의 발전과 앞으로 해결해야 할 과제를 검토하고 탐색해 보고자 하였으며, 그러한 탐색의 수단을 경제학에서 구하기로 하였다. 경제학이론을 잣대로 삼아 정보화사회에서의 각종 노력이 최소비용으로 최대효과를 내는 것과 합치하는 것인지 또는 현재 돈을 벌고 있거나 미래에 돈을 벌 가망을 가지고 있는지를 가늠해 보려고 하였다. 그로써 정보화사회에서 경험하게 되거나 경험해야 할 여러 가지 소재를 평가하고 그러한 평가에 근거해 우리의 발전방향에 대한 시사를 찾아보려고 하였다. 더불어 유비쿼터스 사회에 대한 비전과 그 한계, UCC의 경제적 기반, cloud computing에 대한 전망 등 최근 회자되고 있는 비전이나 이슈들의 내용과 그런 것들의 우리 사회에서의 적용가능성을 검토해 보려 하였다.

우리 밖의 사정 및 새로이 나타나는 사업기회를 인지하는 데 사용한 기본 자료는 미국의 일간지 New York Times, 영국의 주간지 Economist 등에서의 최신 보도에서 구했다. 특히 미국에서의 오프라인 경제사회현상의 발전 및 그것의 온라인 차원에서의 소화에 있어서의 다양한 창의적 노력, 각종 문제를 부각시키는 보도, 그것들에 대한 대응책을 모색하는 각종 시도에 대한 보도를 주목하였다. 이런 보도에서의 사례가 우리의 대응보다 내용면에서 훨씬 앞선 대응을 보여주고 있다고 보았기 때문이다. 이는 또 온라인 부문과 관련해 초고속통신망의 포설이나 온라인 게임 등에서는 우리가 미국보다 앞서 있다 할 수 있으나 다른 거의 모든 분야에서는 그 반대이기에 우리를 앞서는 미국에서의 여러 가지를 배워 빨리 우리나라에 이식해야 한다고 보았기 때문이기도 하다. 위의 자료 다음으로는 우리나라에서 이런 성격의 자료를 추적하고 소화하고 정리하는 데 큰 족적을 보인 정보통신정책연구원(KISDI) 및 KT, SKT 등에서의 연구논문과 전자신문을 비롯한 여러 일간신문의 기사에 의존하였다. 후자는 특히 우리 실상을 이해하는데 절대적이었다.

이 책의 내용은 저자의 정보통신정책연구원에서의 연구 및 실무세계와의 교류경험과 서울대학교에서의 정보통신경제학 6년여의 강의를 통해 걸러진 것이다. 나아가 그것은 2005년 9월부터 2006년 8월까지 미국 버클리대학의 School of Information에서 여러 교수와 교류하며 토론해 확인한 내용 및 동 대학 Law School의 Technology and Law Program, Business School의 Technology and Economy Program, 그리고 Graduate School of Journalism 및 Center for Studies in Higher Education에서의 특강(distinguished lecture) 등에서의 최신정보로 보강해 보려 한 것의 결과이다.

모쪼록 여기에서의 시도가 우리보다 앞서 정보화사회의 양지와 음지를 경험하고 실험하는 다른 나라의 예를 알리는 것으로 되고, 그로써 우리의 정보사회 건설을 위한 많은 노력과 발걸음을 맞추어 우리의 위상을 제고하는데 도움이 되기를 바래본다. 특히 독자들로 하여금 우물 밖의 인터넷에서 다룬 소재 이상이면서 지난 1년 동안 실제화된 여러 케이스를 접할 수 있게 하여 이들이 실제 비즈니스를 시작할 경우 염두에 두어야 할 코스트와 편익을 좀 더 실감할 수 있게 되기를 기대한다. 또 기왕에 새로운 기술이나 새로운 비즈니스 모델을 찾아 사업화하는 데 다소간 경험을 가지고 있는 그 중 일부에게는 의외의 영감이나 착상을 주거나 당면과제를 해결할 촉매를 제시해 이들이 새로운 사업기회를 찾거나 기왕의 사업을 재정비하는 모멘텀을 가지게 됨으로써 개별적으로는 사업에 성공하고 사회전체를 위해서는 완숙한 정보화사회를 만드는 역군으로 되는데 일조하기를 바래본다. 이러한 사업기회는 수익성을 가지는 투자로 구체화되고 정보통신기술을 활용하는 일자리를 만드는 것으로 실체화되어야 할 것이다. 이는 여기서 엿본 종류의 사업기회가 실제의 일자리로 구체화되어야 함을 요구하는바, 이런 요구는 '서비스 경제의 일자리 창출을 위한 길의 발견' 이라는 차후 과제의 해결을 통해 충족될 수 있을 것이다.

이 책이 이렇게 만들어지기까지 정보통신경제학 코스에서 갖가지 주제를 준비하고 토론에 참여했던 수년에 걸친 서울대 여러 학생들과 원고의 틀을 짜고 내용을 정리하는 데 도와준 서울대 경제학부 박사과정의 김영식 군에게 감사한다. 마지막으로 박영사 안종만 회장, 조성호 차장, 그리고 세심한 편집을 완수해준 우석진 차장께 고마움을 표하고자 한다.

2008. 2.

이 천 표

차 례

1 | 정보화사회의 주요 이슈

2 대응해야 할 시급한 문제

3 인터넷의 의미, 이용 및 경제사회적 영향

4 인터넷 기술적 기반의 조감

5 | 인터넷의 현저한 활용 예

6 | 인터넷의 과제

7 전환기의 전략

1

정보화사회의 주요 이슈

01 서

종래의 생산요소인 자본이나 노동보다 정보 내지 지식이 더 중요한 생산요소가 되는 사회를 지식경제사회라 하고, 이런 사회를 지향하는 사회를 정보화사회라고 칭하며, 이러한 사회에서는 인간생활의 다른 부분보다 경제적 측면에서의 변화가 가장 크다고 하여 정보경제사회라고도 하나, 이들은 서로 혼용되어 쓰이기도 한다.

정보통신기술(이하 간단히 IT기술)의 발달과 그것의 일상생활에의 이입 또는 적용은 여러 측면에서 인간의 생활을 바꾸어 놓았다. 정보통신기술의 발달로 정보의 획득, 수집, 처리, 가공, 보관 등의 양태가 달라지게 되었으며, 인간생활의 주요 부분인 경제생활도 이런 변화에서 예외일 수는 없었다. 이에 따라 기존의 경제활동 방식이 달라지게도 되었고 또 예전에는 존재하지 않았던 경제활동이 생겨나게 되었다.

정보통신경제학에서는 이렇게 변화된 경제상을 기왕의 경제학에서의 논리를 수단으로 삼아 탐구한다. 이렇게 변화된 경제상에서도 종래의 경제학의 논리가 적용되는지, 또는 무언가 다소 달라진 것이 있다면 그런 변화를 수용하게끔 경제이론과 실제는 어떻게 달라져야 하는지를 연구한다. 경제학에서 거시경제적 접근이 있고 또 미시경제적 접근이 있어 서로 보완관계를 이루면서 각각 경제사회의 다른 단면을 조명하고 연구하듯이 정보통신경제학에서도 정보통신기술의 이입으로 변화된 경제에서의 거시경제적 현상과 미시경제적 현상을 각각 거시경제적 접근방법과 미시경제적 접근방법을 가지고 다룬다. 전자의 예로서는 인플레이션 없이 경제성장을 할 수 있게 된다고 하는 이른바 신경제에 대한 논의를 들 수 있겠고, 후자와 관련해서는 IT고려 이전의 미시경제론에서의 가격결정방식, 기업의 경쟁구조 등에 관한 논의가 IT발달 이후에 어떻게 변용되는가를 다루는 것들을 들 수 있겠다.

정보통신경제학에서는 신경제에 대한 현상, 기대 및 그것의 중단에 대한 논의를 한다. 나아가 보다 본격적으로는 새로운 기술을 가지고 새로운 방식으로 경제활동을 하게 된 기업과 개인이 그 이전과 어떻게 다르게 행동하게 되며 그러한 행동의 결과 시장에서 가격은 어떻게 결정되고 종래의 가격결정 방식과 대비해 보아 어떠한 차이를 갖게 되는지를 검토한다.

인터넷은 정보화사회의 핵심인자이다. 인터넷을 잘 이해하기 위해서는 그것의 배경이 되는 정보화사회에 대해 그 전모를 파악하려는 의식을 가지고, 그 의미와 실상을 먼저 이해하여야 한다.

02 정보경제사회에 대한 비전과 실망

정보통신기술이 이입되면서 정보화사회는 계속 변화해 왔다. 동시에 변화 도중의 각 시점에서 보면 IT가 가져올 변화에 대한 기대가 적지 않았고 그에 따라 상당히 많고 다양한 비전이 제시되기도 하였다. 그러나 그 중 어떤 것은 비전대로 실현되지 못하였고 그로써 실망을 안겨 주게 되었다. 이하에서는 이런 것 중 몇을 살펴보아 정보화사회의 전모를 이해하는 데 배경자료로 삼아 보려 한다.

1. 기술융합의 비전과 미완의 실상

우선 IT 기술의 발달로 통신기술(communication technology) 및 정보기술(information technology)이 발달하게 되었다. 이는 통신과 방송의 융합이라는 비전을 낳았으며 그 이상 총체적 통합(global convergence)을 기대하게 만들었다. 이를 밑받침할 통신망으로서는 초고속정보통신망(information superhighway)이 제시되었다. 그러나 초고속정보통신망에 대한 열망은 미국에서는 기왕에 건설해 놓은 통신망의 사용 정도가 상당히 저조하다는 인식을 하게 되면서 식어버렸고 2000년 들어와 부시 대통령의 공화당 행정부가 들어서면서 그 이전 클린턴 행정부의 고어 부통령에서 기원된 이 용어가 더 이상 쓰이지 않게 되는 지경에까지 이르게 되었다. 한편 총체적 통합의 비전은 차차 실현될 수 있으리라고 보아 아직까지도 미래의 비전으로 유효하다.

1995년의 책 *Being Digital*에서 N. Negroponte는 모든 것이 디지털화하게 될 것이며 출판, 신문, 잡지, TV방송망, 영화 스튜디오 등은 소멸하거나 쇄락하게 될 것이라고 예견하였다. IT에 근거하여 저비용 소통수단(low cost coummunication media)으로 예견된 뉴 미디어(New Media)가 등장하게 되면서 종이에 크게 의존하는 신문 등 올드 미디어(Old Media)의 소멸을 가져오게 될 것으로 전망하였다. 그러나 현재까지 이러한 예상은 그 방향에서는 수긍되나 가까운 시일 내에 말 그대로 실현되지는 않을 늣하다.

종이를 쓰는 대표적 매체인 신문의 위상은 위협받고 있다. 신문에서의 정보는 너무 일반적이어서 부동산, 구직, 스포츠, 오락, 예술, 식품, 여성문제 등에서 이들 각각을 전문적으로 취급하는 인터넷 매체에서의 전문적이고 상세한 정보와의 경쟁에서 뒤지고 있다. 또 1일 1회 내지 2회 나오는 신문을 가지고는 수시로 보도내용을 바꾸는 인터넷 매체의 신속성을 따라가기 어렵다. 이에 따라 신문은 그 주 수입원인 광고를 특정한 집단을 상대로 하는 Google이나 Yahoo! 등 인터넷의 포털(portal)이나 Expedia나 Lending Tree 등 전문경매회사(auction house)에 빼앗기고 있다. 뉴스의 신속성 및 시의성에서 신문은 라디오, TV, 기타 인터넷 매체에 뒤떨어져 외면받고 있다. 신문을 읽는 것 이외에도 TV나 잡지를 보거나 공원에 가거나 비디오를 즐기거나 게임을 하고 채팅을 하는 등 시간을 선용하고 여가를 즐기는 방법이 다양하게 나타나게 됨에 따라 신문을 읽는 것의 긴요성은 저하되었다. 이에 대응해 기존의 신문은 인터넷 신문을 만드는 변신을 시도하나, 이를 위해서는 인력을 늘리는 등 추가 비용을 들여야 하는 한편 그 자체로서 종이신문의 고민에 대한 근본 해결책은 못된다는 문제점을 떨쳐내지는 못하고 있다. 신문은 그저 기사의 심층보도를 통해 차별성을 유지하려고 하고 있으나 이런 노력으로 신문의 위상 추락을 반전시킬 수 있을지는 의문이다. 그런대로 아직 신문은 존속하고 있다.

MS와 NBC는 MSNBC를 만들어 전파잡지격인 인터넷 방송을 출현시킴으로써 종래의 방송은 물론 다른 매체들을 앞서게 될 수 있을 것으로 보았다. 그러나 전파잡지를 수용할 수 있는 초고속 네트워크를 이용할 수 있는 수요자의 수가 충분하지 않았고 또 컨텐트도 부족해 아직 이런 인터넷 방송은 종래의 지상파 방송을 대체하지 못하고 있다. 인터넷 방송의 꿈은 아직 실현되지 않았다. 인터넷 방송이 필요한 사람에게 필요한 정보를 필요한 때 개별적으로 제공할 수 있다는 성질에 따라 이른바 narrowcasting이 활발하게 시현될 것으로 예상했었다. 이것이 종래의 지상파 TV방송의 broadcasting을 대체하게 되고 그로써 인터넷 방송이 방송의 대세가 될 것으로 보았다. 그러나 사후적으로 보면 여전히 종래식의 방송이 강세를 보이고 있으며 실제적으로 narrowcasting의 특성이나 차별성은 잘 나타나고 있지 않다. 사람들에 대한 접근 측면에서의 친근성에 기인하여 TV매체는 오히려 더 활성화되고 있으며 인터넷 매체가 자신의 존재를 알리기 위해 TV에 광고를 내는 예상 밖의 사태까지 나타나고 있다. 종래의 지상파 방송에는 광고가 증가하고 있는데, 이는 인터넷을 통해 수많은 정보를 접할 수 있음에도 불구하고 많은 수의 사람들이 적어도 아직은 그것의 가능성에 대해 큰 신뢰를 보이고 있지 않은 때문인 듯 하다. 결과적으로 인터넷 방송의 사람들에 대한 영향력은 아직은 제한적이라 하겠다.

종래의 책이 없어지게 되고 전자책(e-book)이 그것을 대신하면서 종이의 이용이 줄어들 것이라는 전망이 있었으나 실제로는 책의 출판도 많아지고 종이의 이용도 더 많아지고 있다. 원고지에 쓰는 대신 컴퓨터를 이용하여 문서를 작성하고 그것을 프린트하게 되면서 더 많은 종이를 쓰게 되었기 때문이다. 이런 도중에 Amazon.com 등 신종 기업은 데이터베이스를 근거로 하여 새로운 마케팅의 장을 여는 혁신을 이루어 내기도 하였다.

그런 가운데 기술적 융합은 현재 디지털 매체인 PC, 디지털 TV, 스마트 휴대폰 등을 통해 컨텐트를 전송할 수 있도록 만들었고, 그 결과는 이용자에게 많은 편리함을 주면서 매체 제공자에게 다소간 이익을 가져다주게 되었다. 더불어 지적재산권 침해문제 및 프라이버시 보호문제를 낳았으며 안전성 문제를 고민하게 하는 상태에 이르게 하였다. 이런 변화를 다른 시각에서 보면, 여러 매체간의 차별성을 인정하되 그것들의 장점을 활용할 수 있도록 하는 혼성매체(hybrid media)가 나타나는 결과를 낳았다. 그에 따라 인터넷 신문의 위상이 다소 커졌으며, 통신과 방송의 융합의 일예로서 이동중에 휴대폰 등으로 방송을 접할 수 있는 DMB(digital media broadcasting)가 실현되기도 하였다.

2. 디지털 유토피아의 꿈과 실망

한때 기왕의 실제 세상에 더하여 사이버 세상이 나타나 이것이 실제 세상과 섞여 혼재하게 되면서 실제 세상은 경제적 효율을 제고할 수 있는 등 여러 면에서 좋아지게 될 것으로 전망했었다. 이른바 디지털 유토피아가 이야기되었다. 디지털 정보를 수시로 보관, 검색, 이용하는 것이 가능하게 되면서 종래의 생산, 유통, 소비의 모든 과정이 더 쉽고 빠른 방식으로 바뀌게 될 것이고, 그로 인해 남는 시간은 학습이나 여가활동에 사용할 수 있을 것으로 예상하였다. "Information at your fingertips"라는 비전을 제시한 바 있는 B. Gates는 1995년의 책 *The Road Ahead*에서 미국 시골마을에 대한 몽상을 표출한 바 있다. 인터넷에 연결된 시골마을은 자족하는 소사회가 될 것이라는 것이었다. 그러나 이러한 꿈은 실현되지 않았는데, 그런 시골마을에서는 사람들의 일상적 편의생활을 위한 인터넷 이외의 다른 사회인프라를 결여하고 있기 때문이라고 해석되었다. 쾌적한 교통시설, 편리한 의료시설, 직장의 존재, 함께 살만한 이웃 등 사람생활의 여러 요소들이 단지 인터넷에의 접근만으로는 마련되고 채워지지는 않았기 때문이었다.

디지털 혁명은 종래의 굴뚝산업으로 대표되는 실제 세상(real world)과 대조되는 가상 세상(virtual world)을 형성했고 이런 가상의 세상에서는 종래 실제 세상에서는 존재하지 않았던 것이 새로이 탄생하게 되었다. 나아가 IT의 적용을 통해 실제 세상의 많은 것들을 변화시키기도 하였다.

그러나 가상 세상이 실제 세상을 완전히 대체한 것은 아니며, 실제 세상을 정보화하는 것을 통해 보다 효율적이 되도록 개선하면서 그것과 쉽게 양방향대화(interface)할 수 있게 하는 여러 방도의 활용을 통해 그것을 보완하는 실상을 가진다고 할 수 있다. 예컨대 인터넷을 통해 정보를 수집하고 관리할 수 있게 됨에 따라 기존의 경제활동 중 과거에 문서파일의 추적이나 전화문의의 방식으로 정보를 수집하고 관리하던 활동이 이것에 의해 대체되게 되면서 종래 함께 수행되고 있었던 각종 행위가 분할되어(unbundling) 그 중 일부는 그런 기능을 보다 효과적으로 수행할 수 있는 곳으로 위양(outsourcing)되기도 하였다. 이러한 변화과정에서 IT기술을 써서 할 수 있는 것 또는 인터넷 등 새로운 미디어를 통해 더 잘할 수 있는 것과 그러하지 못한 것이 구분되었고 이들 중 전자의 상대적 중요성은 커지는 변화가 시현되고 있다. 또 이런 변화의 이면에서 물리적 공간의 이용도 줄어들고 있다. 이른바 각종 새로운 비즈니스 모델이 대두하게 되었다. 종래 비즈니스를 하던 방식과 달리 투입요소가 바뀌기도 하고 투입요소간의 배합이 바뀌기도 하며 산출물이 달라지게도 되었다.

이런 변화 중에서 IT기술의 적용이 기존의 행태 및 생활을 바꾼 것들도 있고 사이버 세상에서 처음 나타난 전혀 새로운 것들도 있다. 전자는 오프라인에서의 경제활동을 온라인에서 하게 하거나 온라인에서의 활동으로 보강하면서 업무수행의 효율을 제고한 것인데 그 예는 수없이 많고 앞으로 전자상거래, e-러닝, 커뮤니티의 형성 등과 관련해 논의될 것들이다. 후자는 그리 일상적이지 않아 특별히 주목해야 할 것들인데, 그 한 예로 아바타를 들 수 있다. 아바타는 온라인에서의 사실상 인격체로서 커뮤니티나 게임 등에서 어떤 개인을 대표하면서 독립적 역할을 하는 것인데, 여기에다 각종 장식물을 붙여 개성을 과시하게 하는 등 인간생활의 새로운 단면을 조성해 낸 것이다. 나아가 이러한 아바타는 거래의 대상으로도 되어 상거래의 영역을 넓혔다. 우리나라의 싸이월드에서는 이러한 장식물을 사이버거래의 수단이라 할 수 있는 도토리를 써서 거래할 수 있으며, 이 도토리는 사이버 세상에서는 물론 실제 세상에서도 선물을 하거나 기부를 하는데 이용되게까지 이르렀다. 예컨대 음악곡을 다운로드받거나 게임을 즐기고 만화를 보면서 그 대가를 도토리로 낼 수 있게 되었다. 또한 실제 세계의 은행이 도토리를 취급하고 있기도 하다. 후자의 다른 예로서는 기술개발, SW개발, 응용방법의 마련 등에 종사하는 인터넷 관련기업을 들 수 있다. 마이크로소프트(MS)로 대표되는 이런 기업들은 인터넷이 있기 전에는 존재하지 않았던 것으로서 인터넷이 생겨 널리 쓰이게 된 것과 발맞추어 생성 발전된 것들이다.

온라인에서 발달되어 온 활동이 오프라인으로 이전되어와 오프라인에서의 활동을 단순히 개선시키는 것 이상 새로운 영역을 개척한 것도 있다. 종래 오프라인에서 신문, 라디오, TV 등의 미디어를 통해 많은 광고가 이루어져 왔었다. 이런 광고는 이들 미디어와 광고주 간의 오래된 관계에 따라 성립되어 왔고 그것의 광고료도 이런 관계 속에서 일정한 관행하에서 결정되었다. 한편 온라인에서는 후술하는바, 검색 및 광고의 방식이 발달되어 왔는데 여기에서는 검색엔진의 운영업체가 광고의 대상을 알고 그것에 맞추어 광고하는 이른바 타깃마케팅(target marketing)을 하였다. 또 광고를 보거나 또는 광고를 본 다음 구매행위를 하거나 한 경우에 한해서만 광고료를 내게 함으로써 광고주의 과다한 광고료에 대한 의아심을 상당한 정도 제거할 수 있었다. 그런데 이들 고객의 성향 및 구매습관을 아는 검색엔진 운영업체들이 그러한 정보를 자산으로 삼아 이제 오프라인에서의 광고에 참여하려 하고 있다. 나아가 이들의 참여는 광고의 효과성을 제고할 뿐만 아니라 기왕에는 무시되어 왔던 잠재 광고주를 발굴해 광고가 늘어나게 하고 광고수입을 늘어나게 하였다. 과연 이런 양상은 온라인에서의 활동을 오프라인에 연장한 것이라 할 수 있으면서 종래에는 존재하지 않았던 가치창조활동을 오프라인에서 이루어지게 한 것이라 할 수 있다. 사이버 세상에서 태어난 것이 실제 세상에서 다시 시현되는 것이라 할 수 있다.

인터넷 관련기업으로서는 이상과 같이 인터넷을 가능하게 하는데 직접적 구성인자가 되는 기업뿐만 아니라 이러한 기업을 지원하면서 인터넷과는 우회적으로 관련을 맺고 있는 기업들도 있다. 인터넷과 직접적으로 관련되는 기업 및 전통적으로 존재하던 기업이 있었으나 인터넷을 사용하여 효율화를 기하게 된 기업들을 지원하는 광의의 컨설팅기업들이 그것이다. 이런 기업의 종류로는 인터넷 관련기업의 실태를 파악하고 그 위상을 해석하여 앞으로의 방향을 예측하는 것을 필두로 하여, 인터넷 상에서 광고를 하는 방법을 알려주는 것, 클릭행위 속에 숨어 있는 사기를 적발하는 것, 그렇게 사기를 당하지 않으려면 취해야 할 방도를 어드바이스하는 것 등 여러 가지로 퍼져 나가고 있다. 인터넷과 직접 또는 간접적으로 관련된 수많은 서비스기업이 생겨나고 있다는 이야기인데, 이는 종래의 제조업 중심 산업경제로부터 서비스업 중심 서비스경제로 이행해 간다고 하는 산업구조변화의 큰 추세와 합치하는 것이면서 드러커(P. Drucker)가 예언한 바 앞으로 늘어날 직업의 대종은 컨설팅 관련직업이 될 것이라는 것과 상통하는 것이다.

최근 부각되면서 이와 연관되는 것으로 사용자생산 컨텐트(user created content: UCC)를 주목해 볼 수 있다. 이것은 아마추어인 일반 사용자가 만든 컨텐트로서 예외가 없는 것은 아니나 종래의 컨텐트이었던 관계전문가인 프로가 만든 컨텐트보다 통상 질적으로 못하기 쉽다. 그러나 아마의 수가 프로의 수보다 훨씬 많기 때문에 양적으로 UCC는 매우 많다. UCC의 공급은 적지 않고 차차 더 커지게 될 것이라 예견된다. 수요 측면에서는 Youtube나 Myspace와 같은 웹 호스팅 사이트(web hosting site)가 이들을 초빙하여 격려하고 그 내용에 따라 일정한 대가를 지불하고 있다. 그런데 이렇게 방문자가 많고 그 성가를 날리는 호스트는 UCC에 대한 보상에 상대적으로 박하다. 이에 이들보다 유명하지는 않으나 이들과 경쟁하는 호스트 사이트가 대두하고 있다. 이들은 유명 사이트가 제공하는 보상보다 더 많은 보상을 주면서 UCC를 적극 유치하려고 하고 있다. 이들은 수요자로서 유명 사이트와 경쟁하면서 수요층을 두텁게 만들고 있다. 이에 UCC에 대한 시장이 서서히 형성되어 가고 있다. 종래에는 없었던 컨텐트에 대한 공급과 수요가 나타나 경제사회의 새로운 국면을 전개해 나가고 있다.

방문자가 많은 호스트 사이트는 커뮤니티 사이트의 성격을 가진다. 그래서 이런 사이트에 자신의 사이트를 설치하여 자신의 사이트에 대한 방문을 늘려보려고 노력하게 된다. 그런데 이때 호스트 사이트 내에 설치한 사이트가 광고를 하는 등의 방법으로 자신의 이익을 도모하는 경우가 문제가 된다. 호스트 사이트의 입장에서는 자신이 차려준 마당에 들어와 방문자가 많다는 사정을 십분 이용하면서 외래객이 자신의 장사를 하는 격이기 때문이다. 이를 막기 위해서 호스트 사이트는 자신의 마당에서 활동하기 위해서는 자신이 지정하는 SW도구 등을 쓰도록 하면서 외래객의 활동을 통제하고 그가 얻는 이익의 일부를 차지하려고 하게 된다. 예컨대 Myspace나 Facebook이 자신의 사이트에 들어오는 사람은 광고를 하거나 거래를 할 때 자신이 제공하는 SW를 쓰도록 강제하는 것이다. 이러한 제한은 호스트 사이트가 지재권 침해나 음란물을 공표하는 것을 막기 위해 시행하는 이용자들에 대한 통제와 같은 맥락에서 마당을 제공한 호스트로서 당연히 할 수 있는 것이라고 하나, 그 곳에 사이트를 설치한 다음 그것을 이용하다 제한받게 된 이용자는 그 마당을 my space인 줄 알았는데 RupertSpace인 모양이라고 비판하여 불만을 토로한다. 여기서 Rupert란 Myspace의 소유회사인 News Corporation의 대표의 이름 Rupert Murdoch에서 따온 것이다. 이들 중 나름대로의 성가를 쌓은 사이트는 그 호스트 사이트로부터 이탈해 나가 독립을 꾀하기도 한다.

호스트 사이트는 큰 시장과 대응하고 그 곳의 방문자는 그 시장에 들어온 사람들과 대응한다 할 수 있다. 이들 중에는 단순히 구매를 하러 온 사람도 있으나 그 곳에서 소매 또는 도매를 하려고 온 사람들도 있을 수 있다. 호스트 사이트에 자신의 사이트를 차려 광고 공간을 팔거나 거래를 하는 사이트 운영자들은 후자에 대응한다 하겠다. 그리고 이들 시장의 소매상 또는 도매상이 시장을 차려 놓은 사람에게 시장이용료를 내지 않으려고 한다거나 이용료가 너무 비싸다고 하는 경우에 이상과 같은 분란이 일어나게 되는 것이다. 호스트 사이트의 이용자는 그 이용에 대해 어떤 방식으로든 대가를 내야 할 것이다. 이용대가의 적정한 수준이 어느 정도로 되어야 할지는 매우 어려운 문제이며 역시 차후 관련 시장이 진화하면서 균형가격을 찾아나가게 될 것이다.

경제적 측면에서 보면 종래 그 비중이 영이었던바, 인터넷 발현 후 새로이 생긴 활동들의 비중이 상대적으로 커지게 되었고 이것들이 그 중요성 내지 가치를 증대시켜 가고 있다.[1)] 이러한 변화를 극단적으로 연장하여 보면, 그것은 사업을 하는데 존재하던 격차(특히 공간의 격차 때문에 불가피하게 존재했던 시간적 격차)를 보다 용이하게 극복할 수 있게 하였다. 다른 시각에서 보

---

1) Cisco사의 제품 라우터(router)는 실제 세상의 산물이나 인터넷 망을 건설하여 가상의 세상을 확충시키는데 이를 많이 사용하게 됨에 따라 그 상대가치 또는 상대적 중요성을 높여가고 있는 좋은 예이다.

면 그것은 상황이 변하는 때 여기 저기 포설되어 있는 전자주소격의 각종 바코드(bar code)와 택(tag)과 그것들을 인지하는 센서(senser)를 통해 종래의 물리공간을 정보화의 대상으로 바꾸었다. 그로써 그 이전에는 상상할 수 없었던 정도로 광범위하게 정보를 수집한 다음 이를 양질의 세밀한 소프트웨어를 이용하여 분석할 수 있게 하였고 그로서 결과를 다양한 인터페이스 기법을 통해 활용할 수 있도록 하였다. 그로서 이미 정보화된 공간을 보다 효율적으로 이용하고 문제발생시 최상의 대응책을 찾아 대응할 수 있도록 하였다. 이른바 모든 경제활동이 실시간에서 이루어지는 실시간 경제(real-time economy)를 가져오게 되었다는 극찬까지 불러왔다.

이런 변화과정에서 부작용이 없을 수 없다. 넘치는 정보를 충분히 검증을 하지 못한채 마구 유통시키게 되다 보니 오보나 악의적 주장이 무차별하게 통용되기도 한다. 종래 실제 세상에 비해 그 질적으로 덜 정제되었다고 할 수밖에 없는 사이버 세상에서의 저급한 관계의 상대적 비중이 커지게 되다 보니 전체적으로 보아 삶의 질이 저하되면서 어떤 부분에서는 필요 이상으로 튀는 정보가 나오고 그것에 과민 반응하는 사회의 변덕성이 심화되는 등 부작용도 없지 않다. 정치적으로 사이버 세상에서 벌어지는 것이 다양한 관심을 모으고 크게 부각시키나 그러한 것들이 서로 상이하면서 전체적으로는 화합을 이루지 못하여 사이버 발칸화(cyber balkanization)를 이루게 된다는 비관적 시각도 있다.

사이버 세계에서 발생하는 부작용을 배제고자 하는 명분하에서 중국 등 일부 국가에서는 정부정책과 상치하는 무분별한 의견개진 등을 제어하고자 국민들의 인터넷 이용을 감시하고 있다. 그러나 웹 사이트를 만드는 것보다 더 쉬운 웹 불로그를 만드는 방법을 이용하며 각자가 자신의 주장을 광범위하게 개진하게 될 때 인터넷 공개사회에서의 이런 감시노력은 결국은 효과를 거두지 못하게 될 것이라 여겨지고 있다.

tele-conferencing, 재택근무 등에서 이런 理想의 편린이 시현되고 있다. 텔레컨퍼런싱은 종이 없는 사무실에 대한 비전으로 한 때 여겼다. 그러나 결국은 실현되지 않을 것이라고 여겨지게 되었는데 얼굴을 마주 보고 대화하는 것을 그것이 대신할 수 없을 것이라 인식했기 때문이다. 컴퓨터의 성능이 증강되고 그로써 원격지 사이에서 이루어지는 텔레컨퍼런싱이 이질감을 덜 갖게 되는 한편 여행을 가서 얼굴을 맞대고 회의를 할 때의 시간 및 경비가 점점 커지게 되자 근자에는 이를 이용하는 경우가 점차 늘어나고 있다. 텔레컨퍼런싱 서비스를 제공하는 전문회사도 생겨나고 있으며 이들은 모두 장래의 시장을 밝게 보고 있다.

VOD(video on demand), universal internet 등도 줄 곳 이야기되고 있다. 보다 많은 컨텐트를 다루며 유무선 통합이 시현되어 가고 있다. 물론 이러한 이상의 실현이 모두에게 실감되고 있는 것은 아니다. 디지털 통합(digital convergence)의 방향으로 가장 많고 과감하게 투자를 한 회사라고 인정되던 AOL-Time Warner나 Vivendi Universal 등은 모두 큰 어려움을 겪은 후 분할되는 아픔을 가졌다. 디지털 유토피아는 단지 정보를 싸고 쉽게 생산하고 분배하는 것만으로는 부족하며 후술되는 바 정체(congestion)라는 복병을 동반하고 있다. 이상적 정보화사회는 부작용을 배제하고 정작용을 극대화할 수 있게끔 여러 요소들을 균형있게 갖추어 나갈 수 있을 때 구현될 수 있을 것이다. 이런 의미에서 진정한 정보화사회는 아직 지구상 어느 곳에서도 실현되어 있지 않다고 보여 미완성의 과제라 하겠다.

정보화사회에서 인간은 매우 쉽게 각종 정보를 접하게 되었다. 정보는 모든 곳에 있고 이를 이용하려 할 때 동원할 수 있는 방도도 많아졌다. GPS를 통한 각종 지리정보, Google 검색을 통한 단편 정보, Wikipedia를 통한 백과사전정보 등을 인터넷을 통해 종래와는 비교할 수 없을 정도로 쉽게 얻을 수 있게 되었다. 아마존은 어떤 책을 보아야 할지에 대해 안내해주고 있으며 스마트폰은 구태여 전화번호를 외거나 적어 두어야 할 필요를 없앴다. 이런 의미에서 정보화사회의 인간은 과거와 달리 지적 인식의 하인(cognitive servant)를 두고 있다고 할 수 있다. 이런 하인은 네트워크에서 구할 수 있는 정보를 구해다 주는 것 이외에 원하지 않는 것을 온라인 필터를 이용해 여과해주기도 하고 적의의 알고리즘으로 소비자의 성향을 파악해주기까지 한다. 단 정보화사회를 사는 모두가 이런 하인을 가지고 있거나 그런 하인을 효과적으로 부리는 것은 아니다.

조선조 말 테니스가 처음 소개되었을 때 양반들은 서양인들이 직접 테니스를 치는 것을 보고 하인들에게나 시키지 왜 직접 뛰며 땀을 흘리느냐고 했다는 우수개 소리가 있다. 사이버 세상에서 새로이 나타난 것들 중 종래의 세상에서의 기준으로 보아서는 조선조에서의 테니스처럼 그 의미를 제대로 이해받지 못하는 것도 있을 것이다. 그러나 시간이 지나면서 종래의 실제 세상과 새로운 사이버 세상이 통합되어 사람들의 생활습관을 바꾸고 그에 대응하는 새로운 실제 세상이 만들어져 가는 과정에서 이들은 그 나름의 독자적 의미를 가지고 이해받을 수 있게 될 것이다. 그럴진데 정보화사회를 구축하려 하는 데에서는 이런 변화를 적극 수용하여야 하겠으며, 각 개인은 끊임없이 생활방식을 그런 변화에 적응시켜 나가야 할 것이다.[2)]

3. 소프트웨어 개발의 명암

디지털 유토피아를 시현하는 과정에서 다양한 소프트웨어(SW)가 개발되어 널리 이용될 것으로 예상했었다. 과연 SW 생산기업의 대표격인 MicroSoft(MS)는 세계 최대의 기업으로 성장했으며 제2위인 Oracle 기타 여러 경쟁기업들의 끊임없는 도전을 받으면서도 아직 모든 사람들의 선망과 시기의 대상으로 되어 있다. 이들 SW기업들이 생산해 판매한 SW는 그 구매자에게 이용하도록 허가된 전속이고 전유의 SW(proprietary SW)이다. 이에 대항하여 Linux 및 OpenOffice가 대표적 예가 되는 자유SW운동(free SW movement)이 나타났다. MS에 의한 SW제품 독점의 폐해를 줄이고 SW개발에 협력하여 보다 좋은 SW제품을 보다 쉽고 안전하게 만들어 내도록 하자는 것을 목적으로 하는 운동이다. 이런 운동의 성과물 중 대표 격인 SW로는 Linux, Apache, Sendmail, MysQL 등을 들 수 있겠으며, data center, Real Network 등의 응용

---

2) 13-29세의 젊은층은 TV를 보는 것보다 PC 앞에서 더 많은 시간을 쓴다고 한다. 또 의사소통의 수단으로 전화나 이메일보다 블로그를 선호한다고 한다. 이는 생활습관이 바뀌었다는 것을 의미한다. 종래 여가시 온 가족이 모여 TV를 시청했던 것과 달리 최근 젊은이들은 혼자 웹 검색 등을 하는데, 여기에도 커뮤니티에서의 상호작용(interaction)이 없지는 않으나 그런 상호작용은 사람들끼리 몸을 부딪치며 이루어지는 상호작용은 아니라는 데서 종래의 그것과 다르다.

SW에서도 부분적인 성공을 했다 할 수 있다. MS는 프로그래밍 언어로는 C#를 쓰고 SW 플렛폼으로는 .NET을 썼다. 이에 대항하는 힘은 프로그래밍 언어로서 SunMicrosystems의 Java를 쓰고 SW플렛폼으로서 IBM의 WebSphere를 쓰는 연합군이다. 후자는 자유SW운동의 하나로서 Linux를 지원해 왔으며 2004년 8월에는 공개 SW그룹에 속하는 Apache에 소스 코드를 공개하여 MS를 다시 긴장시키었다.

이러한 반MS운동은 MS에 의한 저항을 유발했다. 즉, MS는 교육기관, 비영리 공공기관 등에 SW를 무료 또는 큰 폭 할인으로 제공하면서 자유SW운동에 대항하고 있으며, 그로써 후술되는 바 고착현상(lock-in)을 유도해 반MS운동을 무력화시키려 하고 있다.

Windows XP 및 그 후 Window Vista 출시 때 모든 PC 사용자들이 이들을 이용하게 될 것으로 예상했었다. 그러나 그런 예상과 반대로 XP 출시 후에도 종전의 Windows 98, 2000, ME 등은 널리 사용되었고 Vista 출시 후에도 XP 사용은 지속되었다. XP나 Vista가 획기적 개선이라고 수요자들에게 인정받지 못했기 때문이었다. 이에 MS 자체도 종래처럼 모든 PC사용자들에게 SW를 판매해 수입을 얻는 모델의 유용성에 대해 회의를 가지게 되었다는 소문도 있었다. 그래 그것을 대신하여 최신 소프트웨어를 인터넷에 탑재한 다음 필요한 때 수시로 꺼내어 이용할 수 있도록 하고 매 사용시마다 일정한 이용료를 받아 수익을 챙기는 방안을 강구하고 있다고 추정되기도 했다.

실상 모든 사용자가 독립된 PC를 갖고 개별적으로 SW를 구입해 PC에 탑재한 뒤 쓰도록 하는 방식에 대항하여 네트워크 컴퓨터(network computer)라는 개념이 계속 있어 왔다. 무제한 쓸 수 있는 SW인 전속이고 전유인 SW(proprietary SW)를 돈을 주고 사서 자신의 PC에 탑재한 다음 쓰도록 하는 방식을대신해 SW를 구태여 개인들로 하여금 사게 하지 말고 네트워크에 보관하고 있다가 각개 개인이나 기업이 필요한 때 꺼내다 쓸 수 있도록 하자는 것이다. 이러한 상황에서는 SW는 일종의 서비스가 된다. SW를 꺼내다 쓰기 위해서는 사용료를 내야 한다. 이런 종류의 SW로는 어떤 대기업만을 위한 대형 프로그램도 아니고 중소기업이나 컴퓨터를 다양하게 쓰는 개인의 요구에 맞춘 프로그램이 적격이다. 회계 프로그램이 이런 것의 대표 예가 되겠다. 이러한 개념에서는 각자의 PC에 많은 SW를 탑재해 두어야 할 필요가 없다. 그로써 PC를 보다 현재의 PC보다 간략하고 경량화된 기기로 만들 수 있고, 그러한 기기를 네트워크에 연결해 쓸 수 있게 된다. 이렇게 하면 비싸고 자주 업그레이드해야 하는 SW를 개별적으로 살 필요가 없어지고 기기도 현재의 PC보다 싸지게 되어 보다 많은 사람들이 지금보다 저렴하게 인터넷에 접근할 수 있게 된다.

개별적 PC에 전속 SW를 탑재해 이용하는 대신에 네트워크에서 직접 서비스를 이용할 수 있게 하는 방식으로의 전환은 SW를 인터넷에 저장해 놓고 필요한 때 사용료를 내고 차용해 쓰도록 하는 이러한 모델이 성공하려면 네트워크에 많은 SW가 저장되어 있어야 하고 이를 위하여 다양한 SW 프로그래머들이 참여하여 각자의 새로운 프로그램을 올릴 수 있게 하는 플렛폼이 마련되어야 한다. Google은 그 검색서비스의 활용이 널리 일반화된 것을 계기로 하여 한정적으로나마 이를 시현하려 하고 있다. 이런 새로운 현상에 위협을 느끼는 MS도 한정적으로 이에 동참하고 있다. 즉 그의 SW의 일부를 그의 데이터센터에서 자유로이 꺼내 쓸 수 있게 하여 SW를 서비스로 제공하려는 변화에 동조하고 있다. 실상 서비스로서 SW를 제공하자는 이런 개념은 애초에 Window를 판매해 큰 이익을 보아 온 MS를 시기해 시발된 것이기는 하나 그 나름대로 타당성을 가지고 있는 것이기도 하여 이제 그것의 실제화가 이루어지는 기미를 보이는 것이라 하겠다. 이런 변천기의 상황에서 이번에는 Window의 판매에 한계를 느낀 MS가 이러한 변화를 수용하고 그에 적응하려고 하고 있다는 것은 특히 유념할 만한 것이다.

서비스로서 SW를 이용할 수 있게 되면 기업 내의 서버용 컴퓨터를 줄일 수 있고 합동작업이 보다 넓고 쉽게 이루어질 수 있으며 SW업그레이드를 위한 비용도 절감할 수 있다. 전유SW를 일일이 구입해야 하는 경우에 비해 이용자에게는 편리한 점이 많다.

SW를 구입해 자신의 컴퓨터에 탑재한 뒤 사용하도록 하는 것 대신 서비스로서 인식하고 일정한 기간 이용하는 것에 대해 이용료(subscription fee)를 내게 하거나 광고를 보게 하는 체제로 상황이 바뀌게 될 경우 이용자의 지반을 넓히는 것이 배전으로 중요해진다. 이에 대응하여 대기업에 대해 그것의 특정한 사업방식과 목적에 부합하는 전속SW를 제공해 왔던 관행으로부터 벗어나 많은 중소기업을 대상으로 하여 그 규모의 대소에도 불구하고 쓸 수 있는 범용SW를 만들어 제공하려고 하는 새로운 시도가 활발하게 전개되고 있다. 이러한 SW는 워드 프로세서, 스프래드 쉬트, 이메일, 달력, 인스탄트 메시지 등을 포괄하며 그 이용분야는 재무, 인력관리, 공급체인관리, 소비자관계 등 모든 분야를 아우른다. 이런 분야 전부에서 이용하기로 하고 그 중 일부를 이용하기로 하게 다양화되고 있다.

SW를 판 다음 유지관리를 해 주면서 대가를 받는 비즈니스 모델은 이미 공고히 정립되어 있다. 반면 SW를 서비스로서 제공하고 이용시 이용료만을 받는 모델은 아직 별 이익을 내지 못한다는 의미에서 잘 정립되어 있다고 하기 어렵다. 추상적 차원에서 인정성이나 신뢰성이 의문시되기도 한다. 이 모델은 앞으로 더욱 성숙되어야 할 것이다.

SW는 여러 행위를 서로 통합되고 융통성을 가지게끔 변화시킨다. 그것은 관련 관계자들을 종래 이상으로 더 협력하도록 변화시키기도 한다. 궁극적으로 인간생활을 위해 필요한 모든 기기와 가전제품이 인터넷에 연결되어 이른바 유비쿼터스 컴퓨팅(ubiquitous computing)의 시기가 도래할 것을 이야기하는데 이런 상황이 실현되게 되면 모든 기기가 일종의 컴퓨터가 되며 그것들은 인터넷을 플랫폼으로 하여 서로 연결되어 인간생활을 보다 편리하고 실시간(real time)으로 할 수 있게 만들 것이라고 전망된다. 현재 이런 전망에 의거하여 PC업계, 가전업계, SW업계, 시스템 통합업계 등이 노력하고 있는데, 이러한 꿈이 어느 정도로 언제 실현될지는 두고 볼 일이다.

초고속 인터넷 강국인 우리나라는 일부 현상에서이지만 사이버 세상에서 일어나는 일의 비중이 다른 나라의 그것에 비해 상대적으로 크다. 이에 앞으로의 세상에서 일어날 여러 가지를 시험해 볼 수 있도록 하는 최선의 시험대(test bed)로서 중요성을 전세계적으로 인정받고 있다. 비교적 좁은 공간 안에서 많은 사람이 인터넷을 이용하고 있으며 그런 이용 중에는 상업성 경제성을 획득할 수 있게 하는 예가 많기 때문이다. 이론적으로 볼 때 초고속 인터넷망으로 서로 연결된 인터넷 기반이 사이버 세계에서는 연결된 여러 곳 사이에 존재하는 물리 공간적 거리는 별 장애가 되지 않는다. 사이버 세상의 시험대의 초점은 많은 사람들이 이용하는 초고속망을 가지고 있느냐 여부와 그것을 상업적으로 잘 활용할 수 있느냐에 있다. 이는 후술되는 바와 같이 단지 물리망이 존재하는 것 이상으로 응용서비스망, 컨텐트 등이 잘 정비되어 있고 그것들이 경제성을 지니며 확대재생산체제를 이루고 있는지 여부에 의존한다. 그런즉 우리의 응용서비스망이나 컨텐트 생산능력을 볼 때 사이버 세상의 시험대로서 우리가 반드시 최적일지는 분명하지 않다. 이와 관련하여 벨기에가 사이버 도시(cyber city)를 시도하고 있음은 참고할 만한 것이다.

4. 무어의 법칙과 그 한계

무어의 법칙은 마이크로칩 기술의 발전 속도와 관련된 것으로서 본래 마이크로 칩에 저장할 수 있는 데이터의 양이 18개월마다 2배씩 증가한다는 것이나, 컴퓨터의 성능이 거의 5년마다 10배, 10년마다 100배, 15년마다 1000배씩 개선된다는 내용을 포함한다. 애초 Fairchild의 연구원으로 근무하던 고든 무어(Gordon Moore)가 1965년 마이크로 칩의 용량이 매년 2배 증가하게 될 것으로 예측한 데서 기인한 것인데, 최초 예측에서의 1년이 1975년에 24개월로 수정되었고, 그 이후 18개월로 다시 수정되었다.

무어의 법칙은 사후적으로 보아 상당한 현실적 설명력을 갖고 있는 것으로 인정되어 왔다. 그러나 앞으로 나노기술을 동원하더라도 하나의 칩에 집적할 수 있는 회로의 양에 한계가 있어 마이크로 칩의 성능이 무한정 확장될 것으로 예견하는 것은 타당성이 없다. 그럴진대 이런 법칙이 미래에도 계속 지탱될 수 있을지는 의문시된다. 과연 하나의 칩에 많은 트랜지스터(transister)를 심는다는 것이 많은 열을 발생시켜 문제가 있다는 것으로 판명되었다. 이에 하나의 칩에 하나의 프로세서(processor) 및 많은 트랜지스터를 넣는 방식 대신 복수의 프로세서를 넣고 프로세서당 트랜지스터는 한정하는 방식이 선택되었다. 이른바 평행적 컴퓨팅(parallel computing)을 시도하게 되었다. 그러자 종래의 컴퓨터 작업을 나누어 이들 복수의 프로세서에게 분담시키는 문제가 제기되었다. 따라서 종래 하나의 프로세서를 전제로 하고 짰던 SW를 다시 쓰지 않으면 안 되게 되었다. 이들을 가지고는 평행적 컴퓨팅이 불가능하기 때문이었다.

일반적으로 말해 칩의 용량이 무한 증가하게 되면서 그것에 실을 OS자체도 변화해야 한다. 그런데 현재의 OS 등 SW를 근본적으로 개체한다는 것은 굉장한 문제를 야기하고 있다. 현재 칩과 SW의 증대시키고 변화시키는 문제에 대해서는 마땅한 대답이 없다.

종래 무어의 법칙은 경험칙으로서 상당한 설명력을 가졌었다. 그러나 칩 용량에서의 한계 및 SW 개체의 어려움을 고려할 때 앞으로도 그것이 계속 타당할지, 또 그러하지 않다고 하여 별 특이한 문제가 대두하게 될지는 예측하기 어렵다.

5. Dot-com 붐과 거품의 붕괴

인터넷을 활용하여 새로운 부가가치를 생산해 낼 수 있으리라는 기대가 1999년에 이른바 닷컴 붐을 가져왔다. 인터넷을 이용하여 새로운 부가가치의 원천을 일구어 낼 수 있을 것이라고 생각하였고 이러한 노력에 뛰어든 기업은 적어도 1999~2000 동안에는 그것의 현재가치는 보잘 것 없는 것이었더라도 그것이 가진다고 평가된 바 큰 미래가치에 의거하여 시장에서 높은 평가를 받았었다. 그러다가 이런 기업들이 2000년 들어 줄줄이 도산하면서 거품이 꺼지게 되었다.

그 현저한 예가 인터넷 기업 Priceline.com에서 보여지고 있다. 어떤 재화나 서비스의 수요자가 자신이 지불하려는 금액을 먼저 제시하면, 그 금액에 공급하기로 동의하는 재화나 서비스의 공급자를 찾아 수요자를 연결시키는 역경매 방식의 비즈니스 모델을 처음 도입한 이 기업은 그의 최초 시장공개(initial public offering)시 높은 주가를 구가하였다. 항공권을 그것의 가장 큰 역경매 품목으로 삼고 있었던 이 회사의 시장가치는 항공기 등 엄청난 실물 자산을 보유하고 있으면서 항공권을 공급하는 미국의 모든 항공사들의 시장가치의 합계보다 컸었다. 그 주가는 16$에서 60$로, 다시 160$로 높아졌었다.

그러다 닷컴 버블이 붕괴하게 되면서 이 회사의 주식은 시장공개 2년 후에는 주당 2$까지 하락하였다. 닷컴 거품의 상징적 예가 된 것이다.[3)]

당시 미국에서 있었던 수많은 닷컴기업 중 살아남아 현재 제대로 운영되고 있는 기업으로는 eBay, Yahoo!, Amazon 정도를 들 수 있다. 나아가 이들 기업도 수익을 내게 된 것은 그리 오래되지 않았다.

이상의 예들은 정보화사회의 미래에 대한 예측, 경우에 따라서는 대단한 비전을 가진 각 분야의 탁월한 전문가들의 예측조차 실제화되지 않았거나 않을 수 있다는 것을 보여주는 것이다. 나아가 이는 앞으로도 이러할 가능성이 적지 않다는 것을 시사하는 것이다. IT기술이 가계 및 기업의 경제활동을 효율화시키면서 경제 전체에도 상당한 과실을 가져올 것은 분명하나 그것은 무조건 무차별적인 것이 아니고 시간적 공간적 한계를 지니는 것이기도 하다. 여기에서 이러한 한계를 인지하고 IT 기술이 오늘날 우리의 생활에 미치는 영향을 보다 구체적으로 연구해야 할 필요가 생기는 것이다.

비전이 과도할 수 있다는 것은 최근 논의되는바 유비쿼터스(ubiquitous) 경제에 대한 비전과 관련해서도 점검될 수 있다. 이러한 경제상황은 정보화사회의 목표상으로 인식되는데, 거기에서는 모든 네트워크가 서로 연결 소통되고 있고 가정이나 사무실에서는 물론 자동차나 비행기 등 움직이는 곳에서도 다른 가정, 사무실, 자동차, 비행기에 있는 사람, 기기, 시설들과 정보를 주고받으면서 필요한 명령을 하고 의사소통하고 있다. 이러한 미래상이 실제화되기 위해서는 모든 기기와 시설이 전달되는 정보를 인식할 수 있는 센서를 지니고 있으면서 그러한 정보를 처리할 수 있는 일종의 컴퓨터로 되어야 하며 또 언제 어디에 있는 사람이나 기기 설비와 소통할 수 있도록 하는 네트워크와 관련 응용시스템 및 소프트웨어 등이 모두 정비되어 있어야 한다. 그런데 오늘 날 우리 주변의 기기나 장비가 모두 센서를 지니고 있으면서 일종의 컴퓨터로 되어 있다고 할 수 없다. 모든 사람들의 인터넷 접근도 완전히 보장되어 있지 않은 것이 현실이다. 따라서 이러한 미래상이 당장 현실화될 수 없는 꿈이라는 것은 명백하다. 이 비전은 아직까지 있었던 다른 비전들에 비해 보다 광범위하고 포괄적인 비전이라 하겠으며 아마도 시간을 두고 그것

3) J. Cassidy, Dot.con, Perennial, An Imprint of Harper Collins Publishers, 2002.

의 내용 중 몇 가지는 단계적으로 시현될 것이고 그 중 어떤 것들은 미실현된 비전으로 종착되게 될 것이다. 나아가 어떤 것이 실현되고 어떤 것이 실현되지 않을 것이냐는 미래에 시현될 기술발전뿐만 아니라 그런 것들을 둘러싸고 있는 경제적 비용 및 효과의 고려에 크게 의존할 것이다. 이러한 측면에서 보아서도 정보화사회의 주요 인자들에 대한 경제학적 툴을 이용한 이해는 매우 긴요하다. 이하에서는 종래 경제학의 미시적 분석도구 및 거시적 분석도구를 이용하여 IT 경제에 대해 논의한 것들에는 어떤 것들이 있었는지를 살펴본다.

03 | 경제학적 분석용구로 논의된 주요 이슈들

1. 신경제현상

거시적 차원에서 이루어진 IT 경제에 대한 논의의 대표격인 것이 1999년에 성했던 바 이른바 신경제(New Economy)에 대한 논의이다. 경제 성장과 물가안정이라는 두 가지 과제를 동시에 충족시킬 수 없다던 종래의 필립스곡선에서의 상충관계에 대한 논의에 반해 신경제를 주장하는 이런 의론에서는 인플레이션 없는 성장이 가능하다고 한다. 이는 규모에 대한 수확체증(Increasing return to scale) 현상이 IT관련산업 전반에 적용될 것이고 이로 인해 많은 분야에서 생산방식에 질적 변화가 생겨 생산성 향상과 이윤증가를 가져올 수 있을 것이라고 보기 때문이다.

이러한 변화는 전통적 수요 측면에서의 변화라기보다 기업의 운영, 기업조직, 사회구조 등 공급 측면에서의 변화이다. 정보통신기술은 많은 새로운 도구를 만들어냈고 이러한 도구들은 조직이 재편, 운영을 효율화하였고 또 조직과 조직 사이는 물론 이런 조직과 소비자나 생산자를 불문하는 개인들 사이의 거래관계를 효과적으로 변화시켰다. 이런 변화 속에서 상당한 생산활동의 분해(unbundling)가 일어났고 또 많은 외주(outsourcing)가 이루어지면서 그 규모는 소규모이지만 수에 있어서는 많은 신생기업이 생기게 되었다.[4] 이에 대응하여 신경제에서는 많은 하이테크 기업과 지식근로자가 나타나게 되었다. IT관련기업의 고용이 크게 늘어나고 SW관련 인력의 고용 증가율은 다른 분야의 그것들을 월등히 능가하여 큰 생산성 증가를 초래하게 되었다. 결과적으로 신경제현상을 초래했다. 이때 생산성 증가를 가져 오게 한 주요 요인으로는 계속 성능을 증대시켜온 프로세서 반도체 및 인터넷 이용을 쉽게 만든 브라우저를 특히 주목한다. 물론 이런 추정에 대해 異論이 없는 것은 아니다.

단 이러한 신경제현상이 어느 나라에서나 시현됐던 것은 아니다. 그것은 임계치 이상의 IT관련 투자를 했다고 여겨지는 미국에서 1995~2000 동안 컴퓨터, 반도체, 도소매, 금융, 통신 등 한정된 몇 개 산업에서만 시현되었을 뿐이고 다른 경제에서는 시현되지 않았다고 여겨진다. 이에 IT투자가 전체적으로 보아 어떤 임계치(critical mass)를 넘어 설 때에만 신경제현상이 가능하게 된다고 보게 되었는데, 미국의 몇 가지 산업에서만 이상의 시기에 이런 조건이 충족되었다고 본다. 나아가 미국에서도 신경제현상은 2001년에 들어 중단되었다. 그 주된 이유로서 생산성 증대에 따른 공급증대를 수용할 정도로 수요가 늘어나지 않았다는 점이 적시되는데, 이런 중단은 그 이후 IT관련 투자의 규모를 줄어들게 한 한편 그것들을 보다 효율적인 것으로 되도록 강제하였다.

IT투자가 늘어나 생산 및 유통단계의 여러 활동이 효율적으로 되면 이들이 시현된 부문에서 생산성이 증대하게 될 것이다. 그러나 생산성 증대와 더불어 고용도 늘어나게 될 것인지는 의문이다. 효율성이 제고된 생산 및 유통단계에서는 필요 인력이 줄어들게 되어 고용은 보통 감소하게 된다고 본다. 그러나 이러한 생산 및 유통단계의 변화가 새로운 서비스, 새로운 생산 내지 유통활동을 파생시키고 이렇게 파생된 행위로부터 인력소요가 생겨나게 되면 고용은 늘어나기도 한다. 여기에서 기왕의 경제활동의 효율화로부터의 고용

---

4) 편집, 컨설팅, 조사, 이벤트 기획, 디자인, 교육, SW제작 등 기존 기업을 돕는(business supporting) 분야에서 신생기업이 많이 나타났다. 그 이외에도 건강관리나 노인보호 관련 기업도 많이 생겼다.

감소를 새로이 등장하는 파생 경제활동으로부터의 고용창출이 압도하게 되면 전체적으로 고용은 증가할 것인데, 미국의 경우를 보면 그러하지 못해 IT기술의 적용 이후 고용은 줄어들었다고 한다. 미국과 달리 신경제활동을 창출해 내지 못한 나라에서는 IT기술을 적용하더라도 적어도 단기적으로는 고용의 감소가 불가피할 소지가 크다.

신경제가 논의되는 가운데 그 이전에는 없었던 새로운 가치물도 생겨났고 위험요소도 나타났다. 전자로는 지적재산, SW에 대한 투자, 관리역량, 연구개발능력, 광고 및 마케팅 능력, 기업경영 절차나 과정 등에서 과거와 다른 무형의 가치물을 갖게 되었다는 것을 들 수 있고, 후자로는 환경 및 사회문제를 배전으로 의식하고 대처하지 않으면 안 되게 되었고 과거에는 무시할 수 있었던 금융차원의 위험성을 가지게 되었다는 것을 들 수 있다. 그런데 이러한 것들에 대해서는 해당 시장이 발달되어 있는 것도 아니고 또 달리 그 크기를 측정하는 방법이 주어져 있는 것도 아니다. 때문에 그 가치를 계산하여 이른바 대차대조표에 기재되어 있는 항목인 기존의 자산이나 부채와 합산해 전체를 파악하기가 어렵다. 이에 신경제에서는 미래가치 운운하며 주관적 성격이 짙은 가치평가가 나타나게 되는 것이다.

최근의 인터넷 트래픽의 큰 부분을 점유하며 검색서비스, 커뮤니티 네트워크 서비스 등을 제공하면서 관심의 중심을 차지하는 회사들이 Google, News Corporation 등이다. 이들은 큰 돈을 벌어 큰 기업으로 성장할 수 있었으며 그렇게 큰 돈을 벌 수 있었다는 것은 이들의 서비스가 사회적으로 평가받는 것으로서 최소한 삶의 질을 제고하는 것이었다는 것을 유추하게 한다. 그러나 이런 서비스 중 Youtube나 Facebook은 아직 그러한 서비스를 인수하기 위해 지불한 대가를 회수할 만한 정도의 수익을 올리지 못하고 있다. 이들이 경제적 부가가치를 창출하고 있다고 말하기 어려우며 따라서 혹자로부터는 취미거리이고 사회적 가치를 가질 뿐이라고 평가받는다. 이런 평가를 따르는 한 이런 서비스는 신경제의 요소로서 인정될 수 없다. 그러나 차후 이런 서비스에 대해 착실한 비즈니스 모델이 나타나고 그를 통해 부가가치가 제고될 수 있게 되는 때 이들도 신경제의 주요 요소가 될 수 있을 것이다. 한편 관점을 달리 해 보면 이러한 서비스가 있고 그것을 통하여 많은 사람들이 스스로 생산자이자 소비자인 프로슈머(prosumer)로 되고 있다는 것은 이들 각각이 모두 자가고용(self-employed)의 근로자로 되었다는 것으로도 해석할 수 있고 그로써 현재는 단지 고용을 늘리는 효과를 가지는데 불과했으나 장차 보다 광범위한 효과를 가지는 생산성향상의 공헌을 해낼 것이라 기대할 수 있다. 이러한 기대는 실리콘밸리에서 각종 인터넷 사업으로 백만장자가 된 젊은 인력(new riches)들이 경제활동에서 은퇴함이 없이 계속 새로운 혁신 내지 새로운 서비스를 창출하려고 노력하고 있다는 점을 보아 쉽게 확인되기도 한다.

2. 첫 번째 재화의 문제(First Copy Problem)

미시적 차원에서 이루어진 논의 중 대표적인 것은 IT기술을 써서 생산하고 복제하는 제품의 가격결정이 어렵다는 것을 보여 주는 이른바 첫 번째 재화의 문제에 대한 것이다. 미시경제이론에 따르면, 완전경쟁시장균형은 파레토 효율적이며, 그런 시장에서 상품의 가격은 그 재화의 한계비용에 의해 결정되게 된다. 그로써 한계비용과 같게끔 가격을 결정하는 방식인 한계비용가격결정(Marginal Cost Pricing)이 정당화된다.

그런데 IT산업에 있어서는 이러한 한계비용가격결정의 원리가 그대로 적용되기 힘들다. 그 이유는 다음과 같다. 예컨대 어떤 IT제품을 개발하는 때, 첫 번째 제품을 생산해 내는 데에는 엄청난 비용이 소요되나, 일단 첫 번째 제품을 생산하고 난 다음에는 매우 작은 한계비용을 들이는 것만으로도 두 번째 이하의 제품을 추가해 생산해 낼 수 있다. 거의 추가비용을 들이지 않고 계속 복사하여 많은 디지털 재화를 생산할 수 있기 때문에 IT기술을 쓰는 정보재의 한계비용은 0에 가까워지게 마련이다. 그런데 이럴 경우 종전의 한계비용가격결정이론을 따라 정보재의 가격을 그 한계비용인 0과 같도록 하면 개발에 소요된 엄청난 비용을 회수할 수가 없게 된다. 그리고 이는 차후의 개발을 불가능하게 한다. 따라서 IT기술을 쓰는 재화에 대해 한계비용가격결정은 부적합하다고 밖에 할 수 없으며, 가격결정의 방법으로서 다른 방도를 강구하지 않을 수 없게 한다.

3. 네트워크 외부성(network externality) 및 고착(lock-in) 현상

네트워크에는 정적 외부성(positive externality)이 있어 그 사이즈가 크면 클수록 더 큰 이득이 발생한다. 예컨대 전화망의 효용은 얼마나 많은 사람과 통화가 가능한가에 의존하는데, 네트워크의 가입자 수가 n명이면 개별 가입자가 통화할 수 있는 상대방은 $n-1$명이 되며 전체 통화 가능한 상대방의 수로 본 전화망의 크기는 $n(n-1)$로 된다. 나아가 $n(n-1)$은 n의 자승과 크게 다르지 않다. 이에 네트워크의 효용은 네트워크 사이즈의 제곱에 대응하며 기하급수적으로 증가한다고 진단하고, 이를 Metcalfe의 법칙이라고 칭하였다.

일단 어떤 제품을 쓰는데 습관이 된 소비자는 계속해서 그것을 사용하려고 하는 고착현상(lock-in)에 지배받게 된다. 이러한 현상 때문에 SW개발업자는 새로운 소프트웨어를 대학에 무료로 배포하여 학생들을 하여금 이용하도록 하고 그로써 학생들을 이 제품을 쓰는데 익숙하게 만들어 졸업 후에도 이 제품을 계속 사용하도록 유도한다. 이로써 학생들은 고착된다. 그런데 이러한 고착현상은 차후 더 나은 제품이 개발되어 시장에 나오더라도 그것의 보급을 어렵게 한다. 더 나아가 일단 상당한 고착현상의 이점을 누리게 된 회사는 자사 제품에 대한 과장된 홍보만으로도 제품에 대해 안정적 수요를 확보할 수도 있게 된다. 여기에서 명성의 관리(reputation management)가 중요하게 된다. 정보재시장은 완전경쟁시장이 아니다. 예컨대 스프래드 쉬트(spread sheet)시장에서 Bowland사의 Quattro Pro가 먼저 시장에 진출하였는데 당시 미처 제품을 완성하지 못했던 MS는 자신의 제품 Excel이 더 편리하다고 미리 선전을 하였고 이러한 선전의 영향을 받은 사람들이 구매를 연기하여 Excel이 스프래드 쉬트의 대표주자로 될 수 있었다 한다.

4. 정보통신산업에서의 경쟁의 문제

정보화사회에서의 핵심산업을 정보산업이라고 할 수 있다. 이러한 정보산업은 통신산업과 매우 밀접한 관계를 유지하고 있으며 이를 보아 정보통신산업으로 확장해 이 둘을 함께 다루기도 한다. 정보통신산업은 빠른 기술발전의 영향을 받고 있기 때문에 산업 내에서의 경쟁이 매우 격렬하다. 그러나 이러한 경쟁은 완전경쟁이라기 보다는 독점적 경쟁의 형태를 띠고 있다. 이런 데서는 승자가 모든 것을 차지한다(winner takes all)는 승자독식의 특성도 보여진다.[5)]그러나 그것은 보다 나은 기술을 가진 새 경쟁자가 등장하기 이전까지만 우위를 가지는 일시적 독점(temporary monopoly)의 양태를 지닌다.[6)]그런데 일시적 독점은 항시 지양되어 왔다. 때문에 장기적으로 보면 정보통신산업은 매우 심한 경쟁을 보이고 있으며 그 결과 소비자들이 가장 큰 혜택을 누리게 되고 있다.

단 이제까지 가격하락이 나타나 소비자 후생을 증대시켰다고 할 수 있는 재화나 서비스는 수개에 한정되어 있다고 할 수 있는데, 이들은 컴퓨터의 제작, 반도체의 생산, 도매 및 소매, 통신, 금융부문 등에서의 서비스이다. 나아가 특히 인터넷을 활용하여 효율을 크게 증진시키고 그로써 소비자후생을 제고시킨 부문으로는 뒤에서 보듯 보석매매, 지급결제, 통신, 호텔업, 부동산중개, 소프트웨어 정도 있다.

빠른 기술발전이라는 요인에 의해 초래되는 이런 동태적 경쟁심화현상

5) 최근 일반인이 좋은 컨텐트를 창작하여 사용자 생산 컨텐트(user created content)를 수용하는 커뮤니티 또는 호스트 사이트(hosting site)에 올리려고 할 때 유명 호스트 사이트를 찾는 경향이 현저한데 이러한 경향이 나타나는 것도 1등인 유명 호스트 사이트가 가지는 이점에 기인하는 것이라 하겠다.

6) 몰론 다른 부문에서도 완전경쟁의 예를 찾아보기는 힘들다. 1970년대 이전에는 농산물 시장과 금융시장에서의 제품의 동질성을 주목하여 이들을 완전경쟁시장의 예로 제시했었다. 그러나 이제는 이들이 경쟁시장이라고 여겨지지 않는다. 금융시장에서는 금융상품의 다양성, 정보의 불완전성 등 불완전 경쟁의 요소가 현저하며, 국내 쌀가격이 국제가격의 7배 정도가 될 정도로 농산물가격의 국내외가격의 괴리가 심하다는 사실이 이들 시장이 완전경쟁시장이 아니라는 것을 시사한다. 이에 비해 최우위 경쟁자나 연명할 뿐이고 나머지는 쉽게 파산한다는(first runner-up breaks even, and everyone else goes bankrupt rapidly) 관찰이 보여주듯 정보재시장은 동태적으로 매우 경쟁적인 시장이라 하겠다.

은 정보재시장에 정적인 네트워크 외부성 및 고착현상이 있다는 위의 사정에 따라 더 강화된다. 일단 시장에서 우위를 확보한 공급자는 다른 경쟁자에 비해 제품을 더 싸게 팔 수 있는 소지를 확보하게 되고 그것에 근거하여 잠재경쟁자의 시장진입을 차단하기 위하여 가격을 가능한 한 낮게 결정하려고 하게 된다. 그에 따라 개발비용을 적당히 회수할 수 있는 어떤 수준에서 가격이 결정되게 된다. 그러면 네트워크 외부성에 힘입어 수요가 더 늘어나고 이는 다시 제품을 개량하고 가격을 인하할 수 있도록 하는 요인으로 되어 이른바 선순환을 가져오게 된다. 이러한 정보재의 시장은 상표나 광고의 영향을 많이 받는다.

심한 경쟁을 피하려는 의도는 잠재적 경쟁자의 등장을 배척해 보려하는 요인으로도 된다. 잠재적 경쟁자가 진출하거나 힘을 키워 보다 높은 경쟁력을 갖게 되는 것을 예방하고자 경쟁관계에 있는 다른 기업 또는 경쟁력제고에 보완적이 될 수 있는 기업을 합병하거나 제휴관계를 형성하는 일이 흔하다.[7)]

이런 경쟁 속에서 살아남는 방법은 자신의 제품을 다른 경쟁자의 그것과 차별화하는 방법이다. 차별화의 방법으로는 수요자를 잘 알고 난 다음 그것에 적합한 제품을 공급하는 타깃 마케팅을 하며 경쟁제품과 다른 제품임을 알리는 방법을 취할 수도 있고 경쟁자가 진입하지 못하는 틈새시장(niche market)에 진출하여 독자적 가격을 매기는 방법을 취할 수도 있다. 나아가 수요자별 가격차별화를 할 수 있게 되면 첫 번째 재화의 문제가 제기하는 생산원가 회수의 어려움도 해결할 수 있다.

정보통신은 대용량의 데이터를 초고속으로 편리하게 전송할 수 있는 통신시스템을 전제로 한다. 나아가 이런 통신시스템으로 통신시장을 개념화할 수 있다. 유선통신시장은 거의 모든 나라에서 독과점화 되어 있다. 유선통신서비스를 제공하기 위해서는 막대한 유선 네트워크를 포설해 놓아야 하는데, 이러한 네트워크를 포설할 수 있는 사업자는 어차피 소수로 제한될 수밖에

---

7) Oracle은 그가 PeopleSoft를 인수합병을 하려는 제 1 의 이유로서 응용 SW시장에서 MS의 독점적 행위의 위험을 들었다. 이 시장에서 제 2 위인 Oracle이 제 1 위인 MS와의 경쟁에서 고사당하지 않기 위해 여타 SW회사를 합병해 회사의 크기를 늘려야 한다고 여겼다. NYT, 'Oracle Says Fear of Microsoft Led to PeopleSoft Bid' July 1, 2004, 또 IBM이 Linux 개발 노력을 적극적으로 지원하는 것도 MS를 견제하려는데서 비롯된 것이라 본다.

없으며 어떤 지역에서는 더욱 소수일 수밖에 없다. 그로써 유선통신시장에서는 독점에 근사한(near monopoly in local market) 시장이 형성되게 되어 있다.

나아가 독자적 네트워크를 가지고 있으면서 다양한 수요자의 통신수요를 충족시켜야 하는 과점시장의 사업자들은 자신의 네트워크 이외에 다른 사업자의 네트워크도 이용하지 않을 수 없어 상호 연결(inter-connection)을 꾀하게 되고 이에 대응해 서로 간에 접속료(inter-connection charge 또는 access charge)를 정산해야 하는 문제를 가지게 된다. 이런 때 상대적으로 우수한 네트워크를 가진 사업자가 자신의 네트워크를 개방하지 않으려고 할 수 있으나 국민경제 전체의 효율을 고려하면 개방의 필요가 있기 때문에 개방을 하도록 정책적으로 강제되고 있다. 이에 따라 자체적으로 네트워크를 가지고 있지 않거나 한정된 네트워크를 가진 사업자는 다른 사업자의 네트워크에 접속할 수 있어 이른바 망개방(open access)이 시현되고 있다. 그러나 이러한 결과는 쉽게 자동적으로 이루어진 것이 아니었다. 여기에서 통신시장에서는 본래적으로 규제가 없을 수 없다는 것이 인정된다.

정보통신기업으로서 가장 성공한 2개의 기업이 MS와 Google일 것이다. MS는 운영체계에서 거의 독점을 이루었고 Google은 검색서비스에서 타의 추종을 불허하고 있다. 뒤에서 보겠지만 MS는 브라우저를 그의 운영체계에 함께 끼워팔기(bundling)를 하려하다가 독점적 행위로서 제소당한 뒤 브라우저를 무료로 주기로 함으로써 쟁송을 사실상 회피하였다. 그럼에도 불구하고 MS는 오피스 등의 SW와 관련해 여전히 끼워팔기의 쟁송에 휘말려 있다. 나아가 그의 운영체계 Window를 근거로 하여 다른 SW개발자들이 자신의 SW를 실도록 하는 연동성(interoperability)을 제한함으로써 유럽에서는 독점행위라는 판정을 받게도 되었다. 상급법원에서 이러한 판결이 바뀌게 되지 않는 한 MS는 연동성을 보장하게끔 통신 프로토콜을 공개해야 할 것이다. 이는 지적재산인 Window의 원천코드를 어떤 범위로 공개해야 하게 하고 그 대가로는 얼마를 받아야 하는지의 어려운 문제를 낳는다. 연동성 보장을 위한 공개는 가식의 공개가 아니라 진정한 공개이어야 할 것이다. 너무 많은 라이센스 이용료를 요구해 사실상 독점을 지속시키는 형식적 공개로 되어서는 안 될 것이기 때문이다. 마찬가지의 맥락에서 Google은 그가 검색과정에서 얻은 이용자에 대한 정보를 다른 경쟁자에게 제공하도록 명령받을 소지를 지니고 있다.

그런데 이들은 서로 상대방의 업무에서 독점적 행위를 비판하고 있다. MS는 Google의 검색서비스의 지나친 영향력을 제한해야 한다고 하고 있고, Google은 2002년 반독점소송의 결과 MS가 Window 운영체계에서 다른 SW가 잘 돌아갈 수 있도록 해야 한다고 의무지워졌는데도 불구하고 Window Vista에서 MS의 검색엔진이 아닌 다른 검색엔진을 차별화하고 있으며 기타 다른 SW와 연결을 보장하는 미들웨어(middleware)에서도 그러하다고 비판하고 있다.

우리나라의 경우 KT와 하나로가 유선통신망을 과점하고 있다. 미국에서도 유선망이 지역별로 과점화되어 있다는 면에서 사정은 다르지 않다. 이들은 유선통신시장에서 경쟁하는 이외에 유선통신망을 이용하는 인터넷 접속서비스 DSL부문에서도 경쟁하고 있다.

무선통신시장에서의 네트워크 포설은 상대적으로 쉽다. 그러나 무선통신을 위한 전파자원이 제한되어 있기 때문에 한정된 수의 사업자만이 무선통신망을 깔도록 허가되고 있다. 무선통신시장에서도 보통 소수의 기업들이 경쟁을 하고 있는데 우리나라의 경우 SK, KTF, LG의 3개 기업이 치열한 경쟁을 벌이고 있다. 경쟁이 양상이 서로 가격을 낮추는 형태로 나타나고 있으며 그런 경쟁의 결과로 무선통신 이용비용이 하락하게 되었고 그로써 소비자들이 이득을 보고 있다.

5. 정보재의 특성

IT기술에 절대적으로 의존하는 정보재(information good)는 다음과 같은 몇 가지 특징을 가지고 있다.

① 우선 유형이기 보다 무형이면서 디지털화 되어 있어 복사 및 전송이 매우 용이하다. 그로써 위의 첫 번째 재화의 문제 등을 감안한 때 한계비용가격으로 가격을 결정할 수도 없고 그것의 동태적 대응치인 한계가격(limit pricing)이나 장기적정가격(long run optimal pricing)으로 가격을 결정하는 것도 타당하지 않다.

② 경험재(experience good)로서의 특성을 가지는데, 이는 실제로 어떤 제품을 경험해 보아야 그 진가를 알고 사용을 하게 된다는 측면을 말하는 것이다. 이에 따라 정보재의 생산자는 무료 샘플을 돌리거나 싸게 시판함으로써 사용자가 상품을 구입해 사용하고 그에 따라 고착되거나 중독되도록 하고 있다. 이를 위해서는 적어도 경험 이전에는 정보재의 가격을 매우 싸게 해야 한다. 나아가 서로 다른 2개의 기술이나 시스템으로 결합하는 복합제품(hybrid version)의 속성을 이용하여 이미 고착된 것과 그러하지 않은 것을 묶은 후 전자의 부분은 비싸게 후자의 부분은 싸게 하는 가격전략을 구사하기도 한다

③ 정보재는 온라인 제품(on-line commodity)으로서 출발하였으나 차후 이용이 늘어나고 판매방식이 다양화되면서 오프라인 제품(off-line commodity)으로 변환된 측면을 가지고 있다. 그런즉 후자로 되면서 그것은 일반적인 재화로서의 성격도 가지게 되었다. 그리고 이렇게 되면서 순수히 온라인 제품이었던 경우보다 유통비용이나 마케팅비용과 같은 요소의 중요성이 커지게 된다.

④ 정보재는 공개표준(open standard)을 따라 공급되는 경우가 많다. 이런 표준은 소수에 의해 독과점되지 않고 공개되어 있는 것이기에 누구나 그것을 따르고 이용할 수 있어 많은 경쟁자가 시장에 진입하는 것을 용이하게 한다. 이는 가격을 낮추고 기술발전을 촉진한다. 나아가 이런 관행은 한번 정해진 표준이라도 더 나은 것이 생기면 쉽게 바꾸고 쉽게 수용하도록 하여 기술발전의 효과를 극대화시키기도 한다. 그러나 경우에 따라서는 특허 등으로 보호되는 우수한 기술을 가지는 주체가 시장에서의 실력을 토대로 하여 표준을 사실상 결정하기도 한다. 특허가 표준의 핵심요인이 되는 경우 다른 사람들은 그것을 따르고 기술을 라이센스 받아 이용하는 것 이외에는 다른 도리가 없다. 어떤 시장이 독립된 것이 아니고 다른 시장과 다소간 연계되어 있어 한 시장에서의 매출이 다른 시장에서의 매출과 어떤 상관관계를 가지는 경우라면 표준의 핵심요소가 되는 특허가 형식적으로 하나의 시장과 직접적 관련을 가지는 것이라 하더라도 그것의 라이센스 비용 등을 계산하는데 이러한 상관

관계를 감안하여야 한다. 연계된 복수의 시장을 사실상 하나의 시장처럼 인지하여 그러한 통합된 시장의 사정에 근거하여 특허의 라이센스 비용을 결정함으로써 표준의 설정이 지연되는 일이 없도록 해야 한다.

Window에서 쓰이는 초기화면은 Apple사의 Macintosh 운영체계(operating system: OS)를 인가받아 만들어진 것이었다. 그런데 이것이 MS로 하여금 Window를 가지고 OS에서 사실상 독점을 할 수 있게 한 주요한 원인이 되었다. 다시 말하면, 당시 Apple이 Macintosh OS를 인가함에 있어 MS 이외에 다른 개발자들도 그것을 이용할 수 있도록 해 주었더라면 MS의 Window 독점은 실현되지 않았을 것이라 한다. 그 후 MS사는 Window SW의 원천 프로그램(source program)을 공개하지 않으면서 OS독점을 구가하고 있다. 그러다가 최근 소스 공개를 주창하는 Linux에 추격당하고 있다. 이러한 추격에 위협을 느꼈는지 MS는 몇몇 회사와 배타적인 계약을 맺고 그것의 원천 프로그램을 부분적으로 공개하는 변화를 보이고 있다. 그 이후 그것이 해킹당하고 더구나 그 소스 프로그램에 오류가 있다는 것이 발견되었다는 소문도 있었다.

여기에서 초점은 표준을 설정할 때 그 내용의 여러 부분 중 어느 정도를 공개하고 외부와 협력해야 최선의 표준을 마련할 수 있겠느냐 하는 것에 모아진다. 정보재시장에서 성공하기 위해서는 코스트 면에서 우위를 지니거나 제품을 차별화할 수 있어야 하는데, 코스트 우위를 빨리 확보하기 위해서는 공개표준의 도움이 되고 차별화를 위해서는 사실상의 표준을 공개하지 않고 독점적으로 활용하는 것이 긴요하다. 뒤에서 다루는 바 무선인터넷(wireless internet)이나 모바일 인터넷(mobile internet)에서는 현재 표준이 없어 표준OS의 개발이 초미의 관심사가 되고 있다. 이를 위해 여러 회사들이 표준을 공개해야 하는지를 고민하며 경쟁하고 있다.

⑤ 장기적 고려가 필요하다. 정보재가 상용화되기까지는 그것의 사용자의 수가 어떤 임계수준 이상으로 많아야 하는바 이를 확보하는 데에는 종종 상당한 선행시간(lead time)이 소요된다. 예컨대 인터넷은 1969년부터 사용시작된 것이라 본격 이용된 것은 1995년부터이다. 상용화되어 정착되기 이전까지의 과도기중에는 가치평가가 임의적이었고 재산권의 성질은 불확실했다. 이런 시장에서는 과거 닷컴 거품에서 볼 수 있었듯이 현재 가치와 더불어 미

래 가치가 큰 비중을 차지하는 경우가 많다. 그러나 동시에 정보재 시장에서는 일시적 독점이 비일비재하다. 일시적 독점자는 단기적으로만 시장에서 지명도와 영향력을 가진다. 이에 시장에서 소비자의 기대를 불러일으켜 그 영향력을 지속시켜려고 노력하며 그 일환으로 고객들의 기대를 관리(expectation management)하려고 한다.

시장에서 지명도를 가지고 단기적 독점의 우위를 누릴 수 있는 방법의 하나가 자신의 생산방법이 표준이 되도록 하는 것이다. 국제시장에서도 널리 팔기 위해서는 자신의 생산방법이 국제표준으로 하면 좋은데, 문제는 국제표준으로 인정받는다는 것이 쉽지 않다는 것이다. 국제표준으로 되기 위해서는 기술적 내용이 우수해야 할 뿐 아니라 외국으로부터의 용인 내지 협조가 필요하다.

무선통신에서의 CDMA기술은 원래 미국의 Qualcomm사가 개발한 것으로 이 기술의 지적재산권은 동 사에 속하는 것이다. 그러나 1996년 우리가 그것의 상용화를 시도해 성공하기 이전까지의 과도기 중에는 이 기술은 실제로 성공할지 여부가 불확실했던 미완의 이론적 기술이었다. 상용화 시도가 반드시 성공한다는 보장이 없었으므로 상용화 시도시 우리는 상당한 위험을 지고 있었으며 이에 따라 상용화 시도의 경쟁자도 없었다. 이런 의미에서 CDMA기술의 상용화에 있어 Qualcomm은 공급독점자(monopolist)이었고 우리는 수요독점자(monopsonist)이었다. 이러한 쌍방독점의 상황에서는 기술사용 라이센스의 가격이 어떤 하나로 결정되지 않고 미결정의 영역(zone of indeterminacy) 속에 있게 된다. 이런 영역에서 결정된 기술사용료는 Qualcomm이 오로지 독점자이고 상대방은 수요독점자의 위치를 가지지 못할 때의 그것에 비해 낮게 책정되어야 한다. 그러나 동 사는 우리 이후 중국에 기술사용을 허가하면서 우리에게 보다 낮은 사용료를 받기로 하여 물의를 빚었다.[8)]

이론적으로 추론해 볼 때 동 사 기술의 상업화라는 위험부담에 대한 대가를 어떤 방식으로든 우리가 취할 수 있게 되어야 하고 그 결과는 최소한 그러한 위험부담을 지지 않은 다른 나라에 대한 동 사의 기술사용료보다 우리의

---

8) 동 사는 우리나라 CDMA휴대폰 업체로부터 출고가의 5.25%-5.75%에 상당하는 금액을 기술료로 받고 있다.

기술사용료가 낮은 것으로 되어야 한다. 그러나 우리보다 낮은 중국의 기술사용료는 이런 추론과 상반되는 것이다. 국제적 표준의 결정과정에서 보인 우리의 미숙함이 가져온 코스트를 보여주는 예라 하겠다. 이러한 미흡함을 반복하지 않고자 하여 우리는 무선 인터넷 국제표준을 결정하는데 우리의 플랫폼 WIPI를 퀄컴의 불루와 함께 무선 인터넷 단말기에 탑재할 수 있도록 노력하였고 우리의 것이 국제표준의 하나로 인정받게 하였다. 유일한 표준으로 공식화시키지는 못하고 불루와 함께 호환될 수 있게 한 것에 지나지 않으나 차후 노력에 따라 시장에서 사실상 많이 사용되게 된다면 사실상의 표준으로 될 수 있는 입지를 확보했다고는 할 수 있다.

6. 정보재의 가격결정

이상의 고려는 정보재의 가격결정과 관련하여 그것의 소비와 생산의 특성을 동시에 감안하는 적절한 가격결정방식을 고안해 내야 한다는 과제를 제기한다. 이에 대응하여 시장에서는 아래와 같은 가격결정방식이 나타나 통용되고 있다.

개별화된 가격(personalized pricing)과 가격차별화

수요자에 관한 정보를 알고 있으면 그것에 따라 차별화된 가격을 매길 수 있다. 일 예로 수요가 비탄력적이면 비교적 높은 가격을 매기고 있다. 반면 가격탄력적 수요를 가지는 학생들이나 노년층에 대해서는 할인을 해 주고 있다. 연구보고서나 회계SW의 가격은 수요자마다 다르게 책정된다. Amazon.com에서는 고객들이 관심을 보이는 분야의 새로운 책에 대한 정보를 이메일 서비스를 하고 재고가 많이 남아 있거나 다소 손상된 책에 대해서 할인을 하고 있다. 잡지를 도서관에는 비싸게 팔고 개인에게는 싸게 판다. 학교 등 정부재의 집합적 수요가 있는 곳에 대해서는 지역 허가(site license)를 내주는 경우가 많다.

정보과잉(information overload) 및 표적마케팅(target marketing)

정보과잉이란 정보가 넘쳐나 소비자의 주의를 끌기 힘들게 되는 현상을 의미한다. 나아가 이러한 상황하에서도 소비자의 주의를 끌기 위해서 표적마케팅을 시도한다. 종래의 매체를 통해 광고를 내보내고 소비자들의 반응을 기다리기 보다 소비자들과의 상호작용에 의거하여 경험자료를 축적한 다음 그것을 가지고 소비자의 성향을 분석하여 각개 소비자가 원하는 요소를 충족시키는 방법을 가지고 거래를 성사시키려 하는 것이다. 예컨대 Amazon.com은 정보과잉의 폐해를 극복하기 위한 노력으로서 소비자의 첫 번째 책 구입을 토대로 하여 고객의 성향을 분석한 다음 고객의 관심분야에 대해 맛보기 컨텐트인 요약, 서평 등을 이메일로 주기적으로 발송함으로써 고객이 관심분야 책을 다시 구매하도록 유도한다. 또 날씨, 스포츠 정보, 주식시세 등 사람들마다 차이는 있으나 그것을 얻기 위해 돈을 낼 용의를 갖고 있는 정보를 실시간으로 제공하면서 수고료를 받기도 한다. 이런 것의 예로서 금융시장정보를 실시간에 제공하는 브룸버그 통신이 있다. 이 회사가 그보다 선발 주자인 로이터를 이길 수 있었던 것은 금융정보를 개별 소비자에 맞게 더 세분화하고 패키지화했기 때문이라 한다. 이러한 타킷 마케팅에서는 가격차별화가 사실상 시행되고 있는바, 수요의 탄력성에 따라 소비자를 구분하여 가격을 차별적으로 책정한다.

시간조정(versioning)

상이한 수요의 본질이 시간대에 대한 선호의 차이에 있을 때 동일한 물건을 상이한 시간대에 공급하는 방식을 취하면서, 먼저 이용하려는 수요에 대해서는 높은 가격을 요구하고 차후 천천히 이용하려는 수요에 대해서는 상대적으로 낮은 가격을 매기는 식으로 시간별 차별화를 꾀하는 방식이 시간조정이다. 예컨대 하나의 영화필름을 먼저 일류 영화관에서 돌린 다음 비디오테이프로 만들어 판매하고 제일 나중 TV방송국에 판매해 주말 흘러간 영화로 방영하게 하면서 이를 각각에 대해 다른 이용료를 징구하는 식이다.

디지털 컨텐트를 쉽게 온라인으로 유통시킬 수 있게 되자 시간조정의 방식도 바뀌고 있다. 예컨대 앞의 순서에 따라 영화필름을 유통시키던 데서 다소 달라지게 되어 개봉관에서의 상영 후 IPTV나 VOD로 내보내고, 그 다음에 DVD출시, 케이블TV에서의 방영, 지상파 TV에서의 방영의 순으로 유통순위를 바꾸어 온라인 유통의 방도를 더 이상 활용하려는 변화를 보이고 있다.

정보중개 및 정보종합(information intermediation and synthesis)

동종 업계의 전망을 예측하는 방법으로서 그 업계에서 가장 탁월한 시각을 가진 CEO들로 하여금 예측치를 제시하게 하고 이러한 예측치를 수집, 가공, 패키징해서 이들에게 되파는 경우가 있다. 이때 개별 CEO들은 다른 CEO들이 어떻게 보고 있는지가 궁금거리이기 때문에 가공 종합된 정보를 돈을 내고 살 용의를 가지고 있다. 또 이들에게는 관련정보를 사는 비용이 사소한 정도에 불과한 경우가 많다. 여기에서 정보종합이라는 서비스가 성립하게 된다. 종합한 정보를 그것을 필요로 하는 곳에 전한다는 의미에서 정보를 전하는 행위는 정보중개의 성질도 가진다. 이러한 정보중개 및 종합기능은 정보화사회의 빈틈을 채우는 일종의 혁신이라고 할 수 있겠는데, 정보화가 진전되면서 이런 식의 서비스가 늘어나는 추세를 보이고 있다.

이상의 방식으로 정보재를 팔아 수입을 확보할 수 있다는 것은 매우 바람직스러운 것이다. 그러나 통상적으로 정보재는 무료 또는 원가 이하로 공급되는 경우가 많고 판매대금을 받는 데에서도 직접적 방법 대신 다른 방도를 동원하는 우회적 방법이 많이 동원된다.

현재 주로 이용되고 있는 수입획득의 방식으로는 광고료를 받는 것. 매 사용에 대해 사용료를 받는 것(paying for use). 일정 시간마다 구독료를 받는 것(charging subscription fee) 등이 있다. 그러나 그 어느 것도 항시 효과적이지 않으며 정보재 생산자에게 충분한 수입을 보장해주지 못하고 있다.

사람들이 자주 방문하는 곳에 광고를 하면서 방문시 광고를 보게 하면서 광고게재에 대해 광고료를 받는 방식이 최초에 유행했었다. 그러나 인터넷에서 이 방법은 반드시 효과적이지 못한 것으로 판명되었다. TV채널을 바꾸지 않는 한 방영되는 광고를 볼 수밖에 없는 TV시청자와 달리 인터넷 이용자들은 방문시 제공되는 광고를 보고 싶지 않을 때 TV채널을 바꾸는 것보다 훨씬 쉽게 후술되는바 초월연계를 통하여 다른 사이트로 이탈해 갈 수 있기 때문이다. 과연 초기 광고방식인 배너(banner)광고나 펍업(pop-up)광고는 효과적이지 못하였으며, 스팸메일을 보내는 것도 골칫거리로 인식되어 환영받지 못했다. 그러니 그 속에서의 사실상의 광고도 큰 소구력을 가지기 힘들었다. 그 이후 나타난 것이 사람들이 검색을 하고 그 결과를 볼 때 그 옆에 광고료를 내면서 웹을 게재하게 하는 Google의 스폰서 연계(sponsored link) 모델이었다.

인터넷의 강점은 초월연계(hyperlink)를 마음껏 활용할 수 있다는 것이다. 그런데 hyperlink되어 이동해 갈 수 있는 후보 웹 사이트는 무한히 많다. 이런 후보 사이트 중 주목을 끌기를 원하는 사이트는 광고료를 내고 검색결과 가까이 자신의 사이트를 등재하려 하게 된다. 이에 따라 위치에 따른 차별화의 소지가 나타나고 이를 근거로 하여 광고료도 차별화할 수 있게 된다. 자신의 사이트가 주목받기를 원하는 사람에게 기꺼이 광고료를 내게 할 수 있어 아주 효과적인 비즈니스 모델로 된다. 나아가 이러한 방법은 그러한 광고성 웹을 보고 클릭하여 실제로 방문한 정도에 따라 요금을 달리 내게 하는 식으로 발전되었다. Google의 검색엔진을 이용하는 회수가 1일 1억회라고 하는 것이나 동사의 기업적 성공을 볼 때 이런 비즈니스 모델은 성공적 광고료 수입 모델로 정착되어 있다 하겠다. 이러한 모델은 웹에다 전화번호부나 인명록처럼 어떤 특정한 자료를 규칙적으로 정리해 놓고 필요한 전화번호나 인명을 찾게 하듯 웹에서 주어진 규칙에 따라 필요정보를 실어 놓고 찾도록 하는 국지적 검색엔진(localized search engine) 이용모델로 진화되기도 하였다.

04 | 정보통신투자

1980년초 40대의 전자금융(electronic banking) 전문가인 존 리드가 시티뱅크의 회장으로 새로이 선임되었다. 이자율 상한규제를 회피할 수 있는 신금융상품 CD를 창안하여 막대한 자금을 조성하는데 성공한 그의 전임자가 그 자금을 남미국가에 대출하였다가 이들 국가의 경제위기로 회수에 실패하여 손실을 보게 되었고 그것에 대해 책임을 지고 물러나야 하게 되자 후계자로 지명되어 시티의 재건임무를 맡게 된 것이었다. 그런데 당시는 전자금융에 대한 수익성이 전혀 증명되지 않은 상황이었다. 그럼에도 불구하고 리드의 지휘하에서 대규모의 투자가 이루어졌으며 이는 채산성이 보장되지 않는 불확실한 상태에서 이루어진 투자의 대표적인 케이스로 되었다.

이러한 투자로부터의 어려움 때문에 그 성과가 증명되지 않았던 1992년 시점에서 그는 사임의 압력을 받았다. 그러나 겨우 사임을 면한 상태를 유지하다가 2000년대에 들어와서 이 금융그룹은 세계 제일의 금융그룹이 되었다. 그 원인으로서 IT투자를 대규모로 성공적으로 한 것이 적시되게 되었다. 이 예는 IT투자가 지니는 어려움을 예시하는 것이다. 다른 부문에서의 투자에 비해 IT투자의 불확실성이 더 크다는 것이며, 나아가 불확실성에서 기인하는 어려움을 회피하려고 투자를 하지 않다가는 경쟁에서 낙오될 수도 있으니 무조건 회피할 수도 없다는 고민을 시사하는 것이다. 정보화사회의 효과적 구축을 위해서는 적정하게 투자를 할 수 있도록 되어야 하는데, 이에 어떤 타입의 투자가 국민경제성장에 최선으로 기여할 수 있는 것으로 될 수 있을 것인지에 대한 논의가 필요하게 된다.

1. 전통 경제학에서의 투자 결정

경제학에서는 투자의 한계비용과 투자의 한계수익이 일치하는 수준에서 투자규모를 결정하라고 한다. 그런데 투자의 한계비용은 어느 정도 측정가능하나 그 한계수익을 정확히 계측하는 것은 매우 어렵다. 때문에 이 원칙을 현실적으로 적용하려 함에는 어려움이 있다. 투자에 대한 다른 논의는 동물적 본능(animal spirit)에 의존하라는 것이다. 투자는 기업가의 판단에 맡겨야 한다는 것이며, 투자결정에 있어서의 기업가의 본성을 동물적 본능이라고 표현한 것이다. 이와 관련하여 공무원의 투자결정과 기업가의 투자결정을 비교해 볼 경우, 공무원은 투자자금 조달이나 결과에 대해 책임을 지지 않는 반면 기업가는 자신이 조달한 자본을 가지고 투자하고 그 결과에 대해 모든 책임을 진다는 차이를 가지고 있다. 때문에 여러 가능성을 고려하여 최선의 결정을 내리는 기업가에 의한 투자결정을 보다 신뢰할 수 있다는 것이다.

우리는 흔히 산업화에는 늦었으나 정보화에는 늦지 말자고 한다. 이를 위해서는 임계치를 넘는 규모의 정보화 투자를 효율적으로 수행해야 할 것이다. 나아가 정보통신산업에 있어서의 투자는 경제 · 사회 전체에 미치는 영향이 크므로 사회 전체에 대한 시각 및 착실한 비전과 정보를 가지고 수행해야 할 것이다. 이에 기본적으로 투자를 기업가의 본능에 맡기더라도 투자 결정을 위해 필요한 정보를 이들에게 최선으로 제공해 주어야 할 필요가 생긴다. 일반적으로 말해, 합리적인 투자결정을 위해서는 충분한 정보가 공급될 수 있어야 할 것이며, 이러한 정보는 대학이나 정부 및 공공기관의 연구소등에서 생산되어 제공되어야 할 것이다.[9)]

2. 성공적 정보산업투자를 위한 조건

5가지 정보화 요소들

지식정보화사회를 건설하기 위해서는 다음과 같은 물리기반망, 응용서비스망, 응용시스템, 컨텐트, 정비된 법제도라는 5가지 지식정보화 요소가 잘 결합되어 있어야 한다고 개념화해 볼 수 있다.

첫째, 물리기반망(physical infrastructure)이 있어야 한다. 여기에서 물리기반망이라 함은 여러 가지 통신미디어(물리적인 회선설비, 전파자원 등), 전송설비, 교환설비 등의 통신체계를 가지고 네트워크를 구성하는 물리적인 차원의

9) 정보재 시장은 승자독식(winner-take-all market)의 특성을 가지고 있어 1등만 모든 이득을 누리게 되지만, 결과적으로는 그것이 가격인하를 가져와 소비자에게도 충분한 이득을 가져다줌으로 이렇게 기업가를 돕는 노력이 정당화 된다.

기반구조를 칭하는 것으로 물리망이라고도 한다. 이것은 전기통신기본법과 전기통신사업법의 체계 내에서는 '기간통신사업'의 영역으로 정의되는 것이다. 근년에 들어와 기술혁신과 정보통신기술의 광범위한 활용 등이 있게 됨에 따라 물리기반망은 사회간접자본으로서의 성격의 띠게 되었다.

현재의 물리기반망은 유선망과 무선망이며 이들을 용도의 차이에 따라 모두 이용하고 있다. 더 나아가 모든 가정에 보급되어 있는 전기선을 통신목적으로 이용하는 것의 가능성도 이야기 되고 있다. 오늘 날 유선통신의 주요 기간망은 광케이블로 구축되어 있다. 그러나 이러한 광케이블은 최종수요자에 까지 포설되어 있지 않아 미포설된 잔여부분을 어떻게 채워 최종사용자에게 연결을 보장하느냐 하는 문제가 이른바 최후 1마일의 문제(last one mile problem)로서 인지되고 있다. 최초에는 전화선을 이용하는 방식으로 이 문제에 대답해 왔으나 그것으로는 속도가 느려 광대역 통신(broadband coummu-nication)을 지원하기가 어려웠다. 즉 그것을 가지고는 1초에 100메가바이트 정도를 전송할 수 없었다. 따라서 그 대안으로 케이블망, ADSL, VDSL 등이 제시되어 현재 널리 쓰이고 있다. 또 하나의 대안은 무선을 통한 해결이다. 그래 무선전화를 쓰는 이외에 무선의 방도인 핫스팟(hot spot) 등이 나타났다. 무선 연결을 위해서는 무선중계기 설치가 필요하다.

물리망을 이용하는 방식으로서 서킷통신(circuit communication)과 패킷통신(packet communication)을 구별할 필요가 있다. 전자는 통신을 위해 통신망을 이용자가 배타적으로 모두 점용하는 성격을 지니고 있는 것으로 그것을 이용해 전달이동되는 정보가 누출되거나 손실될 가능성이 매우 작다. 반면, 현재의 유선전화에서 볼 수 있는 것처럼 전화를 하는 두 사람이 한 회선을 배타적으로 사용한다는 면에서 회선을 충분하게 이용하지 못한다는 단점이 있다. 반면, 후자는 패킷으로 분할된 정보의 부분들을 여러 이동경로를 통해 보내는 자유재량성을 발휘하면서 통신선에 그런 것들을 빽빽이 수용하게 함으로써 하나의 선을 여러 사람이 동시에 이용하는 것을 가능하게 하고 있다. 그로써 통신망의 활용에 있어서 높은 효율성을 보이고 있다. 단 이를 위해서는 컴퓨터의 주소격인바 32비트 숫자이며 인터넷 프로토콜로 된 IP주소를 식별하여 최단이고 최적으로 되는 패킷이동의 경로를 지시하여 주는 라우터가 필요하게 된다. 이런 와중에는 정보를 잃어버릴 가능성(router 단계에서의 정보유실 가능성)이 있으며 이것이 패킷통신의 큰 단점으로 되어 있다.

우리나라의 경우 초고속통신망이 널리 보급되어 있다고 하는데, 이것은 브로드밴드를 수용할 수 있는 물리망이 광화이버로 된 백본망(backbone network)으로 잘 갖추어져 있다는 것 및 ADSL 등에 의해 최후 1마일 문제가 다른 나라에 비해 잘 해결되어 있다는 것과 같다. 이에 우리나라가 초고속통신망을 이용해 여러 응용방법을 시험하는 시험장(test bed)으로서 적지라고 꼽히고도 있다.

정보화 사회에 기반이 되는 통신망을 갖추게 되는 데에는 많은 사업자들이 참여하고 있다. 네트워크 운영자(network operator: NO)로서 우리나라에서는 유선통신 사업의 대표적인 기업으로서 KT를 들 수 있다. 이 회사가 이미 갖고 있는 기존의 전화선 및 광케이블이 통신망으로 활용되고 있다. 그 밖에 한전이나 도로공사 등도 함께 참여하여 전기선의 활용과 통신망 설비의 확충에 기여하고 있다. 이들은 물리망을 마련할 뿐만 아니라 기간 통신망 설비를 확충하는 데 필요한 관련 장비를 공급하는 업체들이 더불어 성장하게 되는데 기여하고 있다. 무선통신업자로는 SK, KTF, LG 등이 있다. 이들은 무선통신 기지국 및 전파 등의 물리적 기반시설을 가지고 있다. 이들은 서로 조금씩 차별화되는데, 예를 들어 cellullar 와 PCS를 생각해 볼 때 PCS는 통신가능 범위가 상대적으로 좁아 cellular에 비해 더 많은 기지국을 필요로 한다고 한다.

물리기반망과 관련하여서는 처리능력(processing power)와 저장능력(storage) 등 자원을 어떻게 배분해 쓰느냐 하는 문제와 효과적인 컴퓨팅을 위해 데이터 센터를 어떻게 배치해 활용해야 하느냐 하는 것이 문제가 된다. 아직까지는 컴퓨팅을 원활하게 하기 위하여 IT전문가가 항시 컴퓨터의 주변에 붙어 있어 컴퓨터가 제대로 작동하는지를 감시 확인하는 네트워크 돌보기(network babysitting)가 필수적이다. 그런데 이것이 일종의 낭비를 내포하기에 낭비되는 자원을 달리 선용하고 그로써 물리적 인프라에 신경 쓰는 대신 사업에 신경을 쓰도록 하자는 것이 처리능력, 저장능력과 관련되어 관심거리로 되고 있다. 이러한 문제의식은 IBM의 1995년 자동 컴퓨팅(automatic computing)이나 MS의 Window server 2003의 Dynamic System Initiative에서 처럼 스마트 SW로 HW를 대신할 수 있도록 하자는 제안을 낳았다. Window에 의존하는 PC 중심으로 과업을 수행하는 현재의 관행 속에서 기업의 데이터 센터는 그 용량의 30%내외의 낭비를 포함하고 있다고 보는데서 후자의 데이터 센터 문제가 유래된 것인데, PC에의 의존을 줄이고 네트워크를 보다 더 활용하도록 함으로써 마련된 컴퓨팅 자원을 전체를 위해 보다 효과적으로 쓸 수 있도록 하자는 의도를 가지고 있다.

둘째, 응용서비스망(application networks)이 필요하다. 응용서비스망은 교환체계, 노드, 라우팅(routing)체계 등의 제반 정보통신체계를 물리기반망 위에 복합적으로 연계하여 논리적으로 또는 가상적인(virtural) 형태로 구성해 놓은 네트워크를 말한다. 여러 가지의 정보통신체계를 복합적으로 연계함으로써 아래 설명되는 정보시스템간의 정보자원의 유통경로를 원활하게 하고자 하여 응용서비스망을 구축해 사용하는 것이다. 이를 통해 정보시스템간의 관계 내지 연계가 설정됨으로써 정보자원이 유기적이고 기동성 있게 사용될 수 있게 된다.

여기에서는 교환기(switch)와 라우터(router)의 용량 및 위치 결정, 임시저장소 카쉬(cache)의 규모결정 및 배치, 나아가 게이트웨이의 설치 등과 관련되어 통신망의 구조를 어떻게 설계하느냐 하는 것이 주요 고려사항이 된다. 교환기는 정보가 가야 할 길을 정리해 주는 것으로 전화망에 있어서 교환기와 같은 역할을 하며, 라우터[10]는 분산되어 여러 경로를 통해 이동된 뒤 집결된 정보를 조직하는 역할을 담당한다. 즉, 교환기들의 중간에 라우터가 위치하여, 도착한 정보를 그 원천에 따라 조합하여 교환기로 보내는 것이다. 카쉬는 일시적으로 데이터나 정보를 저장해 두는 공간이다. 통신공학의 구조설계(architecture design)분야에서는 데이터의 양과 질에 따라 교환기, 라우터, 카쉬의 적정 배치를 통하여 효율적인 네트워크 구조를 설계하는 일을 연구한다.

물리기반망에서는 물리적 회선이나 설비 등의 하드웨어가 중요한 역할을 수행한다. 반면 응용서비스망에서는 정보시스템간의 관계 및 연계를 설정하는 소프트웨어가 결정적인 역할을 한다. 정보시스템간의 연결, 정보자원의

10) 대용량 router를 일컬어 gateway라고 한다.

연계 등의 정보체계통합을 위하여서는 이를 지향하는 SW(나아가서는 일부 HW까지 포함)가 정보자원 또는 통신의 표준 또는 프로토콜(Protocol)의 형태로 체계화되어 제반 연동체계를 구축하고 있어야 한다. 응용서비스망은 전기통신기본법과 전기통신사업법의 체계 내에서 "부가통신사업"의 영역으로 정의되고 있다.

셋째, 정보시스템 또는 응용시스템을 갖추어야 한다. 정보시스템은 응용서비스망을 전제로 하여 특정한 기능을 창출하기 위해 필요한 컴퓨터 관련 하드웨어 및 소프트웨어의 복합체로서 어떤 구체적 업무를 수행할 수 있도록 만들어 놓은 하나의 단위체계를 이루는 것이다.

정보시스템은 많은 경우 이른바 ASP(application service provider)가 만들어 제공하는데, 이런 응용서비스가 많으면 많을수록 인터넷은 내실 있게 쓰일 수 있게 되고 지식정보화 사회는 착실하게 발전할 수 있게 된다. 정보시스템에는 PC를 위한 것과 더불어 서버를 위한 것이 있다. 또 이러한 응용시스템에는 일반용(standard version)과 전문가용(advanced version)이 있다. 그런데 그 이용의 실제에서는 어떤 정보시스템을 구비하느냐 하는 것은 단위조직과 관련되어 있다. 때문에 전반적인 정보화 추진은 조직의 최고의사결정권자에 의해 좌우되며, 조직의 관행이나 문화와 무관하지 않다.

SW가 독립된 상품으로 대두하게 됨으로써 ASP의 등장이 가능하게 되었다. 1960년대에 SW시장이 형성되기 시작하였는데 1969년에 IBM에 의해 시발된 바 HW로부터의 SW의 독립이 SW시장을 활성화시키는 전기가 되었다. 그러다 1990년대에 들어와 전기나 수도처럼 필요한 때 편리하게 필요한 만큼만 쓸 수 있는 공공재 같은 서비스(utility-like service)라는 개념이 나타났다. ASP의 대부분은 그들의 SW를 공개하지 않았다. MS가 예시하듯 SW개발자 중에는 독점을 지향하고 많은 이익을 취하려는 경우가 많았다. 그리고 여기에 반발하여 소스 코드를 공개하면서 SW개발자들이 서로 상승적으로 경쟁하며 SW를 개발하도록 하자는 자유SW운동이 나타나게 되었다. MS의 Window가 공개되지 않는 것에 자극받아 그것과 반대로 이미 개발된 SW를 무료로 배포하면서 여러 프로그램어들로 하여금 그런 것의 미흡한 부분을 보완해 개량해 가도록 하는 것이다.

좋은 응용시스템을 제공하려면 HW 및 SW의 여러 관련자가 협력하여야 한다. 이러한 협력을 주안점으로 삼아 이른바 시스템 통합(system integration)이 요구되는 것이다. 그런데 이런 관련자들 중에는 다른 관련자 대비 자신이 상대적으로 독점적 지위를 누리면서 응용시스템 제공으로부터 유래하는 이익 내지 부가가치를 협력 상대방보다 많이 차지하려는 사람이 있다. 이런 관련자는 협력관계에 긴장을 불러온다.

차세대 컴퓨터구조(next generation computing architecture)는 어떤 문제를 해결하기 위해 전혀 새로운 프로그램을 마련하기보다 기존의 프로그램 및 프로그램용 툴을 이용하고 기왕의 데이터를 활용하도록 하면서 각종 단위의 연결을 중시하는 .Net가 될 것이라고 한다. 새로운 과업이나 새로운 서비스를 위하여 새로운 프로그램을 짜는 것이 아니라 기왕의 프로그램과 응용시스템을 엮어 활용함으로써 코스트를 낮추면서 목적하는 바 과업을 보다 효과적으로 완성할 수 있도록 하는 것이 요망되기 때문이다. 이와 관련하여 아직까지 독자적으로 행동했다 할 수 있는 MS가 이러한 협력적 변화 움직임에 참여하고 외부의 협력을 소구하기까지 하면서 이 과업에 열성이라는 것은 인상적이다. 이것은 이 회사의 종래 이미지와 달리 자유SW운동의 정신을 어느 정도 수용한 예라 해석할 수 있기 때문이다. 이것은 차후 인터넷에서 비디오 컨텐트를 생산하거나 가공하여 이용할 수 있도록 하는 SW개발의 밑걸음이 될 것이다.

한때 AOL(American OnLine)은 많은 가입자를 가지고 있었고 이러한 가입자기반에 의거하여 다양한 SW를 자체생산하거나 외부조달하여 다양한 서비스를 제공하는데 우위를 지녔었다. 그런데 MS는 이런 AOL이 언젠가는 자신이 제공하는 SW를 배제할 수 있게 될 것을 염려했다. 이에 MS는 스스로 독자의 서비스망을 형성한 다음 AOL이 아닌 다른 사업자의 응용서비스망을 이용하려고 시도했었다. 이들 두 기업은 모두 해당분야에서는 거인이나 서로를 경계하여 응용시스템의 제공 차원에서 대립했던 예라 할 것이다.

넷째, 컨텐트(content) 또는 정보자원이 필요하다. 컨텐트는 전반적인 정보통신체계를 통하여 축적 · 유통되는 모든 종류의 정보내용물을 지칭한다. 정보자원 또는 흔히 컨텐트라 하는 것으로는 기본적으로 텍스트(text) 위주이 문헌정보를 생각하기 쉬우나 그 이상 박물관의 유물이나 미술품에 이르는 제반 지적 산물은 물론 특정한 지역의 지역정보까지를 포괄하는 것이다.

이것은 사회 및 조직의 단위구성원이 일상생활에서 사용하는 모든 정보(information)를 포괄하는 개념으로서 전자적인 방식으로 체계화되어 디지털화된 경우를 정책대상으로 하고 있다. 따라서 디지털화되어 있지 않은 정보는 일일이 스캐닝(scanning) 등의 방법을 통하여 디지털화 하여 정보자원으로 변환시켜야 하고 이를 위해서는 상당한 시간과 인력이 필요하다. 근년 HTML, SGML, XML 등을 통한 정보자원의 체계화 노력으로 인해 정보자원의 "에너지"가 높아지고 그 활용도가 넓어지고 있다. 또 정보자원이 네트워크에 실리게 되어 네트워크화 하게 되었다. 축적된 정보자원은 국가사회의 중요한 정보통신기반의 한 축이 된다.

컨텐트는 애초에는 창의성 발휘에 의해 창조되는 것이나 차후 그것에 기승하면서 새로운 아이디어에 따라 그것을 변용하고 개선하는 후속작업에 따라 보강되는 성격을 가진다. 그리하여 애초의 고유 컨텐트(original content)와 그것의 개량인 부가 컨텐트(dusty content)가 나타나게 된다. 뉴스, 금융정보, 스포츠정보, 연예오락정보 등이 전형적 컨텐트이다. 그 형태로는 게임, 음악, 어린이용 자료, 교육관련 정보 등이 있다. 컨텐트는 개인적 창의성, 문화적 독창성, 생산자의 다양성 등에 의해 좌우된다.

Yahoo!는 본래 검색서비스를 제공하던 회사였다. 그 후 검색서비스에 부가하여 컨텐트 및 인트라넷(intranet) 해법을 공급하다가 보안기술을 제공하더니 자사를 이용하는 트래픽을 근거로 하여 다양한 비즈니스를 모색하게끔 변신하였다. ASP의 역할을 하는 이외에 컨설팅에도 참여하고 있다.

우리나라의 경우 현재 시점에서 다른 부문에 비해 컨텐트 부문의 발전이 상대적으로 뒤져 있는 상황이고, 그나마 이루어지는 컨텐트에 대한 투자도 게임이나 오락에 편중된 상황이다. 게임이나 오락뿐만 아니라 교육이나 전자출판과 같은 건전한 컨텐트에 대한 투자가 더 많이 이루어져야 할 것이다.

인터넷을 집약적으로 쓰는 사회에서 근년 활발하게 나타난 컨텐트가 커뮤니티 관련 컨텐트이다. 이는 웹 사이트보다 쉽게 만들 수 있게 하는 블로그 내지 홈피의 등장으로 더욱 활성화되게 되었는데, 그 곳에서는 게임, 각종 의견개진 및 보고서, 토크쇼, 강좌, 생활을 위한 상식 등이 교환되고 있다. 우리나라의 포털 중 NHN이 포털 중 상위를 차지하고 또 해외에 진출하게 된 원인 중 가장 중요한 것이 이 포털이 게임 콘텐트의 제공에서 성공했기 때문이라 한다.

홈피 등이 활성화되게 됨에 따라 기업들도 홍보 목적으로 이를 이용하지 않을 수 없게 되었다. 그리하여 기업의 블로그(corporate blog)가 많이 나타나고 있다.

인터넷을 통한 검색으로 무수히 많은 정보를 얻을 수 있다. 하지만 그 중 상당수가 쓸데없는 정보들인 경우가 많다. 결국 인터넷으로부터 얻는 정보의 질에 비해 그에 들어가는 코스트가 클 위험이 있다. 투자 코스트 이상의 정보를 얻기 위해선 정보획득과 관련된 충분한 교육을 받을 필요가 있다. 인용한 글에 대한 사소한 의견을 덧붙이는 것이나 별도의 편집과정 없이 원문을 그대로 옮기는 행위인 '펌'은 웹의 낭비 및 그것에 대한 신뢰하락을 내포한다. 이른바 참여, 개방, 공여의 특성을 가지고 인터넷에 정보자료를 올리는 것을 쉽게 하는 웹 2.0의 환경으로 되자 별의미 없는 정보, 심하게는 허위정보가 더욱 횡횡하게 되었다. 이러한 환경변화로 종래 수동적 소비자이었던 사용자가 능동적 생산자로 되어 대중의 지혜를 발휘하게 되고 그로써 참여자가 늘어나 컨텐트가 많아지는 선순환적 생태계를 형성하게 된 것은 환영할 만한 사안이다. 그러나 그 이면에서 익명성의 가면 뒤에서 만들어져 공여되고 재유통되는 쓰레기 정보 및 악의적으로 조작된 거짓정보, 그리고 비방과 명예훼손이 잦아지게 되었다는 것은 지양해야 할 과제가 아닐 수 없다. 네티즌의 네티켓이 요망되는 부분이다. 블로그를 운영하는 사람에게 익명으로 올려졌거나 퍼나른 것을 익명성을 이유로 거절할 수 있게 하거나 지울 수 있도록 하는 재량권을 주어야 하지 않겠느냐는 주장이 그것이 언론의 자유를 제한할 위험을 가진다는 반론 속에서 힘을 얻어가고 있다.

다섯째, 제도(institution)계층이 정비되어야 한다. 제도는 정보화를 통하여 영향을 받는 사회적에서의 질서의 총체로서 법규정체계와 국가정책의 골격까지를 포함하는 것이다. 이는 단순히 법과 제도만을 의미하는 것이 아니라 사고방식, 관행, 문화, 사회조직 등 사회를 구성하고 운영에 영향을 주는 모든 요소를 포괄하는 것이다. 지식정보화 사회로 되기 위해서는 그 이전 산업사회의 여러 절차와 관행도 변해야 하며 이러한 변화에 대한 거부감을 극복할 수 있어야 한다. 개인생활영역(privacy), 정보보안, 지적재산권, 정부의 개입 정도 등에 관련된 문제가 여기의 제도라는 요인과 관련되어 정리되어야 비로소 지식정보화사회가 무리 없이 구축되고 운영될 수 있다.

정보기술 및 정보산업 발전과 관련해 변화되어 가는 다양한 경제주체들의 행위와 관련해 기존의 제도를 경직적으로 적용하는 데에는 한계가 있기 마련이다. 기존의 제도로 그대로 쓸 수 있는 부분은 그대로 쓰되 그렇지 못한 부분에 대해서는 새로운 제도 및 법률을 도입하는 것이 필요하다. 온라인 상 이루어지는 계약에서 문서의 위조가능성이 크며 문서의 진위 여부를 판단하는 데 어려움이 있다. 이러한 어려움을 극복하기 위해서는 전자서명이 공식화되어야 하고 이를 위해 국가에 따라서는 전자서명에 대한 인증키를 부여하기도 하고 있다. 또 매우 유용하게 쓸 수 있는 SW인 CRM이나 ERP 등을 이용할 수 있는 상태인데도 불구하고 그 편의성과 유용성을 널리 활용하고 있지 못하는 경우가 많은데, 이런 사정은 이런 SW가 전제하고 있는 문화사회적 인간관계와 그것을 이용해야 할 사람들이 지니고 있고 사용하는 제도가 그런 SW와 간격을 보이고 있기 때문이다.

변화하는 정보 사회의 현실을 반영하여 헌법, 민법, 형법 등의 기본법도 수정되어야 할 필요가 있다. 우리나라에서는 법원 및 법무부를 중심으로 이러한 법, 제도적인 보완을 위한 작업을 진행해 왔다. 그러나 이러한 작업은 결코 충분하다고 할 수 없다. 기술적 경제적 필요를 법제도의 변화가 따라주지 못하여 정보화가 지체되고 있다. 그로 인해 이른바 인터넷을 얼마나 효과적으로 사용하는지를 국별로 순위매기는 인터넷 지수에서 우리는 경쟁국에 뒤지는 것으로 나타나게 되었는데, 이는 뒤에서 보듯이 IPTV, WIPI, DMB 등에서 이미 부각되어 있다 하겠다.

균형정보화 명제

이상의 지식정보화의 여러 요소가 서로 보조를 맞추면서 갖추어지게 되었을 때 지식정보화사회를 성공적으로 구축할 수 있다. 지식정보화사회를 구축하려는 노력으로서의 지식정보화투자는 위의 여러 요소가 서로 균형을 이루게끔 갖추어지게 해야 한다. 이런 의미에서 지식정보화투자는 '균형정보화'(balanced informatization)의 명제에 의해 지도되고 조정되어야 한다. 달리 말하면, 각종 지식정보화투자는 모두 균형정보화의 시각에서 점검되어야 하고, 이렇게 할 때에는 개개 정보화투자사업의 한계효익은 그것을 위해 소요되는 한계비용과 일치하게 만들어야 한다는 점을 항시 의식하고 준수하려 하게 되어야 한다. 이러한 사정은 물류정보화, 산업정보화, 교육정보화, 의료정보화 등 기능적으로 파악해 본 각종 지식정보화노력에 대해서 적용되어야하고 인터넷의 확충과 관련해서도 적용되어야 한다.

그 주체가 정부이든 민간이든 상관없이 정보화 투자가 전체적으로 균형을 이루지 못할 때 그런 투자는 효과를 발휘하지 못하게 된다. 이것이 잘 지켜지지 않은 예로서 미국을 비롯한 여러 나라에서의 광케이블에 대해 감행한 과잉투자를 들 수 있다. 미국에서 인터넷붐이 일던 시기에 물리망과 관련해 광케이블에 대한 투자가 대규모로 이루어졌으나 그 후 거품이 꺼지고 난 후 광케이블에 대한 수요는 애초의 기대에 훨씬 못 미치는 수준으로 되어 그에 투자한 기업들에게 큰 어려움을 주었다.

물리망을 제공하는 네트워크 사업자, 각종 응용서비스 및 응용시스템을 제공하는 ASP가 있어야 한다. 근본 솔루션을 제공한다는 측면에서 보면 이들은 BSP(basic solution provider)라고 할 수 있다. 응용시스템을 근거로 하여 각종 서비스를 제공하는 서비스제공자 SP(service provider)가 존재하게 된다. 이들 서비스는 다양한 컨텐트에 의해 지탱되어야 하고 다양한 컨텐트는 많은 컨텐트 제공자(contents provider: CP)가 경쟁할 때 마련되기 쉽다. NO, ASP, SP, CP들 사이에서는 긴밀한 협력관계가 유지되어야 하며, 이러한 관계는 기술이 변하고 경제여건이 변하면서 계속 시스템 통합을 이루어 가는 시스템 통합자(system integrater: SI)의 역할에 의존하며 변화해가게 된다. 과연 성공적 정보화를 이룩해 내기 위해서는 많은 전문가가 필요하다. 나아가 이러한 인력은 계속적으로 충원되어야 한다. 이를 위해 교육이 필요하며 교육은 어느 하나의 방법에 의존하기보다 다양한 방도에 의해 이루어지게 되어야 한다. 용법에 따라서는 이상의 서비스제공자 ASP, BSP, SP를 구별함이 없이 그들이 모두 인터넷 환경에서 활동한다는 점을 부각시키어 ISP(internet service provider)라고 지칭한다.

정보사회를 구성하는 이상의 다섯 가지 요소들이 고르게 발전해야 각 부문에 속한 기업들의 원활한 성장도 가능하다. 그러기 위해서는 정부당국이 각 부문 사이의 관계를 조율해야 할 경우도 생길 수 있다.

2 대응해야 할 시급한 문제

01 | 정보보안과 프라이버시(privacy) 보호

정보화사회를 확실하게 구축해 나가기 위해서는 초고속 인터넷망의 포설 이상 다른 여러 문제의 해결이 필요하다. 이 장에서는 이러한 것들 중 네 가지를 대응해야 할 시급한 문제로 인식해 다루려 한다. 이들 중 그 중요성에도 불구하고 우리 사회에서는 소홀히 다루어지고 있는 정보보안의 문제와 지적재산권 문제는 상대적으로 많은 지면을 할애해 자세히 다루려 하고 그보다 긴요도가 떨어지는 접속개방의 문제와 디지털 디바이드의 문제는 간략하게 다루려 한다.

1. 정보보안을 위한 대응관행 및 그 성격적 약점

해킹 등의 문제

적지 않은 수의 해커들은 바이러스나 웜(worm)을 생산해 무차별적으로 내 보내면서 자신의 영향력을 뽐내려 한다고 한다. 해커들이 사생활을 침입하게 되는 이유로는 이윤을 취하기 위한 경우도 있겠으나 단지 남의 정보원에 침입할 수 있다는 자신의 능력을 과시하기 위한 경우도 많다고 한다. 또 해킹이란 남의 정보를 동의 없이 축적하여 자신의 이익 또는 영업을 위해 쓰는 경우를 보통 지칭하나 이렇게 수집한 정보를 팔아 이익을 취하는 악성의 경우를 포함한다. 이런 때 정보를 수집하는 SW로서 spyware라는 것이 언급되고 있다. 이것은 컴퓨터 하드디스크에 숨어 있으면서 사용자의 자판 치기, 패스워드 입력, 검색하는 웹 사이트의 식별 등에 개재하고 있는 비공개의 정보를 몰래 수집하는 프로그램을 지칭하는 것인데, 사용자가 파일을 다운로드 받거나 검색을 할 때 몰래 침입하여 숨어있다 해킹을 한다. 그로써 몰래 얻은 정보를 광고를 보내는 때 또는 사이버범죄를 시도할 때 이용하기도 한다. spyware와 더불어 adware도 언급된다. 이것은 팝업(pop-up) 광고를 무단으로 침입시키는 파일로서 사용자가 이용하는 프로그램에 해당 SW를 부착시키는 방식으로 침입한다. 이것의 목적이 광고라는 점에서 adware라고 지칭되고 있으나 원하지 않는데 마구 나타나 이용자들을 성가시게 한다는 점에서 spyware와 같은 성격을 가지고 있다. 심한 경우에는 PC의 속도를 크게 저하시키어 사실상 PC를 쓰지 못하게 하는 부작용을 낳기도 한다. 이들은 이용자가 승인하지 않은 것이기에 불법성을 띠는 것이나 이들을 보내는 입장에서는 고객이 될 수 있는 많은 사람들에게 싸게 접근할 수 있는 방법이 된다는 점에서 애용되고 있으며 또 트래픽을 증대시키는 효과를 가져 트래픽 양을 과장하고자 하는 측에 의해 남용되기도 한다.

PC를 사용하는 도중 만나게 되는 spyware나 adware는 TV에서의 광고처럼 원하지는 않으나 어찌할 수 없는 불가피한 것으로 보아야 한다는 의견도 없지 않다. 반면 자신의 도메인 네임이나 검색시간 및 관심사항 등이 결코 자신이 자발적으로 제공하는 것이 아닌데도 불구하고 타인에 의해 수집되고 남용되는 경우가 적지 않다는 것은 정보화사회의 한 부작용이라고 가벼이 보아 방치해서는 안 될 것이라 여겨진다.

자신이 전혀 원하지 않는 대용량의 스팸은 가용용량(available bandwidth)을 갉아 먹고 중앙처리장치(central processing unit: CPU)에 과부하를 일으키며 디스크 공간을 부당하게 점유하고 로그 파일을 너무 커지게 하는 등의 부작용을 가져온다. 심한 경우에는 이른바 패킷폭탄(packet bomb)이라고 지칭되는바 수백 메가 바이트의 패킷 여러 개를 동시에 어떤 공격하려는 주소에 쏟아 넣어 시스템을 붕괴시키기도 한다. 이런 것은 botnet라고 하는 SW를 이용하는 스팸을 통해 퍼진 비밀코드에 의해 납치된 여러 컴퓨터를 이용한다고 하며 동원된 컴퓨터는 100만개 수준이고 1초에 5000클릭이 자행되고 야밤의 예상외 시간대에 자행된다고도 한다. 이러한 작업은 개인차원에서는 하기 어렵고 국가가 통신회사의 지원을 받아 감행할 수 있는 것이라고 보아 사이버전쟁(cyber warfare)의 성질을 가지는 것이라고도 할 수 있다. 사이버전쟁에 대한 극단은 상대국의 데이터베이스를 크게 혼란시키고 컴퓨터 네트워크를 마비시키며 의사소통을 혼돈시켜 지휘통제를 불가능하게 하는 상황을 야기하는 경우를 포함한다. 이는 심각한 우려의 대상이 아닐 수 없다. 그러나 이와 대비되어 인터넷이란 것이 널리 깔려져 있는 네트워크의 네트워크이고 이러한 네트워크에서는 그것의 일부가 파괴되더라도 다른 부분은 살아 있어 의사소통에 이용될 수 있다는 인터넷의 근본적 구조에 의거하여 볼 때 이런 극단적 상황은 실제화되지 않을 것이라는 낙관론도 있다. 여기에서는 일단 파괴된 네트워크의 부분이 쉽게 복원되어 여타 네트워크와 연결되어 쓰이게 된다는 것도 언급된다. 이러한 낙관론을 모두 무시할 수도 없어 공상과학영화에서 제시되고 있는 극단적 사이버전쟁은 적어도 현재까지는 비현실적이라 보여지기도 한다.

원하지 않는 이메일 스팸이 무작정 날라 와 괴롭히는 것은 매우 성가신 일이다. 로봇을 이용하여 스팸메일을 마구 보내는 경우도 있는데 이런 때 스팸메일을 보내는 것은 보내는 사람에게는 별 고통이 되지 않는다. 때문에 스팸메일은 상당히 성행하고 있다. 2000년 B. Gates는 수년 내에 인터넷에서 스팸을 없앨 수 있을 것이라고 했다. 그러나 아직 그의 이러한 예견은 실현되지 않았다. 그런대로 스팸을 막는 여러 SW가 동원되어 이용되고 있는데 이런 것들의 스팸 여과율은 95%내외라고 한다.

스팸을 여과하고자 하여 의심되는 키워드를 걸러내는 문맥여과(text filtering)가 한 때 유용하게 쓰였다. 그러다가 최근 그림과 글자를 함께 섞은 이른바 이미지 스팸(image spam)이 나타나게 되면서 그 유용성이 한정되게 되었다. 원하지 않는 데이터를 대량으로 보내 어떤 웹 사이트를 마비시키는 공격적 행위는 스팸 이상의 전자적 봉쇄(electronic blockade)로서 상대방에 의한 반격을 불러와 정보전쟁을 야기하기도 한다. 사이버전쟁에 대한 대책으로는 컴퓨터와 서버의 수를 늘리어 공격을 받더라도 거기에서 제외되는 컴퓨터가 있어 인터넷을 통한 소통을 여전히 할 수 있게 하는 것, 기업과 대학과 정부가 협력체제를 유지하여 즉각 대응할 수 있도록 준비하는 것, 법적 대비도 해놓는 것, ISP들에게 수상하거나 나쁜 패킷을 걸러내도록 여과장치를 하게 하는 것 등이 제시되고 있다. 나아가 여과과정에서는 이른바 Captcha(completely automated public turing test to tell computers and human apart)가 활용된다. 문자와 수자를 함께 쓰는 방식, 글자의 모양을 이상하게 만드는 방식, 동물의 사진을 이용하면서 그런 사진에서의 동물의 자세, 사진의 명암, 배경 등에 변화를 주어 사람은 인지할 수 있으나 컴퓨터는 인지할 수 없게 하는 알고리즘 등이 활용된다.

빼낸 정보를 해커는 자신이 악용할 뿐 아니라 불특정 다수에게 마구 전파하거나 판매하기도 하는데 이런 정보는 종국적으로 정보의 주인의 이익에 반하는 방향으로 쓰이게 되는 수가 많다. 어떤 정보가 자발적으로 제공된 것이 아니고 자신도 모르는 사이에 그것을 악용하려는 사람에 의해 수집된 것일 경우에 이런 정보악용의 가능성이 특히 심각하다. 자료를 수집하는 시스템(data-collecting system)을 이용하여 사용자의 이름, 이용시간, 용도 등을 쉽게 축적하는 것이 용이하기 때문에 이러한 가능성은 결코 사소하지 않다. 특히 어린이들은 블로그 등을 만들고 자신의 신변사항을 마구 공표하는 경향을 보이고 있어 피해자로 되기가 쉽다. 과거 TV도입의 초기단계에 어린이를 위한 좋은 TV프로그램이 많지 않았던 것과 유사하게 현 단계에서도 어린이를 위한 좋은 웹 사이트는 많지 않은 형편이다. 그래서 어린이들은 인터넷을 선용하지 못하고 자신을 사실상 공표하는 채팅 등에 많은 시간을 보내는데 그러다가 쉽게 그 피해자로 되고는 한다.

해커로서는 러시아 해커가 유명하다고 한다. 이들은 과거 소련시대 이래 수학교육을 잘 받았다는 점, 사회주의 사회에서 오래 살아와 규칙을 무시하고 질서를 불신한다는 점, 조직범죄의 영향을 받고 있다는 점 등에 따라 해킹을 많이 하게 되었으리라고 추정된다. 나아가 이들의 해킹 대상은 자국보다는 상대적으로 큰 이익을 얻을 수 있는 외국에 많이 소재할 것이라 한다.[1)]

사이버범죄와 정보보호

정보를 빼내 악용하는 것이 심해지면 이른바 사이버범죄로 된다. 사이버범죄는 다른 많은 사람의 컴퓨터에 침입한 뒤 이들을 엮어 스팸을 보내고 정보를 빼내며 인터넷을 정상적으로 사용하지 못하게 하는 형태를 취한다. 이

1) New York Times, "What's Russian for 'Hacker'?," October 21, 2007.

렇게 자기 의사에 반하여 사이버범죄에 개재하게 되는 경우를 'botnet'의 일환이 되었다고 하는데 오래된 이메일이나 브라우저 SW일수록 botnet으로 포위될 가능성이 크다고 한다. 이에 대한 최선의 대응은 이를 빨리 발견한 다음 전문가의 도움을 받아 대응조치를 하는 것이다. 이와 관련하여 사이버범죄의 수사기관은 사람들이 컴퓨터를 쓰는 것을 자동차를 이용하는 것과 대응시키며 자동차를 운전하려할 때 준비하고 조심해야 하는 것과 상응하게 컴퓨터를 쓸 때도 준비하고 조심해야 한다고 주문한다. botnet을 엮는 범죄행위는 다른 나라에서 기원하는 경우도 많은데 이에 대해서는 자국의 수사력이 미치지 못한다는 한계가 있다.

이메일의 65% 정도를 점한다는 스팸 등 정크 메일의 송부는 모두 반드시 범죄행위라고는 할 수 없으나, 피싱(phishing) 및 신분절도(identity theft), 라이벌로부터의 영업비밀의 절취, 이메일 주소 판매, 신용카드 사기 등은 분명 범죄행위가 된다. 이에 따라 이런 행위를 견제하고 사회적으로 허용할 수 있는 범위 내로 조정할 필요가 생긴다. 우선 정보자원을 산업스파이, 비양심적 내부자, 악의적 해커로부터 보호할 필요가 있는바 보통 이를 정보보호 또는 정보보안의 문제로서 인식한다. 종래 정보보안의 문제는 주로 기업과 관련되어 제기되어 왔다. 정보보안에 실패하면 네트워크가 무력화되거나 이른바 정보보안사고가 발생하게 되어 기업활동이 어려움에 빠지게 된다. 또 여러 기업들이 어려움을 받게 되면 경제사회관계가 마비되어 사회적 충격이 커지게 된다. 여기에서 정보보호의 문제가 심각하게 제기되게 되었다. 그러다가 개인도 사이버범죄에 의해 경제적 손실을 입을 가능성이 없지 않음을 인지하게 되었고 그것에 더하여 개인의 사생활권 보호 내지 프라이버시 보호의 문제도 주목받게 되었다.

프라이버시의 보호

종래 프라이버시는 언론의 자유 및 국가안보와 대립하는 주제였다. 언론의 자유에 따라 자유로이 의사표시를 하는 것이 국가안부에 위해를 가져올 우려가 있는 경우에 그것을 제한할 수 있는지 및 국가안보의 염려가 있을 때 언론기관의 취재원을 어느 정도까지 보호해야 하는지가 특히 문제되어 왔다. 더불어 언론의 자유에 의해 타인의 사생활을 마구 들쳐 내 공표하는 것이 남을 모욕하거나 명예훼손하고 부정확한 사실을 퍼뜨리는 것으로 되는 경우 이를 어느 범위 내에서 제한해야 하는지의 문제가 프라이버시 보호의 쟁점으로 되어 왔다. 민주사회를 지탱하기 위해서는 언론의 자유가 절대 필요하나 동시에 그것이 무제한으로 되어 국가안보를 해치게 되거나 사회미풍양속을 손상하는 것으로 되어서는 안 될 것이기에 이런 상반하는 가치를 어떻게 조화시키고 균형을 찾느냐가 관심사가 되어 왔다. 종래 이러한 균형은 쟁송사안이 된 케이스들에 대해 사법기관이 판결을 내리는 과정을 통해 판례를 정립해 가며 정리되어 왔다 할 수 있다.

그러다가 다양한 통신수단이 생겨나고 이러한 수단을 이용하기 위해 통신회사들에 의존하는 것이 불가피하게 되자 통신회사들이 사실상 프라이버시를 침해하거나 의사표시를 제약하는 일이 생기게 되었다. 새로운 차원의 언론자유의 제한문제를 대두시키게 되었다. 더 나아가서는 인터넷이 빈번히 활용되고 많은 사람들이 쉽게 자신의 사이트나 블로그를 만들면서 사실상의 언론인으로 되게 되자 방만한 의사표시와 프라이버시 침해가 잦아지게 되었다. 그래서 이렇게 달라진 환경에서 언론의 자유와 국가안보 및 프라이버시 보호라는 서로 상충할 수 있는 가치들을 어떻게 조화시키느냐 하는 문제가 더욱 첨예하게 대두하게 되었다. 새로운 상황에 대한 규범은 새로이 세워져야 할 것이다. 통신회사의 개입문제는 예컨대 통신규제기구나 국회에서 법에 의해 대처방안이 정립되어야 할 것이고 언론자유의 남용은 사안별로 사법적 판단을 받아 정리되어야 할 것이다. 이런 과정을 통해 사실상의 규칙을 정립할 수도 있을 것이다.

인터넷 이용자가 검색을 하면 이용자의 신원과 이용의 내용이 사이트 방문자의 이동경로를 추적하는 SW를 통해 검색엔진 운영 ISP에 남게 된다. 그 이면에서 ISP는 그를 이용하고자 하여 방문한 모든 사람에 대한 정보를 가지게 된다. 그런데 이러한 정보는 매우 가치 있는 것으로서 타깃 마케팅(target marketing) 등에서 활용될 수 있는 것이다. 이러한 정보는 ISP가 직접 이용할 수도 있고 제 3 자에게 양도해 제 3 자로 하여금 이용하게 할 수도 있다. 수사기관의 요청에 임해 수사기관에 제공할 수도 있다. 자신의 정보를 자신이 통제할 수 있어야 하며 동의 없는 공개는 불법이라는 이념에 비추어 보면 ISP에 의한 이러한 정보처리의 가능성 중 전부 또는 일부는 불법행위가 된다. 여기에서 정보프리이버시의 문제가 대두한다. 아직까지의 관행은 이용자가 ISP가 제공하는 서비스를 이용하면서 그것을 위한 조건으로 자발적으로 제공한 정보를 그것을 직접 제공받은 ISP가 자신을 위해 이용하는 것은 불법이 아니나, 돈을 받고 제 3 자에게 팔거나 사법기관의 영장 없이 수사기관에 제공하는 것은 불법이라고 한다. 여기에서 ISP의 분별 있는 처신이 요구된다. 이들은 또 일단 취득한 정보를 12개월 또는 24개월 등 일정 기간이 지난 다음에는 모두 삭제하도록 해야 한다고 종용되기도 한다.

스팸은 이메일의 65% 정도를 차지하리라 추측된다. 나아가 이런 스팸의 3분의 1은 주식거래와 관련된 것이라 한다. 이런 주식스팸은 해당 주식과 관련된 거짓정보를 흘려 그것을 보고 주식을 사거나 팔도록 유도함으로써 이익을 취하려는 사람들에 의해 흘려지는 경우가 많다. 이는 주식시장의 공정한 작동을 방해하는 것이어서 미국에서는 증권시장규제기구인 증권관리위원회에 의한 적발 및 처벌의 대상으로 되어 있다.

시스템의 복잡화와 시스템의 실패

우리 생활은 점점 많이 컴퓨터에 의존하고 있다. 교통망의 관리, 물이나 기름 내지 가스파이프의 유지관리, 전력망의 개선관리 등에 컴퓨터에 절대적으로 의존하고 있다. 그런데 이러한 컴퓨터 시스템이 간혹 다운되어 생활을 정지시키고 의외의 파장을 가져오고는 한다. 그런데 이러한 시스템의 다운은 해커들의 공격 때문이기보다 시스템 그 자체의 취약점 때문인 경우가 훨씬 많다고 한다. 각종 시스템은 계속 개량되고 수정되고 있다. 이러한 변화과정은 늘상 부분을 개선하고 바꾸는 것이기에 그것으로 전체 시스템은 복잡해지면서 서로 반드시 합치하지 않는 부분이 합쳐지는 경우도 있다. 이러한 경우는 시스템을 구성하는 HW, SW 등을 값싸고 신속하게 개비하고 보강하려는 욕구가 클 때 더 많아진다. 뒤에서 논의되는 이른바 유비쿼터스 사회에 진입하게 되면 이런 성격의 보안사고는 더 잦아지고 그 여파는 더 커지게 될 것이기에 정보보호의 필요는 더욱 커지게 된다. 아무튼 이는 전체 시스템의 붕괴 가능성을 내포한다.

컴퓨터를 쓰는 각종 시스템이 취약하게 되는 데에는 여러 가지 원인이 있다. 시스템의 라우터가 낡아 기능이 저하되고 데이터에 오류와 불순물이 끼어 들어갈 수도 있으며 물리적 파괴행위나 사고가 생길 수도 있다. 시스템의 다운을 방비하여 백업(back up)시스템을 설치해 두기도 하나 보통 이러한 백업은 불충분하거나 부적절하거나 불완전하여 적시에 역할을 하지 못하고 또 상당한 코스트를 수반하기도 한다.

결국 해커 등의 악의적 행위가 없더라도 컴퓨터 시스템이 복잡해지면서 인간사회는 종래에는 없었던 새로운 약점을 불가피하게 가지게 된다.

IT기술발전과 부작용 극복의 숨바꼭질

인류역사상 모든 기술발전은 언제나 다소간의 부작용을 수반했다. IT기술의 발전 및 그것의 광범위한 이용은 정보의 획득, 축적, 가공, 처리, 분석 및 활용 등을 용이하게 만들었다. 그러나 동시에 그것은 개인적인 자료를 불법적으로 수집하고 부정확하게 전파하며 부당하게 접근하는 것도 용이하게 만드는 부작용도 동반했다. 해커들로 하여금 다른 사람의 컴퓨터에 침입하여 정보를 빼내 악용하는 것도 수월하게 만들었다. 그런데 놀라운 것은 이런 해킹의 수단이 인터넷에서도 제공되고 있다는 것이다. 그로써 해킹은 상당한 정도 대중화되어 있다고 할 수 있으며 현재의 상황은 과거 일부 전문가들만이 해킹을 할 때보다 더 심각하다 할 수 있다. 이상의 갖가지 과정에서 제3자에 의한 자료의 변조, 개조 등 불법적 침해행위가 나타나기도 했고, 그로써 자료의 정당한 소유자는 프라이버시를 종종 침해받게 되었다. 이러한 사정의 이면에서 사생활관련 정보가 쉽게 널리 전파되고 남용될 수 있다는 가능성도 커졌다. 이와 관련해 관찰되는 심각한 모순점은 사람들의 정보보호에 대한 요망수준은 높으나 그러한 요망을 채우기 위해 필요한 노력을 하고 대가를 지불하려는 데에는 매우 소극적이라는 것이다.

이런 관찰에 따르면 이메일이 스팸을 가져왔고 웹이 팝업(pop-up)창 및 스파이웨어를 가능하게 만들었으며 온라인 광고가 클릭사기를 유발하게 된 것도 발전의 부작용의 예에 지나지 않는다고 할 수 있다. 그러나 이러한 부작용을 방치해서는 안 될 것이기에 정보보호의 의식이 대두하게 된다. 주목해야 할 점은 특히 인터넷 이용이 보편화되면서 단순히 PC를 쓰던 때 이상으로 사생활이 침해받게 될 위험성 및 정보보호의 필요성이 더 커졌다는 것이다. 이 점을 보아 혹자는 인터넷에 연결된 PC(internet-connected PC)를 정보침해의 무기(piracy weapon)라고 말하기도 한다.

해킹은 긍정적 측면도 가지고 있는데, 그것이 정보시스템의 취약한 점을 밝혀냄으로써 보다 완벽한 시스템으로 진화되게 하는데 기여했다고 하는 것이 그것이다. 그것은 종국적으로 시스템을 강화시키는 요인으로 될 수 있으며, 이러한 주장이 일리 있음을 전적으로 부인하기는 어렵다. 기술발전에 의한 편의증대와 그것의 부작용극복의 문제는 영원히 지속될 숨바꼭질과 유사하다고 할 수 있으며, 이런 가운데 정보보호의 문제는 종국적으로 어떻게 하여야 안정된 정보시스템을 마련할 수 있겠느냐 하는데 귀결된다 하겠다.

디지털시대의 데이터 도둑

정보자료의 보호는 기술 및 정책에 의존하는데 이들 두 가지 모두에 취약점이 있다. 자료를 가능한한 소규모로 여러 곳에 보관하고 이동시킬 때는 기명을 피하고 암호화하며, 이동빈도도 최소한으로 하라고 한다. 실상 많은 자료가 디지털화되어 쉽게 전송되고 가공될 수 있는 디지털시대에는 자연히 상당히 많은 데이터 절도가 생겨날 수밖에 없다.

국가별로는 네트워크에의 의존이 크고 정보보호를 위한 투자에는 소홀한 국가에서 데이터 절도가 더 심할 수 있다. 이런 부작용은 본래적으로 SW가 취약하여 늘상 문제점을 내포하고 있다는 그 자체의 성질 및 그러한 약점을 찾아 해킹하려는 충동과 시도가 많이 있다는 데서 불가피하다. 개별 SW는 애초에 그 자체의 독립적인 목적을 가지고 개발된 것이었고 다른 여러 SW들과 함께 연립적으로 쓰여지게 되는 것을 전제로 했던 것이 아니었다. 그럼에도 불구하고 오늘날의 사회에서는 이렇게 본래적으로 취약한 SW를 엮어 많이 쓰는 시스템을 정립해 놓고 이를 이용하며 일을 할 수밖에 없게 되어 있다. 그런 가운데 데이터를 해킹당하는 위험 등을 극복해 보고자하여 여러 가지 노력을 하고 있다. 특히 기업이나 기관들은 정보보호 전문가를 임시 또는 상시 고용하여 정보시스템의 취약점을 찾아내고 보정해보려 하고 있다. 그러나 정보시스템의 구성인자인 SW 중 어느 것은 계속 쓰여지고 있으나 다른 것은 새로이 업데이트되기 때문에 이런 여러 SW들로 이루어지고 있는 정보시스템 전체를 놓고 보면 그것은 조화를 잃은 채 불완전한 상태를 벗어나지 못하는 경우가 다반사일 수밖에 없다. 이런 점은 SW에는 항상 베타 버전이 있고 일단 구매한 SW에 대해 그것을 업데이트하는 후속 서비스가 따라오고 있으며 PC를 한 동안 쓰지 않아 이러한 업데이트를 받지 못한 경우 그 PC는 바이러스에 감염되기 쉽다는 사정 등을 보더라도 쉽게 인지할 수 있는 것이다. 또 세계 최대의 SW회사인 MS의 인력 중 가장 많은 부분이 해킹에 대비하고 해킹으로서 알려진 약점을 보완하는데 매달려 있다는 관찰을 상기하더라도 동감할 수 있는 것이다.

정보보안 전문가나 정보보안 컨설턴트의 조언은 정보보안이란 그 본질상 항상 한발 늦은 것으로 될 소지가 크다는 것이다. 그래서 자체 내 정보보안 전문가나 외부로부터의 정보보안 컨설턴트에 의존하는 것 대신 이들의 기능을 대신하는 SW를 구입해 장치하는 것으로 정보보안노력을 더욱 강화시켜 보려고 하기도 한다. 그러나 이러한 정보보안 점검용 SW도 완벽하리라는 보장이 없다. 때문에 이 방법으로도 안심할 수 있는 해법은 주어지지 않는다. 이렇게 불안전한 상황은 SW산업이 아직 미성숙한 산업이라는 사정을 반영하는 것이며 차후 그것이 성숙해지게 되면 시정될 수 있을지 모른다. 이른바 웹 2.0 이후 정보시스템에 각종 입력을 하는 사람들이 그 전보다 훨씬 더 많아지게 됨에 따라 SW산업의 성숙은 더 많은 시간을 기다려야 하게 되었다는 의견도 많아지고 있다.

안전한 정보시스템은 공공재

일반적으로 말해 안전한 시스템은 일종의 공공재라고 볼 수 있다. 때문에 그것이 존재함으로써 모두가 혜택을 볼 수 있다. 나아가 그것은 외부성을 가지기도 한다. 안전성에 문제가 생기게 되면 당장 이용이 불편해지는 것은 물론 데이터의 신뢰성이 흔들리고 전자상거래 등을 비롯한 정보시스템의 이용도 위축되게 되어 여러 분야에서 업무의 비효율을 피할 수 없게 되는 등 간접적 우회적 피해가 따라오게 된다. 이런 피해를 최소화하고자 사회 전체적으로 안전성 확보를 위해 적정한 투자를 해야 하고 그것을 방해하는 사람을 추적하여 처벌하는 제도도 마련해두어야 한다. 더 나아가 널리 시스템의 안전성을 신뢰할 수 있게 해야 한다.

반면 개별 사용자로서는 안전한 시스템을 마련하기 위해 많은 투자를 할 유인을 가지고 있지 않다는 점도 이해해야 한다. 전체적으로 보아 불완전한 시스템을 가지고 있더라도 개별 사용자는 그것으로 인해 자신이 직접적으로 피해를 보지는 않을 공산이 크다. 또 설사 피해를 보게 된다 하더라도 개인으로서 감당해야 하는 피해규모는 크지 않기 쉽다. 반면 안전성이라는 하부구조를 마련하는 데에는 개인이 감당하기 어려운 정도의 막대한 재원이 소요된다. 때문에 개인으로서는 안전성 제고를 위한 투자를 적극적으로 하려고 하지 않기 쉽다. 개인에게는 도덕적 해이의 편의(bias)가 내재되어 있다. 이에 따라 안전성 제고를 위한 투자를 시장기능에 맡기었다가는 공공재인 안전한 시스템을 마련하기 위한 투자가 과소하게 되기 쉽다. 그래 이를 시정하기 위하여 정부의 개입이 필요하게 된다. 안전한 시스템의 마련을 위한 정보를 정비해 공표해야 하고, 데이터베이스, 파일 시스템, 네트워크 이용시의 패스워드 사용, 디자인 등에 대한 표준을 마련해 적극 채택하도록 권장해야 한다. 사고발생시 대책 팀을 조직해 운영해야 하고, 안전한 기술의 조달방법이나 컴퓨터 안전성 등에 대한 연구를 지원하기도 해야 한다.

안전한 시스템이 과소 준비되는 경향

더구나 정보통신시장에서의 높은 고정비용, 낮은 한계비용, 높은 전환비용(switching cost) 등의 사유 때문에 시장참가자 모두는 이른바 '먼저 움직이는 자의 이익(first mover advantage)' 을 얻고자 하고 있고, 그로써 안전한 시스템의 존재여부를 불문하고 당장 쓸 수 있는 정보재생산에서 우선 독점적 지위를 확보해보고자 하는 성향을 가지고 있다. 이런 상황에서는 무엇보다 먼저 남보다 앞서 일등이 되려고 한다. 이러한 과정에서 제품의 생산자들은 자신의 제품이 설사 안전성 면에서 불안요소를 지니고 있어 완성품이라고 하기 어렵다 하더라도 이를 숨기고 먼저 팔려고 하면서 이른바 먼저 움직이는 자의 이익을 선점해 보려고 하게 된다. 이런 과정에서 이들은 제품의 출시를 우선시하고 안전성 면의 취약점은 차후 보완하려고 하기 쉽다. 이로써 결과적으로 불안전성은 과잉생산되고 안전한 시스템은 과소준비(under-provisioned)되는 상황이 전개된다. 그 이면에서 제품의 사용자에게 사실상 부당한 부담을 주는 양상이 전개된다.

정보서비스의 수직적 공급경로에 있는 네트워크 제공자, 응용서비스 제공자, 컨텐트 제공자들 및 이들 각각에게 SW를 공급하는 관계자들은 각각 자신의 제품과 다른 공급자들의 제품 사이에서 보완성을 구축해 두어야 자신의 제품을 쉽게 팔 수 있다는 것을 잘 알고 있다. 그런데 이들이 자신의 제품을 생산하는 단계에서 안전성을 제고하고자 하여 제품을 복잡하게 만들수록 이러한 보완성은 떨어지게 되어 있다. 그래서 이들 각각은 자신의 제품에서는 안전성에 대한 대비를 최소한으로 하고 공급경로의 다른 단계에서의 제품이 그러한 약점을 보완해주기를 기대하게 된다. 예컨대 운영체계를 마련하는 공급자는 운영체계에다 안전성에 대한 대비장치를 삽입해 운영체계를 복잡하게 만들려고 하기보다는 다른 공급자들의 제품과의 보완관계를 제고할 수 있게끔 자신의 제품을 가능한 한 간단하게 만들려고 한다. 그로써 안전성 확보에 대한 대비를 최소한으로 하면서 자신이 마련한 운영체계에 사람들이 접근하는 데 있어 어려움을 겪게 되는 상황을 회피하고자 하며, 그것에 기인하는 안전성 면에서의 취약점을 다른 곳에서 보완해 주기를 희망한다. 마찬가지 이유에서 응용서비스를 제공하는 공급자는 최선의 안전성을 보장하는 장치를 추구하기보다는 어떤 범용 성격의 표준적 안전성 장치를 만들어 모든 서비스에 장착하려고 한다. 이렇게 하는 것이 안전성 확보를 위한 투자비용을 낮추는 길이 되기 때문이다. 더불어 이 단계에서 특별한 안전장치를 원하는 특별한 고객에 대해서는 그의 요구에 맞는 전용 성격의 안전장치를 비싼 값에 제공하고 그로써 추가의 수입을 얻으려고도 하게 된다. 범용성 장치를 통해서는 수요증대를 꾀하고 특별한 고객에 대해 별도의 제품을 파는 것으로 일거리를 늘림으로써 일거양득을 꾀하려 한다.

그런데 운영체계를 마련하는 단계나 응용서비스를 마련하는 단계에서 보여지는 안전성 확보에 대한 이러한 소극적 처신은 결국 안전성 확보에 대한 대응을 종국적으로 모두 최종 사용자의 이용단계로 전가시키는 것으로 되기가 쉽다. 그 결과 안전장치의 이야기를 하는 때 통상 최종사용자를 연상하게 되고 특히 이들의 암호화 등을 통한 대비를 먼저 생각하게 되는 것이다.

악의적 차별화 시도와 공유지의 비극

명성의 관리(reputation management)를 목적으로 하여 실제 개발이 이루어지지 않은 것을 미리 선전하고 선매하는 경우가 있다. 선매의 성공으로 일단 독점적 위상을 확보하고 나서는 그에 따라오는 네트워크 효과를 누리려고 하며 다른 경쟁자와의 차별화도 시도한다. 구매자가 충분한 판단력을 지니지 못하고 있다는 약점을 이용하여 실제 성능면에서는 별 차이가 없는 제품을 차별화된 가격으로 판매하기도 한다. 자사 토너를 쓰지 않으면 프린트된 결과가 나쁘게 나타나게 하는 SW를 설치한다거나 자사 건전지를 쓰지 않으면 급속히 에너지가 소모되게 하는 장치를 휴대전화에 설치함으로써 이른바 전환비용(switching cost)을 증대시키어 결과적으로 차별화를 꾀하는 것 등은 모두 이런 성격의 처신이다. 정보보안장치를 공급하는 데 있어서도 마찬가지 성격의 차별화가 존재한다.

이러한 일련의 차별행위는 개별 기업의 입장에서 보면 하나하나 철저히 합리적인 것이다. 그러나 이러한 처신은 사회 전체적으로 결코 합당하지 못한 결과를 가져오기가 쉽다. 개개로서는 조그만 보안관련 노력의 해이에 불과한 것들이 모아져 전체적으로는 걷잡을 수 없는 낭패를 가져오기 쉽다. 데이터가 넘쳐 흘러오는데 네트워크 운영자가 이것에 적극 대처하지 않으면 어느 곳에서인가 데이터가 넘쳐나 서비스가 중단되는 이른바 denial-of-service가 나타나기도 한다. 이런 것들은 전체로서 이른바 공유지의 비극(tragedy of commons)을 초래하게 된다.

정보보안은 기술적 문제 이상 유인체계의 문제

시스템의 안전성 확보문제 또는 정보보안문제를 오로지 기술적인 문제라고 보고 기술적으로 대응하려고 하는 경향이 없지 않다. 그래서 많은 경우 암호화 프로토콜을 설치하고 방화벽을 장치하며 악성 코드나 불법의 침입자를 쉽게 식별하는 방도 등을 장착함으로써 시스템의 안전성을 확보하려고 하고 나서는 안심하는 경향이 있다. 그러나 이는 크게 잘못된 생각이다. 기술만능의 사고는 모든 관련자들로 하여금 안전성을 도모하고자 노력하도록 하는 경제적 유인을 장치해 놓는 것보다 하책이 되기 쉽기 때문이다. 과연 정보보호를 위해서는 기술적으로 대비하는 것으로 이상으로 아래 논의에서 유추할 수 있는바 유인의 실패(incentive failure)를 시정하는 것이 중요하다.

ATM을 이용하는 때 일어나는 사고와 관련하여 미국에서는 고객이 잘못했거나 거짓말을 했다는 것을 은행이 입증하지 못하는 한 사고의 결과에 대해 은행이 책임을 지도록 되어 있다. 반면 영국, 노르웨이, 네델란드 등에서는 고객이 은행이 잘못했거나 과실의 원인제공자라는 것을 증명하지 못하는 한 잘못은 고객에게 귀속되도록 되어 있어 입증책임이 전도되어 있다. 그런데 사후적으로 보면, 유럽계 은행들보다 미국은행들에서 사고가 더 적었다는 것이다. 이는 이러한 사고를 방지하기 위해서는 그것을 예방할 수 있는 최선의 위치에 있는 은행이 도덕적 해이(moral hazard)에 빠지지 않고 예의 노력하는 것이 가장 중요하고 효과적이라는 점을 이야기 하는 것이라고 해석된다. 은행이 입증책임을 지는 미국은행제도에서는 은행들이 사고예방 및 안전에 대한 기술적 투자를 상당히 하게 되어 있으나 유럽에서는 그러하지 않기 때문에 전자에서 당연히 사고가 적고 그로써 사후적으로는 수익성을 높이는 데도 도움이 된다는 것이다. 이 예는 안전성제고를 위해서는 최선의 대응을 할 수 있는 주체가 적절한 노력을 하도록 하는 올바른 유인체제를 정립하는 것이 다른 무엇보다 중요하다는 것을 적시하는 때 가장 많이 인용되는 예이다. 참고로 우리나라에서는 2007년 1월 1일부터 시행되는 전자금융거래법에 의해 동 시기부터 손해발생시 입증책임을 금융기관이 지도록 되었다.

안전책임자의 도덕적 해이

보안시스템을 마련하는 데 있어 안전책임자는 자사의 실정에 비추어 최선인 것을 선택하기보다는 유명한 것, 차후 문제되더라도 쉽게 책임을 회피할 수 있는 것을 선정하려는 성향을 가져 이른바 도덕적 해이를 보인다. 이러한 안전책임자의 도덕적 해이행위는 그의 감독자가 안전책임자보다 안전성에 관련된 지식을 적게 가지고 있어 이른바 정보의 비대칭이 존재하고 있는 상황에서 왕왕 시현되는 현상이다. 안전전문가로서는 자신이 판단한 최선의 안전시스템을 갖추려고 하기보다는 외부에서 좋게 평가받는 시스템을 도입해 장치하는 것이 훨씬 쉽고 무난하다. 자사에게는 적합하다는 점을 보안 비전문가인 상사에게 설명하기가 어렵고 또 그런 노력을 하더라도 상급자가 잘 알아주지도 않을 가능성이 크기 때문에 이들은 구태여 독자적 시스템을 구축하려고 하기보다는 그 명성을 의심받지 않는 외부의 고가 제품을 구입해 쓰려고 하는 성향을 가지게 된다. 필요로 하는 안전에 대해 최선으로 대처한다는 것을 단기적으로 인정받기 어렵기 때문에 면피성 처신이나 하면서 해결책임을 외부에 전가하는(dumping) 근시안적인 행동을 하기가 쉽다. 요컨대 정보시스템의 안전성 확보와 관련된 유인체계는 왜곡되기 쉽다는 것이다. 그런데 이렇게 왜곡된 유인체계를 가지고는 정보보안의 문제를 제대로 해결할 수 없다.[2)]

유인체계에 결함이 있을 경우에는 설사 보안을 위한 여러 기술적 장치를 설치하였다고 하더라도 그러한 기술적 투자가 유인체계와 합치되는 것으로 되어 의도한 바 효과를 가져 올 것이라는 보장이 없다. 이에 보안책임자의 이해와 조직 전체의 이해를 일치시켜 이런 약점을 시정해 보고자 하는 의도 하에서 이들에게 스톡 옵션 등을 부여하기도 한다. 그러나 그런다고 하여 도덕적 해이의 문제를 깨끗이 해결하기는 어렵다. 이런 면을 보면 유인체계를 정비하고 관련자들의 성실한 처신을 확보하는 것이 비싼 보안장비를 마련하는

2) R. Anderson, "Why Information Security is Hard-An Economic Perspective"(mimeo), 2004.

것보다 선행되어야 한다 할 수 있겠다.

이른바 마지막 1마일 문제를 해결하는 방도 중 매우 쉬운 방도의 하나가 WiFi를 이용하는 무선방식인데, 이것은 안전성 문제에 대해서는 매우 취약하다는 성격을 가지고 있다. 즉, 여기에서는 일정 구역 내에 소재하는 여러 사람들이 동시에 하나의 Internet Protocol 주소에 몰려 있을 여지가 커 유선을 이용할 때 보다 정보보안의 문제가 더욱 심각해질 가능성이 크다. 예컨대 어떤 사람이 사이버범죄를 범한다 하더라도 유선의 상황에서처럼 추적이 쉽지 않으리라는 것이다. 이에 따라 무선인터넷이 보다 일반화 될수록 사이버범죄는 더 기승을 부리게 될 소지가 크다.

기술적 대처와 법적 대처

정보보호 및 사생활보호의 문제에 대한 대처방법으로는 기술적 대처방식과 법적 대처방식이 있다. 기술적 대처는 후술되는 정보시스템의 각 단계를 담당하는 네트워크 제공자, 서비스 제공자, 최종사용자 각각에 의한 대처로 다시 나누어 생각해 볼 수 있다. 네트워크나 서비스 제공자의 차원에서는 바이러스 예방장치를 설치하고 해커를 비롯한 제3자의 침입을 막는 방화벽(firewall)을 설치할 수가 있다. 서비스 제공자의 차원에서는 서비스를 이용하면서 자판을 찍거나 비디오를 보는 행위의 흔적을 남기지 않을 수 없게 하는 HW를 설치하여 보안침해행위의 증거를 확보한 다음 이를 차후 법적으로 처벌할 때 증거로 삼을 수 있게 함으로써 보안침해행위를 예방해 보려고 할 수 있다. 차후 RFID기술이 보편화되고 IPv.6의 주소체계가 쓰이게 되면 무한대의 정보처리 및 저장이 가능하게 될 것이기에 보안체계를 해치면서 흔적을 남기지 않는 것이 거의 불가능하게 될 것으로 예상되는데, 이러한 때에는 침해예방에 대한 대비가 더욱 철저하게 될 수 있을 것이다. 단 이렇게 모든 족적이 남아 있도록 하는 체계를 마련하려면 상당한 투자가 필요할 것인데, 이런 체계를 단시일 내에 확보할 수 있을 것인지에 대해서는 낙관하기 어렵다. 아무튼 이런 기술적 대처방식을 동원할 수 있다면 이들을 통하여 자신의 정보시스템에 남이 침입하는 것을 상당한 정도 예방할 수 있을 것이다. 그 다음, 최종사용자의 차원에서는 패스워드(password)를 쓰고 암호화(encryption)를 하고 사용에 인증절차를 거치게 하는 등 SW적 방법을 시도해 볼 수가 있다. DNA, 지문, 홍체정보 등을 활용하여 사용자의 신원을 분명히 하는 절차를 거치게 하는 것도 이 차원에서의 노력이라 할 수 있다.

보안패치를 자동적으로 업데이트되도록 장치하고 바이러스 백신 및 스파이웨어 제거 프로그램을 설치하며 패스워드를 8자리 이상의 문자와 숫자의 조합으로 만들고 3개월마다 변경하며 중요 문서파일은 암호를 설정하라는 등의 정보보호의 수칙이 강조되고 권유된다. 그러나 이러한 수칙을 지키는 것은 매우 성가시고 시간을 요하는 일이다. 이러한 수칙의 내용은 실상 수사기관이 어떤 다른 기관의 정보보호 책임자에게 요구하던 것이었다. 그러던 것이 정보보호를 위한 책임의 분배상이 잘 정리되지 않은 현재 시스템에서 일반 이용자에게까지 그런 것을 연장해 요구하다 그렇게 된 것으로 과다하다 할 수 있다.

법적인 대처방법과 관련하여서는 침입을 어김없이 확인하는 것 및 침입에 대해 철저하게 처벌하는 것이 필요하다. 2003년 12월부터 시행된 미국의 New Spam Law에 의하면 스팸을 보낸 사람에게 벌금을 매기거나 5년 이하의 징역을 과할 수 있게 되어 있다. 그런데 현재의 상황에서 스팸을 보내는 사람이 자국 내에 소재할 때는 그를 추적해 처벌할 수가 있으나 그가 외국에 있다면 체포 및 처벌이 어렵다. 미국에서는 상당수의 스팸이 러시아나 동구국가에서 보내지는 것이라고 추정하고 있다.

최종사용자에게 전가된 보안책임

이상의 사정에 따라 정보보안의 과제는 주로 최종 사용자에게 전가되어 있다. 네트워크 제공자는 바이러스나 웜이 퍼진 다음 그것에 소극적으로 대응하는 정도이었다. 응용서비스 제공자들도 안전성에 대한 대비에는 미흡했으면서 새 서비스를 경쟁자보다 앞서 출시하려는 데 급급하였다. 이들은 최종사용자에게 방화벽을 설치하고 인트라넷을 활용하며 암호화방식 등을 이용해 안전성을 도모할 것을 권장해 왔다. 그 결과 최종사용자는 방화벽을 설치하는 이외에 바이러스 퇴치 SW, 스팸 및 spyware 차단장치, 사생활권 보호장치 등 여러 준비를 하도록 권유되었다. 그런데 최종소비자에게 과중한 부담을 주는 이러한 구도는 바람직스럽지도 않고 효율적이지도 않다. 총체적으로 본 정보보안의 허점은 네트워크 차원에서의 허점, 응용서비스 제공 차원에서의 허점, 최종사용자 차원에서의 허점의 최소공배수에 상응한다고 할 수 있겠으며, 따라서 이상의 허점 중 가장 큰 허점에 대해 먼저 대처하는 것이 합당하다고 할 수 있다. 그런데 최종소비자에게 책임과 대책을 전가해 온 종래의 구도는 이러하다고 볼 수 없기 때문에 효율적이지 않다.

그러나 그 비효율성에도 불구하고 정보불안의 상황에서 보안책임을 전가받은 최종이용자로서의 개인들은 사생활보호를 위해서, 그리고 기업들은 기업비밀보호를 위해서, 방화벽을 설치하거나 암호화를 함으로써 정보의 축적이나 이용과 교환과정에 다른 사람이 개입하는 것을 방지하려고 하지 않을 수 없다. 나아가 디지털 사인을 함으로써 자신의 행위와 그렇지 않은 것을 구별하여 의외의 봉변을 회피하고 정보화사회의 각종 보안장치를 적극 활용하려고 하게 되었다. 이런 와중에 고객, 공급자, 파트너 등 관계인 모두가 협력을 하게 하여 보안문제에 대처하게끔 시스템을 바꾸자는 보안아키텍춰도 논의되고 있다.

2. 최종사용자의 정보보호 노력

방화벽 및 VPN

방화벽이란 허용된 정보는 통과시키고 그러하지 않은 것은 막는 관문으로서 그 종류로는 허용된 것 이외의 다른 것은 모두 봉쇄하는 포지티브 리스트 방식과 허용되지 않은 것이 아니면 모두 통과시키는 네거티브 리스트 방식의 2가지가 있다. 전자는 허용된 서비스(allowable service)를 한정적으로 지정함으로써 불특정 다수의 정보가 마구 유입되어 오는 것을 더욱 적극적으로 예방한다.

방화벽은 네트워크 차원, 응용서비스의 차원, 또는 특정 전송로(circuit)

차원에서 설치될 수 있다. 응용서비스 차원의 방화벽은 구체적 응용서비스에서 작동하고 전송로 차원의 그것은 네트워크 사이에 위치하면서 클라이언트-서버 사이의 전송로에서 작동(그 예로서 SOCKS)하는데 네트워크간의 통신을 통제하기에 대위 서버(proxy server)라고도 지칭되는 것이다. 통상적으로 방화벽은 전체 네트워크의 끝 부분인 네트워크의 진입로에다 패킷을 걸러내는 라우터(packet-filtering router)를 설치하는 방식으로 마련된다. 패킷의 출원지, 목적지, 포털, 컨텐트 등을 기준으로 하여 부적합한 패킷을 구별한 다음 이들이 밀려들어오는 것을 식별하여 차단하도록 한다. DSL이나 케이블 등을 통해 가정과 네트워크가 연결되어 있는 상황에서 가장 큰 정보보호책임을 지고 있는 최종사용자는 그의 컴퓨터에 바이러스 식별, 내용차단 목적의 방화벽을 설치하고 있다.

중국의 방화벽은 유명하다. 1단계로는 외국과 연결되는 광케이블 파이프라인의 관문에 설치된 라우터를 통해 정부가 블랙 리스트로 지정한 것이 이입되어 오는 것을 차단하고, 2단계로는 모든 ISP로 하여금 블랙 리스트에 대해 여과기(filter)를 설치하도록 하는, 2중의 방화벽구조를 운영하고 있다. 이는 물론 최종이용자의 정보불안을 염려하는 것이기보다는 국가의 정치적 고려에 의한 검열의 성격을 가지는 것이다. 이에 따라 중국에서는 영국 BBC 방송의 스포츠나 연예오락 프로그램은 볼 수 있되 BBC뉴스는 볼 수 없게 되어 있다.

일찍이 외부인의 이용을 배제하고 어떤 조직의 구성원만이 사용할 수 있게 해 온 이른바 사적 네트워크(private network)라는 것이 있었다. 그런데 적은 비용을 들이고 쓸 수 있는 인터넷이라는 공개적 네트워크가 생겨나고 인터넷을 널리 이용하게 되는 등 환경이 바뀌게 되자 상당한 이용비용을 소요하는 사적 네트워크의 활용은 자연스러이 저조하게 되었다. 그럼에도 불구하고 인터넷 환경에서이지만 다소 높은 비용을 감수하고서라도 종래의 사적 네트워크에서처럼 한정된 구성원만이 접근하고 이용할 수 있도록 하는 장치를 가지려고 하는 경우가 없지 않다. 그리고 이러한 때에는 암호화 기술을 활용하여 이용자는 모두 항시 디지털 사인을 해야만 네트워크를 이용할 수 있도록 함으로써 '가상의 사적 네트워크'(virtual private network: VPN)를 형성해 위의 필요를 채우고 있다.

암 호 화

암호화는 원래의 메시지를 일단 변조하여 보내고 수신자로 하여금 그것을 복조해 원래의 내용으로 회복시키어 보도록 함으로써 침해의 우려로부터 해방된 상태에서 의사소통을 할 수 있게 하자는 것이다. 암호화는 종래 군사적으로만 이용되었었으나 이제는 민간에서도 쓰이게 되었다. 암호화는 정보의 내용을 보호하고(protection of integrity), 정보의 전달도중에 외부의 침입을 받지 않았다는 것을 보증하며(authentication), 정보를 받은 사람이 그것을 받고도 받지 않았다고 부인하는 것을 불가능하게 하고(protection against repudiation), 인가받지 않은 복사행위가 있을 경우 이를 찾아내는(detection of unauthorized copying) 등의 여러 기능을 수행한다. 나아가 컴퓨터 파일을 남이 보지 못하도록 하려는 때에도 암호화를 이용한다. 이 경우는 파일의 소유자가 암호화된 메시지를 주고받는데 있어서의 송신자이자 동시에 수신자가 된다고 생각하면 되겠다.

암호화하고 그것을 다시 푸는 과정을 자물쇠와 열쇠를 마련한 다음 자물쇠를 잠그고 그것을 열쇠로 푸는 과정과 비유한다. 암호화를 위해서는 자물쇠와 열쇠(key)에 해당하는 암호 알고리즘이 필요하다. 여기에서 알고리즘(algorithm)이란 논리적 단계에 대한 기술 내지 체계이다. 열쇠 또는 키(key)란 통상적으로는 일련의 0과 1의 조합인 숫자이나 그것에 특정 언어를 섞어 쓸 수도 있다. 예컨대 제 2 차 세계대전시 미육군은 아리조나주 인디언의 언어인 Navajo를 숫자와 섞어 썼다 한다. 이러한 열쇠는 그것을 생산하는 알고리즘에 의해 만들어진다. 이것에는 재생산 방법, 허용 가능한 포맷, 전략적 고려사항, 소멸시기 등이 명시되어 있어야 한다. 성공적 암호화를 위해서는 자물쇠가 튼튼해야 하고 열쇠기 정교해야 하면서 아무나 그것에 접근할 수 없게끔 철저히 관리되어야 한다. 쉽게 부실 수 있는 자물쇠거나 누구나 쉽게 손에 넣을 수 있는 열쇠를 가지고는 암호화 과업은 소기의 성과를 거둘 수 없다. 여기에서 고난도 알고리즘의 중요성이 강조되게 된다.

암호 알고리즘을 다른 나라보다 먼저 확보하고 있었던 미국, 불란서, 일본 등 일부 선진국들은 이를 자신들은 사용하되 외국에는 유출되지 못하도록 하는 수출억제책을 써왔다. 이 점은 특히 고급 알고리즘인 128비트 이상의 블록암호 알고리즘과 관련해 더욱 심했다. 이들 알고리즘이 돈세탁 등 국제적 불법행위에서 오용되는 것을 예방하기 위해 이들의 수출통제가 필요했다는 설명이었다. 그러다가 스위스 등 다른 유럽국가도 고급 알고리즘을 개발하게 되었고 또 1998년 불란서가 과거의 불문율을 깨고 고급 알고리즘을 수출하기 시작하였다. 이를 계기로 하여 모든 나라에서 암호 알고리즘의 수출에 대한 제한은 크게 완화되었다. 소스 코드, 암호 알고리즘의 교류도 확대되게 되었다. 우리는 'SEED' 라는 블록암호 알고리즘을 개발해 암호화에서의 한 기술적 난관을 극복한 바 있다. 이하 암호화의 방법과 용도를 살펴보자.

3. 암호화의 방법과 용도

암호화의 방법은 열쇠를 어떻게 마련하고 관리하느냐에 따라 두 가지로 구분된다. 첫째, 암호화의 양 당사자(암호화된 메시지를 보내는 자와 받는 자)가 하나의 열쇠를 마련하여 암호화할 때(자물쇠를 잠글 때)에 쓰고 또 그것을 풀 때(자물쇠를 열 때)에도 쓰도록 할 수가 있다. 이러한 경우에는 이 하나의 열쇠를 암호화의 양 당사자 사이에서 어떻게 전달하느냐 하는 것이 중대 사안이 된다. 둘째, 두 개의 열쇠를 마련하여 하나는 변조하는 데 쓰고 다른 하나를 복조하는 데 쓰도록 할 수가 있다. 이러한 때에는 이런 두 개의 열쇠 중 하나는 미리 전달해 놓거나 공개적으로 전해도 되기 때문에 열쇠를 은밀히 전달해야 하는 문제가 중대 사안으로 되지 않는다. 열쇠를 공개하지 않는 전자를 대칭적 열쇠방식 암호화(symmetric key cryptography) 또는 비밀키 암호화(secret key cryptography)라 지칭하고 2개 중 하나의 열쇠를 공개하는 후자를 비대칭적 열쇠방식 암호화(asymmetric key cryptography) 또는 공개키 암호화(public key cryptography)라고 지칭한다.

대칭적 열쇠방식 암호화에서는 암호화하는 데 쓴 열쇠를 암호를 푸는 데에도 써야 하기 때문에 암호화하는 데 쓴 열쇠를 암호를 푸는 사람에게 전달해야 하는 과제를 가지고 있다. 반면 비대칭적 열쇠방식 암호화의 경우에서는 암호화하는 열쇠와 그것을 푸는 열쇠가 다른데, 이 중 하나는 통상 공개되는 것이기에 공개키(public key)라고 부르고 그것과 대립되는 다른 하나는 공개되지 않기 때문에 개인키(private key)라고 부른다. 공개키는 구태여 숨길 필요 없이 누구나 접근해도 무방한 것이기에 이것을 전달하는 데 특별한 신경을 쓸 필요가 없다. 비대칭적 열쇠방식 암호화는 1976년 리베스트(Rivest), 샤미르(Shamir), 아델만(Adelman)에 의해 개발된 것으로서 암호학의 긴 역사에서 보면 비교적 최근의 성과물이다. 이것은 온라인 상태에서 공개키를 창출할 수 있게 함으로써 서로 모르는 사람들끼리도 공개키를 이용하여 암호화한 메시지를 교환할 수 있게 했다는 데 큰 의의를 가지는 것이다. 이들의 작업의 결과인 이른바 RSA 공개키는 전자상거래에서는 SSL에서, 이메일에서는 PGP 또는 GPG에서 쓰이게 되었는데, 이것은 지금까지 30년여 사용되어 왔으며 앞으로 양자컴퓨터가 개발되어 컴퓨터의 계산능력이 현재의 그것보다 획기적으로 증대되기 이전까지는 안심하고 써도 좋은 것이라고 평가받고 있다.

하나의 열쇠를 전제로 하는 비밀키 암호화에 있어서 열쇠를 공개하거나 그것에 누구나 접근할 수 있게 해서는 안 된다. 그러나 공개키 암호화에서는 통상 2개의 열쇠 중 하나를 공개하게 되어 있으니 열쇠를 은밀히 전달해야 하는 문제는 저절로 해소되어 있다. 열쇠 전달에 신경을 써야 하는 전자에 비해 후자는 매우 편리하다고 할 수 있다.

비밀키 암호화

비밀키 암호화에서는 암호를 풀 수 있는 열쇠를 암호를 풀 사람에게 은밀히 전달할 수 있어야 하는데 이러한 비밀키를 전달하는 최선의 경로로 어느 누구의 수색으로부터도 자유스러운 외교파우치를 통한 전달이 가장 선호되고 있다. 그러나 이런 방법을 아무나 사용할 수는 없는 것이기에 일반적으로 말해 열쇠를 전달하는 일은 쉽지 않다. 때문에 이 방법은 열쇠를 받아야 할 사람이 소수인 경우이거나 열쇠를 전달해야 하는 일이 잦지 않은 경우에 한해 한정적으로 이용된다. 달리 말해서 전자상거래를 하면서 매거래마다 암호화를 해야 할 때처럼 열쇠를 전달해야 할 상대방이 불특정 다수인 경우에는 이 방법을 쓰기가 어렵다.

비밀키를 주고받는 일을 제3의 기관에 위양하는 방법도 있다. 즉 열쇠배분센터(key distribution center: KDC)를 만들어 이 기구로 하여금 여러 사람의 비밀키를 보관하고 있다가 적법한 요구가 있을 때 그것을 배급하도록 하는 것이다. 이때 KDC는 비밀키의 관리에 철저해야 한다. 그를 위한 한 방법으로서 KDC는 사람들로 하여금 항상 같은 비밀키를 사용하지 말고 자주 바꾸도록 권장하면서 필요시에는 한시적인 유효성만을 가지는 시간키(session key)를 무작위로 생산해 배급하기도 한다. 그러나 KDC가 아무리 철저함을 기하려고 한다 하더라도 비밀키 배분과정 중 해킹을 당할 가능성을 완전히 배제하지 못하고 그로써 이러한 시간키가 잘못 쓰이게 될 가능성도 완전히 배제하지는 못한다.

공개키 암호화

반면 공개키 암호화의 방법을 쓰는 경우에는 열쇠를 은밀히 전달해야 할 필요가 없어 다수를 대상으로 하고 암호화를 한다 하더라도 아무런 어려움이 없다. 공개키를 전달하는 방법으로는 이메일을 이용하기도 하고 또 웹에다 공개하여 필요한 사람이 찾아 쓰도록 하기도 한다. 공개키 암호화방법에서 공개키로 암호화한 것은 개인키로 풀어야 하고 개인키로 암호화한 것은 공개키로 풀어야 한다. 또 공개키 암호화에서 숫자 및 문자의 조합으로 되어 있는 공개키의 안전성을 도모하기 위해서는 열쇠에 해당하는 숫자 및 문자의 조합이 길어야 할 필요가 있다. 그런데 이렇게 열쇠로 되는 숫자와 문자의 조합이 길어지게 되면 그런 열쇠를 생산하고 이용하는 과정에서 오류나 착오가 스며들 소지가 있고 또 그러한 열쇠의 처리를 위해 필요로 하는 컴퓨터의 CPU 시간도 길어지게 된다. 이 점은 공개키 암호화의 코스트가 비싸다는 것을 의미하며 이것이 공개키 암호화의 약점이 된다. 나아가 이러한 높은 코스트는 이 방식을 이용해 많은 양의 자료를 보내는 것을 어렵게 만든다.

공개키 암호화에서 공개키와 개인키의 사용방법은 암호화의 목적에 따라 여러 가지로 구분된다. 어떤 메시지를 비밀리에 보내려는 사람은 그 메시지를 받을 사람의 공개키를 이용해 암호화를 한 후 수신인으로 하여금 수신자만이 아는 그의 개인키를 써서 이를 풀도록 한다. 정의상 수신인의 개인키는 오로지 수신인만이 가지고 있는 것이기 때문에 그것을 가지고 있지 않은 제3자가 설사 변조된 메시지를 접하게 되었다 하더라도 그것을 복조할 수가 없다. 때문에 송신인은 제3자의 침입가능성을 두려워할 필요 없이 안심하고 메시지를 보낼 수 있게 된다.

반면 암호화하는 목적이 어떤 메시지의 내용을 보안하려는 것이 아니고 메시지를 보내고 난 다음 관련 수신자가 해당 메시지를 받았는지 여부를 확인하려는 것인 경우에 송신자는 자신의 개인키로 암호화를 하여 변조한 메시지를 보낸 다음 수신자로 하여금 송신자인 자신의 공개키를 써서 이를 풀어보도록 한다. 이렇게 하면서 수신자가 송신자의 공개키를 이용했다는 사실을 확인함으로써 수신인이 메시지를 받았다는 사실을 부인하지 못하도록 한다.

혼용 방식

위에서 언급되었듯이 비밀키 방식과 공개키 방식은 각각 나름대로의 장점과 약점을 가지고 있다. 그래 이들 약점을 모두 피하려고 할 때 두 가지 방식을 혼용해 쓰게 된다. 높은 코스트라는 공개키 암호화의 약점과 열쇠전달의 어려움이라는 비밀키 암호화의 약점을 피하려는 과정에서 공개키와 개인키를 선별적으로 섞어 이용하게 된다.

대용량의 자료를 보내야 하면서 공개키 방식을 따르는 높은 코스트도 피하고 싶고 비밀키 방식에서의 키를 은밀히 전달해야 하는 어려움도 피하고자 하는 경우에는 특히 이들 두 가지 방식을 혼합해서 쓰게 된다. 즉 혼합방식에서는 고가인 공개키 암호화의 방법을 써서 비밀키 암호화에서 사용해야 할 비밀키를 보냈다. 그 다음 상대적으로 저가인 비밀키 암호화 방식을 이용하여 대용량의 자료를 보내는 것이다. 비밀키의 데이터 양은 많지 않을 것이어서 고가의 암호화 방법을 쓰더라도 비밀키를 보내는 데 큰 비용은 들지 않을 것이기에 전달이 까다로우면서 용량은 크지 않은 자료는 상대적으로 비싼 공개키 방식을 통해 보낸다. 그 다음 용량이 많은 자료는 상대적으로 코스트가 싼 비밀키 방식으로 변조하여 보낸 다음, 이미 보낸 비밀키를 써서 그것을 복조하도록 한다. 그로써 한편에서는 비밀키를 보내는 은밀한 전달과정은 공개키 암호화방법을 써서 회피하면서 다른 편에서는 비밀키 암호화방식을 써서 대용량의 자료를 비교적 낮은 코스트를 들이면서 안전하게 보낼 수 있게 된다. 물론 이런 때에도 공개키를 이메일로 보내는 경우라면 만약의 사태에 대비해 데이터와 공개키를 같은 파일로 보내서는 안 된다는 주의사항이 있다. 이와 관련해서는 앞에서 설명된 VPN을 통해 비밀키를 보내는 것도 권장되고 있다.

암호화의 용도로는 디지털 사인, 디지털 인증, 메시지 수취사실의 확인 등이 있다.

디지털 사인(digital signature)

디지털 사인이란 자신이 자신이라는 증거를 남기는 전자적 행위로서 종래 의사교환의 양 당사자 중 하나가 상대방을 대상으로 하며 종이 위에 사인을 하던 것과 상응한다고 보면 된다. 예컨대 송신자 A가 수신자 B를 위해 어떤 메시지를 보내면서 거기에 디지털 사인을 하여 틀림없이 자신이 그 메시지를 보냈다는 것을 확인할 수 있게 하는 것이다. 일단 디지털 사인이 된 메시지는 위조하기가 어려워 높은 신뢰성을 가지게 된다.

디지털 사인을 할 때에는 공개키 방식을 이용한다. 디지털 사인을 위해 송신자 A는 송신하려는 메시지의 일부는 변조되지 않은 평상적 언어를 써서 보내고 남은 일부는 자신의 개인키를 써서 변조해 보낸다. 그러면 평상적 언어로 되어 있는 일부와 변조된 일부로 이루어져 있는 메시지를 받은 수신자 B는 자신이 이미 알고 있거나 또는 공개키를 관리하는 기구로부터 입수한 송신자 A의 공개키를 이용하여 그 메시지의 변조된 부분을 복조한다. 그 다음 평상적 언어로 된 부분과 복조된 부분을 맞추어 보아 이들이 서로 상통하고 모순되지 않는 것이라는 것을 확인함으로써 송신자 A가 진정 디지털 사인을 한 것을 인지한다. 그리고 이런 일련의 과정에서 수신자로 하여금 복조해 볼 수 있도록 송신자 A가 자신의 개인키를 써서 일부 메시지를 변조한 행위를 디지털 사인을 한 것으로 인식한다. 이때 진정한 송신자 A와 A를 사칭하는 다른 사람을 차별해야 할 경우라면 공개키를 관리하는 기구로부터 진정한 송신자 A에 의해 제공된 공개키를 받도록 하는 것이 필수적이다. 이에 대해서는 후술한다. 아무튼 이러한 일련의 과정을 거치게 되면 수신자 B는 진정으로 그 메시지가 송신자 A로부터 온 것임을 확인할 수 있게 된다.

보다 더 중요한 메시지를 사인해 보내려 할 때에는 메시지 다이제스트를 이용하는 다소 복잡한 과정을 거친다. 여기에서 송신자는 어떤 메시지를 보낼 때 그것의 전부 또는 일부를 평상적 문자로 보낸다. 동시에 그것의 전부 또는 평상적 문자로 보내지 않고 남긴 일부를 특별한 소프트웨어를 써서 그것의 수학적 축약이라고 할 수 있는 메시지 해시(message hash) 또는 메시지 다이제스트(message digest)라고 하는 것으로 만든 다음 이것을 자신의 개인키를 써 변조하여 보낸다. 즉 메시지 해시를 만든 다음 그것을 다시 변조하는 2단계의 변조과정을 밟아 보낸다. 이때 메시지 다이제스트란 몇 줄로 된 짧은 문단이며 또 신뢰성을 높이기 위해 이런 때 쓰는 개인키는(공개키와 마찬가지로) 열쇠관리기구로부터 획득한 것이 되도록 한다. 이런 과정을 거쳐 만들어진 변조된 메시지는 더 강력한 디지털 사인을 한 것으로 인식된다. 그 다음, 이렇게 디지털 사인이 된 메시지를 받은 수신인은 그것이 틀림없이 지정된 송신인으로부터 온 것이라는 것을 확인해야 하는데, 이를 위하여 이미 보내온 평상적 문자로 된 메시지(이것은 송신자의 선택에 따라 메시지의 전체 또는 부분이 될 수 있음)를 공개키 관리기구로부터 구한 송신자의 공개키를 이용하여 변조한 다음 그 결과를 특별한 소프트웨어를 써서 축약하여 메시지 다이제스트로 만든 후 이렇게 얻은 메시지 다이제스트가 과연 송신자가 보내온 메시지 다이제스트와 일치하는지를 점검한다. 그리고 이 둘이 일치함을 보고 해당 메시지가 지정된 송신자가 사인해 보낸 것임을 확인한다. 이때 이렇게 두 개의 메시지 다이제스트를 비교하는 방식으로 디지털 사인이 이루어진 것임을 확인하는 이유는 메시지 다이제스트를 복조하여 그 이전의 온전한 메시지로 복원한다는 것은 불가능하기 때문이다.

디지털 인증

공개키는 웹을 통해 공개하기도 하고 전화번호부와 비슷한 열쇠관리센터의 공개키 명부에 등재해 공개하기도 하며 간단히 상대방에게 이메일로 송부하여 상대방이 그것을 알 수 있도록 하기도 한다. 공개키의 정의로부터 알 수 있듯이 그것은 누구나 접근가능한 것이고 알려고 한다면 알 수 있는 것이다. 그런데 이 점이 악용될 소지를 배태하고 있다. 그리고 이러한 약점을 극복하기 위한 방안으로 디지털 인증(digital certificate)이 필요하게 된다. 즉 보내진 메시지가 전달 도중에 훼손되었거나 바뀌지 않았고 틀림없이 해당 송신자가 보낸 것이라는 것을 송신자도 아니고 수신자도 아닌 공개키 인증기관이 확인하는 행위인 디지털 인증이 필요하게 된다.

예를 들어 송신자 A가 수신자 B에게 메시지를 보내야 하는 때 A를 사칭하는 제3자 C가 나타나 자신이 마치 A인 것처럼 처신하면서 B의 공개키를 써 메시지를 변조한 뒤 수신인 B에게 보내는 경우를 생각해 보자. 이런 때 B는 자신의 개인키를 써서 그 메시지를 복조할 수도 있고 또 전달 도중 훼손됐는지 여부를 점검할 수도 있다. 그러나 그 메시지가 진정으로 송신인 A로부터 온 것인지 아니면 그를 사칭하는 제3자 C로부터 온 것인지를 구별할 수는 없다. 이런 경우를 암호화 기법을 써 정보보안 목적에는 성공했으나 그 신뢰성은 문제되는 경우라고 칭하는데, 이런 경우에 대비하여 공개키를 이용하는 사람의 신뢰성을 보장하는 제3의 공증기관이 필요하게 된다. 즉 여러 사람들의 공개키를 관리하고 그런 것이 언제 누구에 의해 사용되었는지 여부 등을 확인하면서 어떤 공개키를 이용한 사람이 진정으로 송신인 A이고 제3자인 C가 아니라는 것을 보증해 주는 공증기관(certification authority: CA)이 필요하게 된다.

이런 공증기관은 A에 의한 B의 공개키의 요청에 임해 그것이 진정으로 A에 의한 것이고 A를 사칭하는 C에 의한 것이 아니라는 것을 보증해 줄 수 있어야 한다. 이를 위해 공증기관은 암호화 하려고 하는 사람들에 대한 정보를 평소에 수집정리해 놓았다가 그것에 의거해 공개키를 요청한 사람이 누구라는 것(예컨대 A에 관해 이미 보관되어 있는 정보에 의거해 그가 A를 사칭하는 C가 아니라 진정 A라는 점 및 A가 B의 공개키를 이용하고자 했었다는 것)을 확인한 뒤 그 사실을 전하는 메시지를 자신의 디지털 사인을 부착하여 B에게 보낸다. 그러면 진정한 송신인 A가 아니면서 그를 사칭하는 제3자 C는 이러한 인증과정을 거치기 어려울 것이다. 때문에 오로지 A만이 이러한 디지털 인증 절차를 거칠 수 있고 B의 공개키를 요구할 수 있어 제3자의 사칭을 방지할 수 있게 되는 것이다. 이런 공증기관의 역할은 개인의 신분을 증빙하는 여권을 발행하는 기관과 흡사하다. 여권 발행기관이 특수잉크, 실(seal), 워터마크(watermark) 등의 방법을 써서 위조하기 어려운 여권을 발행함으로써 제3자의 사칭을 방지하면서 여권 소지자의 신분을 공증하듯이, 여기의 공증기관도 사람들이 공개키를 요구할 때 신분이 확실할 때만 공개키를 제공하고 이 공개키에 자신의 디지털 사인을 부착하여 암호화해 보내는 방식으로 공증을 해준다. 그로써 어떤 사람이 다른 사람을 사칭하며 공개키 제도를 남용하는 것을 예방한다. 이러한 인증기관을 공개키 하부구조(public key infrastructure: PKI)라고도 지칭하는데, 이러한 PKI가 있음으로써 공개키 암호화가 잘못 쓰이는 일이 최소화 된다.

메시지 수취 사실의 확인

메시지를 노출시키는 것은 무방하나 수신자가 메시지를 받았다는 사실을 부인하지 못하게 하는 것이 필요한 때가 있다. 이런 때에도 PKI가 요긴하게 쓰인다. 이런 때 송신자는 개인키를 써서 메시지를 변조한 후 수신자에게 보내면서 그로 하여금 그 메시지를 복조하기 위해서는 반드시 인증기관으로부터 송신자의 공개키를 요구해 사용하지 않으면 안 되도록 한다. 그러면 수신자는 메시지를 보기 위하여 PKI에 송신자의 공개키를 요구해야 하고, 이런 요구를 했다는 사실을 숨길 수 없다는 사정에 의해 수신자가 메시지를 받았다는 사실을 우회적으로 부인할 수 없게 한다.

PKI의 생명은 수신자의 개인키는 수신자 밖에 알지 못한다는 상황을 여전히 유지하면서 공기구로 하여금 공개키를 이용하는 데 거짓이 개재될 수 없도록 하여 신뢰성을 제고시키는 데 있다. 디지털 사인을 하고 그것을 인증까지 받게 하면 사인을 했다는 사실을 차후 부인하는 일은 불가능하게 된다.

이러한 인증절차를 거친 디지털 사인은 종이 위에다 하는 평상적 사인보다 위조하기가 어려워 높은 신뢰도를 구가하고 있다.

디지털 사인 관련 공증기관의 예로는 베리사인(VeriSign), 사이버트러스트(CyberTrust), 서티코(CertiCo) 등이 있다. 이런 기관은 공개키의 인증 이외에도 등록, 등록경신, 등록취소, 목록관리, 디지털 사인의 공증, 사인과 데이터의 시간인증, 공개키 등록부(directories of certificate)의 관리, 공개키의 시효관리 및 재생산방법의 결정 등의 업무를 수행한다. 누가 누구의 공개키를 사용했는지에 대한 기록을 유지하여 열쇠사용의 투명성을 확보하도록 노력한다. 이러한 업무를 수행하기 위해 공증기관은 공개키를 등록하는 모두에 대해 실사를 하여 그 실상을 잘 파악하고 있어야 한다.

앞으로 종이가 없는 사회(paperless society)가 될 경우 이러한 기관의 역할은 더욱 커지게 될 것이다. 그러나 이러한 인증기관도 해킹당하거나 실상의 파악에 착오가 있거나 오류를 범할 수 있다. 그런데 이러한 한계에 따라 이들이 인증 등을 잘못했을 경우 이 기관의 책임범위는 어떠해야 하는지 등 여러 법적인 문제가 생긴다. 이런 문제는 아직 미해결인 채로 남아 있다.

4. 정보보안의 실상

이메일의 경우

이메일은 전송 도중 또는 서버나 PC에 저장되어 있는 도중에 타인에 의해 복사될 수도 있고 삭제될 수도 있으며 신분의 도용이 일어날 수도 있는 매우 불안전한 의사소통수단이다. 이러한 불안을 극복하기 위한 방도로 SECURE 이메일이 권장되고 있다. 이메일을 보내는 때에도 그 내용을 보호하거나 프라이버시를 유지하기 위하여 암호화를 꾀할 수 있다. 그러나 암호화를 하고 이를 다시 푸는 것이 번거로운 과정이기 때문에 이메일을 보내는 때에는 예외적인 경우에나 암호화를 하고 보통은 암호화하지 않는다.

이메일을 주고받을 때의 관계자들이란 발신인, 수신인, 발신인의 ISP,

수신인의 ISP, 이들에게 응용시스템을 제공하는 OS제공자들이다. 발신인과 수신인은 각각 내용을 암호화하고 그것을 푸는 과정을 통하여 안전성을 도모할 수 있다. 그러나 이런 과정이 번잡스러운 과정이라 많은 경우 이런 노력을 들이려 하지 않는다. 이른바 안전한 이메일(secure e-mail)이나 privacy-enhanced e-mail을 상용하려 하지 않는다.

이메일 암호화를 위해서는 Open PGP 및 S/MIME 이라는 암호화 표준이 1997년부터 준비되어 있고 후자는 위에 언급된 인증기관 및 MS의 Outlook Express에서도 지원되고 있다. 또 모바일 이메일인 Blackberry의 경우는 트리플 DES라고 지칭되는 바 암호화 알고리즘를 쉽게 사용할 수 있게 함으로써 암호화이용을 사실상 지원하고 있다. 이러한 보안강화는 문자메시지 보내기에서도 한정적으로 쓰이고 있다.

이메일에서 단편적이나마 안전성을 위한 고려를 하게 되었다는 것이 ISP들이 안전성 보호의 필요를 의식하기 시작했다는 사정변화의 증거라 하겠다. 또 최근에는 OS제공자들이 수시로 OS의 강제적 업데이트(mandatory update)를 해주면서 발신자 인증(sender authentication)을 통해 스팸을 보내는 사람이 자신을 숨기고 가짜 주소를 이용하여 원하지 않는 메일을 마구 보내는 것[3)]을 차단해 주기도 하고 있다. 궁극적으로 이메일 스팸은 모든 패킷이 회신용 주소를 갖지 않으면 안 되게끔 인터넷에서의 서버의 통제체제가 달라져야 완전 제어될 수 있을 것이다. 전자우표에 상응하게끔 이메일을 보낼 때 일정한 금전적 부담을 지게 함으로써 막대한 양의 메일을 마구 보내는 것을 어렵게 만드는 것도 이메일의 남용을 예방하는 일방 그것을 보다 안전하게 만들 것이라 생각된다. 한편, 많은 방화벽은 암호화된 이메일을 통과시키지 않아 암호화한 이메일을 보내는 것 자체를 번잡스러운 것 이상 불편하게 만들고 있다.

---

3) 파일 10만개를 보내 1개의 응답을 받기를 바라고 보내는 것이 스팸메일이다. 따라서 스팸메일 방식으로 이메일을 남용하는 사람에게 매 송부마다 작은 부담을 지게 하면 그의 전체 부담은 커지게 될 것이고 그로써 스팸보내기는 위축될 것이다. MS나 Yahoo 등 대형 ISP는 메일에 우표를 붙이도록 하는 식으로 스팸메일을 억제하는 제도를 도입하는 것에 찬성하고 있다.

전자상거래의 경우

전자상거래의 경우에는 거래성립 이전 단계에서 많은 의사소통이 있어야 하고 거래의 성사 후에는 결제를 해야 한다. 결제과정에서는 의사전달의 단계에서의 그것 이상으로 안전성의 확보가 요망된다. 요컨대 전자상거래를 하는데 있어서는 메시지의 도취, 사칭, 내용변경, 훼손 등의 위험이 있고 이 위험을 예방하려는데 단지 패스워드를 사용하는 것만으로는 부족하기에 암호화를 하는 것이 적극 권장된다. 나아가 이런 암호화는 실행하기는 쉬우면서 보안목적을 이루는 데에는 효과적인 것으로 되어야 바람직스럽다.[4] 그러나 전자상거래를 행하는 과정이 오프라인에서 일상적으로 거래를 하고 계약을 하는 것보다 지나치게 까다롭게 되어서는 안 될 것이다. 통상 전자상거래에서는 판매자가 웹에 거래의 가격 기타 조건을 제시해 놓는 것을 판매자의 오퍼(offer)라고 보고, 그 오퍼에 의거해 구매자가 이메일 등을 통해 의사교환을 하는 것을 상담으로 보며 그 후 구매의사를 표시하는 것을 오퍼의 수락이라고 본다. 그래서 일정한 의사소통 이후 주어진 아이콘이나 응락버튼(accept button)을 클릭하는 것으로써 오퍼를 수락하고 나면 그 다음 단계에서는 판매자가 구매자의 수락을 받아들이는 절차를 거치게 되며, 최종적으로 구매자가 판매자의 수락을 확인하는 절차를 거치게 되면 거래가 성립되는 것으로 설계되어 있다. 온라인에서의 거래임을 감안하여 절차적 엄격성을 기한 것이라 하겠다.

종래 전자상거래에서는 디지털 사인의 기법을 동원한 프로토콜 SSL (secure socket layer)이 이용되어 왔다. 그 방법으로는 다음의 절차를 거치게 된다. 먼저 서버가 사용자에게 RSA 공개키를 보내면, 사용자는 비밀번호를 무작위로 추출한 뒤 받은 공개키를 써서 그것을 변조하여 서버에 보내고, 서버는 개인키를 써서 이것을 복조하여 해당 사용자의 비밀키로 삼아 보내야 할 자료를 변조한다. 나아가 이러한 일련의 절차를 거치는 암호화는 그 이상 보안 IC카드를 추가해 쓰는 방식으로 강화되기도 하는데, 이 경우 공개키 기

4) New York Times, 'A Simpler, More Personal Key to Protect Online Messages,' July 7, 2003.

반 인증제도는 그 이전의 그것보다 더 강화된 보안관리제도로 된다. 보안카드 유사대체물로 Secure ID, JavaCard, iButtons 등이 쓰이고 있고, 또 생체적 특성을 활용하는 생체키(biometric key)를 병용해 사용하기도 한다.

상거래가 성립된 후에는 지급결제의 안전성을 확보하는 것이 다른 어떤 것보다 중요하다. 이것의 해법은 지급결제기관이 중심이 되어 발전시키어 왔다. 대단위 결제를 위해서는 EFT(electronic fund transfer)를 써왔고 온라인에서의 결제를 위해서는 Paypal 등이 개발되어 쓰여져 왔다. ATM이나 POS 터미널을 이용하는 거래에 있어서는 거래의 주요 부분이 DES(digital encryption standard)로 변조되어 처리되어 왔다.

여기에 부가해 언급할 것은 신용카드의 사용도 보다 안전하게 되게끔 변천되어 왔다는 것이다. 앞에서 언급된 바 ATM기계에 대한 은행의 책임을 강화한 것이 이 기계를 이용하는 것에 대한 안전성을 제고시키게 되었다는 사실과 유사하게, 신용카드를 이용하는 데 있어서도 양 당사자인 소비자와 상인의 책임을 최소화하고 은행의 책임을 강화하려 한 것이 이런 안전성 제고 노력의 핵심이다. 이러한 유인체계의 조정은 은행들로 하여금 은행과 사용자 사이에 개재하고 있는 신용카드 취급전문사(credit card processor)에 대한 투자 및 감시를 증대하게 하였다. 그 결과 신용카드의 사용자는 결제에 관련된 별 불안을 의식하지 않고 자유로이 신용카드를 사용할 수 있게 되었다. 또 크레딧카드 회사별로 SET(secure electronic transformation)와 같은 독자의 프로토콜을 개발하여 할용하도록 한 것도 이에 도움이 되었다. 나아가 많은 프로토콜이 제안되어 있거나 실험 중에 있다는 것도 주목해야 할 사안이다. 그런 예로는 FIX(financial information exchange), OBI(open Buying initiative), BIPS(banking internet payment system), OFX(open financial exchange), OPT(open trading protocol) 등이 열거되고 있다.

블로그의 경우

이메일을 하고 전자상거래를 하는 이외에 웹 사이트를 만들고 블로그를 운영하는 것도 인터넷 이용의 주요 방도 중 하나이다. 이와 관련된 웹 사이트의 안전성은 암호화 프로토콜 SSL(secure protocol)이나 TLS(transport layer security)를 통해 강화되어 왔다. 인터넷이라는 본질적으로 안전하지 못한 네트워크에서 데이터를 안전하게 보내는 길을 마련하려고 한 노력의 연장이라 하겠는데, 이런 목적을 위해 암호화 전용터널을 형성하고 HASH 알고리즘을 사용하고 있다. 이런 것들은 브라우저 차원에서의 응용이라 할 수 있겠는데, 이러한 노력 덕분에 신용카드 번호를 인터넷에 입력하면서도 크게 불안해 하지는 않게 되었다고 평가되고 있다.

SW와 HW의 결합을 통한 암호화의 강화

암호화에 있어 자물쇠 및 열쇠를 만드는 알고리즘이 절대적으로 중요하다. 즉 소프트웨어가 중요하다. 그런데 소프트웨어에만 의존해서는 정보보안이 불충분할 수 있다. 그래서 예컨대 인터넷 뱅킹에서는 스마트카드나 PC카드 등 하드웨어 방식을 도입하여 단순히 소프트웨어에만 의존하는 경우의 취약점을 보완하고 있다. 디지털 사인을 이용하되 그 이상의 이용자신분확인방법도 추가로 쓰고 있다. 즉 지문, 손바닥 모양, 홍채 등을 써 본인 확인 절차를 강화하고 있다. 나아가 오랫동안 같은 암호화 관련 열쇠를 쓰게 되면 아무래도 그런 것이 노출될 가능성이 있기 때문에 공개키와 개인키를 자주 바꾸어 노출위험에 대비하도록 권유되고 있다. 또 PKI는 이들 열쇠의 유효기간을 설정해 유지하는 한편 어떤 공개키가 의심되는 경우에는 이미 인증한 공개키일지라도 취소하기도 한다. 암호화 방법은 전자상거래에서의 계약 뿐만 아니라 결제, 카드 이용, 입찰, 경매, 전자투표 등에서 광범위하게 쓰이고 있다.

정보보안의 각종 노력과 잔존 불안

정보원에 침입하려는 노력과 이를 방지하려는 노력 사이의 관계는 마치 창과 방패의 관계와 같다고 할 수 있다. 침입하려는 측은 보다 예리하고 효과적인 침입 수단을 마련하여 친입하려고 하고 침입을 막으려는 측은 여러 새로운 수단을 개발해 이를 막으려고 하는 끝없는 경쟁의 관계라 할 수 있다.

그런데 정보전달의 경로가 다양하게 되고 정보전달이 쉬워졌다는 최근의 정보사회 발전 양상은 침입하려는 측을 유리하게 만들었다. 이는 방어하려는 측 내지 정보를 보호하려는 측이 불리하게 되었다는 이야기가 되는데, 법적 수단을 통해 정보를 보호하려는 면에서 특히 뒤떨어져 있다고 여겨진다.

기업의 정보 보호가 미흡하거나 개인에 관한 사생활 보호가 불충분하게 되면 기업이나 개인은 인터넷 사용을 기피하게 될 수도 있다. 웜, 바이러스 등 시스템 이용에 장애가 되는 골칫거리가 자주 발현하는 것도 컴퓨터의 사용을 기피하게 하는 요인이 될 수 있다. ID의 도용, 시스템의 다운 등도 컴퓨터 사용을 위축시킨다. 그런데 이러한 사정에 기인하여 컴퓨터 사용기피가 심해지게 되면 정보화 사회가 가져다주는 여러 가지 편리함과 이점도 누리지 못하게 된다. 극단에 가서 사이버 테러는 정보화 사회의 존립을 파괴하게 된다.

이런 여러 가능성을 도외시할 수 없기 때문에 안정성 확보에 대한 대책이 논의되기도 한다. 그 통상적 내용은 가계, 기업, 정부에 대한 권고를 담고 있다. 우선 가계에 대해서는 방화벽을 설치하고 정보보호 소프트웨어를 구입, 설치하라고 권유한다. 기업에 대해서는 전문가에 의뢰하여 컴퓨터 시스템 전체를 수시로 점검하라고 한다. 정보보호 목적을 위해 IT관련 지출의 10% 정도를 사용해야 한다고도 한다. 정부기관에 대해서는 긴급, 이상사태 발생 시 즉각 대처할 수 있는 준비를 갖추라고 하고 또 침입이 용이하고 그 침입 시의 위험성이 더 큰 무선 네트워크는 차라리 이용하지 않는 것이 좋다고 권유한다.

전화로 결제하기, 신용카드의 사용, 보험 가입 등에서 사람들은 서로 만나지 않고도 많은 거래를 하고 있고, 이러한 거래의 실적을 모두 전자적 기록으로 남기고 있다. 그런데 이렇게 얼굴을 맞대지 않고 하는 거래에서는 그렇지 않은 경우에서보다 더 많은 사기가 자행될 소지가 있다. 이러한 사기는 그 기록을 추적하여 처벌할 수 있겠으나 추적에 비용이 들고 사기가 있은 후 복구가 반드시 쉽지 않다는 약점이 있다. 그래 사후 적발 및 처벌보다는 사전예방의 길을 택하는 것이 바람직하다 하겠다. 이에 사기 적발 소프트웨어를 동원하기도 한다. 여기에서는 여러 행위의 패턴을 분류해 놓고 사기의 가능성이 큰 경우를 적발하는 알고리즘을 동원하며 적발시 그러한 거래에 대해 경고하거나 판매 및 결제를 일시적으로 중단시키기도 한다. 예컨대 대도시의 무인점포에서 재판매가 용이한 상품을 구입하고 신용카드로 결제하려는 경우가 식별되었을 경우 그 카드를 가지고 거래하는 사람의 과거 거래 패턴과 그 거래를 비교하여 해당 거래가 정상적인 거래인지 아니면 사기거래로 의심해야 하는 것인지를 판별한 다음 후자일 경우 거래를 중단시키는 것이다. 최근 전자상거래의 8% 내외가 사기를 의심하게 하는 것이라고 하는데, 사기예방 알고리즘에 의해 이런 것에 대해서는 카드 결제가 거부되거나 지연되게 한다.

경제사회 전체의 여러 양상을 알기 위하여 통계를 편제하는 것이 필요하다. 그런데 통계란 개별적인 자료의 통계적 집계치이기 때문에 통계수치를 작성하기 위해서는 개인에 대한 자료가 필요하다. 이러한 자료는 오로지 통계 목적으로만 쓰여야 하고 그렇게 쓰인 후에는 모두 폐기되어 차후 악용될 소지가 없도록 해야 한다. 나아가 어떤 기업이 오로지 자신의 영업 목적을 위해 고객 등의 자료를 수집한다 하더라도 그것을 어떻게 이용하느냐에 대해서는 매우 신중해야 한다. 현재의 통념은 기업이 자신의 마케팅을 위해 이를 활용하는 것은 용인될 수 있으나 이를 제 3 자에게 판매하거나 제 3 자가 자신이 축적해 놓은 정보원에 들어와 그 정보를 이용하는 것을 방치하는 것은 안 된다는 것이다. 해킹을 예방하기 위해 모든 노력을 기울여야 하며, 이를 위해서는 서버를 관리할 때 패스워드 보관에 철저해야 한다. 제 3 자의 신용카드의 번호를 받을 경우에는 그것을 한번 사용하고는 반드시 폐기하는 전통을 수립해 놓아야 한다.

이메일이나 채팅을 통해 일단 공표된 정보는 삭제되지 않고 서버에 무한정 잔류하게 될 위험성이 있다. 일상생활을 하는 때 사석에서는 실없고 책임지기 어려운 소리도 하는 경우가 있는데 이는 이런 것들이 쉽게 잊혀지고 증거로 남지는 않는다는 것을 전제를 하고 있기 때문이다. 그런데 이러한 일상적 사담에서의 관행에 무의식적으로 지배받아 이메일을 보내거나 채팅을 하는 때에도 이메일이나 채팅의 내용도 쉽게 잊혀지고 소멸되리라 생각하고 실없는 의견을 부주의하게 피력하는 경우가 많다. 그러나 이메일이나 채팅의 내용은 서버에 계속 남아 차후 추적되고 자신에게 불리한 증거로 쓰이게 될 여지를 가지고 있다. 더 나아가 검색 엔진을 운영하는 주체가 수집하여 정리한 뒤 검색의 대상으로 공개해 놓은 것 중에서도 사생활을 침해하는 것들이 있을 수 있다. 이러한 사정 변화는 과거 무심코 실없는 사담을 하던 때에는 명시적으로 인지하지 못하던 것인데, 적어도 현재로서는 이런 변화에 대해 어떻게 대응하는 것이 최선으로 될지에 대한 해법은 알려져 있지 않다. 종종 이런 문제가 대두하게 된 것을 정보화 사회에 들어와 인류는 부지불식간에 판도라의 상자를 열게 된 것이라고 비유하기도 하는데, 이는 정보화 사회에는 의외의 위험 요소가 많이 숨어 있다는 것을 시사하는 것이다. 종래에는 사이버 세상에서의 익명성을 주목해 가상의 공간에서는 "당신이 개라는 것을 누구도 모른다(In cyberspace no one knows you are a dog)"라고 말하곤 했다. 그러나 이제 사이버 세상에서 한 모든 일의 족적이 남게 된다는 점과 그것의 후유증이 심각할 수 있다는 것을 인식하게 되자 당국은 "당신이 한 모든 일과 방문한 장소를 알고 있다(But the authorities know every lamp-post and tree you have visited)"라는 말을 종종 하게 되었다. 사이버 세상에는 의외의 복병이 있을 수 있다.

전기가 된 2002년

최종사용자에게 보안책임을 주로 전가해 온 이러한 사정은 2002년 6월 MS가 '신뢰받는 컴퓨팅'(trusted computing)의 기치를 선언하게 된 것을 전기로 하여 달라지게 되었다. 혹자는 이러한 변화에 대해 냉소적이다. 반독점 조치에 대한 법무부와 MS의 합의에 따라 안전성 문제를 응용체계에서 함께 다루지 않을 경우 인터페이스나 프로토콜에서의 정보공유가 불가능하게끔 상황이 달라졌기 때문에 MS로서도 어찌 달리할 도리가 없어 안전성 관련 투자를 하게 되었다고 보아 이런 변화를 평가절하한다. 아무튼 이때를 전후로 해서 Intel, AMD, IBM, HP 등 다른 회사들도 안전성과 관련된 투자를 늘리게 되었다고 관찰된다.[5] 바이러스, 웜 등이 많아지게 되었고 소비자들의 안전성

5) R. Anderson, "Cryptography and Competition Policy-Issues with 'Trusted Computing,'" L. Camp and S. Lewis(eds.), *Economics of Information Security*, Kluwer Academic Publishers, 2004.

에 대한 의식이 제고된 상황에서 최종사용자의 단계에 안전성에 대한 대비를 전적으로 전가해 왔던 종래의 방식을 지속하기가 어렵게 된 때문일 것이다. 한편으로는 정보보호문제의 최종사용자에 대한 전가가 비효율적이라 판명되었고 다른 편으로는 안전성에 대한 보다 고양된 대비를 하지 않으면 제품을 파는데 불리하게 되었다는 상황변화를 이들이 인식하게 된 것도 이런 변화의 한 원인으로 되었을 것이다.

이에 즈음하여 정보보안의 확보는 관련 시장을 조성함으로써 해결하도록 해야 한다는 주장도 제기되고 있다. 탄산가스에 의한 지구환경오염에 대해 오염배출권시장을 조성해 전체적 오염을 통제하려는 것과 상응하게, 코스의 정리(Coase theorem)에 지도되어 정보보안시장을 조성함으로써 적정한 정도의 안전성을 확보하는 시스템을 구축할 수 있게 해야 최적의 대응을 할 수 있으리라는 제안이다.[6)]

인터넷 이용의 보안성을 제고하기 위해 최종당사자 이외의 여러 곳에서 노력을 하게 되었다는 주목할 만한 변화의 일환이라고 하겠다. 블로그에다 광고를 수용하게 됨에 따라 방문자의 수를 조작하여 광고료를 더 받으려는 이른바 클릭횡령(click fraud)이 나타나고 있는데, 이러한 것에 대해서도 검색엔진의 차원에서 대책이 준비되고 있다 한다.

불안극복의 시도 및 9.11 이후의 반전

정보불안을 극복해 보고자 하여 각종 ISP들 사이에서 자율규제의 움직임이 대두하고 있다. 정보시스템의 관리에 전문성을 지니는 ISP들이 시스템은 발전시키되 보호되어야 할 정보가 오용되거나 남용되는 일이 없도록 자발적 규율활동을 하자는 것이다. 서신의 왕래나 전화의 사용시에는 각각 우체국과 전화국이 통신비밀을 보호할 책임을 지고 있다. 이들은 잘 조직된 하나 또는 소수의 주체로서 그 책임을 다할 수 있을 것이라 신뢰받고 있다. 이에 비해 인터넷을 이용하는 통신과정에서는 수많은 ISP들이 개재하고 있으나 이들은

---

6) L. Camp and C. Wolfram, "Pricing Security-A Market in Vulnerabilities," 앞의 주에서 인용된 책의 논문.

우체국이나 전화국처럼 잘 조직되어 있다고 할 수 없으며 이들에 대한 신뢰는 전제되어 있지 않다. 여기에서 자율규제의 필요성은 더 커진다 하겠다.

데이터 거래시 가격 및 시스템의 안정성을 도모하도록 하는 새로운 시스템SW를 마련해 보고자 SW개발자들이 노력하고 있다. 그것의 적정성 여부에 대한 판단기준의 핵심은 투명성(transparency)과 사용자의 정보통제(user control)의 두 가지가 될 것이라고 한다. 정보수집이 투명하게 이루어져야 하고 일단 축적되고 가공된 정보는 그런 정보에 관련된 사람이 모르는 상태에서 그의 이익에 반하게 오용되서는 안 될 것이다. 이러한 노력은 그 결과를 보고 나서 평가할 수 있을 것이다.

일단 수집된 정보에 대해서도 이해 당사자가 그것의 내용의 정정을 청구할 수 있고 그 내용을 삭제 폐기하거나 이용의 동의를 철회할 수 있게 되어야 한다. 나아가 여러 데이터베이스를 결합하여 이용하거나 판매하는 경우에 있어서는 이용에 대한 사전승인을 받게 하거나 불법사용에 대해 손해배상이나 체형 등을 과할 수 있도록 하는 것도 검토되어야 한다.

정보통신기술이 발달된 환경에서 교류하고 거래하는 데 새로이 개발된 기술을 써서 디지털 사인을 하도록 하는 것을 적극 수용할 필요가 있다. 이러한 필요에 대해서는 현재 EU가 가장 적극적으로 대응하고 있다고 평가된다. EU는 EU Directive를 통해 이런 것에 대한 지침을 마련하고 있는데, 여기에서는 사인의 방법으로서 암호화기술을 쓰는 디지털 사인을 공식적으로 수용하고 있을 뿐만 아니라 지문이나 홍채를 활용하는 생의학적 방법도 수용하고 있다. 또 인증기관을 중층화하여 인증절차를 정교하고 권위 있게 하려고 하고 있고, 인증(certification) 이외에 데이터 및 시간에 대한 공증(data and time stamping), 관련 자료의 수집보관 등의 서비스를 제공하려는 시도도 하고 있다. 나아가 이런 목적을 위해 UK CyberNotories Association과 같은 민간자율기구를 적극 활용하려 하고 있다.

아무리 노력한다 하더라도 정보보안의 문제를 완전히 해결할 수는 없을 것이다. 그러나 정보보안에서의 불안 때문에 정보화사회의 이점을 포기할 수도 없을 것이고 또 정보보호면에서의 약점 때문에 인터넷을 이용하지 않을 수도 없을 것이다. 특히 전자상거래와 관련해 이점은 더욱 그러하다. 이에 개인적 차원에서 가장 쉬운 자구행위로서 다음과 같은 대비책을 이용할 것이 권유되곤 한다. 즉 바이러스 방지 SW를 설치하고, 신용카드의 번호를 주는 때에는 상대방을 반드시 확인하며, 생년월일 등 제3자가 추정하기 쉬운 수치를 패스워드로 쓰지 말고 상대방에 따라 패스워드를 다르게 쓰면서 일정한 시간이 지나고 나면 변경하고, 모르는 사람으로부터 온 이메일의 첨부파일은 열지 말며, 망을 통하는 대화를 자제하거나 그 내용에 유의하라는 것이다.

정보를 보호함으로써 보안성(security)을 확보하려는 과제는 일종의 트레이드 오프를 내포한다. 인가되지 않은 부당한 정보접근을 막을 필요가 있으나 이를 위해 정보접근을 어렵고 까다롭게 한다면 불편을 야기하고 정보를 과소이용하게 할 수 있겠기 때문이다. 따라서 이러한 트레이드 오프를 어떻게 해결하느냐 하는 것이 중요 문제가 된다. 그러나 최근까지 이러한 문제는 흡족하게 해결하지 못하고 있다. 그런 가운데 보안을 위해 사생활권을 경시하는 방향으로 사정이 바뀌는 것을 보여주는 몇 가지 중요 사례가 나타나고 있다.

그 가장 현저한 예가 미국 국방부에 의해 이루어지는 이메일 및 금융거래, 의료자료, 여행자료 등의 무차별적 감찰이다. 이러한 것은 9.11 테러 이후 반테러 대책으로 나타나게 된 것이나 개인의 사생활권을 침해하는 것이기도 하다. 그래서 9.11 이후의 비상상황으로부터 다소 벗어났다고 보면서 후자를 중시하는 입장에서는 무차별적 감찰을 다소 제한해보고자 대안을 내놓았다. 여기에서는 미국인에 한해 감찰을 하려고 하면 특정 법원의 인가를 받도록 하고 급박하여 사전인가를 받을 수가 없었던 경우에는 48시간 내에 사후인가를 받도록 요구하고 있다. 그 둘은 RFID에 대한 것이다. 무선의 시그널을 전송하는 RFID는 본래 공급체인관리(supply-chain management)의 일환인 재고관리를 위해 최선의 자료를 얻어 관리하도록 하는 것으로서, 바코드와 같이 관리목적에 따라 여러 곳에서 쓰일 수 있는 것이기도 하다. 그런데 이것은 동시에 구매자 기타 관계자에 대한 사생활권 침해의 소지를 가지는 것이기도 하다. 때문에 구매 이후에는 그 작동을 중지시키는 별도의 장치를 하지 않는 한 RFID는 경계해야 할 대상으로 될 수밖에 없다고 하였다. 그 셋은 의료기록을 디지털화하여 중앙관리를 하는 것에 대한 우려 표명이다. 이렇게 하고 나면 어느 곳에서 질병 또는 사고를 당하더라도 온 라인으로 그러한 의료기록에 즉각 접근해 치료시 쓸 수 있게 하는 이점이 있다. 그러나 제3자가 이러한 기록에 접근하게 되면 그것은 사생활의 침해가 되고 특히 제3자로서의 보험회사에 의한 악용의 소지가 염려되고 있다. 이러한 제반 문제는 안전 또는 효율을 위해 사생활권을 어느 정도 희생해야 좋으냐 하는 매우 어렵고 심각한 문제를 제기하고 있다.

02 | 지적재산권(intellectual property right) 문제

1. 지적재산권 문제의 본질

지적재산의 의미와 특이성

가옥이나 자동차는 재산이다. 이런 일반재산의 소유자는 공공의 이익을 해하지 않는 한 그것을 아무런 제한 없이 이용하거나 처분할 수 있다. 저작권이나 발명특허권 등 지적재산도 재산이기에 그 소유자는 원칙적으로 이들을 자유로이 이용하고 처분할 수 있어야 한다. 그러나 지적재산은 동시에 공공재의 성격을 가지고 있기에 그것을 일반재산과 완전히 동일하게 취급해서도 안 되고 사회관행이 그러하지도 않다. 그 단적인 이유로 일반재산에 대해서는 그 물리적 수명이 끝날 때까지 권리를 주장할 수 있는 데 비해 지적재산에 대해서는 권리를 행사할 수 있는 기간에 제한이 있다. 또 지적재산과 관련해서는 후술되는바 공정이용의 관행도 용인해야 하게 되어 있다. 그런데 정보사회의 성격이 점차 변화되어 가고 정보재 중 많은 것이 지적재산으로 되어 가고 있는데도 지적재산의 문제를 다루는 법제는 종래의 그것에서 거의 변하지 않고 있다. 이에 지재권을 실정법에 의거하며 법적으로 다루는 데서 상당히 많은 문제점이 노증되게 되어 있다.

지적재산은 그것을 생산하는 자의 창의적 활동에 의해 만들어지는 것이다. 따라서 이들 지적재산의 생산자에게 주어지는 권익 내지 보호가 미흡하다고 하면 이들은 열심히 창작활동에 매진하지 않을 염려가 있고 그로써 지적재산이 많이 생산되지 않게 될 우려가 있다. 그런데 사회 전체로 보아서는 지적 재산이 많이 생산되는 것이 바람직하다. 때문에 지적 재산을 많이 창조하도록 유인하는 체제를 정립해 놓을 필요가 있다. 지적재산의 생산자의 권익을 적절히 보호해야 할 필요가 있다.

지적재산 또는 그 본체인 지식이란 분리가 어렵고(indivisible) 비배제적(non-rival, non-excludable)이며 공공재(public good)라는 여러 성격을 가지는 것이다. 나아가 지식이라는 공공재는 등대, 고속도로, 홍수통제시스템 등 다른 종류의 공공재와 달리 그 내용을 알기 이전까지는 그 진가를 알기가 쉽지 않다. 그런 지식을 구하려는 사람과 공여하려는 사람 사이에서 정보의 비대칭이 존재하고 있다. 또 지식을 가지고 상호대응하면서 사용하는 과정에서 지식이 더 증폭되고 충실화 되며, 이러한 파생적 증가는 점진적으로 이루어진다는 특성도 가지고 있다. 이런 점을 보면 일단 생산된 지적재산을 공공의 영역(public domain)에 두어 그것을 널리 자유롭게 쓰도록 할 필요가 있다. 한편 지적재산의 생산이나 분배면에서 개재되어 있는 한계비용이 매우 작거나 영에 가깝기에 그 생산이나 분배를 전적으로 한계비용 가격결정방식을 따르는 시장기구에 위임했다가는 그것을 생산하거나 유통시키는데 들여야 하는 비용을 회수할 수 없다. 이러한 특성 때문에 지식의 생산을 다른 재화의 생산처럼 단순히 시장기구에 맡길 수 없고 시장기구 이상 특별한 배려를 해야 할 필요가 생긴다. 이점은 정보화사회의 지적재산에 대해서는 더욱 현저하다. 농경사회에서 토지가 제일 중요했고 산업사회에서 자본이 제일 중요했다면 지식정보사회에서는 지식이 가장 중요하다. 여기에서 일단 생산된 지적재산을 최선으로 이용할 수 있도록 하면서 생산비는 회수할 수 있도록 해야 한다는 어찌 보면 서로 모순되는 필요를 모두 충족시키는 타협책이 요망되는 것이다.

종래 그런 타협책으로서 세 가지 방안이 제시되어 왔었다. 그 하나는 지식 등 공공재의 생산은 공공기관으로 하여금 담당하도록 하고 그것의 사용은 아무런 대가를 낼 필요 없이 누구나 자유롭게 쓸 수 있도록 하는 것이다. 이때 생산비용은 세금으로 충당하게 한다. 그 둘은 사기업으로 하여금 지식을 생산하게 하되 그 생산활동에 소요되는 모든 경비를 지원한 뒤 그 결과물을 누구나 이용할 수 있도록 하는 것이다. 민간이 창의성을 발휘하여 생산을 하게 한 다음 그 결과물을 정부에 신고하면 정부가 생산비를 모두 보상해 주는 것이다. 이러한 때 보상을 위한 재원은 창의적 결과물을 이용하려면 구비해야 하는 기기 등에 대한 세금 등으로 조달할 수도 있고, 보상하는 정도는 창의의 결과물에 대한 이용도의 조사 등을 근거로 하여 결정할 수 있다. 그 셋은 창작자로 하여금 자신의 비용으로 생산하게 하되 생산한 후 한정된 시간 동안 독점을 허용하여 스스로 생산에 소요된 비용을 회수하도록 하는 것이다.

종래 지식이라는 공공재에 대해서는 주로 세 번째의 방법이 쓰여 왔다. 이는 지식이란 생산된 뒤 계속 축적되어 가는(cumulative) 것이고 여러 사용자들 사이에서의 상호대응성(interactive nature)을 지니고 있는 것이기도 하여 세 번째 방안에서의 사적 다이나미즘을 보다 적극적으로 이용하려고 한 때문이다. 또 지식이라는 공공재는 등대, 도로 등 다른 공공재와 달리 그것을 알기 이전과 이후에 큰 격차가 있어 비대칭성을 지니고 있어 적정한 가격결정이 쉽지 않다는 것도 이런 선택을 하게 한 다른 이유이다.

지적재산권의 종류

지적재산권은 저작권(copyright), 특허권(patent), 상표권(trade mark), 영업비밀(trade secret)의 네 가지 요소로 구분되나, 특히 앞의 두 가지가 핵심이 된다.[7] 저작권은 표현(expression)을 보호하려는 것이고 특허권은 아이디어(idea)를 보호하고자 하는 것이다. 표현은 그것이 표현되는 순간 공개되는 것

---

7) 종래 각국에서 업종이 다르면 같은 형태의 상표권을 갖는 것이 가능하였다. 그러다가 WWW에 따라 사업의 영역이 범세계적으로 되었고 또 상표권을 도메인 네임과 같게 하려는 노력이 존중받게 되었다. 그런데 다른 주체가 같은 도메인 네임을 가질 수는 없다. 이에 종래 자유로이 상표권을 인정해 주던 각국의 관행은 도전받게 되었다. 상표권에 대한 규칙 내지 관행을 정리하지 않으면 안 되게 되었다.

이다. 때문에 저작권은 표현의 복사, 재생산, 분배, 변용, 활용, 전시를 할 수 있는 권리를 의미하며, 아이디어나 절차(procedure)의 발견이나 응용방법(method of operation)을 보호하려는 수단은 아니다. 반면 특허권에서는 아이디어를 실제화시키어 놓는 것이 중요하며 최소한의 창의성, 새로움(novelty)이 필수요건이다. 만화, 애니메이션, 게임 등에서 많이 쓰이는 캐랙터를 사용하고 사용을 인가할 수 있는 권한도 지재권의 하나로서 그 성격은 저작권에 해당한다 하겠다.

특허권은 창조성이 인정되는 새로운 재화 또는 혁신재(innovated good)에 주는 것이기 때문에 신규성 및 진보성을 지녀야 한다. 새로움을 강조하는 이러한 측면을 혹자는 진보성을 지녀야 하는 것이라고도 한다. 특허권 주장을 계기로 하여 그것에 개재된 새로운 것은 반드시 일반에게 공개되어야 한다. 통상의 특허권보다 창의성의 정도가 낮아 특허권과 같은 보호를 받지는 못하나 낮은 정도의 보호는 받을 수 있도록 한 것이 실용신안권이다. 이것은 영국에 비해 기술발전의 능력이 한정되었던 과거의 후진국인 독일과 일본 등에서 유래한 것으로 특허권과 같은 지반 위에서 이해할 수 있어 낮은 수준의 특허권이라 보면 된다.

상표권은 일단 사용한 상표를 다른 사람이 사용하지 못하도록 하는 권리이며 그것을 지속적으로 사용함으로써 그 권리를 인정받게 되는 것이다. 따라서 사용을 하지 않으면 상표권을 잃게 된다. 또 일반관행상 배타성을 인정받을 수 없을 정도로 널리 쓰이게 된다면 상표권은 소멸된다. 예컨대 제록스 커피를 한다거나 구글검색을 한다고 하는 경우 이런 표현의 앞에 붙은 회사 이름 제록스나 구글은 이미 복사나 검색의 의미를 가지는 보통의 용어가 되었다고 보기에 이들을 이렇게 사용했다고 해서 이들 회사의 상표권을 침해했다고 할 수는 없다. 넓은 통용에 의해상표권으로서의 이들 회사 명칭의 가치는 소멸되었다고 할 수 있기 때문이다. 영업비밀은 그것을 비밀로서 지켜낼 수 있을 때 생명력을 가지는 것이기에 비밀로 숨겨 두었던 내용이 공개되면 그 효능을 잃게 되는 것이다.

영업비밀은 그것을 비밀로 유지될 수 있는 한 가치를 가지는 것이기에 다른 지재권과 동일하게 권리라고 하기에는 부적합한 측면을 가지는 것이기도 하다. 영업비밀을 알아내려는 경쟁자는 역공학(reverse engineering)의 방법을 쓰기도 하고 산업스파이 또는 도취 등의 불법적 방법을 동원하기도 한다. 이에 영업비밀을 보호하려는 기업은 이런 모든 가능성에 대응하여야 한다. 그래서 심한 경우 영업비밀을 보호하기 위해서 자사에서 근무한 종업원은 일정 기간 경쟁사에 근무하지 못하도록 하는 내용을 근로계약에 첨가하기도 한다. 단 이러한 제한은 실리콘 밸리 등 전직이 잦고 활발한 환경에서는 용인되지 않는다.

독점의 정도가 적정해야

지적재산의 생산을 장려하는 방도로서 지재권을 인정하여 독점을 허용한다하더라도 그 정도가 심하게 되면 독점의 폐해가 과도하게 되어 사회적으로 바람직스럽지 못한 사태가 나타날 수가 있다. 여기에서 독점은 허용하되 그 기한을 한정하는 지적재산권 보호제도가 성립되어 왔다. 한정된 시간 동안에는 지적재산을 마치 사유재(private good)처럼 이용할 수 있도록 하다가 그런 시간이 지나고 나면 그것을 공공의 영역(public domain)으로 이전시키어 공공재가 되도록 했다. 이러한 구도에 대해 자동차라는 사유재도 도로라는 공공재를 이용해야 하는 것임을 주목하여 일정한 시간이 경과하고 나면 자동차 생산기업도 국유화해야 하지 않느냐 하는 비아냥이 없는 것은 아니다. 그러나 이는 사유재와 공공재의 차이를 제대로 이해하지 못한데서 유래하는 오해라 할 수 있다. 자동차와 같은 사유재는 물리적으로 규정되는 수명도 있고 또 진부화되어 사실상 수명이 끝나는 경우도 많으나 지식의 수명은 영구하다. 따라서 자동차에 대해 형식적으로 무한정 소유권을 가지게 방치한 것을 꼬투리로 삼아 일시적으로 사유재의 위상을 가지게 된 지적재산에 의한 수명도 무한정이 되도록 해야 한다고 하는 것은 부적절하다. 더구나 지재권의 기간을 법적으로 제한하는 것을 비난하는 반어법적 논리로 이런 비유를 하는 것은 타당하다 할 수 없다.

지적재산권 문제는 생산자의 권리(author's right)와 사용자의 권리(user's right)의 조화의 문제라 할 수 있다. 지적재산으로부터의 편익을 그것의 창조자인 생산자와 그것의 이용자 사이에서 어떻게 조화롭게 배분하느냐 하는 문제로서, 기본적으로 author와 user의 권리가 대립하고 있다는 데서 기인하는 것이라 보아야 옳다.

1970, 80년대까지의 논의 중에는 구태여 국가예산을 쓰면서 제도적 지재권 보호장치를 마련해 생산자의 권리를 보호하는 것이 필요하냐 하는 의문도 있었다. 톨스토이나 에디슨과 같은 지적재산의 생산자들은 창작활동에 대해 별도의 유인이 없더라도 자발적으로 창작과 발명을 계속했었을 사람들이라 생각된다. 때문에 이런 종류의 사람들에 대해서는 구태여 창작을 촉구하기 위한 특별한 유인장치를 해 놓을 필요가 없다고 할 수 있으며, 오늘날에도 이런 종류의 사람들에게는 지재권제도가 절실하다고 할 수 없다. 또 오늘날 지적재산의 생산자의 주종인 대기업에서의 연구자들의 상황을 보면 이들의 창작물에 대한 소유권을 가지도록 되어 있는 대기업들은 스스로의 권리를 보호할 충분한 능력을 갖추고 있다고 할 수 있다. 그러니 대기업에 속한 이런 연구자들의 창작활동을 위해서도 역시 국민이 낸 세금을 직간접적으로 들여가며 지원함으로써 그런 대기업의 자구행위에 추가하여 별도로 보호를 해주어야 할 필요가 있느냐가 의문시되고 있다. 이런 면을 보면 일시적이나마 독점의 폐해를 가져오는 지재권의 법적 보호장치는 없어도 좋은 것이거나 별로 긴박하다고 할 수 없는 것이라 하겠다.

조금 다른 시각에서 보아 지적재산 보호제도의 강도를 완화하여 기존의 지적재산에 기승해 그것을 개량하고 개선할 수 있는 길을 널리 열어줌으로써 많은 사람들로 하여금 기존의 지적재산을 보강하고 개량하도록 하게 하면, 사회 전체적으로는 더 나은 제품을 신속하고 쉽게 생산하고 널리 활용할 수 있게 할 수 있어 보다 바람직스럽다고도 할 수 있다. 그런데 지적재산권 보호가 과도하게 된다면 이러한 개량이나 개선의 가능성은 크게 제약된다. 여기에서도 지적재산권 보호의 적정화가 다시 절실하게 된다.

지재권 과보호 가능성

문제는 실제로 지적재산권이 과보호되기 쉽다는 것이다. 보호를 원하는 생산자는 힘센 대기업 등으로 소수이면서 서로 잘 단결하는 반면 그 반대편의 사용자는 다수이고 설사 이들이 단결하려 한다고 하더라도 그로써 개별적으로 얻는 이익이 적기 때문에 잘 단결하지 못하는 속성을 가지고 있다. 이러한 역학관계 때문에 지적재산권 관련 제도는 사실상 사용자의 이익보다는 생산자의 이익을 보호하는 방식으로 정착되고 제도화 되어 왔다고 하는 정치경제적 해석이 가능하게 된다.[8)] 이런 입장에서 보면 지재권보호제도는 과도하게 될 여지를 가지게 되며 따라서 이 제도를 별로 긍정적이라고 인정할 수 없게 된다.

이에 관련해 저작권에 대한 현재 길게는 저작자 사후 90년까지나 되는 식으로 지나치게 긴 지재권 보호기간을 5년 정도로 줄여야 한다거나 지재권을 가진 자가 금전적 보상을 받게 하기는 하나 그것에 그치게 하고 독점적 사용은 배제하도록 하여 창의적 지적재산에 기승하는 추가의 창의적 활용방안을 찾는 일을 제한하는 사태를 야기하는 일은 없도록(compensation without control) 해야 한다고 하는 등의 대안이 제시되고 있다.

실제세상에서 모든 창작자가 지적재산권을 추구했던 것은 아니었다. 인류 역사상 각종 아이디어의 원조라고 할 수 있는 플라톤이나 아리스토텔레스는 지적재산권제도가 없던 시기에 활동했었는데 그런 것이 없이도 인류정신사의 시조가 되었다. 지적재산권제도의 효시를 1709년 영국에서의 저작권법(Statute of Anne)으로 보아야 하겠기에 이 제도는 18세기 이후의 산물이라 하겠다. 그런데 현재 시점에서 특기해야 할 것은 사이버 세상에서는 그 이전 세상에 비해 정보를 자발적이고 무료로 제공하려는 노력이 더 활발하고 많아졌다는 점이다. 웹 사이트를 만들고 자신의 웹 사이트에의 방문자 수를 늘리기 위해 노력하고 있는 많은 예가 이를 증거하고 있다. 이들은 근본적으로 생산된 결과의 이용을 제한하려고 하고 있지 않다.

---

8) W. Landers and R. Posner, "The Political Economy of Intellectual Property Law:, AEI-Brookings Joint Center for Regulatory Studies, 2003.

물론 이들과 반대로 정보생산에 들인 노력의 대가를 매 이용에 대한 이용료로서 직접 회수하려고 하는 경우도 있다. 창작결과의 적당한 묶음(bundle)에 대해 직접 구독료를 받거나 결과를 보려면 반드시 광고를 보도록 하는 간접적 방법을 통해 노력에 대한 대가를 철저히 회수하려고 하는 경우도 있다. 단 이러한 회수노력의 모두가 반드시 성공적이라고 할 수는 없다. 그러나 정당한 대가를 받지 못하고 있다고 하여 이들이 일제히 더 이상 정보를 생산하지 않거나 창작물을 공개하지 않겠다고 하는 것 같지도 않다. 그 대가 회수에 성공하지 못하고 있는 정보도 지적생산노력의 한 산물이라고 할 수 있을진데 이런 점을 보면 사이버 세상의 실제에서는 그 이전 보다 지적재산권을 보호해야 할 필요가 다소 약화되었다고도 할 수 있다. 반면 사이버 세상에서 지적재산의 거래비용이 매우 낮기에 그 유통과 불법복사 등이 너무 쉽다. 이런 점을 보면 사이버 세상에서의 지적재산의 보호제도는 더 강화되어야 하리라 할 수 있다.

사이버 세상에서의 거래는 비트를 거래하는 것이 중심이고 이는 실제 세상에서 물건을 거래하는 것과 다르다. 이에 Negroponte는 "shipping bits is fundamentally different from shipping atoms"라고 말한 바 있고, 그로써 그는 사이버 세상에서 컨텐트를 보호하는 방법으로 그 이전의 제도인 지적재산권 보호제도를 있는 그대로 동원하는 것이 반드시 적합하지는 않다는 점을 시사한 바 있다. 과연 사이버 세상에서의 거래는 물건의 판매가 본질이 아니고 그보다는 눈에 보이지 않는 무형재의 사용에 대한 허가 여부가 초점이기 때문에 거래의 식별이나 추적이 어려워 종래의 지재권보호제도가 반드시 적합하다고 할 수 없다.

지재권을 추구하지 않은 선례

사이버 세상에서 괄목할 만한 창작을 이루어낸 지적재산의 생산자 모두가 지적재산권을 주장하고 그것에 근거하여 배타적 이익을 향수하려고 했던 것은 아니었다. 인터넷이 한 필수저 요소인 TCP/IP이 창안자나 웹의 창안자는 지적재산권을 주장하지 않았다. 웹의 창안자인 Berners-Lee는 www를 개발해 인터넷에 접속하기만 하면 초월연계된(hyperlinked) 문서를 언제 어디서나 접근해 이용할 수 있게 하여 인터넷이용을 보편화하는데 절대적으로 기여하였으나 이를 가지고 지적재산권을 추구하지는 않았다. 이는 www의 잠재적 경쟁자였다고 할 수 있는 Gopher의 소유자였던 Minnesota 대학이 지재권을 추구했던 것과 좋은 대조를 이루는 것이다. 아무튼 www가 공개된 덕분에 그것에 기승하여 많은 응용시스템 및 컨텐트가 개발되었다 할 수 있다. MS의 Window 독점에 반대하는 자유SW운동의 여러 노력도 그 본질에 있어 지재권을 추구하려고 하지 않고 있다.

사이버 세상에서의 지재권과 공정이용의 관행

지재권제도를 인정하는 한 사이버 세상에서도 독창적인 표현이나 창조적 결과물에 대해서 지재권이 주어져야 한다. 반면 사실을 정리한 것이거나 누구에게도 자명한 것 등 창의성이 인정될 수 없는 것에 대해서는 지재권이 부여되어서는 안 된다. 나아가 사이버 세상에서의 기왕에 알려져 있는 방법에 의한 저작권 보호의 실효성은 실제세상에서의 그것에 비해 다소 못하다. 사이버 세상에서는 복사해서 전파하는 것이 실제 세상에서의 그것에 비해 매우 쉽기 때문이다. 이에 이 미비점에 대한 자구책이 강구되고 있다.

사이버 세상에서의 법제는 개별 국가를 뛰어 넘는 범세계적인 것으로 되어야 한다. 그런데 범세계적 법제라는 것은 현재 존재하고 있다고 할 수 없다. 각국의 법제는 서로 다르기 때문에 설사 이를 법적으로 보호하려고 한다고 하더라도 여러 나라의 법제 중 어떤 나라의 법제를 선택해 적용해야 좋은지를 단언하기가 어렵다. 많은 나라에서는 책의 일부를 복사해 참고자료로서 개인이 보관하는 것을 당연시하고 지재권의 침해라고 생각하지 않는다. 그러나 일부 나라에서는 이를 불법시한다.

보호를 받고 있는 지적재산인 책의 내용이라 하더라도 그것을 복사하여 비영리를 목적으로 개인적으로 쓸 때에는 불법으로 보아서는 아니 된다는 관념이 사이버 세상 이전 실제세상에서 공정이용(fair use)의 관행으로서 인정되어 왔다. 공정이용은 제 3 자에 대한 저작권자의 저작권행사를 합법적으로 제한하는 제도이다. 이러한 관행은 사이버 세상에서도 당연히 승계되어야 할 것이라 여겨지고 있고, 그럴 경우 사이버 세상에서의 지재권보호 행정은 다양한 경우에 대해서 공정이용인지 여부를 판단할 수 있게 되어야 한다. 공정이용을 문제 삼게 되면 사이버 세상의 지재권 행정은 그 이전보다 더 어려워지게 된다.

저작권을 가진 문학작품을 평론하거나 평가하는 글을 쓰는 것은 공정이용의 범주에 속하고 저작권 침해라고 하지 않는다. 이러한 평론이나 평가에서 원래의 작품의 일부분을 인용하더라고 그것은 공정이용이기에 불법시 되지 않는다. 마찬가지의 맥락에서 영화나 비디오물의 일부를 복사하거나 다른 것들과 섞어 자신의 주장을 하는데 이용하는 것도 공정이용으로 인정되어야 한다. 영화 팬이 여러 영상물의 부분부분을 짜깁기하여 자가나름의 작품을 만들거나 그것을 가지고 다른 팬들에게 전파하며 자신의 주장을 펼치는 팬예술(fan art), 팬가이드(fan guide), 패러디 등은 이런 차원에서 불법적인 것은 아니라고 판별되고는 한다. 단 이런 2차 작업은 기왕의 것들의 단순한 조립 이상이면서 작업자의 기여가 인정될 수 있는 것이어야 하고 원작을 보완하는 것이어야 한다. 2차 작업에는 창조적 활동의 부분이 있을 수 있으며 이러한 창조된 것에 대해서는 2차 작업자의 저작권이 인정되어야 한다. 나아가 이렇게 추가된 새로운 저작권에 대해서도 2차 작업자 이외의 제 3 자에 의한 공정이용은 인정되어야 한다.

그러나 구체적인 예에서 이상의 조건이 어떻게 충족되고 있는지를 판별하는 것은 매우 어려운 일이다. 새로운 창의적 요소의 존재 여부 및 크기를 판정한다는 것은 결코 쉽지 않은 과제이다. 예컨대 수없이 많은 사람들의 기여로 만들어진 Wikipedia에서의 글을 가지고 어디까지가 저작권을 주장할 수 있는 것이고 어디까지나 공정이용이며 어디부터가 자작권 침해이인지를 구분하거나 저작권 침해의 가해자를 찾아낸다는 것은 매우 어려운 일이다. 기껏해야 2차적 사용의 목적 및 성격, 원작의 성격, 2차적 작업에서 인용되거나 사용된 원작 부분의 크기, 원작의 잠재시장에 대한 영향 등을 고려해 사안별로 결정할 수 있는 정도이다.

그런데 공정이용의 미명하에 열성 팬들이 원자으로부터 유래한 2차 작품을 대량으로 유통시키고 그것으로 기여가 크지 않은 2차 저작자는 별 손실을 보지 않거나 이익을 보지 않으나 원작자에게 의외의 낭패나 손실을 입힐 가능성이 있을 때 문제는 심각해진다. 이에 원작자 등 저작권을 가지고 있는 측은 대량유통에 간여하고 있는 통신사업자나 ISP들에게 유통되는 내용을 여과하는 과정을 통하여 불법유통을 막게끔 협력할 것을 요구하고 이런 요구를 협력의 의무로서 법제화하려고 하기도 한다. 그러나 이러한 여과의 제도화는 시행하기가 쉽지도 않거니와 이들 통신사업자나 ISP에게 검열권을 주는 것과 상응하기에 민주주의 사회에서는 용납되기 어려운 것이기도 하다.

대기업은 그의 연구실이 생산한 지적재산권을 실효성 있게 보호할 수 있는 방법을 스스로 지니고 있다고 여겨진다. 그런데 이러한 점은 사이버 세상에서는 더욱 그러하다. 대기업은 지적생산물을 암호화해 숨겨 놓을 수도 있고 또 그렇게 숨겨 놓은 것을 찾아 접근하는 경우에 그 흔적을 남기게 하는 기술(water marking technology)을 동원하여 부당접근에 대응할 수도 있다. 이른바 지적재산을 디지털 봉투(digital envelope)에 넣어 놓아 침입을 방지할 수도 있다. 그런데 대기업은 이러한 방식을 활용하면서 공정이용을 사실상 제한할 수 있다. 이러한 제한행위는 당연히 어려운 문제를 야기한다.

2. 지재권제도의 변질

사이버 세상과 저작권제도 재정립의 필요

본래 아이디어란 공기처럼 무료이고 누구나 공유할 수 있는 것이다. 그런데 그러한 아이디어가 계약, 특허 기타 다른 방법으로 정돈되어 실제화된 다음 어떤 사람에게 속하게 될 때 비로소 재산으로서 인정받게 되는 것이다. 아이디어를 저작권으로 보호받으려면 먼저 구체적 표현을 해야 하고 특허로 보호받으려면 형식적인 절차를 거쳐 특허를 받아야 한다. 어떤 아이디어를 처음 얻어 다른 사람에게 이야기 했다고 하더라도 이러한 보호장치를 확보해 두지 못한 이상 그러한 아이디어를 포장하여 보호장치를 취하고 상업적 성공을 한 다른 사람에게 대항할 수 없다. 아이디어를 영업비밀로 유지하는 경우 그것을 특정인에게 알리고 비밀로 해달라고 요청하여 승낙을 받고 그러한 사정에 대한 명시적 계약을 체결한 경우에 한해서나 아이디어의 비밀을 공개한 것에 대해 계약위반으로 그 위반자를 소송할 수 있을 뿐이다.

저작권제도 본래의 목적은 과학 및 예술의 발전을 촉진시키려는 것이다. 그것은 새로운 표현을 장려하려는 것이나 일단 어떤 표현을 하여 저작권을 인정받은 작업에 기승하여 다른 사람들이 그것을 더욱 발전시키게 하자는 의도도 가지는 것이다. 그러나 현재 저작권제도 본래의 이러한 목적이나 의도는 퇴색하게 된 반면 저작권자의 경제적 이익의 보호가 전면에 부각되어 있다.

저작권에 대해서는 그것을 획득하기 위한 명시적 권리신청절차 및 침해가 있을시의 상세한 구제방법이 규정되어 있지 않다. 반면 특허권에 대해서는 침해가 있을시 침해행위의 금지명령(injunction), 손해의 산정 및 배상 등에 대한 구체적 법적 보호장치가 명백히 정비되어 있다.[9] 이 점을 보면 보호방법에 대한 명시적 규정을 가지는 특허권에 비해 저작권의 보호정도는 약하다고 할 수 있다. 한편, 명시적 표현을 하고 난 다음에는 아무런 형식적 절차를 거치지 않았더라도 표현된 것에 대해서는 자동적으로 저작권을 획득하게 되어 있다. 별도 큰 노력 없이도 저작권 보호를 받게 된다는 이 점을 보면 저작권 보호가 특허의 그것보다 반드시 약하다고 할 수도 없다. 이런 측면에서도 저작권은 공식적으로 특허를 신청해 허가를 받아야 가지게 되는 특허권과는 다르다.

또 저작권의 보호기간은 매우 길다. 애초에 14년이었고 1차에 한해 연장할 수 있었던 저작권의 보호기간은 여러 번 연장되어 이제 개인에게는 저자 사후 70년, 출판 이후 95년, 기업에게는 120년이라는 식으로 복잡해지고 길어지게 되었다. 이는 20년의 보호기간을 가진 특허권과 좋은 대조를 이룬다.

사이버 세상에서 어떤 컨텐트를 웹에 올려놓는 것은 한편으로는 그것을 검색하고 복사하라고 유인하는 것이라고 해석할 수 있다. 따라서 이런 경우

9) 저작권의 내용을 실체화하여 판매하고 난 이후(예컨대 소설을 책으로 만들어 판 경우)에는 그 내용을 구입한 사람(예컨대 책을 산 사람)에게 대해서는 저작권을 주장할 수 없기 때문에 저작권을 실체화시켜 판매하지 않고 그 이용만을 라이선스하는 방법으로 저작권보호제도의 취약점을 회피해 보려는 시도도 나타나고 있다

웹의 내용에 대해서도 저작권을 주장하기 위해서는 그것이 저작권의 대상임을 명백히 밝히고 그것을 복사하거나 다운로드하는 것이 저작권침해가 된다는 것을 명시적으로 밝혀 놓는 것이 옳다. 이것의 연장선상에 이른바 클릭-랩 계약(click-wrap contract)이 있다. 이것은 저작권 대상물을 사용할 수 있는 조건, 지불방법, 품질보증, 전달방법, 기타 의무를 밝히는 계약으로서, 클릭을 통하여 이러한 계약조건을 사용자가 수락하는 경우에만 저작권의 대상물을 사용할 수 있도록 하고 있다.

저작권제도의 이상한 변질

이러한 현재의 결과는 상당한 시간을 거쳐 많은 변화를 겪은 후 정착된 것이다. 예컨대 미국 건국시 저작권법에 의하면 소설을 번역하거나 희곡으로 개작하는 파생행위(derivative works)는 저작권을 침해하는 것이 아니었으며 또 미국인이 아닌 다른 나라 사람의 저작권도 보호대상이 아니었다. 이 당시의 미국의 태세는 SW를 해적질하는 오늘날 여러 후진국의 태도와 하등 다르지 않았다. 이는 1인당 GDP가 낮은 나라에서 저작권보호의 의지와 정도가 약하다는 오늘날의 현상과도 일맥상통하는 것이다. 또 저작권 보호기간도 14년에 불과했으며 저작자가 생존하고 있는 경우라면 14년 연장이 가능한 정도이었다. 미국은 1891년까지 저작권보호조약에 가입하지도 않았었다. 이런 상황에서는 저작권을 보호받으려 하더라도 그것을 추구하는 절차가 까다로웠고 그 때문인지 대부분의 저작권자는 그것의 보호를 구하지 않았다.

그러다가 1909년에 기계적 재생산(mechanical reproduction), 공연권(performance right), 사진권(print right) 등을 저작권의 내용으로 추가하는 내용상 확충이 있었고 그 이후 1950년대에 이르기까지의 기간 중에 11회에 걸쳐 저작권보호의 유효기간이 연장되어, 1976년에는 저자 사후 50년으로 되었고 1998년에 와서는 저작자 사후 70년으로 종착되었다.[10]

이러한 기간연장은 그것의 정당성을 의심하게 하는 것인바, 과연 그런

10) 일본에서도 2003년 저작권법이 개정되어 보호기간이 공포 50년에서 공포 후 70년으로 늘어났다. 보호의 대상은 영화, 애니메이션, 게임SW 등 컨텐트가 중심이다.

계속적 연장이 지재권의 보호기간을 일정한 시간으로 한정하려는 지재권제도의 본질과 합치하느냐를 의심하게 하기 때문이다. 그러다가 미키마우스에 대한 저작권 보호기간이 2003년 종료되는 것을 계기로 하여 디즈니사가 이러한 종료를 모면해 보려고 한 로비에 의해 2003년 저작권 보호기간이 다시 연장되어 현재처럼 되었다. 그리고 이러한 연장입법이 특히 미키마우스를 위해 이루어졌다는 당시 상황을 비난하는 의미에서 이 법을 일명 미키마우스 보호법이라고 부르게도 되었다. 아무튼 이러한 연장은 이러한 개정조치가 있은 후 생긴 저작물에 대한 것이 아니고 그 때까지 존재했던 저작물의 저작권을 대상으로 했다는 데서 소급입법의 폐해를 가지면서 새로운 창조행위와는 아무런 관련을 가지지 않는 과거 회귀적인 성격의 이상한 것이다. 그 결과 현재의 보호정도는 과거의 그것과 크게 다르게 되었다. 현재 미국에서의 저작권 보호기간은 법적보호 획득시부터 시작하여 저작권자의 사후 90년(70년에서 90년으로 다시 연장됨)이며 만약 저작권자가 저작권 획득 후 70년 생존하는 경우에는 총 160년으로까지 될 수 있게 되어 있다.

한-EU 자유무역협정의 협상을 계기로 저작권의 개념은 더욱 확대되어 추급권(resale right)과 공연보상권을 논의하게 되었다. 전자는 미술작품이 경매 또는 중개상을 통해 팔릴 때 판매대금의 0.25~4%를 원저작자 사후 70년 기한, 작품가치의 하한, 추급권 금액의 상한의 범위 내에서 원저작자나 그 상속권자에게 주자는 것이고, 후자는 음식점이나 카페에서 음악을 틀을 때 작곡자뿐만 아니라 가수와 음반제작자에게도 로열티를 주자는 것이다. 양자 모두 일응 타당성을 가지는 것이나 저작권을 계속 확대 해석하는 것이 문제가 된다. 또 이것들을 인정하게 될 경우 실행방법에 있어 많은 어려움을 가지게 될 것이 예상되고 있다.

저작권을 주장하기 위해서는 별도의 신청등록이 필요 없고 그 연장을 위해서도 별도의 조치를 필요로 하지 않는다. 저작권의 대상은 유형이 아닌 무형의 것을 포함하며 창의적이고 유용한 내용을 가진 표현이라면 무엇이든 보호하는 등 매우 광범위하다. 이메일의 내용도 저작권의 보호를 받고 있다. 인터넷을 널리 쓰게 되면서 복사가 쉬워지고 그로써 저작권의 침해가 더 자주 발생할 소지가 커졌는데, 이것이 저작권 보호를 강화하도록 한 하나의 요인이 되었다.

저작권을 이미 인정받고 있는 창작물을 전자적으로 재생하여 아카이브에 올리는 경우 저작권자에게 추가의 보상을 해야 하는지가 문제가 되었다. 이미 저작권을 지니고 그 이익을 누리고 있는 경우이기에 보상이 있더라도 이러한 보상은 명목적인 작은 보상이 될 수밖에 없을 것이다. 그런데 미국 법원은 이러한 명목적 보상을 받기 위해서도 저작권자는 저작권관리소(US Copyright Office)에 등록을 해야 한다고 하였다.

상황이 변화하였기에 보호정도를 강화하는 것이 타당하다는 논리를 인정한다 하더라도 그 강화방법으로서 보호기간을 연장하는 길을 선택하였다는 것은 잘못이라고 적시되고 있다. 복사가 쉬워져 침해가 잦게 되었다는 사정변화와 그에 대한 대책으로서 보호기간을 연장한 것 사이에서는 하등 대응성을 찾기 어렵기 때문이다. 대응성을 결여한 이런 기간연장은 미국 헐리우드로 대표되는 바 컨텐트를 가진 산업이 자신들의 이익을 보호하고 강화하고자 하여 벌린 로비의 결과라고 보아야 타당하다는 평가이다. 과연 인터넷이 널리 쓰이게 되었다고 하는 상황변화를 기화로 하여 저작권 보호기간이 연장된 것과 달리 특허권의 보호기간에는 아무런 변화가 없었다.

도서관에서 책을 자유로이 읽을 수 있다는 등 공정이용(fair use)의 관행은 줄곧 인정되어 왔다. 그리고 이것이 저작권에 대한 한계를 규정했었다. 그러나 오래 전부터 인정되어 온 이 관행의 적용범위가 지재권의 강화추세와 더불어 모호해지게 되었다. 그로써 공정이용이라고 생각하며 이용하는 것이 저작권법제의 위반으로 되는지 여부에 대한 불확실성이 고조되어 가고 있다.

사실의 정리나 記述 등 반드시 창조적이라고 할 수 없는 것들은 지재권의 보호대상이 될 수 없다는 것이 종래의 원칙이었다. 그러나 뒤에 논의되는 데이터베이스 특허와 관련되어 볼 수 있듯이 이 원칙도 도전받고 있다. 그 이면에서 지재권자가 아닌 일반인들의 권리는 축소되고 있다. 특히 곤란한 것은 지재권자가 일단 지재권을 인정받은 다음 다른 사람들로 하여금 그 지재권을 더 이상 이용하지 못하게 막는 경우이다. 이 경우 설사 이러한 처신이 사회적으로 발전을 장애지우는 것으로 인정된다고 하더라도 현재로서는 그러한 이용제한행위를 막거나 이용제한을 하지 못하도록 조치할 하등의 방도가 없다. 지재권에 대해 소극적이었던 미국 건국시와 비교해 보아 이러한 현재 상황을 만든 미국의 태도는 너무 다른 것이다. 현재 미국의 지재권에 대한 태도는 지재권을 과도하게 보호하는 데 쏠려 있다고 할 수 있다.

특허제도의 변질

경제사회적 영향이 가장 큰 지재권의 변질은 특허권과 관련해 일어났다. 과거에는 전염병 창궐 등 긴급사태에 임해서는 특허권을 제한하는 강제실시권이 인정되어 왔었다. 그런데 AID치료약의 경우 거대 제약회사의 비협조와 이를 두둔하는 선진국의 처신으로 이것이 사실상 형해화되었다.

아이디어를 100% 밝혀야 받을 수 있는 특허권에 관해서 그것 본래의 의도가 철저히 지탱되고 있는지가 의아시되고 있다. 그래서 특허란 새로운 발명을 외부에 밝히게 하는 제도가 아니라 대가를 받고 추가의 정보를 주겠다는 의사표시를 공식적으로 할 수 있게 하는 장치에 불과하다는 극단적 비판론까지 나타나고 있다. 표현을 보호하는 저작권의 경우 보호받기 위한 선결조건으로서 표현을 함으로써 그 내용을 모두 공개해야 하는 것과 마찬가지로, 특허내용을 모두 공개하여야 한시적 독점의 특권을 누릴 수 있도록 한 것이 본래의 특허권제도이었다. 그런데 현재의 특허제도 하에서는 그 내용을 공개해야 한다는 선결조건을 사실상 지키지 않으면서도 특허권을 얻은 다음 그에 따르는 독점자로서의 이익을 챙기고 있어 제도가 훼손되었다 할 수 있다. 이러한 사정에 따라 특허 획득 후 독점의 이익이 과다하게 되니 특허를 얻으려는 연구개발투자가 과다하게 이루어지게 되고 또 특허이용료도 과다하게 되었다는 것이 문제점으로 부각되고 있다. 특허제도의 본질을 상기해 보아 이런 상황은 부적절한 것이 아닐 수 없다.

발명특허제도는 발명가에게 20년간 독점권을 부여하는 것으로 지재권 보호제도 중 가장 강력한 것이다. 그러나 왜 20년이어야 하느냐에 대한 논란을 비롯해 나름대로의 약점도 가지고 있다. 특히 이 제도는 일단 발명이 이루어진 다음 발명가를 사후적으로 보상하는 제도이기 때문에 발명 이전에 발명을 위해 소요되는 재원을 발명가가 스스로 마련하는 것을 전제로 하고 있는 제도이다. 그런데 통상 발명가는 사전에 충분한 재원을 가지고 있기가 쉽지 않다. 때문에 이점을 보아서도 이 제도가 발명을 장려하기 위한 최선의 제도라고는 할 수 없다는 평가가 강력하다.

발명가가 자기자본으로 직접 사업을 시작하지 못하는 경우에는 벤처캐피털에 의존하던지 여러 다른 기업과 공동으로 사업을 해야 할 것이다. 그런데 발명의 가치를 객관적으로 재는 확실한 방도가 없기 때문에 이런 때 발명에 대한 보상과 관련해 많은 이견이 생겨날 수가 있다.

발명특허의 이러한 특성 때문에 창조성을 발휘한 특허권자에게 독점적 생산을 할 수 있게 하려고 했던 그 본래의 의도로부터 벗어나 오늘의 발명특허는 차라리 경쟁자를 시장에서 몰아내기 위한 수단 내지 라이센싱을 하기 위한 수단, 또는 관련 있는 몇몇 기업들이 상호간에 크로스 라이센싱을 하면서 다른 잠재적 경쟁자를 배제하게 하는 수단으로 변질되었다는 평가가 유력해지고 있다. 같은 맥락에서 특허 관련 많은 기업들은 독점생산을 한 후 판매하는데 주안점을 두기보다는 특허를 근거로 삼아 경쟁자와의 쟁송을 벌린 다음 화해를 통해 보상을 받는 데 주력하고 있다는 관찰도 있다. 과연 상당수 기업은 특허받은 것을 직접 생산하는 대신 특허침해를 시비하는 데 주력하는 변태적 처신을 하고도 있다. 이것 역시 특허의 본질이 그 본래의 의도와 달리 크게 변질되었음을 말하는 것이다.

특허제도의 이러한 미흡한 면을 극복하도록 하는 방법으로서 발명가에게 사전에 필요한 자금을 지원하고 그 이후 발명의 결과를 사회적으로 공유할 수 있도록 하자는 것이 제안되어 왔다. 그로써 연구재단을 만들어 대학 기타 연구소에 연구자금을 지원하게 하고 그 연구성과를 특허 풀 내지 특허공유지(patent commons)에 내어 놓도록 한 다음 사회 전체의 입장에서 활용할 수 있게 하자는 것이다.[11] 이는 발명을 장려하려 함에 있어 앞에서 본바 지적재산의 생산을 장려하는 세 가지 방법 중 독점권을 주는 방법 이외의 다른 방

11) 대학에 대한 지원은 중복된 연구나 전망이 없는 과제의 연구를 배제하는 방법을 확보해야 하겠기에 연구자 상호간에 평가하는 제도(peer review system)를 불러왔다. 나아가 대학에 대한 지원은 대학과 산업의 공동연구, 기업과 군의 공동연구로 발전되어 이른바 academic-industrial complex, military-industrial complex를 조출하게도 되었다. 그러다가 차차 대학은 기초연구를 하고 기업은 개발을 하는 분업체계로 발전하게 되었다.

법인 두 번째 방법을 취하자는 것이다.

SW특허의 아이러니

특허제도에 대한 변질이 논란되는 가운데에서 1980년에 들어서자 미국에서는 SW가 특허권을 인정받게 되었다. 종래 이상의 더 심한 변질, 더 큰 아이러니가 나타나게 된 것이다. SW특허란 다른 분야의 특허와 이질적인 것이면서 특허 내용과 기간에 사실상 상당한 불투명성이 숨어 있을 수 있다는 등 경제사회적으로는 상당한 코스트를 수반하는 것이기에 이러한 변화는 놀라운 것이다. 예컨대 제약회사는 막대한 자금을 들여가면서 보통 10년 이상 연구하여 얻은 성과를 가지고 특허를 얻는다. 그러나 SW란 그렇게 장기간 연구한 결과가 아니기 쉽고 또 많은 경우 그것을 획득하기 위해 투입한 비용도 막대한 정도는 아니다. 때문에 SW에 대한 특허는 예컨대 신약에 대한 특허와 달리 창의적 혁신을 장려하는 장치로 되기는커녕 그 반대로 특허제도의 각종 부작용만을 보여주는 것으로 될 공산이 크다. 특기할 점은 SW의 특허는 소스코드(source code)의 공개 없이 기계어(machine language)의 공개만으로 가능하도록 되어 있는데 이러한 공개란 완전한 공개라고 할 수 없다는 점이다. 이런 방식의 특허는 단지 소스코드의 조그만 변환을 하는 것을 통하여 쉽게 사실상의 특허기간을 연장할 소지를 지니고 있어 애초의 특허기간이 만료된 후에 있을 정당한 이용을 어렵게 한다. 그것은 완전공개의 원칙을 사실상 위반했다는 의심을 불러일으키는 것이고 이상의 부작용을 볼 때 크게 남용될 수 있는 것이다. 이런 측면을 보아 SW특허는 잘못된 것이다. 과연 미국의 Public Patent Foundation과 같은 단체에서는 SW특허제도를 없애는 것이 경제사회발전에 도움이 될 것이라고 하고 있다.

SW 중에는 그 소스코드를 가지고 있는 기업은 활용하지 않는 것이나 그것이 공개되어 다른 기업이 개선해 활용할 수 있게 된다면 상당한 사회적 이익을 가져올 수 있는 것들도 적지 않다. 그러한즉 이런 SW가 쓰이지 않는 채 사장되고 있다가 폐기되게 되면 경제사회의 모두에게 손해가 된다.

SW특허가 많아지면서 너무 잦은 쟁송이 벌어지고 있다. 이런 상황에서는 설사 그 분야에서 어떤 새로운 SW를 개발하였다 하더라도 그것이 기왕에 특허를 받은 SW에 의해 시비의 대상으로 될 수 있음을 걱정하게 되어, 특허제도를 통해 그것을 공개하면서 시비에 휘말리는 위태로운 길을 택하는 대신 영업비밀로서 비밀리에 쓰고 말려는 경향도 나타나고 있다. 이럴 경우 이 분야에서의 진정한 혁신은 심하게 지체되거나 정지되게 된다. 합리적인 방법으로 특허를 널리 활용할 수 있는 길을 위축시키는 등 SW특허권은 남용되기 쉽다. 여기에서 이런 특허권의 행사를 관계 당사자는 물론 사회 전체에 미치는 영향을 종합적으로 고려해 규율해야 할 필요가 나타난다. 나아가 특허사용에 대한 라이센스 피를 책정하는 데 있어서도 특허권 사용의 상대방에 따라 차별적으로 될 소지가 많아 공정거래확보의 차원에서도 검토되어야 할 필요가 있다.

SW는 본래 저작권에 의해 보호받던 것이었다. 그러나 저작권의 대상으로서도 SW는 문제점을 가지고 있었다. 저자권의 대상이 되는 원래의 표현에 기승하여 개선 · 발전시키는 것을 저작권을 인정하는 제도가 제한해서는 안되는 데 SW에서는 이런 요건이 충족된다고 보기 어렵기 때문이다. 특허는 창의성을 필수요건으로 한다는 등의 고려에 따라 단순한 아이디어를 가지고는 특허를 받을 수 없는 것이고 이런 맥락에서 SW는 특허를 받을 수 있는 대상으로 생각되지 않았었다. 그것은 수학공식이나 알고리즘처럼 특허의 대상은 아니라고 여겨졌었다. 그러다가 이러한 것을 칩(chip)에다 심어 하드웨어처럼 만든 것으로 특허를 받게 되었다. 이것을 계기로 하여 HW란 동결된 SW(frozen SW)에 지나지 않는 것이라고 생각하게 되었고 이에 1990년에 들어와서는 SW에 대한 특허권을 정식으로 인정하게 되었다. 즉 아이디어로서 알고리즘은 특허를 받을 수 없으나 그러한 알고리즘을 구체적으로 이용할 수 있게 시행(implementation)한 것은 저작권의 대상 이상이 된다고 보아 특허의 대상으로 인정하게 된 것이다. 그러나 SW의 창의성에 대한 평가가 평자마다 다를 여지가 있으며 대체로 그 평가가 낮기 때문에 어떤 SW가 특허를 받게 되었다 하더라도 그것은 저급의 특허(low quality patent)일 뿐이라고 폄하 받고 있다.

SW의 지재권을 행사하는 방법의 대종은 이용허가(license)를 하는 것이다. 책에 대한 저작권과 관련해서는 최초판매의 원칙(first sale principle)이 적용되어 일단 어떤 책을 판매하고 나면 구매자가 그 책을 어떻게 사용하든 저작권자는 사용방법을 구속할 수가 없다. 그러나 SW와 관련하여서는 책 판매에서의 이러한 점이 적용되지 않고 있다. 그로써 SW의 재산권은 양도를 할 수 없고 단지 특정한 방식으로 그 사용만을 허여하는 라이센스할 뿐이라는 관행이 나타나게 되었다. 이러한 관행이 반경쟁적으로 될 소지를 가지고 있는데도 불구하고 그러하다. 여기에서 합리적이고 비차별적인 조건으로 특허를 널리 이용할 수 있게 하는 방법이 필요하게 된다.

이용허가의 대가인 라이센스 피는 그러한 것의 이용이 가지는 진정한 경제적 가치의 크기에 따라 결정되어야 한다. 이에 따라 특허권의 침해가 문제가 되어 쟁송에 임하게 되어서는 해당 라이센스 받은 제품의 수요곡선의 실상이 핵심쟁점으로 되고는 한다. 그러나 경제학자의 도움을 받더라도 미처 그 시장이 정립되어 있지 않은 제품의 수요곡선을 일의적으로 확정하기가 어렵고 실제의 결정과정은 당사자주의에 의존하기에 실체적 진실의 발견이 쉽지 않다. 라이센스 피의 결정에는 상당한 불확실성이 개재될 수밖에 없다. 나아가 수십만개의 코드로 되어 있는 SW에 있어 라이센스의 대상이 되는 새로운 코드를 구분한 다음 기왕에 것 중 지재권이 소멸된 것을 제외하고 아직 지재권이 유효한 것 및 새로이 지재권을 획득한 것을 구획해내 이런 것들에 대해서만 적정한 라이센스 피를 계산해낸다는 것은 더욱 어렵다.

SW를 저작권이나 특허의 방식을 통해서가 아니고 영업비밀의 방식을 통해서 보호하려는 시도도 있다. 결과적으로 컴퓨터 프로그램은 미국에서는 저작권, 특허권, 그리고 영업비밀(trade secrey)의 세 가지 방법에 의해 보호받고 있고, 유럽에서는 저작권 및 영업비밀의 두 가지 방법으로 보호받고 있다는 특수한 사정이 형성되었다. 나아가 이들 세 가지 방법은 보호방식상 서로 상충되는 측면도 가지고 있어 그 복합적 보호의 결과는 이상한 것으로 되고 있다. 예컨대 SW를 보호하려고 할 때 특허의 방식을 택하려면 공개가 선결조건이 되어야 하나 영업비밀의 방법을 통해 보호하려면 공개를 해서는 아니 되고 저작권의 방법을 택하면 보호기간을 길게 할 수 있으니, 하나의 SW에 대해 채택된 보호방법에 따라 보호의 실상이 달라지는 혼란이 일어나고 있다.

비즈니스 모델 특허

SW특허를 강력 추진한 미국은 1998년에 들어와서는 비즈니스 모델(business model)에 대해서도 특허권을 인정하게 되었다. 이때 비즈니스 모델이란 비즈니스 기회를 활용하기 위해서 필요한 거래의 각종 구성요소들을 설계 내지 형상화한 것을 뜻한다. 상이한 비즈니스 모델은 상이한 사업방법과 이익 창출방법을 동반한다. 이에 따라 거래의 구성요소의 설계 내지 구성방법을 바꾸면 새로운 비즈니스 모델이 생기게 되는 것이다. 비즈니스 모델은 새롭고 진보성을 인정받을 수 있는 것이면서 구체적이고 유용한 결과를 가져오는 경우에 특허를 받을 수 있는데, 그 유명한 예로서 Priceline.com에 의한 역경매(reverse auction) 모델과 Amazon.com에 의한 'one click purchasing' 모델을 들 수 있다. 그런데 소비자로 하여금 구입가격을 결정하도록 하는 역경매 모델인 Priceline.com의 'Name your price'는 MS의 자회사 expedia.com에 의해 그의 사업모델의 특허권을 침해했다고 한 시비를 불러일으켰다. 또 복잡한 여러 단계의 클릭을 대신하여 단 한번 클릭함으로써 쇼핑을 할 수 있게 하는 아마존의 모델도 당시 이미 보편화되어 있었던 '원 클릭' 방식이 특허를 획득한 것에 불과하다는 비판을 받았다. 그에 상응하듯 1999년에 인정되었던 이 특허를 2002년에 와서 고등법원으로부터 부인되는 곡절을 겪었다. 이런 과정에서 특허를 출원한 것을 1차 계기로 하고 특허를 인정받은 것을 2차 계기로 하여 아마존의 주가는 두 차례 크게 올랐다가 그것이 부인되는 것을 계기로 크게 떨어지는 곡절도 있었다.

비즈니스 모델의 가장 성공적인 예는 Google의 PageRank system이라 할 수 있는데 이것은 많은 웹 중 다른 웹 페이지와 연계되는 경우가 많은 웹을 순서대로 서열화한 다음 앞선 순위부터 보여주는 검색방법이다. 여기에서 많은 연계가 이루어지는 웹 페이지를 우선시하는 것은 인용횟수가 많은 논문을 우수논문이라고 여기는 것과 같은 착상이다. 이 특허에 광고를 부착하는 방법을 가지고 이 회사는 애초에는 벤처의 투자를 받을 수 있었고 차후 세계 굴지의 회사로 성장하였다.

비즈니스 모델은 특이한 기술을 핵심요소로 하지 않으며 그것의 선행 예가 문서화되어 객관화되는 경우는 많지 않다. 비즈니스 모델은 사업에서 사실상 쓰이는 것으로서 비밀성이 매우 약하고 수시로 진화하는 성질을 가져 20년이라는 장기의 특허기간과 잘 맞지 않는다. 비즈니스 모델의 특허는 미국 특허법이 명시하듯 그 출원일 1년 전에 특허방법을 실시하였거나 특허방법을 상업적으로 사용한 것을 입증한 자는 침해의 책임을 지지 않는다고 하여 적용범위 상 한계도 있다. 아마도 특허권을 부여하지 않았더라도 이들 기업은 사업의 효율화를 위하여 이러한 방도를 어차피 활용했을 것이다. 그러나 이런 비판 및 관련 시비 속에서 이들 비즈니스 모델은 특허권을 인정받아 가고 있다.

실상 실속 없이 너무 많은 비즈니스 모델이 특허를 받아 이런 특허의 유용성이 크게 떨어지고 있다. 그러면서도 선두주자로서의 네트워크 외부 경제성에 따르는 단기적 이익현상에 몰두하는 경향이 있어 이 제도가 묵인되고 있다. 우리나라에서도 이러한 추세는 인정되는 듯하다. 단 현재까지 미국에서는 비즈니스 모델이 특허권을 인정받고 있으나 유럽에서는 그러하지 않아, 유럽에서 어떤 비즈니스 모델을 제 3자가 웹상에서 답습했을 때 그것이 특허권 침해로 판정될지 여부는 불분명하다 하겠다.

2007년 5월 미국 연방대법원은 특허의 요건으로서 새롭고 유용하고 자명하지 않아야 하는 것 세 가지를 다시 강조하였다. 기술발전을 유도하는 방도로서 특허를 부여함에 있어 진보성의 원칙이 핵심이라는 너무나 당연한 사실을 다시 확인하였다. 또 기왕에 특허를 받은 것들을 결합한 것으로는 특허를 받을 수 없음을 명백히 했다. 이 결정은 특허를 주는데 상식이 통해야 한다는 것을 중시한 것으로서 기왕에 특허를 받은 것들도 이것에 의해 도전받게 될 것을 예견하게 하는 것이라고 평가되었다. 특히 기왕의 비즈니스 모델 중 상당수가 도전받게 될 것이고 미국보다 다른 나라에서 그러한 도전이 거셀 것이라는 추정을 낳았다.

특허전쟁, 특허괴물, 특허매복

1986년을 전후해 특허전쟁이 일어났다. 1985년 미국의 Texas Instrument

사가 특허를 가지고 일본의 반도체 생산에 제동을 걸었고 1986년 미국 Polaroid사가 Kodak이 즉석현상 카메라(instant camera)를 생산하는 것에 제동을 건 것을 계기로 하여 경쟁적으로 특허를 출원함으로써 경쟁사를 제약해 보려는 현상이 현저해져 이른바 특허전쟁(patent arms race)의 양상을 야기하게 되었다. 생산시설이 없어 제품을 생산할 의사도 없으면서도 어떤 특허를 출원해 가지고 있다가 누가 그것을 침해하는 기미가 있기만 하면 소송을 걸고 화해의 방식으로 보상을 받아 이익을 취하려고 하는 특허매복(patent ambush) 또는 이를 전문으로 하는 특허괴물(patent troll)도 많아지게 되었다. 이러한 특허괴물은 생산시설을 가지고 생산을 하는 시장에서의 강자를 상대로 하여 기술을 가지고 있는 중소사업자인 경우가 많다.

미국에서는 특허소송에 휘말리게 되면 소송비용으로만 보통 500만불은 소요된다고 하는바, 이에 따라 모든 특허 또는 잠재적으로 돈을 벌어다 줄 수 있으리라 보이는 특허가 중요한 것이 아니라 단기적으로 소송을 해 이익을 가져다줄 수 있는 특허(litigation worthy patent portfolio)가 훨씬 중요하다고 인식되게도 되었다. 경쟁자의 특허의 내용을 아는 방도로서 역엔지니어링의 방법도 활발하게 활용되게 되었다.

이런 어려운 상황에서 HW특허가 많은 IBM과 SW특허가 많은 Xerox가 서로 교차 라이센싱(cross licensing)을 하여 특허테러의 늪을 헤쳐 나가려는 노력을 하게 되어 주목받았다. 특허를 받기 위해 소요되는 비용을 들이지 않으면서 사실상 특허의 효과를 누리기 위해 특허의 출원기간을 기술적으로 늘리고 지연시켜 보려는 작태, 즉 잠수 특허(submarine patent)의 폐해도 심심치 않게 보여지게 되었다. 특허소송을 일으킨 후 시간을 끌면서 화해시의 보상금을 높여 보려는 악의적 노력도 적지 않게 나타났다. 이런 과정에서 어떤 사업을 하려고 할 때 의외의 특허소송을 당하게 될 가능성을 줄이고자 한다면 기존의 특허를 모두 점검하지 않으면 안 되게 되었고 이는 상당한 사회적 자원 낭비를 내포하게 되었다.

라이센싱은 특허를 가지는 생산자가 직접 접근하기 어려운 시장에서도 특허를 활용하여 이익을 도모할 수 있는 간접적 방법이 되고 또 라이센싱을 함으로서 혼자 생산하는 경우보다 발명의 효과를 확산시킬 수 있는 방도로 되기도 하여 일응 권장해야 하는 일면을 가지는 것이다. 그러나 특허괴물은 그 정의상 교차 라이센싱을 부인하고 있어 라이센싱의 이러한 기여를 배제하고 있다. 현재의 특허제도 내지 무차별적인 라이센스 중시 풍조의 부당함을 보여주는 좋은 예가 된다고 하겠다.

경제발전단계와 특허제도

미국 건국시 저작권에 대해 소극적이었던 것과 같은 맥락에서 당시 미국의 지도자이었던 토마스 제퍼슨이나 벤자민 프랭크린 등은 특허제도에 대해서도 소극적이었다. 이때의 특허기간은 4년이었다. 그러다가 그것은 14년으로 늘어났고 그 후 더 늘어나 현재의 20년의 보호기간을 갖는 특허제도로 되었다. 그 도중에서 특허행정의 적정성 여부에 대한 논쟁이 고조되기도 하였다. 한편 어떤 아이디어를 특허제도를 통해 지적재산권으로 바꾸어 법적인 보호를 받으려고 하기보다 영업비밀로서 유지함으로써 사실상 더 큰 실익을 취해 보려는 시도도 많아졌다. 본래 특허내용은 공개해야 하고 영업비밀은 공개하지 않아도 되는 둘 사이의 차이점을 감안하고 볼 때 후자의 방법을 택하는 것이 더 이익이 되는 경우이었기 때문이리다. 그 좋은 예가 MS의 행태에서 찾아질 수 있는데, 이는 동 사의 명시적 SW특허추구의 과거행태와 좋은 대조를 이룬다.

과거 후진국일 때 유럽인의 저술에 대해 인세를 주지 않으려고 외국인의 저작권은 인정하지 않았던 나라가 미국이다. 그러던 미국이 자국인의 저술이 유럽에서 시장성을 가지게 된 것을 계기로 하여 상호주의로 태도를 바꾸었다. 그러다가 이제 미국이 지재권을 가장 많이 소유한 나라로 되고나니 이를 최대한 보호하려는 태도, 과거와는 상반되는 태도를 보이게 된 것이다. 특히 SW, 영화, 디스크에 담긴 음악, 교과서 등과 관련해 발생하는 해적행위를 근절하려고 강력 노력하고 있으며 이를 위해 미국 통상법을 근거로 하여 보호가 미진한 나라를 불공정 행위를 하는 나라로 규정하는 행태를 보이고 있다.

이런 기도는 WTO의 무역관련 지재권(trade-related intellectual property rights; TRIPs)제도를 통해 절정에 이르렀다. 140여 개 국가가 가입하고 있고 세계무역의 97%를 규율하는 WTO체제의 출범을 계기로 하여 종래 무역에서의 준범이었던 자국민대우(national treatment)의 원칙을 그 이상이 되는 상호주의원칙으로 바꾸는데 성공한 미국은 TRIPs를 통해 모든 나라로 하여금 지재권의 어떤 최소한은 반드시 준수하게 만들었다. 이른바 조화(harmonization)라는 표현을 써가며 어떤 나라가 제3국에서 지재권의 보호를 받기 위해서는 자국에서도 그 나라에게와 같은 수준의 지재권보호를 해주어야 한다고 함으로써 소극적으로는 무임승차(free ride)를 막고 적극적으로는 미국의 입장을 다른 나라에 대해 연장 적용할 수 있게끔 하는 제도변화를 이루어냈다. 그리고 이는 미국이 원하는 정도로 지재권을 보호해 줄 의사가 없는 나라들에게는 상당한 부담이 되었다.

뒤에서 보듯이 인터넷이 널리 쓰이게 되면서 그 이전에 비해 좋고 나쁜 방향의 여러 가지 변화가 있었다. 그 중 나쁜 것으로는 국별 지재권 보호제도의 차이를 어떻게 처리해야 하느냐는 문제가 대두하게 되었다는 것 및 음란물이 보다 더 성행하게 되었고 사생활영역의 침해가 빈번해졌으며 과세의 근거가 종래와 달라져 국제적 전자상거래에 대한 과세 내지 관세를 어떻게 처리해야 하느냐 하는 등의 여러 문제가 있다. 그런데 미국은 나쁜 반향을 가져오는 이러한 변화 중 지재권 이외의 다른 문제들에 대해서는 아직 확실한 입장을 밝히지 않은 채 더 이상의 사태 발전을 주시해 보자는 소극적 태도를 취하고 있다. 반면 지적재산권 보호문제에 대해서만은 매우 적극적이어서 과도한 변화를 확연하게 만들었다. 지재권 이외의 문제에 대한 소극적 태도가 차라리 차후 역사발전에 심각한 영향을 끼칠 수 있는 반면 지재권제도에 대한 적극적 태도는 창의성의 활성화를 방해할 수 있다고 보아, 차라리 미국이 이러한 태도와 정반대되는 태도를 취하는 것이 옳다는 의견이 없지 않은데도 그러하다.

앞에서 언급되었듯이, 인터넷이 널리 쓰이게 되고 그로써 복제가 쉬워지게 되자 이것이 기왕의 지재권 보호제도를 무력화시키는 것이 아니냐는 우려를 낳았으며 이것이 지재권 보호를 강화해 보려는 반동을 불러일으켰다. 그러나 현재 보면 이러한 반동의 결과는 너무 과도한 것이 아니냐 하는 느낌을 지울 수 없다. 논리적으로 보아 어떤 자원에 대한 경제사회적 용도가 인정되고 그것에 대한 수요와 공급이 정상적으로 작동하고 있을 경우에는 그것의 배분을 시장기구에 맡기는 것이 좋다. 반면 가격이 어떠하든 그 공급은 고정되어 있다면 그것의 배분을 공공적 통제(public control)에 맡기는 것이 좋다. 나아가 그 용도가 무엇으로 될 것인지가 확실하게 알려져 있지는 않으나 값진 용도로 쓰이게 될 가능성이 크다면 그것을 되도록 많은 사람이 써보고 실험하도록 함으로써 최고의 값진 용도를 개발해 내도록 유도하는 것이 필요하다. 이를 위해서는 접근을 공개(free access)하는 것이 좋다. 혁신을 촉발하기 위하여 지적재산권을 수단으로 이용하려 할 때에도 같은 목적을 추구하는 이러한 논리는 준수되어야 옳다. 지재권제도로 공급을 억제 내지 고정시켜 놓으면서 그 실제 운영에 대한 공공적 통제에 미흡해서는 안 된다.

3. 세계적 차원에서 다시 본 지재권제도

개 관

미국은 현재 이 지구상에서 지적재산을 가장 많이 지니고 있고 또 가장 많이 생산하고 있는 나라이다. 따라서 미국으로서는 당연히 지적재산권제도를 범세계적 차원에서 공고하게 만들고 그로써 지적재산권을 해외에 라이센스하면서 그 대가를 취하려 할 것이다. 미국과 타국과의 이해관계에서 볼 때 지적재산권제도가 점차 생산자의 권리보호 위주로 바뀌어가는 것이 미국에게 유리하며, 이것의 가장 두드러진 예가 WTO에서 무역관련 지적재산권(trade-related intellectual property rights: TRIPs)에서 구체화되었다 할 수 있다. 지적재산권을 대부분 선진국이 보유하고 있음을 감안할 때 지재권제도의 획일적 강화는 사실상 가난한 후진국으로부터 부자 선진국인 미국으로의 소득의 이전을 내포하는데, 이러한 소득이전이 과연 타당하냐 하는 비판은 이런 미국의 태도에서는 외면되고 있다.

전 세계 발명특허의 90%가 선진국에서 출원되고 또 후진국에서 출원되는 나머지 10%의 특허 중 90%가 선진국 기업으로부터 출원된다는 짐작을 상기할 때, 후진국이 특허제도를 자신들의 재원으로 유지하나 그 혜택은 사실상 선진국에 귀속하게 된다는 것은 파라독스이다. 특허제도의 강화로 남북간의 소득이전은 그 필요방향의 역방향으로 이루어지게 되었다 하겠다.

국제적 소득이전 등 경제적 관심을 가지고 볼 때 더욱 중요한 쟁점이 되는 것은 저작권보다는 발명특허, 신안특허, 실용특허 등의 특허권(patent)이다. 특허권을 가지고 분쟁을 일으키고 사법적 쟁송을 불러일으키기가 좋기 때문이다. 발명이나 새 용도, 신 디자인 등이 서로 독립적이고 앞의 발명 등에 기승하는 것이 아니라면 발명이나 신안, 실용에 대해 특허를 주어 이들을 장려하고 촉진하는 것이 타당하다 할 수 있다. 반면 발명 등이 독립적이 아니고 앞의 노력에 기승해 뒤의 창작 내지 개량이 보다 쉽게 이루어지게 되는 성격(cumulative)의 것이라면 설사 특허권을 인정한다고 하더라도 특허의 대상이 되는 것을 특허권자만의 배타적 이용대상으로 제한하지 말고 다른 사람들도 이용할 수 있는 길을 열어주는 것이 필요하다. 일종의 강제인가(compulsory licence)의 장치가 필요하다 할 수 있다. 나아가 특허권을 인정받을 수 있는 창조적 행위가 차후 어느 쪽 어느 정도로 더 이상의 개선을 불러올 수 있을지를 예측하는 것이 어렵다면, 특허를 주더라도 그것을 기계적으로 보호해 주는 것이 신제품의 추가 창출을 유발하는 데 별 도움이 되지 못할 수도 있다는 가능성을 염두에 두어야 할 것이다. 차후의 창작활동을 어렵게 하는 이러한 측면에서의 특허의 효과 때문에 특허에 대한 지지가 약화되고 있다. 단 각개 특허대상 사안에 대해 이런 구별을 하는 것은 쉽지 않다.

연구개발 노력을 하고 그로써 새로운 것을 창안하여 특허를 얻게 된다. R&D와 혁신 및 특허획득과 실시는 일련의 계속된 과정이다. 여기에서 이러한 전 과정을 전략적으로 관리해야 할 필요가 대두된다. 연구개발을 위해 많은 노력을 경주하고 그 성과로 좋은 결과물도 얻었으나 특허를 출원하려 하니 이미 같은 사안에 대한 특허가 먼저 출원되었거나 승인되어 있어 연구개발의 노력이 헛되이 되는 수가 있기 때문이다. 이에 특허출원의 기술적 고려를 감안하며 연구개발을 시도하고 특히 그로써 단지 특허목록에 들어가 있기만 하는 특허가 아니라 돈이 되는 특허가 되도록 연구개발-혁신-특허-특허실시의 전 과정을 잘 관리해야 할 필요가 절실해진다.

특허를 대표로 하는 지재권제도에서는 지재권의 실상과 역할이 산업별로 차이를 가진다는 점이 유념되고 있지 않다. 예컨대 지재권의 침해가 있을 때 그것이 창조적 활동을 진정으로 위축시키는 것이 본체인지 아니면 침해가 사실상 지나친 지재권의 보호를 완화시키는 것이 되어 애초의 창조적 활동에 기승하는 파생적인 활동을 차라리 촉발하고 이들이 더 큰 경제사회발전을 가져오는지가 차별화되어 대처되고 있지 않다. 그러나 이러한 무심함은 특허제도 등의 운영에 경직성을 가져오고 있다. 많은 사람들은 제약산업에서는 전자처럼 특허제도의 불철저한 집행이 추후의 창조적 활동을 위축시킬 여지가 큰 반면 SW나 컨텐트를 개발하는 산업에서는 특허제도의 경직적 집행이 파생적 발명을 위축시키어 산업 전체의 발전에 해가 되리라고 보고 있다.

제품의 혁신(product innovation)과 구별해 과정의 혁신(process innovation)을 이야기한다. 전자에 비해 후자는 어떤 획기적 돌파를 계기로 만들어지는 것이기보다 하면서 배워가는 것(learning by doing)이면서 점진적 개선(incremental improvement)의 성격을 가지는 것이다. 이것은 제3자가 알기 쉽지 않고 그 경쟁자조차도 따라하기 힘들다. 그러나 어떤 기업의 경쟁력을 규정하는데 있어서 이것은 제품의 혁신 못지않게 중요하다. 예컨대 후술되는 바 Google의 검색엔진에서의 경쟁력은 전자에 대응하는 검색 알고리즘보다는 동 사가 유지하는 컴퓨터의 수와 그 관리방법에 더 크게 의존한다고 한다. 동사는 이런 것을 점진적인 개선과정을 통해 갖추게 된 것이다.

그런데 전자는 통상 특허의 대상이 되나 후자는 영업비밀의 차원에 숨어 있다. 중요한 혁신인 과정의 혁신을 다루는 데 있어 제도로서의 특허는 한계를 가지고 있다. 제품에 대한 특허에 비해 과정에 대한 특허의 경우에는 침해가 있더라도 그 침해 여부를 식별하기 어렵다는 것이 다시 둘 사이에 차별성을 심화시킨다.

미국과 다른 유럽의 입장

다른 나라에서의 사정은 미국과는 조금 다르다. 특히 유럽은 많은 논란 끝에 SW의 특허를 인정하지 않기로 결정하였다. 미국에 비해 이 분야에서 뒤쳐져 있다고 여기는 유럽제국은 공개 소스(open source)SW의 공개와 활발한 이용이 가능해야 미국을 따라 잡을 수 있을 것이라고 여겨 현재와 같은 불완전한 내용을 가지는 SW특허제도에 반대하고 있다. 더 나아가, 미국은 비즈니스 모델에 대한 지적재산권 인정을 강력 주장하나 유럽의 대부분 국가들은 이에 대해 부정적이다. 많은 유럽국가들은 비즈니스 모델을 지재권으로 인정하지 않고 있다. 물론 이런 각국의 태도는 앞으로 바뀔 수 있다.

데이터베이스에서의 뒤바뀐 입장

반면 데이터베이스의 저작권을 인정하는 데 있어서는 미국과 유럽의 태도가 바뀌게 된다. 미국에서는 데이터베이스 작성이란 별 창의성이 개재되어 있는 것이 아니기에 특허는 말할 것도 없고 저작권의 대상으로도 될 수 없다고 한다. 반면 유럽에서는 데이터베이스를 마련하는 데에는 상당한 노력(sweat of brow effort)이 들어가야 하고 이러한 노력 중에는 특이한 아이디어에 의한 것도 있으니 특허 또는 낮은 수준의 저작권(low authorship)을 부여해야 한다고 한다. 과연 유럽은 1996년부터 기왕에 존재하던 데이터라도 그것을 새로운 방법으로 정돈(compile)한 것이라면 특기할 만큼 새로운 것은 아니나 나름대로 독특한(sui generis) 데이터로 인지하여 저작권보호의 대상이 됨을 인정하고 있다. 단 그 보호기간에 관해서 진정으로 독창성을 가진 것에 대해서는 70년이라는 보호기간을 허용하나 그러하지 않은 것에 대해서는 훨씬 한정된 보호기간인 15년을 허용하자고 하고 있다. 나아가 이렇게 뒤바뀐 입장의 배후에는 오랜 역사를 가지고 있는 유럽이 심층적 데이터베이스를 많이 마련할 수 있도록 하는 문화적 기반을 가지고 있는 반면 비교적 짧은 역사의 미국은 그러하지 못하기에 데이터베이스의 특허에 관한한 미국이 비교열위를 가질 수밖에 없으리라고 하는 잠재의식이 깔려 있다.

문제는 데이터베이스란 항시 쉽게 개정 보완되는 것이기에 그러한 것을 법적으로 보호해 주기로 하고나면 다른 사람이 비슷한 데이터베이스를 마련해 선용할 가능성을 배제해 버리게 된다는 데 있다. 최악의 경우는 어떤 데이터베이스를 대가를 내고 라이센스를 받아 이용하려고 하더라도 강제 라이센싱의 제도가 없기 때문에 데이터베이스 특허권자가 이를 거부할 수 있으며,

이럴 경우 이러한 데이터베이스를 근거로 하고 그것에 새로운 것을 추가한 뒤 활용해 보려고 하는 모든 활동이 거부될 수밖에 없게 된다. 반드시 창의적이라고 할 수 없는 것에 대한 보호로 지재권제도 본래의 순기능은 잃은 채 그것의 역기능만을 감수해야 하는 사태가 나타날 수 있다는 것이다. 이러한 점에서 데이터베이스 보호란 SW에 대한 그것과 유사한 성격을 가지고 있다. 나아가 그것에 대한 보호가 일상적 내지 상업적 데이터베이스에 국한되지 않고 연구를 위한 학술적 데이터베이스에 대해서도 연장 적용되는 경우, 범국가적 차원에서 보아 연구는 분명 위축되게 될 것이고 그로써 인류문명의 발전은 지연될 것이라 걱정되기도 한다. 지식공유지(knowledge common)는 위축되고 특권을 받은 소수에 의해 지배되는 지식시장이 부당하게 큰 영역을 차지하게 됨으로써 범국가적 차원에서 공공재의 관리에 실패가 나타나게 될 소지가 커지게 된다는 것이다.

데이터베이스를 응용SW와 함께 판매하면서 SW에 대한 재산권을 침해하지 않고서는 데이터베이스를 사용할 수 없게 함으로써 데이터베이스 지재권의 공식적 인정 여부와 관계없이 사실상 그것에 대한 지재권을 행사하려는 탈법행위가 있다. 또 계약의 방법을 이용해 특정인에게 데이터베이스의 사용을 허가하되 제3자에 대한 공개는 금지하거나 기술적인 방법을 써서 제3자의 이용을 불가능하게 함으로써 법적 정당성이 없는 사실상의 시장독점을 자행하는 경우도 있다. 더 나아가 그것의 사용에 대한 흔적을 남기게 하는 기술적 방법을 동원하여 지재권 행사에 대한 제한을 극한에까지 몰고 갈 수도 있다. 이런 때 쓰는 기술적 수단으로는 이용자를 패스워드로 통제하고 검색만은 하게 하나 복사는 못하게 한다든지, 그 내용을 자주 업데이트하거나 검색 방법을 자주 바꾸는 방법 등이 있다. 또 소수의 전문가만을 상대로 하면서 명성을 쌓아 다른 도전자가 나타나기 어렵게 하거나 이를 이용해 본 전문가가 나름대로의 명성을 쌓아 독자 판매를 하려해도 그러한 시도가 어렵게 되게끔 함으로써 데이터베이스 시장에서의 공급을 사실상 한정시켜 데이터베이스를 비싸게 파는 변칙을 할 수도 있다. 어느 경우이든 이러한 변칙적 전략이 용인될 때 데이터베이스의 시장은 자유시장과는 거리가 멀어지게 된다. 그로써 공공의 영역은 위축되거나 잠식당하게 된다. 이러한 상황에서는 어떠한 정도로 공정이용이 인정되어야 하는지가 불분명해지게 되어 공정이용의 문제는 사실상 실종되게 된다.

데이터베이스를 작성하는 데 전제되어야 하는 창의성이란 최소한이다. 반면 한번 작성된 데이터베이스는 널리 사용될 수 있게 되어야 한다. 이에 이것의 작성자의 소유권을 인정한다고 하더라도 다른 사람들도 그것을 쓸 수 있는 길을 반드시 열어 놓아야 하며, 또 기존의 데이터베이스의 개선을 막으려고 할 것이 아니라 그것에 기승하여 개선할 때 개선한 부분에 대해서는 개선을 한 사람에게 권리를 인정해 주는 방도도 마련되어야 할 것이다. 데이터나 주요 정보가 일반이 사용하는 데 심각한 제약이 되지 않도록 공유지(public domain)에 공여되게 하는 길을 확실히 마련해야 하겠다.

데이터베이스의 부당한 특허를 예방하는 것이 그러한 특허를 남용하려고 하는 다국적기업들의 횡포를 방지하는 것으로 될 수 있다는 점도 주목해야 할 사안이다. 예컨대 오랜 역사와 전통을 가지고 있는 인도 등에서는 생약이나 자연식품을 이용하는 많은 민간치료법이 전래되어 내려오고 있다. 그런데 이러한 전래의 비방이나 치료법 중 어떤 것에 대해 서방의 제약회사가 특허를 내고 그것에 의거하여 약품을 만들게 되면 전래의 치료법을 가지고 있던 인도 등을 비롯한 모든 나라는 그런 치료법을 쓰지 못하고 특허받은 비싼 약을 사 쓰지 않을 수 없게 된다. 전래된 치료법을 가지고 있는데도 불구하고 그것을 가지고 특허를 받는 일을 지체했다는 이유로 자신의 치료법을 자유로이 사용하지 못하는 사태까지 벌어지게 된다. 이러한 결과는 심히 부당한 것이다. 동시에 이러한 것이 가능하게 되는 것은 오늘날의 특허행정에서 행정당국이 각국에서 전래되어 온 치료법 등을 잘 알지 못하면서 특허의 신청자가 제출한 자료에 주로 의존해 특허를 내주기 때문이다. 이러한 결과의 부당함을 극복하고자 인도는 전통요법을 정리해 데이터베이스를 만들어 가고 있다. 그것에 의해 인도 내부에서는 전통요법을 좀더 효율적으로 활용할 수 있도록 하는 기반을 정비하는 한편 그러한 데이터베이스를 특허관리당국에 제공하여 타당성을 결한 특허가 인정되는 것을 사전에 방지해 보려 하고 있다.

전래의 지적재산을 지적재산권제도를 이용하여 사유화 독점화한 다음 그것의 이용에 대해 라이센스 피를 받으려는 행위에 대한 불만은 요가에 대해 저작권이나 특허를 얻은 다음 이를 기화로 요가를 하는 사람에게 그 행위가 불법이라고 통지하고 라이센스 피를 요구하는 사태의 발생을 계기로 하여 극에 달하게 되었다. 오래 전부터 있어 온 요가를 하는 방법에 관한 모든 것은 어느 누구에게도 속하지 않는 공공의 재산이라 해야 할 것이다. 그런데 주로 미국에 거주하는 인도인들이 요가와 관련해 150개의 저작권, 134개의 특허권, 2,315개의 상표권을 미국에서 획득한 다음 이를 근거로 하여 요가를 하는 전 세계의 모두에게 지적재산권을 주장하게 되었고, 이것이 분노를 사게 된 것이다. 이러한 예에서의 미국발 지재권제도의 남용은 심하다 하지 않을 수 없다. 나아가 이러한 사태가 가능하게 되는 것이 미국의 지재권제도가 다른 나라에게도 강요되기 때문이요 그것은 WTO의 TRIPs 때문이라고 생각하게 되어 글로발리제이션을 반대하는 후폭풍까지 몰고 오고 있는 것이다.[12)]

특허제도의 개선방안

1980년대에 들어와서는 특허 신청이 많아지면서 이에 대한 심사가 부실해지게 되었다. 특허의 본질은 새로움(novelty) 또는 진보성이다. 새로움이란 선행의 기술과 동일해서는 안됨을 요구하고 그 발명이 속하는 사계의 전문가가 보아서도 잘 알지 못했던 것일 정도로 새로운 것이어야 하고, 진보성은 그 발명이 속하는 기술분야의 통상의 지식을 가진 사람이 선행기술로부터 용이하게 도출할 수 없는 것이어야 한다는 것이다. 특히 선행기술자료에 암시가 있다면 진보성을 부인하도록 하게 하는 기준으로서 TSM(teaching, suggestion, or motivation)기준이 제시되어 왔다. 특허를 신청하게 한 것을 선행자료가 가르쳐 주거나 제시하거나 동기유발하지 않는 것이어야 한다는 것이다. 그런데 이 기준을 적용함에 있어 발명 특허를 출원할 당시에는 당해 기술분야의 통상적 기술을 가진 사람이 용이하게 발명할 수는 없는 것으로 보였으나 시간이 지나 그러한 발명을 심리를 할 시점에서 이르러 보았을 때(with hindsight) 용이하게 발명할 수 있는 것에 대해 특허를 주어야 하는지가 민감한 문제가 된다. 종래에는 이것에 대해 인색해서는 안되겠다고 생각하여 TSM기준을 비교적 한정적이고 좁게

12) New York Times, "A Big Stretch," 5/7/2007.

해석하고 적용하려고 하였다. 그런데 TSM의 이러한 한정적 적용관행은 SW특허가 상당히 많아지는 결과를 낳았고, 너무 많은 SW는 많은 쟁송을 불러일으키면서 기술발전에도 부정적으로 될 수 있음을 이해하게 되었다. 새로이 SW를 개발하기 위한 전제조건으로 기존의 모든 관련 SW를 일일이 점검하는 결코 쉽지 않은 작업을 하지 않을 수 없게 하여 상당한 사회적 낭비를 초래하게 될 수 있음도 알게 되었다. 이러한 이해는 SW특허에 대한 여타 부정적 시각과 합쳐져 TSM을 너무 한정적으로 적용해 SW특허가 과다하게 되게 한 관행을 지양하도록 이끌었다. 이에 미국 연방대법원은 진보성의 판단에서 이 기준을 덜 엄격하게 해석하려는 변화를 보이게 되었다.[13)]

어떤 특허가 진보성의 요건을 충족시키는지를 판별하는 것이 쉽지 않기에 특허의 인정은 많은 문제를 불러일으키고 있다. 특허 가운데는 차후 그 진보성이 부인되고 무효화될 가능성이 큰 특허 내지 약한 특허(weak patent)가 없지 않다. 미국에서의 특허신청시 25%는 참고자료를 하나도 제출하지 않고 25%는 25개 이상 많은 자료를 제출하는 등 신청절차가 제 각각이며 특허행정이 기술적 복잡성을 근본적으로 극복하고 있지 못하다고 여겨지고 있다. 이에 따라 심사인력의 질적 양적 미흡, 그에 따르는 심사기간의 장기화 및 특허인가의 지연, 특허소송의 증가 등의 부작용을 낳고 있다. 이런 부작용을 중시하는 입장은 극단에 가서는 미국의 특허제도는 혁신에 득이 되기보다 해가 된다는 주장을 하기도 한다.[14)]

특히 바이오기술(bio-technology), IT 내지 SW 관련 혁신 등과 관련된 특허신청이 많아지면서 이들의 본질의 파악하는 것이 점점 어려워지게 되었다. 그런 가운데 특허심사의 전제가 되는 기왕의 과학기술의 실상(prior art)을 제대로 파악하는 관련전문가가 부족하다거나 이들에 대한 대우가 나쁘고 작업시간은 길어 심사가 부실하게 되었다는 점이 비판되고 있다. SW특허, 비즈니스 모델 특허, 인간 게놈(genes)의 특허는 없어져야 한다고도 하고 있다.

그런데도 너무 많은 특허가 인허되는 실정이며 한계적인 개선이 누적되

13) 정상조, "소프트웨어 특허의 현황과 과제," 2007년 국제컨퍼런스, Patent Litigation in the Korea-US FTA Era.

14) Economist, September 8th, 2007, "A Patent Improvement,"에서 인용된바 J. Besen and M. Meurer, *Patent Failure*, 2007.

어 새로운 것의 발명이라고 인정되는 분야 내지 특허신청이 상대적으로 많은 분야에서 이점은 특히 현저하다. 하나의 제품에 대해서 수 개의 특허가 관련되어 있어 특허관련 쟁송은 많고 라이센스 비용이 과도하게 된다는 부작용도 적시되고 있다. 특허신청 후 인정되기까지는 특허의 내용이 실질적으로 공개되지 않아 같은 내용을 가지는 특허를 목적으로 하는 연구개발활동을 중복으로 하게 하여 사회적 낭비를 초래하기도 한다는 한계점도 언급되고 있다.

현행 특허제도의 약점을 보완하기 위한 방도로서 모든 특허신청에 대해 인터넷을 통해 여러 이해 관계자의 평가를 구하고 그로써 특허심사에 사실상 협업(collaboration)을 도모하려는 노력이 전개되고 있다. 이를 Peers to Patent라고 지칭하는데 이들 활동을 돕는 사이트로서 PatentLens, PatentFuzz 등은 유명하다. 특허신청 후 18개월이 지나면 그 내용을 공개하게 하여 연구개발에서의 낭비를 막아보자는 제안도 나타나고 있다.

워싱톤 D.C.소재 소수의 특허변호사 및 변리사들의 독과점 속에서 특허제도는 더욱 복잡해졌다. 특허문제를 법적 쟁송의 대상으로 만들려는 유인은 더욱 커지게 되었으나 그 경제적 효과를 점검하는 경제학자의 참여는 점점 배제되는 양상이 우려거리로 되고 있다. 그 이면에서 신생기업은 어렵게 되었고 기왕의 대기업만이 이익을 보게 되었다는 비판적 관찰도 나타나고 있다. 여기에서 한 걸음 더 나아가 현재 미국의 특허제도는 혁신을 장려하는 것이 아니라 법적 쟁송을 장려하는 것으로 변질되었다는 극단적 비판도 나오고 있다.[15] 특허가 법적 쟁송이나 크로스 라이센스 목적으로 주로 쓰이고 있을 뿐이라는 것이다.

심사에 최소한 6~18개월이라는 긴 시간이 소요되어 특허를 받을 기술의 효과적 사용기간이 사실상 잠식되는 것에 대한 불만도 있다. 심사기간에 대한 비판에 더하여, 심사의 타당성 및 공정성이 의문시되고 있으며, 어떤 것이 특허로 출원되어 있는지조차 모르고 무심히 사용하다가 졸지에 특허권침해라고 소송을 당해 낭패를 보는 당사자들도 많아지고 있다.

15) New York Times, September 27, 2004 "Does the Patent System Need an Overhaul?" 또 J. Lerner and A. Jaffe, Innovation and Its Discontents: How Our Broken Patent System is Endangering Innovation and Progress, and What To Do About It, Princeton University Press, 2004.

발명이라는 것은 대체로 기초과학의 발전을 전제로 하는 것이다. 그런데 기초과학의 발전에는 시간이 많이 걸리고 그것의 응용으로서의 발명에는 그렇게 많은 시간이 걸리지는 않는다고 한다. 여기에서 일단 어떤 기초과학 차원에서의 새로운 발전이 있고 나면 그것에 기승하는 비슷한 성격의 발명이 비슷한 시기에 쉽게 많이 이루어지게 된다. 실제로 전화의 발명의 예에서 주장되듯이 두 사람이 거의 동시에 발명을 하게 되는 경우를 배제할 수 없다. 그런데 사정이 이러함에도 발명특허는 먼저 신청하고 인가받은 한 사람에게만 주어진다. 이는 보다 큰 관점에서 보면 일종의 왜곡을 가져오는 것이라 할 수 있다.

분쟁발생시 그것을 해결하는 방법이 부적합하거나 크게 미흡하다는 점도 적시되고 있다. 그 일환으로 쟁송의 방법에서 사실판단을 위한 배심원이나 법률해석을 위한 재판관의 소양이 모두 불충분하다는 것도 수긍되고 있다. 특허를 부여할지 여부를 심판하는 것과 그러한 특허에 대한 분쟁이 생겼을 때 침해소송을 하는 것이 전혀 관련 없이 2원화되어 있는 것이 그러지 않아도 불충분한 특허관련 인력을 더욱 부족하게 하는 것이 아니냐는 논란을 낳고 있다. 이로써 분쟁기간이 길어지고 특허의 활용은 어려워지게 되기 때문이다. 침해소송 이전에 침해행위의 금지명령(injunction)을 구하는 경우도 잦은데 이것은 이견이 있는 기술을 써서 영업을 하는 것을 불가능하게 하여 경제적으로 큰 손해를 가져올 소지가 크다. 이에 사이비 특허권자에 의해 남용되기도 한다. 따라서 법원의 금지명령은 침해받은 측이 입은 피해와 사회공익과 기타 간접적 효과를 모두 감안하여 형평을 이루게끔 판정되어야 한다는 요망이 크다.

사이버 세상에서의 특허권보호 강도는 실제세상에서의 그것보다 약해도 좋은 측면이 있다. 사이버 세상에서는 선점자의 이익(first mover advantage)이 현저하고 또 많은 복제방지기술(anti-copy technologies)을 동원할 수 있기 때문이다. 문학작품에 대한 저작권보호는 최소한 해당 작품을 보고 기법을 익힐 기회를 부여하고 있으며 제품의 발명에 대한 특허도 그것에 의거한 모방학습의 가능성을 배제하지는 않고 있다. 더구나 SW란 그 성질상 앞의 SW를 보고 그것을 더 개선할 여지를 많이 가지는 것이면서 順位지배적이고 보완적(sequential and complementary)이란 특성을 가지고 있다. 그럼에도 불구하고 현재의 제도하에서는 모방학습을 불가능하게 할 정도로 많은 것을 그 소스코드의 비밀 속에 감추어 놓고서도 SW특허를 받을 수가 있다. 그로써 기존의 SW에 기승하는 개량이나 혁신을 대단히 어렵게 만들어 SW개량에 대해 암적 작용을 하고 있다.

이런 가운데 특허를 매우 중시하는 의약업계와 IT업계 사이에서도 의견의 차가 서서히 부각되고 있다. 새로운 것의 발명에 비교적 장시간을 소요하고 특허를 신청할 건수도 상대적으로 많지 않은 전자는 현재의 특허제도를 고수하기를 원하며 보수적이다. 반면 특허의 사실상 반감기가 짧고 반면에 걸리는 시간이나 건수에 있어 의약업계와 다른 후자는 다소 진보적인 태세를 취하고 있다. 서로 크로스 라이센싱을 많이 하는 이들은 연관되는 특허의 판별이 쉽지 않음을 절감하고 있으며 많은 쟁송에 시달리는 것을 귀찮아하고 있다. 이들은 IT산업이 태어나기 이전인 1952년에 개정되어 정립된 현재의 특허법이 IT산업의 실정에 부적한 점을 지니고 있다고 보고 그것을 개정할 수 있기를 원한다. 예컨대 특허를 부여하기 이전 특허신청단계에서 일반인이 의견을 표명할 수 있는 과정을 두어 잘못된 특허가 법적으로 인정되는 경우를 최소화할 수 있어야 한다고 한다. 또 여러 특허들이란 서로서로 기여하는 것들이기에 어떤 특허의 침해가 인정되더라도 손해를 산정하는데 생산물 가액 전체를 근거로 손해배상을 산정할 것이 아니라 제소자의 특허가 기여한 부분을 식별해 그 부분에 대해서만 손해를 산정하도록 해야 한다고도 한다.

특허행정을 개선하기 위해 관련 전문가의 참여를 보다 확대하고, 특허내용에 따라 심사기간을 차별화하며, 법률해석 이상의 사실판단도 하도록 재판관의 역할이 확대되어야 한다는 것 등이 요망되고 있다. 오늘날 어떤 창작으로 이익을 얻게 된다고 하더라도 그 예상 반감기는 5년 전후가 될 것이기에 특허기간을 5년 내외로 조정해야 한다는 의견도 있다. 나아가 그것을 갱신하게 하고 5년마다 갱신신청시 일정한 요금을 내고 명시적으로 갱신절차를 밟게 하면 스스로 갱신료에도 못 미치는 가치 밖에 없다고 여기는 특허의 사안을 갱신하는 일은 없을 것이고 그리하여 특허의 속박으로부터 해방된 사안은 다른 사람들에 의해 개량되어 활용될 수도 있을 것이라 한다. 그 이면에서 갱신이 강제되지 않기 때문에 특허사안을 사실상 사장시키면서 다른 사람들이 그것을 개량하여 사용하는 것은 사실상 배제하는 경우는 지양되게 될 것이라 한다. 특허행정을 보다 공개하여 특허를 이용하고자 라이센스를 받으려는 사람들에게 필요정보나 편의를 제공할 수 있도록 하고 강제 라이센싱도 확대해야 한다고도 한다.

특허를 내는데 돈이 많이 들고 또 사전준비도 복잡하며 개인이나 중소기업보다 대기업에게 유리하다는 점을 주목하여 SW특허나 비즈니스 모델 특허는 저작권으로 대체하도록 해야 한다고도 한다.

미국 대법원은 특허를 받는 것을 좀 어렵게 하는 판결을 함으로써 특허에 대한 정책의 선회를 시도하고 있다. 특허가 유용한 기술을 발전시키기 보다 기술개량을 억압할 소지를 가진다고 보아 그 자체로 자명(obvious)하며 예상할 수 있는 결과를 가져오는 것에 대해 특허의 보호를 부인하였다. 예컨대 종래 존재하던 기술을 결합하여 새로운 제품을 만들어냈다고 하더라도 그것으로는 창의성 내지 진보성이 약해 특허를 받을 수 없게 하였다. 이로써 특허신청에 신중하지 않을 수 없게 만들었고 특허심사에도 거부할 수 있는 재량의 범위를 넓혔으며 기왕에 특허받은 것에 대해서도 재심사를 요구하고 도전할 수 있는 여지를 열었다.[16]

지적재산권의 보호에 대한 국별 차이가 해소되어야 하겠다. 분쟁이 발생할 경우 재판관할권의 문제 등도 명백히 되어야 하겠다. 특허소송을 미국에서 할 경우 미국기업의 승소율은 82%나 되나 비미국기업의 승소율은 38%에 불과하다는 관찰이 있는바, 이것은 미국에서의 특허소송이 미국기업에 일방적으로 유리한 것이 아니냐를 의심하게 하는 것이다. 나아가 이것은 자신에게 유리한 관할권의 법원을 선택하고자 로비를 하도록 유인하는 요인이 되고 있다. 지재권 분쟁 해결과정에서는 생산자의 이해뿐만 아니라 소비자의 이해도 반영되게끔 되어야 하겠다. 심한 불확실성 내지 불안전성을 가지고 있는 지재권제도의 획기적 정비가 절실하다 하겠다. 그러나 이것이 단시일 내에 이루어지기 어려울 것이기에, 상당한 과도기가 불가피할 것이며 그런 와중에는 많은 쟁송이 나타나 지재권 이용에 대한 심한 불안정을 야기하게 될 것이다.

급기야 2007년 9월 미국 하원은 미국특허법을 고치기로 하였다. 종래의

16) New York Times, "High Court Puts Limits on Patents" 5/1/2007.

그것에 비해 획득하기 힘들고 그 정당성을 도전하기 쉬우며 특허를 둘러싼 쟁송을 줄일 수 있는 방향으로 개정하였다. 이어 상원에서는 특허괴물의 부작용을 제한하려고 하고 어떤 특허의 가치를 그것이 경제적으로 기여한 정도로 한정하여 보상하는 원칙을 정립하려 하고 있다. 이런 원칙을 적용하려면 특허관계쟁송에서 특허관계 법률가 이외에 경제분석가가 당연히 중요한 역할을 하게 될 것이다. 이런 변경 움직임에 대해 제약회사 등 어렵게 특허를 얻는 주체나 대학 및 소발명가는 반대한다. 특히 후자는 그것이 소발명가들의 발명의욕을 위축시키는 것으로 될 여지가 있고 또 발명으로 코스트 인하가 이루어지게 되는데 이에 따라 경제분석에서 자신들의 기여가 가볍게 평가절하되어 자신들에게 불리하게 될 수 있다고 보기 때문이다. 그러나 대기업, 특히 정보통신분야의 대기업들은 환영하고 있다. 조그만 사안에 대해 특허소송에 휘말리고 높은 로열티에 타협해야 했던 사정으로 벗어날 수 있다고 여기기 때문이다. 더불어 다른 나라 특허법과 차이를 보이고 있던 사항인 바 첫 번째 발명인이 아니라 첫 번째 출원인으로 특허인가의 기준을 바꾸었고, 출원하는 특허에 반하는 증거를 제3자가 제시할 수 있는 길, 특허인가 후 그것에 대해 도전할 수 있는 길을 열었다. 특허소송의 관할법원을 주로 원고에게 유리한 곳으로 했던 관행을 바꾸었으며 특허침해에 대한 손실의 산정방법 등에서 변화를 이루어냈다.[17)]

4. DMCA(디지털 저작권법)

특이한 DMCA

미국 지재권 보호노력 중 미국 밖에서는 말할 것도 없고 미국 내에서도 가장 큰 쟁점으로 되고 있는 것이 1998년 입법된 DMCA(digital millenium copyright act)이다. 이 법으로 저작권과 관련해서도 특허권에 상응하는 사회적 충격이 나타나게 되었다. 이 법은 1990년대 중반 미국 내에서 입법을 시도하다

17) New York Times, "House Passes Bill to Curb Suits by Patent Owners," September 8, 2007.

실패한 다음 1996년에 WIPO에서 저작권조약(copyright treaty)을 성사시키게 된 뒤 그 조약을 근거로 하여 그 이전 국내에서의 실패를 만회하여 입법화하게 되었다는 기이한 사연을 가지는 것이기도 하다.

자동차를 훔치는 것은 물론 자동차 도둑을 알리는 경보장치를 무력화시키는 행위를 하는 것도 불법이라고 하는 비유를 인용하면서 이 법은 지재권을 직접 침해하는 것은 물론 지재권 침해를 돕는 행위도 매우 광범위하며 불법이라고 규정하고 있다. 이 법은 지적재산권을 침해하는 것을 불법시한 것에 추가하여 지재권을 보호하기 위하여 동원된 기기나 장비를 우회할 수 있도록 하거나 지재권의 존재 및 효과를 우회할 수 있도록 하는 수단과 방도를 제공하는(관련 프로그램의 유포 등) 것도 불법시한다. 그런 것이 결과적으로는 지적재산권 침해행위를 돕는 행위라고 보기 때문이다.

복제 방지장치를 해 놓았거나 암호화해 놓은 지재권 산품의 복제방지장치를 해체하여 직접 지재권을 침해하는 것은 물론 암호를 푸는 방법을 유통시켜 제3자로 하여금 지재권을 침해하는 데 사실상 도움을 주는 것도 불법이라고 한다. 여기에서 유통이라 함은 관련 기술이나 SW를 인터넷에 올려놓거나 초월연계(hyperlink)를 통해 접근할 수 있도록 하는 것을 포함하고 있다.[18)] 이에 대한 면책조항으로는 일시적 네트워크 통신, 전송과정에서의 일시적 저장, 이용자의 정보저장, 정보탐색장치를 통한 중개행위, 기타 ISP가 비영리 목적의 교육기관인 경우 정도를 인정하고 있다. 결과적으로 이 법은 저작권 침해의 범위를 크게 그리고 불분명하게 확대하였고 또 침해행위를 형사법의 대상이 되는 범죄로 전화시켰다는 특이성을 가지고 있다.

1990년대 디지털 데이터를 압축하는 표준SW인 MPEG가 나타났고 그 중 디지털 음원을 인터넷에서 주고받을 수 있게 하는 MP3양식이 쉽게 퍼져 널리 쓰이게 됨으로써 음원의 다운로드가 광범위하게 이루어지게 되었다. 그런데도 다운로드가 일반화된 후 뒤늦게 음악산업은 이러한 변화에 대응하려고 하

18) hyperlink는 이용하기 쉽고 편리한 것이다. 그런데 이를 위법으로 한다면 전혀 고의가 없는 위법자를 양산하게 되는 위험이 있다. 이에 이를 이용하는 것을 위법행위로 판정하기 위해서는 매우 엄격한 심리가 선행되어야 한다고 하겠다. 즉, 사이트에 DMCA를 위반하는 기술이나 SW가 있다는 것을 명시적으로 알고, 이를 유통시킬 목적으로 링크를 만들었다고 할 수 있어야 하겠다.

였고 그 대응방식으로도 지재권을 무기로 하는 법적 대응방식에 매달렸다. 영화의 다운로드와 대비해 보아 악곡을 다운로드하는 데 드는 시간이 짧고 다운로드를 위해 갖추어야 하는 PC의 용량이 작아도 되기 때문에 악곡과 영화의 처지가 다르다는 사정은 외면했고 기술과 사회문화의 급속한 변화에 대해서는 무신경했다 할 수 있다. 이러한 점은 일정한 대가를 내고 합법적으로 다운로드를 할 수 있게 하는 타협안을 제시해 큰 돈을 벌게 된 Apple의 Steve Jobs가 그 타협안을 자신의 정식사업으로 할 수 있게 되기 이전 18개월 동안이나 음악산업을 설득하지 않으면 안 되었다는 사정을 통해서도 알 수 있는 바이다.

DMCA는 Napster에 의한 음악파일교환에 관한 시비로부터 시발되었다. Napster는 중앙 서버를 운영해 이용자가 음원에 대한 리스트를 가지고 파일을 주고받을 수 있도록 하는 파일교환서비스를 제공하면서 P2P모델을 본격 퍼트린 선도자이었다. 이 파일교환서비스는 CD 내의 컨텐트인 악곡을 쉽게 복사하여 MP3형식으로 바꾼뒤 널리 통용될 수 있게 하였다. Napster에 의한 파일교환서비스에 따라 사람들은 초대형 공유 음악창고에서 원하는 곡을 마음대로 가져다 쓸 수 있게 된 것이다. 그런데 음반산업은 Napster의 이러한 행위가 음악곡의 지재권침해를 돕는 방도를 제공한 것이라고 하여 동사를 고소하였다. Napster는 이윤을 추구하지 않았고 신인 등용을 돕거나 새 곡의 강평을 적극 전파하거나 관계자들의 채팅을 후원하는 등의 여러 방식으로 음악산업의 발전에 기여했다고 할 수 있음에도 불구하고 이용자 및 악곡의 리스트를 중앙서버에 가지고 있었다는 것이 빌미가 되어 사람들이 음악곡에 대한 지적재산권을 침해하는 것을 도왔다고 인지되고 고소당하게 된 것이다. 이러한 고소는 당장 Napster의 처신을 위축시키었고 이어 폐쇄를 가져왔다.[19] 이 때

19) Napster가 음악곡에 대한 판매를 위축시켜 음반업계에 손해를 끼치었는지의 판단은 음악곡에 대한 수요곡선과 공급곡선의 모양에 의존한다. Napster로 애호가들의 선곡능력이 제고되어 그 이전보다 좋은 곡은 더 많이 사고 나쁜 곡은 더 적게 사게 되었다고 하면 수요곡선은 보다 작은 가격탄력성을 가지게끔 변할 것이다. 이러한 때 공급곡선이 가격탄력적이고 상대적으로 낮은 가격수준 대에 소재한다면 이런 수요곡선의 변화로 판매액이 줄어들 것이다. 그러나 공급곡선이 보다 비탄력적이고 큰 가격수준 대에 소재한다면 판매액은 늘어나게 될 것이다 이런 측면을 보면 Napster의 영향은 음악곡의 질 및 수요에 의존하는 것이고 음반업계 전체의 수입은 얼마나 많은 좋은 곡을 공급하느냐에 의존하는 것이라고 할 수 있다.

Napster의 서비스를 이용하여 악곡을 다운로드받아 이용한 사람들은 소추되지는 않았으나 모두 불법행위자가 되었다.

그러나 중앙서버를 운영하지 않으면서 이용자의 위치도 공개하지 않은 Gnutella나 리스트를 암호처리한 Freenet과 같은 파일교환의 경쟁자는 소추의 대상에서 제외되었다.[20] 복사기나 VCR에 대한 전례에서처럼 이들은 불법적으로 사용할 수도 있으나 적법적으로 사용할 수도 있는 파일교환서비스를 제공한데 불과하다고 인지된 때문에 불법성시비로부터 벗어날 수 있었다. 이에 따라 Napster의 폐쇄에도 불구하고 그것을 대체하는 다른 파일교환의 경쟁자가 있었기에 파일교환의 이용자는 계속 늘어나게 되었다. 동년 3~8월 중에는 이용자가 120만에서 690만으로 늘어났고 2002년말에 가서는 3,700만에 이르게 되었다. 단 이들 파일교환의 경쟁자들은 적절한 수익모델을 지니고 있지 못했기에 상업적으로는 성공하지 못하였다.

DMCA의 파장

DMCA는 한편으로 보면 음악산업이 기술변화에 적절히 적응하지 못하였기 때문에 초래된 것이라고 할 수 있다. 그러나 다른 편으로 보면 무수한 범죄자를 양산한 것이라고 할 수 있다. 그런데 이 법이 지재권자로 하여금 이용을 위한 접근 및 이용조건 등을 일방적으로 결정할 수 있게 함으로써 사용자의 접근을 사전적으로 배제할 수 있어 악용될 경우 의외의 반경쟁적 행위를 조장할 위험성을 가지고 있음도 알려지게 되었다. 극도로 지재권을 보호하려고 하는 가치가 경쟁을 활성화시키려는 가치를 능가하고 무력화시킬 수 있기 때문이다. 그런 도정에서는 공정이용이 무력화되고 생산자와 사용자의 권리의 조화라는 지재권제도의 본래 이념도 증발되어 버릴 수도 있다.

이 법은 Napster를 폐쇄시킨 것 이상으로 인터넷을 통한 지적저작물의 배포를 위축시키게 되었다는 의외의 파장 또는 부작용을 가져왔다. 무엇보다

20) 이들과 같이 소추를 모면한 기업으로 Kazaa가 있었는데 2002년 이 기업을 인수한 새 주인이 미국에서 자유로이 영업하기 위해 음반 및 영화산업에 1억 2,500만 달러를 주고 화해해, 종국적으로는 불법을 의심받는 행위가 사실상 처벌받는 사정을 보여주었다. NYT, 2?27/2007, "Kazaa's Creators Do Latest Venture by the Book".

정품을 구입한 사람이 복제방지장치를 풀고 더 이상의 개선을 꾀하는 것도 불가능하게 만들어 컨텐트 개량의 길을 막았다. 나아가 웹의 이용자들이 인터넷에 올린 내용에 대해서 ISP들로 하여금 책임을 지게 하려는 즉흥적 대응을 불러올 정도로 문제는 확대되었다.

실상 음반의 저작권 침해의 직접적 당사자는 파일교환을 한 개인들이다. 이들은 DMCA에 의해 파일교환을 하다가 범죄자가 된 사람들이다. 그런데 지재권자가 수없이 많은 이런 개인들을 상대로 하여 일일이 책임을 추궁하는 데에는 한계가 있다. 수많은 사람을 범죄자로 소추하는 것이 쉽지 않은 일일 뿐 아니라 이들은 동 산업제품의 잠재적 수요자이기 때문에 이들을 공격하면 여론이 악화되고 수요가 위축되어 좋을 것이 없다. 이에 따라 음반업계는 지재권 침해의 책임을 추궁하는 과정에서 수많은 개인들을 상대로 하기보다 상대적으로 소수이고 법적쟁송의 상대로 세우기 쉬운 대상이라 할 수 있는 서비스 제공자 또는 네트워크 운영자를 택해 책임을 추궁하려고 하게 되었다. 그런데 이것은 지재권자에 의한 검열 및 개인의 자유침해를 용인하게 하는 것이라는 비판을 불러일으키게 되었다. 이로써 DMCA는 사실상 언론의 자유를 억압하는 공포의 무기(copyright horror story)로 인지되었다.

이 법은 1976년 개정된 기왕의 저작권법으로 하여금 새로운 의미를 갖게도 하였다. 저작권법의 1976년 개정은 저작권을 주장하기 위해서 그것을 등록할 것을 강제하지 않았다. 그래서 이 법안만이 있을 때에는 어떤 것이 저작권의 보호를 받는 것인지를 제3자가 식별하기가 쉽지 않았다. 또 저작권 침해는 민사적 손해배상의 대상이었다. 그런데 DMCA로 인터넷에 올라와 있는 모든 저작권 관련 산품이 등록여부와 관계없이 자동적으로 저작권 보호의 대상으로 되도록 보호의 대상이 공식적으로 확대되었고 모든 침해행위는 형사법의 대상으로 되었다. 별다른 주의를 끌지 않으면서 잠복되어 있던 저작권이 소란스러운 시비의 대상으로 되었고 범죄행위가 양산될 수 있게 되었다. 저작권과 관련된 불확실성이 크게 증대되게 되었다. 인터넷에서 검색을 하고 서비스를 이용하다가 명시적으로 등록되어 있지 않은 저작권을 부지불식간에 침해해 형사범으로 될 수 있게 되었다. 그리고 이를 피하려면 인터넷 검색이나 서비스 이용에 큰 주의를 기울이지 않으면 안 되는 사정을 불러왔다.

DMCA의 이러한 실상은 학문의 자유 내지 의사표시의 자유를 제약하는 것이라고도 여겨지게 되었다. 복제방지장치를 푸는 것 내지 역엔지니어링(reverse engineering)의 방법으로 기존의 지적재산을 개선, 개량함으로써 새로운 지적자산을 만들어내는 것도 대단히 중요한 창작활동의 일환이었는데 이 법은 이런 행위를 고사시킬 여지를 지녀 학문활동을 위축시킬 수 있기 때문이었다. 또 이 법은 종래 공정이용(fair use)이라고 인정되던 것의 범위를 불분명하게 만들었다. 저작권자로 하여금 저작권 침해라고 주장하면서 광범위하게 가처분신청을 할 수 있게 함으로써 어떤 이용이 공정이용인지 여부에 대해 심한 불안을 조성하였다. 결과적으로 이 법은 저작권과 관련해 심한 불확실성 내지 불안을 조성하였다. 나아가 의사표시의 자유를 사실상 위축시키었고 그 이면에서 저작권자의 횡포가 횡횡할 수 있게 하였다.

DMCA는 공기관이 아닌 사기업에게 사실상의 검열권을 부여하는 효과를 가지게 되었고 이런 양상은 헌법에서 보장되어 있는 언론의 자유를 침해하는 것이 아니냐는 논쟁도 낳았다. 2003년 가을 Swathmore대학 학생들이 미시간주에서 쓰인 전자투표기가 해커의 공격에 대응하는데 미흡하다는 의견을 인터넷에 올린바 있었다. 그런데 이들은 동 투표기 제작사의 지적재산권이라 할 수 있는 동사 내부 파일에 침투해 이러한 미흡함 내지 결함을 알게 된 것으로 추정되었다. 이런 상황이었는데도 동 투표기 제작사는 해킹해 불법행위를 한 당사자인 대학생들을 공격하지 않았다. 그 대신 DMCA를 근거로 하여 그러한 결함의 존재를 알리는 데 사용된 네트워크의 ISP를 저작권 침해방법을 유통시키는 데 조력한 것이라고 하고 고소하였다. 이런 고소에 대응하여 동 사건에서 ISP에 해당하는 대학당국은 면책을 주장해 볼 수 있는 교육기관임에도 불구하고 학생들의 해킹이 DMCA의 예외가 되는지를 법적으로 다루지 않고 돈이 드는 법적 대응대신 대학생들이 올린 파일을 삭제하는 선택을 하였다. 그리고 이런 일련의 사건은 결과적으로 DMCA가 사기업인 동 제작사에게 사실상 검열권을 준 것과 다르지 않느냐는 의아심을 낳았다. 그로써 공기관만이 일정한 조건하에서나 행사할 수 있는 검열권을 DMCA라는 법률이 공기관이 아닌 사기업에게도 주게 된 것이 아니냐는 문제의식을 낳았다. 그 이면에서 전자투표기의 미흡함에 대한 문제는 도외시되었다.

DMCA 후 심화된 아이러니

되돌아보면, 인터넷으로 텍스트, 음악, 이미지 등의 유통이 무척 자유로워졌고 이 현상을 'information wants to be free'라는 말로 칭송하고 자축했던 때가 있었다. 그러다가 Napster 등을 통한 P2P방식으로 음악파일 교환이 번창하게 되었고 이에 반발한 음반사들의 로비의 영향을 받으며 DMCA가 입법되자 이상에서 관찰된 바 사실상의 검열 내지 언론자유의 제한이라는 의외의 결과가 초래되게 되었다. 그로써 창조적 활동을 장려하기 위하여 만들어진 제도인 지적재산권 제도가 DMCA와 결부되면서 그 애초의 의도에 반하여 주변 아이디어를 고사시키고 사장시키는 제도로 탈바꿈하게 되었다. 더불어 민주주의도 위협받게 되었다.

이러한 일련의 변화는 앞으로의 문화생활면에서도 뜻밖의 여러 변화를 예단하게 만들었다. 과거에는 책을 사거나 CD를 사 그 안의 내용물을 읽거나 음악을 들을 때 구매자는 내용물이나 음악곡을 매입한 것으로 생각하였으며 그것들을 완전히 소유할 수 있는 대상으로 인지하였다. 종래에는 구매한 책이나 CD를 친구에게 주어도 하등 문제가 없었다. 그러나 이제는 MP3로 CD의 음악곡을 다운로드 받고 eBook에서 책의 내용을 읽더라도 그러한 악곡이나 책의 내용을 다른 사람에게 전하는 것은 위험하게 되었다. 이들 CD나 책을 구입한 것의 실질내용이 소유할 수 있는 것을 산 것이 아니고 일회 사용할 수 있는 권리를 허가받은 정도에 불과하다는 자조적 인식이 나타나게 되었다. 과거의 문화를 소유의 문화(owning culture)라고 할 수 있다면 이제는 허락의 문화(permission culture)로 되지 않았느냐 하는 냉소적 시각도 대두하게 되었다.

동 법의 이러한 아이러니와 파장에 따라 동 법에 대한 비판론도 거세게 일어나고 있다. digital video discs나 memory card 등 다른 저장수단을 쓰는 사업자는 컨텐츠를 마음대로 복사하지 못하게 하는 CCS(content scrambling system) 등 기술을 이용하여 스스로 컨텐트를 보호하고 있는데 음반회사들은 이런 기술을 도입하지는 않고 CD 등의 복사를 쉽게 할 수 있게 하여 많은 사람들로 하여금 복사하도록 사실상 유도한 다음 복사하는 것을 탓한다고 음반회사들을 비판하면서, Napster에 대한 음반회사들의 공격을 합법화한 DMCA도 싸잡아 비난하기도 하였다. 또 복사를 금하는 것이 공정이용(fair use)을 제한하는 것에 해당하기에 옳지 않다는 항변도 있었다. 그러나 이러한 비판이나 항변에도 불구하고 Napster의 중앙서버를 폐쇄하도록 한 법원의 결정이 내려졌다. DVD나 memory card에서의 복사를 못하게 하는 기술도 언젠가는 해커에 의해 깨지게 될 것이라고 하는 생각에 지배되어 기술적 준비의 부족은 주요시되지 않은 때문이리라.

사이버 세상에서 음악곡을 다운로드 받아 이용하는 것은 매우 값싼 유통의 방도이자 자연스러운 것이다. 그럼에도 불구하고 이것은 DMCA에 의해 불법행위로 판정될 소지가 크다. 여기에서 사이버 세상에서 가능하게 된 효율적 유통방법은 십분 활용하도록 하면서 불법행위는 배제하는 방안을 강구해야 할 필요가 생긴다. 이러한 필요는 현재 악곡을 온라인으로 다운로드 받도록 하고 다운로드 때 일정한 구독료를 내게 한 뒤 그 구독료로 악곡의 지재권에 대한 보상을 하는 타협책으로 대응되고 있다. Apple사의 iTunes 모델에서 1불을 내고 iPod를 이용해 1악곡을 다운로드 받게 하는 방식에 의해 대응되고 있다. Napster식 P2P를 대체해 대가를 내고 다운로드 받는 서비스(pay-for-download services)모델이 자리잡게 된 것이다.

자동차 소유자의 소유권은 무제한이다. 따라서 자동차 도둑이 자동차의 공정이용 여부를 논의할 여지는 없다. 그러나 그 소유권이 무제한이라고 할 수 없는 지재권과 관련하여서는 아직까지는 공정이용이 인정되어 왔다. 도서관의 책을 읽고 그 일부를 복사하는 것은 불법이 아니었다. 따라서 자동차의 도둑과 지적재산의 도둑은 어딘가 다르다. 이에 따라 지재권법을 보완하는 법이라 할 수 있는 DMCA도 공정이용을 명시적으로 인정하게끔 변용되어야 마땅하리라 한다.

실제세상에서는 지재권을 침해한 모두가 소추되고 처벌받지는 않고 있다. 실무적 시행차원에서 보아도 모든 지재권 도둑을 잡아 모두 소추하는 것은 사실상 불가능하기에 소추의 실행에는 한계가 있다. 그러나 사이버 세상에서는 bots라고 지칭되는 컴퓨터 프로그램이 있어 웹 페이지를 일일이 점검하며 위반자를 철저히 찾아낼 수가 있다. 이론적으로 보아 소추의 실행가능성에는 한계가 없다고 할 수 있다. 따라서 소추의 비용효과적 고려를 무시할 때 무한정의 소추가 가능해진다. 그런데 이점은 특히 SW를 비롯한 일부 지적 재산과 관련해서는 아주 곤란한 양상을 초래할 수 있다.

오늘날의 보통 SW는 십만 개에서 수천만 개의 코드를 가지고 이루어진 것으로서 수없이 많은 사람들의 협동작업에 의해 만들어지고 있다. 예컨대 Window 95는 약 1,500만 개의 코드로 이루어져 있고 Window 98은 약 1,800만개 코드, Window XP는 3,500만개의 코드 라인으로 구성되어 있다. 종래 3년마다 새로운 버전이 나오던 추이에서 벗어나 5년 후 나온 Window Vista는 5,000만개의 라인을 가진 것이라 추정되고 있다.[21] 그런데 이렇게 많은 라인들 모두가 창의적이고 혁신적인 아이디어를 담고 있는 것은 아니고 그 중 수십 또는 수백 개의 라인만이 핵심적인 내용을 가지고 있다고 생각된다. 그 이외의 많은 부분은 기왕에 알려져 있는 알고리즘을 번안하거나 재활용하고 있는 것에 지나지 않으리라 본다. SW는 여러 사람들의 협동작업(collaboration)의 산물이며 과거에 개발된 것 위에 더 이상 축적되어 개선되어 가는 것임을 상기할 때 어떤 큰 SW의 어떤 특정 부분을 독립적으로 인식하고 차별화한다는 것은 불가능하다. 이런 점을 보아 사람들은 'SW를 창작한다'고 하지 않고 'SW를 개발한다'고 하고 있다. 과연 MS도 그의 운영체계를 전적으로 새로이 창조한 것은 아니고 이미 있던 것을 개량한 것에 불과하리라고 평가된다. 그래서 그의 운영SW의 모든 것을 순수히 창작하지 않은 MS가 영업비밀 내지 특허를 획득하게 되었다는 것을 기화로 하여 소스코드를 공개하지 않으면서 한편으로는 막대한 이익을 누리고 다른 편으로는 그것의 더 이상의 개선을 막는 일종의 횡포를 부리고 있다는 것은 모순이요 잘못이라고 비판되는 것이다.

SW와 관련해서 완전히 새로운 것을 창조한다는 것은 있을 수 없다. SW 개발은 어차피 짜깁기와 개량을 하고 또 그런 것을 수정 및 보완하면서 이루어지는 것이다. 그런데 DMCA 이후에는 SW의 창작이 예외적이고 종속적으로 되었고 그 대신 SW특허에 대한 시비가 시끄럽고 주역으로 되어, 본말전도의 느낌을 지울 수 없다. 나아가 어떤 혁신적 아이디어를 가지고 있고 그것을

21) New York Times, Window is so Slow, but Why?, March 27, 2006.

기반으로 하여 새로운 SW를 생산하려고 한다 하더라도 기왕에 특허를 받은 SW의 반드시 알려져 있지 않은 내용을 피해가며 새로운 SW를 만들어내야 하는데 이런 과업은 거의 불가능하다고 한다. 현재의 SW특허제도는 기왕에 특허를 가지고 있는 측으로부터의 다양한 공격 내지 테러를 가능하게 하는 장치이고 새로운 SW개발을 불가능하게 하는 제도라고 비판되는 것이다.

DMCA가 저작권자에게 최선이 아닐 수 있다는 점이 최근 알려졌다. 어떤 사람이 저작권을 침해하는 내용을 ISP가 운영하는 포털 사이트에 올렸을 경우 그런 사정을 통보받은 ISP는 그것을 삭제하여야 할 의무가 있다. 그러나 그것이 저작권을 침해하는 것이라는 점을 ISP가 미리 알지 못했거나 저작권자에 의해 피해사실을 고지 받지 못했다면 그때까지는 그러한 의무가 없다. 그런데 이러한 때 ISP가 저작권 침해임을 알지 못했는지 또는 사전에 고지받았는지에 대한 입증책임이 ISP와 저작권자 사이에서 저작권자에게 주어져 있다고 해석된다. 때문에 DMCA가 저작권자에게 반드시 유리하지는 않다는 것이다. 나아가 이러한 문제에 관한 불분명성을 제거하기 위해서는 새로운 입법이 이루어져야 할 것이라고 한다.[22)]

아이러니 시정노력

이러한 비판에 당면해 현재의 SW특허제도에 대한 몇 가지 대안이 제시되기도 했다. 특허기간을 예컨대 3년 등으로 단축하고 특허를 출원한 것은 널리 공개하여 한편으로는 그것이 진정으로 특허의 가치가 있는지를 보다 널리 심판받도록 하면서, 다른 한편으로는 기왕에 특허받은 것의 개량에 불과하다고 볼 수 있는 SW는 더 이상 특허의 보호를 받지 못하고 횡포도 부릴 수 없게 하자는 것이다. 동시에 특허의 분류체계를 개선함으로써 특허 받은 SW를 많은 사람으로 하여금 쉽게 인지할 수 있도록 하여 예측 밖의 특허괴물 등으로 부터의 피해를 최소화하고 한 걸음 더 나아가 추가적인 개량이 보다 활발히 이루어질 수 있도록 유도해 보자는 것이다.

DMCA와 마찬가지의 맥락에서 음악산업 및 레코드산업의 제안에 따라

22) New York Times, "Make Way for Copyright Chaos," L Lessig, 3/18/2007.

추진되고 있는 것에 The Infringement of Copyright Act가 있다. DMCA의 내용을 더욱 확실히 하려는 것으로 DMCA 비판론에 대한 반동이라 할 수 있겠다. 그러나 이것이 기술발전을 저해할 것이라고 하여 MS, Intel, Sun Microsystems, Verizon 등은 이에 반대하고 있다.

DMCA의 그늘에서 위축되어 있던 공정이용의 여지를 보다 적극적으로 활성화할 수 있는 길을 찾고자 하여 2002년 말 Digital Media Consumers' Act가 제안되었다. 지재권 보호를 받고 있는 대상은 보호받고 있다는 사실을 제품에 명시적으로 표시하게 함으로써 그러한 표시가 있는 제품이 어떤 것인지를 소비자 모두가 쉽게 알 수 있게 하고 그로써 그것의 부당 사용에 대해 주의하며 소추에 대비하도록 유도하자는 것이다. 그 이면에서 그러한 표시가 없는 제품에 대해서는 소비자들이 불법사용을 걱정할 이유를 없애 보고자 하는 것이다. 그로써 한편으로는 부지불식간에 불법행위를 할 가능성을 줄어들게 하고 다른 편으로는 불법사용을 해 문제될 경우에도 DMCA 하에서 불분명하였던 입증책임을 사용자로부터 장비의 제작자나 컨텐트의 생산자 및 배분자측으로 이관시켜, 현재의 불분명성 속에서 이들 후자가 사실상의 과보호받고 있는 양상을 시정해 보고자 하는 것이다.

다른 편에서는 지재권 보호가 과도하게 되고 남용되는 것에 대항하여 CopyLeft 운동도 나타났다. 하늘 아래 새로운 것은 있을 수 없다고 하면서 창의적 산물의 진정한 창의성에 대해 근본적 한계가 있음을 인정하는 이 운동은 지적재산권의 존재를 무시하지는 않으나 그것이 자본과 권력에 의해 독점되어 상업적으로 악용되는 사정을 경계한다. 이에 프로그램의 복제, 변형, 배포 등을 공동체 전체의 이익을 위해 관리할 수 있게 되어야 한다고 하고 창의적 결과가 공공의 이익에 기여해야 한다는 의무감을 소홀히 해서는 안 된다고도 한다.

P2P 모델의 역할 재검토

오늘날 디지털 기술에 의거해 많은 지적생산이 이루어지고 있으며 그런 것들은 인터넷을 통해 유통되고 있다. 이와 관련해 인터넷을 통한 유통방법 중 한때 가장 각광을 받은 것이 비상업적 PC를 통하는 P2P방식 파일 공유였다. DMCA와 관련해 이 모델은 더욱 큰 주목을 받았다. 더불어 앞으로의 변신과 관련해 큰 관심을 모으고 있다. 따라서 이 모델을 재음미해 볼 필요가 있다.

이것은 클라이언트-서버 모델과 대비되는 것이다. 중앙에 정보자원을 보관하고 있다가 클라이언트에 제공하는 서버가 있고 그 휘하에 정보자원을 서버에 요청해 사용하는 클라이언트가 있는 계층구조를 가진 것이 서버-클라이언트 모델이다. 반면 P2P모델은 이것과 질적으로 다른 것이다. P2P모델에서는 각자 대등한 위상을 가지고 있는 컴퓨터가 상호 서버노릇을 하고 있기 때문이다. 클라이언트-서버 시스템에서 브라우징을 하여 클라이언트가 서버에 접근하게 되면 서버는 클라이언트에게 임시 주소를 부여하고 요청받은 서비스를 제공한다. 그러다가 그 서비스를 마치게 되면 임시 주소는 불필요해져 지워지게 된다. 반면 P2P에서는 모든 PC가 서버의 지위를 가지기 때문에 임시 주소가 아니라 독자의 영구 주소를 가진다. P2P모델에서는 각개 컴퓨터가 독자적 컨텐트를 가지고 있는 것이 당연하고 자연스럽다. 이로써 서로 대등한 피어들끼리의 경쟁과 협력을 통해 컨텐트의 창작, 개량 및 최대 활용을 이끌어 낼 수 있다.

PC 이용 초기에는 모든 이용자가 대등하였고 특별히 서버라고 할 수 있는 것이 없었다. 그러다가 이용자가 많아지게 되자 제일 먼저 대두한 문제가 보안의 문제이었다. 처음에는 이를 방화벽을 설치하는 등의 방식으로 풀었다. 그러다가 1990년대에 들어와서는 일반화된 클라이언트-서버 모델을 가지고 이에 대처하게 되었다. 책임을 의식하는 서버가 정보를 저장하고 있다가 클라이언트가 요구할 때 제공하는 구도를 형성하게 되었다. 이러한 구도하에서 클라이언트가 되는 PC는 서버에 비해 2급 시민에 불과했다. 한편 PC 수의 증대는 IP주소의 부족을 우려하게도 만들었다. 그런 가운데에도 PC가격이 종래 $4,000 정도에서 1995년 이래 $1,000 내외로 낮아지게 되었다. 더불어 PC의 용도도 늘어났고 PC의 성능도 좋아졌다. 그에 따라 PC는 인터넷 검색에서는 물론 게임, 음악 등의 공유에서도 쓰이게 되었다. 프로세서가 기가헤르쯔를 수용하게끔 고성능화 되었고 SW, 인터페이스, 응용방법 등 여러 면이 편리하게 되었다. 저장용량도 기가 비트를 넘어 서게 되어 PC의 성능이 10년 전의 메인 프레임 컴퓨터보다 우수한 것으로 되고 나니 사람들은 PC에다 많은 데이터를 저장하려고도 하게 되었다. Window95가 나타나고 인터넷을 통해 이런 PC들이 서로 연결되게 되자 다른 PC에 있는 데이터와 자신의 PC에 있는 데이터 사이의 차별성이 희석되었다. PC가 주변장치로서 머물러 있을 것이 아니라 중심으로 될 수 있다는 개념을 실험하게도 되었으며 클라이언트-서버 모델이 불가피하지만은 않다는 것을 인지하게 되었다. 기술적인 차원에서 P2P의 기반이 성숙되었다. 단지 사회문화적으로 이러한 기술적 변화를 수용할 수 있을 것인지가 미지수이었다.

애초에 인터넷에서의 정보는 수자로 인식된 IP주소 속에 들어 있었고 이것은 전문가나 해커 정도만이 자유로이 활용할 수 있는 것이었다. 그러던 것이 IP주소를 URL로 치환하게 되고 HTML로 웹을 만드는 것이 사실상 표준화되게 된 것을 계기로 HTTP를 통해 여러 웹 사이트에 비선형으로 무작위 접근하는 것이 가능하게 되었다. 이른바 WWW가 탄생하게 되었다. 나아가 웹 브라우저가 개발되어 전문가나 해커가 아니더라도 텍스트, 그림, 채팅, 음악 등을 별 어려움 없이 쓸 수 있게 되었다. 그러다가 XML(extensible markup language)이 개발 도입되었다. 종래 HTML로 일단 만들어진 자료를 다른 방식으로 치환하는 것이 대단히 어려워 컨텍스트를 바꾸거나 세팅을 재정의하는 등 기왕의 데이터를 다른 방식으로 이용하는 것이 불가능했던 사정, 여러 웹에서 다양한 양식으로 제공되는 데이터를 체계적으로 종합하는 것이 불가능했던 사정으로부터 벗어 나, XML은 웹 작성자로 하여금 데이터의 포맷이나 형식에 구애 받지 않고 그가 원하는 방식에 따라 웹의 자료를 재작성하고 다른 용도에도 자유로이 쓸 수 있게 하였다. WWW 하에서의 검색이 가지던 제한성을 극복하면서 초월텍스트(hypertext)를 개선하고 보강하였다. 이는 여러 단면에서 융통성을 증대시키게 되었다. 웹의 이용비용을 저하시켰고 정보의 공유를 용이하게 하면서 여럿이 서로 좋은 파트너가 될 수 있게 하였다. 서로 상이한 시스템을 가진 사용자들이 연결성을 유지하면서 상호 소통하더라도 자신의 기반을 포기할 필요가 없게 만들었다. 개별 PC로 하여금 독립성을 유지할 수 있게 하는 전기가 되었다. 이러한 일련의 변화는 P2P시스템의 불가결한 핵심요소로 되었다.

P2P모델은 PC이용의 구조를 변화시켰다. 종래 클라이언트-서버의 구조 하에서 서버는 중개자 내지 관문의 역할을 하면서 연결, 파일공유, 의사소통에 개재하였다. 서버의 서비스를 이용하려면 서버가 요구하는대로 로그온(log on)하고 패스워드를 사용해야 했으며 서버가 다운되면 소통은 불가능하였다. 서버 없이 클라이언트들끼리 서로 협력하여 난관을 타개해 나간다는 것은 생각하기 어려웠다. 반면 서버는 항시 과도한 일을 해야 했다. 그러다가 P2P에 의해 피어의 역할과 업무가 증대되게 되면서 서버는 보다 핵심적이고 중요한 일만을 담당해도 좋겠끔 되었고 그 업무량도 줄어들 수 있게 되었다. 그 이면에서 종래 클라이언트들의 역할은 커지게 되었다.

P2P모델은 각자가 자신에 적합한 SW를 마련해 쓰고 중앙의 서버가 부여하는 SW를 쓰지 않아도 좋도록 하는 자유재량성을 부여해주고 있다. 서버-클라이언트 모델에 비해 이 모델은 모든 피어들로 하여금 독자성을 가지고 각자 원하는 정보에 접근하는 것을 가능하게 하고 있다. 이에 따라 웹의 발명이 대용량 컴퓨터에의 의존을 줄이고 PC의 활용을 늘이어 컴퓨터 이용에 대한 하나의 획을 그은 것이라고 한다면, P2P모델의 등장은 클라이언트-서버 체제로부터 PC사용을 독립시키는 다른 하나의 획을 그은 것이라고 할 수 있다. 이로써 종래 클라이언트의 위치에 있던 PC는 2급 시민(second class citizen)의 위상에서 벗어나 서버와의 대등성을 회복하게 되었으며 종래의 클

그림 2-1 P2P 컴퓨팅

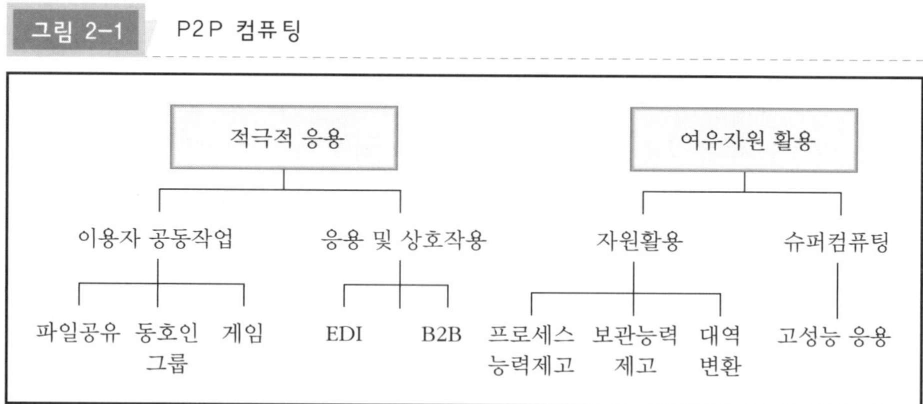

라이언트로서의 피동적 역할을 하던 데서 졸업해 게임을 하거나 대형 시뮤레이션을 하는데 일역을 담당하면서 상당한 정도 능동적 역할도 하게 되었다.

오늘날 과잉투자된 것의 하나로 PC의 계산용량이 적시되고 있는데 P2P 모델은 이러한 PC의 과잉자원을 활용하는 방도로서의 의미도 갖고 있다. 반복적 계산이 요구되는 문제를 여러 부분으로 나누어 네트워크에 연결된 여러 PC에 분담시킨 뒤 이들로 하여금 이런 계산을 동시에 수행하게 함으로써 여러 PC의 연합으로 하여금 사실상 슈퍼컴퓨터의 기능을 수행할 수 있게 한 것인데, 이것은 정말 주목할 만한 일이다. 이것을 달리 말하면, P2P 모델의 활용에 의해 인터넷은 사실상의 거대 컴퓨터로 변환되었다고도 할 수 있다. 나아가 이런 사실상의 슈퍼컴퓨터는 통상 이야기하는 슈퍼컴퓨터와 달리 진부화하지 않는다는 이점까지 가지고 있다. 〈그림 2-1〉은 P2P모델이 활용되는 몇 가지 예를 보여주고 있다.

컨텐트 배급모델로서의 P2P

P2P 모델은 매우 유용한 컨텐트 배급모델이 되고 있다. P2P를 통해 공유하게 되는 파일은 악곡에 한정되지 않으며 사진, 작업요령 매뉴얼, 이미지, 텍스트, 목록, 컴퓨터 애니메이티드 디자인(computer-animated design), 디지털 비디오 및 이들의 혼합물 등을 포괄한다. P2P모델의 이런 다양한 가능성을 볼 때 악곡의 다운로드를 계기로 하여 P2P를 위축시키고 그를 통한 파일 공유를 금지하게 한 것은 동시에 창작과 혁신을 위해 쓸 수 있는 여러 다른 단면을 위축시킨 것이 된다.

P2P가 클라이언트에게 독자성을 부여하게 된 것과 대응하여 이 체제를 활용하는 사람들의 위상도 달라지게 되었다. 예컨대 3기가의 PC를 가지고 있는 노동자는 생산수단을 스스로 갖추고 있는 생산단위로 인지될 수 있게 되었으며, 이들은 더 이상 종래 제조업 조직 속의 한 부분을 형성하는 부품으로서의 노동자가 아니라 개인의 책임과 창의성을 발휘하는 지식노동자로 되는 신분변화를 경험하게 되었다. 이에 따라 종래 산업사회의 개념인 종신고용 또는 실업 등의 의미가 퇴색하게 되었고, 이들 지식노동자가 프리랜서로서

갖가지 프로젝트를 함께 수행해 가는 협동작업(collaboration)의 양상이 널리 보여지게 되었다. 종래 위계질서를 가지는 수직적 조직에서 아래 사람이 윗사람의 지시와 명령을 받아 함께 일하던 방식과 다르게 서로 위 아래를 구분하기 어려운 사람들이 수평적 관계를 유지한 채 각자의 장기를 발휘하면서 공통된 목적을 이루고자 일하게끔 일하는 양상이 바뀌게 되었다. 이런 때 수평적 관계 속에서 일하는 사람들은 자발적으로 일하는 경우가 많고 동일한 시간대 동일한 장소에 모여 일하는 것이 아니라 각자 편한 시간에 편한 장소에서 일을 한다. 과업의 수단으로서 전화, 이메일, 화상회의 등이 널리 쓰이게 되었고 일하는 장소가 회사에 한정되지 않고 카페 등 어떤 쉽게 모일 수 있는 곳들을 포괄하게끔 다양화되었다. 작업수행의 범위가 과거의 관행이 부여하던 직업 써클, 고객/판매자 관계, 시간대 등의 경계를 초월하게 되었고, 그로써 개인은 무언가 확실한 목적의식을 가진 피어로서 같이 협업할 다른 피어를 선택하는 재량성을 지닐 수 있게 되었다.

이러한 상황에서는 IM(instant messaging)이 활발하게 쓰이게 되었다. 여러 사람이 의견을 교환하고 합의를 해 나가야 하는 상황에서는 이들 여러 사람들이 여러 지역에 소재하는 경우에는 IM이 전화나 이메일보다 편리한 의사소통의 수단이 되기 때문이다. 물론 이를 위해서는 상대방과 동시에 작업을 할 수 있는 준비태세를 갖출 수 있어야 한다. 때문에 이러한 전제가 충족되지 않는 상황에서는 여전히 전화, 이메일, 보이스 메일 등을 쓸 수밖에 없다. 또 이러한 과정에서 여러 가지 일을 함께 이루어내려는 과욕을 부리는 경우에는 IM이 지니는바 안전성 면에서의 취약점을 감수하지 않으면 안 된다.

종래 전자상거래의 일종인 B2B가 예상 이하로 활성화되지 못했던 이유로서 기업과 기업간의 오래된 거래관계를 익명의 거래자와의 거래나 경매로 대신할 수 없었기 때문이라는 진단이 있다. 그러한바 IM을 쓰고 파일공유를 함께 할 수 있다면 상호간 신분을 확인할 수 있어 익명하에서의 불안을 상당히 극복할 수 있기에 협력관계를 시작하고 유지할 수 있다. 그로써 B2B를 지체시켰던 원인을 극복하고 협력적 거래를 형성해 나갈 수 있다. 더불어 조직의 인간적 요소를 소홀히 했기에 활성화되지 못하였다고 진단되었던 ERP 등 기법의 이용에도 적극적으로 될 수 있겠다.

P2P모델의 이용 및 그것의 공과

P2P방식 중 중앙서버를 이용하며 파일공유를 할 수 있도록 하는 서비스를 제공한 바 있었던 Napster는 중앙서버를 폐쇄하도록 명령받아 파일공유의 역할로부터 퇴역하였다. 하지만 이와 대비되어, 개인들로 하여금 필요한 파일을 찾고 위치를 확인한 다음 파일을 교환할 수 있도록 하는 중앙서버의 서비스를 제공하지는 않되, 개인들이 직접 파일을 교환(file swapping)할 수 있도록 하는 SW를 공여하면서 광고로 수입을 얻는데 불과한 Kazza, Grockster나 StreamCast Networks 등 SW 유통업자의 행위를 위법한 것이 아니라고 판시되어 이들은 계속 활동할 수 있었다.[23) 설사 P2P의 장을 사이버 암시장(cyber black market) 내지 무법의 물물교환 시장이라 본다고 하더라도 중앙서버에 데이터베이스를 가지고 있지 않은 P2P SW유통업자는 해적판 사이버재의 거래에 직접 간여하지는 않는다고 여겨졌기 때문에 위법행위를 하는 것이라고 볼 수 없다는 것이 이런 판시의 논거였다. 단 이들이 제공하는 SW를 이용하여 다른 사람의 지재권을 침해한 모든 사람은 위법행위를 한 것이라고 하였다. 예컨대 공정이용에 상응하는 바 사적이용에 한정되지 않는 한 저작권 있는 파일을 다운로드 받는 것은 저작권의 침해 및 복제권 위반이 되고, 이런 파일을 전송하는 것은 배포권 내지 전송권의 침해가 된다는 것이었다. 문제는 이러한 성격의 위법행위를 하는 사람이 수십만, 수백만 명에 이르는 등 너무 많다는 것이다. 실상 파일공유서비스 이용자들은 암호 등으로 자신을 숨기면서 몰래 이런 위법행위를 하는 것이 아니다. 때문에 소추하려고 한다면 쉽게 소추할 수 있도록 이들은 노출되어 있다. 그러나 이렇게 많은 위법행위자를 일일이 소추하여 죄를 묻는 것은 쉽지 않은 일이다. 그것이 변화된 상황에 임해 구시대의 규칙을 강제하는 것으로 인식되어 이른바 시민불복종(civil disobedience)을 불러일으킬 위험이 없지 않기 때문이다.

P2P 파일교환 SW를 이용하는 개인인 피어(peer)의 90%가 사실상 저작권

---

23) New York Times, "File-Sharing Sites Found Not Liable for Infringement," August 20, 2004. 그러나 이 중 하나인 Grockster도 2005. 11. 8에 이르러서는 파일 배분의 웹 사이트를 폐쇄하기에 이르렀다. 불법이 아니라 판시되었더라도 지재권침해의 시비에 시달렸으며 특히 시장이 이를 따르지 않았기 때문이라는 해석이다.

을 침해하고 있다는 극단적 주장도 있다. 그러나 가족간 사진을 주고받는다든지 연계망 컴퓨팅(grid computing)을 하는 데 파일교환서비스를 쓰는 예가 보여주듯이 P2P 모델에서 파일교환 SW가 항시 불법적으로 쓰이는 것은 아니다. 때문에 적법적으로 쓰이기도 하는 SW를 공여하는 일을 예외없이 무조건 배제하려는 것은 타당하지 않다. 이러한 SW를 제공하는 단순한 사실을 사실상 지적재산권 침해를 방조하는 것으로 성급히 판단해 지재권침해의 2차적 책임(secondary liability)을 묻거나 이를 불법시하는 것은 부분에 대한 사실판단을 전체에 대해 확대 적용하는 것으로서 부당한 것이다.

P2P는 불법 복제된 파일뿐만 아니라 합법적인 파일의 공유나 이미 공공이 자유롭게 쓸 수 있게 된 내용물을 유통시키는 데에도 사용되고 있는데, 불법복제 파일의 유통을 막기 위하여 합법적 파일의 유통의 길까지 근원적으로 배제하는 것은 정당하다고 볼 수 없다. 이를 위한 SW를 유통시키는 네트워크를 저작권 침해를 쉽게 하는 방도를 제공한다고 하여 그 책임을 물으려고 하는 것은 과도한 것이다. Sony-Betamax 경우에서 비디오 레코더를 100% 불법복사된 비디오 테이프를 트는데 쓰지 않고 있기 때문에 비디오 레코더를 일제히 불법이라고 할 수 없다고 1984년 판시한 것은 이와 관련되어 참고가 된다. P2P SW의 무조건적 불법화는 마치 VCR이 불법 복제된 테이프나 합법 구입한 테이프를 구별하지 못하고 모두 수용한다고 하여 VCR을 불법화하고 사용을 금지하는 것과 상응한다 할 수 있다. Grockster 등에 대한 판결은 파일공유를 무조건 금지하는 것을 상당히 어렵게 만들었다. 이런 변화에 따라 이제 미디어 회사들은 지재권 침해를 문제삼을 때 ISP나 서비스 제공자를 가볍게 고소할 수 없게 되었고 직접 침입한 개인들을 고소하거나 미디어 회사의 권한과 책임을 새로이 규정하는 새로운 입법을 추구하지 않으면 안 되게 되었다. DMCA를 편의적으로 이용하려다가 제약받게 되었다.

P2P 파일교환의 대상 중 88%가 음악과 영상이고 나머지 12%가 SW라고 한다. 그런데 SW와 관련하여서는 불법적 P2P교환이라는 것이 심각한 문제로 되고 있지 않다. SW에 대해서는 매매 이후에도 기술적 지원, 소비자서비스, 업그레이드 등 부가서비스가 따라와야 하기 때문에 교환의 대상인 특정 시점에서의 SW 자체를 독립된 완제품이라고 하기는 어렵다. 때문에 불완전한 제

품인 어느 시점의 SW를 불법복제한다 하더라도 그 효용은 크게 제한된다. 이런 점에서 SW는 음악이나 영상과 다르고, P2P 파일교환과 관련되는 우려로부터 비교적 자유로운 처지에 있다.

이상 P2P 모델의 공과를 볼 때 그것을 합법적이면서 가능한 최선으로 활용할 수 있어야 할 것이라 추론해 볼 수 있다. 한편 CD나 DVD의 지재권을 침해하는 방식은 P2P파일 교환에 한정되지 않는다는 점을 상기할 때 이 모델에 대해 너무 편견을 가져서는 안 되겠다는 점을 유념할 필요가 있다. 불법취득한 지재권 산물을 불법 CD나 DVD에 담아 일종의 오프라인(offline) 제품으로 만들어 통용시키는 경우도 적지 않은데 이것도 지재권 침해 방식의 하나이면서 이런 침해의 길은 상당한 정도 열려 있기 때문이다. 이런 때의 불법취득이 내부인의 유출에 의해 가능하게 되는 경우가 많다는 것도 무시할 수 없는 사정이다. 동시에 CD를 구입하도록 하는 것은 그 안의 모든 곡을 구입하도록 강제하는 것에 상응하고 이는 그 중 몇 곡만을 원하는 사람에게는 끼워팔기의 강요라는 의미도 갖기에 더 악성이다. 아무튼 P2P가 불법적으로 이용될 가능성을 보아 이 모델의 활용을 과도하게 억제하여서는 안 될 것이다.

이러한 상황인데도 2004년 8월 현재 미국에서 4,000여 명이 소추되었고 이들 각각은 화해로 끝나는 경우에는 4,000불 정도이고 재판까지 가는 경우에는 30,000불 내지 150,000불의 벌금을 내도록 제재받았다 한다. 이러한 결과는 강자가 약자를 대량 처벌하도록 유도한 유례없는 일이라 비판받기도 하였으나 개인들의 파일교환을 사실상 위축시키기도 하였다. 그러나 파일교환을 위한 새로운 기법이 속속 개발되고 있어 파일교환이 정작 크게 위축되었는지는 의문이라는 입장도 있다.

한편에서는 이러한 결과를 부당하다고 보아 이 법을 하루 빨리 개정하여야 한다는 주장도 제기되었다. 기업이 사회정의 내지 윤리적 규범을 인식하지 않고 오로지 이윤극대화에 몰두하면서 정보화사회의 정의를 왜곡시키고 있다고 비판되기도 했다. 저작권법이 국회가 아니라 연예오락산업의 대명사인 헐리우드에 의해 다시 쓰여지고 있다고 하는 비판이나 다른 사람의 글을 인용하는 것조차 허가받지 않는 한 불법으로 될 수 있게끔 불확실성이 극히 높아졌다고 하는 상황인식으로부터의 비난이 모두 DMCA 이후 미국 지재권제도가 균형을 잃어가고 있다는 인식을 반영하는 것이라 하겠다.

그러던 사정이 2005년 6월 미국 연방 대법원 판결에 의해 다소 달라지게 되었다. 연방법원은 네트워크 제공자가 직접 침해하는 것이 아니더라도 침해를 부추기거나 유도하는 분명한 의도를 가졌거나 그에 상응하는 조치를 할 경우에 대해서는 불법행위를 인정하였다. 그러나 단지 침해의 잠재성이 있다는 점을 인지하는 것만으로는 불법이 아니라고 하였다. 지적재산권자와 파일공유서비스 제공자 사이에서의 권한과 책임관계를 종래보다 후자의 책임이 크게 되게끔 새로이 판정한 것이라 해석되는데, 여기에서 쟁점은 어떠한 것들이 침해를 유도하는 의도나 조치라고 인정되는 것인지 또는 면책을 받기 위해서는 어느 정도의 침해방지 조치를 해야 하는지 등이다. 이들이 앞으로 얼마나 더 명백하게 될 수 있느냐가 큰 관심거리로 되었다.[24)]

이러한 불분명성 속에서도 이 판결은 앞으로 상당한 영향을 가지게 될 것으로 평가된다. 우선 이 판결은 그 소추가 쉽지 않은 수많은 개인들 상당수로 하여금 불법사용을 자제하고 합법적 사용의 길을 찾으려 노력하도록 유도할 것이다. 또 침해를 유도하는 분명한 의도나 조치와 관련하여서는 수많은 쟁송을 불러일으키게 될 것이다. 나아가 이것은 P2P 파일공유를 통해 추가적 내지 파생적 창작행위를 하는 노력을 위축시킬 것이다. 이 점이 이 판결에 대한 비판의 초점으로 되어 있다. 지적재산권자가 그의 재산권의 제3자에 의한 사용에 대해 대가를 받으려는데 전념하는 양상을 방치함으로써 '인터넷에서 정보는 자유로워지고 싶어 한다(on the Internet, information wants to be free)' 는 사정이 무시되게 되었다는 것도 우려되고 있다. 이런 모든 면이 차후 인터넷 발전에 장애요인으로 될 것이다.

P2P 파일교환기술을 오로지 지적재산권 침해와 관련해 생각하고 그것과 언론의 자유와의 관련성은 외면하는 태도에 대해 언론자유의 가치를 강조하며 반기를 드는 입장도 있다. 이들은 의사표현의 자유를 보장하도록 하기 위해서 P2P 파일교환이 억제되어서는 안 되겠다고 본다. 이들은 모든 정보가 자유로이 공유되어야 한다고 보며 이를 가능하게 하는 파일교환의 기술을 널

---

24) The New York Times, June 29, 2005, "Web Content by and for the Masses."
The Economist, June 30th, 2005, "Rip, Mix, Burn."

리 이용할 수 있게 하는 것은 필수적이라고 본다. 그런데 지적재산권의 침해 가능성을 빌미로 하여 파일교환이 제약받게 되면 그 이면에서 지적재산권자임을 주장하는 Holly Wood 등이 정보의 소통에 대해 사실상의 통제권을 가지게 될 수 있으며, 그로써 일반적 의사표시도 위축될 수 있어 언론의 자유도 그 만큼 제약되리라 본다. 때문에 언론의 자유의 확보를 위해서라도 P2P 파일교환이 부당히 위축되도록 놓아두어서는 안 된다고 한다. 그리고 이런 요망을 충족시키기 위해서 정부나 기업은 디지털 정보의 유통을 막지 못하도록 하는 기능을 가지는 SW시스템을 제시해야 한다고도 한다. 이러한 시스템에는 여러 종류가 있을 수 있겠으나 그런 것의 핵심은 서로 신뢰하는 한정된 집단(web of trust) 사이에서만은 아무런 제약 없이 파일교환이 이루어질 수 있도록 하는 것일 터이고 이들 정보공유자들의 신분(identity)이 외부에 밝혀지지 않도록 하는 폐쇄된 네트워크(dark net)가 될 것이라고 한다.

P2P모델의 구제

P2P를 이용하여 지적재산을 네트워크에 올리거나 네트워크에서 다운로드 받는 것은 1997년 "No Electronic Theft Act"에 의해 불법임이 명시적으로 인정되었다. 그런데 이러한 불법을 실상 재산권 침해라고 의식하지 않으면서 행하는 사람들이 너무 많다. 사려분별이 없는 불법행위자가 수없이 많다는 것이다. 따라서 이들을 모두 소추하고 처벌한다는 것이 결코 간단하지 않은 문제가 된다. 그 이면에서 연예오락산업이 너무 의욕적이고 돈을 밝히는 것은 아니냐는 비난도 나오고 있다. 그런데도 연예오락산업은 P2P 네트워크에 대해 책임을 부하하는 것을 핵심내용으로 하는 "Inducing Infringement of Copyrights Act"를 입법화하려 하고 있다. 그 성공가능성이 크지 않다고 여겨지고 있는데도 말이다.

2005년 6월 미국 연방대법원의 판결은 영화에 대해서도 음악곡에 대한 iTunes 모델처럼 영화필름을 네트워크를 통해 다운로드 받게 하고 매 다운로드에 대해 일정한 대가를 받는 방식을 채택해야 할지를 더욱 신각하게 고려하게 만들었다. 그러나 이런 비즈니스 모델이 어떠한 양상을 가지고 전개될지에 대해 아직 확신을 가지고 있지 못한 영화업계는 이 방식에 대해 시큰둥하다는 전언이다. 영화업계는 해적행위 등 지적재산권 침해위험으로부터 안전하다고 여겨지는 방도인 극장에서의 상영, DVD판매 등의 루트를 가지고 있기 때문에 어떻게 대비하더라도 해적행위를 배제하기 어려울 것이라 여겨지는 방법인 온라인 판매에 대해 큰 기대를 가지고 있지 않다는 것이며, 이것이 iTunes식 모델에 대해 소극적인 이유라 한다.

실상 온라인을 통해 배포되는 영화필름은 극장 등에서 상당한 수입을 올릴 수 있는 신작이 아닌 오래된 영화이거나 정상적인 영화로 상영하기에는 상영시간이 짧은 필름 등으로 한정되어 있어 현재까지는 그 시장점유가 크지 않다. 비슷한 맥락에서 TV네트워크도 그들의 쇼를 온라인으로 제공하게 될 경우에 광고수입이 줄어들 위험성이 크다고 보아 iTunes식 방법에 대해 적극적이지 않다. 반면 온라인을 통해 비디오 컨텐트를 배급하고 있는 CNN은 매번 이용에 대해 이용료를 받는 방식 대신 그의 웹을 방문해 무료로 시청하게 하되 광고를 첨가해 광고료로 수입을 얻는 모델을 택하고 있다.

영화업계 수입의 변천추이를 보면 DVD가 도입된 이후 극장에서의 관람료수입보다는 DVD판매 및 대여로부터의 수입이 커지는 추이를 보이고 있다고 한다. 이는 소비자들이 극장에 가서 영화를 보기보다 집에서 영화를 보는 것을 선호하게끔 변한 증거라고 해석되고 있다. 이러한 선호변화의 추세가 앞으로도 여전하리라고 한다면 영화필름을 집에서 즐길 수 있게 하는 방도를 제공하는 것이 절대 필요하다고 할 수 있다. 그리고 그런 방법 중에는 온라인에서 다운로드 받아 즐기게 하고 그 대가를 받는 방법이 아주 효율적인 방법으로 들어 있을 것이 분명하다. 이에 합법적이면서 온라인으로 영화필름을 손쉽게 집에서 받아볼 수 있도록 하는 방도를 제공하는 것이 불가피하게 된다. 아직 그 종류가 한정적이기는 하나 영화필름을 온라인으로 다운로드 받아 집에서 감상할 수 있게 하는 길을 영화업계가 실험하게 된 것은 이런 요구에 대한 적절한 대응이라고 할 수 있겠다.

디지털 시대에 디지털화 된 자료를 전송하고 배분하는 것은 대단히 쉬운 일이며, 그런 자료의 지적재산권이 인정되는지 여부를 불문하고 이러한 유통의 낮은 코스트라는 실상은 달라지지 않을 것이다. 그런데 앞에서 보았듯이 이러한 추세에 반하여 현재의 지재권 보호법제는 주로 지적재산권의 보호기간을 종래보다 더 길게 하는 식으로 강화되었다. 그리고 법원은 이러한 실정법에 의거하여 지재권자와 대표적 전송서비스제공자인 파일공유서비스 사업자의 책임관계를 위에서 본 바와 같이 구획하는 판결을 내렸다. 그런데 이러한 판결은 궁색한 판결이라고 평가되었다. 그래서 보다 근본적으로는 사법부를 그러한 궁색한 판결로부터 보다 자유롭게 할 수 있도록 하는 새로운 법이 마련되어야 할 것이라고 하고 이를 위해서 입법부가 시대에 맞는 새로운 법을 어서 제정하게 되어야 한다고 주장되고 있다. 이런 새 법에서는 무엇보다 지적재산권의 보호기간이 단축되어야 하고 지적재산을 그 소유자의 폐쇄적 소유권 주장의 구속으로 해방시켜 제3자가 창의적으로 추가 이용할 수 있도록 하는 여지를 열어 놓아야 할 것이라고 한다.

TV는 특히 근자에 들어와 온라인 컨텐트 공급방식에 대해 음악계와 다소 다른 대응을 보이고 있다. 젊은 세대들의 변화된 습성에 적응하려는듯 TV에서의 방영물을 통째로 보내거나 특별히 제작한 미니 비디오를 광고와 더불어 온라인으로 보내거나 온 디맨드(on-demand)형태로 보내면서 컨텐트의 불법사용에 정면 대응하려하기 보다 우회하려 하고 있다. 그러한 비디오를 내보내면서 그것의 초반 또는 중간에 광고를 넣거나 그것의 한쪽 구석에 광고를 내보내는 등의 방식으로 수입을 확보하려 하고 있다.

컨텐트 확장이용을 향한 원천공개의 노력과 자유SW운동

한편으로는 인터넷이 큰 역할을 하는 사이버 세상에서 P2P 모델이 매우 매력적인 모델이어서 앞으로도 계속 애용될 것이 분명하며, 다른 한편으로는 CopyLeft운동의 철학이 결코 가벼이 여겨져서는 안 될 것임을 인지할 수 있다. 오늘날의 기술과 관행을 전제로 할 때 다운로드나 파일공유를 배제하려는 것은 생각하기 어렵다. 대단히 많은 범죄자가 양산되는 것을 방치하는 것도 비현실적이다. 동시에 다운로드를 무제한 방치함으로써 지적재산권이 침탈되고 그 결과 창자활동이 중단되거나 크게 위축되는 일이 발생하게 되어서도 안 될 것이다. 여기에서 추출할 수 있는 단기적인 타협책은 CD처럼 쉽게 복제할 수 있도록 해 놓고 법적으로 복제에 대해 벌과를 매기기보다는 기술적으로 복제를 무척 어렵게 만들어 놓은 뒤 상당히 저렴한 금액을 내고 정품을 정당하게 이용할 수 있도록 하는 것이 되겠다. 법을 회피하면서 다운로드받으려고 수 시간을 낭비하느니 보다 몇푼 내고 고소당할 염려 없이 합법적으로 온라인에서 쉽게 구입할 수 있는 길을 여는 것이 되겠다.

이런 때에는 iTunes 모델에서 보듯 별로 크지 않은 구독료를 내고 다운로드를 받을 수 있도록 한 뒤 그런 납부액을 모아 창작활동을 지속할 수 있게끔 장려하는 재원으로 쓰면 될 것이다. 이것이 지적재산의 생산자의 권리와 소비자의 권리를 조화시키는 구체적 하나의 방도가 될 것이다. 케이블 TV가 일정한 대가를 내고 지상파방송의 내용을 후자의 호 · 불호와 무관하게 방송할 수 있게 허용하는 라이센스(compulsory licence)를 받아 재방송할 수 있게 된 것도 이러한 타협의 일례라 할 것이다. 단 이런 때 몇 푼이 얼마이냐에 따라 충동구매를 하게 하는 부작용이 없지는 않다.

타협책을 추구하는 이러한 큰 추세와 평행하면서 장기적 시계를 가지고 전개되는 운동이 원천공개(open source) 운동이다. 이 운동에서 그 원천을 공개하도록 하자고 하는 대상으로는 반도체나 기타 HW를 포괄하나 가장 현저하고 직접적인 대상은 SW이다. 이 운동은 SW의 원천코드(source code)를 모든 프로그래머에게 공개하게 하고 그 다음 이들이 공개된 소스코드를 읽고 더 개선할 것이 있으면 개선하고 수정한 다음 다시 공개하고 배급할 수 있도록 하자는 운동이다.[25] 이것은 MS의 Window처럼 그 소스코드를 공개하지 않은 채 다른 사람은 쓰지 못하게 하면서 대가를 내고 SW의 이용을 허가받는 사람에게만 그런 SW를 전속시키어 배타적으로 그런 SW를 사용할 수 있도록 한 전유SW(proprietary SW) 모델에 대항하는 것으로서, 그 소스코드를 공개하고 그것을 자유로이 무료로 이용할 수 있게 하자는 이른바 자유SW운동(free software movement)이 그 대표적 예가 되겠다.

25) 오늘날의 인터넷과 가장 유사했던 과거의 네트워크가 불란서의 minitel이었다. 그런데 당시 개방 네트워크의 선두주자였던 minitel은 더 이상 발전하지 못하다가 인터넷에 의해 완전 대체되어 버렸다. 그리고 이렇게 minitel이 쇠락하게 된 사태의 가장 중요한 이유로 그것의 표준이 공개되지 않아 그것에 기승하는 발전적 아이디어 내지 방안이 따라오지 않았고 그로써 그것을 더 발전시킬 추가 입력이 없었다는 것이 이야기된다.공개되어 있지 않다. 이런 점에서는 Google은 open 되어 있지 않다.

이러한 자유SW운동은 여러 사람들이 각각의 개별적이고 구체적인 필요에 임해 보다 신축적으로 대응하는 때 다기한 SW를 쉽게 만들어내는 융통성을 가지게 될 수 있음을 중시한다. 자유언론을 허용하는 사회에서 자유로운 의견개진을 통해 민주주의가 싹트고 사회발전이 이루어지듯이 자유SW사회에서는 제약 없이 기왕의 SW에 접근할 수 있고 기왕의 것에 기승하여 그것을 더욱 개선하는데 여러 사람이 참여함으로써 개발을 쉽게 하고 개선의 속도를 빠르게 하는 성과를 낼 수 있다고 보는 것이다. SW의 사용에 관한 속박으로부터 벗어날 수 있어야 최선의 발전을 이룰 여지가 크다는 철학을 반영하는 것이다. 여기에서 'free'란 free speech에서의 free이고 free lunch의 free와 다르다고 하여 돈을 내지 않는다는 의미의 무료라는 말이 갖는 나쁜 의미와의 연계를 경계하는 언급이 나타나기도 한다. 그러나 실상은 전유SW에 비해 원천공개 SW의 이용이 무료라는 점도 매우 중요하다.[26] 즉 원천 코드를 자유로이 배급하는 것의 내용에는 SW를 이용하게 하되 로열티나 사용료를 받지 않는다는 것을 내포하고 있어 무료로 SW를 제공하는 것과 같아지게 된다.

이러한 원천공개의 운동은 1985년 Free SW Foundation의 발족을 계기로 하여 시작되었다. 나아가 그것은 지재권 보호가 과도하게 되고 남용되고 있는 것에 대항하여 1997년에 나타난 Open Source Initiative 또는 Copyleft운동에 의해 일반화되고 보강되었다. 하늘 아래 새로운 것은 있을 수 없다고 하여 창의성의 산물이라고 하는 것들의 진정한 창의성에 대해 한계가 있음을 인정하는 이 운동은 지적재산권의 존재를 무시하지는 않으나 그것이 자본과 권력에 의해 독점되어 상업적으로 악용되는 사정을 경계한다. 어떤 SW를 이용하는데 상당한 대가를 내야 하고 그 대가를 그것을 개발하였거나 시장에 출시한 회사가 모두 차지하는 전유SW(priprietary SW) 모델에 반대하여 별 대가를 치룸이 없이 SW를 이용하고 더 이상 발전시킬 수 있게 하는 제도를 구축하는 것을 지향한다. 이에 프로그램의 복제, 변형, 배포를 공동체 전체의 이익을 위해 관리할 수 있어야 한다고 하고 창의적 결과가 공공의 이익에 기여해야

---

26) Google의 검색서비스를 이용함에 있어 g-mail이나 google map을 이용하는 것은 무료이다. 이런 점을 보아 Google은 open(공개)되어 있다고 할 수 있다. 그러나 그것의 소스코드는 공개되어 있지 않다. 이런 점에서는 Google은 open 되어 있지 않다.

한다는 의무감을 저버리게 되어서는 안 된다고 한다.

자유SW운동에서는 기업활동이나 연구를 위해 이러한 일련의 SW를 자유로이 사용할 수 있어야 한다. 이에 여기에서는 공개된 SW 소스코드를 자신의 필요에 맞게 변환하고 개선하여 이용할 수 있다. 그러나 그 결과는 원래의 소스코드와 함께 공개하도록 해야 한다. 이런 도정에서 얻은 SW를 공개하지 않거나 그것을 근거로 하여 이익을 취하는 행동을 하는 것은 금지되어 있다. 이런 시각에서는 소스코드란 공공재(public good)의 성격을 가지는 것이기 때문에 라이센스를 하거나 어떤 사인이 그 이용의 대가를 받아서는 안 되는 대상이라 규정되고 있다. 과연 이 운동에 참여하는 많은 사람들은 대가를 바라기 때문이 아니라 명예를 위해서(이렇게 제고된 명예가 차후 새로운 일을 맡게 되는 때 높은 보수로 연결되어 간접적으로 보상되는 점은 논외로 하면) 일한다고 평가된다. 나아가 보다 많은 사람들이 이 운동에 참여하면 참여할수록 큰 과제를 보다 신속하고 용이하게 수행할 수 있게 되어 상대적으로 낮은 코스트를 들이고 성능 좋은 SW를 개발할 수 있으리라고 한다.

단 이러한 소스코드를 이용하되 SW자체가 아니라 그것에다 부가가치를 추가하는 컨설팅, 사후관리 등의 서비스를 공여하거나 활용을 위한 훈련 기타 지원을 하면서 고객의 SW 이외의 실제적 수요를 충족시키고 그런 서비스의 대가를 받는 것은 허용되어 있다. Red Hat의 예가 그 좋은 예가 되겠다. 이 회사는 고객의 실제적 요구에 부응하여 소스가 공개된 SW를 재조립(packaging)하고, 맞춤화(customizing)하는 지원을 하고 이런 서비스제공에 대한 대가를 받고 있다. 이것이 전제하는 비즈니스 모델은 자기에게 맞는 SW개발이라는 것이 소스코드를 활용하여 차근차근 추진해 간다면 누구나 할 수 있는 것이나 그러한 과정을 쉽게 하고 단축시키기 위하여 계속 개선되어 가는 소스코드를 공개하면서 협동작업을 하는데 익숙한 사람들의 조력을 받는 것이 훨씬 효과적이라고 인식한다. SW개발을 무료의 협동작업으로 추진하는 것이 근본이고 그러한 근본 역무가 완수된 후 추가되어야 할 부가서비스를 제공하는 일은 사소하고 부수적인 것으로 본다. 따라서 이러한 부수적인 업무와 관련해 사람들이 서비스를 제공하고 대가를 받거나 대가를 주고 그러한 서비스를 사는 것은 용인한다. 나아가 효율적 SW개발로 개발된 SW가 많아지고 그러한 SW에 비례하여 추가해야 할 서비스에 대한 수요도 많아지게 되면 단지 추가서비스를 제공하는 것만으로도 훌륭한 비즈니스가 된다고 본다. 또 자유 SW와 상업적 전유 SW를 섞어 팔면서 전자를 무료로 하여 두 종류의 SW가 모두 널리 퍼지게 하는 것도 환영하고 있다.

자유SW운동과 GPL

그런데 어떤 나쁜 사람이 원천공개된 SW를 이용하여 더 나은 SW를 만든 뒤 그것에 대한 사적 소유권을 주장할 수가 있다. 이는 분명 이 운동의 철학에 반하는 것이니 용인되어서는 안 되는 것이다. 이는 도덕적 비난의 대상이 된다. 그러나 도덕적 비난만으로는 불충분할 수가 있다. 모든 것이 법으로 해결되어야 하는 미국이기에 미국에서는 이런 경우에 대해서도 도덕적 비난 이상의 법적 대책을 강구해 놓고 있다. 즉 이런 필요를 채움에 있어 이 자유 SW운동은 현행의 저작권법을 활용하는데, 비록 원천공개된 SW이지만 그것의 지적소유권은 이 운동이 가지는 것으로 함으로써 무료의 SW를 이용해 개선을 한 다음 그것에 대해 소유권을 주장하는 행위에 대해서는 지재권법에 따라 지재권을 침해한 것으로 보고 문책할 수 있게 준비해 놓고 있다. 이를 위해 원천공개SW운동은 이른바 일반공공라이센스(general public license: GPL)를 그 법적 기반으로 삼는다. GPL은 자유SW운동이 제시하는 조건하에서 SW 소스코드를 인가하여 자유롭게 이용할 수 있도록 하나, 그런 조건을 지키지 않는 경우는 인가조건을 지키지 않은 것으로 의제하여 SW 사용을 불법적인 것으로 만든다. 새로이 얻은 것을 공개해야 하는 의무를 다 하지 않을 경우에 GPL을 위해한 것으로 본다. 더불어 기망과 부당이득의 취득을 요건으로 갖는 사기죄도 물으려 한다. 그리고 이로써 자유SW에서 파생된 SW에 대한 부당한 소유권을 주장하는 것을 예방한다.

이것은 지재권에 대해 일일이 라이센스를 받아 사용해야 하고 라이센스 이용조건을 위반했을 때에는 형사범으로까지 되는 지나친 상황을 바꾸고 개선하여 지적자산의 사회적 가치를 극대화시켜 보자고 하는 것이다. 이를 위해 가능하면 많은 지적재산을 공공의 영역(public domain)에 존치할 수 있도록 하자는 것이다. 이미 지재권 보호기간이 지난 것, 아이디어로만 남아 있는 것, 공정이용(fair use)이 가능한 것, 라이센스의 기한이 제한되어 있던 것 등 이미 공공의 영역에 있는 것에 새로이 창조되는 지적재산 중 많은 것을 추가해 보자는 것이다.

마찬가지의 이상을 추구하는 노력에 창조적 공유(creative commons)의 운동이 있다. 이것은 기왕의 지재권법의 모든 내용을 인정하되 지재권자로 하여금 지적재산의 제3자에 의한 활용을 용이하게 할 수 있도록 하려고 하고 이를 위하여 공유(sharing)하도록 하는 방안을 도모하고 있다. 이를 위해 사용의 허가를 보다 쉽고 명시적으로 할 수 있게 하고자 한다. 문서, 동화상, 음악, 사진 등(컴퓨터 프로그램은 대상이 아님)에 대한 지재권을 그 창작자가 부분적으로 일정한 조건하에서 개방하도록 하자는 것인데, 원창작자를 명시하고 원창작자가 제시한 저작자 표시, 비영리목적 이용, 내용이나 형식 변경불가, 저작자 표시 및 비영리 사용땐 개작가능 등의 다기한 조건에 따라 이용하도록 하자고 한다. 그러면서 이러한 자유이용에 따라 생긴 2차적 창조물을 원칙적으로 역시 자유이용에 공여하도록 하자고 한다.

이 역시 기존 아이디어나 작품에 기승하여 많은 창작이 이루어진다는 것을 공감하면서 창작품을 명시적이고 비영리적으로 사용하는 경우에 대해서는 자유롭게 복사하여 사용할 수 있도록 하고 그로써 그것을 더 이상 발전시킬 수 있도록 하자는 철학에 공감하는 것이다. 한 걸음 더 나아가 이를 위해 창작물을 기계가 읽을 수 있도록(machine-readable) 만들어 보다 쉽고 널리 공개할 수 있도록 하자고도 한다. 우리나라에서는 http://creativecommons.or.kr을 통해 이 운동의 실상을 볼 수 있다. 단 우리나라에서는 창조적 공유라이센스(creative commons licence: CCL)의 조건으로 저작자 표시, 비영리, 변경금지의 조건이 많아 저작자가 사용할 의도가 없는 저작물에 대해서도 변경이나 이용을 지나치게 제한하여 사실상 저작물의 가치를 사장시켜 버리는 일이 적지 않다는 것이 반성되고 있다.

이상은 모두 소스를 공개하고 그로써 공공의 영역(public domain)을 확충시킴으로써 여러 사람의 지혜와 노력을 결집시키어 사회발전을 도모해 보자는 것으로서 서로 상통하고 있는 것이다. 이들은 컨텐트 등으로부터 최대한

의 이익을 취하려는 헐리우드로 대표되는 한 극단과 모든 창조물을 공공영역에 귀속시키어 모두가 아무런 조건 없이 사용할 수 있게 하자는 다른 극단의 중간에 서서 타협책을 제시하는 것이라고도 할 수 있다. 이들 모두는 MS에 대한 불신,[27)] 시장실패의 인정 등을 출발점으로 하는 것이다. 그러나 이것은 지식산업을 육성하고 보호하려는 법제들과 사안에 따라서는 상반되기도 하는 것으로서, 이런 법에 의거해 불법적인 것으로 낙착될 수 있는 내용을 가지고도 있다. 그런데 지재권법의 내용이 나라마다 조금씩 다르기 때문에 이런 움직임의 불법성의 정도도 나라마다 차이를 가지게 된다. 여기에서 원천 공개를 추구하는 노력을 범세계적 차원에서 규율해 보려는 시도에 한계가 나타나게 되며, 이를 TRIPS 등의 방법에 의거하여 조정해 보려고도 하고 있다.

혁신 민주화의 실제

특허를 받은 어떤 창작물에 대한 이용을 확대하고 그것에 기승하여 개량하고 더 좋은 제품을 만들어 소비자후생 증대에 기여할 수 있다는 이러한 인식에 동조하는 IBM은 자사가 보유하고 있던 특히 전자상거래 관련 특허를 외부의 한정된 관련자들에게 작은 대가를 받고 라이센스를 해주는 조치를 취해 이들이 비교적 자유로이 쓸 수 있도록 하였다. 인터넷이나 웹에서 공개표준(open standard)을 추구하는 것이 이들 각각의 발전을 크게 앞당길 수 있음을

27) MS는 OS에 대한 박리다매의 정책을 취해 IBM PC의 운영체계에서의 경쟁자 CP/M-86 및 UCSD Pascal P-system을 물리치고 OS의 사실상 표준을 정립할 수 있었고 그로써 세계 최대의 회사로 된 기업이다. 그러나 아무리 박리다매라고 말했더라도 SW 등의 매출을 통해 세계 최대의 회사가 되었다는 것은 이 회사제품의 가격이 매우 높았고 그 이면에서 소비자들은 그 만큼 높은 대가를 내고 후생을 희생하게 되었다는 것을 부인하지는 못하게 하고 있다. 이 점에 대해서는 검색시 광고를 팔아 급격 성장한 Google에 대해서도 마찬가지의 논리를 적용할 수 있다. 따라서 SW 등의 가격을 낮출 수 있도록 하는 시장에서의 변화가 있어야 하고 그 하나로 원천공개운동에 대한 기대와 지지가 나타나게 되는 것이다.

그 다른 대안으로 고려될 수 있는 것은 지재권을 중앙 행정기구에 등록하게 하고 그런 것 중 어떤 지재권을 이용하여 재화나 서비스를 만들어 파는 기업으로부터 대가를 받아 재원을 마련한 다음 그 재원을 가지고 어떤 창의적 결과물을 만든 사람이나 기업에게 일반 소비자들이 그것을 이용하는 정도에 따라 보상하도록 하자는 방안이다. W. Fisher Ⅲ, Promises to Keep: Technology, Law, and the Future of Entertainment, Stanford University Press, 2004. 단 이 방법은 대가나 보상의 크기를 결정하기가 쉽지 않고 또 성부의 역할을 증대시키어 효율성을 저하시킬 수 있다는 약점을 가지고 있다.

인지하였기에 IBM이 이러한 특허공개를 했다는 부연설명도 있었다. 그러자 이런 조치가 다른 비슷한 조치를 불러오기를 기대하여 이를 '혁신의 민주화'(democratization of innovation)라고 하는 칭송도 나타났다(New York Times, April 11, 2005). 아무튼 소스 프로그램의 공개(source programme opening)를 통하여 기술발전의 촉진에 기여해 보려는 이러한 움직임은 특허를 받아 배타적으로 사용하면서 지재권으로부터의 이익을 독점하려고 하던 종래의 태도와는 다른 것이라고 하겠다. 그것은 과다하게 신장된 생산자의 권리를 줄여 소비자에게 이양하려는 성격을 가지는 것이라 하겠다.

물론 IBM의 이러한 선택은 이 회사가 가지고 있는 수많은 특허 중 일부에 한정되어 있을 뿐이다. 이 점을 주목할 때 공개표준을 정립하는데 대한 근본적 철학 내지 소비자권리 신장의 필요에 동조해 IBM이 동 조치를 취한 것이 아니고 그러한 공개로 인하여 관련 기술의 개량이 빨라지게 될 것이고 그것에 따라 부가되는 제품을 다른 누구보다 더 빨리 생산해 판매할 수 있게 됨으로써 궁극적으로 IBM이 가장 큰 이익을 가지게 될 것이라고 본 때문에 그리 하였다는 관찰도 있다. 특허공개가 IBM의 이익증대에 기여할 것이라고 하는 장기적 계산에 의한 것이라고 하는 반드시 긍정적은 아닌 해석도 있다. 이런 입장은 IBM의 특허공개의 고결성을 폄하한다. 그러나 설사 IBM이 이런 계산하에서 특허를 공개했다 하더라도 그런 계산이 잘못된 것으로 될 가능성도 없지 않으니 이런 부정적 해석에 반드시 매달릴 필요는 없겠다.

IBM의 처신에 대한 해석이 어떠하든 그것이 공개표준의 확대 및 개선 개량의 신속화라는 지식정보화사회의 큰 필요에 합치하는 것이 되리라 함에는 틀림이 없다. 이는 사용하지 않는 기술에 대해서도 특허를 얻은 다음 그러한 것과 유사한 것들이 개발되어 활용되는 경우를 쟁송을 일으키며 제약하려고 하는 그 반대방향의 흔한 시도와 대비되는 것이다. 또 Window 서버SW를 공개해 그것에 근거하는 다른 파생 SW를 생산하는 경쟁자들로 하여금 그것의 더 빠른 개선에 기여하게 할 수 있게 하라는 European Commission의 MS에 대한 명령에도 불구하고 이에 극력 반발하고 있는 MS의 태도와도 차별화되는 것이다. 이런 점에서 IBM의 조치는 호의적으로 보아줄 수 있는 것이다. 아무튼 IBM과 같은 거인이 이상과 같이 영업방향을 다소 수정했다는 점과 최근 동사의 수입 중 Linux 관련 수입의 비중이 늘어나고 있다는 것은 그러한 방향 전환이 사회전체를 위해서 뿐만 아니라 동 사를 위해서도 긍정적으로 작용하고 있다고 하는 것을 시사하는 바 고무적이라 하겠다.

그러나 이런 운동의 와중에서도 공개된 소스코드를 이용하여 얻게 된 결과를 공개하지 않고 무료로 자유로이 이용할 수 있는 것이 아닌 전유SW로서 판매하려는 유혹에 휩싸일 소지가 없지는 않다. 이런 점을 보아 이 운동은 내적인 취약점을 가지고 있다. 그래서 이 운동은 진정으로 공공의 목적을 위해 SW를 개발하려는 사람들의 의지가 매우 강하고 그것이 그 결과를 악용하려는 이탈자를 억제할 수 있게끔 작용할 수 있을 때 성공할 수 있다고 할 수 있다고 할 수 있다. 때문에 OS시장의 25%를 점한다고 추정되는 Linux의 성공 예가 있음에도 불구하고 이 운동은 아직 성격적 취약점을 가지고 있다고 해석되고 있다.

이런 자유SW는 무료이기에 그것에 대한 성능보증(warranty)도 없다. SW란 단기간에 개선될 수 있고 또 실제로 개선되기도 하는 속성을 가지는 것이기 때문에 그 성질상 성능보장을 해주기 어려운 것인데 더욱이 그것이 무료이다 보니 대가는 받지 않으면서 성능보장이라는 책임만 부담하도록 해서는 안 될 것이기 때문이다.

이상 원천공개의 노력은 협력을 통해 혁신을 용이하게 한다는 이점을 가지는 것이되 그 제도를 악용하려는 유혹도 배제할 수 없다는 약점도 가지는 것이다. 이러한 노력은 실제적으로는 다소간의 차이를 가지면서 여러 양태로 나타나는데 실상 이들 사이에서는 서로 상반되거나 불일치하는 주장을 펴기도 한다. 결국 이들을 하나로 묶는 최소한의 요소는 공유하는 철학 또는 의식이라 할 수 있다. 이에 원천공개의 노력은 단지 철학이나 구호로 그쳐서는 안 되고 그 이상 실익을 가져오는 것으로 되어야 한다는 주장이 따라오게 된다. 이를 위해서는 원천공개 노력의 결과가 쓰기 쉬운 것으로 되어야 하겠다는 점이 강조된다. 널리 쓰일 수 있게 되도록 많은 언어로 번역되어야 할 것이고, 여러 기기에서 쓰일 수 있으며 호환 가능하게끔 되어야 한다고 한다. 이런 노력으로부터 태어난 컨텐트가 PC나 카메라에서는 물론 GPS 기기, 음악 플레이어, 휴대폰 등 모두에서 쓰일 수 있게 되어야 하며, 기능면에서도 상업적 SW를 능가하게 되어야 바람직스럽다고 한다.

자유문화운동

파일공유의 방법으로 타인의 저작물을 해적질한 사람은 고발당하고 벌금을 물게 된다. 그런데 이러한 벌금이 개인이 감당하기에는 너무 많아 균형성을 잃지 않았느냐 하는 반발을 사고 있다. 저작권자들이 마치 중세의 영주들처럼 디지털 봉건주의(digital feudalism)적 횡포를 부리고 있다는 것이다. 이들의 반발은 시위의 형태를 띠다가 정치적 성향까지 가지게 되어 이른바 자유문화운동(free culture movement)을 촉발하게 되었다. 컴퓨터의 이용자들이 자유SW운동에 의거해 SW를 복사하고 배분하며 수정보완하는 것을 자유롭게 하자는 것과 대응하게끔 컨텐트도 자유로이 복사하고 배분하고 수정보완할 수 있게 하자는 것이다. 이런 주장의 일환으로 이들은 정부의 지원을 받아 얻은 모든 연구결과는 모두 공개하여 자유로이 접근할 수 있도록 하고, 또 많은 컨텐트를 창조적 공유지(creative commons)에 두면서 저작권의 일부 또는 전부를 제한하도록 해야 한다고 주장한다. 이들은 이렇게 저작권을 제약하는 것이 창조적 활동을 위축시킬 가능성은 사소한 정도라고 본다. 이들은 앞에서 DMCA의 오용의 예로 적시되었던 바 Swarthmore대학에서의 투표기(voting machine)사건이 재판에 붙여지고 그 재판에서 투표기제조사가 아니고 학생들이 이기게 된 판결이 나온 것에 의해 고무되어 있다.

오늘날과 같이 수없이 많은 웹 내지 블로그를 통해 헤아릴 수 없이 많은 컨텐트가 생산되는 상황에서는 그런 컨텐트가 도용되는 것을 걱정하기 이전에 다른 사람들의 주목을 받을 수 있게 되는 것이 중요하다. 컨텐트 생산자의 입장에서는 그 컨텐트가 사람들의 인정을 받게 되는 것이 우선이며 그 가능성이 희박한 컨텐트에 대한 저작권 침해 문제는 다음이라는 것이다.

여기에서 컨텐트의 유통을 지레 제한하는 저작권 침해에 대한 지나친 강조는 지양되어야 한다고 보는 것이다.

혁신의 민주화와 Wikipedia

원천공개운동과 맥락을 같이 하는 온라인에서의 자발적 협동작업(collaboration) 중 현저한 예가 Wikipedia라는 자발적 백과사전편찬사업이다. 이것은 여러 사람이 무료 봉사하며 자발적으로 백과사전을 만든 다음 누구든 자유로이 이용할 수 있게 하자는 사업으로서, 다중에 의한 비상업적 생산시스템을 가지고 종래 엘리트에 의존하던 상업적 생산시스템을 대체해 보려는 것이다. 모든 기여자들은 자발적으로 가외시간을 이용하여 백과사전의 편찬에 기여하며(open participation) 이러한 사람들의 지식과 노력이 합쳐져 백과사전을 만드는 것으로서, 기여자 각각은 개별적으로 반드시 사계의 권위자가 아니기에 잘못된 내용을 적어 낼 수도 있겠으나 많은 기여자들의 노력의 결과로서 이른바 다중의 지혜(wisdom of crowd)가 발휘되어 훌륭한 성과를 낼 수 있다고 보는 것이다. 그로써 동 사업은 브리타니카 백과사전 등 종래의 권위 있는 백과사전의 내용과 유사한 수준의 훌륭한 것을 기존의 백과사전은 흉내낼 수 없을 정도의 신속성을 가지고 만들어내고 있다는 것이다. 특히 기존의 백과사전에서는 그 내용을 업데이트하는데 4~5년을 소요하기 때문에 일단 만들어 놓고난 다음에는 개정하기 전까지 최신정보를 담는데 신속하지 못했는데 그것과 달리 이것에서는 계속적 업데이트가 가능하여 항시 최신정보를 수록하고 있다고 자랑한다. 다중의 부분별한 기여 시도에 따라 백과사전의 내용이 저질이고 상호 일관성을 결여하게 될 가능성을 배제할 수 없는데도 불구하고 결과적으로는 가능성으로서의 그러한 약점을 극복하고 양질의 최신 내용을 담은 사전을 만들어내고 있다고 한다. 이러한 성과에 대해 이 사업에 직접 참여하고 있는 사람들을 비롯한 많은 사람들이 놀라고 있으며 이에 혹자는 Wikipedia를 PC, 인터넷 이후의 최대의 사건이라고 평가하기도 한다.

Wikipedia에서는 누구나 집필자가 될 수 있어 그 집필된 내용의 신뢰성이 문제된다. 한 때 이 사업은 저자에 대한 신뢰성을 높이고 엉터리 저자를 배제하기 위하여 집필자의 학력을 검증하려고한 적이 있다. 그러나 이런 검증이 누구나 사전편찬에 기여할 수 있다고 한 Wikipedia의 정신에 반하는 것으로 인지되어 시행하지 못하였다. 그 대신 글의 참고문헌을 밝히게 하는 방법을 통해 수준 이하의 글이 게재될 여지를 줄여보려고 하고 있다.

누구나 자유로이 편집할 수 있게 한 속성을 악용하는 사례가 기업들에 의한 이기적 편집행위에서 나타나고는 한다. 기업들 중에는 자사에 유리하게 내용을 바꾸고 불리한 내용은 삭제하는 편집행위를 자행하는 경우가 적지 않아 문제가 되고 있다. Wikipedia에 게재된 내용에 대해 이견이 있을 때에는 그 내용을 직접 바꾸기보다 Wikipedia의 'talk page'를 이용하여 이견을 밝히는 것이 올바른 길이나 기업들 중에는 이러한 정도를 따르지 않는 기업들이 있기 때문이다. 이러한 자의적 편집은 사실을 오도하고 그로써 이해의 충돌을 초래할 소지가 크다.

이런 상황의 발현을 예방하기 위한 방도로서 자의적 편집이 있을 경우 그러한 편집이 이루어진 인터넷 주소를 알려주는 SW가 개발되어 이용되게 되었다. 그러나 하나의 주소를 여러 명이 쓰는 경우 이 SW는 편집한 개인으로까지 추적해 가는 데까지는 미치지 못하기에 아직 미흡함을 면하지 못하고 있다. 또 Wikipedia의 핵심 편집자들은 어떤 자기중심적 이기적 편집이 의심되는 때 이를 미리 공지되도록 하여 이해충돌을 예방하고 그로써 공정한 편집이 이루어지도록 하는 일종을 감시체제를 마련해 보려고 하고 있다.

어중이 떠중이가 기여한 내용이 과연 백과사전에 실어도 될 만큼의 질적 수준을 가질 수 있겠느냐 하는 점에는 의아심이 없지 않다. 또 책임을 지는 편집자가 공식적으로 없다는 것도 내용의 신뢰성을 떨어뜨리는 요인이 되고 있다. Wikipedia 측에서는 소수의 편집자보다는 다수의 관심을 가진 열성꾼에 의해 내용이 걸러지게 하는 것이 결과적으로 보다 좋은 내용의 백과사전을 만들어내는 첩경이라고 하나, 이러한 과정에서 훼방꾼이 나타나 잘못된 내용을 입력하여 전체가 잘못될 수 있는 가능성을 배제하지는 못하고 있다.

이런 약점을 피해보고자 하여 Wikipedia에서는 미리 등록을 하지 않은 익명의 저자에게는 새로운 내용의 페이지를 만들지 못하게 한다거나, 새로운 페이지를 추가하는 데에는 초기 3~4일간의 냉각기(cooling period)를 가지게 한다거나, 사회적으로 민감한 문제나 일반의 관심이 과도하게 쏠리는 주제에 대한 내용을 추가하려 할 때에 즉각적 추가를 불가능하게 하고 반드시 대기시간을 거치게 한 다음 추고를 할 수 있도록 한다거나, 기존의 내용을 수정하는 것은 해당분야에서의 경험을 인정받은 이른바 리더에 한정되도록 하는 등의 방법으로 편집과정의 취약점을 보완해 보려고 하고 있다. 누구도 수정할 수 없는 보호표제어제도와 회원이 된 후 4일이 지나야 수정할 수 있는 준보호표제어 제도를 운영하여 무분별한 수정에 제한을 가해 보려고도 하고 있다. 또 최후의 보루로 14인의 열성 편집자로 구성된 내용조정위원회(arbitration committee)를 운영하고 있다.

설사 자발적 기고자 중 일부가 부정확하거나 남을 중상하는 악의적인 내용을 싣는다 하더라도 다른 사람들이 그렇게 잘못된 것을 보고 그것을 즉각 시정할 수 있으며 또 시정하기 때문에 Wikipedia가 현재 성공적이라고 할 수 있는 상황이 유지된다고 본다. 그러나 약 30여 명의 내용검토 편집진이 사실상 활동하고 있어 이런 결과가 가능하게 되는 것이라는 전언도 있다.

이러한 방도로도 신뢰성을 확보하지 못할 경우에는 전문가에 전적으로 의뢰하는 방식으로 가는 것이 불가피할 것이다. 필수적으로 전문가들의 여과 검토를 받게 한다던지 전문가만이 집필하게 하는 것으로 될 수 있을 것이다. 단 이렇게 될 경우 Wikipedia의 특성은 증발되게 될 것이다. 실로 Wikipedia를 근거로 하거나 그것을 흉내내면서 점차 전문가만의 체제로 변화시켜 보려는 Wikipedia의 경쟁자도 나타날 법하다.

이상은 Wikipedia에서 일종의 원천공개의 시도가 전개되고 있으며 그 모습으로 스스로 최선의 방법을 모색하고 정립해 나가는 학습과정을 보여주고 있다는 것을 이야기하는 것이다. 현재 Wlkipedia는 방문객이 대단히 많은 사이트로서 확고한 지위를 구가하고 있으며 이러한 방문에 노출되고자 하여 여기에 글을 올리고 독자를 확보하고자 하는 시도가 활발히 이루어지고 있다. 학문적 저널에 글을 싣는 것보다 여기에 글을 싣는 것을 더 선호하는 사람들이 많아지고 있다고도 한다.

백과사전을 마련해 보려는 Wikipedia식의 노력은 백과사전 이상 SW, 음악곡, 컨텐트, 지도, 검색엔진, 커뮤니티 등과 관련해서 확대 전개되고 있다. 농업 및 생명공학 관련 정보의 마련 등에서도 이러한 모델을 따르는 움직임이 나타나고 있다. 그러나 현재까지 백과사전사업에 근접한 정도의 성공을 이룬 것은 중고등학교의 과학교과서의 편찬사업 정도이고 그 다음은 학문적인 잡지의 발행사업이라 평가된다. 또 Wikipedia의 인기는 그것으로부터 파생된 다른 사이트를 탄생시키었는바, 이것의 일종으로 TV쇼에 대한 사이트인 Wiki24는 높은 인기를 구가해 광고를 유치할 수 있게 되었다. 그러나 다른 종류의 원천공개의 시도와 마찬가지로 적어도 현재까지는 이 Wikipedia의 노력도 미완성이라는 비판적 판정을 받고 있다.

사건사고 정보를 걸러 보도하는 역할도

Wikipedia는 본래 무슨 정보를 찾을 때 참조하는 백과사전이다. 그러나 대중의 눈과 귀를 동원해 대중의 지혜를 일구어 나간다는 성격에 의거해 이것은 사건사고에 대한 각종 정보를 집결시키고 그 중 정확하고 바른 정보를 걸러내는 정보의 정수장 역할도 하게 되었다. 버지니아 공과대학의 참사와 같은 이벤트를 맞아 각종 정보가 난무하는 때 부정확한 것을 걸러내고 남는 것들을 속속 최신정보로 업데이트시킴으로써 올드 미디어가 미처 다루지 못하는 부분을 담당해 사람들의 조급한 정보욕구를 채워주었다.

Wikipedia의 대안?

대중의 지혜를 모으고 각양각색의 컨텐트를 종합하여 지식의 저장고(knowledge repository)로 된 Wikipedia는 여러 작자가 하나의 주제에 대해 집필하고 편집하는 것이기 때문에 저자들은 익명 속에 숨어 있고 편집과정에서 진실성과 객관성이 확보되리라는데 대한 확신면에서 미흡함이 있다. 이러한 미흡함에 대한 대안으로 제시된 것이 현재 개발중이라고 하는 Google의 Knol이다. 여기에서는 저자가 되려는 누구든 Knol에 웹 페이지를 마련할 수 있게 하고 있다. 따라서 여러 사람들에 의해 각종 주제에 대해 웹 페이지가 생겨 Wikipedia에서의 해당 주제에 대한 설명문과 대응하게 된다. 그런데 여기에서는 웹 페이지를 작성한 저자를 명시적으로 밝혀 익명성을 제거하면서 책임성을 부가하려 하고 있다. 동시에 그런 내용에 대한 다른 사람들의 코멘트, 가치평가, 내용변경에 대한 제안 등을 동시에 실어 대중의 지혜가 동원될 수 있는 길도 열어 놓고 있으며 하나의 주제에 대해서 여러 사람이 독자적 웹 페이지를 만들 수 있게 하여 저자의 익명성 속에 숨어 있는 무책임성을 어느 정도 극복할 수 있도록 하고 있다. 이것은 결국 대중의 지혜를 이용하는 방식중 Wikipedia와는 다른 지식저장고 형성방식을 제시한 것이라 하겠다. 이 방식은 개별 저자의 기고문에 광고를 수용할 수 있는 여지를 두어 Wikipedia와 차별성을 보이고 있다.

이것이 저자들의 열성적 참여를 유도하여 보다 나은 지식창고를 마련하는 길로 될지 아니면 객관성을 잃은 천박한 지식장터로 될지는 두고 보아야 할 사안이다. 아무튼 Google이 기왕의 검색엔진을 운영하면서 동시에 웹 페이지 단위로 운영되는 이런 저장소를 운영하게 된다면 사람들이 다른 웹에 우선해 이 저장소의 웹 페이지를 선호하게 될 소지가 없지 않다. 그로써 검색엔진에서와 같은 Google의 과도한 영향력에 대한 우려 및 여타 관계자와의 이해상충의 문제를 야기하게 될 염려가 없지 않다.

새로운 제도의 씨앗

SW개발이나 Wikipedia에서의 이러한 원천공개 시도는 소프트웨어나 컨텐트를 특정 기업의 소유로 한정하지 말고 자유로이 널리 이용할 수 있게 하자는 착상에서 발단된 것으로서 현재의 지적재산권 법제를 밑받침하는 철학과는 상반하는 것이나 그 나름대로 성과를 내고 있는 것이다. 또 그러한 성과가 앞으로 더욱 괄목해지고 증폭될 것이라고 예견된다는 데서 더 큰 의미를 가지고 있는 것이다.

원천공개를 주창하는 움직임을 일종의 변종 비즈니스 모델이라고 보는 시각도 없지 않다. 이 운동에 참여하는 사람들은 반드시 이타심 때문에 참여하고 있는 것이 아니고 기왕의 이기심과는 다른 형태의 이기심을 가지고 있기 때문에 이런 운동에 헌신한다는 것이다. 이들 개개인은 당장의 금전적 이익을 목적으로 하지는 않으나 우선 명성을 얻고 타의 인정을 받으려 하고 차후에 그것을 바탕으로 하여 보다 높은 대우를 받게 될 것을 기대하기 때문에 이런 운동에 참가한다는 것이다. 기왕의 전유SW 개발에서와 달리 자유SW운동에서도, 원천공개의 방법을 가지고 여러 사람들의 협력을 쉽게 얻을 수 있어 간편하고 신속하게 오류의 발견 및 수정을 하고 비교적 단시간 내에 보다 나은 SW를 개발해 낼 수 있다고 한다. 때문에 이 메커니즘을 이용하는 것일 뿐이라고 한다.

변종 비즈니스 모델은 SW를 개발 완료한 연후에 SW 그 자체를 판매하는 것을 초점으로 하는 것이 아니고 그것에 부대하는 다른 서비스를 팔아 이익을 도모하는 것을 초점으로 한다고 한다. SW판매를 초점으로 하는 기존의 비즈니스 모델과 달리 이것은 SW 부대서비스의 판매에 초점을 두는 다른 종류의 비즈니스 모델이라는 것이다. 이 방법을 따를 때 대단히 어려운 일인 SW개발이라는 과업을 여러 사람의 협력을 얻어 별 코스트를 들이지 않고 쉽게 추진할 수 있고 그로써 높은 신뢰성을 가지는 작품을 신속하게 만들 수 있다. 그런 다음 빨리 만든 매 SW에 대해 부대서비스를 팔 수 있다. 어떤 단위기간 내에 많은 SW를 만들 수 있으니 SW에 부수되는 부대서비스로 많이 소요된다. 이에 단위기간 중 부대서비스의 공급량을 크게 늘릴 수 있게 된다. 그에 따라 한 단위의 부대서비스를 팔면서는 SW 한 단위를 판매하는 것의 1~10% 정도의 이익 밖에 얻지 못하나 어떤 일정한 기간 내에서는 많은 양의 부대서비스를 팔 수 있어 많은 수량에 작은 마진을 곱해 얻어지는 전체 수입으로 보아서는 일정당 마진은 크나 일정 기간당 소량 밖에 공급하지 못하는 전유SW개발 비즈니스 모델에 크게 뒤지지 않는다는 것이다. 다른 시각에서 보면 이 모델로는 작은 이익을 단시간 내에 얻을 수 있어 큰 이익을 얻기 위해 장기간 개발해야 하는 전유SW 개발 비즈니스 모델과 경쟁할 수 있다는 것이다. 이러한 시각은 이런 원천공개운동에서도 사실상 소수의 중심 추진세력이 있으며 이들이 없으면 이런 운동은 지속되기 어려울 것이라는 점을 부인하지 않는다.

Wikipedia의 위상을 현재의 위상에까지 높여 놓은 팀은 근자 그 곳에서의 대중의 지혜를 활용하는 협업모델(collaboration model)에 의거하여 검색엔진을 만들려고 하고 있는데 이것도 변종 비즈니스 모델의 맥락에서 이해할 수 있는 것이라 하겠다. 이 시도에서는 각종 이용자들로 하여금 방문했던 사이트의 중요성을 순위매기도록 하고 그러한 순위매김의 결과를 종합하여 각개 사이트의 검색결과에서의 위치를 결정하도록 하는 알고리즘을 채택하려 한다. 그로써 기존의 검색엔진이 소수의 전문가만이 알고 있고 외부에는 알려지지 않은 비밀스러운 알고리즘을 가지고 검색결과를 자리매김하는 것에 반발하면서 대중의 역할이 제고된 그것의 대안을 제시하려고 하는 것이다. 동시에 대중의 지혜를 모으는 알고리즘을 마련하는 과정에서도 원천공개의 방식을 채택하여 더 한번 대중의 지혜를 활용하려는 의욕을 보여주고 있다. 이 입장은 이렇게 대중의 지혜를 모아 검색을 하는 방법 중 최선의 방법을 찾는 것이 스팸과의 전쟁에서도 최선의 방도가 될 것이라고 한다.

이러한 시도는 아직 완성되어 있는 것이 아니다. 그런데 이러한 것이 완성될 경우 사용하게 될 검색엔진 이용과정에 광고를 실는 등 이윤을 목적으로 하겠다는 의사를 밝혀 변형된 비즈니스 모델로서의 면모를 드러내고 있다. 단 그러한 검색엔진의 형성 및 유지에 기여하는 여러 사람들에게 얻게 될 광고수입을 어떤 방법으로 배분할 것인지가 확정되어 있지 않아 이 비즈니스 모델은 아직 미완성임을 피하지 못하고 있다.[28)]

이들 원천공개노력은 개인적차원에서 지식을 공공의 영역에 공여하게 독려함으로써 모든 지식을 결국 공유할 수 있도록 하면서 창의성을 발휘한 자에게는 독점적이고 금전적인 보상 대신 정신 명예 차원의 보상을 하도록 하자고 한다. 이들은 독점적으로 Window 등 전유SW지재권을 구가하는 MS가 너무 많은 돈을 벌고 있으며 그 이면에 소비자의 희생이 있다고 판단하고 있다. 현재의 지적재산권제도가 창의성의 발휘를 막는 정도로까지 경직적으로 운영되고 있어 이를 시정해야 할 필요가 있다고도 생각한다. 이런 면에서 이것은 지재권을 많이 소유하고 있으면서 이것들로부터의 파생적 개발을 사실상 억제하고 있는 대기업 및 관련 법률가들의 사회발전에 대한 역작용을 시정해 보려는 노력의 일환이라고도 할 수 있다. 원천공개운동은 인류의 지식을 전 세계의 누구든지 자유로이 누릴 수 있게 되는 사회를 이상으로 삼고 있으며, 대중에 대한 지식이 계속 축적되고 발전되는 다이나믹스가 형성되게 된다면 누구나 P2P방식으로 이러한 지식의 보고에 접근해 그것을 이용하고 그것의 증강에 기여할 수 있으리라고 낙관한다.

---

28) 검색엔진의 강자 Google은 앞에서 본 Knal사업을 가진 백과사전사업에 진출하려고 하고 있다. 반면 백과사전의 강자 Wikipedia는 협업모델에 근거한 검색엔진의 마련에 뛰어 들고 있다. 검색엔진과 백과사전사업의 1인자들이 서로 상대방의 사업에 뛰어 들려고 하고 있는 것이다.

사용자 생산 컨텐트의 의미와 중요성

사용자가 스스로 생산하는 컨텐트(user-created content: UCC)가 큰 관심거리로 되어가고 있다. UCC는 그 원천이 대중이라 대중기원(crowdsourcing)의 성격을 가지고 있다. SW개발에서의 Linux나 백과사전 편찬사업에서의 Wikipedia처럼 crowdsourcing은 UCC가 값싸고 신속하게 공급되고 유통되는 것을 가능하게 하는 방법이다. 나아가 이렇게 이용자가 주도하여 일종의 혁신을 해 나가는 일은 사용자 주도 혁신(user-driven innovation)이라고 칭송되기도 하는데 일반 컨텐트의 마련에서 뿐만 아니라 디자인 및 게임개발의 영역에서도 성과를 보이고 있다. 특히 밑으로부터의 참여라는 특성을 가진다는 점에서 이는 고무적이라고 인정되고 있다. 왜냐하면 UCC의 결과는 개인적 노력의 성과 이상 획기적인 것으로 될 수 있고 그로써 매우 많은 사람들에게 영향을 미칠 수 있기 때문이다.

디지털 카메라 및 휴대폰의 카메라에 힘입어 UCC는 종래의 텍스트 중심의 컨텐트로부터 사진이나 동영상도 포괄하는 것으로 확충될 수 있었다. 인터페이스나 업로드가 쉬워졌다거나 편집과 자막의 삽입이 용이하게 되었다는 등으로 일반 이용자 차원에서 제작이 용이하게 된 것도 UCC의 대두에 중요한 요인이 되었다. UCC는 압축기술이 개선되고 전송도 쉬워졌다는 등의 상황변화를 반영하는 것이기도 하다. 혹자는 이러한 환경변화를 웹 2.0 상황으로 표현한다. 종래 웹에서 주어진 정보를 피동적으로 보고 그 내용에 대해 의견을 표명하려면 이메일이나 하던 웹 1.0 상황과 달리 웹의 내용을 편집도 하고 협동작업의 방식으로 개선도 하는 상황이 되었음을 강조한다. 이로써 컨텐트 생산이 용이해지고 그 내용이 텍스트로부터 사진, 동영상 등으로 바뀌면서 개방, 참여, 공유의 환경이 조성되게 되었다는 것이다.

웹은 더 이상 고립되고 변경할 수 없는 것이 아니게 되었다. 이에 따라 전보다 아마추어의 활동도 많아지게 되었으며, 기업들이 고객과 소통하며 공감대를 만들어가는 일이 용이하게 되었다. 후술되는 개방 API는 이러한 변화 경향을 더욱 확장시킬 것이다. 단 이러한 변화는 아직은 경제적 중요성을 가지기보다는 사회적 현상으로서 관심을 끌고 있다고 할 수 있다. 이런 시도는 차후 확실한 비즈니스 모델과 결합시켜 부가가치를 증대시키고 경제적 효율을 높이는 것으로 실체화되어야 할 것이다. 새로운 사업으로 구체화되어야 할 것이다.

블로그, 커뮤니티의 일종인 사회 네트워크, 각종 소집단에서 쓰이는 바웹 페이지를 편집하는 데 쓰는 SW인 위키(wiki) 등은 보통 사람이 가벼이 의사표시를 하고 정보를 공유할 수 있게 하는 주요 방도가 되고 있다. 이들이 이른바 개방, 참여, 공유의 성격을 가지는 웹 2.0의 상황을 실현하는데 주요 도구가 되었다. UCC를 만들어내는 집단지성의 창작노력이 이것을 보다 용이하게 하는 것들인 Yahoo!의 My Web 2.0이나 업데이트, 뉴스, 주요기사 등을 전달해 주는 SW인 My Rank, MS의 RSS(Really Simple Syndication 또는 Rich Site Summary라고도 불리기도 함), Apple의 새로운 OS 등에 의해 보상되었다는 것도 특기할 만하다. UCC를 수용하려는 커뮤니티 사이트도 많아지고 있다.

P2P를 통한 새로운 컨텐트 생산이 더욱 활성화될 여지가 있어 해적행위를 하지는 않으나 기왕의 지재권보호는 우회하는 어떤 대안이 나타나고, 이것이 기존의 지재권 보호의 고집을 사실상 무력화시키거나 덜 중요하게 만들 것이라는 예측이 있다. 많은 사람들로부터 컨텐트가 많이 생산되어 통용되게 되고 이것에 다른 사람들의 창의성을 부추기게 되어 더 이상 많은 컨텐트를 생산하는 선순환의 상황을 만듦으로써 드디어는 이런 것들이 양방향으로 소통하는 컨텐트의 주종으로 될 것이라는 예측이 그것이다. 이때 UCC가 이런 예측을 밑받침하는 가장 중요한 요소로 될 것이라는 기대가 크다. 물론 이렇게 되려면 UCC의 생산이 많아져야 되고 그것들의 질이 종래 저작권을 고집하던 컨텐트의 그것을 능가하게끔 양호해야 한다. 이러한 UCC는 주로 영상매체를 통해 유통될 것이기에 종래의 지상파TV나 케이블TV와는 경쟁적 관계에 서면서 신문과는 보완적 관계를 이루게 되기 쉬울 것이다.

UCC의 생산양태

UCC는 본래 아마추어가 만드는 컨텐트였다. 그러나 이로부터의 지나친 무책임 내지 방임을 회피해 보고자 UCC의 생산과 수용에는 몇 가지 제한이 있다. 예컨대 저작권을 침해하는 것이거나 미풍양속에 반하는 것을 배제하고, 14세 이하 등 어린이가 제작한 것을 제한하며, 그 내용을 10분 이내에 볼 수 있어야 한다는 등의 양적 제한이 있다. 그런데 UCC에서의 대중의 노력에는 전문적 편집자가 가세하기도 하며 그로써 그것의 내용을 고급화하여 좋은 것으로 만들기도 한다. 아마추어가 생산한 내용들이 전문 프로에 의해 정제되고 여과되어 질적으로도 손색없는 것으로 될 수도 있다. 그 결과 많은 사람의 참여와 분업으로 컨텐트가 풍부해질 수 있다. 또 그런 컨텐트 중에는 해당 사안을 직접 다루는 내부자가 만든 것도 있어 쉽게 공개되지 않는 정확한 정보를 알려주는 길이 되기도 한다. 그로써 UCC의 이용은 의외의 소득을 가져다주었고 앞으로 더욱 그러할 것이다.

UCC의 90% 이상이 다른 컨텐트를 퍼 나르거나 단순 가공한 사용자복사 컨텐트라는 데서 짐작할 수 있듯이 대부분의 UCC 생산에는 별 비용과 노력이 들어가지 않는다. 이에 따라 UCC 이용에 대한 대가를 요구하는 것은 자연스럽지 않다. 애초 웹에서 방문자를 기다리며 자발적으로 컨텐트를 마련해 제공하던 예가 예시하듯 대부분의 UCC는 본래 무료인 컨텐트로서 그것의 사용에 대한 사용료 지불여부에 대해 하등 긴장해야 할 이유가 없다. 그러나 UCC의 10%정도는 좋은 컨텐트로서 종래 프로들만이 제작하던 컨텐트를 보강하는 것이다. 또 이러한 UCC를 장려해야 할 필요도 강하다. 때문에 이러한 좋은 UCC에 대해서는 보상을 해주는 것이 자연스럽고 점차 그런 식으로 변화해가고 있다. 한편 이런 UCC를 유명 포털에 제공하는 도정에서 이를 생산하던 아마추어들도 실력을 갖추게 되어 프로가 되기도 한다.

일상생활 중 찍은 사진을 그 사진을 찍은 장소가 소재하는 지도 위에 저장하여 다른 사람들과 공유하는 커뮤니티 서비스 Lifemap은 많은 사람들에게 편의를 주는 사이트이며 Google의 Street View도 그러하다. 이들은 컨텐트 제공방식을 고차원화 하여 컨텐트가 흥미위주 이상 실용적으로 될 수 있게 하는 선도역을 하고 있다. 이런 컨텐트는 성격상 UCC이나 과거에는 존재하지 않았던 양질 고차원의 컨텐트라 하겠다.

UCC를 대거 수용하는 사이트 Youtube는 기존의 올드 미디어와 다른 광고의 채널로서도 각광받고 있다. TV, 전화 등을 주로 이용하는 사람들과 다르게 기존의 미디어를 보지 않으면서 온라인상태에서 많은 시간을 보내는 젊은 연령층을 상대로 하여 이들의 선호에 적합한 컨텐트를 내보내면서 광고도 하는데 Youtube라는 웹을 활발하게 이용하고 있다. 의사소통뿐만 아니라 광고에서도 채널이 다양화된 것이다.

Google은 Youtube를 통하여 많은 비디오 컨텐트를 수용하고 활용하면서 광고를 하여 얻은 수입 중 일부를 이런 비디오 컨텐트를 제공한 기왕의 미디어, 컨텐트 소유자 및 UCC제공자들에게 보상해주는 정책을 택하고 있다. 컨텐트를 이용해 수입을 얻고 또 그 제공자들에게 보상도 하는 예를 보여주었다. 단 아직 이러한 것이 확고한 비즈니스 모델로서 자리 잡았다고 하기는 어렵다. 또 이를 통하여 검색 및 광고의 모델이나 책 검색(book search)사업에서 Google이 그러했던 것처럼 스스로는 남의 컨텐트를 관리하는 유통센터가 됨으로서 한편으로는 이용자들로 하여금 그러한 컨텐트를 적법하게 이용할 수 있게 하면서 컨텐트 제공자에게는 보상하는 길을 열었으나 다른 편으로는 남의 시기와 질투를 불러일으키지 않을 수 없게끔 하는 정도로 많은 이익을 취하는 지반을 마련하였다는 비판에도 당면하게 되었다.

더불어 자신의 블로그에 광고를 수용하고자 하는 사람들을 광고주와 연결시켜 주는 Adsense 서비스를 통하여 포털이 아닌 개인 블로그에다 UCC를 게시하면서 광고수입을 얻을 수 있는 길을 열어 UCC의 활용의 길을 넓히기도 하였다. 물론 이런 때 Google은 이런 서비스제공 대한 대가를 받았으나 동시에 UCC생산자를 보상하기도 했기에 종래 포털이 인터넷 광고수입을 거의 독식하던 사정을 지양할 수 있게 하였다. 미약하나마 UCC의 공개시장이 형성되어 가는 기미도 있다. 멀티미디어 정보마당을 마련하여 UCC의 공급자와 수요자가 모여 거래할 수 있도록 하면서 거래가 성립하였을 때 수수료를 받는 시장도 나타나고 있다.

컨텐트 유통업자가 생산자를 보상하는 방법으로는 어떤 이용자가 해당 컨텐트를 규정된 최소한 이상으로 이용하는 것을 조건으로 하여 매 방문 및 이용에 대해 정액으로 보상하는 방법도 있고 어떤 UCC에 부착해 얻은 광고수입의 반을 생산자에게 주는 방법도 있다. 사이트 중에는 UCC공급자로부터의 관심을 모으기 위해 보상방법 등을 가지고 소란을 피우는 것도 있다. 또 유명 사이트가 지신에게 제출된 UCC를 편집하고 수정하는 데 반발하여 UCC 생산자는 독립을 꾀하기도 한다. 이러한 과정에서 UCC에 대한 시장이 생기게 된다. 종국적으로 그러한 시장은 경쟁시장으로 될 것이다.

UCC를 계기로 짧은 비디오를 만드는 것 및 그런 것을 프로가 만드는 것이 자리를 잡게 되자 종래 영화제작의 마당을 제공하고 제작된 것의 배급 및 광고 등을 담당하던 스튜디오도 이에 발을 들여 놓게 되었다. 이들은 일종의 자회사를 만들어 짧은 비디오를 만드는 것을 지원하고 생산된 컨텐트를 각종 웹과 휴대폰에 광고와 더불어 제공하는 일을 알선하고 있다.

UCC의 주된 부분은 형식적으로는 비디오 컨텐트가 되리라 보이고, 내용적으로는 육아, 요리, 뮤직 비디오, 애니메이션, 스포츠 빅 매치, 인기 드라마 등을 포괄하게 될 것으로 보인다. UCC의 생산자들은 방문자가 많은 유명 포털에 자신의 UCC를 올려 빨리 유명해지려고 할 것이고 이런 사정의 이면에서 유명 포털들은 UCC에 대한 보상을 박하게 하려고도 할 것이다. 그러면 자신 있는 UCC를 가진 생산자는 조금 덜 유명하나 후한 보상을 해주는 포털을 찾아가기도 하고 스스로 사이트를 차려 독립하려고도 할 것이다.

UCC의 활용

UCC의 효능이 알려지게 되자 너도나도 UCC를 활용하려 하고 있다. 판매자는 제품의 홍보수단으로 UCC를 사용하려 하고 있고 소비자운동단체도 제품 모니터링의 수단으로 UCC를 만들어 전파하고 있다. UCC거래를 위한 장터도 나타나고 있다. 심지어 월 스트리트의 일류 로펌들도 Youtube에 친숙한 세대에 다가가 좋은 인력을 확보하고자 자사를 알리는 비디오물을 전문 컨텐트업체에 의뢰해 UCC형태로 만드는 변화를 보이고 있다. 채용수단으로 UCC를 이용하는 것이라 하겠다. 어떤 돌발사태의 수습용으로도 UCC가 유용할 때가 있다.

한편 영화나 TV프로그램에 쓰였던 비교적 고품질의 컨텐트만을 취급하거나 전문가가 만든 컨텐트만을 취급하는 포털이 나타나 마구잡이 UCC를 수용하는 것들과 차별화를 꾀하려 하고 있다. 이들은 자신들만이 취급하는 컨텐트가 우량 컨텐트임을 확신하면서 이런 컨텐트를 접하기 이전에 일정한 시간 광고를 보게 하는 방식을 통해 수익을 얻고 있다. 이러한 고급 컨텐트를 8분 정도의 분량으로 나누어 분할해 보거나 연속해 볼 수 있도록 하고 있는데, 컨텐트를 내보내는 방식으로는 웹을 방문해 다운로드하도록 하거나 스트리밍해 보내는 방식을 택하고 있다. 이러한 변화는 젊은 시청자들이 웹으로 이동하는 추세에 적응하여 TV쇼가 이들 시청자를 따라 가는 것이라 할 수 있으며 이런 변신을 통하여 진정으로 우량인 컨텐트의 창작자는 TV라는 채널에만 의존하던 때보다 시청자의 반응을 쉽고 빠르게 받을 수 있다는 이득도 보고 있다.

다른 형태의 경쟁도 일어나고 있다. TV 등 기존의 올드 미디어들이 현재 비디오 컨텐트를 수용하는 선두주자인 Youtube에 반발하면서 Youtube와 새로운 방식의 경쟁을 벌리고 있다. 이들은 동영상을 재생하는데 별도로 SW 다운로드를 필요로 하지 않는다는 점과 간단히 동영상 업로드를 실행할 수 있게 한다는 점을 장기로 가지면서 저작권에 대한 여과절차에 까다롭지 않은 Youtube가 UCC의 제공자들이 자발적으로 모이게 하는데 유력하다는 사정은 수긍한다. 그러면서 이에 대항하기 위해 기왕에 자신들이 가지고 있던 과거와 현재의 쇼나 영화필름의 컨텐트를 기반으로 삼고 그런 것들을 일반으로부터 제공되어 오는 UCC와 결합시킴으로써, 보다 확충된 컨텐트를 마련하는데 주력하고 있다. 이런 컨텐트를 통해 Youtube에서 볼 수 있는 컨텐트와 차별화를 꾀하면서 경쟁하려 하고 있다. 한번의 방문으로 비디오 컨텐트 거의 모두를 접할 수 있게 하는 서비스(one-stop service)도 개발하고 있다.

한편 커뮤니티 서비스를 제공해오던 Myspace는 이런 두 가지 형태의 중간에 위치하려 하고 있다. Myspace는 그의 관련 기업인 TV사 NBC나 Fox TV로부터 프로가 만든 영상 컨텐트를 받아 동 사이트에서 제공하면서 동시에 일반으로부터의 UCC도 수용하고 있다. 그러나 저작권 침해 여부를 여과하는 과정을 엄격히 하여 Youtube와 차별화하고자 하면서 저작권 침해를 방관하고 있다는 UCC관련 Youtube의 약점을 회피해 보려고 하고 있다.

그런 가운데도 이들 UCC 호스트 사이트는 더욱 많은 방문객을 불러 모으고자 제안된 UCC 중 잘 된 것을 골라 상을 주는 행사도 하고 있다. 기왕의 프로가 만든 컨텐트인 영화를 다루는 때 아카데미상 등 컨텐트 홍보의 이벤트가 있는 것과 상응하게끔 이들도 주류 컨텐트 업계를 흉내내며 자신들이 취급하는 컨텐트를 보다 널리 알리려 노력하고 있다.

UCC를 휴대폰에서도 이용할 수 있게 하려는 노력도 진행되고 있다. 이동통신업체와 제휴하여 휴대전화로 사진이나 동영상을 쉽게 올리고 서로 코멘트하게 하면서 UCC의 공급과 이용을 확대시키려 하고 있다. 이를 위해서는 데이터 호환 등을 위한 상당한 투자가 필요할 것이다. 차후 이런 컨텐트의 이용이 많아질 경우 휴대폰 위의 UCC도 비즈니스 모델로서 확실히 정립될 것이라 기대하고 있다.

UCC의 그늘

UCC는 어두운 면도 지니고 있다. 무수히 많은 아마추어가 무작위로 정보를 수집하여 발표하는 과정에서 사실이 밝혀지고 거짓이 탄로나게 되는 것은 좋으나 비밀로 부쳐 놓아야 할 것들이 의외로 공개되는 경우가 적지 않다. UCC 이후 구태여 공표할 필요가 없는 것의 공표가 많아지는 등 비밀보장에 구멍이 뚫리게 되었다. 성인물 등 부적합한 컨텐트 공포, 명예훼손, 정보유출 및 조작, 유언비어 유포 등도 우려의 대상으로 되고 있다. 이러한 것들을 다룬 UCC가 RSS를 통해 파급되어 나갈 경우 그 속도와 파괴력은 막강하나 잘못된 것의 사후 교정은 사실상 불가능하다. UCC에서는 현실과 이미지의 혼돈이 특히 심하기 때문에 현실에 대한 경험은 적으면서 상대적으로 UCC에는 친근한 젊은 연령층일수록 UCC를 오용하고 UCC에 의해 오도될 위험이 크다. 정보조작의 가능성도 있다. UCC가 선거과정에서 네거티브 캠페인 수단으로 쓰이게 될 경우 이런 우려는 심각한 정도로 된다.

이런 우려 중 가장 두드러지는 것은 UCC의 잦은 활용이 저작권을 침해하게 될 소지를 가지게 된다는 것이다. Google에 의해 매입된 Youtube나 News corporation에 의해 매입된 Myspace의 방문자가 압도적으로 많아지게 되자 이들이 광고의 지반으로 될 가능성이 현저해졌으며 이로써 지재권관리의 문제는 정말 심각하게 되었다. 대중의 지혜를 모으고 그 결과를 대중으로 하여금 통제하게 하자는 성격의 웹 2.0의 기반에 의거해 Myspace 나 Youtube를 비롯한 많은 호스트 사이트가 생겨났고 이들이 UCC를 수용하여 유통시키게 되면서 많은 UCC 속에 잠복되어 있던 지재권의 침해행위가 돌출하게 되어 심각한 문제로 되고 있다. UCC의 미명하에 타인의 자료나 미심쩍은 자료의 퍼오기를 심하게 하다가 저작권 침해를 자행하여 그런 UCC를 수용한 포털을 곤란하게 만들기도 하고 있다. UCC의 번성은 합법을 가장한 이용자 복사 컨텐트(user copied content)의 창궐을 불러일으켰다.

Youtube를 통해 유통된 컨텐트 중에는 그 저작권자의 이용허가를 정식으로 받은 것도 있으나 그러하지 않아 사실상 저작권 침해를 내포하는 것도 있다. 후자 때문에 Google은 자신의 저작권을 침해받았다고 주장하는 기존의 미디어회사를 비롯한 많은 사람들로부터 비난을 받고 있고 또 소추를 당하기도 하였다. 이런 비난 중에는 Google이 컨텐트의 저작권자들로부터 사전에 이용허가를 받으려고 하기보다는 일단 남의 컨텐트를 이용자들이 이용하게 하는데 급급하였다는 것도 있다. 저작권 문제를 사전에 해결하려함이 없이 저작권 대상물을 사용하게 하다가 저작권자로부터 저작권 침해의 비난 또는 소추를 받고나서야 사후적으로 저작권자와 협상을 하고 화해를 하여 문제를 해결하려고 하는 무책임한 처신을 한다는 심한 비난도 있다. 급기야 2007년 3월 Youtube는 컨텐트 보유자인 Viacom으로부터 저작권 침해의 소송을 당하게 되었다. 지재권 관계 불확실성을 다시 한번 감지하게 하는 것이다.

컨텐트의 유통중개를 하면서 Google이 저작권을 침해했다고 하는 비판에 대해 Google은 일반 이용자들이 업로드한 컨텐트가 저작권을 침해한 사태가 있을 경우 저작권자의 요청이 있을시 그것을 즉각 삭제하는 한 호스트 사이트로서는 처벌받지 않는다는 저작권법의 규정인 이른바 안전항구조항(safe harbor provision)을 들어가면서 위법행위는 하지 않았다고 변명하고 있다. 그러나 이를 비판하는 측은 Google이 불법 컨텐트를 여과하는 장치를 하지 않았다는 것, 이용자의 업로드 행위가 공정이용의 범주에 들어가는 것이거나 저작권 침해행위가 아닌지를 확신하지 못하고 있었다는 것, 그럼에도 불구하고 일반 이용자의 저작권 침해행위로 Google이 이익을 보았다는 것 등을 들어 Google이 위법행위를 한 것으로 의제되어야 한다고 주장하고 있다. 안전항구조항의 인용에 대한 예방적 선제공격의 성격을 가지는 것이라 하겠다. 한편 이 회사는 MS 및 Yahoo와 함께 컨텐트의 소유자들이 저작권 침해와 관련해 이용자들의 공정이용에 대한 정당한 배려를 하지 않은 채 침해 내지 그것의 잠재성을 너무 과장하고 있다고 비난한바 있다. 이때 컨텐트 소유자란 스포츠 리그, 출판사, 미디어 회사 등을 포괄한다.

Google로서는 이용 라이센스를 받아야 할 많은 컨텐트의 저작권자가 누구인지가 불분명하여 사전에 정식으로 라이센스를 받기 어려웠을 것이기에 우선 그런 컨텐트를 활용하고 사후 문제가 생기면 보상하도록 하면서 비디오 컨텐트의 중개에 기선을 잡아보려고 했을 공산이 크고, Google을 비판하는 경쟁자들은 비디오 컨텐트의 중개가 가져올 막대한 이익을 사실상 Google이 독차지하게 되는 것을 우려하여 Google의 독주를 방치하지 않으려고 이렇게 비판하며 분쟁을 일으키는 것이라 여겨진다. 이러한 분란은 사람들의 Youtube에 대한 수요의 내용이 UCC와 기존의 영화나 TV쇼의 컨텐트 중 어느 쪽으로 쏠리느냐에도 영향을 받으며 차차 해결될 것이다. 순수한 UCC에 대한 선호가 높으면 높을수록 Viacom 등 기존의 컨텐트 소유자들의 위상은 약화될 것이다.

이상의 대립되는 해석 내지 반대되는 입장 중 어느 것이 옳은지 또는 Google이 위법행위를 한 것인지 여부는 가까운 장래에 법원에서 판결날 것이다. 그러한 도정에서 Google보다는 방문자가 적은 사이트가 컨텐트 유통사이트로 진화하면서 Google이 컨텐트 제공자에게 주는 조건보다 더 나은 조건으로 컨텐트 제공자를 보상하고 그로써 새로운 컨텐트 제공자도 유인해 Google에 도전하는 현상도 나타나게 될 것이다. 장기적으로는 이런 컨텐트 유통사이트가 경쟁시장을 조성하게 되어 어떤 균형을 이루게 될 것이다. 한편 Youtube는 인가받지 않은 저작물을 자의적으로 올리지 못하도록 여과하는 시스템을 개발하여 컨텐트 생산자와의 불화를 한정시켜 보려는 노력도 하고 있다.[29)]

웹 호스트는 정식으로 불법 컨텐트임을 통보받을 때 이를 즉각 삭제함으로써 DMCA에서의 의무를 다하는 것이라 할 수 있다. 그럼에도 불구하고 동사는 컨텐트 소유자의 지문을 남게 하는 SW를 도입하여 불법 컨텐트가 자신

29) New York Times, "Youtube Sets Tests of Video Blocking," June 12, 2007.

의 호스트 사이트를 통해 공유되는 경우 이를 자동적으로 제거하는 장치를 마련하겠다고도 한다. 그로써 모든 비디오에 대해 그 지문에 해당하는 흔적을 남기게 하고 또 그것을 식별할 수 있게 하는 비디오 식별기술(video identification technology)의 개발도 서두르고 있다. 그로써 모든 비디오 클립의 풀을 만들고 그것들의 저작권자를 명시하게 하여 어떤 비디오가 나타나면 그것을 풀에서의 자료와 대조해 보아 그것이 저작권을 침해한 것인지 아니면 새로운 것인지를 판별할 수 있게 하려 한다. 한편으로는 저작권의 침해를 예방하고 다른 한편으로는 새로운 창작활동을 장려해 보자는 목적을 지향하고 있다 하겠다. 이러한 장치가 완성된다면 비디오에 대한 저작권 침해의 분쟁은 대부분 해소되게 될 것이다. 그러나 문제는 비디오 식별기술로도 비디오물을 판별하는 것이 최대 80~90%의 정확성을 도모할 수 있는 정도로 불완전하다는 점과 이러한 기술의 광범위한 활용이 비디오의 공정이용을 부당하게 제한할 수도 있다는 점이다.

많은 UCC가 만들어져 활용되고 또 더불어 영화나 TV에서의 전통적 비디오 컨텐트도 새로운 방도로 쓰여질 수 있게 되자 이러한 것들의 전달과정에서 그러한 컨텐트의 이용자들로 하여금 이들을 어떻게 하면 편리하고 쉽게 이용할 수 있게 하느냐 하는 것이 관심거리로 되고 있다. 여기에서 종래 PC에서 단지 짧은 비디오를 검색해 볼 수 있게 하던 것에서 더 나아가 전통적 TV의 비디오물도 간단히 다운로드 받아 리모콘으로 쉽게 볼 수 있게 하려는 SW가 개발되고 있다. 종래 PC를 이용하는 것 보다 훨씬 이용자에게 편리한 방법을 제시해 많은 이용을 불러일으키려 하고 있다.

여기에서는 이런 SW를 이용하도록 하는 주체의 TV비디오물에 대한 로열티가 쟁점이 되고 있다. 이런 주체가 볼 때 이런 방식으로 이용자들이 새로 쉽게 볼 수 있게 된 것이란 이미 TV사들이 광고와 더불어 무료로 스트리밍하는 것들이고 자신의 일이란 그런 것을 받아 보내는 것에 불과하기 때문에 단지 그러한 새 일을 할 때 광고도 함께 내보내는 것은 TV사들에게 피해를 주지 않는다고 주장한다. 그러나 TV사들은 어떤 프로그램 및 그것에 속한 광고란 독립된 것이 아니고 그런 것을 보다가 전후의 다른 광고도 보고 다른 프로그램도 보게끔 서로 연계된 것이기 때문에 반드시 독립적인 것으로 볼 수 없다고 한다. 이들은 TV가 스트리밍해 보낸 것을 UCC로 개작해 내보내는 것이 자신들의 비즈니스 모델을 위협하는 것이라고 파악하고 이때의 저작권 사용에 대해 보상받으려 한다.

UCC에 관한 분쟁을 줄이기 위해서는 한정적인 것에 대해서나마 저작물의 조건부 사용을 허가하는 창조적 공유라이센스(creative commons license; CCL)제도를 활용할 수 있겠다. 비영리, 내용변경금지, 또는 일정한 조건하의 내용변경의 제약하에서 UCC저작물을 합법적으로 사용하게 하자는 것이다. 나아가 UCC의 전체를 사회적으로 관리하도록 하는 자율기구를 만들어 보고자 하는 움직임도 있다.

UCC의 공헌

UCC를 가능하게 한 여건변화는 종래 전문가들에 의해 독점되어 왔다고 할 수 있던 컨텐트의 생산업무에 전문가가 아니면서 스스로 컨텐트 소비자이기도 한 이용자들을 참여시키게 되었다. UCC의 생산자가 동시에 소비자이기도 하게 만들었다. 그로써 이용자들의 집합적 노력에 의해 많은 사람들이 보다 선호하는 컨텐트가 생산되게 되었고 종래 영화산업 등 지재권 소유자들이 보호하려던 종류의 지적재산이 지적재산 전체에서 차지하는 비중이 상대적으로 줄어들도록 만들었다. 종국적으로는 그런 것들을 지엽적인 것이 되도록 변화시킬 수도 있어 지재권에 대한 공정이용조차 제한하려는 반시대적 고집을 사실상 무의미하게 만들 수도 있을 것이다. 이러한 변화는 컨텐트 전파방법인 RSS 등이 OS의 일부로 되어 아주 널리 쓰이게 되고 또 그것에 근거하여 광고를 하는 등 새로운 비즈니스 모델이 발달하게 되면 더 현저하게 될 것이다.

UCC의 가장 성공적 예라고 할 수 있는 것이 Wikipedia이다. 여기에서 전문가의 노력이 생산해 낸 것에 못지않는 결과를 집단지성이 단시일 내에 창출해 냈다고 평가되기 때문이다. 마찬가지 수준의 높은 평가를 받는 것이 지도 만들기(map making)이다. 지도를 만들기 쉽게 하는 제작도구SW가 최근 일반에게 주어지게 되자 대중은 지도 만들기에 널리 참여하게 되었고 종래에는 지도제작에서는 담으려고 생각하지도 못했던 다양한 정보를 최근의 기법인

3-D방식까지 구사하며 지도의 정보에 추가하려고 하게 되었다. 즉 종래 지도의 평면적 정보에다 그 곳 각개 지역에서의 생활정보나 좋은 식당에 대한 정보를 추가하고 종래 지도를 보는 것보다 편하게 목적지를 찾아가는 방향 내지 지침을 알려주며, 이러한 정보를 문자뿐만 아니라 사진, 비디오, 인터뷰 등의 형식을 통해서 전해주게 되었다. 이렇게 강화된 지도는 종래의 지도보다 훨씬 유용하게 이용될 수 있으며 그 이용자가 많아짐에 따라 광고를 할 수 있는 마당으로도 기능하게 되었다. 단 이런 지도에서의 정보는 이용자가 생산한 것이기 때문에 Wikipedia가 그런 것처럼 그 정확성에 대한 보증은 없다.

UCC를 계기로 하여 일반이 혁신에 참여할 수 있게 되었다. 과학기술에 대한 일반인들의 이해수준이 높아지고 컨텐트를 생산하는 기법이 편해져 일반인들도 쉽게 배울 수 있게 됨에 따라 프로가 아닌 아마추어가 새로운 것을 창안해 내는데 참여하게 되어 이른바 '혁신의 민주화' 도 가져오게 되었다. 그러나 고급의 혁신 내지 큰 혁신(big innovation)이라는 대단히 어려운 사안을 아마추어가 해내는 데는 한계가 없을 수 없다. 혁신의 민주화에 따라 대중이 혁신을 할 수 있게 되었다 하더라도 그 성과는 별로 크다고 할 수 없으며 진정한 혁신은 프로에 의존하리라는 사정은 크게 바뀌지 않으리라 여겨지고 있다. 단 이러한 프로의 혁신 중 상당 부분이 시장의 대기업에 의해 주도되고 이들은 돈이 되는 프로젝트에 집중하게 되어 예컨대 신약개발의 경우 부자나라의 돈 많은 노인들을 위한 신약은 활발히 개발되나 가난한 나라 어린이의 기본적인 치료를 위한 신약은 지체되고 있다는 한계를 넘지는 못하고 있다.

UCC는 낮은 코스트의 홍보수단으로 될 수가 있다. 더구나 그것의 내용이 고급으로 되어 인기를 구가하게 되면 홍보효과는 매우 커지게 된다. 그런데 UCC 모델의 여건하에서는 매번 서비스를 이용할 때마다 그에 대한 대가를 손쉽게 지불할 수 있게 하는 수단을 갖추는 것이 절실하다. 이러한 대가는 보통 소액일 것이기에 이런 수단은 소액도 쉽게 결제할 수 있게 하는 것이어야 할 것이다. 여기에서 이른바 micro-payment라고 지칭되는 바 소액결제의 방도가 필요하게 된다. 이것으로 지재권 사용에 대해 작은 대가를 낼 수 있는 길이 마련될 수 있다면 지재권의 생산자와 소비자 사이의 대립관계는 현재의 상황보다 훨씬 부드러워지게 될 것이다. 단 micro-payment의 방법은 완전차별화(perfect discrimination)를 가능하게 할 잠재적 위험성을 갖고 있는데 이러할 경우 소비자후생이 크게 저하될 소지가 있으니 이러한 위험성에 대비하는 것도 필요하다.

일정한 대가를 받고 컨텐트 이용을 포괄적으로 허가하는 방안이 이런 위험성을 피하면서 행정적 비용도 줄이는 대안으로 제시되고 있다. 그런 것의 예로서 매출액의 일정비율을 사용허가료(license fee)로 받기로 하고 라디오나 TV 방송국에게 음악이나 영화필름을 무제한 송출할 수 있도록 하는 경우도 있고, 일정 기간을 기준으로 하여 개인들에게 사용료를 내게 한 다음 그 기간 동안 무제한 컨텐트 사용을 허가하는 경우도 있다. 이러한 방식은 불완전한 가격차별화(imperfect price discrimination)를 초래할 것이기에 지재권자의 독점이익이 줄어들게 하면서 micro-payment에 비해 작은 행정적인 비용을 수반한다는 성질을 가져 편리하리라 여겨진다.

집단지성을 더욱 활용하려면 UCC의 생산과 유통이 더 활성화되어야 할 것이다. 이를 위해서는 아마추어들의 제작과 유통을 더욱 간편하게 할 필요가 있다. 이에 부응하여 제작을 지원하기 위하여 오프라인 스튜디오를 이용하게 하거나 기술적 자문을 해주고, 많은 UCC생산자들이 경쟁할 수 있도록 공개시장을 개설하여 서로 선의의 경쟁을 유도하며, 이들이 작품을 저장하거나 전시할 수 있는 공간을 마련해 줄 수 있겠고, 유통 차원에서는 빠른 전송을 할 수 있게 도울 수 있겠다. UCC생산자들이 저작권침해의 위험 때문에 받는 행동의 제약을 완화하여 보다 적극적으로 생산에 매진할 수 있게 하고자 저작권제도의 적용을 보다 투명하게 변화시켜보려고 노력할 수도 있겠다. 파생적이고 추가적인 창작활동을 수용할 수 있도록 자작권자로 하여금 자신의 저작물의 이용방법 및 조건을 제시하게 하는 '저작권 이용허락' 제도, 나아가서는 창조적 공유허가(creative commons license: CCL)를 구축하여 UCC 생산이 과도하게 위축되는 일을 방지하려는 시도도 있을 수 있겠다. 저작권등록제도를 운영하여 저작권 침해 여부를 보다 용이하게 식별하게 하는 한편 창조적 공유(creative commons)의 철학과 유사하게 공공의 영역에 내놓는 저작권을 늘려가도록 하는 노력도 있을 수 있겠다. 더불어 UCC를 활용하는 단계에서의 이용자 윤리지침 같은 것도 마련하려는 움직임도 있을 것이다.

UCC를 매개로 하는 컨텐트 생산의 증대는 그러한 것의 전송을 위해 필요한 네트워크에 대한 수요를 늘리게 된다. 주로 동영상인 컨텐트에 대한 이러한 수요는 근자에는 네트워크에 대한 전체 수요의 3분의 1에 달하는 등 매우 커서 과잉이던 백본망의 과잉인 정도를 완화하고 응용망의 확충을 요구하게 되었다. 그 결과 서버, 네트워크 설비, 라우터 등에 대한 수요를 늘리어 통신산업으로 하여금 활황을 기대하게 하였다. 최근 등장한 iPhone은 이러한 추세를 더 가속시키었다.

우리나라 KT는 UCC를 사고 팔 수 있는 장터를 만들어 UCC의 생산과 소비를 격려하고 있다. 판도라TV나 곰TV도 UCC의 광장이 되고 있다. 전자는 UCC를 올리고 또 감상하게 함으로써 그 이용자를 생산자이자 동시에 소비자가 되도록 하고 있다. 이것은 광고를 보거나 광고를 보지 않는 대신 아이템을 구입하도록 하는 구도하에서 배너광고 및 동영상광고를 하거나 아이템을 판매하여 수입을 얻고 있으며, 기업에 마케팅을 할 수 있는 채널도 제공해 주고 있다. 우리나라 네티즌 2명 중 한명이 판도라TV를 방문했다는 주장도 있다.

지상파TV의 프로그램을 5분 이내로 편집해 UCC를 만들도록 허용하라는 이른바 '인용권' 도 요망되고 있다. 이런 공개시장이 차차 경쟁시장으로 된다면 그것의 이용자들은 이 장터에서 동영상, 이미지 등 멀티미디어 컨텐트를 저장, 공유하고 거래를 할 수 있을 것이며 안전하게 거래대금을 수수할 수 있을 것이다.

5. 지재권제도의 비판적 수용과 개선시도의 필요

디지털 권리 관리의 의미

이상의 여러 점들을 고려해 볼 때 현재의 지재권법제를 무시해서는 안되고 지재권제도를 준수하여야 하겠으나 동시에 새로운 사이버 환경에서의 그것의 한계도 무시할 수는 없으니 현재의 실정법 규정에 너무 억매이어 지나치게 경직적이고 소극적으로 되어서도 안 되겠다는 것을 알 수 있다. 나아가 현재의 법제를 사이버 환경에 대응하게끔 바꾸도록 노력하기도 해야 하겠다.

지재권 산물을 정해진 절차에 따라 대가를 내고 정당하게 사용하도록 하면서 그 소유자에게 응당의 보상이 귀속될 수 있도록 하는 일련의 업무를 널리 포괄하여 디지털권리의 관리(digital right management: DRM) 또는 자동권리관리(automated right management: ARM)라고 말한다. 이것은 지재권을 누가, 어디에서, 언제, 어떻게 활용하고 있는지를 알아 관리하려는 것이다. 따라서 문제는 이러한 관리가 어떠한 형태로 이루어질 것이냐에 모아진다.

만약 이것이 생산자의 권리와 사용자의 권리를 대립적으로 이해하고 그 구체적 운영을 생산자의 권리보호 위주로 한다면 생산자의 권리와 사용자의 권리 사이에서 존재해야 하는 균형은 깨지게 되고 그로써 2차, 3차 생산자에 의한 파생적 생산활동은 위축되게 될 것이다. 나아가 생산자권리의 보호가 과도하게 되면 지재권의 너른 이용을 어렵게 하여 그것으로부터 얻는 이익보다 규정에 맞는 이용인지를 감시하는 감시비용이 더 크게 될 수도 있다. 생산자 보호위주의 입장과 반대로 DRM의 시행에서 생산자의 권리에 대한 제한이 너무 강력하게 된다면 창작활동이 위축되고 더불어 그것에 근거하는 파생적 생산활동을 할 소지도 고갈될 것이다. 여기에서 디지털 권리의 적정한 관리체계가 필요하게 되는 것이다.

DRM은 적극적으로 지재권을 잘 관리하자는 일반적 의미를 가지는 것이나 실제로는 다양한 의미를 가지고 쓰여 왔다. 많은 용법에서 그 것은 소극적으로 지재권의 침해를 식별하여 처벌을 하고 보상을 받게 하는 측면 내지 생산자의 권리보호의 측면을 부각시켜 왔다. 이런 때 DRM은 더욱 좁게 해석되어 지재권 방어를 위한 기술적 장치로 이해되었다. 이런 용법에서 DRM은 사전적으로 지재권 침해를 어렵게 하는 '예방의 장치' 일 수도 있고 사후적으로 침해가 일어난 후 침해사실을 모두 밝히고 처벌을 엄하게 함으로써 침해를 주저하게 유도하는 '사후징계의 인계철선' 일 수도 있다. 전자를 위해서는 CSS(content screaming system) 등 기술적 대비가 동원되고 있으며 후자를 위해서는 침해의 흔적을 남기게 하는 watermarking, fingerprinting 등의 기술적 대비 이외에 DMCA와 같은 법적 방도가 동원되고 있다. 그러나 전자의 결과는 기술적 복제방지장치가 업체마다 다르다는 데 따라 어떤 한 업체로부터 돈을 주고 산 악곡을 다른 회사의 기기로 들을 수 없게 하는 결과를 초래해 적법한 방법으로 악곡을 산 정당한 이용자의 이용도 불편하게 하는 문제를 낳았다. 또 후자의 결과는 앞에서 보았듯이 결코 만족스럽다고 할 수 없다.

DRM을 이야기하면서 생산자의 권리를 보호하는 것이 전면에 부각시키나 경우에 따라서는 이를 부수적이라고 보고 실상은 지재권의 거래 후 따라오는 부품이나 서비스시장에서의 독점적 지위를 확보함으로써 이윤을 극대화하려는 것이 진정한 목적이라는 해석도 있다. DRM 속에 새로운 비즈니스 모델이 숨어 있다고 보는 것이다.

이상의 입장과 달리 DRM은 사용자의 적절한 이용을 관리하자는 의미를 가지는 것이라 보기도 한다. 사용자로 하여금 지적생산의 결과를 적절한 절차를 거쳐 이용하게 함으로써 지재권 침해의 불법을 범하지 않으면서 최선의 이용을 할 수 있게 하는 방도라는 것이다.

중도적 입장에서는 DRM을 생산자와 사용자를 양극단으로 하고 그 중간에 존재하는 포털서비스 제공자, 네트워크 제공자, 심지어는 플렛폼 제공자 모두의 이해를 조화하는 컨텐트의 안전한 관리방법으로 이해한다. 이는 관련 여러 이해 당사자들의 이해를 최선으로 조정함으로써 컨텐트가 지속적으로 공급되고 수요되는 시스템을 정립하려는 데 초점을 두고 있다.

지재권자가 사후적으로 침해자를 식별해 처벌하려고 법적 절차를 밟는 것은 자신의 제품의 잠재적 수요자와 대립하는 것이다. 이런 단면을 보면 경제논리상 그것은 반드시 건설적이라고 하기 어렵다. 사람들의 지적창작물의 음미 내지 활용 정도는 사람마다 다를 수 있는데 이를 일률적으로 통제하려는 것은 규제과잉의 비생산적 사회를 만들게 될 수도 있다.

DRM을 위해서는 이를 시현할 기술을 구입하여 장착하여야 하는데 이것에는 돈이 든다. DRM을 장치하는 것은 무료가 아니다. 따라서 DRM의 실행은 그것으로써 코스트 이상의 수익을 얻을 수 있을 때 정당화될 수 있다. 과연 DRM을 통해 생산자의 권리를 보호하려는 행위가 모든 제품에 대해서 항시 시도되고 있지는 않다. 나아가 DRM으로 소비자의 권리를 침해하게 되어서는 안 된다. DRM의 극단에 가서는 완전한 가격차별화를 이루어 소비자잉

여가 모두 없어지고 그것을 생산자가 차지하게 될 수도 있는데 이는 정당화되기 어렵다. DRM이 이러한 결과를 가져오기 위한 수단으로 쓰이게 되어서는 곤란하다.

앞에서 보았듯이 DMCA의 운용은 많은 문제점을 가져왔는데 이러한 문제점을 무시하고 DRM을 써 그것의 집행을 무조건 강행하는 것은 사회발전을 위해 좋지 않은 결과를 가져 올 수 있다. 이렇게 볼 때 DRM은 사전적 예방의 수단으로 쓰여야 하고 사후징계의 인계철선으로 남용되어서는 마땅하지 않다고 할 수 있다. 과연 DRM은 지재권 침해의 기술적 예방조치의 용법으로 가장 많이 쓰이고 있다.

DRM의 실제

기술적 차원에서 보아 DRM은 암호화기술을 응용하는 것이다. 음악파일을 암호화하여 내보낸 다음 그런 암호를 풀 수 있는 열쇠를 일정한 대가를 받고 팔아 그것을 적법하게 이용할 수 있는 권리를 대가를 낸 이용자에게만 허가해주는 본질을 갖는다. 나아가 이러한 열쇠를 그것을 구입한 이용자만이 쓸 수 있게 할 것인지 또는 그가 허용하는 소수의 타인도 이용할 수 있게 할 것인지 여부나 열쇠를 구입한 사람에게 구입한 열쇠를 한번만 이용할 수 있게 할 것인지 또는 여러 번 이용할 수 있게 할 것인지 여부는 DRM의 약관에 의해 결정되게 된다.

DRM을 위한 기술이 항시 완벽할 수는 없다. 그것은 창과 방패 사이의 경주처럼 기술발전에 따라 계속 달라지는 것이다. 영화 등 컨텐트를 담은 디스크에 침해방지용으로 설치해 놓은 SW를 풀거나 우회할 수 있는 방법을 인터넷 등을 통해 공표하는 것은 분명 불법이다. 이는 DMCA에 의해 처벌받아야 하는 행위이다. 이런 방법을 알리는 코드를 숫자로 적시해 예컨대 티셔츠에 써놓거나 노래말에 담아 공표하는 경우도 이와 다르지 않아 처벌대상이 된다. 그러나 이런 불법행위를 하는 사람이나 그것을 보고 지재권을 침해하는 사람이 수없이 많고 또 그런 것을 공표하는 사람들이 그런 공표를 언론의 자유와 결부시켜 주장하는 경우 사정은 간단하지 않다. 이럴 경우 알려진 비밀코드는 사실상 더 이상 비밀이라고 할 수 없게 되고 공표된 것을 보고 이용한 사람들을 모두 처벌하려고 하는 것은 매우 어렵다. 뿐만 아니라 언론의 자유에 근거하는 온라인상의 반발을 막을 적절한 방도도 없다. 결국 DRM에서는 방패가 언젠가 뚫릴 수 있다는 것을 인지하고 어떤 창에 의해 기존의 방패가 관통되면 더 고성능의 새로운 방패를 마련하는 것 밖에는 다른 도리가 없다.

이메일을 받은 다음 그것을 개인적 용도에 이용하는 것은 공정이용의 범주에 속한다. 그러나 받은 이메일을 보고 그 내용에 공감하여 P2P 파일공유의 방식으로 널리 전파하는 것이 공정이용인지 아니면 불법한 대량복제인지는 분명하지 않다. 이것을 위법행위인 불법복제라고 인정하는 경우에는 음악이나 영상산업의 대기업들이 대중문화를 부당하게 지배하는 것을 감수해야 하게 되고 그로써 문화적 다양성이 손상받게 될 수 있음도 체념해야 한다. 이럴 때 2차, 3차의 파생적 생산활동이 위축되게 될 것도 받아들여야 한다. 이러한 부작용의 인식은 DRM이 어떤 적절한 정도로 제한되어야 하리라는 점을 다시 확인하는 것이다.

앞으로 하나의 컨텐트를 웹에서도 쓰고 DVD에서도 쓰고 VOD로도 쓰는 등 여러 용도로 쓰게 될 것이다. 그에 따라 컨텐트의 중요성이 더 커지게 될 것이고 컨텐트의 저작권은 더욱 중요하게 되어 갈 것이다. 이러한 변화는 종래 적극 이용되지 않았고 그것의 저작권이 누구에게 귀속되는지가 반드시 분명하지 않았던 컨텐트에 대한 저작권과 관련해서도 많은 분란을 가져올 것이다. 과거 전문가에 의존해야 비로소 제대로 된 녹음을 할 수 있었던 아날로그 상황에서 어떤 공연을 했고 그것을 녹음해 만들었던 컨텐트를 이제 새로이 디지털 환경에 맞게끔 재생해 DVD나 VOD로 재활용하려고 하는 경우를 생각해 보자. 이때 재생된 컨텐트가 어느 정도 내용물 원창작자 및 아날로그 녹음자에게 귀속하고 어느 정도가 디지털 재생과정에서 예술성을 발휘한 녹음전문가에게 귀속되어야 하는지는 분명하지 않다. 여기에서 아예 법적 쟁송에 휘말리기를 원하지 않는다면 이러한 컨텐트를 활용하지 않으면 되겠으나 보다 적극적인 입지를 취한다면 어떤 방식으로든 이들 저작권자들 사이에서의 분배분을 구획해 보상하면서 컨텐트는 재활용하도록 해야 할 것이다. 현재

확실한 방법은 저작권자임이 확실한 애초의 컨텐트 창작자나 그 상속인을 찾아 이용허가를 받아 재활용하는 길이나 이 경우에도 창작자 이외의 다른 기여자에 대한 보상문제는 미해결로 남는다.

DRM과 관련하여 방송국 등에게는 일정한 대가를 받고 백지 허가를 내주어 허가의 대상인 지재권 산품을 무제한 사용할 수 있도록 하고 또 개인들에게는 일정 기간마다 일정한 구독료를 내게 하고 그런 사람들에게 무제한 다운로드 받을 수 있도록 하는 등의 방도가 현재 타협안으로서 쓰이고 있다는 점이 앞에서 언급되었다. 이 방법은 배송서비스의 유료화를 꾀하면서 이용자들을 spyware나 바이러스로부터 비교적 자유롭게 해방시킨다는 이점도 가지고 있다. 또 이런 서비스를 제공하는 업체들이 여럿 나타나게 되어 경쟁하게 됨으로써 이러한 타협안의 유용성은 더욱 현저해지고 있다.

일정 기간에 대해 구독료를 내라고 하는 대신 매 다운로드마다 일정액을 내도록 하는 방법도 있겠다. Apple사가 음악상점 iTunes에다 1불을 내고 1곡을 iPod로 다운로드받아 이용할 수 있게 한 것이 이의 좋은 예가 되겠다. 단 1불의 적정성 내지 가격조작의 의심이 생겨나 이를 가능하게 하는 잠금장치(technology lock in)가 독점적 이득을 취하는 것이 아닌지가 도전받게 되었다는 것은 이와 다른 차원의 문제이다. 나아가 MS사나 RealNetworks사가 이를 뒤 따르는 현상을 보이는 것은 이런 방법의 유효성을 말해 주는 것이라 하겠다. 여기에서 iTunes 모델로 한정적이나마 그 유용성이 증명된바, 소비자로 하여금 필요한 서비스를 온디맨드(on-demand) 형태로 선택하게 하고 그것에 대해 요금을 내도록 하는 길이 현재 매우 순리적인 방도라고 여겨지고 있다. 더불어 모든 서비스를 온디맨드 형태로 전환하고 이를 적정한 가격에서 유료화하는 작업의 일반화가 미래의 과제로 되어 있다. 그런 가운데 1불의 적정성 문제 또는 이용자로부터 받은 이용료를 컨텐트 제공자, ISP, NO들 사이에서 어떻게 배분해야 하느냐의 문제가 점점 중요성을 더 해 가고 있다.

예컨대 컨텐트 소유자들은 iTunes에 음악을 공급하면서 그 가격이 고정가격으로 되어 있으며 악곡들의 배합을 한정시키는 것을 못마땅하다고 여기고 있다. 가격배분이 컨텐트 소유자에게 불리하게 되어 있다고 불만이다. 이들의 입지에서 보면 인기가 있는 곡은 비싸게 팔아야 하고 그러하지 않은 곡은 싸게 팔아야 하는데 모든 곡에 대해 1불을 받는 고정가격제도로는 이러한 필요를 충족시키지 못하고 있으며, 악곡이 싸게 판매됨으로써 iPod나 iPhone 등 기기가 많이 팔리어 Apple사는 큰 이익을 취하고 있으나 컨텐트 소유자들은 그 이면에서 희생된다고 본다. 또 악곡의 배합에서도 소비자가 원하는 것을 반영할 수 있게끔 소비자에게 보다 큰 선택의 여지를 주어야 한다고 생각한다. 따라서 이들 중에는 iTunes가 악곡배급의 중요한 파이프임에도 불구하고 이를 벗어나 다른 파이프인 기왕의 앨범, TV쇼, 영화 등을 보다 많이 이용하려 하고 또 자체의 웹을 만들어 배급파이프로 쓰며 Amazon이나 Wal-Mart의 활용도 확대하려는 움직임을 보이고 있다. 단 이러한 변화의 시도가 소비자의 반감을 유발하지 않을지를 우려하고 있기는 하다.

Itunes 모델은 불법복제를 제한하는 SW를 동원했다는 데서 성공할 수 있었다. 그러나 이러한 SW가 아니더라도 불법 다운로드를 배제할 수 있는 다른 방도가 있는 한 저작권자와의 협력하에 적절한 대가를 내고 컨텐트를 이용하게 하는 것이 가능하다. 과연 그 예가 이동통신사에 의해 시현되고 있다. 이동통신사는 휴대폰을 사용하는 사람에 대한 모든 이용정보를 가지고 있으면서 점차 강화되어가는 휴대폰의 기능을 잘 활용하는 방법을 알고 있다. 때문에 이동통신사는 저작권자와 협의하에 자신의 가입자에게 쉽고 적법하게 음악곡을 다운로드 받을 수 있도록 하고 그 대가를 휴대폰 요금에 부가하여 내게 할 수 있다. 이때 이동통신사로서는 불법복제를 제한하는 SW를 장치하지 않고서도 다운로드한 이용자를 파악해 이용료를 징수하는 데에 아무런 어려움을 가지지 않으며 이용료를 받은 다음에는 그 중 일부를 저작권자에게 돌려주는 데에서도 문제가 없다. 이런 모델은 새로이 컨텐트 이용료를 징수하는 방법을 강구하지 않고 기왕의 휴대폰 이용료를 징수하는 방법을 이용하고 있다는 점에서 편리하기도 하다. 또 악곡이라는 것의 전송에 휴대전화의 약점인 작은 화면이 아무런 장애요인이 되지 않는다는 것도 중요하다.

그러나 이런 방법도 어떤 특정 이동통신사가 자사의 가입자만을 대상으로 하고 있다는 점에서 제약은 있다. 휴대폰의 기능을 더 높여 어느 이동통신사를 이용해 다운로드를 하더라도 아무런 장애가 없도록 할 수 있다면 이런 제약은 피할 수 있을 것이다. 나아가 이런 방법에서도 징수한 이용료를 컨텐트 제공자, ISP, NO들 사이에서 어떻게 배분해야 하느냐의 문제는 여전히 남는다.

Itunes 모델은 지재권을 보호하는 SW의 활용에 의해 성공하였으나 나름대로의 부작용도 동반하였다. 우선 악곡의 가격을 그것에 대한 수요와 무관하게 Apple사가 일방적으로 결정하여 Apple사는 유리하나 컨텐트 제공자는 불만스럽게 만들었다. 다음 동 SW를 다른 경쟁자들이 쓸 수 있게 개방하지 않아 다른 SW를 가지고 DRM을 시행하는 경쟁사가 제공하는 음악곡을 이용할 수 없게 하였고 iPod가 아닌 다른 기기를 가지고 다운로드하는 것도 어렵게 만들었다. 그 결과 합법적으로 다운로드 받은 음악곡조차도 특정 국가에서 구입한 ipod에서만 즐길 수 있게 한정하는 부작용을 낳았다. 다른 나라에서 산 ipod나 ipod가 아닌 다른 기기로는 합법적으로 다운로드 받은 음악곡을 즐길 수 없게 하는 불편함을 강요했다. 휴대폰을 이용하는 모델에서도 다른 이동통신사의 가입자망을 이용할 수는 없어 같은 성격의 불편함이 있다. 그런데 이러한 불편함은 악곡의 너른 이용을 한계지우고 있다. 여기에서 지재권을 침해하는 것을 막는 SW를 제거함으로써 이러한 불편함을 없애 악곡이 더 많이 팔리도록 하려는 방안이 모색되게 되는 것이다.

이러한 입장은 지재권침해를 막는 SW의 장치가 음질을 저하시키고 또 수요의 정체를 가져왔다고 파악한다. 동시에 그러한 장치가 있더라도 그것을 우회하여 불법으로 악곡을 복제해 쓸 수 있는 방법인 CD복제의 방법 등이 있음도 주목한다. 그러한 장치를 가지고서도 음악곡의 불법복제를 완전히 배제할 수는 없다고 본다. 그래서 복제를 막는 SW를 제거함으로써 한번 악곡을 다운로드 받으면 아무런 제약이 없어 그것을 여러 기기에서 자유로이 유통시킬 수 있도록 하고 또 음질도 높이도록 하되 그 대신 악곡을 최초 다운로드 받을 시의 가격을 먼저 제약이 있었을시 내야 했던 가격보다 다소간 높게 하는 대안을 제시했다. 그 대표적인 예가 세계 4위의 음반회사인 EMI와 Apple사가 협력하여 시도하는 바 'DRM으로부터 자유스러운(DRM-free)' 음원을 제공하려고 하는 실험이다. 단 'DRM-free' 의 범위가 흔히 음원을 다운로드 받는 기기로부터의 자유만을 의미하느냐 또는 그 이상 이용자에 가족을 포함하느냐 및 이용의 내용에 재편집을 할 수 있는 재량권을 허용하느냐 등의 문제는 미해결로 남아 있다.

악곡을 iPod만을 통해 판매하다보니 iPod를 생산하는 애플사는 큰 이익을 보게 되나 음악사는 별 이익을 내지 못한다고 음악사는 불평한다. 이를 마치 면도기를 생산해 판매하는 회사와 면도날을 생산해 판매하는 회사의 관계와 같다고 하면서 음악곡 판매에 의한 이익을 음악사에 더 배분하지 않는 한 더 이상 이런 관계를 지속시키지 않겠다고 하는 불만도 토로한다. 그 곁에서 비슷하게 컨텐트를 온라인으로 판매해야 하나 아직 음악곡처럼 활발하게 판매하고 있지는 않은 영화사, TV쇼 제작자, 비디오 컨텐트 소유자들은 이들 사이의 관계가 어떻게 변화될 것인지를 주시하고 있다.

휴대전화에서 악곡을 다운로드 해 쓰도록 하는 방법도 DRM-자유의 성격을 지니게 변신하였다. 한정된 수의 악곡을 무료로 다운로드 받아 즐기도록 하게 된 것이다. 그런데 여기에서는 단위가격을 높게 하거나 광고를 보게 하는 대신 특정 휴대폰으로만 자유 다운로드를 가능하게 하면서 그러한 휴대폰의 가격을 비싸게 받고 팔아 그 중 일부를 악곡을 제공한 컨텐트 소유자에게 제공하는 비즈니스 모델을 쓰고 있다. 당연히 이는 이런 휴대전화 단말기를 생산해 팔려는 생산자를 그 배후에 가지고 있다.

DRM의 평가

기술적 단면에서 보면 음원이나 영상의 온라인 유통은 매우 효율적인 유통방법이다. 이것은 이른바 one-source, multi-use를 가능하게 하는 효과적인 길이다. 그러나 이것이 음악이나 영화의 해적질을 용이하게 할 것을 두려워하는 Hollywood는 이를 제약하고자 하여 여러 가지 제한장치를 해 놓았다. 다운로드를 허가함에 있어 타이틀별로, 스튜디오별로, 또 오디오 내지 비디오의 질 내지 가격대별로, 또 오디오나 비디오를 사거나 임대한 후 사용방법별로 다양한 제한을 장치해 놓은 것이다. 그런데 이런 방법의 동원은 해적질을 최소한으로 할 수 있게 하기는 하나 동시에 시장수요를 위축시킬 수 있어 사업기회를 위축시키는 것으로 되고도 있다.

DRM-free 실험으로부터 한걸음 더 나아가서는 무료이용을 할 수 있도록 하면서 광고를 보도록 하는 방안이 제시되고 있다. 단 이러한 시도는 아직 일반적이라고 할 수 없다. 과연 주요 음반사는 이런 움직임을 이단이라고 보면서 이에 동참하고 있지 않다. 이런 의미에서 DRM으로부터 자유스러운 음원을 제공하려는 실험이 앞으로 어떻게 정착하게 될 것인지는 두고 보아야 할 대상이다. Youtube와 Viacom 사이의 쟁송이 어떻게 결론나느냐에 따라 이런 실험에 대한 평가도 영향받을 것이라 여겨진다.

불법복사를 막는 장치를 없애 디지털 음원을 다운로드하게 하는 것은 P2P 방식으로 불법 다운로드하는 것을 부채질할 소지를 가지고 있다. 이런 면을 보아 이것은 반드시 안전하다고는 할 수는 없는 것이다. 그러나 이러한 위험성을 감수하고서라도 다운로드가 편하게 되어 합법적 매출이 늘게 되고 또 단위판매가격도 높아지게 되어 매출액의 증가 및 이익의 증대를 가져올 수 있다면 더 나은 방안이라 할 수도 있다. 예컨대 이것은 충동적 음악곡 구입을 초래하여 유력한 매출증대책으로 여겨지게 될 수 있다. 아무튼 이것은 디지털 컨텐트의 유통시장을 새로운 방식으로 흔드는 것이 되겠기에 이러한 새로운 방법이 성공적으로 결말나게 될지는 두고 보아야 할 사항이라 하겠다.

저작권 문제를 도외시하고 유통의 효율화만을 고려한다면 악곡을 DRM으로부터 자유화하여 유통시키는 것이 가장 효율적이다. 예컨대 악곡을 스트리밍해 내보내고 그것을 누구나 즐기게 하되 특별히 다운로드 받는 경우에만 요금을 받으려 할 수도 있다. 이때 악곡을 DRM으로부터 자유롭게 하면서 다운로드시 요금을 내는 것은 각자의 정직성에 의존하게 한다. 이럴 경우 악곡의 애용이 늘어날 것이고 상당수의 사람은 다운로드 후 요금을 낼 것이다. 악곡의 애용이 늘어날 수 있다는 것은 음악가로서의 위상이 미처 정립되지 않은 젊은 예술가에게는 매력적인 일이다. 나아가 이들의 곡이 다운로드 될 때 받는 요금의 50%를 이들이 가질 수 있도록 장치한다면 이들 중에는 거대 음반사에 악곡의 발매를 의뢰하기보다 이런 방법을 선호할 수도 있다. 거대 음반사에 악곡발매를 의뢰하는 경우에는 여러 가지 제약이 많고 또 창작자의 수입은 총수입의 10%정도 밖에 안 되기 때문이다. 참고로 미국의 경우 음반상점에서 음반을 사는 사람은 상점 방문자 20명 중 하나이고 DRM없는 스트리밍을 통해 악곡을 듣고 다운로드하면서 돈을 내는 사람은 42명 중 하나이며 전자상거래를 통해 음반을 사는 사람은 방문자 400명 중 하나라고 한다.

DRM 없는 악곡을 기반으로 파생적 창작을 하려고 하는 경우 그 행위가 비상업적이면 창조적 공유 라이센스(CCL)의 제약을 받게 하면 족하고 상업적으로 이용하려고 할 경우에는 온라인 상태에서 쉽게 표준적 계약을 통해 라이센스를 받게 하면 된다. 영화의 배경음악을 선곡해 쓰게 하는데 후자의 방법이 많이 애용된다 한다.

영화 등 비디오 컨텐트에 대해서는 DRM의 고수가 더 철저하다. 여러 가지 컨텐트를 식별하는 SW를 동원하여 해적질하는 컨텐트 이용은 막고 허가 받은 컨텐트 이용은 모니터하는 대응이 늘어나고 있다. 그러나 이러한 대응은 그 성질상 완벽할 수 없다. 우선 이를 위해서는 동원되는 SW로 모든 비디오에 대한 데이터베이스에 접근할 수 있어야 한다. 그런데 데이터베이스에 포함되어야 할 비디오가 계속 많이 생산되고 있기 때문에 이들을 추가하게끔 데이터베이스를 업데이트하는 것도 쉽지 않다. 또 이러한 감시행위를 철저하게 하려면 모든 사이트로 하여금 이런 SW를 가지고 컨텐트의 불법이용을 식별하도록 할 수 있도록 해야 하는데 이런 요건은 충족되기 어렵다. 한편 이러한 식별을 외부에 위탁하기도 하는데 이를 위해서는 이런 사이트에 광고를 할 수 있게 해야 하거나 대가를 주어야 한다.

특히 영화 등과 관련해서 DRM의 강제가 DVD 등을 통한 해적행위를 막지 못하는 한편 수요는 위축시키고 일반의 반감을 유발한다고 하여 염려되고 있다. 온라인 유통방식이 거스를 수 없는 추세라는 것도 감수해야 한다고 보고 있다. 해적행위를 막는 방식이 법적으로 되기보다 시장이용 방식으로 되어야 할 것이라 강조되고 있다. 그래서 다소간의 유화책이 제시되고 있다. 즉 내용이 반쪽인 비디오를 자유로이 공개하고 나머지를 보려면 정식으로 나머지를 보게 하는 공식적 조치를 취하도록 하라는 것이다. 동시에 가짜 비디오를 내보내 정식의 방도를 피하면서 불법 비디오를 보려는 것을 힘 빠지게 하려는 시도도 나타나고 있다.

그럼에도 불구하고 다기한 영화를 합법적으로 고화질TV화면에 다운로드하여 필요시 보게 하고 그 이용대가를 받게 하는 방법이 지속적으로 모색되고 있다. 이를 위해서는 고화질의 비디오를 수용할 수 있는 고성능TV모니터가 있어야 하고 그것으로 인터넷 접근이 보장되어야 한다. 또 일단 다운로드한 영화를 이용료를 낸 이용자만 보고 다른 곳에 유통시켜 이용료를 내지 않은 사람은 볼 수 없게 하는 DRM SW가 준비되어야 한다. 한번 다운로드 후 이용할 때의 대가 결정 및 그것의 영화 생산자와 다운로드 관리서비스업자 사이에서의 배분에 대한 합의가 있어야 한다. 아직은 이러한 전제조건이 모두 해결되어 있다고 하기 어렵다. 그러나 조만간 이런 조건은 충족될 수 있을 것으로 보이며 그에 따라 영화 등의 다운로드도 활발하게 될 것이다. 효율적인 디지털 컨텐트의 유통방식이 적절히 활용되는 양상이 실현되게 될 것이다.

글로벌리제이션 현상을 감안할 때 이용료를 컨텐트 제공자, ISP, NO들 사이에서 어떻게 배분해야 하느냐 하는 과제는 한 나라에서의 법적 판단을 통해 확정하기보다는 여러 나라에서 일제히 해결책을 강구하면서 협력을 통하여 타결해야 할 과제이다. 이러한 때에는 어느 나라에서도 대동소이한 시장기구를 활용하게 되기 쉬울 것이다. 이는 또한 DRM의 문제를 더 이상 기술적 또는 법적으로만 풀려고 하지 말고 시장기구를 이용하는 방법을 써서 푸는 보다 높은 시각의 해법을 탐색하게 할 것이다. 나아가 이런 때 각종 컨텐트에 대한 수요 전체를 보면 그것은 이른바 긴 꼬리(long tail)도 가지고 있어 어떤 것에 대한 수요는 매우 크나 다른 것에 대한 수요는 별로 크지 않을 것이며, 전자는 소수이고 후자는 다수이기에 전자에 대해서는 저작권을 주장하고 높은 사용대가를 요구하나 후자와 관련해서는 쓰이지 않고 사장되는 것을 두려워하여 저작권에 대한 대가를 주장함이 없이 단지 공공영역에 귀속되어 보다 널리 활용될 수 있는 기회를 갖게 되기만 하면 만족이라는 등의 차이가 있을 것이다. 그러니 시장기구를 이용함에 있어 이 점을 적절히 감안하여야 할 것이다. 모든 컨텐트를 일률적으로 취급할 것이 아니라 어떤 것(예컨대 제품처럼 독립성을 가지는 것)의 이용은 대가를 내게 하고 다른 것의 이용은 무료이되 차후 그것의 유용도가 인지되고 난 다음에는 그것과 관련되어 컨설팅을 한다던지 광고를 결부시키는 방식으로 사실상 유료화를 꾀하는 방법도 용인하는 융통성도 지니게 되어야 할 것이다. 과도기 중에는 교차 라이센싱(cross licensing) 등도 많이 시험되게 될 것이다.

미국이 DMCA를 가지고 있다는 데서 유추할 수 있듯이 미국은 DRM에 대해 가장 적극적인 나라이다. 예컨대 암호화된 파일을 여과하는 것이 대단히 어려우며 이러한 여과의 비용을 결국은 이용자가 부담하게 될 것이라는 이유에 따른 반대론이 없지 않음에도 불구하고 미국 음반협회는 ISP들로 하여금 파일 교환이나 P2P서비스 이용을 여과하도록 의무화해야 한다는 주장을 하고 있다. 그러나 그것은 많은 부작용을 은닉하고 있고 그것을 주창한 측도 애초에 지녔던 목적을 달성했다고 할 수 없어, 결국 법적 해결 일변도란 매우 불완전하고 불안정한 방도라는 것을 인정하는 처지에 처하게 되었다. 반면 유럽이나 오스트레일리아 등 다른 나라는 미국에서처럼 기업의 요구에 너무 부응하는 양상에 동조하고 있지 않다.

우리나라에서는 2005년 1월 16일 시행 음악관련 저작권법에서 저작권, 인접저작권, 전송권을 인정하게 되었다. 특히 소리바다의 문제와 관련하여 운영자는 무죄이고 이용자는 유죄라는 판결이 내려졌다. P2P로 파일을 보내면 전송권 침해이고 파일을 받으면 복제권 침해로 되어 이용자는 모두 저작권법을 위반하는 것으로 되었다. 그러나 운영자는 저작권법을 침해하겠다는 목적을 가지고 P2P를 운영하는 것이 아니므로 저작권법 위반의 방조자로 볼 수 없다고 하여 무죄라고 판정되었다. 이때 저작권자, 실연자, 음반제작자가 모두 전송권자로 인정되었다.

이러한 결정은 블로그, 미니 홈피, 카페의 활동을 크게 위축시키게 될 것으로 우려되고 있다. 여기에서 우리나라에서도 저작권자가 저작물의 일정한 이용범위를 정하여 공개하도록 하고 이용자는 적절한 대가를 내면서 저작권자가 적시한 범위 내에서 이를 이용하도록 하는 타협안이 한시적으로라도 채택되어야 할 필요가 생긴다.

지재권법제 운영의 불확실성 및 불확실성 최소화의 필요

미국은 법률가들의 나라이다. 미국은 여러 나라로부터의 여러 인종이 모여 만든 나라이기 때문에 초기에는 법과 규칙이 미처 정비되지 않은 상태에서 오로지 힘이 지배하는 사회로 됨을 피할 수 없었다. 그러다가 사회가 어느 정도 정돈되고 난 이후 각기 다른 인종들 중 어느 인종 어느 문화의 도덕률 내지 윤리의식을 선택해 그것만을 따르도록 할 길이 없었기에 공식적으로 결정해 객관화된 성문법을 기준으로 삼고 이것이 모든 것을 지배하게끔 하는 성문법 우위원칙을 정립하게 되었다. 그런데 이러한 성문법의 제 규정이 이견이 전혀 있을 수 없게끔 그 의미가 확실하고 누구에게나 자명한 것이라면 문제가 없겠으나 실상은 그러하지 못하다. 많은 성문법규정은 애매하고 불분명한 부분을 가지고 있다. 여기에서 이러한 불분명성을 다투고 쟁점을 해결하는 데 법률가들이 결정적 역할을 하게 되는 것이다.

그런데 미국의 법률문화는 당사자주의에 지배되고 있다. 당사자가 아닌 재판관이나 배심원들로서는 스스로 실체적 진실을 찾아야 한다는 의식이 다른 나라에 비해 미약하다 한다. 분쟁의 당사자가 모든 증거와 논리를 제시해야 하고 재판관이나 배심원은 이렇게 제시된 증거와 논의만을 보고 판단을 내리면 족하게 되어 있기 때문이다. 이런 상황에서 분쟁에 이기기 위해서는 증거와 논증에서 상대방을 압도하기만 하면 된다. 아무튼 법규정상의 모호성 및 그것의 해석 및 운영과정에서의 불확실성 때문에 법률가의 역할이 대단히 중요하게 되었고 그것의 부작용의 일환으로 법률제도의 남용도 따라오게 되었다.

지적재산권 관련 법제는 여러 법제 중 최근 가장 많은 관심을 모으는 분야이다. 숨어 있는 쟁점이 많고 그 해결과정에서 반드시 일관성을 정립했다고도 할 수 없는 것이 현재의 상태이기 때문이다. 이 분야에서의 불확실성은 다른 어느 분야에서의 그것보다 크다 할 수 있다. 그 가장 극단적인 예가 지재권자가 자신의 권리를 계약법에 의해 보호하려고 할 때 나타난다. 예컨대 어떤 것을 생산한 뒤 그것을 다른 사람으로 하여금 이용하게 하면서 대가를 받으려고 할 때 이를 제품(commodity)으로 보고 그 소유권을 양도하는 대신에 일정한 조건하에서 그것을 사용할 수 있는 권리를 부여하는 라이센스를 하는 것으로 보면서 이때의 일정한 조건을 계약조건으로 확정하는 경우이다. 이런 때 라이센스 조건에 대한 기술은 매우 작은 글자로 복잡하고 애매하게 쓰여져 있는 경우가 대부분이며 이들 제품을 사용하려고 하는 수요자는 계약에 임해 계약내용을 잘 숙지 못한 채 사용하기 시작하는 경우가 비일비재하다.

사정이 이러한대도 계약은 계약이라 반드시 준수되어야 한다는 점을 강조하다보니 그 곳에 개재되어 있는 사실상의 불공평이 간과되고 무시되기 쉽다. 이것은 라이센스를 하는 측이 횡포를 부릴 가능성을 내포한다. 여기에다 이러한 계약문구가 미국 법제를 비판할 때 가끔 언급되듯이 “법률가는 여러 가지 방식으로 이해할 수 있으나 비법률가는 도저히 이해할 수 없는” 정도의 애매성을 가지고 쓰여져 있는 경우라면 법률전문가의 우위와 횡포는 극에 달하게 된다.

계약을 이용하는 방식에서의 애매성을 보여주는 다른 예로 비교 책임해태론이 있다. 계약은 한 쪽이 계약안을 성안하여 다른 쪽에 보내고 다른 쪽이 그것에 동의하거나 그것에 대한 수정안을 보내는 과정을 여러 차례 거쳐, 최종 수정안에 대해 양쪽이 모두 동의할 때 성립하게 된다. 계약내용은 양방이 모두 동의해야 효과를 가지게 되는 것이기에 어느 한 쪽이라도 이의를 제기하면 계약은 성사되지 않는다. 그러나 계약안이 수천 페이지에 달하는 경우 일방이 그것을 보내면 타방은 그것을 자세히 검토하기보다 자신이 만든 안을 수정안이라고 보내는 경우가 많다. 핑퐁을 하는 것이다. 이러한 핑퐁을 여러 번 하는 경우 계약은 쉽게 성립되지 않는다. 이러한 계약 미성립의 도중에서 계약하려던 양 당사자들 사이에서 이해관계의 변화가 있게 되고 그로써 일방이 손해를 보게 되면 그러한 손해에 대한 책임문제가 발생하게 된다. 이러한 ‘뜨거운 감자 돌리기’ 게임에서 미국법은 비교 책임해태론(comparative negligence thesis)을 동원하여 계약안 작성과정에서 소홀함이 큰쪽에다 더 큰 책임을 부과하고 있다. 그런데 이러한 예는 일면 타당성을 가지는 것 같기는 하나 전체적으로 볼 때에는 과연 일관성을 가지고 있는 것인지 또는 법제가 완결성을 가지는 것인지를 의심하게 하기도 한다. 그러나 이러한 미흡함에도 불구하고 지재권 관련 계약에서 거의 모든 나라는 미국의 영향을 받아 이러한 실상을 현실로 받아들이면서 살아가고 있다.

앞에서 언급된대로 미국은 이 세상에서 지재권을 가장 많이 생산하고 또 소유하고 있는 나라이다. 이런 나라가 지재권의 보호제도를 더욱 강화시키고 복잡하게 만들어가고 있으면서 그 방도로서 자국의 실정에 가장 적합한 내용을 가진 법제의 운영이라는 공식적 보호수단 이외에 이상의 법제의 운영관행에서 유래하는 바 심한 불확실성을 다른 나라보다 더 효과적으로 활용한다는 비공식적 보호수단도 이용하고 있다. 그러니 미국이 아닌 다른 나라들은 상당히 어려운 처지에 처하게 될 수밖에 없다. 그러나 이들은 어차피 이 세상을 미국과 함께 살아나가야 하기 때문에 미국이 시행하는 이러한 제도에 적응할 수밖에 없다. 미국을 주요 교역국으로 가지는 우리도 이 점을 유의해야 한다. 과연 지재권 관련 소송이 근년 대단히 많아지고 있고 그로써 그것과 관련된 불확실성이 매우 커졌다. 이런 와중에서 이러한 소송에서 이길 확률을 높이기 위해서는 미국 또는 다른 여러 곳 중 어느 곳에서 소송을 하여야 하느냐 하는 관할권 쇼핑의 꼴사나운 문제까지 대두하고 있다.

지재권 관련 불확실성을 고려함에 즈음하여 지재권을 가지는 사람에게 미치는 복제(copying)의 영향이 항시 지재권자의 이익을 해치는 식으로 되지만은 않는다는 점을 인지해야 하겠다. 실상 지재권 문제는 경제학적으로 보면 다면성을 지니는 문제이다. 이 점을 보이는 예는 여럿 있다. 그 한 예로 Xerox 사의 photocopy가 처음 나타났을 때 최초에는 이것을 이용하여 복사를 하는 것을 이용자가 누가 되든 출판계에게는 해가 될 것이라고 예견하고 출판계는 두려워하였다. 그러나 종국적으로 책값이 싸지게 되는 것과 더불어 복사의 대상이 전문잡지로 바뀌게 되면서 이러한 우려는 해소되었다. 전문잡지는 도서관이 구입하고 일반 이용자는 도서관에서 필요한 부분을 복사하여 이용하며 출판사는 도서관에 전문잡지를 비싸게 팔 수 있게끔 교통정리됨으로써 복사의 일반화에도 불구하고 출판사는 존속할 수 있게 되었다. 복사를 하는 것이 출판사는 물론 잡지사 또는 잡지의 내용물을 만드는 사람들에게도 별 손실을 끼치지 않는 것으로 정착되었다. 나아가 이러한 변화과정에서 도서관에 가서 전문잡지를 복사하는 것은 지재권의 침해라고 여겨지지 않게 되었다.

다른 예로서, video-tape이 처음 나왔을 때 그것이 공중파 TV 방송의 시장을 빼앗을 것이고 그로써 공중파 TV는 광고료 수입을 잃게 될 것을 걱정했었다. 그러나 차후 video tape이 공중파 방송을 대체하는 데에는 한계가 있다는 것이 밝혀졌다. 공중파 방송을 복사해 비디오 필름에 담아 두었다가 나중에 보는 것이 불편할 뿐만 아니라 비디오를 보는 시간에는 그 시간에 방영되는 공중파방송을 볼 수 없게도 하여 비디오 테입이 별로 활용되지 않게 되었기 때문이다. 결과적으로 공중파방송의 내용을 비디오에 담아 차후에 보는 일은 별로 실제화 되지 않았다. 그 대신 비디오는 극장에 가지 않고도 영화를 볼 수 있게 하는 새로운 방도로 부각되었으며 그로써 영화 필름의 지재권을 가진 사람들에게 추가의 수입원으로 되었다. 이른바 one-source multi-use를 가능하게 하여 지재권자의 이익을 해하기보다 돕는 것으로 되었다.

오디오 테입의 악곡을 복제하는 것도 레코드매출이 줄어들게 한 것보다는 한두 개 복사하다가 악곡이 좋아 녹음이 잘된 레코드나 테입을 사는 경우를 더 많이 유발시켜, 오디오 테입의 복사 역시 음반사에 별 손해를 입히지는 않았다고 평가되고 있다. 악곡을 담은 오디오 테입이 쇠퇴하게 된 것은 테입의 복사 때문이라기보다는 차라리 CD라는 그것의 대체물이 등장하게 된데 기인한다는 것이다. 실상 복제 후 듣는 것은 상당히 한정된 부분만이라 할 수 있다. 즉 공정이용의 범위 내에 있다고 할 수 있다. 반면 복제가 가능해진 이후에 음악을 듣고 CD를 새로이 구입하는 경우는 많아지게 되었다. 복사가 새로운 수요를 창출해내는 효과를 가져온 것이라 하겠다.

결국 이런 고려의 초점은 복사를 허용할 때의 직접적 수요 감소와 복사 허용에 의한 제품의 인식제고 및 그에 따른 새로운 수요의 발현이라는 두 가지 요소 중 어느 것이 더 크냐의 문제가 되는데, 이러한 질문에 대한 대답은 여러 예상하지 못했던 요소들을 많이 지니고 있어 대단히 어렵다. 아무튼 이러한 측면은 지재권의 침해 여부에 대한 종래의 법적 분쟁에서는 미처 고려하지 못했던 단면으로서, 지재권의 주장이 공정이용을 심하게 제약하게 되어서는 안 되고 또 어떤 제한을 위해 규제와 감독을 해야 할 때에도 그를 위한 행정적 비용이 너무 과도하게 되어서도 안 된다는 의견에 힘을 보태는 것이라 하겠다. 지재권 문제에 대한 접근에 단순한 법적 접근 이상 경제학적이고 사회학적인 다면적 접근이 필요하다는 것을 보이는 예라 하겠다.

지적재산권의 방도는 지적 생산물의 생산자의 권리와 사용자의 권리를 조화시키는 문제를 생산자에게 일정한 독점권을 주는 방식으로 해결하려고 한 것이었는데 과도한 법적 대응 내지 혼란을 불러와 일종의 냉소주의와 무력감을 불러일으킨 감이 있다. 디지털 재화(digital good)와 관련해 전자적으로 유통될 때 유통비용이 매우 저렴하고 또 생산비용은 첫 번째 재화에 대해서는 매우 크나 두 번째 재화부터는 매우 작다는 근본적 특성이 있는데도 불구하고, 디지털 재화에 대해서도 종래의 재화처럼 독점가격에 근사한 가격을 받으려고 하는 지재권자측의 입장과 웹에서의 다른 디지털재의 이용관행 때문에 디지털재에 대해서는 대가를 내지 않고 무료로 쓰려고 하는 이용자들의 습성이 여전하며, 이 둘 사이의 간격에서 이런 결과가 배태된 것이다. 어떤 이상적인 타협책으로 그 간격을 좁히기가 쉽지 않겠기에 냉소주의 등을 불러일으키게 된 것이다. 따라서 이 어려운 문제에 대해 단시일 내에 어떤 하나의 통일된 타협책이 마련되어 널리 통용될 수 있게 되리라 낙관하기는 어렵다.

그런 가운데에서도 우선 특허행정을 비롯해 지재권 문제를 담당하는 행정력이 모자라 진정한 혁신과 그러하지 못한 종래의 비즈니스 관행이 모두 특허를 받게 되던 실상을 지양할 수 있게 되어야 할 것이고, 그로써 불필요한 쟁송이 잦아지면서 법률만능 내지 법률불신을 야기하는 상황은 피할 수 있어야 할 것이다. 특허를 받은 것 중 일부만이 특허로 인한 특권을 누리고 나머지는 모두 사실상 사장되고 있음에도 불구하고 이들을 차별하지 않고 일률적으로 심사하는 사정 속에 숨어 있는 사회경제적 낭비도 심사과정을 보다 유인합치적인 방향으로 재설계함으로써 극복할 수 있어야 할 것이다. 특허를 부여하는 것의 중심이 특허권자에게 독점권을 주는 것이 아니라 과학기술발전을 촉진시키는 데 있다는 것을 다시 확인해야 하겠고, 특허신청은 늘어나고 신청한 내용은 전문화되고 복잡화되는 데 특허행정을 담당하는 사람들은 인원수나 능력면에서 20년과 별반 다르지 않다는 사정이 빨리 시정되어야 하겠다. 그로써 지재권의 문제가 관련 전문가에 의해 다루어지고 해결되어야 하지, 형식논리에 지배받는 법률가에게 전적으로 위양되는 사정은 지양되어야 하겠다.[30)]

저작권은 새로운 표현을 함으로써 성립하게 되고 별도의 조치를 필요로

30) New York Times, Patently Ridiculous, March 22, 2006. 여기에서는 Blackberry의 사건에서 주어져서는 부적합하다고도 여겨진 특허 때문에 동사가 쟁송에 휘말리고 영업정지의 위협에 처하게 되어 6억 이상의 대가를 주고 타협을 한 뒤 영업을 계속하게 된 사정을 보도하고, 나아가 특허분쟁에서 많은 기업들이 정식으로 당부를 다투기보다 대가를 주고 적당히 타협하려는 경향을 보이고 있다는 점을 비판하고 있다.

하지 않는다. 그러나 새로운 표현을 누가 먼저 했느냐를 다툼에 있어 법적 쟁송에 휘말리게 되었을 때 불분명성이 있을 수 있다. 이를 시정해보고자 하여 등록제도를 운영할 수도 있다. 즉 공적기관에 저작권의 대상을 등록하게 하여 차후 표현시점에 대한 시비를 가리는 데 도움이 되도록 할 수가 있다. 현재의 DMCA는 저작권문제에 관련해 그 내적 불완결성으로 각종 쟁송을 불러오고 있고 동시에 수많은 범죄자를 양산하고 있다. 이에 어서 이 법을 개정해 불확실성을 제거하도록 해야 한다는 목소리가 높다.

03 | 접속개방(open access)과 접속료(access charge)

현재의 정보화사회는 여러 상업화된 네트워크들로 지탱되고 있다. 이런 상황 아래에서 정보화사회를 살아가기 위해서는 여러 네트워크를 이용하지 않을 수 없다. 이를 네트워크 제공자의 입장에서 보면 자신의 네트워크 이외에 다른 사업자의 네트워크도 차용해 서비스제공에 공여해야 할 경우가 많다는 것이 된다. 이런 때의 네트워크는 물리적 네트워크에 한정되지 않고 응용네트워크 및 컨텐트의 이용 상 필요한 네트워크를 포괄한다. 이런 때 네트워크는 전기나 전파처럼 일종의 사회간접자본 내지 인프라로 인지되는 것이며 그것을 개방함으로써 그것을 최선으로 이용할 수 있게 할 수 있다고 여겨진다.

사회의 인프라격인 모든 것은 설사 그것을 개인의 노력에 의해 건설했다 하더라도 사회공공의 목적에 맞게 쓰이도록 해야 한다. 그러한 것을 개인의 노력에 의해 갖추게 된 것이라도 이를 개인으로 하여금 독점사용하게 할 것이 아니라 다른 사람들과 나누어 쓰게(share)해야 한다. 이를 접속개방의 철학이라고 할 수 있겠는바, 이는 자본주의에서이지만 자기노력에 의한 과실이라도 그것을 모두 독점 소유하게 할 것이 아니라 다른 사람과 분유하게 하는 것이 사회발전을 위해 필요하다고 보는 생각을 그 배경으로 삼고 있는 것이다. 이러한 철학에서 공개접근(open access)의 원칙이 나타나게 되었으며, 이는 정보화사회에서 인프라로 인식한 네트워크의 이용에 관해서도 적용되고 있다. 그 결과 당연히 네트워크 사이에서는 상호접속이 이루어지게 되었다.

이렇게 접속개방이 이루어지게 됨으로써 네트워크의 전체 크기는 그러하지 않았을 경우에 비해 사실상 커지게 된다. 이에 Metcalfe의 법칙이 적용되어 사회 전체로는 보다 큰 이익을 도모할 수 있게 된다.[31] 이렇게 보아 접속개방은 통신서비스 이용자의 편의를 제고시키는 길이다. 나아가 이는 네트워크 사이의 경쟁체제를 불러온다. 그로써 통신망 운용의 효율성을 제고하고 통신설비의 중복투자를 방지하며, 망외부성 및 보편적 서비스 제공 등을 통해 사회후생을 증대시키게 된다.

어떤 하나의 네트워크의 입지에서 보아 다른 네트워크를 사용하는 것을 그 네트워크에 접속한다고 한다. 어떤 네트워크이든 그 건설과 유지에 코스트가 든다. 때문에 다른 네트워크에 접속해 그것을 이용하고자 하는 사람은 접속함에 임해 해당 네트워크의 건설 및 유지에 든 비용을 분담해야 한다. 이런 분담비를 접속료라 하는데, 그것은 접속설비비, 접속통화료, 부대서비스료를 포함한다. 접속료를 내는 당사자는 최종이용자일 수도 있고 최종이용자에게 서비스를 제공해 주는 지역의 교환망 사업자(local exchange carrier)일 수도 있다.

네트워크의 최종사용자는 최초 발신자 또는 의사소통을 시작(origination)한 사람이거나 수신자 또는 의사소통을 완결(termination)시키는 사람이다. 이들은 각각 어떤 하나의 네트워크에 연결되어 있다. 나아가 발신자와 수신자가 직접 연결되어 있는 네트워크는 같은 것일 수도 있고 그러하지 않은 것일 수도 있다. 소속된 네트워크가 같지 않은 상황에서 최종사용자간에 의사소통이 이루어지게 되기 위해서는 자신이 연결된 네트워크는 물론 다른 네트워크들도 이용할 수 있어야 한다. 발신자 또는 수신자는 종국적으로 네트워크 사용료를 내는 중에 실상 접속료를 부담하게 된다.

접속료의 규모가 문제가 된다. 자신의 네트워크를 빌려주는 측은 가능한

---

31) 일본의 NTT가 ISDN에 과다투자하고 나서 ADSL에의 투자에 소극적으로 되면서 그의 망을 개방하지 않아 일본의 초고속망 건설이 늦어지고 그로써 인터넷의 활용에 있어 지체되었다는 평가가 있다.

한 이를 많이 받으려고 할 것이고 그 반대로 빌리는 측은 가능한 한 적게 내려고 할 것이기 때문이다. 이는 접속료를 산정하여 관련 사업자간에 수수하는 일이 반드시 쉽지 않으리라는 것을 이야기 하는데, 사업자간 이견이 클 때 규제기구의 간여가 있게 된다. 특히 대규모의 많은 네트워크를 건설하여 보유하고 있는 사업자는 접속을 원하는 측이 그 건설원가 이하의 접속료를 내고 사용하려고 하거나 직접 건설한 사람의 자가 사용을 어렵게 할 수 있는 정도로 과다차용을 요구한다고 불평하는데, 이러한 네트워크 소유자와 차용자 사이의 분란과 이견을 해소하기 위한 논리적 귀결은 네트워크 사용료 내지 접속료를 장기증분원가(long-run incremental cost)와 같게 하라는 것이다.

그러나 장기증분원가를 구체적으로 계산한다는 것은 쉽지 않다. 실제는 이론처럼 쉽지 않아 구체적 시행에서 여러 어려움이 따라오게 된다. 동시에 이러한 불분명성 속에서 원가 이상으로 접속료를 받는 측은 이익을 보게 되고 그 반대측에서는 원가 이하의 접속료를 내는 측이 이익을 보게 된다.

네트워크의 이용을 시작한 것에 대해 징구한 부담(origination charge)이 원가보다 크다고 하면 발신자를 많이 가지고 있는 네트워크 사업자가 이익을 보게 될 것이다. 반대로 의사소통을 종결시키는 데 대해 징구한 부담(termination charge)이 원가보다 크다고 하면 수신자를 많이 가지고 있는 네트워크 사업자가 이익을 보게 될 것이다. 그런데 이때의 원가는 이상적으로는 장기증분원가이면 좋겠으나 통상적으로는 규제기관에 의해 결정되는 원가이거나 사업자간 협상에 의해 결정되는 원가이기가 쉽다. 어떤 부분에 있어 특정 네트워크가 독점자의 위치에 있다면 독점가격에 상응하는 가격수준에서 이용료로 징구하게 될 것이고 반대로 어떤 부분에 있어 여러 네트워크가 경쟁하고 있다면 경쟁가격에 상응하는 이용료가 징구되게 될 것이다.

나아가 이런 이용료를 어떻게 징수하느냐 하는 과금의 차원에서 보아, 발신자에 대해 과금하는 것과 수신자에 대해 과금하는 것에 다소간 차이가 나타나게 된다. 원칙적으로 의사소통의 양 당사자가 의사소통으로 이익을 본다고 할 수 있으므로 네트워크의 사용료를 이 둘이 분담해야 한다고 할 수 있겠으나 누구나 발신자가 되기도 하고 수신자가 되기도 하기 때문에 관행상 어느 한 쪽이 부담하기도 한다. 실상 상거래용 광고를 대량으로 발송하는

tele-marketer의 경우에는 수신자가 그러한 홍보성 정보를 반드시 받기를 원한다고 할 수 없기에 발신자측에서 사용료를 전부 부담해야 하고, 인터넷에서 검색을 하여 필요자료를 받는 경우에는 자료를 제공하는 측이 사용료를 부담하는 것이 타당하다고 할 수 없기에 수신자측에서 부담하는 것이 옳다. 그러나 실제로는 관행상 발신이 시작된 네트워크가 발신자에게 요금을 징구한 뒤 그러한 의사소통에 협력한 다른 네트워크와 그 수입을 나누는 경우가 대부분이다. 나아가 네트워크의 수가 많아 발신자가 네트워크를 여러 후보자 중에서 선택할 수 있을 때에는 원가 이상으로 높은 접속료를 받는 네트워크를 기피하고 상대적으로 작은 접속료를 요구하는 네트워크를 이용하게 되어 네트워크 사이에서 경쟁이 이루어지게 된다.

유무선 통합이 이야기된다는 것은 유선 네트워크와 무선 네트워크 사이에서 많은 통신이 이루어지게 된다는 것을 의미한다. 과거 유선통신망만 있다가 소규모의 무선통신망이 나타나게 되었을 때에는 무선측이 유선망을 이용하는 트래픽이 많았고 그로써 접속료는 M(mobile)에서 L(land)에게 주어졌다. 그러나 무선통신가입자가 유선가입자를 능가하게 되고 또 여러 무선사업자가 있게 됨에 따라 접속료는 M에서 L로 뿐만 아니라 M에서 M으로, 또 L에서 M으로 흐르게 되었다. 접속료 정산의 문제는 매우 어려운 문제로 되었으며 접속료의 다과가 각개 사업자들의 이윤을 심각하게 좌우하는 요인으로 되고 있다.

04 | 디지털 디바이드(digital divide)

사람들 사이에서 정보화사회에 적응하는 데에 차이가 있다. 예컨대 인터넷에 접근하기 위해서는 PC등 기기를 구입해야 하고 관련 SW를 마련하는 등의 선행투자가 필요한데 이에는 상당한 돈이 소요된다. 때문에 경제적 능력이 한정된 사람들은 이를 부담하기가 어렵다. 관련 기기를 마련할 길이 없어 네트워크에 접근할 수 있는 길이 어떤 사람에게는 막히게 되는 수가 있다. 그로써 접근기회를 가진 사람들과 접근기회를 가지지 못한 사람들 사이에서 차이가 나타나게 될 수가 있다. 이것이 지식정보화사회에서 심각한 사회문제를 일으키게 된다는 점을 강조하고자 하여 정보보유(information-have)와 정보미보유(information-have-not)을 대비시키고 이 둘 사이의 격차를 지칭하여 '디지털 디바이드' 또는 '정보양극화'라는 용어를 사용해 표현한다. 나아가 이런 격차를 시정하도록 하고자 하여 길거리, 학교 등에 컴퓨터를 설치한 후 필요에 따라 널리 이용할 수 있도록 하려고 한다.

그런데 일단 인터넷에의 접근은 이루어졌다고 하더라도 그것을 어느 정도 효과적으로 이용하느냐 하는 측면에서 다시 차이가 난다. 정보바다의 많은 정보는 어떤 것이 유용한 것임을 알고 그런 것을 효율적으로 이용할 수 있는 사람에게만 가치가 있다. 그런데 이는 학습능력, 창의력, 각종 언어능력, 다양한 문화의 이해, 사회적 인습 및 인간관계 등에서의 차이에 따라 다를 수밖에 없다. 이런 의미에서 정보화사회에의 적응능력에는 세대, 성, 연령, 지역, 직업, 소득, 신체장애 여부 등에 따라 상당한 차이가 있다고 할 수 있다. 그러니 이러한 차이의 존재를 인지하기 전에 단지 컴퓨터에의 접근이라는 물질적 차원만을 보고 정보양극화 또는 디지털 디바이드를 말한다는 것은 잘못된 것이라 할 수 있다. 기술 측면을 너무 강조하다 보면 그것과 더불어 갖추어져야 하는 비기술적 요소들을 소홀히 하게 될 위험이 있고 이는 어느 사회가 진정으로 지식정보화사회로 발전해 나가는데 도움이 되지 않는다.

정보 빈부격차는 즉각 소득격차를 불러일으키기도 하여 사회적으로 결코 바람직스럽지 못하다. 따라서 이를 해소할 수 있어야 한다. 정보 빈부격차를 해소하기 위하여 우선은 인터넷에 접근을 가능하게 하는 기기, 장비를 널리 마련하도록 해야 하고 그 다음 정보 취약자들의 이용능력을 제고시켜야 한다. 저소득층이 교육받아 이용에 두려움을 가지지 않도록 해야 하고 정보기기의 보다 용이한 이용을 가능하게 하는 음성인식기술 등 새로운 기술도 개발해 활용할 수 있게 해야 한다.

우리는 2001년 'Cyber Korea 21'이라는 계획하에서 이의 해소를 기도해 본바 있다. 그 곳에서는 PC의 보급을 늘리고 초고속 인터넷망을 조기 구축하며, 시설이용을 쉽게 하고 정보화교육 선도교사를 이용해 전 국민에게 쉽게 교육함으로써 정보화교육을 강화하며, 장애인을 특별지원하고 저소득자를 지원하는 등 공공정보서비스를 확충하려고 계획했다. 단 이것으로 기기의 측면이 강조되는 느낌이 있었고 비기술적 제도 문화적 차원은 소홀히 되고 있지 않았느냐 하는 우려를 자아냈다.

정보 빈부격차를 기업간에서도 생각해 볼 수 있다. 여러 차원에서 생각해 볼 수 있는 정보 빈부격차 중 특히 주목받는 것은 선진국과 후진국 간의 정보격차이다. 이에는 전자가 경제적으로 부유해 인터넷 사용이 여러 가지로 유리한 처지에 있다는 것 이외에 현재의 IP주소를 대부분 선진국이 사용하고 있어 후진국에 배분할 수 있는 여분이 불충분하다는 것이 포함된다. 이러한 격차는 IP주소체계를 현재의 32비트체계에서 128비트체계로 바꿈으로서 해결될 수 있을 것이다. 나아가 이러한 변화는 정보보안의 문제에도 도움이 될 것이라고 예상한다.

선후진국간 정보 빈부격차를 해소하려는 노력의 하나가 100불 정도의 값싼 PC를 만들어 이를 후진국에 제공하도록 하자는 것이다. 이를 위해 상대적으로 값싼 프로세서를 쓰고 하드 디스크 대신에 프레쉬 메모리를 쓰며 SW로는 모두 원천공개SW를 쓰도록 하며, 인터넷 접속은 무선으로 할 수 있도록 하자고 한다. 나아가 이런 저가 PC가 대량으로 생산되게 되면 그 가격은 더 떨어지게 될 것이라 본다. 이러한 저가 PC를 가지고 비싼 교사에게서 배우는 것 대신 자습으로 학습할 수 있게 함으로써 개도국의 어린이들의 교육에 획기적 전기를 마련할 수 있을 것이라 본다.

이른바 글로벌리제이션으로 지구촌이 하나로 통합되는 현상 속에서 디지털 디바이드는 그러하지 않았을 경우와 대비해 심화되는 경향이 있다. 우선 글로벌리제이션은 어느 나라에서나 소득의 양극화를 가져오고 있다. 그 가장 극단적 예로서 유명 운동화를 만들어 판매하는 경우를 생각해 볼 수 있다. 유명 운동화는 글로벌리제이션이 시현되기 이전에는 미국 중부지방 어느 소도시에서 생산되었고 그것의 생산코스트는 미국 노동자의 임금을 반영하였다. 그러다가 글로벌리제이션으로 그 운동화는 훨씬 낮은 임금을 주어도 되는 중국 노동자에 의해 중국에서 생산되게 되었다. 종래 미국 소도시에서 50

불에 생산되어 55불에 판매되던 것을 중국에서 생산하게 되니 20불에 생산하는 것이 가능하게 되었다. 그러나 그런 운동화는 글로벌리제이션으로 전세계적 성가를 구가하게 되어 200불에 팔리게 되기도 했다. 이러한 변화에 따라 미국 소도시의 노동자는 일자리를 잃었다. 중국의 노동자는 일자리를 얻게 되었으나 200불의 제품가격 중 20불 이하의 낮은 임금 밖에 얻지 못하였다. 반면 이러한 생산을 기획한 회사는 마케팅 등의 비용을 포함하나 180불에 근접하는 막대한 이익을 얻게 되었다. 미국과 중국의 저소득 노동자는 어려운 상태에서 벗어나지 못하는데 미국 기획사의 관리자들은 큰 이익을 얻게 되었다. 그로써 양극화가 심화되었다.

다음 글로벌리제이션은 정보통신서비스의 시장을 전세계적 차원으로 확대하였고 그로써 명성 내지 브랜드(brand name)가 중요하게 만들었다. 유명 정보통신서비스회사의 입지를 그 이전 보다 높이게 되었다. 그런데 이들은 이로써 네트워크 외부성으로부터 유래하는 이익까지 누리게 되었다. 그 이면에서 디지털 디바이드는 심화되었다.

디지털 디바이드에 대한 정통대책은 보편적 서비스기금을 마련해 인터넷의 접근이 어려운 사람들을 돕는 것이다. 그런데 글로벌리제이션으로 범세계적 차원에서 디지털 디바이드가 심화되는 경우에는 이러한 방법으로는 충분하지 못하게 되기가 쉽다. 여기에서 각 지역의 엘리트들이 글로벌리제이션으로 인해 심화되는 네트워크 효과의 영향을 한정화시키는 노력을 해야 할 필요가 생긴다.

정보화가 디지털 디바이드를 가져올 위험의 다른 편에서는 종래 이상 여러 사람으로 하여금 정보를 활용할 수 있도록 하는 디지털 대비(digital provide)의 측면도 있다. 이를 위하여 여러 컨텐트를 디지털화해서 온라인으로 무료 내지 저가로 전 세계의 모두가 이용할 수 있도록 하자는 운동이 시도되고 있다. 여러 언어로 문서, 지도, 사진, 녹음된 각종 자료를 적절한 해설과 함께 마련해 널리 쓰게 하자는 것이다.

이러한 정보원에 대한 접근을 컴퓨터 이외에 휴대전화로도 가능하게 하자는 것도 주목되고 있다. 이는 많은 개도국의 사람들 중에는 PC를 소지하지는 못하나 휴대전화는 상당히 가지고 있다는 현실에 적응하려는 것이다. 많은 개도국은 보통 유선전화 시스템을 갖기 위해 지불해야 하는 높은 고정투자비용을 감당할 수 없기 때문에 유선전화 시스템을 가지지 못하고 그 대신 고정투자비용이 비교적 낮은 무선전화 시스템을 갖추어 가고 있다. 그런데 이런 무선전화는 그 이전에는 불가능했던 정보의 교환을 할 수 있게 한다. 그리고 이러한 정보교환은 이런 사회에 전에는 없었던 경제적 기회를 제공해주고 있다. 예컨대 서로 떨어져 있으면서 육로교통이 발달되어 있지 않고 변변한 의사소통의 수단도 가지지 못했던 개도국 어촌들은 종래에는 각자 잡은 고기를 자기가 속한 어촌으로 가지고 돌아가는 방도 밖에 없었기에 사실상 자급자족 경제의 한계를 벗어나지 못하고 있었다. 어떤 곳에서 고기가 많이 잡히고 다른 곳에서 고기가 적게 잡히더라도 전자에서 가격이 떨어지거나 고기가 남아 부식하게 되는 것 및 후자에서 가격이 폭등하거나 고기부족이 심각하게 되는 것을 감수하는 것 이외에는 다른 도리가 없었다. 여러 곳들에서의 수급사정이나 성립되는 가격을 알 수가 없어 아르비트라쥐(arbitrage)가 이루어질 수 없었기 때문이었다. 그러다 무선전화가 도입되어 고기를 잡은 배들이 여러 어촌에서의 가격을 알아보고 편리한 해상교통을 이용하여 비싼 값을 받을 수 있는 곳으로 고기를 공급할 수 있게 됨으로써 이러한 장애를 극복할 수 있게 되었다. 이로써 제한된 의미의 디지털 프로바이드가 가능하게 되었다.

이러한 휴대전화는 이러한 단순한 정보교환수단 이상 인터넷에의 접근수단으로 되도록 개선되어야 할 것이다. 범세계적인 차원에서 마련된 디지털 정보를 알아 널리 활용하도록 하는 수단이 되게 해야 할 것이다. 그리고 그로써 디지털 디바이드를 한 단계 줄여야 할 것이다.

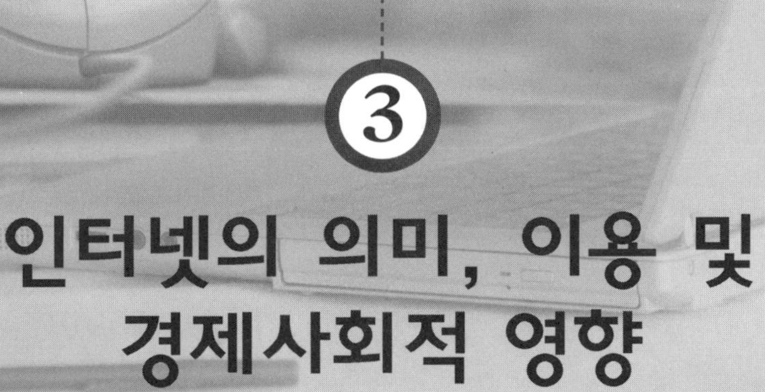

3

인터넷의 의미, 이용 및 경제사회적 영향

01 의 미

1. 네트워크의 네트워크

인터넷은 여러 네트워크가 그것들의 연결을 가능하게 해 주는 여러 접속 서비스 제공기관들의 서비스를 통해 전 세계적 차원으로 연계된 집합체이다. 인터넷은 그 이전에는 없었던 새로운 매체이다. 뒤의 인터넷의 기술적 기반을 살펴보면서 다시 점검하게 되겠지만 물리적으로 인터넷은 광섬유 등으로 만들어진 여러 회선, 데이터 덩어리인 패킷을 정리해 보내고 받는 라우터(router), 기타 하드웨어(HW)로 이루어진 각종 네트워크들의 복합체인 물리적 네트워크(physical network)로서의 단면을 가진다. 반면 실질적으로 보면 그것은 특정 언어에 따라 쓰여진 여러 웹 문서들을 특정 프로토콜을 써서 엮어 놓은 가상의 네트워크(virtual network)이다. 그러면서 인터넷은 이용자가 많아지면서 효용성이 커진다는 이른바 네트워크 외부경제성을 가장 크게 과시하는 네트워크이다. 그것은 지구촌에서의 시간과 공간적 제약을 상당한 정도 뛰어넘을 수 있게 함으로써 의사소통의 수단, 상거래의 수단, 연예오락의 수단으로도 되면서 종래 사람들 사이에서 존재해 오고 있었던 정보의 비대칭성을 크게 완화시키고 있다.

2. 비동질적 네트워크의 초월연계를 통한 연결유지

인터넷을 형성하는 각종 네트워크는 서로 동질적이지 않으며 비선형의 그물망 형태를 이루고 있다. 인터넷은 뒤에서 설명되는 비 TCP/IP 프로토콜에 기반을 둔 네트워크로서 개방성 및 양방향대화성의 특성을 지니고 있다.

그것은 또 각종 웹 페이지에서의 서로 연관되는 부분을 임의로 연결시키는 이른바 초월연계(hyperlink)의 이점을 지니고 있다. 이에 따라 인터넷은 그 이용방법이나 양태에서 유동적이고, 이용자들 사이에서 수평적이다.

아직까지도 인터넷을 Internet이라고 대문자를 써 표현하는 경우가 많으나 근년에 들어와서는 internet이라고 소문자를 써서 표현하는 계기가 늘어나고 있다. 나아가서는 인터넷이라는 단어를 인터넷을 한다는 동사로도 쓰게까지 되었다. 이는 인터넷이 사람들 생활의 일부로 이미 편안히 정착되어 가고 있음을 시사하는 것이다. 과거 TV나 라디오가 도입된 초기에는 이들을 대문자를 써서 각각 Television과 Radio로 표현했었다. 그러다가 이것들이 인간생활의 자연스러운 일부로 정착되면서 television과 radio로 표현되게 변화되었는데 인터넷 관련 위의 변화도 이와 상응한다 하겠다.

3. 인터넷의 특성 및 장단

인터넷은 이용자들로 하여금 익명성을 유지한 채 서로 대화를 할 수 있게 한다. 여러 사람이 참여하여 가상공간을 형성하면서 정보를 생산하고 재가공함을 통해 창의성을 발휘할 기회를 제공함으로써 개방상태에서 다원적 커뮤니케이션을 할 수 있게 한다. 인터넷 이용에서는 이용자의 현실세계에서의 사회적 신분이 영향력을 발휘할 소지가 거의 없다. 인터넷에서의 이러한 익명성은 사회적 거리감을 해소하는 결정적 요소이다. 그러나 동시에 그것은 사기, 욕설, 크래킹, 기타 범죄를 불러오기도 하고 명예훼손을 유발하기도 하며 정보의 신뢰성을 손상시키는 부작용을 낳기도 한다. 이런 부작용을 피하고자 하여 익명성을 배제하는 방도로서 예컨대 인터넷 실명제를 강제하게 되면 표현의 자유를 제약하는 결과를 가져올 수 있고 그러하지 않아 익명성을 용인한다면 엉뚱한 피해자를 양산할 수도 있어 인터넷 이용에는 진퇴양란의 어려운 측면이 숨어 있다.

인터넷은 IT혁명의 가장 중요한 요소이다. 그것은 정보를 찾고 전달하는 비용을 획기적으로 절감시킴으로써 의사소통을 수월하고 효율적으로 할 수 있게 만들었다. 정보의 비대칭을 줄이는데도 기여하였다. 나아가 그것은 전자상거래에서 보여지듯이 구매자와 판매자들로 하여금 그들 사이의 시간이나 공간상의 제약을 뛰어 넘어 보다 긴밀하게 소통하게 함으로써 중개행위를 무척 용이하고 값싸게 만들었다. 이는 여러 차원에서 유통에 드는 비용을 줄였고 또 사용자군을 확대하여 네트워크 외부경제성을 시현하였다. 그리고 이러한 변화는 경제사회의 여러 곳에서 수급사정을 변화시키어 공급체인 및 가치체인에 대한 변화를 가져왔다.

인터넷에서의 사이버 세상은 실제세상에서는 어려웠던 몇 가지를 가능하게 만들었다. 그것은 많은 사람들로 하여금 상대적으로 크지 않은 비용을 들이면서 정보의 바다에 드나들 수 있게 하였고, 실제세상에서 보다 더 확대된 의사표시의 무대를 가지게 하였으며, 상대적으로 저렴한 비용을 들이고 많은 데이터를 접할 수 있게 함으로써 일반인들이 누릴 수 있는 경제사회활동의 지평을 넓혀 주었다.

인터넷은 그 응용방법에 있어 아무런 제약이 없이 자유스러워 이른바 응용방법을 불문(application-blind)하고 있고 또 그것이 취급하는 내용물에서도 하등 제약이 없이 자유스러워 내용을 불문(content-blind)한다는 성격을 가지고 있다. 때문에 인터넷은 그것과 비교될 수 있는 다른 어떤 매체들과 대비해 볼 때 발전가능성이 크다. 전화의 컨텐트는 전화선을 배타적으로 점유하는 통화의 쌍방이 결정하나 그 응용방법은 양방향 '통화'에 한정되어 있다. 전화의 응용방법은 통화로 제약되어 있다는 점을 보아 매체로서의 전화는 응용불문(application-blind)하지 못하다고 할 수 있다. 방송에서의 방송 컨텐트는 방송국이라는 송신자가 일방적으로 결정하고 수신자는 송신자가 컨텐트와 더불어 내보내는 광고를 보아야 하는 피동적 대상일 뿐이다. 송신자와 수신자 사이의 상호작용을 통해 수신자의 요망이 방송 컨텐트의 작성에 적극 기여하게 될 직접적 여지가 별로 없다. 방송 컨텐트의 생산이나 선정에 방송 서비스의 수요자가 쉽게 참여할 길이 없다. 때문에 방송은 내용불문(content-blind)이지 못하다고 할 수 있다. 그러나 이러한 전화나 방송매체 등 기존의 매체와 달리 인터넷은 컨텐트의 선택 내지 생산에서는 물론 응용방법의 선정에서도 이용자가 개재할 여지가 많다. 결국 매체로서의 인터넷은 내용불문이고 응용불문(application-blind)이어서 상당히 자유스럽고 확대발전의 가능성이 크다.

02 이 용

1. 이용의 성격적 단면

인터넷 이용습관

인터넷은 여러 용도로 쓰이고 있으며 이런 용도는 보는 관점에 따라 여러 가지로 정리될 수 있다. 종래 인터넷 이용습관의 변화상을 보면, 먼저 이메일(e-mail), 실시간 메시지교환(instant messaging: IM), 게임, 정보검색 등이 주된 용도이었다. 이메일은 과거 편지쓰는 것을 대체하였고 전화하던 내용도 일방적으로 전할 수 있게 하여 매우 효율적인 의사소통의 수단으로 각광받고 있다. 그러나 그 후 스팸메일이 몰려오게 되었고 또 너무 많은 메일이 오는데 일일이 답신하기 어렵게 되어 이제는 이메일을 쓰는 것을 부담으로도 느끼게 하고 있다. 현재 많은 사람들은 받는 이메일을 모두 체크하지 못하는 상황에서 살고 있다. 이메일이 가지는 이러한 시간적 간극을 피하고자 하는 사람들은 IM을 선호한다.

그 이후 검색을 좀더 구체적이고 활발하게 하게 되면서 건강, 정부자료, 금융자료 등을 검색하는 데 인터넷을 집약적으로 쓰게 되었고, 그 다음 웹 페이지를 작성하여 일반의 열람에 공여하다가 커뮤니티를 만들고 채팅을 즐기게 되었으며, 그 이후 전자상거래를 위해 이용하게 되었다는 등 인터넷사용은 변천과정을 밟아 왔다. 나아가 전자상거래를 하는 데 있어서도 초기에는 소액의 일반품을 구매하는 것에 한정되었다가 차후 제법 큰 금액의 전문품도 거래하게끔 진화하게 되었다.

The Economist지는 2004년 5월 e-commerce에 대한 서베이에서 비교적 고속 인터넷 접근이 가능한 유럽의 인터넷 사용자들의 사용양태의 순위를 사용빈도가 많은 것부터 사용빈도가 작은 것의 순서에 따라 아래와 같이 제시한 바 있다.

① 이메일
② 영화나 비디오의 다운로드
③ P2P 파일교환
④ 오디오 듣기
⑤ 웹 사이트 작성 출판
⑥ 온라인 게임
⑦ 음악 다운로드
⑧ 전화하기
⑨ 경　　매
⑩ 구　　매
⑪ 금융거래
⑫ 연구발표
⑬ 구　　직

좀더 큰 분류를 가지고 본 현재 인터넷 이용의 순위를 보면, 첫째 정보수요자가 기업정보, 무역정보, 뉴스 등 정보원에의 접근수단으로서 쓰는 경우, 둘째 정보제공자가 홍보, 채용, 고객지원 등 서비스 제공시 매체로서 쓰는 경우, 셋째 전자상거래, 컨텐트 제공, 광고유치 등에서 거래의 양측이 모두 모여 시장으로 쓰는 경우, 넷째 정보전달, 의사소통, 정보공유, 커뮤니티(community)의 형성 등 기타 의사전달의 도구로 쓰는 경우를 들 수 있다.[1)]

1) 커뮤니티란 공통의 목적 또는 이해관계를 가지는 웹 사이트 이용자들의 모임으로서 서로 이메일을 하기도 하고 정보를 나누거나 채팅을 한다. 커뮤니티를 형성하기가 쉽지 않으나 일단 그것이 형성되고 나면 커뮤니티의 공간을 상업적 이용을 위해 임대하기도 하고 동호인들이 모여 공통의 관심사에 대해 의견을 나누면서 온라인에서이지만 공동체 의식을 배양해 나가기도 한다.

인터넷 이용의 성격과 문제점

인터넷의 기초는 전자문서라고 인식할 수 있는 웹 사이트(web site)이다. 웹 사이트를 마련하는 사람은 많은 사람이 찾아와 그 곳의 정보를 이용하도록 하고자 하는 목적을 가지고 웹 사이트에다 자발적으로 여러 정보를 올린다. 다른 측면에서 보면 인터넷을 이용해 의사소통을 하고자 하는 사람이 이른바 웹 사이트를 마련함으로써 먼저 의시표시의 단초를 마련하고, 그 이후 다른 사람이 그 곳을 방문함으로써 의사소통이 이루어지게 된다. 이를 컨텐트 측면에서 보면 이른바 웹(web)을 마련하고 그 곳의 컨텐트를 방문자로 하여금 이용하도록 하려는 목적을 가지고 인터넷을 이용하는 사람들의 상당수가 자발적으로 컨텐트를 생산해 제공하고 있다는 것이다. 특히 컨텐트의 생산 및 제공 측면에서의 이러한 적극성을 보아 흔히 인터넷 이용자를 생산자, 스토리 텔러(story teller), 양방향대화자(interactor) 등으로 표현하기도 한다.

단 현재 여러 사람들이 컨텐트를 생산할 수 있게 되어 있으나 모두가 그들의 100% 능력을 발휘해 컨텐트 생산에 기여하고 있지는 않다. 이러한 사정을 보아 현재의 인터넷의 응용방법과 컨텐트는 최근의 UCC열풍이 시사하듯 차후 보다 더 많은 사람들이 응용방법이나 컨텐트 생산에 참여하게 됨으로써 더욱더 개발될 수도 있을 것이다. 또 정보검색, 정보 다운로드(download), 이메일, 메신저, 뉴스 보기 등 현재 흔한 응용방법 이상으로 다양한 용도가 개발될 가능성이 크다고 할 수 있다. 인터넷의 응용방법에서 큰 발전가능성이 예견되고 있으며, 인터넷은 컨텐트와 응용시스템 차원 모두에서 큰 확대재생산의 여지를 가지고 있다.

웹 사이트는 전화번호부에서의 전화번호에 상당하는 것이다. 자신의 전화번호를 널리 알리려는 사람들은 이를 위하여 전화번호부에 번호를 등재해야 한다. 그런데 전화번호부에 등재하는 때 어떤 사람이 자신의 번호가 쉽게 인지될 수 있도록 다른 번호와 차별화시키고자 한다 하더라도 이를 위해 쓸 수 있는 효과적인 방법이 별로 없다. 그저 글자 크기를 크게 하거나 눈에 쉽게 띠도록 주변장식을 하는 정도이다. 그러나 웹을 가지고는 내용상 상당한 질적 차별화를 꾀해 효과적으로 주의를 끌 수 있다. 웹에서는 차별화를 위해 활용할 수 있는 공간에 융통성이 크고 또 웹을 설계하는 데 우수한 디자이너를 동원하게 되면 보다 큰 홍보효과 내지 광고효과를 도모할 수 있다.[2] 웹 사이트에서의 정보는 그것의 수요자를 의식하고 마련된다. 나아가 정보를 제공하고자 하는 사람이 그것을 자발적으로 준비해 제공하고 있기에 이용자로서는 웹을 통한 정보수집의 코스트가 매우 작다. 또 웹을 통하는 서비스는 서로 쉽게 소통(inter-operable)될 수 있다. 이런 소통은 뒤에서 설명되는 바 운영체계가 다르거나 응용방법(appliction)이 다르거나 플렛폼(platform)이 다르더라고 가능하다.

이렇게 마련된 여러 웹 사이트 중 관련 있는 웹을 찾아가 필요한 정보를 획득하는 것을 웹의 검색이라고 한다. 검색은 알고리즘에 의해 기계적으로 이루어지고 통상 그 결과는 수천 개 항목이 되는 등 매우 많다. 반면 사람이 검색결과를 보는데 있어 사용할 수 있는 시간이나 주의력에는 한계가 있다. 이에 찾고자 하는 것을 초기의 몇 페이지에 나타나도록 하여 검색자의 관심에 상응하는 결과를 보여주는 것이 중요하게 된다. 또 이러한 결과가 최대한 그 이용자에게 편리하고 유익한 것으로 되도록 내용과 화면의 배치를 조정할 필요도 있다.

웹 사이트를 근거로 하여 커뮤니티가 형성되고 채팅도 이루어지게 된다. 이렇게 웹 사이트를 이용하는 과정에서는 초월연계(hyperlink)의 성격을 십분 활용한다. 책이나 신문을 볼 때 이 페이지를 보다가 반드시 그 다음 페이지를 보지 않고 다른 페이지로 쉽사리 옮겨 갈 수 있고 또 옮겨 간데서 되돌아 올 수 있듯이 웹을 이용하는데 있어서도 초월연계 덕분에 어떤 웹 사이트에서 적시되어 있는 다른 웹 사이트로 즉각 이동해갈 수 있고 그 곳으로부터 다시 되돌아 올 수 있다. 이런 점은 인터넷 이용에서는 극장 등에 입장하려 할 때 줄을 서서 기다리고 있다가 앞의 사람이 들어가야 뒤의 사람이 들어간다는 식의 관습적 제약은 없다는 것을 말한다. 이러한 초월연계 때문에 어떤 웹 사이트를 방문하고 있는 사람은 웹의 배열순서에 구애받지 않고 다른 여러 관

2) 방송에서 선정적인 것, 사회적 파장이 큰 것 등의 내용을 마음대로 내보내지 못하는 제약이 있듯이 웹을 통하는 의사표명에서도 언론의 자유에 관한 일반적 한계에 상응하는 한계가 있을 수밖에 없다. 여기에서 앞으로 사려 깊지 못한 것이나 허용할 수 없는 것을 웹에서 구별할 수 있도록 하는 기준을 마련해야 한다는 필요가 대두한다.

련되는 웹 사이트를 방문하여 필요한 정보를 일일이 얻을 수 있다. 이른바 비선형적 검색(non-linear search)이 가능하다. 초월연계는 컴퓨터 앞에 한번 앉은 사람에게 이른바 정보획득의 one stop service를 누릴 수 있게 하는 매우 유용한 장치이다.[3] 또 웹을 이용하는 때 이용시간면에서의 제약도 없다. 1일 24시간 인터넷을 이용할 수 있다.

이러한 hyperlink는 웹에 많은 정보가 있을 뿐 아니라 그런 것들이 초월텍스트(hypertext)로 주어져 있기 때문에 가능하게 된 것이다. 이때 hypertext란 여러 데이터 항목이 수집 정리되어 있는 데이터베이스로서 그들 항목 사이의 관계가 명시적 연계로 표시되어 있어 단지 키워드(key word)를 찾는 방식을 통해 효과적으로 검색하는 것을 가능하게 해 주고 있다. 데이터의 타입이나 포맷이 다른 경우에도 장애받지 않고 별 제약 없이 이러한 비선형적 검색이 가능하게 하기 위해서는 상이한 종류의 데이터 사이에서 호환성이 있어야 한다. 현재의 HTML에서는 데이터 호환성에 다소 제한이 있는데 이것의 더 이상의 개선을 위해서 XML 웹 서비스의 역할이 기대되고 있다.

뒤의 기술적 기반을 보는데서 다시 살펴보겠지만, 최종사용자는 인터넷서비스 제공자(internet service provider: ISP)로부터 서비스를 제공받고 그 대가를 ISP에게 낸다. ISP는 이렇게 받은 대가의 일부를 컨텐트를 제공한 컨텐트 제공자(content provider: CP)에게 주고 또 백본의 제공자인 네트워크운영자(network operator: NO)에게 네트워크 사용료도 낸다. 이때 백본을 소유하는 주체는 높은 네트워크 사용료를 부과함으로써 중간의 ISP를 쫓아내고 자신이 직접 최종 사용자에게 서비스를 제공하려고 할 수도 있다. 이럴 경우 네트워크 운영자가 아닌 ISP는 구축될 수밖에 없다. 그러나 실제로 백본 소유자는 이렇게 하지는 않는데, 이는 아마 반독점에 대한 법적 제재가능성을 우려한 때문일 것이다.

---

3) 어떤 웹을 방문하는 사람은 그 곳에서 초월연계를 통해 간접적으로 제공되는 다른 웹의 정보를 접할 수 있다. 이 경우 다른 웹의 홈페이지를 거치지 않고 그 웹에서 제공되는 내용 중 필요한 일부에만 연계시키는 것을 deep-link한다고 하는데 이는 컨텐트의 침해행위로 인정된다. 그런 컨텐트를 제공하는 다른 웹은 통상 그런 컨텐트를 제공하면서 동시에 홈페이지를 통해 광고를 하는 경우가 많은데 홈페이지를 거치지 않는 연계는 그 컨텐트를 제공하고 있는 웹으로부터 광고할 수 있는 이러한 기회를 사실상 박탈하는 것으로 되기 때문이다. 홈페이지를 반드시 거쳐야 하다는 이런 필요는 deep-link를 해서는 안 된다는 것을 내포한다.

현재 광고, 등록비 징구, 이용료 징수 등 몇 가지 방안으로 인터넷서비스 제공에 대한 대가를 회수하고 있다. 그러나 그 어느 경우에 대해서도 이용에서 이용자가 얻는 한계효용과 상응하는 만큼의 요금을 내도록 하는 수익모델은 마련되어 있다고 하기 어렵다. 특히 유선방식의 인터넷 이용에서 그 이용대가를 징수하는 효과적인 방도가 제대로 개발되어 있다고 할 수 없다. 이것은 오늘날의 인터넷이 가지고 있는 심각한 문제중 하나이다. 그런데 이것과 대조적으로 휴대전화를 쓸 때에는 이용료를 내고 쓴다는 관행이 확고히 정립되어 있다. 따라서 무선전화를 쓰는 모바일 인터넷에서는 수익확보의 희망이 있다. 후술되겠지만 이런 수익확보의 여지는 휴대전화를 이용하는 무선 인터넷의 관행을 발전시키어 인터넷 사용 일반에 대해 정당한 사용대가를 징구할 수 있게 하는 관행을 정립하는 데 단초로 될 수 있으리라 기대를 모으고 있다. 물론 이러한 모바일 인터넷에서의 이용요금도 이용에 따른 한계효용과 정확히 대응하는 것으로 되고 있는지 여부는 의문이다.

뒤에서 보듯 유선인터넷의 이용료는 사실상 무료이거나 고정된 정액이다. 반면 무선인터넷의 이용료는 이용 정도에 따라 가변적이나 그러한 가변의 정도가 합당한지는 확인된 바 없다. 적어도 당분간은 그 이용료가 이용의 정도나 방법과 무관한 상태에서 운영될 유선인터넷과 그러한지 여부가 불분명한 무선인터넷이 병존하는 상태가 지속될 것이다. 궁극적으로는 인터넷의 이용용도와 서비스 제공기술의 변화에 대응하면서 유선인터넷과 무선인터넷의 적정 배합(optimal mix) 내지 분업체계가 이루어지고 이들 두 곳 모두에서 그것을 지탱하는 이용요금이 결정되게 될 것이다.

우리나라에서 NO 내지 백본시스템제공자(backbone system provider: BSP)로는 KT, 하나로, SK, KTF, LGT가 있으며, 이들 및 그 이외의 많은 ISP들이 웹 서버, 이메일 서버, 채팅 서버 등을 운영하고 있다. 현재 가입자망을 형성하는 방도에는 여러 가지가 있다. 전용회선을 깐 다음 라우터를 설치하는 경우, 일반전화망에 ADSL이나 ISDN을 부착하는 경우, ATM에 라우터를 설치하는 경우, 위성 및 기타 관련장치를 이용하는 경우, 케이블에 모뎀을 연결해 쓰는 경우, 각종 무선망에 무선단말기를 연결해 쓰는 경우 등이 그것들이다

컴퓨터 이용의 변천과 PC

현재 인터넷 이용의 기본기기로 쓰이는 것이 컴퓨터인데 이렇게 컴퓨터를 쓰게 된 것은 몇 단계의 변천을 겪은 결과이다. 1950년대 컴퓨터를 처음 쓰기 시작하였을 때의 컴퓨터 사용방식은 대형 컴퓨터(mainframe computer)에 수행하고자 하는 과제를 하나하나 맡기는 배취(batch) 방식이었다. 그러다가 1960년대 중반 미니 컴퓨터가 나타났고 차후 개인용 컴퓨터 PC가 보급되게 되면서 이른바 네트워크에 물리는 온라인(on-line)체제가 가능하게 되었다. 1970년대에 들어서서는 PC의 성능이 크게 향상되면서 PC의 역할이 제고되어 이른바 분산컴퓨팅(distributed computing)의 상황이 조성되었다. 1950년대 대형 컴퓨터를 쓰던 때의 성격을 top-down이라고 한다면 PC의 능동적 위상이 현저해진 이때에는 그와 대비되는 bottom-up의 상황이 조성되었다 할 수 있다. 그러다가 인터넷 이용이 확산되고 클라이언트(자원을 요청하는 컴퓨터와 이를 위해 사용되는 프로그램 및 사용자)인 PC들이 서버(자원을 보관, 제공하는 컴퓨터와 이를 위해 사용되는 프로그램)인 이곳저곳의 대형컴퓨터에 의존하는 클라이언트-서버(client/server)의 상황이 만들어지게 되었으며 이것이 오늘날까지 지속되고 있다.

이때 웹이 개발되어 이 둘 사이에서의 연결고리 역할을 하게 되었다는 것이 중요하다. 단 이런 환경에서는 서버의 역할이 절대적이었으며, 응용방법인 ERP, data warehousing 등의 응용 등을 통하여 각종 기업이나 조직에서 상당한 생산성향상을 도모할 수 있었다는 사실은 특히 주목될 만한 것이다. 한편 서버에 비해 클라이언트의 처지에 있는 PC는 서버와 대등하지 못한 종속적 위상을 가지고 있다. 그로써 PC는 그 성능을 100% 활용하지 못하게 되어 이른바 과소이용(under-utilization)의 딱한 처지에 처해 있다. 혹자는 과소이용의 정도를 40%정도라고 한다.

당연히 이러한 현재 상황에서의 미흡함을 극복하고자 하여 여러 가지 시도가 이루어지고 있다. 그 하나는 현재 과소이용되고 있는 PC를 좀더 이용할 수 있도록 하자는 것이다. 앞에서 설명한 P2P모델이 제시하는 바 모든 PC를 클라이언트인 동시에 서버 노릇도 하게 함으로써 PC의 잠재력을 십분 활용하게하고 동시에 서버의 역할은 축소시킴으로써 서버에의 과다 의존을 회피해 보자는 것이다.[4] 다른 하나는 클라이언트를 더 경량화하자는 것이다. 현재 과소이용되고 있는 PC 속의 각종 프로그램을 여러 부분으로 더 세분화하여 그 중 상당 부분을 네트워크에 저장해두고 필요한 때 필요한 것만을 찾아다 쓸 수 있도록 하면서 PC는 더 간편하게 만들자는 것이다. 이럴 경우 현재 PC는 경량화될 수 있어 과소이용의 소지는 없어지고, 그로써 네트워크 중심체제로 이행해 나갈 수 있으리라는 것이다. 이런 후자의 방향이 차세대 인터넷의 방향일 것이라고 주장되기도 한다.

이런 방향에 합치하는 것이라고 보여 주목받고 있는 것이 네트워크 컴퓨터 또는 경박 컴퓨터(thin computer)이다. 이것은 하드 드라이브를 없애고 SW는 네트워크에서 가져다 쓰게 하는 컴퓨터로서 구입가격이 현재의 PC에 비해 쌀뿐 아니라 유지보수의 비용도 싸고 자체적 SW를 가지고 있지 않아 바이러스 침입이나 해킹으로부터도 보다 자유로워 안전성 면에서도 유리하다 한다. 이는 이른바 컴퓨터를 이용하는 것을 사실상 서비스로 치환시키려는 것이다.

이러한 경박 컴퓨터에의 욕구는 돈 잘 버는 MS에 대한 반발에서 Oracle이나 SUN에 의해 과거 표명되었던 것이다. 그러나 이제 인터넷이 보편화되고 HW, SW, 네트워크 면에서 기술발전 및 안정화가 상당한 정도 이루어지게 됨에 따라 일부의 희망 이상으로 실현될 수 있는 가까운 미래상으로 된 것이다. 미국에서는 단순한 메시지를 적어 보내고 받으면서 중앙의 서버에 보관되어 있는 자료를 조회하기만 하면 되게 한 경찰업무에서 이것이 부분적으로 실현되고 있다. 반면 자체적으로 큰 데이터 처리능력을 가져야 하는 그래픽 디자이너, 엔지니어, 금융자료 분석가 등에게는 여전히 종래의 고용량 컴퓨터가 필수적이다. 또 국제적 디지털 디바이드를 구체적으로 염려하고 있는 중국, 인도 등 가난한 나라에서 이런 경박 컴퓨터가 환영받고 있다.

인터넷 이용에 부응하여 이용되는 PC가 많아지게 되자 네트워크에서 필

---

4) 현재 과소이용되고 있는 PC의 계산능력을 함께 묶어 사실상의 슈퍼컴퓨터를 만들려는 SETI@home의 노력이나 PC의 연결이 반드시 안정적이지 못하다는 한계점을 극복하고자 하면서 instant message program을 이용해 동시적 소통을 꾀하려고 한 노력이 이런 성격의 것이다. 이들은 각각 네트워크에 연결된 PC의 잠재력을 계산능력이나 커뮤니케이션의 단면에서 추가 사용하려는 것이다.

요한 SW를 다운로드 받아 이를 기반으로 하여 각종 서비스를 제공하는 웹도 많아지게 되었다. 메신저, 사진관리, 비디오 데이터관리, 블로그 등 의 다양한 일을 할 수 있게 하는 서비스를 쉽게 이용할 수 있게 되었다. 이러한 서비스를 보다 편리하게 제공함으로써 웹에 방문객이 많아지게 하고 그에 대응해 보다 많은 광고를 유치해 보려는 시도가 강렬하게 되었다. 온라인 광고의 중요성이 더욱 커지게 되면서 이러한 시도는 강도를 더해 갈 것이다.

클라이언트-서버 구조의 변천전망: cloud computing

아무튼 현재 인터넷을 사용하는 과정을 형식적으로 보면 클라이언트와 서버 사이의 요구 및 응답과정이라 할 수 있다. 전화에서의 음성, 오디오에서의 음악, TV나 비디오에서의 화상, 영화에서의 영상 등에서의 자료가 모두 디지털화되고 모두 인터넷 프로토콜을 사용하게 됨을 통해 이미 인터넷에서 수용될 수 있게 되었거나 앞으로 수용되게 될 것인데, 이에 따라 인터넷을 매개로 하여 기왕의 각종 매체들 간의 차별이 최소한으로 되고 컴퓨터 자원의 공유가 가능하게 되어 정보의 융합화가 이루어지게 될 것이다. 융합화 이후에도 중앙에 서버가 있을 여지가 크나 서버가 항시 규정되어 있을 필요는 없다. P2P모델에서 볼 수 있듯이 PC들이 서로 서버가 되기도 할 수 있고, 이런 경우에는 중앙에 통제기구가 없어지게 되어 인터넷에서 기능적 무정부성이 보여지게 되기 쉽다.

IBM이 시작한 cloud computing은 이를 한 단계 더 진전시키려는 노력이다. 인터넷 기반 슈퍼컴퓨팅이라고 성격지워지는 cloud computing은 주로 공개원천의 SW를 이용하면서 거대한 보관능력을 가진 데이터센터에서의 데이터를 여러 컴퓨터를 연결해 쓸 수 있게 하는 것이다. 이런 때 데이터센터는 HW, SW, 데이터, 응용방법, 저장용량 등 컴퓨팅을 위해 필요한 모든 재원을 갖추고 있는 것으로서 전기라는 공익재를 제공하는 발전소에 상응하는 것이다. 이러한 데이터센터를 이용할 수 있게 됨으로써 제고된 계산능력을 널리 활용할 수 있게 하여 고용량의 컴퓨팅 능력이 필요한 각종 작업을 서버 또는 PC차원에서 수행할 수 있게 하려고 하고 있다. 과거에는 개별 가정과 공장이 발전기를 갖추고 발전을 해 전기를 자가 공급했었으나 이제는 전기는 거대 발전소가 생산하고 개별 가정과 공장은 공익재인 전기를 필요한 때 필요한 만큼 사용하고 사용한 만큼 요금을 내면 되게 되어 있다. 이것과 상응하게끔 cloud computing에서는 데이터를 써 계산을 하는데서도 데이터와 컴퓨팅 능력은 공익재로서 공급받고 이용자는 그것을 필요한 만큼 이용하고 이용한 만큼 요금을 내게끔 시스템을 바꿔 보자는 것이다.

이러한 시스템은 개별 이용자에게는 계산능력을 제고할 수 있게 할 뿐 아니라 상당히 큰 용량의 데이터를 개인이나 개별 기업이 개별적으로 유지하고 보관할 필요를 없애, 그 이전에 비해 데이터를 비교적 안전하고 값 싸게 취급하고 저장할 수 있게도 한다. 그로써 이것은 스스로의 데이터센터를 가질 염두를 못내는 중소기업에게 이익이 된다. 또 은행 등 금융기관, 많은 서버를 운영하는 Google 등 인터넷 서비스회사들이 당면하는바 대용량의 계산작업을 자체의 계산능력을 대응하는 만큼 늘리지 않고도 인터넷을 통해 처리할 수 있게 한다. 단 이것이 편리하게 애용될 수 있도록 하기 위해서는 상당히 많은 SW를 웹에서 끌어다 쓸 수 있게 되어야 한다.

현재 대용량의 데이터는 Google, Yahoo, Amazon 등 대형 포털이 보유하고 있고 이들은 이러한 데이터와 자급의 거대 계산능력을 근거로 하여 검색서비스, 판매서비스, 미디어로서의 역할을 하면서 광고를 팔거나 이용료를 받아 수익을 얻고 있다. 즉 현재의 상황에서는 이러한 거대 포털이 구름(cloud)이라고 하겠다. 그런데 cloud computing이 지향하는 이상이 현실화되면 현재 구름인 포털은 합쳐져 구름 덩어리(clouds)가 되고 누구나 이런 구름 덩어리를 이용할 수 있게 되어 거대 포털이 아니더라도 잠재적으로 누구나 동일한 컴퓨팅 능력을 구사할 수 있게 된다. 그리하여 많은 데이터를 가지고 있다는데서 유래하는 데이터 보유에서의 우위나 슈퍼컴퓨터 등 고성능 컴퓨터를 가지고 있다는 데서 유래하는 컴퓨팅 능력에서의 우위의 중요성은 희석되고 컴퓨팅 능력에 관한 한 동일한 지평(level playing field)이 조성되게 된다. 이러한 상황에서는 그러한 대량의 데이터와 컴퓨팅 능력을 어떻게 효과적이고 가치 있게 사용할 수 있느냐 하는 창의성 내지 창조적 비즈니스의 정립이 초점으로 되게 된다.

컴퓨터 이용에 있어 발전소라 할 수 있는 이러한 구름 덩어리가 언제 만들어지고 그런 덩어리의 실체는 과연 어떠한 것으로 될 것이며 그것의 이용조건은 어떻게 될 것인지는 현재로서는 확정할 수 없는 것이다. 이러한 의미에서 cloud computing은 미래의 비전이고 현실이 아니다. 그러나 그것을 선도하고 있는 IBM은 이런 cloud computing지향의 상황이 만들어져 가고 있는 도중에서도 그에 관련된 각종 HW 및 서비스를 팔아 상당한 수입을 얻을 수 있으리라 여기고 있다.

2. 이용의 실제적 단면

포털로부터 시작

보통 인터넷을 이용하는 실제과정은 이용자에게 접속 및 정보검색을 위한 수단을 제공하는 출입구(gateway)인 포털(portal)에의 접속으로부터 출발한다. 여기에서 포털이란 다른 수많은 사이트로 가기 위한 관문으로서 애초에 검색엔진의 아이디어에서 유래한 것이다. 인터넷 이용은 항해사이트(neviga-tion site)의 성격을 갖는 포털로부터 시작하여 초월연계(hyperlink)된 다른 많은 사이트로 이동해 가는 양태를 취하기 때문이다. 미국에서는 Google. Yahoo!, MSN, AOL 등이 많이 이용되는 포털이며 우리나라에서는 네이버, 다음 등이 유명하다.

인터넷의 관문이었던 포털은 여러 방향으로 진화하였다. 포털은 검색서비스를 제공하는 검색포털과 커뮤니티 서비스 내지 사회 네트워크(social net-work)를 제공하는 커뮤니티 호스팅 포털(community hosting portal)로 크게 양분될 수 있겠으나 어느 경우이든 다른 많은 서비스를 제공하여 원 스톱 서비스 코너(one-stop service corner)의 성격을 가지는 방향으로 발전하고 있다. 이로써 유명 포털은 복합서비스 포털 또는 종합포털의 성격을 가지게 되었다. 그 결과 기능적으로는 이메일, 동호인 모임 또는 미니 홈피, 지식검색, 지역검색, 게임 등을 할 수 있게 하고 있으며, 내용적으로는 뉴스, 날씨, 광고, 스포츠 성적, 금융정보 등 컨텐트를, 표현방식상 텍스트, 그래픽스, 오디오, 비디오, 애니메이션, 기타 양방향대화하는(interactive) 방식으로 마련해 널리 제공하려고 하고 있다. 혹자는 포털의 3대 서비스를 커뮤니티(community), 컴머스(commerce), 컨텐트(content)라고 하여 3S로 집약하기도 한다.

근년 검색결과를 보여주는 데 큰 개선이 이루어지고 있다. 종래처럼 검색을 할 때 주문한 것을 보여주는 것은 물론 그러한 주문과 더불어 관심을 가질법한 사항이나 조언을 해 추가의 검색을 하도록 유도하고 또 주문한 컨텐트 이외에 다른 형태의 컨텐트도 제시해 주고 있다. 예컨대 어떤 도시를 찾으면 그 도시의 위치 및 인구, 주요 산업 등을 보여주는 이외에 도시 주요 지역의 사진, 현지 시간, 기상정보 및 Wikipedia에서의 해설 등을 함께 서비스하고 있다.

포털은 사람들로 하여금 자신을 이용하게 하면서 그 도중에서 광고를 하거나 이용료를 징수하는 등으로 수입을 얻는다. 이에 따라 어떤 포털을 방문하는 사람이 많으면 많을수록 그 포털에서의 광고효과가 클 것이고 그로써 그 포털은 보다 높은 수익을 올릴 수 있게 된다. 따라서 포털들은 자신을 더 많이 방문하도록 유도하고자 하여 여러 가지 유인책을 쓰고 있다. 예컨대 뉴스를 공유하고 이용자들에게 도움이 될 참고사항을 알려준다. 제품에 대한 평가를 해주거나 색다른 레서피를 제공하는 이용자에게는 선물을 주거나 특별 할인을 해주면서 이용자를 자주 방문하는 고객으로 되고 다른 사람을 유인하는 구전 마케팅의 수단이 되도록 획책하고 있다. 이를 위해서는 창의성을 발휘해야 하고 행위가 투명해야 하며 많은 시간을 들이며 노력해야 한다.

보다 본격적으로는 응용방법과 많은 컨텐트를 제공하려고 준비하고 있다. 그러나 이에 필요한 다기한 응용방법이나 컨텐트를 포털이 자급자족하게 되기는 어렵다. 때문에 포털은 이런 것들을 취급하는 외부와 협력하지 않으면 안 되게 되어 있다. 그런데 이들 응용방법이나 컨텐트 제공자들은 자신들의 기여에 대한 대가를 가능한한 많이 받으려고 한다. 여기에서 포털의 수입을 포털과 응용방법이나 컨텐트 제공자들 사이에서 적절히 배분하는 일이 중요하게 된다. 컨텐트 제공자측은 한편으로는 여러 포털을 경쟁시키면서 동시에 포털이 아닌 Apple의 iTunes나 헐리우드 스튜디오 등 다른 파이프에도 컨텐트를 제공하는 길을 강구하고 있다. 여기에서 더 나아가 컨텐트 제공자란 작가, 감독, 배우 등 여러 종류로 이루어져 있기에 이들 사이에서도 합당한 배분안을 강구해야 한다.

포털이 이렇게 다양한 서비스를 하게 된 것은 웹이나 블로그가 크게 늘어난 것에 힘입은 바 크다. 나아가 이런 목적을 위해 포털은 많은 컨텐트 제공자와 제휴 협력하고 있다. 또 훌륭한 준비를 하고 있다는 점을 알리기 위하여 오프라인에서 광고를 하기도 하고 많은 방문자의 방문을 유인하고자 방문자에게 마일리지 서비스(mileage service) 기타 여러 가지 편리한 서비스를 제공하기도 한다.

포털에서 악플이 많이 나타나고 이런 것이 명예훼손 등 사회적 부작용을 가져오게 되자 포털의 책임론이 대두하기도 하였다. 이에 대해 포털은 표현의 자유를 근거로 이를 규제하려 해서는 안 되는 것 아니냐고 하거나 이런 것들이 너무 많아 관리가 사실상 어렵다고 항변한다. 그러나 악플이 많을수록 포털의 수입이 늘어나는 구조로 되어 있어 포털이 이를 어느 정도 방치하고 있다는 비난도 있다.

종합포털의 이면에는 여러 특정 분야의 정보에 전문화하는 틈새포털이 있다. 사회 네트워크 제공을 중심으로 하는 포털도 틈새포털의 일종으로서 각종 사이트를 유치하여 사람들이 인터넷과 생활하는데 거쳐 가야 하는 곳의 중심을 차지하고자 한다. 이를 위하여 각종 서비스를 제공하는 사이트를 초치하면서 이들로 하여금 광고를 하거나 이용수수료를 받아 수입을 얻도록 한다. 이런 포털은 자신이 열어준 마당을 이용하는 사이트의 광고수입의 일부를 받기도 하고 무료로 하기도 한다. 이들은 낚시, 곱슬머리 관리 등 특수한 분야에 대해 다른데서 얻을 수 없는 희귀한 정보를 제공하면서 시발된 것이나 음악평을 게재하고 음악회를 알리며 스포츠 경기의 결과를 예측하는 등 여러 가지로 다변화해 가고 있다.

블로그가 많아지면서 그 중 어떤 것은 이런 사회네트워크 마당에 합류하게 되었고 또 컨텐트의 제공방식에서 비디오 컨텐트를 많이 쓰게 됨에 따라 이런 사회 네트워크는 제법 많은 방문자를 모으게도 되었다. 따라서 이들 중에는 광고를 받을 정도로 방문자가 많은 것도 생겼고 이에 대응하여 애초 시작할 때의 상태에서 벗어나 기술적으로도 개선을 꾀하고 마케팅 등 경영면에서도 진전을 도모해야 할 필요도 가지게 되었다. 스팸의 창궐이나 기타 무질서를 막아야 하고 또 자신의 마당이 어떤 최소한의 통일성을 잃게 되는 것을 방지하기 위해 사이트의 행동에 대한 규칙을 정해 준수하도록 해야 할 필요도 가지게 되었다.

사회 네트워크는 기존의 오프라인에서의 사람들의 교류를 보완하는 것이다. 이것은 대도시에서 살면서 이웃이 누군지도 모르고 지내는 사람들에게는 같은 기호와 취미를 가지는 사람들과 어울릴 수 있는 기회를 만들어 주고 있고 시골에서 살면서 시장에서 얼굴이나 마주치면서 별도의 만남의 기회를 가지지 못했던 사람들에게도 새로이 서로를 알고 친숙해질 수 있는 기회를 만들어 주어 대도시와 시골 모두에서 유용하다고 평가받고 있다. 그래서 2007년 중반에 들어서는 이러한 틈새포털을 지원하는 벤처캐피털도 등장하게 되었다.

포털과 기존 미디어와의 충돌과 협력

포털이 뉴스를 취급하게 된 것이 종래 뉴스를 공급해 오던 신문사나 방송사 등 올드 미디어들과 갈등을 유발하고 있다. 포털은 이들 본래적 뉴스 생산자들이 생산한 뉴스를 빌려다 자신의 편집방식으로 재가공해 내보내고 있는데 보통 비슷한 제목의 것들을 함께 묶어 내보내고 있다. 스스로 기자, 데스크, 품질관리 및 기사선택의 편집기능을 가지고 있지 못하는 포털은 그 자체 뉴스생산능력을 가지고 뉴스원을 추적하여 독자적으로 뉴스를 생산하지 못하고 기존의 미디어의 정치, 경제, 사회 등의 분야에서의 뉴스에 의존하고 있다. 올드 미디어의 뉴스 생산자들처럼 사실을 추적하여 훈련된 시각을 가지고 객관적으로 정리하여 일반의 신뢰를 얻도록 하는 독자적 능력을 포털은 지니고 있지 못하기 때문이다. 그런데 포털의 이런 행위가 비전문적 자의적 편집, 선정성의 추구, 정치적 편향성의 발로, 사회적 책임의식의 미흡 등의 비판을 받고 있다.

포털의 뉴스취급 방식은 기존 언론의 뉴스와 몇 가지 점에서 다르다. 외부의 뉴스를 가져다 자신의 사이트에서 보여주거나(link-in) 외부 뉴스 사이트를 적시함으로써 그 곳에 가서 뉴스를 보도록 한다(link-out). 나아가 포털은 차용한 뉴스 이외에 일반 이용자가 제공하는 UCC성격의 뉴스를 추가로 다루는데, 이런 점을 보면 포털의 뉴스란이 취급하는 것의 범위란 종래의 미디어에서의 그것보다 넓다고 할 수 있다. 그러나 이런 과정에서 블로그 보기, 이메일 보기, 스크랩하기 등에서 무단복제 및 배포를 조장하여 뉴스생산자의 반발을 사고 있다.[5)]

이런 소재 중에는 생활에 밀착되어 있거나 지근거리에 위치하여 젊은 층이나 여성들에게 선호되는 것들이 많다. 나아가 이렇게 뉴스 소비자와의 상호교류를 통해 뉴스를 생산가공하는 것은 보다 소비자에 적합한 뉴스 컨텐트를 만드는 것으로 되어 환영받고 있다. 흔히 간과되거나 외면되는 사항들을 새로운 시각, 관점이나 취급범위를 가지고 다시 음미하게 하는 이른바 뉴스의 종합(news aggregation)의 유용성을 인정받기도 하고 있다. 외부 뉴스를 취급하는 때에는 독자적 알고리즘을 이용하여 주요 기사를 제시하되 저작권의 침해를 피하고자 광고는 하지 않으려 하고 있다. 그러나 그것에 부가되어 독자의 참여를 유도하고 심층보도 내지 관련 전문가의 인터뷰를 내보내는 등 부가서비스도 제공하는데 이런 서비스를 내보내는 때에는 광고를 하기도 한다. 이러한 방식의 광고는 기존의 올드 미디어의 광고를 빼앗아 오는 일면을 가지나 동시에 올드 미디어에게 새로운 트래픽을 가져다 주는 일면도 가지는 것이다. 때문에 올드 미디어에게는 이런 것을 환영해야 할지 여부를 가늠하기 어렵게 하고 있다.

한편 이러한 점을 보아 올드 미디어의 하나인 영국의 신문 Guardian은 일반의 반응을 반영하는 피드백 과정을 뉴스를 생산하는 데 개재시키려고 함으로써 종래의 뉴스생산 방식으로부터의 변화를 시도하고 있다. 그런데 특히 outlink 방식으로 올드 미디어가 포털과 관계를 갖게 되고 포털에서는 선정적인 뉴스나 연예계 뉴스가 인기를 끌다 보니 올드 미디어도 인기 있는 뉴스를 뽑는데 있어 방문자를 많이 초치하는 뉴스를 가능한 한 많이 취급하려고 하

---

5) 한국온라인신문협회, 한국온라인기자협회, 한국인터넷기자협회, 한국인터넷미디어협회, 한국인터넷신문협회, 한국인터넷콘텐츠협회 등은 2007년 9월 컨텐트를 무단으로 데이터베이스화 하지 말 것, 저작권자가 제공하는 컨텐트의 제목 및 내용을 함부로 수정 편집하지 말 것, 스크랩하기 등 저작권침해 조장기능을 없앨 것을 포털측에 요구했다.

게 되었다. 이로써 이른바 낚시밥 격의 뉴스를 내보내고 그것도 중복으로 내보내기도 하는 행위도 하게 되었다. 아웃링크 이후 올드 미디어가 품위를 잃은 처신을 하게 되었다 할 것이다.

인터넷이 대표하는 기술변화 및 그것 이용인구의 연령구성의 변화에 따르는 기호의 변화에 임해 신문이 어려워지고 위축되고 있는 것은 어느 곳에서나 볼 수 있는 현상이다. 이에 일차적으로 신문은 종래 다른 매체에 비해 그것의 비교우위라고 여기던 심층보도, 기획보도 등 돈이 많이 드는 기사를 취급하는 것을 주저하게 되었다. 이른바 질 높은 언론(quality journalism)이 어려워지게 되었다. 한편 이런 변화에 대응해 신문은 기부를 구하거나 기업공개방식으로 새로운 재원을 마련하려고 하기도 하고 자체적으로 웹 사이트를 만들어 운영하면서 그와 연관된 많은 블로그를 운영해 독자의 관심을 유지하려고 하기도 하고 있다.

현재 포털은 기존의 올드 미디어로부터의 뉴스차용에 대해서는 일정한 대가를 내나 UCC에 대해서는 구체적인 경우에 따라 다양하게 대응하고 있다. 포털은 컨텐트 제공자에게 이익을 배분하겠다는 원칙에 대해서는 찬성한다. 그러나 이익 중 어느 정도를 배분하느냐에 있어 의견은 다기하게 갈리고 있다. 이런 때 포털은 트래픽이 자신에 몰리는 것을 당연하게 여긴다. 아웃링크를 통하여 자신에게 쏠리는 트래픽을 컨텐트 생산자에게 분산시키고 자신이 취한 수입 중 일부를 배분할 뿐 그 이상 추가로 배분하는 것은 외면하고 있다.

기존의 미디어가 일단 생산한 뉴스를 포털에 제공하고 대가를 취한다는 것은 one-source, multi-use에 해당한다. 포털은 이들이 생산한 뉴스를 종래의 범위 이상으로 유통시키는 유통대리인 격이다. 포털에 뉴스를 제공하는 것이 다소의 트래픽을 늘리고 또 보상도 받을 수 있다는 점에서 포털이 뉴스를 제공하는 것이 형식적으로는 올드 미디어에게 도움이 된다. 그러나 이들이 받는 보상이 뉴스 생산코스트와 관련시키어 정당한 보상으로 되고 있는지는 불분명하다. 최근의 실태는 이러한 보상액이 매년 증가하는 추세를 보이고 있다 한다. 자체생산 없이 원천적 생산을 외부에 의존하고 있다는 데서 나오는 이른바 딥 링크(deep link)로부터 유래하는 염려를 포털은 보상액을 증대시키면서 해결하려고 하고 있는 것이라 하겠다. 반면 일반인이 포털에 대해 뉴스를 제공했을 때의 보상 및 그 적정성 여부는 매우 불분명하다. 아마추어인 일반인은 자신의 컨텐트가 포털에서 이용되는 것을 감지덕지하면서 포털에 컨텐트에 대한 대가를 내라고 요구하지 못하는 처지에 처해 있다. 프로인 일반인도 방문자가 많아 이른바 영향력이 큰 포털에 우선 등장하는 것을 급하게 여기고 있어 대등한 계약을 하지 못하고 있다. 프로들도 시험기간 중 컨텐트를 시험적으로 제공했다가 시험기간 이후에도 대가를 제대로 못 받는 어려움을 면하지 못하고 있다고 들린다.

신문과 포털 사이의 관계에서 컨텐트를 생산하는 전자가 그것이 어떻게 쓰이는지에 대한 통제권을 행사할 수 있어야 함은 당연하나 막강한 포털과의 관계에서 상대적으로 약하다고 할 수 있는 신문이 이러한 통제권을 어느 정도로 행사할 수 있는지는 문제로 된다. 신문은 포털과의 관계에서 자신의 컨텐트가 후자의 검색결과 중 잘 보이는 곳에 나타나 주목을 받게 되는 것(visibility)을 원하고, 그러면서도 컨텐트의 대가를 가능한 한 많이 받기를 원한다. 그런데 신문이 이러한 목적을 이루고자 컨텐트에 대한 통제력을 지나치게 고집하다가는 곤경에 처할 수도 있다. 이에 반항하는 포털이 자신의 컨텐트를 하나도 취급해 주지 않을 수 있기 때문이다. 이를 볼 때 신문의 포털에 대한 통제력의 요구에는 한계가 있다. 자신의 컨텐트를 포털이 사용하는 정도를 통제하고자 하는 목적에 따라 최근 개발된 SW를 신문이 구사하게 된다고 하더라도 이러한 SW를 포털의 입장을 무시하고 자신의 입장만을 강화하는 방식으로 쓰기는 어려울 것이라 보인다. 또 신문이 생산한 컨텐트를 이용하는 것에 대해서도 공정이용의 원칙에 따르는 적절한 정도가 인정되어야 한다. 나아가 신문과 포털 사이의 이러한 관계는 다른 종류의 컨텐트인 음악곡이나 비디오물과 그런 컨텐트를 배급 유통시키는 파이프인 iTunes나 Youtube에 대해 연장되어 적용되게 된다.

단기적으로 컨텐트 이용료는 올드 미디어와 포털 사이의 협의에 의해 수정되어 나갈 것이며 장기적으로는 어떤 균형가격을 형성하게 될 수도 있을 것이다. 공급자인 올드 미디어도 복수이고 수요자인 포털도 복수이기에 과점시장이 형성될 수 있을 것이다. 나아가 아주 장기적으로는 이러한 시장이 일반인에 의한 UCC공급도 취급하게끔 그 영역을 확대해 나가게 될 것이다. 그러나 이러한 시장이 정립되게 되기 이전까지의 과도기에는 이른바 포털에 의한 횡포의 개연성이 매우 크다 할 것이다. 2007년에 들어와 미국에서는 이러한 시장이 형성되어 가는 조짐이 확실히 보이고 있다.

포털은 남의 컨텐트를 허가 없이도 신속히 이용하나 그것이 저작권 위반으로 밝혀지더라도 삭제하는 데는 신속하지 않다는 비난을 받아 왔다. 영향력 있는 포털은 소수이나 일반 컨텐트 제공자는 다수이고 잘 조직되어 있지 않기 때문에 이러한 비대칭적 횡포가 가능했다. 이를 시정하고 공정경쟁을 도모하기 위해 공공의 개입이 필요하다는 주장이 있고 또 소수인 거대 포털에 대항하고자 일반인들이 협력조직을 만들어 대처해 보려고 한 노력도 있다. 포털의 사회적 책임도 운운되고 있다.

대법원은 댓글이 많이 달리는 명예훼손성 표현물을 눈에 잘 띠는 곳에 배치하고 검색서비스를 통해 확산시켰다면 비록 그 표현물을 포털이 직접 작성하지 않았다 하더라도 포털은 명예훼손에 해당한다고 하여 한정된 의미에서의 편집권을 인정하였다. 실상 포털의 이러한 사실상의 편집권은 경우에 따라서는 큰 영향력을 가지는 것이다. 이에 포털에 대해 일종의 사회적 책임을 요구하게 된 것이다. 포털은 욕설, 개인정보노출에 주의하여야 하고, 관계인이 게재를 중단하라고 요청하면 이에 부응해야 하며, 이러한 일을 위하여 자체적으로 사용자들의 이용을 모니터할 수 있어야 한다. 문제가 발생하면 바로 잡고 잘못을 신고받으면 그것을 수정해야 하며 광고를 할 때에는 그것이 광고임을 밝혀야 한다. 이에 대응하여 일반 이용자는 일정한 윤리의식을 가지고 잘못된 처신을 하지 않게끔 주의해야 하며 남이 잘못된 처신을 할 때에는 이를 신고하여 교정할 수 있도록 하는 단초를 제공하도록 해야 한다.

여러 커뮤니티를 호스트하고 있는 포털은 성관계 자료를 게재하고 부적절한 만남을 중개하는 등으로 포털을 잘못 이용하는 경우를 배제해야 하는 사회적 책임도 가진다. 이러한 책임을 다 하지 못했을 때 범법자가 형사처벌을 받는 것에 더하여 포털도 민사적 손해배상의 책임을 지게 될 수 있다. 이와 관련된 사회적 책임을 다 하고자 하여 포털은 커뮤니티 참여자를 성년과 미성년을 나누어 관리하고 나체 사진의 게재를 금지하며 범법의 전력이 있는 사람을 특별관리하는 등 여러 감시활동을 하여 불건전한 문화가 기생하게 되는 것을 방지하려 하고 있다. 이런 차원에서 우리나라에서는 포털에 올라온 음란물을 방치하였을 때 포털에 대해 과징금을 부과하려 하고 있다.

포털은 많은 방문자를 원하고 그들로부터 어떤 방식으로든 대가를 받아내기를 원하는 반면 방문자들이 프라이버시를 침해하거나 지적재산권을 침해해 문제를 일으키는 것은 물론 P2P방식으로 정당한 대가를 내지 않으면서 포털을 사실상 남용하는 것을 싫어한다. 여기에서 포털은 방문자를 선별해 방문기회를 차별화할 수 있기를 원한다. 반면 방문자는 일정한 기본료를 낸 다음에는 아무런 차별을 받지 않는 채 무제한 자유로이 포털서비스를 이용하기를 원한다. 여기에서 포털과 그 방문자들 사이에서 긴장이 조성되게 된다.

포털들 사이의 경쟁: 효율적 알고리즘의 추구

인터넷 이용자들의 이용시 시발점을 차지하고자 하여 포털들 사이에서는 심한 경쟁이 진행되고 있다. 검색요청이 있을시 검색결과의 이용자에의 유용성을 기준으로 삼아 검색의 결과를 제시함으로써 Google은 이런 경쟁에서 시발점을 선점할 수 있었다. 검색서비스가 주안점으로 삼는 것은 이용자들이 원하고 또 기대하는 것을 신속히 보여주는 것이겠는 바 Google이 이런 점에서 많은 이용자의 선택을 받게 된 것이다. 동시에 광고성 사이트도 보여줌으로써 후술되는 바 스폰서와 연계된 광고(sponsored link)를 최초로 실용화시켜 방문자를 늘리고 광고수입도 늘어나게 하는데 성공할 수 있었다. 검색엔진끼리의 경쟁에서 승자가 될 수 있었고 광고를 취급하는 새로운 비즈니스 모델을 과시하였다. 이는 검색서비스를 제공하는 다른 포털들을 자극하였고 포털들 사이에서 경쟁을 불러일으켰다.

검색은 기왕의 사이트를 보여주는 것으로부터 시작하였으나 이제는 블로그, 비디오, 사진, 뉴스 기사, 쇼핑정보 등을 포괄하게끔 그 대상을 확대해 가고 있다. 일상생활 및 연예오락 정보의 제공, 의사소통수단 제공, 쇼핑서비스, 지도정보제시, 그 위의 지역정보 제시 등으로 정보제공의 영역을 확장하였으며, 그에 대응하게끔 관심의 대상영역도 음악, 스포츠, 지역경제 및 여행

정보, 기상정보 등을 다루게끔 확대하였다. 과연 Amazon의 A9.com은 과거 검색했던 것들을 조직해 보여주는 것 이외에 검색서비스로부터의 여러 결과를 동시에 보여주는 방식으로 차별화를 꾀하였다. 우리나라의 NHN은 검색메신저를 통해 검색창을 열어 놓은채 대화를 하다가도 궁금하면 즉각 검색을 할 수 있도록 하는 복합상품을 만들어 제공하고 있다. 하나포스도 사이트 접속시 자주 이용하는 컨텐트를 보여주면서 화면배치의 효율화를 기도하고 있다.

포털은 검색서비스를 제공함으로써 방문자를 모으고 그에 따르는 광고수입도 얻을 수 있기 때문에 보다 많은 사람들에게 그들이 원하는 검색결과를 제공하려 한다. 검색하는 사람이 주제어나 핵심단어를 가지고 검색을 주문하면 포털은 그가 알고자 하는 바를 이해한 다음 그것과 관련되는 웹 사이트를 찾아 어떤 기준으로 정리한 다음 가장 관련성이 크다고 보이는 사이트 10개를 제시해야 하는데 이러한 검색엔진의 목적을 가장 효과적으로 달성하기 위하여 포털은 여러 가지를 고려하며 검색 알고리즘을 계속 보완 개선해 간다. 여기서 알고리즘이란 어떤 과제를 수행하는 과정에서 밟아야 하는 매 단계에서 취해야 할 방법을 알려주는 일종의 공식으로서 컴퓨터의 성능이 증강되고 데이터가 많아지게 됨에 따라 그 역할을 늘릴 수 있게 된 것이다. 알고리즘의 개선을 위해 고려하는 요소들로는 다음과 같은 것들을 들 수 있다.

우선 포털은 검색하는 사람의 과거의 검색기록을 보고 그의 선호를 식별하려 한다. 또 검색의 속도를 제고하기 위해서 여러 가지 신호(signal)을 활용한다. 이러한 신호란 어떤 사이트가 다른 사이트와 링크된 정도, 용어, 이미지, 데이터 패턴의 시간적 변화 등이다. 다음 이러한 신호들을 검색의 몇 가지 유형(classifier)에 대입한다. 이런 유형은 상거래를 위한 정보추적과, 가려는 장소의 탐색을 차별화하고, 또 검색목적이 개인적인 것이냐 또는 회사 기타 조직을 위한 것이냐를 구분하며, 찾으려는 것이 유명한 것이냐 그러하지 아니하냐를 구별한다. 나아가 검색의 초점이 무엇인지를 주목한다. 어떤 것의 검색시 언제, 누가, 무엇을, 어떻게, 왜의 5W1H 중 가장 중시하는 것이 무엇인지를 알아 그런 것과 가장 관련이 깊은 검색결과를 제시하려 한다. 포털은 사용자의 검색주문시 그 내용이 불완전하더라도 그 미흡한 부분을 보충하여 사용자가 원하는 결과를 제공해 주려 노력한다. 주문하는데 쓰인 단어의 철자가 틀렸더라도 그것의 옳은 철자라고 여겨지는 단어를 추정해 그것에 대한 결과를 제시한다. 또 주문이 불명확한 경우 찾는 것이 과학적 사실에 대한 것이냐 아니면 인간사의 여러 현상에 대한 것이냐를 구분하고, 일반 명사(예컨대 사과라는 apple)를 쓰는 일반적 사항이냐 아니면 고유명사(IT회사 Apple)를 쓰는 특수한 사항이냐를 구분하며, 뉴스나 블로그에 자주 나타나는 것이냐 아니면 그러하지 않느냐를 구분하며, 기존에 있던 사이트이냐 아니면 새로운 사이트냐를 구분하여, 주문내용을 구획한 다음 그것에 대응하는 검색결과를 제시하려 한다.

선거에서 가장 많은 표를 받은 사람이 선출되는 것과 상응하게끔 사이트 중에는 가장 많은 방문을 받는 사이트가 가장 큰 영향력을 가지리라 추정된다. 많은 방문자를 가지기 위해 포털들은 방문자들로 하여금 보다 알차고 다기한 내용을 검색할 수 있게 하려고 하였고 또 많은 컨텐트를 제공하려고 하였다. 텍스트로 된 것, 그래픽, 오디오, 비디오, 애니메이션, 양방향대화성(interactivity)를 가지는 멀티미디어 컨텐트 등 다양한 컨텐트를 제공하려고 하였다. 이를 위해 포털들은 많은 수의 데이터베이스를 확보해야 했고 많은 컨텐트 제공자들과 제휴, 협력관계를 유지해야 했다. 음악, 게시판, 의약학 정보, 근처 지역정보, 스포츠, 게임, 자동차, 여행 등과 관련된 가능한 모든 정보를 확보해 제공하려고 노력하고 있다. 검색결과를 보여주는 페이지에서 보다 많은 것을 보여주려고 하여 비디오, 이미지, 보다 나은 검색을 위한 제언 등을 제시하기도 한다. 최근에는 섞음검색(blended search)이라고 하여 주식시세, 지역별 기상정보, 교통정보 등 즉시적 필요에 답하는 결과도 보여주려 하고도 있다.

포털들은 보다 효과적인 검색을 할 수 있게 하려는 방식을 가지고 경쟁을 하는 것 이외에 상금을 주고 경품을 주는 방식으로 경쟁하기도 한다. 항공사가 마일리지 제도를 운영하여 항공사를 자주 이용하는 사람들을 우대하듯이 포털도 일정한 정도 이상의 클릭을 한 방문자에게 경품을 주거나 금전적 혜택을 주기도 한다. 금전적 혜택은 개인을 대상으로 하기도 하고 여러 구성원을 가지는 조직을 대상으로 하기도 한다.

인터넷 이용의 주종이 검색 및 사회 네트워크로 되었다는 최근의 경향을 반영하여 후술되는 이른바 종합포털은 검색에서의 관심사항을 식별하여 사회 네트워크에서의 뉴스, 평론의 수준과 시각의 선정에 반영하려고 하고 있고 이용자의 이용시간 대를 보아 이용자가 선호하는 정보와 서비스를 제공하려는 적응노력도 하고 있다. 사회 네트워크에 왔다가 많은 것을 즐길 수 있게끔 외부의 많은 사이트와의 연계를 용이하게 하려고 하고 있으며, 사회 네트워크의 이용양상을 보고 이메일 메시지의 순위를 조정하려는 시도도 하고 있다.

주제어나 핵심 단어를 중심으로 하는 검색과 대비되어 직접 도메인 네임에 다가가도록 하는 직항(direct navigation)도 있다. 이들은 도메인 네임을 분석하고 통합하여 도메인 네임으로 컨텐트를 직접 접근할 수 있게 하는데, 이러한 습성을 가진 검색이용자가 전체 검색이용자의 5-10%정도는 된다고 하기에 이러한 틈새수요를 채우려고 하는 것이다. 이러한 서비스를 제공하는 포털들은 방문자를 많이 이끌어 규모의 경제를 누려보고자 다른 포털들과 연합 및 제휴를 시도하고 있다.

검색엔진이 광고하는데 이용자의 정보 등을 이용하기 위해서는 이들을 축적하여 일정한 기간 보관하고 있어야 한다. 포털은 이러한 일정한 기간으로서 약 18개월 전후 이런 정보를 보관하는 것이 알고리즘의 개선이나 엔진 남용자의 색출을 위해 필요하다고 주장한다. 그러나 반대의 입장을 가진 사람들은 포털의 이러한 정보축적과 보관이 프라이버시를 해할 수 있다고 비판한다. 이에 다른 검색엔진과 차별화를 기도하는 검색엔진 중에는 정보축적을 거부하는 재량권을 검색서비스 이용자에게 부여하는 종류도 나타났다. 이는 일면 이용자의 요망에 부응하는 것이다. 그러나 그로써 충분한 광고수입을 얻지 못하게 될 소지가 있고 그럴 경우 검색엔진의 개선을 위한 투자재원을 어떻게 마련할 것인지가 걱정거리로 된다.

포털이 직접 제공하는 서비스에는 전통적인 검색 및 디렉토리 서비스와 더불어 이메일, 인스턴트 메시지, 개인 홈페이지, 커뮤니티 서비스, 채팅 등 다양한 종류가 있다. 크게 보아 포털서비스는 이메일로부터 시작되었다. 그러다가 누구나 다 이메일을 제공할 수 있게 되었다는 의미에서 이 서비스가 일반화되자 그 다음 커뮤니티 서비스를 제공하게 되었고,[6] 이어 주가 등 금

6) 커뮤니티 또는 네트워크 사이트란 공통의 목적 또는 이해관계를 가지는 웹 사이트 이용자들

융정보도 제공하였으며 나아가 기타 검색서비스를 시작하였다.[7] 최근에는 이른바 통신과 방송의 융합을 가능하게 하는 이른바 멀티캐스팅 기술을 이용하여 방송업자와도 경쟁을 하려고 하게도 되었다. 보다 높은 경쟁력을 갖추기 위해 포털은 업무영역을 확장하는 것도 경쟁수단으로 삼게 되었다. 이들과 기존의 미디어와의 광고시장에서의 경쟁은 앞으로 더욱 치열해지게 될 것이다.

3. 광고의 다이나믹스

sponsored-link의 혁신

웹을 작성해 그 곳의 자료를 널리 알리려는 모든 주체는 가능한 한 많은 방문객을 맞으려고 한다. 그래 검색의 결과로서 자신의 웹이 제시되는 때 서로 경쟁자인 수많은 웹 중 다른 웹보다 앞선 위치 또는 좋은 위치를 점해보려고 하게 된다. 나아가 사람들이 검색의 결과를 보통 앞의 2-3페이지 밖에 보지 않는다는 점을 감안하여 최소한 초반 2-3페이지 내에 위치 잡아보려고도 하게 된다. 반면 검색엔진으로서는 가장 인기가 있는 내용을 가진 웹을 앞에 배치하려고 하고 인기가 있는 것을 선별하기 어려운 경우에는 무작위로 배열하기도 한다. 그런데 Google은 인기 있는 웹을 선별하는 특유의 알고리즘을 개발하여 검색결과를 유용하게 만든 것으로 많은 방문객을 모을 수 있었다. 그 이외에 검색결과를 표시하는 페이지 옆 부분에 검색내용과 관련되는 광고주의 웹이 위치할 수 있게 함으로써 광고료를 많이 내려는 광고주의 그것을 상위에 배치하는, 소위 sponsored-link의 혁신을 이루어냈다. 이로써 이른바

의 모임으로서 서로 이메일을 하기도 하고 정보를 나누거나 채팅을 한다. 커뮤니티를 형성하기가 쉽지 않으나 일단 그것이 형성되고 나면 커뮤니티의 공간을 상업적 이용을 위해 임대하기도 하고 동호인들이 모여 공통의 관심사에 대해 의견을 나누면서 온라인에서이지만 공동체 의식을 배양해 나가기도 한다. 이러한 사회 네트워크 사이트는 여러 종류로 분화되어 각각 그 독자성을 배양해 나가고 있다. 그 이면에서 이런 사이트와 대응하는 실제사회에서의 네트워크가 사실상 약화된다는 문제가 나타나고 있다.

7) 검색엔진은 인공지능(artificial intelligence), 기계적 학습(machine learning), 병행적 진행(parallel processing)의 속성에 의해 그 기능을 발휘하게 되는 것으로서 혹자는 이를 집단적 두뇌(collective brain)라고도 한다.

검색 및 광고모델의 효시가 되었다. 이에 웹을 제공하는 주체들은 광고료를 내면서 앞선 위치나 적어도 초반 2-3페이지 내의 위치를 점해보려고 경쟁하게 되었고 이런 대가는 검색엔진 운영자에게 광고료수입으로 되었다.

상위의 위치를 점해 보려는 이런 행태의 이면에서 하위의 위치에 처하는 웹 사이트는 사람들의 관심을 끌 가능성을 거의 잃어 버리게 되었다. 이런 때 형식논리로 보아서는 광고료가 아닌 다른 기준을 써서 여러 사이트의 위치를 결정하는 다른 종류의 검색엔진이 가능하겠다. 그로써 광고수입획득을 주 목적으로 하는 엔진을 배척하려고 할 수도 있겠다. 그러나 검색엔진의 개선 및 강화를 위해서는 계속 투자할 수 있어야 하고 이를 위해서는 투자재원을 마련하는 것이 절대 필요하다는 점을 감안하면 중장기적으로 보아 어떤 다른 방법을 동원한다 하더라도 충분한 투자재원을 확보하게 하는 모델에 효과적으로 대항하기는 어려울 것이다. 투자가 불충분한 검색엔진의 이용자는 점차 줄어들게 될 것이고 드디어는 없어지게 될 것이기 때문이다. 심한 경우에는 이런 변화과정을 거쳐 많이 이용되는 검색엔진은 2~3개로 줄어들게 될 여지가 있다. 그런데 이러한 결과는 인터넷 검색이라는 유익하고 중대한 사회적 기능을 사실상 2~3개의 검색엔진 제공업체가 좌우하게 하는 양상을 초래한다. 이것은 결과적으로 사회를 단순화 동질화시키는 위험성을 내포하게도 된다.[8] 예컨대 미국에서는 검색서비스를 제공하는 회사로서 Google과 Yahoo!가 시장의 75% 이상을 과점하고 있다는 점이 걱정거리로 되고 있다. 이들 두 회사를 통한 검색결과에 의해 사회 대부분의 사람들의 사고가 좌우되는 것을 우려하고 있으며 그로써 사회가 다양성을 잃게 될 것을 염려하고 있다.

웹이 많아지고 그로써 정보는 다양하고 풍부해지게 되더라도 그 중 주목을 받는 웹은 소수로 한정되게 되는 것이 보통이다. 예컨대 미국에서는 10개 웹이 전체 클릭의 20%를 점유하고 100개 웹이 40%를 점유하며 1,000개 웹이 60%를 점유하는 등 관심을 끄는 웹 사이트는 한정되어 있다고 한다. 주요 웹 1,000개 이외의 다른 수 많은 웹은 방치되어 있다는 것이다.

---

8) New York Times, 'More is not necessary Better,' Aug. 23, 2004.

인터넷 광고모델의 파장

광고를 받는 인터넷 검색엔진의 역할이 점점 커지게 됨에 따라 인터넷 포털은 광고시장에서 광고를 받아 영업을 하던 기존의 다른 미디어와 경쟁상황에 처하게 되었다. 그로써 기존의 미디어 중 신문과 방송이 경쟁하고 방송 중에서는 라디오와 TV가 경쟁하던 것에 더하여 Google과 Yahoo!가 이들과 경쟁하는 양상이 전개되게 되었다. 이들은 서로 뉴스, 날씨정보, 스포츠 정보, 금융정보 등 모든 영역에서 일제히 경쟁하게 되었다.

광고를 받는 영업모델을 가지고 운영되는 검색엔진을 이용하는 때 그 이용자는 돈을 내지 않아도 된다. 그러면서도 검색과정에서 검색엔진이 골라준 많은 웹에서의 유용한 정보와 광고료를 내면서 검색내용과 관련이 있는 컨텐트를 전파하려는 기업들이 웹에서 제공하는 정보자료를 쉽게 파악할 수 있다. 그 결과 단지 검색을 통하여 상업성을 띤 정보자료를 얻는 정도인데도 불구하고 오늘날 보통의 검색이용자는 1993년경 어떤 관련분야의 전문가가 알고 있었던 내용 이상을 알고 있다는 진단도 있다.

성공적 광고모델 sponsored link와 대비되는 광고모델에 초기의 광고방식인 팝업(pop up)광고모델이다. 초기의 팝업광고는 갑자기 나타나 제품이나 서비스관련 자료를 직접 내보내면서 이용자들의 관심을 끌려고 했었다. 그 이후에는 거부감이 훨씬 덜한 뉴스를 광고와 함께 내보내면서 웹 사이트를 알려 방문을 유도하는 방식을 취했다. 검색을 하려고 할 때 이용자가 자신의 필요에 의해 검색을 하게 되었다는 것과 달리 이것은 이용자의 요망과 무관하게 일방적으로 뉴스를 내보내면서 광고를 보게하는 것이었다. 뉴스 및 광고를 내보내는 방식으로는 adware SW를 사용하며 이것은 송신자로부터의 푸쉬(push) 트래픽의 성격을 갖는데 일부 언론기관도 이를 이용하고 있다. 이용자의 요청을 전제로 하지 않고 있다는 점에서 트래픽을 과장되게 늘릴 수 있으나 그 효과는 제한적이다. 따라서 이런 방식의 광고단가는 상대적으로 싸다. 아무리 뉴스와 더불어 제공되는 것이라고 하지만 일부 이용자에게는 귀찮은 것이 아닐 수 없다. 이용자의 동의 없이 adware를 설치했다가는 불법으로 판정되어 벌금을 받을 수도 있다.

검색 및 광고의 모델은 종래 광고를 하던 대기업 등에게는 광고비를 절감할 수 있는 길을 열어주었고 종래 비싼 광고비 때문에 미처 광고를 하지 못했던 중소기업 등에게는 새로이 광고를 할 수 있는 기회를 마련해 주었다. 나아가 스스로 좋은 컨텐트를 가지고 있으면서도 노출이 쉽지 않아 방문자가 없었기에 쉽게 광고를 할 수 없었던 기업들에게는 구글 접속 후 링크될 수 있는 기회를 열어주었다.

구글은 신문이나 TV등의 광고기회를 매입하여 그것을 보다 효과적으로 이용하려고 하게도 되었고 이것은 광고의 효율화를 초래하였다. 검색 및 광고 모델을 통해 익힌 효과적 광고기법은 광고의 기회를 양적으로 확대하였을 뿐만 아니라 질적으로도 고도화하였다. 이런 과정에서 일자리도 늘어났고 부가가치도 증가하게 되었다. 그러나 구글이 이렇게 광고시장을 석권하는 것이 일말의 걱정도 자아내고 있다. 구글이 모든 광고를 다루고 지배하게 되어 종합광고회사가 되거나 모든 광고가 거쳐야 하는 광고거래소가 되어 이 회사의 대사회적 영향력이 과도하게 커지게 되지 않느냐 하는 것이 그런 걱정이다.

검색엔진의 인간화를 향한 여러 시도

포털의 여러 기능 중 포털에게 가장 큰 이익을 가져다주는 것이 검색서비스이다. 검색엔진에 있어 우월하기 때문에 Google이 포털로서 현재의 위치를 점하고 있다는 평가이다. 그런데 검색엔진의 핵심이 되는 알고리즘은 중요한 영업비밀이며 코카콜라의 원료배합에 대한 영업비밀보다 더 신비스러운 영업비밀이라고 이야기되고 있다. 그러나 이러한 알고리즘도 결국은 알고리즘이다. 그 성격상 개발비용은 상대적으로 낮고 성공시의 이익은 막대할 것이며 일단 우수한 것을 마련하고 나면 금시 이용자가 많아지고 이른바 고착효과(lock-in effect)를 가지기도 한다. 여기에서 보다 큰 검색시장을 차지하고자 하는 목적을 가지고 구글의 알고리즘을 대체하려는 경쟁사들의 노력이 없을 수 없게 된다.

이러한 대체 노력은 구글이 알고리즘이 기계적이고 수하적인 논리에 지배되고 있다고 본다. 이에 그것을 능가하려면 인간의 지능을 보다 많이 개재시키는 검색엔진을 마련할 수 있어야 하리라 본다. 인간의 개입을 확대해야 하리라 본다. 이를 위한 구체적 방도로는 여러 가지가 시도되고 있다. 그 하나는 검색결과를 표시하는 때 1차적으로 어떤 주제어나 관심사항을 요소로 하는 분류체계를 제시하고 그러한 분류체계에서 다시 한번 관심사항을 선정하게 한뒤 2차적으로 그러한 선정에 대응하는 보다 세세한 결과를 보여주려고 하는 것이다. Google이 검색 알고리즘으로 선정한 결과를 일거에 보여주는 것과 달리 이용자의 주문을 2단계를 거쳐 받아 그의 관심사항에 보다 상응하는 사이트들을 집중적으로 보여주려고 하는 것이다. 예컨대 어떤 인물에 대한 검색요구가 있을 경우 그에 대한 1차 대응으로 뉴스, 사진, 까십, 인물정보 등의 주제로 된 전체체계로서 먼저 제시하고 검색자가 이 중 한 부분인 까십에 대해 알기를 원해 까십을 클릭하면 까십 관련 웹 사이트를 2차적으로 보여주는 식이다. 이는 마치 검색요구에 대해 과거의 디렉토리에서의 주제를 가지고 1차 대응하고 그 다음 보다 한정된 관심사항에 대해 자세한 정보를 검색해주는 것과 같다. 디랙토리 시스템의 약점을 검색SW가 나타나 극복했다 할 수 있게 했었는데 이제 검색기능의 한계를 의식하고 그것을 극복할 대안을 찾다가 검색의 범위를 1차 한정하는 그것의 전 단계에서 다시 디렉토리 체계에서의 아이디어를 채용하게 된 것이라 하겠다.

그 둘은 편집된 검색(editorized search)이라고 지칭되는 것인데, 훈련된 편집자들에 의해 1차 걸러진 검색결과를 보여주려고 하는 것으로 광고성 내용이 짙은 결과를 인간의 지능을 써서 배제하려는 것이다. 인간의 지능을 가미함으로써 기계적 검색과정에서의 불편 내지 소외현상을 줄이고 검색이용자의 요구에 보다 합당한 결과를 제시하려고 함으로써 검색서비스 이용자의 불만을 최소화해 보려는 것이다.

그 셋은 검색서비스를 이용하면서 이용자들이 요망하는 사항을 파악한 뒤 이를 반영하여 검색결과가 검색이용자의 필요에 보다 긴밀하게 부응하는 것으로 되도록 하려는 것이다. 요망사항을 파악하는 데 있어 전 단계에서의 검색결과를 보고 다음 단계에서는 관심사항의 폭을 넓혀야 할지 아니면 좁혀야 할지를 판단하여 더 이상 검색을 하도록 하는 것이다.

그 넷은 텍스트를 보여주는 것 이상의 가변성을 가미하려는 것이다. 텍스트 이외에 관련되는 사진, 뉴스, 블로그, Wikipedia에서의 설명 등을 제시하여 원할 경우 이들을 즉각 볼 수 있게 하는 것이다.

이와 대비되는 변화는 검색의 대상을 종래의 웹 이상으로 확대하면서 웹의 형태로 정리되어 있는 정보뿐만 아니라 PC에 저장되어 있는 홀더(folder) 내의 정보도 검색할 수 있게 하는 것이다.

회고해 보면 이러한 변화는 검색엔진의 성능이 강화되어 단시간 내에 많은 대상을 검색할 수 있게 되었다는 것과 PC의 하드디스크의 용량이 커져 그곳에 많은 중요한 정보가 들어 있다는 사정변화를 수용하려는 데서 초래된 것이다. 종래 PC의 성능이 제한적이었을 때에는 넓은 작업공간을 확보하기 위하여 필요 없는 파일을 계속 삭제하지 않으면 안 되었고 그 이후 남아 있는 파일을 계층적 디렉토리 방식으로 정리해 보관해 차후 쓸 수 있도록 했었다. 그런데 정리해야 할 파일의 수가 많아지게 되자 이런 방식으로 대처하는데 한계가 있음을 알게 되었고 또 파일의 이름만을 가지고 파일의 내용을 모두 식별하는데도 어려움이 있었다. 상이한 시기에 만든 파일들을 계층적 디렉토리로 틀림없이 정리해 놓는 것도 결코 쉽지 않았다. 그러다 하드디스크의 용량이 커지게 되어 일일이 파일을 삭제할 필요가 긴박하지 않게 되었고 파일 안의 내용을 보다 쉽게 접근해야 할 필요가 커지게 되면서 검색엔진으로 하여금 각종 파일에 직접 접근하도록 하는 것이 가능하고 효과적임을 인지하게 되어 디렉토리시스템 대신 검색엔진을 쓰게 되었다. 계층적 디렉토리를 만들어야 하는 어려움을 뛰어 넘을 수 있게 되었다. 단 이러한 때에는 검색엔진으로 하여금 파일의 내용을 보다 용이하게 식별할 수 있도록 하기 위하여 단순한 제목 이상 특징적 내용, 작성일자, 작성자, 관련되는 프로젝트, 관련 이메일 등 추가의 정보로 파일에 꼬리표(tag)를 달아 두는 것이 유용했다. 이 방법은 마치 도서관에서 책을 여러 기준으로 카탈로그해 놓는 것과 상응하는데 텍스트 파일이 아닌 사진, 음악곡, 동영상, 복합적 웹 페이지, 기타 문서에 대해서는 특히 유용하다. 그러다가 위에서 본 검색엔진의 보강작업이 나타나게 된 것이다. 나아가 관심의 대상이 되는 파일을 여러 기준으로 함께 모아 놓은 스마트 파일(smart file)을 만드는 작업을 돕는 SW가 여럿 개발되어 있고 개량중에 있다.

특수 검색엔진 등

구태여 광고료를 내면서 자신의 웹에서의 정보를 전파하려고 하지 않는 주체들에 대한 정보는 단지 검색을 하는 것만으로는 찾기 힘들다. 학문적 내용의 정보 중에 그러한 예가 많은데, 과연 상업적 웹 사이트를 대상으로 하는 검색엔진을 가지고 학문적 성격의 정보를 얻는다는 것은 매우 어렵다. 검색 시 이용료를 내고 써야 하는 LexisNexis, Thomson, Westlaw, Dialog 등이 이러한 한계를 다소 보완해 주고 있다.

또 사진, 악곡, 비디오 필름 등은 특별히 인덱스를 붙여 정리해 놓은 것이 아닌 한 통상의 검색엔진으로 접근하기 어렵다. 때문에 이런 것들을 위해서는 특수하게 장만된 상위검색엔진(metasearch engine)을 이용해야 하는데 이런 특수검색엔진의 종류에는 Dogpile, Vivisimo, Kartoo, Mamma 등이 있다. 나아가 멀티미디어 데이터를 검색하기 위해서는 Google Image, Yahoo! Search Images, Alta Vista Photo Finder, FAST Multimedia Search, Lycos Pictures and Sounds 등을 이용한다고 알려져 있다.

법원의 판결은 공공정보(public information)이다. 그러나 이것을 디지털화해 온라인으로 보려면 Thomson이나 LexisNexis를 유료구독해야 한다. 이들이 공공정보를 편리하게 이용하도록 하는 부대서비스를 제공하고 있어 판결문에 쉽게 접근하는 데에는 이상의 특수 검색엔진을 유료구독하는 것이 관행으로 되어 있다. 그러나 이러한 유료구독의 관행에 반발해 공공정보의 표준화 및 디지털화를 추구하고 이를 무료로 이용할 수 있게 하려는 노력도 진행되고 있다. 이러한 노력은 다른 종류의 공공정보인 증권관리위원회의 기록이나 특허청의 기록도 포괄하게끔 그 대상범위를 확대시켜 나가려고 하고 있다. 이러한 노력이 결실을 맺게 될 경우 관련 특수검색엔진은 그 상업적 기반을 잃게 될 것이다.

특수검색엔진의 이용은 유료인 경우가 대부분이다. 유료임에도 불구하고 그 이용이 간편하기 때문에 이들이 이용된다. 그러나 검색엔진이 점차 진화하여 다양하고 유용한 정보를 많이 담게끔 바뀌어가기 때문에 특수검색엔진의 비교우위는 점차 감소하고 있다. 이런 도중에 무료의 일반 검색엔진이면서 특정한 부문에 대해 보다 상세한 정보를 취급하는 것도 나타나고 있다. Google 등 일반 검색엔진을 범용성(generalist)으로 성격지운다면 이러한 것들은 그것들과 대비되어 전용성(specialist)으로 성격지울 수 있는 것들이다. 이런 전용성 검색엔진은 틈새 검색엔진(niche search engine)이라고 할 수 있다. 전자들이 주제어 등을 가지고 검색을 시작하도록 하고 있는데 비해 후자는 특수한 관심사항에 대해 집중적인 정보를 제공하고 있다. 엔지니어들을 위한 정보를 전문으로 한다던지 건강, 여행, 금융, 인물정보 등에 관한 보다 상세한 정보를 전문으로 하는 것들이 그런 예이다. 이러한 검색엔진 중에는 프라이버시에 대한 고려로 이용자의 범위를 제한하는 등 독자적 특성을 가지는 것도 있다. 예컨대 건강상태에 대한 기록, 건강유지를 위한 지침, 기타 유의사항, 인근의 병의원 등의 정보를 담은 건강정보는 디지털화되어 쉽게 전파될 수 있어야 하나 동시에 그 전파범위가 프라이버시를 해치지 않게끔 한정되어야 한다. 여기에서 이용범위를 제한하는 것이 필요하게 된다.

전문화된 검색엔진을 써서 검색을 하면 일반 검색엔진을 쓰는 것보다 신속하게 검색을 할 수 있다. 이러한 검색엔진은 보통 이용료가 아니라 광고에 의해 지탱된다. 그것의 내용은 일반 검색엔진의 그것보다 자세하고 여러 수준별로 차별화되어 제시되기도 한다. 앞으로 일반 검색엔진이 진화해 그 내용이 풍부하게 되는 것과 같은 정도로 이런 성격의 전문가성 엔진도 발달하게 된다면 이런 것들이 기존의 유료인 특수검색엔진을 대체할 수도 있을 것이다.

4. 웹의 변신

웹 대신 블로그

웹은 인터넷에서의 정보원의 기초단위이다. 그런데 웹 사이트를 작성해 유지하는 것보다 더 쉬운 정보전파방법이 블로그(blog, web log)를 작성해 유지하는 것이다. 블로그는 일종의 개인 일기라고도 할 수 있는 것으로서 이를 이용해 자신의 의사를 밝히고 작은 커뮤니티도 형성하여 유지할 수 있다. 이것은 웹에 비해 설치와 유지가 쉽기 때문에 매우 널리 활용되고 있다. 블로그는 웹보다 편리한 틀로서 특히 이른바 UCC(user created content)를 훨씬 용이하게 수용할 수 있다. 그로써 방송이 나타나기 이전의 시대에 자신의 의사를 전파하기 위해 누구나 간단히 팜플렛을 만들어 배포했던 것과 상응하게끔 현재 인터넷 시대에는 블로그가 웹 이상으로 자유언론을 다시 꽃피우게 할 신기의 매체라고 찬사를 받고 있다. 블로그는 신속하게 의사를 전파할 수 있게 하는 수단이 되나 동시에 사려 부족한 의사표현이 남발되게 하기도 한다. 블로그 중에는 많은 방문자를 가지는 것이 있다. 그러나 그것의 내용이 반드시 신뢰성을 가지지 못한다는 점에서 트래픽의 양만으로 그것의 영향력을 판단하기는 어렵다는 한계를 가지고도 있다. 블로그로서 관심을 모으기 위해서는 기존의 발상을 바꾸는 이슈 창작자(issue maker)로서의 성격을 확실히 가져야 한다.

블로그는 개인의 의사발표 이상 이해관계를 공유하는 공동체의 의사소통수단으로도 각광받고 있다. 특히 교육 보조수단으로서도 쓰이고 있는데, 예컨대 각개 학급이 블로그를 만들어 놓고 그것을 이용해 교실에서 미처 마치지 못한 의사발표를 하고 토론 등 상호 의견교환(interaction)을 하기도 한다. 또 공동체 의식을 함양하게 하는 방도로 발전하기도 하여 신시대의 펜팔(pen pal)의 역할을 하고 있다. 이런 점을 보아 중고등학교에서의 블로그의 이용은 대성공이라는 평가가 나오고 있다. 그러나 동시에 이것이 학생들로 하여금 충분히 생각하지 않고 마구 잡이로 글쓰기를 하게 하여 문법이나 철자를 무시하는 등 나쁜 습관을 갖게 한다는 등 부작용을 가진다고 우려되고 있다. 블로그 중에는 짧은 비디오를 보여주는 것도 있다. 이른바 비디오 블로그(video blog) 또는 vlog이다. 그런데 이러한 비디오의 시청자가 많아지게 됨에 따라 이들은 광고를 유치해 상당한 광고료 수입을 올리고도 있다.

비디오의 형식을 가지고 실시간에 서로 대화하고 만약 실시간 대화가 어려울 경우에는 이를 보관하였다가 마치 이메일처럼 비디오 메일로 보내 차후 편리한 때 보게 하는 서비스가 시도되고 있다. 이는 Youtube를 통해 비디오를 보는 것의 연장판으로서 비디오 형식의 메시지를 이메일의 텍스트 메시지처럼 쉽게 쓸 수 있게 하는 것인바, 아직은 비디오 클립의 보관용량 및 코스트, 간격없는 연결성의 유지, 이를 지원하는 서비스의 대두 등의 과제를 가지고 있다.

텍스트환경에서의 초월연계처럼 비디오 블로그에서도 그림에서의 내용들을 초월연계시키는 것이 필요하다. 이로써 비디오 블로그의 자료에서도 비선형적으로 필요한 비디오 블로그를 찾아가 쉽게 볼 수 있게 하는 이른바 hot linking이 가능하게 되어야 한다. 이를 위해서는 완벽한 비디오 식별기술(video identification technology)이 필요하다. 아직 이것은 미완의 과제이다. 그 시도로서는 비디오의 내용 중에서 몇 개 객체를 연계시키는 단순한 버전과 프리미엄 버전이 제시되어 있다.

블로그를 유지하되 어느 정도 프라이버시를 확보하려는 사람 또는 블로그로써 소규모 커뮤니티를 형성해 활용하려는 사람은 일반인의 그런 블로그에의 접근을 제한하는 방법을 택하고 있다. 그 방도로서 미리 정한 패스워드를 이용해야 접근이 가능하게끔 조치하기도 하고 내용, 대상, 시간대 등으로 접근의 제한을 관리해 주는 웹에다 블로그를 설정함으로써 이들의 도움을 받는 방도를 취하기도 하고 있다. 단 후자일 경우에는 관리서비스를 제공해 주는 웹이 이용료를 징구하거나 블로그에 광고를 하는 것을 감수하여야 한다.

단순한 아이디어나 연구결과를 공유하자는 블로그를 보통 블로그라고 할 수 있다면 전문적 의사를 표명하는 것을 주로 하는 블로그를 전문 블로그라고 할 수 있겠다. 전문 블로그는 표현의 세련도, 의견의 공평성, 입지표명의 분명성 등에서 보통 블로그보다 앞서 언론에서 볼 수 있는 정도의 전문성을 지닌다. 당연히 이러한 전문 블로그의 영향력은 상당하며 다른 여러 사이트와 연계되어 눈덩이가 구르면서 커지듯 그 영향력이 미치는 영역을 넓혀가고 있다.

블로그는 가상신문(virtual press)에 해당되고 비디오 블로그는 가상 TV방송국(virtual TV station)에 상당하게 되었다는 관찰이 있다. 그러나 블로그나 비디오 블로그에서는 신문이나 TV에서처럼 내용을 검토하고 책임 편집하는 과정이 없거나 취약해 그 곳에서의 정보자료에 대한 신뢰성이 상대적으로 약하다. 이러한 점은 앞서 본바 Wikipedia의 장단점과 유사하다고 하겠다. 이들은 모두 단시간 내에 많은 정보를 모아 이른바 방대한 자료원을 만드는 데는 성공하였으나 동시에 그것의 내용 중에는 신뢰할 수 없는 것도 없지 않다는 약점도 가지고 있다. 이러한 약점은 UCC 일반에 대해 공통된다 할 수 있다. 그래 몇 가지 방도를 가지고 이러한 약점을 제한해 보려고 하고 있다. 예컨대 나체나 노출이 심한 것, 저작권침해의 의심이 있는 것, 도발적이고 상식적 감정에 반하는 것들을 배제하려고 하고, 또 14세 미만의 어린이의 참여를 금지하며, 전체 내용을 음미하는 데 드는 시간을 10분 이내로 한정하는 식이다 이에 대해서는 뒤에서 더 논의한다.

기능적으로 본 웹의 발전

웹은 자신이 전파하고자 하는 정보를 담은 정보원으로서 시작되었다. 그러던 중 몇 개는 유명 포털이 되어 다른 여러 웹으로 가는 관문(gateway)으로서의 역할을 하게 되었고 이어 커뮤니티 내지 호스팅 사이트로 변신하였다. 그 시초에 웹은 돈을 버는 수단은 아니었으나 이제는 당당히 광고를 수용하고 돈을 버는 마당으로 되었다. 웹이 다양화되고 있다.

2007년 들어와 생긴 현저한 발전의 일례가 호스팅 사이트로서의 웹이 기존의 미디어와 결합하여 선거과정 중 후보자와 유권자를 매개하는 의사소통의 수단으로 되었다는 것이다. 호스트 사이트의 하나인 Youtube는 올드 미디어인 CNN과 협력하여 일반 국민들의 응모를 거쳐 선정된 동영상을 가지고 CNN이 선정한 토론자와 함께 후보들의 정견 발표 및 토론의 기회에 참여할 수 있게 하는 길을 열었다. 즉 일반인이 후보들 또는 특정 후보에 대해 질문하는 동영상을 만들어 제출하면 CNN이 그 중 좋은 것을 선정하여 후보들과의 토론회에서 사용하였다. 이로써 종래 전문가들만이 이러한 토론회에 참여하던 것과 달리 여기에서는 일반인도 참여할 수 있게 되었다. 일반인이 후보자들과 소통할 수 있게 하는 새로운 길을 열었다.

이러한 실험은 선거의 사회적 코스트를 크게 줄일 수 있을 것이라고 여겨져 환영받았다. 종래 선거과정에서 TV 등 올드 미디어를 사용해야 했는데 상업적인 사용과 경쟁하며 이런 미디어를 사용해야 하다 보니 사용하면서 큰 돈을 지불해야 했다. 그 결과 선거에 막대한 돈이 불가피하게 소요되었다. 이는 많은 돈을 조달할 수 있는 후보자에게 유리한 것으로 될 수밖에 없었다. 그런데 Youtube의 실험에서는 비싼 TV의 황금시간을 적게 사도 되게 하였기에 TV사용 코스트를 크게 줄일 수 있게 만들었다.

또 일반인의 참여는 사회저변의 신선한 목소리를 반영할 수 있게 하는 것으로서 기존의 전문 언론인들만이 독점하던 미디어 사용의 틀을 바꾸었다고 칭송되었다. 이라크전쟁, 의료보험문제, 기후변화, 동성결혼, 세금문제 등 사회적으로 민감한 문제를 부각시켜 후보자들로 하여금 자신의 입장을 보다 확실히 하지 않을 수 없게 만들었다고 칭찬받았다. 그로써 출연료를 받으면서 여러 눈치를 살피기도 하는 점잖은 패널리스트들만에 의존하던 경우보다 진솔한 의견을 포용할 수 있게 되었고 언론에 새 장을 연 것이라고도 평가되었다. 반면 이런 방식이 고급문화를 외면하게 하고 감각적이고 저급한 인간 생활상을 부각시키어 전문가, 경험자, 재능이 있는 사람들의 공헌을 제약하게 될 것이라는 우려도 불러일으켰다.

이번에 CNN으로 하여금 제출된 동영상 중 일부를 선정하게 한 것은 동영상의 공개응모과정이 정치인에 의해 조작될 가능성을 피하는 방도가 되기도 한다고 이해되어 정당화되었다. 그러나 이러한 여과과정이 무작위추출 등 기계적인 방식으로 대체된다면 진솔한 의견을 반영할 여지는 더 커질 것이라고 보는 반론도 있었다.

Youtube를 이용하는 웹 비디오의 생산이 꾸준히 늘어나고 있다. 보통 여기에서는 저작, 제작, 감독, 연기의 여러 단계를 소수인이 함께 담당하고 있으며 이른바 스튜디오 등 제작시설도 없이 형편 닫는대로 낮은 코스트의 생산을 하고 있다. 이른바 종래의 영상물 제작시스템과 다른 제작 및 배분 플렛폼을 가지는 것이라고도 하겠는데 이러한 창작시스템의 정착여부는 그런 것의 창의성에 대한 일반의 평가에 의존하리라 하겠다. Youtube는 이러한 활동을 지워하고자 창작물 콘테스트를 열기도 하고 작품에 대한 직접 지원을 하기도 한다.

젊은 연령대는 PC나 휴대전화를 접하는 시간이 많다. 따라서 이들을 향한 광고도 TV 등 기존의 매체보다는 PC나 휴대전화에다 해야 효과적이다. 그러나 오로지 광고목적으로 이들에 접근하는 것은 좋지 않고 먼저 좋은 컨텐트를 제공하면서 간접적으로 광고를 삽입하는 것이 효과적이라고 한다. 이에 광고를 목적으로 하되 그것의 기반으로서의 역할을 하는 좋은 컨텐트를 가진 비디오의 제작이 요망되고 있다. 또 이런 비디오는 전문가에 의해 제작되는 경우가 많다.

웹 캐스팅이 TV와 경쟁하고 있다. 이것은 시청시간의 제약으로부터 벗어나길 원하고 자유분방함을 추구하는 젊은 세대들을 대상으로 하는 것으로서 이들로 하여금 자신의 웹 TV를 가진것처럼 느끼게 하면서 각자에게 편리한 시간 대에 TV컨텐트 등을 즐기게 함으로써 나름대로의 독자적 영역을 구축해가고 있다. 웹 캐스팅의 컨텐트로는 기존의 TV프로그램뿐만 아니라 블로그, 인터뷰, 개인 에세이 등이 있다. 웹 캐스팅은 전달수단에서도 올드 미디어와 차별을 추구하는데 예컨대 다수가 참여하는 게임(multi-player game)을 수용하는 것이 그 단적인 예이다. 젊은이들의 관심사항을 중점적으로 다루기도 하고 이런 컨텐트를 휴대전화나 iPod에서도 접할 수 있게 함으로써 이러한 것에 주력하지 않는 TV, 라디오, 신문 등 올드 미디어와 경쟁하고 있다.

이런 변화를 무시할 수 없게 되자 NBC, Fox, ABC, CBS 등 올드 미디어들도 이런 종류의 뉴 미디어를 자신의 내부에 하나의 부분으로 창설하거나 구축하여 종래의 올드 미디어와 병렬적으로 운영하면서 위험회피적 성격의 실험을 하게도 되었다. 이는 주요 TV방송국에서 공통적이다. Youtube가 아마추어의 UCC를 주로 다루는 것과 대비되어 이들은 기존의 TV쇼, 영화 등 프로가 만든 컨텐트를 주로 취급하면서 기존의 컨텐트 배송방식과 다른 웹 캐스팅 또는 온 디맨드 방식으로 웹을 적극 이용하려 하고 있다. 단 아직 이런 시도를 가지고 수익성을 확보하지는 못한듯 보인다.

인터넷의 융통성을 활용할 수 있는 웹 캐스팅은 TV 등 다른 매체보다 차별화된 수요측 사정에 보다 적극적으로 적응하고 있다. 새로운 뉴스나 코미디물을 제공하는 경우에도 예컨대 연령층에 따라 다소간 상이한 소재를 내보내고 있으며 비교적 짧은 시간 밖에 이용할 수 없는 점심시간대와 상대적으로 여유 있는 저녁시간대를 차별화하여 전자에서는 3분 내외의 짧은 컨텐트를 내보내고 후자에서는 30분내외의 긴 컨텐트를 내보내고 있다. 나아가 전자에서의 광고의 효과가 상대적으로 크다는 점을 감안하여 이때의 광고에 대해서는 상대적으로 비싼 광고료를 요구하기도 하고 있다.

사이트 효과적 이용을 위한 새 방안들

일단 어떤 사이트를 마련하고 나면 될수록 많은 방문자를 가지게 되기를 원한다. 이를 위해 개별 사이트로는 광고료를 내면서 스폰서 링크에서 앞 자리를 차지해 보려고 하기도 하고 또 오프라인 매체에다 광고를 하기도 한다. 반면 사이트의 이용자는 수 없이 많은 사이트 중 자신에게 도움이 되는 것을 선용하되 불필요한 것을 방문하게 되어 시간을 낭비하게 되는 일은 회피하고자 한다. 이런 목적을 향해 개발된 방법 중 주목할 만한 것이 사이트를 묶는 것(web mashing)과 사이트에 꼬리표를 다는 것(web tagging)이다.

전자는 이용자가 자신의 필요에 맞는 웹을 섞어 혼합 웹(hybrid web)을 만드는 것으로서 섞는 방법에 대한 표준적 프로그램을 이용하여 의도하는 바를 이룰 수 있다. 이러한 프로그램이 있으면 누구나 자신에게 소용되는 웹들을 섞을 수 있는 것이기에 혼합 웹은 대중기원(crowdsourcing)의 성격을 갖는다. 나아가 이러한 혼합 웹이 많은 방문자를 가지게 되면 광고 기타의 방법으로 수입을 얻을 수 있게 되는데 이런 경우에 혼합 웹은 섞는 프로그램을 제공한 사람과 그 수입을 나누어야 한다. 이는 기존의 웹에게 광고를 하는 방법을 알려주는 Adsense 프로그램을 이용하여 더 나은 광고기법을 써서 수입을 얻은 다음 그 수입을 Adsense 제공자가 웹의 소유주와 나누는 것에 상응한다.

사이트에 꼬리표를 다는 후자는 비슷한 성격의 웹들에 대해 그 성격을 나타내는 간단한 말로 꼬리표를 붙여 같은 꼬리표를 단 웹들을 보다 용이하게 방문하고 이용할 수 있게 하는 것이다. 텍스트를 가지고 검색이 용이하지 않은 대상인 사진들에다 어떤 단어를 써서 꼬리표를 붙여 놓은 다음 차후 그런 사진을 검색하고 다른 사람하고 공유하거나 다시 분류하려 할 때 이런 웹 태깅을 이용한다. 꼬리표 붙이기는 사진 이외에 레서피(recipe), 기타 특수 정보를 즐겨찾기(bookmark)로 정리해 놓는 것, 음식점, 술집, 기타 흥미의 대상이 되는 곳을 그런 것들에 대한 지도와 함께 구분해 놓는 것, 온라인 유머집 등 특정 주제의 자료를 묶어 놓는 것 등을 관리하는 데 효과적으로 활용되고 있다.

Google은 16억 5,000만불이라는 거금을 주고 Youtube를 매입하여 비디오 파일이 가장 많이 모이는 웹 사이트로 성장시켜 놓았다. 이에 이 회사는 이 사이트를 어떤 방식으로든 활용해 이익을 추구하지 않으면 안 되는 입장이다. 그 방법으로 Google은 비디오 컨텐트를 제공하면서 그것의 하단 5분의 1 부분에 광고를 15초간 내보내는 전략을 취하기로 하였다. 단 모든 비디오에 대해 이러한 광고를 하는 것이 아니고 한정된 비디오를 대상으로 광고주가 원하는 방법으로 광고를 하며 컨텐트의 이용자는 화면의 5분의 4를 차지한 비디오 파일을 보면서 15초를 견디며 광고가 끝나도록 기다리던지 그 이전에 광고를 지우면서 컨텐트이용을 포기하던지 또는 광고부분을 클릭하여 광고를 보던지 자유로이 선택할 수 있게 하였다. 그로써 광고를 보는데 사용자가 통제권을 갖도록 하면서 Google의 간여를 줄이려고 하였다. 또 지재권침해의 시비를 예방하고자 컨텐트를 공여하면서 광고를 게재하기로 동의한 컨텐트만을 대상으로 해서 광고를 하기로 함으로써 컨텐트제공자의 책임감을 높였고 광고수입을 컨텐트 소유자와 반분하기로 하였다. 나아가 광고주에게는 광고하려는 채널, 장르, 인적 대상, 지역, 시간대 등에 대한 선택권을 주어 광고효과를 높일 수 있는 기회를 부여하였다. 이로써 Google은 가장 적절한 컨텐트에 적절한 광고를 실어 보낸다는 목표를 지향하고 있다. TV에서처럼 비디오의 시작 또는 중간에 배너방식으로 광고를 내보내는 것보다는 이용자의 선택을 선결요건으로 하는 이러한 방식의 광고효과가 더 크다고 한다.[9)]

---

9) New York Times, "Google Aims to Make Youtube Profitable with Ads," August 22, 2007.

5. 인터넷 트래픽의 최근변화

미국 및 비미국

인터넷이 미국에서 유래했다는 데서 쉽게 이해될 수 있는 바이지만, 인터넷 트래픽은 미국을 중심으로 하여 이루어지고 있다. 그것 중에는 미국 내에서 유통되는 것이 월등히 많고 또 미국으로부터 다른 나라로 이동해가는 것이 그 반대 방향으로의 이동보다 훨씬 많다. 그러나 이러한 양상은 1999년부터 변화되는 기미를 보이고 있는데 예컨대 비미국에서의 유통이 점차 많아지고 있다.

인터넷을 이용하는 데에는 언어가 중요한 역할을 하고 있다. 추상적인 차원에서 어떤 언어를 쓰는 사람이든 불문하고 인터넷을 이용하게 하려면 모든 웹 사이트를 각각 지구상에서 쓰이는 모든 언어를 써서 복수로 만들어야 한다. 그러나 이는 사실상 불가능한 것이며 오늘날의 현실은 영어로 된 웹사이트가 가장 많다는 것이다. 다른 언어로 된 것보다 영어로 된 웹사이트에 대한 수요도 제일 많다. 이러한 현실에 순응하고자 하면 영어를 모국어로 쓰지 않는 사람들도 영어로 웹사이트를 만들어야 하게 된다. 그 이면에서 인터넷 이용의 증대는 소수민족이 쓰는 언어를 사실상 고사시키는 작용을 하고 있다. 결과적으로 이것은 국제적인 차원에서 디지털 디바이드(digital divide)를 강화시키는 효과를 가져오고 있다.

인터넷을 사용하는 방식을 형식적으로 보면 텍스트를 주고 받는 것보다는 사진, 동영상, 비디오, 영화 등의 많은 데이터를 다양한 방법으로 이용하는 것이 점차 커지고 있음을 알 수 있다. 이른바 브로드 밴드에 대한 수요가 커지고 있다. Youtube, 기타 커뮤니티 서비스의 이용이 괄목하며 그 이면에서 P2P이용은 상대적으로 정체에 빠진듯 보인다. 유선인터넷에서의 브로드밴드 이용증가가 현저해진데 더 하여 기술발전에 힘입어 무선인터넷에서도 이를 따르는 경우가 늘어나고 있다. 인터넷 이용방식으로 네트워크에 데이터 등을 올리는 업로드(upload)와 그것으로부터 자료 등을 받는 다운로드(download)를 구분해 볼 수가 있는데, 통상 후자를 위해서는 많은 용량이 필요하나 전자를 위해서는 상대적으로 작은 용량만 있어도 좋다. 그래 upload와 download 사이에서 불균형이 보여지고 있다. 이것은 차후 나타날 이용료의 결정과 관련해 다소간의 문제를 내포하고 있다.

우리나라의 실상과 최근발전

우리나라에서는 2003년 네이버가 지식검색서비스로 히트를 쳤으며, 이때 키워드 검색이라는 새로운 인터넷 수익모델을 이용했다. 네이버는 Google과 마찬가지로 검색광고를 주된 수입원으로 삼았다. 더불어 뉴스, 블로그 수용, 지식in을 주요 서비스로 가지고 있다. 미국과 달리 준비된 컨텐트가 충분하지 못한 우리나라의 처지에서 이용자들로 하여금 서로 질문을 하고 답을 하도록 하는 방식으로 즉석 컨텐트를 마련하게 하는 시스템이 효과적이었고 이를 일찍 수용한 지식in은 성공할 수 있었다. 이것은 일종의 UCC라 할 수 있는데, 이런 컨텐트를 마련하는데 어떤 조직적인 편집과정이 개재된 것으로 보이지는 않는다. 또한 이는 오로지 정보를 검색하는 것에 매달리기보다 서로 교호하면서 커뮤니티를 형성해 사는 것을 선호하는 우리사회의 습성을 반영하는 것이라고도 여겨진다. 동시에 Google과 달리 포털의 초기화면의 일부를 광고를 파는 장으로 사용하여 수입원의 다양화를 꾀하고 있다.

다음은 미디어 뉴스 및 카페에서 비교우위를 보이고 있고, 네이트는 싸이월드와 미니홈피를 새로이 유행시키었다. 기본적으로 이메일 서비스를 제공하던 이들 포털들은 자신이 제공하는 검색엔진을 보다 많이 이용하도록 하는 경쟁을 하게 되었다. 보다 많은 저장용량을 제공하려고 경쟁하는 상태도 전개되었다. 이들은 인맥관리를 위해 이용되기도 하였으며 끼리끼리 소식을 전하고 신변잡기도 교환하는 커뮤니티의 기능을 하게도 되었다. 커뮤니티는 사이버 세상에서 새로운 공동체를 만드는 것인데 개중에는 매우 한정된 사람들끼리만 교호하면서 너무 감성적으로 흐르고 있다는 비판을 받는 것도 있다. 특기할 것은 싸이월드에서 서로 선물을 주고 받기를 하다가 이른바 아바타나 캐릭터를 매매하는 시장을 창출하여 새로운 비즈니스를 착실하게 만들어낼 수 있었다는 것이다.

2004년에 들어서는 지역검색서비스와 개인화 서비스가 관심을 모았다. 여기서 지역검색서비스라 함은 각 지역별로 키워드(예컨대 삼성동 헬스클럽)를 입력하면 지도와 전화번호는 물론 해당지역의 유명음식점이나 관공서 등을 알려주는 서비스이다. 또 네티즌이 각자 인정받기를 원하는 성향을 가진다는 점에 근거해 개인화된 서비스가 나타나 사용자의 성, 취미, 성향 등의 차이에 따라 검색결과가 차별화되어 나타날 수 있도록도 하였다. 나아가 개인의 검색성향을 분석해 보여주는 검색예측서비스나 사용자들로 하여금 스스로 검색결과의 순위를 조정하게 하는 서비스 등도 시도되고 있다. 여기에서 더 나아가 게임이나 기타 컨텐트를 공급해 주려고까지 하는 등 각종 서비스를 one stop service로서 제공하면서 네티즌의 관심을 끌어 보려는 노력도 진지하다.

근년 들어 검색 포털은 점점 똑똑해지고 있다. 검색대상으로서 단순한 텍스트 이상 동영상, 음악 등을 포괄했다가 그 이상으로 네티즌들이 만들어낸 블로그에 담겨 있는 정보까지 제공해 주고 있다. 게시판에서의 정보도 검색대상으로 되게 되었으며 약품의 상세정보를 검색할 수 있게 하는 '의약학사전', 이용자의 생활 및 쇼핑후기를 확인할 수 있게 하는 '리뷰로그', 이용자의 위치에 대응하는 바 최적 검색결과를 제공하는 근처검색서비스 등 다양한 메뉴를 제공해주고 있다. 스스로 60만건의 데이터베이스를 마련하는 등 DB도 크게 확충해 가고 있다.[10] 1인 미디어 플렛폼을 지원하고 블로그 구성을 격려하며 시스템의 공유를 돕고 디자인구성에서의 자유도를 높일 수 있게 하고 있다. 데이터 백업도 지원하고 있다.

동호인사이트가 확충되면서 잡다한 정보는 물론 고급정보도 포괄적으로 다루게끔 이들도 충실화되어 가고 있다. 방문자가 많은 사이트들 사이의 연계현상도 보여지고 있다.

---

10) 서울경제 2005. 12. 23 "검색포털 갈수록 똑똑하네."

03 | 경제사회적 영향

1. 각종 변화

인터넷에 의해 규제가 최소한인 영토이고 개발할수록 더 확장되는 공간인 사이버 공간이 만들어졌다. 그 이후 인터넷은 경제적 측면에서 여러 가지 효과를 가지게 되었다. 네트워크 외부성을 가져왔고, 물리적 거리에 관계없이 지구촌 어느 곳이든 접근할 수 있게(universal reach)하였고, 시간간격을 줄였으며(moderation of time), 분배와 유통의 채널을 새로이 늘렸고, 사람들간에 존재하던 정보의 비대칭성을 줄였다. 더불어 소비자 서비스의 개선, 재고관리의 효율화, 종업원-고용자 관계의 변화, 생산성 향상을 이루어냈다. 나아가 종래에는 없던 새로운 비즈니스도 등장하게 하였다. 온라인 여행사이트의 대두는 그 중 현저한 예이다.

인터넷은 정치, 사회, 경제, 문화의 여러 면에서도 다기한 영향을 미치었다. 정치면에서는 전자투표가 늘어나고 있으며 인터넷을 통한 정치적 선전 광고가 활발하게 되어 가고 있다. 이들에 대해서는 차후 인터넷의 활용예 부분에서 더 살펴볼 것이다.

사회적으로 디지털 디바이드 현상이 부각되어 나타났다. 더불어 새로운 타입의 범죄라고 할 수 있는 사이버 범죄도 여러 종류 등장하게 되었다. 그 예로는 신분도둑(identity theft), 사기, 저작권 침해, 사이버 테러, 어린이관련 성적 해악행위, 포르노, 사생활권(privacy) 침해, 팝업 광고, 스팸, 바이러스 및 웜의 창궐, 과도한 채팅, 게임중독 등을 열거할 수 있다. 이 중 성적 해악행위 및 포르노의 부작용에 대처하고자 했던 1997년 미국의 통신품위법은 '불건전성 규제의 탈을 쓴 표현의 자유의 침해'로서 헌법위반의 판정을 받아 유야무야되었다. 음란물의 인터넷 등장을 ISP로 하여금 책임지고 배제시키려고 했던 아동온라인보호법도 2007년 3월 헌법위반이라고 미국 연방법원에 의해 판시되었다.

사람들은 파편화된 정보에 좌우되고 정보과부하에 시달리면서 집중력의 저하를 보이기도 하고 있다. 개인에 대한 정보를 수집해 광고 등에서 이용하는 행위도 나타나고 있다. 젊은 네티즌들이 온라인 커뮤니티를 형성한 후 그곳에 참여하는 사람 숫자가 대표하는 것 이상으로 사회적 영향력을 발휘하게 되는 현상을 초래해 불공평 대표성의 문제를 야기하기도 하고 있다.

교육적으로 원격교육(distance learning), 박물관이나 역사적 명소의 가상(virtual)적 관람, 연구를 위한 온라인 자료원의 활용 등이 주목할 만한 변화이다.

문화적으로 면대면(face-to-face) 의사소통이 줄어들고 이메일을 널리 쓰게 되었으며 그 이면에서 정크 이메일도 나타났다. 활발하게 이루어지는 채팅, 즉각적 메시지전달(instant messaging)은 앞으로 더 활발해지게 될 것이다. 가상육신이라 할 수 있는 아바타(avarta)가 창조되었다는 것도 주목해야 할 사안이다.

음란물 등 사회적으로 부적절한 것들이 인터넷을 통해 유포되어 문제를 야기하기도 한다. 아동들 상대의 성적으로 부적절한 내용을 띠워 사회적 수치심을 자극하기도 한다. 이러한 것들을 예방할 수 있어야 한다. 그런 노력에도 불구하고 예방에 실패할 경우에는 부적절한 행위를 한 사람들을 처벌할 수 있어야 한다. 부적절한 행위를 한 사람이 판명되었을 때 사법당국이 이런 사람을 벌주는 사후교정은 당연하다. 그런데 이러한 행위를 예방하기 위해서 인터넷 이용의 매개인인 포털이 마땅히 져야 하는 책임의 범위가 논란거리가 된다.

부적절한 내용이 전파되는 것을 방지하기 위해서 포털은 기술적으로 그런 것을 여과하는 SW를 장치하기도 하고 또 그것을 보완하고자 사람의 지각을 동원하기도 한다. 그러나 이러한 노력에도 불구하고 음란물 등의 내용을 걸러내지 못하여 사회적으로 바람직스럽지 않은 사태가 나타나기도 하는데 이럴 때 포털이 어느 정도까지 책임을 져야 하느냐가 문제가 된다. 포털로서는 부적절한 행위를 한 사람에 대한 신상정보를 사법당국에 제공하여 수사와 처벌을 돕는 것은 당연하다. 단 이와 관련해서 이런 정보를 자발적으로 제공해야 하느냐 아니면 소환장을 받은 경우에만 협조해야 하느냐에 대해 이론이 없지 않다. 무엇보다 사전에 그런 것을 여과하려고 한 포털의 노력이 과연 충분했는지를 판별하는 것이 더 중요하겠는데 이런 것의 판별은 매우 어려운 문제이다. 이러한 여과행위 때문에 인기가 떨어져 사람들의 방문이 줄어들게 될 것을 염려하는 포털은 본질적으로 여과노력에 소극적으로 될 성향을 가지기 쉽다. 이는 사회적으로 정당한 정도 이상으로 부적절한 내용이 유통되도록 하는 결과를 가져올 소지를 내포한다. 여기에서 포털의 소극적 태도를 교정하게 하는 방도가 필요하게 된다.

국제적으로는 글로벌 빌리지가 사실상 형성되어 국별 차별화가 사소해지게 되었다. 동시에 국별로 다른 법제가 대립하게 될 때 나타나는 쟁점에 대해 적절한 해결방법을 마련해야 한다는 과제가 심각해지게 되었다. 명예훼손, 음란물, 저작권침해, 소비자보호 등의 문제에 대해 영토를 기반으로 하는 개별 국가의 편협성을 뛰어 넘어 지구상 최선의 관행을 선택하고 그런 것을 각국에 전파하려는 국제주의도 나타났다.

그러다가 탈영토화, 사이버 자치공간의 확보는 궁극적으로 시현불가능하다는 것도 인지하게 되었다. '인터넷에서 검열은 단지 불편일 뿐이니 그것을 손상으로 인식하고 다른 길로 돌아가 간단히 회피할 수 있다' 라고 하던 낙관론는 Yahoo의 나치관련 물품 취급에 대한 프랑스법원의 불법판결로써 비현실적인 것으로 낙착되었다. 위치확인기술의 발달로 이용자의 위치를 확인할 수 있게 됨에 따라 적어도 논리적으로는 인터넷에서도 어떤 범법자이든 틀림없이 추적해 관련법을 적용할 수 있게 되었다. 인터넷 기술의 하나인 위치확인기술이 오히려 속지법의 집행을 도와주는 것으로 됨으로써 종래 속지법의 적용에 대항하는 가능성을 인터넷이 열어 놓았다고 보았던 애초의 희망을 무산시키기도 하였다. 물론 실제로 이러한 추적가능성을 철저히 추구하여 각국이 모든 범죄자를 처벌하고 있느냐 하는 것은 다른 문제이다. 범죄자추구에 시간과 노력이 많이 들기에 어차피 범법자의 단죄는 선택적으로 될 수 밖에 없는데, 각국은 단기적 · 정치적 필요를 채우는 범죄자들의 추적에 이런 노력을 우선 투입하는 경향을 보이고 있다.

인터넷의 이용은 사람들의 생활패턴에도 변화를 가져왔다. TV시청시간이 줄어들게 하였고 사람들과의 얼굴을 맞대고 접촉하는 일도 뜸해지게 한 반면 온라인 게임에 들이는 시간이 늘어나고 정크메일이나 컴퓨터의 유지관리에 들여야 하는 시간도 늘어나게 만들었다. 이런 이용양상을 남여별로 구별해 살펴보면 남자들은 검색, 토론그룹 참여, 채팅 등에 시간을 많이 쓰는 반면 여자들은 이메일, 인스턴트 메시징, 사교적 활동 등에 시간을 많이 쓴다고 한다. 젊은 사람들이 즉각적 의사소통의 방도인 IM을 선호하는 반면 나이든 사람들은 이메일을 선호한다고 한다. 온라인 커뮤니티는 카페, 동호회, 동창회 등으로 발전하다가 재테크 동호회, 선거 기타 사회운동을 위한 동호회를 포괄하게끔 다양화되었다.

2. 기존 활동의 효율화 및 새로운 활동의 창출 뒤 상업화

인터넷은 기존의 많은 경제활동을 효율적으로 전화시키었고 또 그 이전에는 존재하지 않았던 경제활동이 생성되게도 하였다. 첫째, 종래 오프라인에서도 진행되고 있던 경제활동에 인터넷의 이용 내지 IT기술을 적용함으로써 그런 경제활동을 그 이전보다 더 효율적으로 만들었다. 종래의 서점을 Amazon.com이 대체하면서 종래의 서점 운영방식에 충격을 준 것이 좋은 예이다. 둘째. 인터넷은 종래에는 존재하지 않았던 것을 사이버 세계가 나타나게 하였고 사이버재가 거래되게 하였다. 실세계에서는 존재하지 않았던 아바타를 창조해 사이버 커뮤니티에서 아바타를 거래할 수 있게 한 것은 그 전에는 없었던 새로운 것이다. 인터넷에서의 거래를 보다 수월하게 결제할 수 있도록 PayPal 등 새로운 결제방식이 대두할 수 있게도 하였다. 이상의 과정에서 일자리가 늘어나고 신사업도 나타났다. 인터넷은 온라인 기업가라는 새로운 직군을 만들어내기도 했다.

사람들은 친구를 만나 커뮤니티를 형성한다. 이는 인간생활의 자연스러운 단면이다. 문제는 컴퓨터 앞에 앉아 있는 시간이 많아진 현대인들이 친구를 만들고 사회생활의 공간을 만들기 위해 돈을 내려고 하겠느냐 하는 것이다. 현재의 인터넷 커뮤니티는 동호인들의 모임으로 되어 있다. 커뮤니티를 형성하는 것은 아직 비즈니스라고 인지되지 않고 있다. 이런 것 중에는 광고를 받는 것도 있으나 아직은 예외적이다. 그러나 차후 이런 커뮤니티는 차별화되고 그들에 대한 선호도 차별화되게 될 것이다. 또 그런 커뮤니티의 유지와 운영에는 자원이 소요될 것이기 때문에 가입비가 불가피하게 등장하게 될 것이다.

3. 사이버 세상과 실제세상은 독립적이냐 아니면 보완적이냐?

한때 인터넷에 의해 가지게 되는 가상 세계를 실제세계와 완전히 독립된 별도의 세계라고 생각한 적이 있었다. 어느 나라의 법제도 강제되지 않는 신천지라고 보았고 인종, 빈부, 태생한 나라 등의 차이가 문제되지 않는 독립된 영역으로 생각했었다. 그래서 가상 세계의 독립선언이 제창되기도 했다. 온라인 상태에서 대화하고 게임을 하고 거래를 하고(독립선언 이후의 현상이기는 하나) 사회네트워크에서 사교를 하더라도 실제세상에서 기인하는 제약을 받지 않을 수 있다고 보았다.

그러다 국경을 넘나드는 전자상거래에 대해서도 과세가 논의되게 되었고 중국의 검열이나 프랑스의 나치관련 용품의 거래금지가 예시하는바 실제세상의 권력의 가상 세계에서의 활동에 대한 간여가 부정할 수 없는 사실로 되었다. 세컨드 라이프에서의 거래를 실제세계에서 결제하는 일도 빈번하게 되자 실제세상과 완전히 절연된 가상 세계라는 인식은 더 이상 인정될 수 없게 되었다.

세컨드 라이프의 예가 보여주듯이 온라인 세상과 오프라인 세상이 공존하면서 경우에 따라서는 서로 독립적이나 다른 경우에는 서로 보완적인 관계를 이루고 있다. 사이버 세상을 실제세상과 절연된 것으로 인식하는 일은 무의미하게 되었고 이 둘 사이에 보완적인 사정을 잘 이해하고 실제세상이냐 아니면 가상 세상이냐를 구태여 따질 필요 없이 그것의 전개 양상을 최선으로 활용하는 것이 중요하게 되었다.

4. 좋은 영향과 나쁜 영향

각종 영향

인터넷이 경제사회에 미친 영향을 좋은 영향과 나쁜 영향으로 구분해 볼 수 있다. 먼저 좋은 영향으로서, 인터넷은 훨씬 원활하게 의사소통을 할 수 있게 함으로써 인간생활에서의 각종 마찰이나 갈등을 줄였다. 또 생산현장에 종사하는 개개인에게 보다 많은 권한과 재량권을 줌으로써 생산효율을 높일 수 있게 하여 생활의 향상발전에 이미 크게 기여하였다. 새로운 기업이 태어나 신경제의 기초가 되도록 하였다. 응용방법이나 컨텐트에서 자유롭다는 속성에 의거하여 인터넷이 미친 좋은 영향은 앞으로 더욱 확대되고 증폭될 것이다. 다음, 나쁜 영향으로는 음란정보, 유해정보가 전보다 쉽게 유통될 수 있도록 하여 원조교제나 성인물 사이트의 횡횡 등 사회문제를 야기하였고 지적재산권 침해 등 불법행위가 우습게 자행될 수 있게 한 일방, 실제세상과 사이버 세상의 혼동을 가져와 실제세상에서의 생활에 덜 철저하게 되도록 생활방식을 바꾸었다.

사이버 세상은 실제생활에서 할 수 없는 일을 하게도 하였다. 아바타를 마련한 다음 사이버 세상에서 집을 짓고 거래를 하면서 생활을 하게 하였다. 3차 공간으로 구현되는 사이버 세상인 세컨드 라이프(Second Life)가 보여주듯이 점포나 주택을 임대하고 임대료를 내며 이런 주거 생활시설을 장식하기 위해 각종 서비스를 구매하기도 하게 했다. 이러한 가상 세상에서의 행위는 종종 실생활과 연계되기도 했다. 사이버 세상에서 마음에 드는 상품을 보고 실생활에서도 그것을 구매하는 예가 그것인데, 이런 변화에 뒤지지 않기 위해서 실제세계에서의 상인들은 사이버 세상에서 점포를 차려야 하게도 되었다.

인터넷은 이른바 디지털 중독을 퍼트렸다. 많은 아이들을 게임에 중독되게 하였고 많은 어른들을 휴대폰이나 이메일로부터 떨어지지 못하도록 만들었다. 웹 사이트를 쉽게 만들 수 있어 이를 가지고 신분을 속이고 가짜 잔고 증명을 만들며 거짓인 신용도를 일시적으로 악용하는 등 부적합한 처신도 하게 했다. 피싱에 의한 신분절도(identity theft) 등은 전자상거래 등에서 거래의 안정성을 해하게 되었다. 이러한 불법행위를 하는 당사자는 당연히 처벌받게 되어 있다. 그러나 이들이 불법행위를 하는데 사실상 도움을 주었다고 할 수 있는 포털은 책임을 지지 않아 포털의 사회적 책임에 대한 문제의식을 낳았다. 나아가 암호사용의 일상화는 테러분자들에게조차 일종의 무기를 제공한 것으로 되어 의외의 부작용을 낳기도 했다. 인터넷과 더불어 횡횡하게 된 바이러스 웜, 스팸 등도 결코 반갑지 않은 현상이다.

인터넷 세상의 새로운 문화는 글쓰기에도 영향을 미쳤다. 통상 글을 쓰는 때 단어 또는 문장이 못마땅하면 지우고 다시 쓴다. 어떤 표현이 한번 지워져 없어지고 나면 차후 그것을 추적하는 것은 거의 불가능하다. 그런데 경우에 따라서는 과거의 것과 수정된 것을 모두 가지고 비교를 할 필요가 있다. 이런 때 인터넷 시대의 버전통제(version control) SW는 과거의 버전으로 되돌아갔다가 현재의 버전으로 다시 오는 것을 용이하게 해주어 비교작업에 도움을 주고 있다. 이런 SW는 책을 쓰는 경우나 언론인의 일상적 활동에서 매우 유용하며, 특히 입법과정에서 국회의원들이 어떤 태도를 가지고 어떤 법안을 만들려고 했고 그 결과가 어떠했는지를 파악하는 데 크게 도움이 되고 있다. 국민의 대표들의 중요한 활동이 보다 철저한 감시 속에 놓이게 되는데 일역을 하고 있다.

인터넷은 신문, 방송 등 다른 매체와 경쟁하면서 여론 형성에도 일역을 하고 있다. 그러나 인터넷 이용에는 상당한 정도 익명성이 용인되고 있어, 이러한 성격을 가진 매체의 순효과가 좋은 것이라고 해야 할 것인지 아니면 나쁜 것이라고 해야 할 것인지는 분명하지 않다.

변천과정에서의 부침

이러한 변천과정에 여러 사건이 있었으며 결코 어려움이 없었던 것은 아니었다. 1995년 브라우저 업체 Nescape Communication의 주식공개(initial public offering)는 이른바 dot.com 붐의 시발이 되었다. MS가 Internet Explorer로 브라우저 전쟁을 일으킨 것을 계기로 웹에의 접근이 보다 쉽고 일상화되자 사람들은 검색 등 때문에 장시간 컴퓨터 앞에 매달려 있는 상황에 내몰리게 되었다. 브라우저 전쟁은 동시에 MS에 대한 독점시비를 일으키기도 하였는데, 이것은 차후 MS의 Window와 브라우저의 번들(bundle)화가 독점임을 인정하되 벌금은 없다는 판정으로 결말나게 되었다. 그리고 이런 결말은 사실상 MS의 승리라고 평가되었다. 그러나 그 후의 기술발전으로 인하여 어차피 무료로 제공되는 브라우저의 중요성은 사소한 것으로 되었고 브라우저 전쟁의 심각성은 크게 희석되었다. 그 이후 브라우저 대신 검색엔진의 중요성이 부각되게 되었다.

2000년 1월 닷컴 붐은 절정에 달하였다. NASDAQ 주가는 90년 대비 795% 상승했다. 웹을 근거로 하는 모든 기업의 주식이 일제히 올랐었다. 그러다가 2000년 4월 MS가 1심 소송에서 질 것이라고 예견하게 된 것을 계기로 하여 거품은 깨지게 되었다. 다우존스 산업생산지수는 역사상 최대폭인 7.64% 하락하였고 Dow Jones Internet Index는 2000년 3월부터 12월 사이에 72% 하락했다. Priceline.com 및 eToy의 주가는 최고가 대비 99% 하락했다. 경기침체가 시작된 것이다.

그러나 새로운 현상으로서의 전자상거래는 위축되지 않았다. 예컨대 Wal-Mart는 인터넷을 이용하여 온라인 판매에서도 성공하였고, 재고관리나 공급체인관리(supply chain management) 등을 통해 코스트 절감 및 생산성 향상을 이루었다. 2003년에 들어서는 전자상거래는 완전히 정상화되었다.

5. 브로드 밴드 실제화 후의 과제

아직까지 나타난바 이상의 좋은 영향과 나쁜 영향을 볼 때 즉각 생각해 볼 수 있는 앞으로의 과제는 인터넷이 제공하는 기회를 십분 활용하면서 그 부작용은 최소화하는 것이 되겠다. 이는 계속 진화해 가는 인터넷을 이용하면서 지속적으로 풀어 나가야 할 과제라 하겠는데, 구체적으로 이것은 여러 단면을 가지고 있다. 이것의 하나로 우선 인터넷은 널리 기대되는 바 광대역

(broadband)서비스에의 요구를 충족시키게끔 여러 단면에서 기술발전을 이루어 내야 할 것이다. 여기에서 광대역이란 전송속도가 빠르고 계속 접속되어 있을 수 있어야 한다(fast and always on)는 것을 의미하는데 기술적으로 말하면 최소한 1초에 100메가 비트 정도의 영상을 전송할 수 있을 정도로 대용량의 정보전송을 할 수 있어야 한다는 것이다. 이런 정도가 되어야 소위 통신과 방송의 융합도 구체적으로 실현해 나갈 수 있으리라 여겨지고 있다. 브로드밴드가 시사하는 여러 뉘앙스에도 불구하고 아직 이것은 미래의 이야기로 남아 있다.

더불어 기술발전의 각 단계에서 그에 상응하는 수익모델을 지니게 되어야 할 것이다. 우선 현재 미처 활성화되어 있지 못한 수요 때문에 네트워크 설비가 과잉으로 되어 있다는, 수요와 공급 측면에서의 불균형의 실상을 시정할 수 있어야 할 것이다. 수급의 불균형을 해소하고 크게 보아 수익자 부담의 원칙이 준수되게끔 하면서 각개 각층의 다기한 수요에 대응하는 적절한 이용요금을 부과할 수 있게 되어, 각 발전단계에서의 각종 서비스 공급자가 경제적으로 존립할 수 있게 되어야 할 것이다. 나아가 인터넷에 대한 수요가 계속 증대될 수 있도록 하는 것은 물론 그 이용이 창조적으로 될 수 있게끔 응용시스템과 컨텐트를 지속적으로 충원할 수 있어야 할 것이다. 경제사회가 바뀌면서 새로이 생기는 약자들의 목소리와 이해관계를 소화할 수 있어야 하며, 이른바 자신이 원하지 않는 정보스팸(spam)과의 전쟁이 예시하는 바 각종 부작용에 대해서도 기술적 또는 법률적으로 대응할 수 있어야 할 것이다. 스팸메일이 일방적으로 다량 밀려오고 있어 혹자는 이를 TV초창기의 광고와 유사하다고도 하는바 어떤 방식으로든 이것을 규율할 수 있어야 할 것이다.

지식정보화사회를 지향하고 있는 오늘날의 사회에서 인터넷이 지니는 중차대성을 상기해 볼 때 이러한 과제는 종국적으로는 해결될 것이라고 낙관할 수 있다. 그러나 그것의 구체적 해결안이 확정되기 이전에 많은 가변성을 지니는 변화가 나타날 것이다. 단기간에는 대역폭을 증대시키는 속도경쟁이 제법 이루어지게 될 것이다. 통신사업자와 CATV사업자가 각각의 네트워크를 업그레이드 시키려고 노력할 것이다. 영화를 다운로드 받는 데 50~100MPS

가 필요하고 게임을 다운로드 받는 데는 그 이하로도 족하며 2~3개의 PC를 동시에 사용하는 홈 네트워크를 위해서도 6MPS 정도면 된다는 점을 감안해 볼 때 통신사업자 등의 속도경쟁은 적어도 단기간에는 대역폭의 심각한 부족을 피할 수 있게 할 것이다. 그러나 후술되는 바 U-생활이 본격화될 경우에는 보다 다양한 대역폭이 훨씬 대규모로 필요하게 될 것이기에 사정은 달라질 것이다.

이에 인터넷에 대한 수요와 공급 각각에서의 변화를 시간차원을 의식하며 조망해 보고, 그에 따라 인터넷 공급의 당사자이면서 주역인 네트워크 제공자, 응용시스템 제공자, 컨텐트 제공자 및 관련 규칙과 제도를 마련하는 정책당국 등이 각각 어떻게 변신하고 적응해야 할 것인지를 탐구해 대비해야 할 것이다. 이러한 것에 대한 탐구와 그에 따른 비전 제시가 없다면 인터넷 관계자들은 각각 근시안적으로 행동하게 되기 쉬울 것이고, 그로써 인터넷은 그 최선의 양태로 발달하기 어려울 것이며, 그 결과로서 경제사회발전도 상대적으로 지체될 것이다. 인터넷의 실상을 살펴보고 그 발전을 전망해 보며 관련 주체들의 적응방안을 강구하는 것은 인터넷이라는 중차대한 매체를 효과적으로 활용할 수 있어야 한다는 당위성의 측면에서 보아도 매우 중요한 일이라 하겠다.[11)]

---

11) 인터넷의 대부라고 지칭되는 Stephen J. Lukasik은 인터넷의 'grand challenges'로서 다음의 8가지를 들고 있다.

1. Search, retrieval, understanding, and visualization of large databases
2. Information validation of enormous, heterogeneous information
3. Personal coping with complex systems
4. Personal coping of information systems
5. Mapping words to information objects
6. Persistent addresses for information objects
7. Protecting information and systems
8. Minimal overhead for transactions

이는 인터넷의 기술적 측면에서의 과제를 열거하고 있는바, 우리의 탐구에서의 경제적 측면에 초점을 둔 관심과는 차이가 있는 것이다.

A. Rutkowski, "Understanding Next Generation Internet: An Overview of Development," Telecommunications Policy Online, Volume 24, 2000.

4

인터넷 기술적 기반의 조감

01 | 기술적 기반

1. 물리적 네트워크

컴퓨터 네트워크

기계적으로 보아 인터넷은 컴퓨터 네트워크가 여러 차원에서 연결되어 이루어진 것이다. 컴퓨터 네트워크란 여러 개의 컴퓨터가 그물처럼 서로 연결되어 형성된 것인데, 인터넷은 이런 컴퓨터 네트워크들이 다시 서로 연결되어 있는 총체로 정의된다. 하나의 컴퓨터를 가지고도 상당한 일을 할 수 있다. 그러나 여러 개의 컴퓨터가 망을 통해 서로 연결되도록 하고 나면 어떤 하나의 컴퓨터가 독자적으로 사용할 수 있는 정도 이상의 전산자원을 사용할 수 있어 보다 큰 규모의 업무를 훨씬 효율적이고 신속하게 처리할 수 있다. 과연 네트워크의 네트워크인 인터넷의 출현으로 이러한 가능성이 활짝 열리게 되었다. 네트워크에 연결된 PC의 활용도는 앞으로 더욱 증대될 것이다.

구조적으로 보면 인터넷은 기간망과 가입자망으로 구성되어 있다. NO가 제공하는 물리망 및 그것과 대응하는바 다른 NO나 해외의 NO가 제공하는 물리망을 기간망 또는 백본망(backbone network)이라고 부른다. 이것은 고속도로 시스템의 간선도로와 상응한다. 고속도로의 간선도로가 여러 개로 늘어나게 되어 복잡한 도로시스템으로 되듯이 기간망도 계속 늘어나 복잡한 네트워크 시스템을 이루게 된다. 이러한 기간망들은 각자 상이한 기술과 상이한 응용방법을 활용하고 있기 십상인데 그럼에도 불구하고 이른바 게이트웨이(gateway)라는 장치가 있어 이들은 연결된 하나의 시스템으로 통합되어 있다. 이것 덕분에 네트워크 차원에서는 하등 지능적 작업을 해야 할 사유가 없으며 기계적으로 소통을 효율적이고 원활하게 할 수 있기만 하면 된다.[1] 게이

1) 기간망을 확장하지는 않으나 이용방법을 개선하는 방법으로 국지적으로 자주 쓰이는 컨텐트

트웨이는 인터넷 트래픽 소통의 핵심인자이다. 각국의 네트워크 사업자는 해외의 인터넷망 또는 다른 네트워크 사업자의 기간망과 연결되어 있다. 이러한 연결을 이루기 위해서는 각종 라우터를 구비하고 있는 인터넷 교환센터가 필요하다. 이러한 네트워크들은 서로 독립적이며 크게 확장되거나 작게 축소될 수 있다는 면에서 이른바 확장성(scalability)을 가진다. 여기에서 물리적 네트워크에서의 초점은 이런 네트워크를 어떻게 설계하여(design) 건설한(build) 다음 운영하느냐(operate)에 두어져 있다.

인터넷 이용자는 각종 응용시스템을 공급하는 인터넷 서비스사업자(ISP)

그림 4-1 백본망과 가입자망

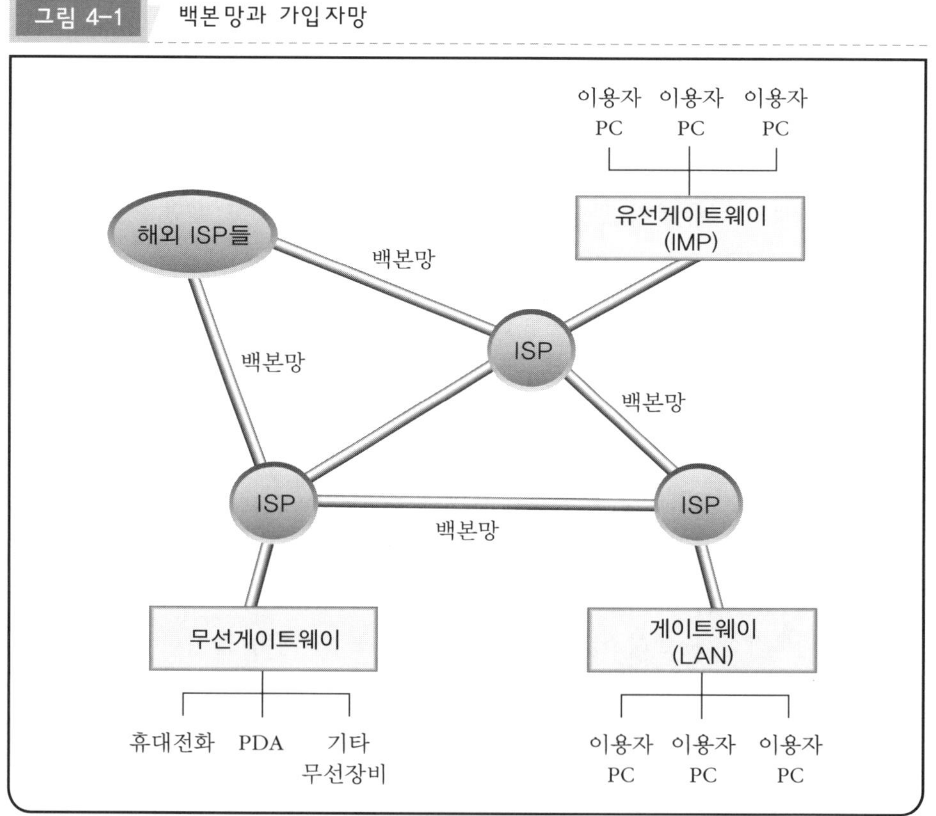

를 보관하다가 즉각 공급할 수 있도록 하는 cache 서버를 운영하는 방법과 만약의 지체 내지 데이터 손실에 대비해 국지적으로 특정한 스트리밍 서버(sreaming server)를 배정해 운영하는 방법이 있다.

가 제공하는 가입자망을 통하여 네트워크 사업자(NO) 또는 네트워크 사업자가 흔히 겸임하는 기반시스템 제공자(BSP)의 기간망과 연결되어 있다. 이때 쓰이는 가입자망 기술에는 유선 네트워크에 의존하는 유선인터넷 기술 및 무선전파망에 의존하는 무선인터넷 기술이 있다. 그러나 개인, 중소기업, 대학 기타 큰 조직이나 대기업이 쓰는 가입자망은 다소 차이를 가지고 있다. 대학이나 큰 조직은 전용의 LAN(local area network)을 운영하는 경우가 많은데 전용LAN을 유지 관리할 여력이 없는 중소기업이나 개인은 ISP에 전적으로 의존해야 하기 때문이다. 〈그림 4-1〉에서는 기간망 및 그것과 구별되는 가입자망이 예시되어 있고 가입자망으로는 유선망 2종과 무선망 1종이 예시되어 있다.

미국의 국방부, 그 이후 미국의 과학재단이 인터넷을 독점적으로 관장하고 배타적으로 이용하던 때만 하더라도 인터넷의 백본망은 매우 단조로운 것이었다. 백본망으로 주로 이루어진 당시의 인터넷은 국가데이터고속도로(national data highway)를 구축하려는 것을 목표로 했으며 5개의 슈퍼컴퓨터로 구성되어 있었다. 정부주도의 성격이 분명했고 많은 정부투자를 필요로 했다. 그러다가 1990년 그러한 백본망이 민간부문에 위양되었다. 일부 전략가와 과학자들의 반대에고 불구하고 인터넷운영이 정부주도에서 민간으로 이양되었고 투자의 리스크도 분담되게 되었다. 이렇게 되어 상업화된 후 백본망이 민간부분에 의해 더 건설되면서 마치 고속도로가 추가로 건설되어 고속도로망이 복잡해지듯이 백본망이 다양화되었다. TCP/IP 등 의외의 기술발전도 있었다.[2] 그로써 인터넷 응용은 대거 확장될 수 있는 계기를 맞게 되었다. 정부의 이용이나 연구목적으로만 이용하던 것 이상으로 많고 다양한 이용방법이 나타나게 되었으며 ISP도 1,000개 이상으로 늘어났다.

모래시계 구조

구성 요소로 본 인터넷은 물리적 네트워크, 가상의 네트워크, 그리고 이들의 연결고리라고 할 수 있는 프로토콜로 그려볼 수 있다. 이것의 양태를 보

2) The New York Times, "The Team That Put the Net in Orbit," Dec. 9, 2007.

그림 4-2 모래시계 구조

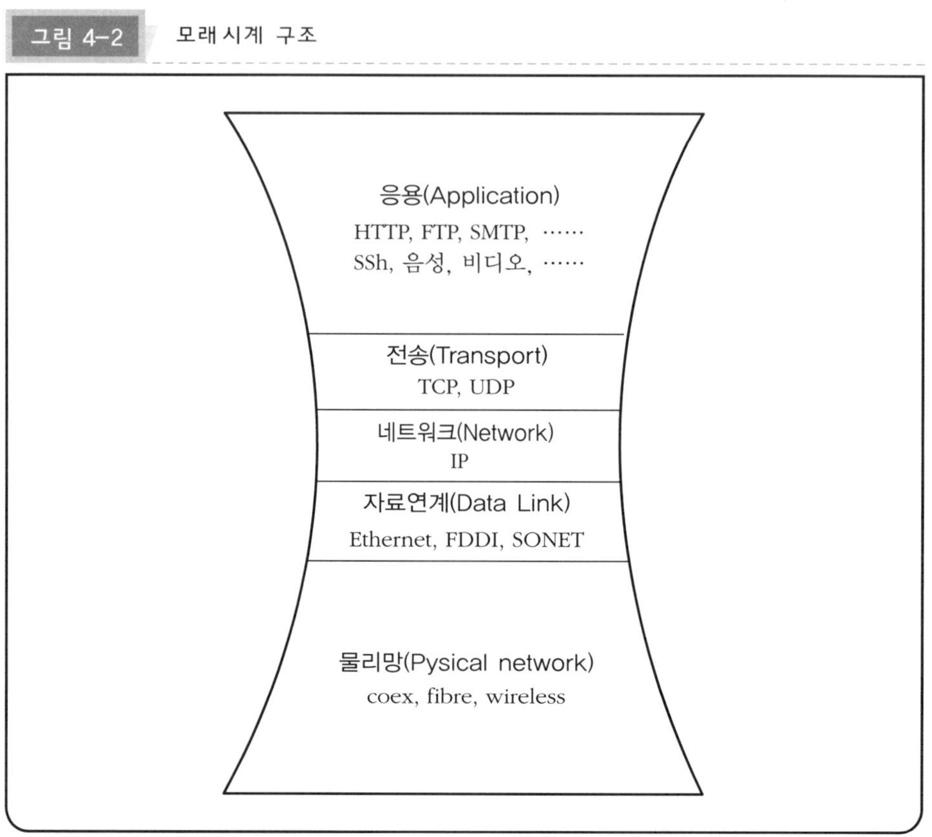

면 〈그림 4-2〉 에서 볼 수 있듯 허리부분이 잘룩한 형태를 가지고 있어 흔히 모래시계의 모양을 가진다고 표현되고는 한다. 모래시계의 최하단에 있는 현재 물리적 네트워크는 그 크기가 크고 앞으로 쉽게 확장될 것이며, 모래시계의 최상단에 있는 컨텐트, 응용방법, 서비스로 채워지는 가상의 네트워크도 종류가 많고 앞으로 더 다양해질 것인 반면, 이들 중간에 위치하면서 이들을 연결하는 프로토콜은 한정적이고 앞으로도 별로 더 발달하게 될 여지가 크지 않다는 인식을 반영하여 이렇게 모래시계의 구조를 가진다고 하는 것이다.

물리적 네트워크는 네트워크 통신장비, 네트워크 서버장비, 그리고 네트워크 관리시스템으로 구성되어 있다. 반면 이것과 구별되는 가상의 네트워크(virtual network)는 인터넷을 이용하는 고객이 컨텐트 및 응용시스템을 활용해 각자의 이용목적에 합치하게끔 이용할 수 있게 하는 각종 서비스 제공관계자들의 여러 가지 협력시스템으로 이루어져 있다.

서비스 사업자와 가입자망

인터넷 사용자가 어떤 하나의 가입자망을 통해 하나의 인터넷서비스 사업자(internet service provider: ISP)에 연결되어 있고 이 ISP가 백본망을 통해 다른 모든 ISP와 연결되어 있다는 사정을 통해 인터넷 사용자의 컴퓨터는 IP주소를 가진 다른 모든 컴퓨터와 연결되어 있다. 인터넷서비스 사업자는 자신의 망을 NO망에 연결시키어 놓은 다음 그것을 일반 인터넷 이용자의 PC 등 터미널에 연결시키어 이용자로 하여금 자신의 망을 통해 인터넷망 일반을 이용할 수 있게 중개역할을 하고 있다. 이때 ISP는 그의 호스트 컴퓨터(host computer)와 최종 이용자의 PC의 연결을 위해서 NO망에서의 게이트웨이와 상응하는 역할을 하는 컴퓨터 IMP(interface message processor)를 운용한다.

NO의 백본망과 연결된 ISP의 망은 일종의 지선도로 또는 지방고속도로라고 할 수 있고 이것과 일반 이용자를 연결하는 회선은 지선도로를 각자의 집까지 연결하는 지역의 지방도로 및 작은 샛길이라고 할 수 있다. 이른바 LAN (local area network)은 이런 지방도로의 일종이라 하겠다. 이때 ISP가 여러 가입자와의 연결을 위해 운용하고 있는 이러한 지선 네트워크를 가입자망(access network)이라고 부른다. 통상 가입자의 수가 적지 않을 것이고 가입자의 소재지도 각양각색일 것이기 때문에 가입자망은 매우 복잡하다. 이런 가입자망은 여러 시기를 거쳐 시차를 가지고 건설되었을 것이기 때문에 이질적이다. 모두가 당시 물리적으로 규정되는 최고의 효율성을 띠는 것으로 되기가 쉽지 않다.

가입자망은 여러 지역에 다양한 양태로 소재하고 있는 다기한 이용자들 각각과 연결을 이루어내야 하는 것이기 때문에 그것의 구축 및 유지가 결코 쉽지 않다. 모든 이용자들에게 다가가는 작은 샛길을 열어 놓는 것은 간단하지 않다. 이러한 가입자망에서의 어려움을 마지막 1마일(last 1 mile)의 문제라고 지칭한다. 마지막 1마일 문제를 해결하는 방도로는 DSL, 케이블, 종래의 전화선, 광파이버 케이블 등 여러 가지가 있다. 이 중 상대적으로 저렴하고 효율적이어서 널리 쓰이는 것이 DSL이나 케이블이다. 이들은 마지막 1마일 문제를 해결하는 다른 방도 보다는 상대적으로 나은 것이나 이들을 가지고도 어떤 특정 시간 내에 인터넷을 통해 전송할 수 있는 데이터의 양, 즉 대역폭에는 한계가 있다. 그럼에도 불구하고 현재 많은 개인이나 중소기업은 이런 방법에 의존하는 것 이외에 다른 방도가 없다. 반면 대기업이나 큰 조직은 광파이버 케이블로 된 LAN 등으로 독자의 지선망을 구성해 가입자망으로 이용하기도 한다. 최근에는 DSL이나 케이블을 광파이버 케이블로 대체하는 변화가 잦아지고 있다. 광케이블로 이루어진 마지막 1마일은 훨씬 큰 대역폭을 갖게 된다.

인터넷에서의 데이터 유통은 이용자가 자신의 PC에 원하는 것을 다운로드 받는 방식으로 이루어지기도 하고 데이터제공자가 불특정 다수의 PC에 데이터를 일방적으로 보내는 스트리밍(streaming)방식으로 이루어지기도 한다. 전자의 경우에는 데이터를 PC에 저장하는 과정이 개재되나 후자에서는 그러하지 않다. 후자는 방송에서의 송신과 흡사하며 새로운 전자적 유통채널(electronic distribution channel)로 되고 있다. 종래의 유통채널에 비해 이러한 전자적 유통채널에서의 유통코스트는 싸다. 오디오 스트리밍, 비디오 스트리밍, VOIP 등의 응용을 위해서 ISP는 통상 이들을 위한 특수 SW를 마련하여 놓아야 하며, 사용자는 이들을 이용하기 위해 역시 특수 SW를 자신의 PC에 설치해 놓아야 한다.

인터넷망 요소의 수급사정

인터넷의 기반인프라는 백본망(backbone network) 또는 기간망이고 가입자망이 그것과 최종사용자를 연결시키고 있다. 현재 백본망은 대부분 광케이블망이고 공급과잉으로 인식되고 있다. 그 이외에 무선을 이용하는 백본망도 있다. 반면 가입자망은 다기한 가입자와 지근거리에 있으면서 가입자의 네트워크와의 연결을 보장하고 있다. 마지막 1마일 문제의 해결을 위해서는 유선과 무선의 여러 가지 기술들이 경쟁하고 있다. 인터넷 이용자의 도시집중 등으로 트래픽이 몇 개 거점에 몰리는 현상이 생기게 되는데, 이에 대응하고자 각종 데이터의 복사판을 지니고 있는 컴퓨터를 수요가 몰리는 장소에 설치하여 지근거리에서의 수요에 대응하게 함으로써 인터넷 이용시 데이터를 찾아 이동해야 하는 거리를 최소화하면서 결과적으로 트래픽의 양을 줄일 수가 있다. 이러한 때의 복사판 컴퓨터를 장치해 놓은 것을 cache라고 한다. 유선인 가입자망은 DSL이나 케이블을 주로 사용한다. 무선의 방법에는 다시 노트북 등 PC를 무선 LAN을 거쳐 DSL이나 케이블 모뎀(cable modem) 포트에 접속시킨 뒤 마치 유선 PC처럼 쓰는 고정형 무선인터넷 방식과 휴대전화나 PDA를 사용해 접속하는 이동형 무선인터넷 방식의 2가지가 있다. 이 둘을 합쳐 무선인터넷이라 하고 이 중 후자를 휴대전화나 PDA가 운반가능하다는 점을 부각시키어 모바일 인터넷이라 한다. 이들 여러 가지 기술은 궁극적으로는 모두 서로 연계(inter-connected)될 것이나 당분간은 각각의 비교우위를 근거로 하면서 경쟁적으로 쓰이고 있다. 하늘 위의 위성(satellite)을 이용하여 통신하고 인터넷을 이용하는 것은 백본망과 가입자망으로 위성을 쓰는 특수한 경우라고 할 수 있다. 마지막 1마일 문제는 앞으로 많이 개선될 것이라 여겨지고 있다.

2. 가상 네트워크

가상 네트워크 차원에서 보면 각종 ISP들이 다양한 서비스를 개발하여 수요자들에게 공여하고 있다. 그런데 이들 ISP들은 서로 이질적이다. 때문에 만약 어떤 ISP가 개발한 서비스를 다른 모든 ISP들의 합의를 얻어야 네트워크에서 활용할 수 있다고 제약한다면 ISP에 의한 서비스의 개발은 매우 어려워지게 되고 결국은 사실상 불가능해지게 될 것이다. 그러나 후술되는 TCP/IP 등 프로토콜이 인터페이스를 가능하게 해주기 때문에 ISP들 서비스간의 이질성에도 불구하고 서로 별 문제없이 소통할 수 있게 되어 있다. 그에 따라 다양한 ISP들이 자신의 창의성에 기반하여 다기한 응용서비스를 마련해 공여하고 또 거기에 담는 다양한 컨텐트를 제공하는 데도 불구하고 인터넷은 이런 ISP들을 모두 수용하면서 아무런 어려움을 갖지 않는 것으로 되고 있다. 가상 네트워크에서는 여러 곳에서 지능적 작업이 이루어지고 있으며 이때의 초점은 어떻게 하여야 보다 많은 컨텐트, 응용방법 및 서비스를 개발할 수 있도록 유도하느냐 하는 것에 주어져 있다. ISP들 사이에서는 IP주소만 있으면 소통이 가능하고 소통되는 것의 내용에 대해서는 하등의 제약이 없다. 이에 따라 컨텐트에 있어 무한한 개발의 가능성이 있다고 할 수 있다.

개발을 하는데 있어서는 보통 당시 주어져 있는 공개표준(open standard)을 따른다. 이용기술의 차원에서 공개표준이 주어져 있음으로써 그러하지 않았을 경우 이미 개발된 것을 다시 개발해야 하는 위험성이 최소화된다. 이에 따라 이미 개발된 것을 이용하고 그것을 기반으로 하고 그것에 기승해 새로운 것을 개발하는 것이 개발노력의 초점으로 된다. 아주 우수한 표준이 개발될 경우 합의에 의해 기존의 공개표준을 그것으로 바꾸는 것이 불가능하지는 않으나 이런 일은 별로 일어나지 않고 있으며 기존의 것을 개선하고 업데이트하는 것이 대종을 이루고 있다.

연결을 위한 규칙

이질적인 네트워크들 사이의 소통을 가능하게 하기 위해서 지켜야 하는 규칙이 TCP(transmission control protocol)/IP(internet protocol)이다. 이때 IP는 정보를 패킷으로 분할하는 규칙이고 TCP는 분할되어 수송된 것을 다시 정리하고 조합하는 규칙으로서 이들이 패킷의 분할, 이동과 재조합을 담당한다. IP는 패킷의 주소를 확인한 뒤 라우터로 하여금 패킷이 지정된 주소로 정확히 이동해 가도록 하는 패킷의 라우팅을 담당한다. 여기에서 라우터란 지역 우체국에 비유될 수 있는 것으로서 패킷이 가야 할 주소를 확인하고 그것이 이동해 갈 때 취해야 할 최적의 경로를 결정하는 고성능 컴퓨터이다. TCP는 호스트 컴퓨터 사이의 연결을 보장하고 패킷이 이동하는 때 의도한 곳에 안전하게 도달했는지 또는 중간에 없어지지는 않았는지를 알려주며 이동되어 온 패킷을 조합하여 데이터를 원래의 그것으로 복원시킨다. 이런 도중에 이동중인 패킷의 수를 조절하여 데이터의 전체적인 흐름을 관장한다. 이러한 IP와 TCP는 차후 TCP/IP로 진화하게 되었다. 이것은 인터넷 시스템에서 게이트웨이, IMP 등과 각종 단말의 컴퓨터를 연결시키는 일종의 통역사라고 할 수 있겠다.

패킷의 주소란 IP주소를 지칭하며 예컨대 66.139.79.225와 같이 256보다 작은 숫자 네 개의 모음으로 되어 있다. 인터넷에 연결된 모든 컴퓨터는 하나의 IP주소를 가져야 한다. 원래 수자로 되어 있는 IP주소를 기억하기 쉽게 문자로 바꾸어 놓은 것이 도메인 네임(domain name)이 되겠다. 도메인 네임에 대한 체계(domain name system: DNS)에서는 최상위의 도메인으로 com. org. gov. edu. net. 등의 15종 업무성질별 도메인(generic top-level domain name: gTLD)이 있고 또 uk, kr. 등 2자로 된 243개의 국가 코드별 도메인(country code top-level domain name: ccTLD)이 있다. 이에 대해서는 뒤에서 더 설명한다.

TCP/IP는 인터넷의 공개표준이라고 할 수 있으며 이것 때문에 서로 이질적인 네트워크가 각자 독립성을 유지하면서 소통을 할 수 있어 이른바 네트워크 효과를 시현할 수 있게 하는 것이다. 이것이 이용자로 하여금 각개 네트워크가 서로 이질적인데도 불구하고 그들이 서로 이질적이라는 것을 인식하지 않는채 전체가 마치 통일된 규격을 갖추고(uniform) 간격 없는(seamless) 하나의 네트워크인양 여기면서 인터넷을 사용할 수 있게 하고 있는 것이다. 이를 위한 핵심 요소로는 네트워크의 각 부분을 연결시키는 구조 및 데이터 교환을 규율하는 SW프로토콜이 중요하다.

확장의 예상

앞으로 회선, 라우터 등 장비공급 측면에서 성능개선 및 용량증설로 물리적 네트워크가 확장될 것이고 컨텐트, 응용방법 및 서비스도 더 많아지고 다양해질 것이다. 그러나 이 둘을 연결하는 프로토콜에서는 큰 변화가 없을 것으로 보인다. 때문에 모래시계의 모양은 허리 부분은 별로 늘어나지 않으면서 그 위와 아래 부분은 더 커지는 방식으로 변화하게 될 것이라 예견된다. 나아가 물리적 네트워크의 성장은 무어(Moore)의 법칙과 관련되고 컨텐트, 응용방법 및 서비스들의 성장은 메트칼프(Metcalfe)의 법칙과 관련된다고도 할 수 있겠다. 여기에서 무어의 법칙이란 반도체의 성능이 18개월이라는 비교적 짧은 기간에 2배 정도로 성장한다는 것으로서 공급 일반의 성장가능성을 상징하는 것이다. 또 메트칼프의 법칙이란 네트워크의 가치가 네트워크 가입자의 수의 제곱에 상응한다는 것으로서 가입자 수의 증가에 따르는 이러한 가치증가에 유도되어 수요 측면에서 네트워크의 수요가 기하급수적으로 증가하게 되리라는 것을 시사하는 것이다. 결국 이런 모래시계 방식의 이해는 공급과 수요 양면 모두에서 미래의 성장이 보장되어 있다는 낙관론을 그 근저에 가지고 있다.

이러한 확대발전의 가능성을 수용하기 위해서 네트워크에는 보다 많은 사람과 단말기가 물리게 될 수 있어야 하고, 이들 각각은 보다 대용량의 소통을 수용할 수 있게 되어서 새로운 이용자나 용법이 나타나더라도 이를 무리없이 소화할 수 있어야 한다. 이 점은 회선, 라우터, SW 모두에 해당된다. 더불어 연결을 위한 프로토콜의 표준이 확실히 정리되어 있어야 하겠으되 기술발전을 봉쇄할 정도로 경직적이 되어서는 안 되겠고, 각개 장비는 신뢰받으면서 소기의 역할을 다 하게끔 작동하여야 하겠다.

이러한 과정에서 정부는 하등 간여하지 않아야 좋다. 운영에 대한 간여 대신 정부는 소비자보호를 목적으로 삼아 사생활권의 보장, 스팸(spam)이나 정크메일에 대한 대책의 마련, 부적절한 컨텐트에 대한 사후처리, 도박 등 불건전 이용에 대한 대책 등을 통해 안전한 운영을 보장하는 데 힘써야 하고 디지털 서명 등 정보보안의 제도화에도 지도력을 발휘해야 한다.

이상과 같은 여러 주체에 의해 인터넷 서비스가 공급되게 되면 일반 사용자가 그것을 이용하게 된다. 단 이러한 사용을 하는데 있어서는 지적재산권을 준수하여야 하고 또 정부가 정한 이용규칙을 따라야 한다.

02 | 이용기술면에서의 혁신

1. 핵심적 이용기술 및 그 효과

애초에 인터넷은 네트워크의 어떤 부분이 손상받게 되더라도 계속 소통을 할 수 있는 통신수단을 마련해 보고자 하는 목적에 따라 개발 시도된 네트워크(damage-resistant digital communication network)이었다. 인터넷의 시발에서는 안보국방의 목적이 현저했다. 그러다가 공공부문에서만 쓰이던 인터넷이 1995년 민간에 이양되었고 그 이후 이윤극대화를 목적으로 하는 기업들이 인터넷 서비스를 제공하는데 불가결의 참여자로 되면서 인터넷은 상업화되었다. 상업화된 이래 인터넷은 획기적으로 발달하게 되었다. 특히 1990년 WWW(world wide web)의 등장 이후 공개표준(open standard)이 실제화되고 HTML(hypertext markup language), HTTP(hypertext transfer protocol) 등의 프로토콜을 널리 쓸 수 있게 됨으로써 이른바 양방향대화성(interface) 면에서 획기적 개선이 이루어졌다. 이와 관련하여서는 웹을 화면에서 쉽게 볼 수 있게 하는 SW로 1993년 개발된 브라우저(browser)의 중요성이 지대하다 할 것이다. 이것이 사람들로 하여금 기계어가 아닌 평상적인 언어를 쓰면서 인터넷 인터페이스를 할 수 있게 하였기 때문이다. 그 후 인터넷은 그 이전의 실상에 비해 사용하기 쉬운 수단으로 되었고 널리 쓰이게 되었다. 인터넷을 이용하려는 욕구가 늘어나 PC의 보급을 크게 늘이게 되었다.

WWW기술

보통 사람들로 하여금 인터넷에 두려움없이 접근할 수 있도록 한 결정적 인자가 1990년 Berners-Lee에 의해 창안된바 인터넷에서 양방향대응을 용이하게 만든 www이다. 이것은 그 이전에 텍스트만을 대상으로 하던 Gopher를 뛰어 넘어 텍스트, 그래픽, 소리 등 모두를 취급하는 표준적 방법의 SW로서, 정보를 교환하는 SW 위에 부가되어 종래 텍스트만을 보여주던 것 이상으로 정보영역(information space)를 넓히고 통일하였다. HTML기술은 사람이 머리 속에서 어떤 것을 연상할 때의 그것처럼 자유자재로 원하는 곳에 접근하여 그곳의 정보를 이용할 수 있게 함으로써, 이른바 웹 페이지 사이를 자유로이 왔다 갔다 할 수 있게 하였다. 그 이전에 정보를 매트릭스 형태로 인식하고 단계적이고 계층적으로 접근할 수밖에 없었던 때의 경직성을 극복할 수 있게 하였다. 그로써 인터넷상에서 파일교환(file transfer), 원격지 로그인(remote log in), 이메일(electronic mail) 등을 수월하게 만들었다. Berners-Lee는 컴퓨터간 HTML 파일의 이전에 대한 규칙인 HTTP도 발명하였다.

그 결과 서로 분리되어 있었던 네트워크의 단순 집합체에 불과했던 인터넷이 서로 연결된 네트워크의 그물(web of interconnected network)로 탈바꿈하게 되었다. WWW 이후 WWW상의 문서는 웹 사이트(web site) 또는 웹 페이지(web page)로 불리게 되었다. 이것은 여러 관련된 문서의 모음이라 할 수 있으며 이것의 첫 페이지를 홈 페이지(home page)라 하는데 책의 모두에서의 목차에 상응하는 역할을 한다.

URL 주소체계

이어 웹의 주소체계 URL(universal resource locator)가 발명되어 종래 수자로 웹 주소를 써야했기에 겪어야 했던 불편을 해소하게 만들었다. 이것은 도메인 네임체계에 기반을 두고 호스트 컴퓨터의 이름을 정리한 것이다. 예로서

http://www.aol.com

의 경우를 보면 http로 전송 프로토콜을 명시하고, www로 인터넷 자원을 구획한 다음 aol.com으로 IP주소를 적시하고 있다. 여기에 디렉토리 이름, 문서 이름, 날짜 기타의 정보를 추가하는 방식으로 이것은 확장되기도 한다.

즉각적 접근을 용이하게 한 웹 브라우저

인터넷 이용자들로 하여금 온라인 상태에서 웹이나 파일에 들어 있는 텍스트, 이미지, 비디오, 악곡, 기타 정보에 접근하고 활용할 수 있게 한 SW인 웹 브라우저(web browser)가 1993년 등장하게 되었다. 이것이 HTML코드를 해석하고 웹의 주소를 가지고 필요한 페이지를 찾아오며 정보를 컴퓨터 스크린에 전시하고 텍스트로 되어 있는 URL을 숫자인 IP주소로 치환하여 개별 컴퓨터와 WWW 사이의 상호소통을 가능하게 하였다. 특히 그래픽을 통한 사용자간의 양방향대화(graphic user inteface: GUI)를 가능하게 하여 사용자와 웹과의 양방향대화성을 획기적으로 제고시켰다. 이를 위해서는 'point and click' 의 방법을 이용하였다. 그것 최초의 예는 Mosaic 이었으나 차후 그것이 Unix 기반 컴퓨터 시스템과는 물론 Window나 Macintosh OS와도 함께 쓸 수 있는 Nescape Navigator로 개선되었다. Java가 나타난 것은 웹 페이지를 쉽게 만들 수 있게 한 계기가 되었다.

검색엔진으로 웹에 접근: 디렉토리의 대체

웹이 많아지게 되자 그 많은 웹 중 어느 것에 가야 원하는 것을 찾을 수 있는지를 아는 것이 쉽지 않아서 일반인의 웹에의 접근이 반드시 쉽지만은 않았다. 이에 컴퓨터 알고리즘을 이용해 각종 웹을 모두 찾아다니면서 목적하는 바를 찾아 보여주는 검색엔진이 나타나게 되었다. 검색엔진은 찾고자 하는 제목이나 핵심되는 단어(key word)를 치면 spider라고 하는 프로그램을 작동시키어 그런 제목이나 핵심단어를 포함하고 있는 웹 페이지를 찾아 제시함으로써 웹에의 접근에서의 어려움을 극복할 수 있게 하였다. 검색방법으로는 키워드를 가지고 이루어지는 검색이 정통이나 변종도 없지 않다. 주제별로 여러 계층의 디렉토리를 만들어 이를 이용하는 디렉토리 검색방식 및 다른 검색엔진을 활용하게끔 매개하는 통합검색의 변종도 있다. 검색서비스를 제공하면서 일반인들의 검색작업의 출발점으로 되고 있는 웹 포털(wcb portal)에는 Yahoo, Alta Vista, Excite, Lycos 등 여러 가지가 있는데, 이들은 검색의 결과를 제시하는 방법에서 다소간 차이를 보이고 있다. 현재 가장 널리 쓰이는 Google은 검색결과에 대해 순위를 부여하면서 광고를 유치한 최초의 검색포털이다.

인터넷의 웹은 수많은 사람들에 의해 자발적으로 만들어지고 있어 웹 전체를 가늠하기가 어렵게 되어 있다. 웹은 증가하나 그런 증가의 내용이나 속도에 있어서는 하등 규칙성이 없다. 이런 상황에서 웹을 효과적으로 이용하려는 사람들은 앞에서 보았듯이 스스로 웹의 체계 내지 디렉토리(directory)를 만들어 자신의 필요에 부응해 왔다. 그러다가 검색엔진이 나타나게 되자 웹에 대한 자세한 디렉토리가 없더라도 원하는 정보를 찾을 수 있게 만들었다. 이것이 인터넷을 이용하려는 누구이든 자신이 원하는 정보에 쉽게 접근할 수 있게 만들었다. 어떻게 보면 검색엔진은 그 이전에 사람이 힘들여 해야 했던 일을 훨씬 수월하게 할 수 있게 바꾸어놓았다. 웹의 탐색을 쉽게 전환시켰다. 특히 인간의 지능을 사용해야 하는 일을 대신하고 있어 과장해 표현한다면 사실상 인공지능의 일역을 하게 되었다고도 할 수 있다.

브라우저 및 검색엔진의 등장으로 웹을 활용하는 방식이 그 이전에 비해 여러 가지로 편리하게 되었다는 점을 강조해 둘 필요가 있다. 첫째, 이들의 등장은 특별한 교육을 받지 않고도 누구나 쉽게 인터넷에 친숙해지고 또 그것을 편리하게 사용할 수 있게 만들었다. 둘째, 그로써 인터넷의 범세계적 확산에 결정적인 도움이 되었다. 셋째, 응용 소프트웨어를 중앙에다 저장하고 관리할 수 있게 함으로써 개별 PC에 모든 SW를 일일이 탑재해야 할 필요를 줄여 개별 PC의 차원에서 SW버전을 업그레이드하고 바꾸는 데 투입해야 하는 노력을 줄였다. 넷째, 서로 협력하는 기업들 사이에서 웹을 공유할 수 있는 길을 열었다. 다섯째, 표준화된 프로토콜을 쓸 수 있게 만들었다. 여섯째, 보편적 주소 이용방식을 통해 표준적 웹 페이지를 가질 수 있게 하였다.[3)]

---

3) Robert D. Oberst, 2020 Web Vision, Universal Publishers/uPUBLISH.com, USA-2001.

웹의 증가 및 인터넷 이용의 증가

WWW 이후 인터넷의 효용은 웹의 수의 증가에 대응하여 늘어나게 되었다. 인터넷의 상업화와 발맞추어 상거래를 목적으로 하는 전자상거래(e-commerce)관련 웹이 늘어나게 되면서 전체 웹의 수는 더욱 폭발적으로 늘어나게 되었다. 이런 면에서 인터넷은 사실상 범세계적 쇼핑몰이 되었다. 1995년 Amazon.com의 등장은 구매와 광고를 결합시킨 최초 예가 되었으며, 그 이후 인터넷은 소비자에게 보다 많은 지식과 서비스를 제공하는 것을 목적으로 하고 있는 것이 되었다. 경매사이트 eBay는 초기부터 이익을 내는 이변을 낳기도 했다.

인터넷이 널리 쓰이게 된 데에는 지식과 정보의 보고라고 성격지울 수 있는 웹에 텍스트, 그래픽, 영상, 소리 등을 모두 축적 보관할 수 있게 되었으며, 그런 것들이 서로 이른바 초월연계(hyperlink)됨으로써 그렇게 연계된 모든 웹으로의 이동이 매우 용이하게 되었다는 것 및 검색엔진(search engine)이 나타나 이들을 널리 활용할 수 있게 만들었다는 것 등이 매우 중요하다. 그 결과 인터넷은 '사용자에게 친절한 정보의 보고'(user-friendly distributed global database of information)가 되었다. 웹의 주소를 알기만 하면 누구나 그것에 쉽게 찾아가 볼 수 있게 되었고 키워드 등 무슨 근거를 가지게 되면 그런 것을 포함하고 있거나 수용하고 있는 웹을 수월하게 찾아갈 수 있게 되었다. 웹을 이용하는 것이 이로써 대단히 편리하고 쉽게 되었으며, 그로써 웹을 방문하고 그 곳의 정보를 이용하는 일은 쉬우면서 가치 있는 작업으로 되었다.[4] 이에 상식적 내용을 찾는 경우뿐만 아니라 연구나 학습 기타 여러 용도에서도 인터넷은 유용하게 쓰이게 되었다. 나아가 이러한 기능을 제공해 주는 포털은 항해 사이트(navigation site)의 성격을 가지게 되었다. 예컨대 AOL, MSN, Yahoo 등은 모두 항해 사이트라 할 수 있는데 이들은 사람들로 하여금 각각 Google, Inktomi, Overture라는 검색엔진의 도움을 받아 정보의 바다를 헤쳐

4) 웹을 찾아가는 방식으로는 즐겨찾기(book mark)를 이용하는 방법, 초월연계된 웹으로 직접 이동해 가는 방법, 웹에 관한 인덱스의 모음에서 웹의 주소를 직접 찾아 가는 방법 등이 검색엔진을 쓰는 방법과 함께 쓰인다. 이 중 가장 많이 이용되는 방법은 즐겨찾기를 이용하는 방법이라 한다.

나가며 필요한 정보를 얻을 수 있도록 도와주고 있다.

2. 이용기술과 관련된 경제적 단면

공개 DNS

웹이 많아지자 검색엔진을 사용하는 것이 불가피하게 되었으나 이는 동시에 트래픽 속도를 느리게 만들었고 또 여러 가지 해킹이 자행될 수 있게 만들었다. 여기에서 접근할 수 있는 웹은 한정적인 소수로 하나 해킹이 최소화된 상태에서 빠른 속도를 갖고 그런 것들에 접근할 수 있게 하기 위해 고안된 것이 공개(open) DNS이다. 이것은 반드시 고성능 검색엔진을 써야 함을 우회하면서 여전히 정보를 찾아 활용할 수 있게는 하는 대안이다. 공개 DNS에 들어오게끔 허용하는 두 개의 숫자를 침으로써 이것에 접근할 수 있으며 일단 접근 후 보통 검색엔진을 이용해 검색하는 방식으로 검색을 하면 Yahoo의 검색결과와 붙어 있는 광고를 보여준다. 이 방식은 해킹에 대한 보호를 강화해 놓고 있으며 스펠링 체크를 해주고 음란 사이트가 나타나는 것을 배제하고 있다. 이것은 일종의 축소판 검색세계를 운영하는 것과 상응하는데 이렇게 제한적으로 운영되는 것에 동의하고 자원한 일부 DNS만을 가지고 캐쉬를 운영하면서 이들만에 직접적으로 접근하는 것을 가능하게 함으로써 시현된 것이다. 이것은 선정된 소수의 웹을 효율적으로 이용하고자 할 경우에 애용할 수 있는 길이다.

브라우저 전쟁

브라우저의 중요성에 대한 인식은 이른바 브라우저 전쟁을 불러일으켰다.[5] 먼저 있던 인기 높은 브라우저 Nescape에 새 브라우저 MS Explorer가 도

5) University of Illinois의 Mark Anderson이 Mosaic이라는 브라우저를 최초로 개발하였으며, 이를 유망시한 "Silicon Graphics"의 Jim Clark이 투자하여 최초 출시된 제품이 Mosaic Netscape이었다. 이후 일리노이 대학이 Mosaic에 대한 지적재산권을 주장하게 되자 이를 회피하고자 하여 Netscape로 명칭 변경하였다. 그 후 브라우저의 중요성을 인식한 MS사가 Netscape를 구

전을 하게 된 것을 계기로 하여 이 전쟁이 일어났다. 이 전쟁으로 후자는 전자의 시장점유율을 크게 잠식한 다음 사실상의 승자로 되었다. 그러나 이 전쟁과정에서 후자는 브라우저 사용료를 무료로 하였기에 승자가 되고 나서도 브라우저를 제공하는 것 자체로부터 아무런 이익을 얻을 수 없었다. 달리 이익을 도모하는 방법으로서 브라우저에 다른 상품을 끼워 팔기 하는 방법이 있겠는데, 이것도 법무부의 반독점제소를 의식하여 강행하지를 못했다. 결국 MS Explorer는 시장점유를 늘려 브라우저 시장을 지배하게는 되었으나 그것을 기화로 독점 유사행위를 시도하는 것은 불가능하게 되었다. 그로써 브라우저 전쟁은 브라우저 제공자 중 누가 승리자가 되었는지와는 관계없이 소비자 후생만을 증대시킨 사안으로 되었다.

원천공개 브라우저인 Fairfox가 시장점유율로 보아서는 MS Explorer의 크게 뒤진 경쟁자로 되어 있다. 이 브라우저는 원천공개운동의 도움을 받아 무보수의 자발적 기여자들의 공헌에 의해 비교적 빠르게 개발될 수 있었다. 현재 시장점유에서 MS Explorer가 78%인데 비해 이것은 15%를 차지하고 있다는 평가도 있다. 그러다가 이 브라우저는 행복한 고민에 빠지게 되었다. 이 부라우저의 첫 번째 페이지(default page)에 Google의 검색사이트를 배정한다는 것을 조건으로 하여 Google로부터 상당한 자원을 지원을 받을 수 있게 된 때문이다. Google은 웹에서 출발하는 SW응용 서비스사업에 진출하고자 하는데 이런 사업을 위해 MS의 브라우저에 의존하는 것은 위험하다고 보고 MS로부터 독립적인 브라우저를 필요로 하게 되었으며 그런 것으로서 Fairfox를 선택하여 이러한 지원을 했다. 이 이면에서 Fairfox로서는 원천공개의 산물이기도 한 브라우저를 가지고 돈을 벌 수 있게 되어 브라우저 시장에서 이변을 낳았다. 또 원천공개의 철학에 따라 독립성을 유지하려면 비상업적으로 처신하는 것이 필요한데 이런 필요를 채우지는 못할 위험도 가지게 되었다. 이러한 변화는 한 걸음 더 나아가 무료이용 성격의 브라우저에 광고를 실으려 하는 시도도 모색하게 만들었다.

입하려고 하였으나 거절당하자, 차후 빌게이츠가 Mosaic의 지적재산권을 구입하여 일리노이 대학과 공동으로 MS Internet Explorer를 개발하였다. 이때 Netscape는 브라우저 운영방식으로 일반이용사에게는 무료, network를 관리하는 ISP에게는 유료의 성책을 취한 반면, MS는 모두에게 무료로 제공한 결과, 결국 MS가 Netscape를 제압하게 되었다.

자발적 컨텐트 개발 및 밝은 미래

인터넷의 용도 중 이메일, P2P(peer-to-peer), 사회네트워크 등의 예에서 볼 수 있듯이, 인터넷에서는 이용자가 자발적으로 정보자료를 입력(input)하고 있으며, 일단 입력된 자료는 누구나 24시간 이용할 수 있게 되어 있다. 컨텐트 개발에 여러 사람들이 참여하고 있고 또 컨텐트 개발을 위해서 많은 사람들을 동원하는 것이 가능하다. 이는 웹 체제의 속성을 보여주는 한 단면이다. 앞으로 응용방법이나 컨텐트의 개발 및 충원의 필요가 더욱 증대되고 강렬하게 될 것임을 고려해 볼 때 이러한 웹에서의 자발적 컨텐트 등 제공시스템의 유용성은 더욱 빛을 발하게 될 것이다. sponsored link에서 볼 수 있듯이 검색결과를 보이는 곳 옆의 공간을 차지하고자 돈을 내면서 경쟁하는 각종 웹들을 볼 때 방문객을 늘이고자 하는 경쟁의 열기는 결코 식지 않으리라 할 수 있다. 이러한 컨텐트 등은 더욱 고급이고 많은 데이터를 포용하는 식으로 발전하게 될 것이며 이를 뒷받침하여 광대역(broadband)에 대한 기대를 기술발전이 머지 않은 장래에 충족시키게 될 것이다. 그로써 머지 않은 어느 시점에 이르러서는 국경 없는 멋진 신세계(brave new borderless world)가 전개될 것이다. 경제적으로는 효율성이 제고되고 정치사회적 여러 측면에서는 보다 직접 민주주의식의 민주화 방향으로 사회가 변화하게 될 것이다. 인터넷의 실용도는 여러 차원에서 더욱 커지게 될 것이 확실하다.

효율적인 패킷통신방식

통신방식의 기술적 차원에서 보면 인터넷은 이른바 패킷통신(packet communication)방식에 의존하고 있다. 이것은 전화망에서의 써킷통신(circuit communication)방식과 대비해 보아 매우 효율적인 것이다. 써킷통신방식은 외줄로 움직이는 케이블카 시스템에 비유할 수 있다. 이런 케이블카 시스템에서는 외줄을 써 한 방향으로 이동하는 때에 카가 사용하지 않는 그 외줄의 잔여부분을 달리 이용할 방법이 없다. 그 외줄을 케이블카의 선으로 이용하는 한 이용하는 부분 이외의 미사용 부분을 다른 용도로 더 이용할 수가 없다.

이런 점을 보아 써킷통신방식에서 회선의 이용방법은 매우 제약적이라고 할 수 있다. 반면 패킷통신방식은 외줄이 아니라 여러 줄로 이루어져 있는 스키장의 리프트 시스템에 비유할 수 있다. 리프트 시스템에 달린 모든 의자에 사람이 촘촘히 타든지 아니면 몇 개의 의자에만 드문드문 타든지에 관계없이 주어진 시스템의 속도에 좌우되며 리프트 시스템은 움직인다. 이런 시스템에서는 보다 많은 사람이 보다 많은 리프트 의자에 탈수록 그 시스템이 나르는 사람의 수는 많아진다. 패킷통신방식에서는 모든 리프트 의자에 사람들이 다 타게 될 수도 있으며 이런 때 그것이 나르는 패킷의 수는 최대화되고 회선이용은 매우 효율적으로 된다. 패킷통신방식에 있어서 단위 패킷은 보통 1,500개 이하의 문자로 이루어져 있으며, 상기한 바 패킷통신방식의 성격 때문에 이것이 수용할 수 있는 단위 패킷의 수에는 상당한 융통성이 있다.

범용 네트워크를 지탱하는 라우터(router)의 중요성

패킷통신에서는 송신하려는 데이터를 패킷 해더(packet header)를 단 여러 개의 패킷으로 분할한 다음 당시 가용한 여러 개의 통신구를 이용하여 선입선출(first-in, first-out)의 방식에 따라 전송한다. 그 후 전송되어 온 데이터의 조각은 수신지에서 이동시 부착된 패킷 해더에 따라 수집, 재조합되어 수신자에게 제공되게 된다. 자동차로 어떤 곳을 찾아가는데 가용한 고속도로의 여러 노선 중 혼잡 없이 빨리 달릴 수 있는 노선을 택해 가는 것과 상응하게끔 일단 분할된 패킷들은 물리적 네트워크가 제공하는 여러 회선 중 가장 이용하기 편리한 회선을 이용하여 목적지까지 이동해 간 다음 패킷 해더에 따라 재조합된다. 이러한 일을 수행하는 데에는 라우터의 역할이 결정적이다. 인터넷망에서 네트워크 중개기인 라우터는 전화망에서의 전화교환기(switch)에 대응하는 것이다. 각개 패킷은 우선 가용한 통신회선을 이용하여 움직이며 다른 종류의 패킷이 같은 통신회선을 함께 이용하는 것을 배제하지 않는다. 이는 써킷방식의 예인 전화통화에서 통화를 하는 시간 동안 송신자와 수신자 둘이 하나의 통신회선을 배타적으로 100% 점유해 사용하면서 다른 사람의 이용을 배제하는 것과 구별된다. 결과적으로 패킷통신에서는 통신회선의 공동사용이 가능해져 통신회선을 보다 집약적으로 이용할 수 있게 된다. 나아가 오류가 발생하더라도 그것을 쉽게 제어할 수 있어 고품질, 고신뢰의 전송을 가능하게 한다. 데이터 정보를 일단 저장한 후에 전송하기 때문에 전송속도의 변경, 정보의 압축, 암호화가 용이하다는 장점도 갖는다. 써킷 네트워크가 오로지 통화목적을 위해 모든 것이 잘 맞추어져 있는 전용네트워크이고 스마트 네트워크라고 한다면 패킷 네트워크는 통화 이외에 다른 용도도 허용하는 범용네트워크이고 엉성한 네트워크라고 할 수 있다.

백본 네트워크의 융통성

송신자와 수신자 중간에 개재하고 있는 네트워크가 패킷통신에서 수행해야 할 임무란 가능한 한 많은 데이터를 융통성 있게 전달하기만 하면 되는 한정적인 것이다. 이에 상응하여 한정된 임무수행을 위해 필요한 네트워크 통제용 컴퓨터의 역할도 최소한으로 줄어든다. 질적 내용적 개선의 필요도 별로 없다. 이런 측면을 보아 백본 네트워크에 대해 투자하는 것은 마치 고속도로 기간망의 종류를 늘리고 도로를 확충하는 것과 같은 성격을 갖는다고 할 수 있다. 도로 네트워크나 백본 네트워크는 모두 독자적 지능을 가지고 있지 않으며 그 이면에서 네트워크 밖에서 각종 응용 예가 개발되고 전개되더라도 그런 다양한 예를 모두 수용할 수 있게 되어 있다. 네트워크를 이용하는 응용 예에서 어떤 혁신이 이루어지더라도 그런 것을 모두 수용하는 포용성을 지니고 있다.

03 | 유선인터넷 기술

1. 통신사업자 네트워크

유선과 무선의 두 가지 인터넷 기술 중 먼저 유선인터넷 기술에 대해 살펴보자. 유선인터넷의 네트워크에는 광케이블이나 구리선 등으로 이루어진 전용회선, 교환회선망 등이 있으며, 통상 통신망사업자가 이를 마련해 제공하고 있다. 컴퓨터간 통신을 할 수 있으려면 이들 망을 통해 각종 데이터를 직접 전달할 수 있어야 하며, 이를 위하여 SNA, X.25, TCP/IP 등의 다양한 프로토콜이 사용되고 있다.

인터넷은 TCP/IP 프로토콜을 사용하고 있다. 이렇게 같은 프로토콜을 사용하는 네트워크들이 서로 연결되어 있는 구조를 통해 전세계 대부분의 대형 네트워크들은 상호 소통할 수 있게 되어 있다. 즉 망과 망 사이를 연결하는 컴퓨터 및 네트워크가 인터넷을 형성하고 있다.

수요자가 인터넷을 이용할 수 있으려면 이용가능할 정도의 상당한 대역폭을 가진 네트워크를 제공해 주는 ISP가 있어 이용자에게 접속점(point of presence)을 제공해 주어야 한다. 이를 다른 면에서 보면, 최종사용자는 어떤 하나의 가입자망에 가입되어 있어야 한다는 것이다. 이러한 네트워크의 구성은 상당한 정도 상세해야 하며 예컨대 자국 내에서의 의사소통을 위해서 구태여 제3국의 네트워크를 우회해 이용해야 하는 경우를 배제하는 것이어야 한다.

2. ISP

수요자에게 주어지는 개별 인터넷망은 인터넷서비스 제공자(internet service provider: ISP)별로 제공된다. ISP는 국제회선, 백본망과 연결된 망을 근거로 하여, 가입자망을 구축한 뒤 가입자에게 각종 서비스를 제공한다. 어떤 ISP는 국제회선 및 전국규모 또는 지역단위의 인터넷 백본망을 자체적으로 직접 구축하기도 한다. 그러나 보통은 기간통신사업자로부터 백본망 이용을 임차하여 확보한 다음 그것에 근거하여 PPP(dialup), ISDN, 케이블 모뎀, ADSL 등을 이용하는 다양한 형태의 가입자망을 형성한 뒤 이를 이용자에게 접속서비스로서 제공한다. 현재의 입장에서는 후자 둘이 효율적이기 때문에 널리 쓰인다.

3. 마지막 1 마일 문제의 해결

인터넷에 접속하기 위해서 이용자의 컴퓨터는 어떤 네트워크에 연결되어 있어야 한다. 예컨대 가정에서 유선인터넷으로 접속하는 경우 다이얼 업 모뎀, ISDN, ADSL, 케이블망 등을 통해 PC가 인터넷서비스 제공사업자의 네트워크에 접속되고 이를 거쳐 인터넷의 다른 망과 연결되게 된다. 또 직장에서 인터넷을 사용하는 경우 사용자의 PC는 회사의 네트워크에 연결되어 있고 회사의 네트워크는 다시 ISP의 네트워크에 연결되어 있다. 이때 전용선을 설치해 이용하는 수도 있다.

모든 가입자는 개별적으로 ISP와 접속할 수 있어야 한다. 그런데 이러한 접속을 확보하는 것이 반드시 쉽지만은 않다. 가입자가 ISP에 접속하는 통상적 방식은 위에서 예시한 유선방식이며 이것은 무선방식의 전파, 위성통신 등과 구별된다. 이런 방법을 통해 마지막 1마일 문제를 해결하는 것이다. 전용선방식으로는 자체 LAN을 구성하여 여러 개의 IP로 다수가 동시에 인터넷을 이용할 수 있도록 하는 호스트 접속 방식과 PC, 워크스테이션 등 단말기가 하나의 IP만을 할당받게 하는 단말기 접속방식이 있다. 전용선을 가질 수 없을 때 가정이나 직장에서는 모뎀, DSU, CSU 등의 중계장비를 설치 운영해야 한다. 예를 들어 호스트 접속일 경우, 이용자의 측면에서 보면 자신의 PC는 LAN을 통해 서버로 접속되고 서버에서 라우터, CSU 등 중계장비와 전용선을 타고 인접전화국에의 접속을 확보해야 한다. 이런 인접전화국은 다시 CSU, 라우터 등의 중계기로 데이터를 받아 백업망 노드가 설치되어 있는 상급전화국으로 전송하고 이들 데이터는 다시 백본망을 타고 접속을 원하는 사이트까지 전송된다.[6] 광케이블을 가지고 마지막 1마일 문제를 해결한다면 DSL 보다 30배나 빠른 속도를 가지고 이용하는 것이 가능하다. 그러나 이에는 비용이 많이 든다. 뿐만 아니라 이렇게 우수한 성능을 갖추게 되었을 때 쓸 가치가 있는 용도가 비디오 컨퍼런스, 게임, IPTV, 인터넷 전화 등 멀티미디어용 몇 가지로 한정되어 있어 실제적으로는 그런 우수한 성능을 집약적으로 사용하지 못하고 있기 십상이다.

04 | 무선인터넷 관련 기술

이상 유선인터넷 기반기술과 대응하는 바 무선인터넷을 가능하게 해주는 기술이 있어야 하는데, 그 요소로는 전파와 통신위성을 통하는 무선 네트워크, 데이터 전송을 위한 프로토콜, 운영체계, 네트워크 주변기기와 무선기기를 단거리에서 무선으로 연결해 주는 기술 등이 있다. 앞에서 유비쿼터스 컴퓨팅의 환경하에서는 무선인터넷이 절대적인 역할을 하게 될 것이라고 전망했음을 상기하면서 이하 이들을 간단히 살펴보자.

1. 무 선 망

무선네트워크는 종래 유선네트워크에서 사용해 온 DSL이나 cable 대신에 무선전파를 활용하여 마지막 1마일 문제를 해결하는 것이다. 무선기술은 단위시간당 보낼 수 있는 데이터의 양, 사용할 수 있는 유효거리, 이용코스트

6) 한국전산원, 인터넷 백서 2001.

등에 따라 여러 가지로 구분된다.[7] 3G에 쓰이는 기술로 2G에서 쓰이는 기술보다 더 많은 데이터를 보낼 수 있으나 3G의 유효거리는 2G보다 짧다. 이용코스트는 3G의 경우가 조금 비싸다. WiFi는 2G보다도 보낼 수 있는 데이터의 양이나 유효거리가 각각 작고 짧으며 이 점에서 Bluetooth는 WiFi보다 더 못하다. 그러나 이들의 이용을 위한 코스트는 2G의 그것보다 낮다. 이들보다 더 작은 데이터를 보내고 더 짧은 유효거리를 가지고 있는 것이 Zighee, UWB, RFID 등이다. 이 중 RFID는 10미터 이내의 유효거리를 가지며 이용요금도 제일 싸다.[8] 이는 음성전송이나 데이터 전송에서 같다. 이에 따라 급한 데이터 전송을 필요로 하는 사람은 높은 비용을 내고 3G 네트워크를 이용하고 시간제약을 받지 않는 컨텐트 전송도 무방하거나 요금이 싼 시간대까지 기다려도 무방한 사람은 싼 2G 네트워크 또는 WiFi 네트워크를 이용하게 된다.

주파수대역의 차이는 셀(cell)의 반경 및 셀 구성을 규정하게 된다. 그래 통상 100미터 이내의 비교적 작은 반경을 가진 지역에서는 WiFi나 Bleutooth 등 무선기술이 쓰이고 그러한 거리제한을 넘어서는 상황에서는 이동전화용 무선기술을 쓴다. 전자는 다시 10미터 내외의 지근거리에서 통용되는 블루투스 등과 그 이상이나 100미터 내외의 지역에서 통용되는 WiFi 등으로 나누어진다. 후자는 사용하는 기술의 차이에 따라 다시 GSM 이나 CDMA 등으로 나누어진다. 이른바 정액제의 적용을 받아 이용정도의 다과를 걱정할 필요가 없는 경우를 제외하면 무선전화 기반의 무선기술을 쓸 때에는 이용정도에 대응하여 이용요금을 내야 하기에 이용코스트가 제법 비싸다. 물론 이러한 요금제 차원에서의 차이는 인터넷과 무선전화를 써 온 지금까지의 관행에서 유래되는 것으로서 궁극적으로는 어떤 하나의 기반을 갖게끔 통일될 것이라 예견된다. 이는 후술되는 인터넷요금 종량제관련 논의와 관련된다.

제한된 자원인 전파를 이용하는 정통적 방식은 정부로부터 전파 이용을

---

7) 이동통신을 이용하는 때 친숙도나 이용요금의 체계에 따라 이용패턴이 영향을 받고 있다. 젊은 연령대가 늙은 연령대 보다 문자메시지를 더 많이 이용한다, 서로 간 통화를 하는 때 할인이 되는 사람들 사이에서 통화가 늘어나면서 다른 사람들과는 관계가 소원해지는 부작용도 나타나고 있다. 특히 후자는 이동통신사의 사업전략이 사회문화를 바꾸는 작용을 하는 것이라고 여겨져 주목받고 있다.

8) The Economist, 4/28/2007, "A World of Connection."

허가받아 이용하는 것이다. 2G나 3G의 그것이 이에 해당하는 것으로서 사업자는 전파사용의 허가를 받기 위해 경매에 참여하기도 하고 많은 송신시설을 건설하는 등의 투자를 하게 된다.

이렇게 투자를 하고 나서 투자자금을 회수해야 하기 때문에 일반이 무선전화 등을 이용하는 때 그들로 하여금 이용료를 돈을 내도록 하는 것이 정상이다.[9] 나아가 이러한 회수노력의 일환으로서 전파를 이용하는데 필수적인 단말기 등 기기를 허가를 받은 사업자가 지정한 것만을 쓰게 하는 방식으로 제약하면서 이러한 제약에 의거해 단말기 가격을 바싸게 받아 이익을 추구하기도 한다.

반면 이들보다 높은 주파수(high frequency)에 짧은 이동거리를 가지는 WiFi용 전파는 허가가 없이 누구나 쓸 수 있게 되어 있다. 따라서 전파사용을 위해 크게 투자한 것이 없으며 이런 전파를 이용하는 방식이나 기기와 관련해서 특정 사업자가 지정하는 특정한 방식으로 제약할 필요도 없다. 그로써 이 경우 단말기나 이용방법은 소비자가 원하는 각종 방식으로 자유로이 발전될 수 있게 되어 있다. 여기에서는 기기나 응용방법에 있어 발전가능성이 상대적으로 크다.

WiFi의 편리성을 주목해 한 때 도시 전체를 WiFi 네트워크화 해보려는 시도가 많았다. 그러나 이러한 네트워크를 구축하려 할 경우에도 2G 네트워크보다는 작으나 상당한 정도의 비용이 들기에 그런 비용을 회수할 수 있도록 하는 길이 마련되어야 한다. 즉 광고를 받거나 가입비 내지 이용료를 받게 되어야 한다. 그런데 광고수입은 이용자가 많아야 늘어나고 이용자는 가입비가 싸야 많아지기 때문에 내적 상충의 문제를 가지고 있다. 또 이러한 요금은 기왕의 2G 및 DSL 이용요금보다 크게 비싸게 되어서는 안 된다. 또 보안면에서 다른 기술보다 취약하다고 의심받아서도 안 된다. 여기에 외적 지원 없이

9) 2G나 3G에 근거한 휴대전화의 이용은 주변을 시끄럽게 할 수 있다. 이에 특정한 구역 내에서 휴대전화의 이용을 사실상 어렵게 하는 먹통기(jammer)가 개발되어 있고 이것이 카페, 호텔, 병원, 이용원, 버스 등 대중교통수단에서 은밀히 사용되고 있다. 이러한 먹통기의 사용은 정당화할 수 있는 일면은 가지나 그 사용이 허가된 주파수의 사용을 자의적으로 방해하는 것이어서 불법이다. 또 이런 먹통기가 불법조직에 의해 비상시 통화를 어렵게 할 수 있다는 문제점도 지적된다. 이러한 먹통기를 사용하는 경우에는 보통 벌금을 받게 된다.

상업적으로 WiFi 네트워크가 확장해 나가는 데에는 한계가 있다는 말이 나오고 있다. 그러면서 이러한 기술이 그 이용반경이 큰 WiMAX로 진화할 수 있게 되기를 기대하고 있다.

이 기술은 아날로그 라디오가 사용하던 500MHz와 800MHz의 저주파 대역을 사용하는 것으로서 비교적 낮은 비용에 넓은 커버리지를 가질 수 있다고 여겨지고 있다. 때문에 이 기술이 완성된다면 3G 모바일 기술과 비슷한 속도로 데이터를 전송할 수 있을 것이라 예견되고 있다. 더구나 이용요금이 다른 경우보다 저렴할 것이기에 음성통화, 웹서핑, 동영상 등에서도 널리 쓰이게 될 것이라 예상되고 있다. 이런 기대 때문에 기존의 무선통신사와 대립관계에 있는 유선통신사가 이를 준비하고 있으며 이를 위한 단말기를 만들려고 단말기 제조사들도 준비하고 있다.

WiFi의 제 1차적 경쟁자는 블루투스(bluetooth)이다. 블루투스는 전자제품의 단거리 무선 커뮤니케이션을 가능하게 해주는 근거리 접속용 표준 프로토콜로서 제반기기를 연결하는 데 쓰인다. 노트북 컴퓨터, 스마트폰, 프린터, PDA 주변기기 등의 무선연결을 지원해 준다. 블루투스를 내장한 스마트폰은 블루투스가 가능한 PDA와 무선으로 연결될 수 있다. 이것은 무선전화와 노트북 PC를 연결해 쓸 수 있게 하는 것으로서 이용 기기에서 제한이 없다는 장점을 가지나 보안성 면에서의 불안은 상대적으로 크다.

다른 경쟁자는 CDMA 1xEV-DO이다. 2G를 개선한 이것은 셀루라 통신기기와 노트 북 PC를 연결해 쓸 수 있게 하는 것으로서 포괄영역면에서는 WiFi보다 훨씬 넓고 안전성 및 속도면에서 블루투스보다 앞선다. 그러나 이용요금이 비싸 개인들이 사용하는 데 부담이 될 수 있다는 것이 약점이다.

이들과 대비되어 국내에서는 특히 휴대폰을 염두에 두고 WiPi라는 표준을 만들었다. 기존의 무선인터넷 표준과 달리 이것은 그 소스코드를 공개했다는 특성을 가지고 있다. 이것이 국제적 표준으로 확고한 위상을 구가하게 될 경우 우리는 차후 가장 유망시되는 무선인터넷 분야에서 우위를 점하게 되면서 자유SW의 정신을 확산시키어 세계 IT분야에서 획기적 기여를 하게 될 것이다.

이상의 방도는 무선전화를 단지 통화목적으로 쓰는 것 이상 데이터 서비스를 위해서 쓸 수 있게 만들었다. 무선단말기를 가지고 이메일을 수신하고, 웹을 검색하며, 게임이나 음악이나 비디오를 다운로드 받아 즐길 수 있게 하였다.

WiFi나 2G 및 3G 보다 더 낮은 주파수를 가지면서 건물 등 장애도 뚫고 멀리 이동할 수 있는 주파수가 종래 아날로그 TV에서 쓰이던 주파수이다. 이것은 그 이용을 위해 2G나 3G에서처럼 많은 안테나를 설치해야 할 필요가 없어 차후 선용될 소지가 큰 제3의 주파수 대역이다. 이는 아직 제대로 이용되지 않는 빈 주파수공간이라고 할 수 있겠는데 차후 그 이용방법이 법제적으로 결정되고 나면 그것을 이용하는 다양한 서비스도 개발될 수 있을 것이다.

차후 광대역(broadband) 연결에 있어서 무선 네트워크가 유선 네트워크보다 10배나 우수할 수 있을 것이라는 낙관까지 있다. 나아가 시장에서 이를 위한 투자가 왕성하게 이루어지고 있다는 것이 이런 낙관을 증거하는 것이라 하기도 한다.[10] 과연 2004년 8월 현재 미국의 공항, 커피점, 음식점 등에서는 WiFi 무선네트워크를 통해 인터넷을 쓸 수 있게 하는 핫스팟(hot spot)이 10,000여 개소나 조성되었다. 사실상 무선LAN을 마련한 것이라 하겠다. 그러나 이런 의견과 반대로 이 방법의 이용은 지역적으로 핫스팟에 한정된다는 약점을 가지고 있으며 그 포괄범위가 한정적이라는데 대한 불만도 있다. 또 그렇게 왕성한 투자로 만들어진 많은 핫스팟임에도 불구하고 노트북을 들고 다니며 이를 이용하려는 수요는 의외로 미미해 WiFi 무선인터넷에 대한 투자가 2000년 닷컴 거품 이래의 또 다른 거품으로 끝날 가능성이 크다는 우려도

10) The Economist Technology Quarterly, March 15th, 2003, 'Launching Telecom Ⅱ'.
New York Times July 15, 2002 'Talks Weigh Big Project on Wireless Internet Link' 이 적시하듯이 802.11 표준에 의한 무선 LAN이 공항 등 hot spot에 설치되어 종래의 셀루러 망과 연결되며 무선망을 완결할 것이라고 낙관했었다. 그러다가 그 후 표준이 802.11에서 802.16으로 개량되고 기왕의 무료 이용방식에 더 하여 호텔 등에서 그 이용에 대해 요금을 받을 수 있도록 하는 상업적 이용이 추가되게 됨에 따라 이 기술에 대해 좀더 낙관하게 된 듯이 보인다. New York Times July 14, 2003 'Led by Intel, True Believers in Wi-Fi Say It Will Endure.' 이 기술은 아직은 미숙한 상태인 3G 망과 비교되는데, PC를 쓰는 전자는 작은 스크린을 써야 하는 불편은 없으나 이용가능지역이 한정된다는 약점을 가지고 있는 반면 휴대폰을 쓰는 후자는 휴대폰 스크린과 대동소이한 스크린을 쓰게 될 것이기에 스크린에서는 약점을 가지나 사용시간과 장소에서는 제약받지 않는다는 장점을 가진다고 한다. 그래 결국 쟁점은 데이터 처리의 속도가 되겠다고 하고 있으며, 이들 두 가지 기술이 모두 충분히 빠른 스피드를 가지고 발전하게 될 것으로 예상한다.

있다.[11] 더불어 무선네트워크 전체로 보아서는 아직은 회선용량을 많이 쓰는 응용에서 유선 네트워크보다 이용에 제한이 있고 또 정보보안 면에서도 취약하다는 것에 대해 불만이 크다.

통상 핫스팟을 이용하려면 시간당 이용료를 내거나 호텔에서 처럼 접속을 할 수 있게 하는 이용권을 구매해야 한다. 광고를 보면서 핫스팟을 이용하게 하는 모델도 나타났다. 이런 때의 광고는 이용장소나 이용목적 등 이용하는 사람의 성격에 따라 결정되는 맞춤광고의 속성을 가지게 되어 효과적일 수 있다. 이에 따라 스스로 광고를 해야 할 필요를 가지는 소매점 내지 그 체인들이 이러한 모델을 취하면서 핫스팟을 확산시켜 나가고 있다.

노트북 또는 무선전화를 무선으로 연결해 쓰면서 DSL의 속도를 내는 경우도 곳에 따라서는 시현되고 있다. 아무튼 핫스팟을 벗어나야 하는데도 불구하고 여전히 무선인터넷을 이용하지 않으면 안 되는 경우라면 비싼 이용요금을 내고라도 무선전화 네트워크를 이용하지 않을 수 없을 것이다.

위성통신망은 이상의 어느 것과도 구별되는 것으로서 고궤도의 정지위성 또는 저궤도의 이동위성을 이용하며 주로 방송을 하는 데 이용된다. 무선전화망이 개별 단말기에 각각 컨텐트를 보내는 구조를 가지고 있어 다수에 의한 잦은 무선망의 이용을 의미하는 것에 비해 위성망은 한번 방영하는 것으로 여러 곳이 일제히 컨텐트를 접할 수 있게 하여 경제적이다. 이에 따라 스포츠 중계 등에서는 위성통신이 우위를 차지하고 있고 또 지구상 여러 곳을 차별하지 않고 접할 수 있게 한다는 장점을 가지고 있다. 제궤도통신은 휴대폰을 가지고도 수신하도록 되어 있고 고궤도통신은 방송 또는 멀티캐스팅에서 주로 쓰이고 있다.

2. 무선네트워크의 발전과정

현재 무선네트워크를 쓰는 방법들은 속도가 느리다는 약점을 가지고 있다. 그러나 그것은 점차 보다 빠른 속도를 가지고 비디오 등 멀티미디어 기능

11) The Economist, June 28th, 2003, 'Internet Access, Bubble Trouble'.

을 지원하는 차세대 초고속 커뮤니케이션 채널로 대체될 것이라 예견되고 있다. GSM(Global System for MobiIe Communications), GPRS(General Packet Radio Service), HSCSD(High Speed Circuit Switched Data), EDGE(Enhanced Data for GSM Evolution), WCDMA(WideBand Code Division Multiple Access) 등의 네트워크 표준은 효과적이고 방해가 적으며 대역폭을 아낄 수 있는 서비스를 제공하는 방도로 알려져 있다. 그러나 이들은 결국 무선이면서 광대역 통신을 가능하게 하는 것으로 발전되어야 한다고 한다.

Wimax 기술에 근거하는 wibro(wireless+broadband)가 그 하나의 길이 될 수 있을 것이라는 의견도 있다. 상대적으로 비싸고 제공되는 서비스의 종류는 한정적인 기존의 이동통신서비스를 제치고 이것의 이용이 웹에서 할 수 있는 TV쇼 보기, 지도 다운로드, 이메일, 비디오 교환 등을 가능하게 하는데 기존의 이동통신이 변하지 않을 경우 이것의 이동통신망을 구축할 수 있을 것이라는 전망도 있다. TV에 비해 보아 작은 스크린에 나쁜 화질로 이들 서비스를 공여할 수밖에 없겠으나 언제 어디서나 값싸게 쓸 수 있다는 점에서 편리하기에 이런 약점은 큰 문제가 되지는 않을 것이라고도 한다. 단 이렇게 된다 하더라도 충분한 컨텐트를 마련해야 한다. 이를 위한 컨텐트 제공자와의 협력은 필수적이다.

무선인터넷 표준의 시초는 무선 프로토콜 WAP(Wireless Application Protocol)와 ME(Mobile Explorer)이었다. 이들은 같은 성격의 SMS, MMS와 더불어 프로토콜을 마련하여 무선기기를 인터넷에 연결할 수 있게 도와주었다.[12] 아마존닷컴(Amazon.com)과 야후(Yahoo)는 미국 대기업 중 최초로 WWW를 통해 무선으로 자신의 싸이트에 연결할 수 있는 길을 마련했다. 또 핸드폰에 내장되어 있는 선마이크로 시스템즈의 자바 2 마이크로 에디션(J2ME)의 프로토콜이 WAP와 경쟁하면서 차세대 컴퓨팅의 미래를 결정할 수 있을 것이라고 전망되기도 한다.

에릭슨, 모토롤라, 노키아, 마츠시타 커뮤니케이션, 사이언과 같은 무선장비 제조업체들이 심비언 동맹을 형성했다는 점은 주목할 만하다. 이들 산업 연합체는 무선 정부기기를 위한 운영체계를 공동 개발한 뒤 그것을 표준

12) 강성민 외, '무선인터넷 기술동향 및 전망' 통신시장 2001, 3/4 한국통신 경영연구소.

으로 삼아보려고 노력하고 있다. 심비언 플랫폼은 EPOC라고 하는 개방되고 확장가능한 운영체계를 기반으로 하고 있으며 인터넷 연결과 맞춤형 사용자 인터페이스와 같은 기능적 특징을 갖고 있다. EPOC 운영체계는 소프트웨어 애플리케이션을 연결해 주면서 무선 개발업체를 위한 일관성 있는 개발환경을 제공해 준다고 한다. 이 심비안은 MS의 '윈도 모바일'과 같이 플렛폼이었으나 운영체계(OS)의 일부로도 진화하게 되어, 현재의 휴대폰이 진화되어 만들어질 스마트폰에서는 직접 응용시스템(application)으로 되게끔 발전될 것이라는 예견도 있다.[13)]

3. 무선인터넷의 기타 문제

무선인터넷 중 2G이동통신기술에 의존하는 것은 비싸고 서비스도 제한되어 있다. 그래서 아직은 데이터 통신보다는 음성통신용으로 주로 쓰이고 있다. 이 사정은 차후 휴대폰의 성능이 강화되어야 하고 서비스가 다양화되어야 하며 이용요금도 싸져야 하리라는 과제가 있다는 점을 시사한다. HSUPA(high speed uplink packet access; 초고속상향패킷접속)으로 UCC 등 데이터를 빨리 올릴 수 있게 한 것은 시작에 불과하다. 3G 내지 4G가 일반화되면 속도의 문제를 신경쓰지 않고 데이터를 자유로이 교환하며 무선인터넷을 본격 이용할 수 있을 것이다. 그러나 이러한 때에 가서는 음성서비스 위주이던 2G 시대와 달리 바이러스의 감염문제 등을 더 심각하게 걱정해야 할 것이다. 휴대폰을 가지고 있는 사람이 많다는 것은 휴대폰을 바탕으로 하여 광고를 할 경우의 큰 잠재성을 내포한다. 그러나 휴대폰에다가는 기껏해야 짧은 텍스트 메시지를 가지고 광고를 하는 정도이고 동영상을 넣기는 어렵다는 제약이 있다. 휴대폰 광고는 간단한 문자 메시지를 보내는 정도가 될 것이다. 동시에 그것을 받는 것에 대해 어떤 보상을 해주지 않는다면 매우 큰 저항에 직

---

13) R. Tee, "Different Directions in the Mobile Internet: Analysing Mobile Internet Services in Japan and Europe," L. Hanmill et al. (eds.) Mobile World: Past, Present and Future, Springer, 2005.

면하게 될 것이다. 특히 이용요금을 송신자가 전적으로 부담하는 경우가 아니고 수신자도 부담하는 경우라면 휴대폰을 근거로 하는 광고는 더욱 심하게 거부될 것이다. 모바일 폰에 광고를 넣는 사업이 최근 유럽에서 겨우 시작된 정도이다.

2G의 이용요금이 비싸게 된 사유로서 이를 위한 특허를 몇 개 회사가 거의 다 차지하고 있다는 것과 이동통신사들은 요금을 인하하기보다 단말기 보조금을 주는 정책을 선호하고 있다는 것 두 가지를 든다. 자연히 이런 것은 이용을 제약할 수밖에 없겠는바 빨리 바뀌게 되어야 할 사항이라 여겨진다.

05 | 모바일 인터넷

1. 모바일 인터넷의 우월성

지니고 다닐 수 있는 단말기를 이용한다는 특징을 가지는 모바일 인터넷은 무선 안테나가 있는 거점인 핫스팟(hot spot) 부근에서 노트북을 이용하여 인터넷을 이용하는 무선인터넷과 더불어 광의의 무선인터넷의 구성인자가 된다. 무선통신시스템 마련에 드는 고정비용이 유선통신시스템의 그것에 비해 작다는 사정과 상응하게끔 무선인터넷을 포설할 때의 고정비용도 적다. 때문에 상당한 초기투자를 하기 어려운 상황에서는 유선인터넷보다 무선인터넷이 유용하다.

그러나 모바일 인터넷의 비교우위는 다른 어떤 것보다 적시 정보(timely information)를 제공할 수 있다는 데 있다. 휴대전화로 언제 어디서나 인터넷에 접속할 수 있게 하여 적시, 적소에서 당시의 필요에 따라 인터넷을 이용할 수 있게 하기 때문이다. 휴대전화를 대체할 더 지능적인 단말기가 나타나고 모바일 인터넷을 활용할 수 있는 지역이 확장되며 3G 등으로 속도가 빨라지게 될 것으로 보이는 미래에는 이것이 이른바 융합(convergence)의 핵심요소로 될 것이다. 개별화된 위치에서 개별적 요구에 부응하는 이용을 가능하게 한다는 점에서 현장에서의 시급하고 강렬한 성격의 정보수요인 단순한 자료검색, 개인의 건강이나 일정관리 등의 필요를 채우는데 있어 모바일 인터넷은 매우 우월하다 할 것이다. 나아가 이러한 우월성은 오락, 교육, 전자상거래, 사회 네트워크 등에까지 확대되게 될 것이다. 과연 그 전형적 예인 뉴스 및 일기예보의 다운로드(download of news and weather forecast report), 이메일, 만화 및 기타 그래픽의 다운로드(download of cartoon graphics and horoscope), 모바일 뱅킹(mobile banking), 주식거래(stock trading), 비행기표 예약(airline ticket reservation) 등에서 모바일 인터넷은 비교우위를 보이며 애용되고 있다.

모바일 인터넷에서 이용할 수 있는 컨텐트는 유선인터넷에서의 그것에 비해 한정적이다. 적시 적소에서 인터넷을 할 수 있게 함으로써 정립될 모바일 인터넷의 궁극적 중요성과 컨텐트 불충분으로 특징지워지는 현재의 모바일 인터넷의 실상 사이에 큰 간격이 존재하는데, 이 간격을 보고 모바일 인터넷과 관련해 전술된바 'content is not king, connectivity is more important'라는 반어법적 주장이 개진되기도 한다. 그 이면에는 차후 유선인터넷에서의 컨텐트를 축약하거나 번역해 모바일 인터넷에서도 쓸 수 있도록 하는 것을 포함하는 여러 컨텐트 확충노력이 절실하다는 점이 숨어 있다.

무선인터넷의 가장 중요한 것인 모바일 인터넷을 위한 운영SW를 마련하고자 여러 주체가 경쟁하고 있다. 심비안 동맹, MS, Palm, Research in Motion 등이 대표적이다. 또 Sun이 Java를 근거로 우위를 확보하려고 하고 있고 최근에는 Google도 이 경쟁에 참여하고 있다. 모바일 인터넷에서도 인터넷 이용자들로 하여금 각종 웹이나 파일에 들어 있는 텍스트, 이미지, 비디오, 음악, 기타 정보에 접근하여 활용할 수 있게 하는 SW인 브라우저가 매우 중요하다. 현재 쓰이는 모바일 인터넷의 브라우저는 미국에서의 점유율순으로 보아 Symbian, Window Mobile, Blackberry, iPhone 등이 있다. 그러나 이들이 반드시 만족스럽다고 할 수 없어 새로운 것들이 계속 시도되고 있다. 결국 브라우저를 비롯한 모바일 인터넷 운영체계의 표준을 마련하는 것이 매우 중요하다 하겠으나 그 결말을 쉽게 낙관할 수 없는 어려운 문제라는 것도 인지하여야 하겠다. 나아가 이러한 운영체계가 어서 정리되어야 그것에 기반하는 많은 응용SW가 개발되게 될 것이라 예단할 수 있겠다.

과거에 모바일 인터넷의 분야에서 성공적인 예로 적시되어 왔던 것이 일본 DoCoMo의 i-mode이었다. 이것은 2003년 현재 약 50,000개 정도의 웹 사이트(website)를 가지고 있어 무선전화를 가지고 있는 가입자가 상당한 정도 인터넷을 즉시 향유할 수 있게 했었다. 그러나 50,000개 정도의 웹 사이트의 수는 당시 기준으로 보아도 유선인터넷에서의 그것에 비해 보면 형편없이 작은 것이다. 이에 비해 SK는 NATE를 통하여 2004년 현재 약 220,000개의 컨텐트를 제공하고 있었다 한다. 이는 i-mode의 그것에 비해 월등 많은 것이다. 단 이런 컨텐트의 이용실태를 보면 벨소리나 노래의 다운로드, 게임 스포츠 속보 등이었다. 우리나 일본보다 뒤진 미국에서의 대량 이용자(heavy users)들의 그것과 대동소이했다. 또 생산적 이용의 차원에서 보아서도 괄목하다고 할 수 없었다. 이 점 역시 생산적 이용을 유발할 컨텐트를 제공하고 그 이용을 촉발해야 할 필요를 적시하는 것이다.

2. 모바일 인터넷의 활용분야

가까운 미래에 예상되는 모바일 인터넷 서비스의 주요 시장은 기업을 상대로 한 시장과 일반 소비자를 상대로 한 시장의 2종이 될 것이다. 전자인 기업시장(corporate market)에서는 직접 거래를 할 수 있도록 하는 주식거래(stock trading)시장, 간단한 제품의 전자상거래(e-commerce)시장이 중요하다. 또 금융서비스기업, 건강관리기업, 제약회사, 공익기업 등의 현장직원(field workers for utilities) 관리와 결부되어 영업사원의 관리를 위한 수요가 현재화되면서 이것도 기업시장에서의 주요 수요인자가 되고 있다. 이러한 기업시장과 관련해서는 사무실을 유지하고 사원들에게 PC를 주는 것 대신 휴대폰이나 PDA를 주고 모바일 인터넷(mobile internet)을 이용하도록 하는 것이 크게 경제적이라는 사정이 주목받고 있다. 모바일 인터넷 환경에서는 구태여 기업

내에 독자적으로 운영시스템을 설치하고 운영할 필요가 없이 휴대폰 하나만을 지급해주고 그걸 가지고 무선인터넷을 이용하도록 하면 되기 때문이다. 비용면에서 유리하고 효율성도 크기 때문에 이런 식의 활용은 자연 늘어나게 될 것이다. 기업시장에서는 모바일 인터넷의 비중 증대가 확실히 예견되고 있다.

소비자시장(consumer market)에서는 뉴스, 기상정보, 스포츠정보 업데이트, 금융정보 업데이트, 게임, 텍스트메시지, 식당정보, 연예오락정보 등 정보를 개인들에게 공급해 주는 것이 핵심요소가 되고 있다. 과연 이 시장에서 모바일 인터넷의 편리함은 현저하다. 나아가 이 시장에서의 발전은 편리한 결제방식을 요구할 것이고 그 결과로서 결제제도(payment system)의 발전을 점치게 하고 있다. 네트워크 사업자가 이렇게 결제기능을 담당하게 될 경우 네트워크 사업자(network operator)는 은행 등 금융기관과 경쟁하게 될 수도 있고 협력하게 될 수도 있다. 이 가능성은 3G나 4G가 실현될 경우 더 분명해질 것이다.

3. 편한 이용을 향한 제반노력

궁극적으로 모바일 인터넷은 인터넷 이용을 더 넓게 확산시키고 그것을 보다 많은 용도에 이용하도록 만들 것이다. 그런데 이런 미래를 구체화시키기 위해서는 예컨대 책을 주문하는 데 40분이 소요된다거나 호텔을 예약하기 위해서 37번을 클릭해야 된다는 등으로 묘사되는 바 과거 모바일 인터넷에서 겪었던 번잡스럽고 불편한 사용방식은 지양할 수 있어야 할 것이다. 여러 번 클릭해야 하는 것을 간단한 시스템으로 대체하여 한두 번만의 클릭으로 목적하는 바 이용의 제반절차를 완수할 수 있게 해야 할 것이다. 이렇게 간략화된 시스템은 여러 사용자에게 쉽게 쓰일 수 있게끔 정형화된 메뉴(customized menu) 내지 세트 메뉴(set menu)로 정리되어야 할 것이다. 우선은 이것이 인터넷 뱅킹에서 부분적으로 시현되고 있다.

과거에 전화로 거래를 성사시키는 데 있어, 거래의 세세한 내용을 일일이 협의하지 않고도 이미 정형화되어 있는 여러 거래방식 중 어떤 것 하나를 적시하는 것만으로 거래를 성사시킬 수 있게 하는 방식이 개발되자 그것을 계기로 거래가 더 많이 성사될 수 있게 되었고, 그로써 전화의 이용도 크게 증가하게 되었다는 관찰이 있다. 그러한 즉 이것과 대응하게끔, 모바일 인터넷에서도 음성, 텍스트, 비디오, 그래픽의 어떤 정형화된 배합을 가지는 거래방식, 학습방식, 오락방식 등의 메뉴를 개발해 놓고 그런 것들 중 어떤 것을 선택하는 한두 번의 클릭만으로 목적하는 바 과업을 완성할 수 있게 해야 모바일 인터넷을 통하는 각종 이용이 크게 늘어나게 할 것이다. 이는 음식점이 세트메뉴를 마련해 놓자 매출이 늘어나게 되었다는 것과 상응한다.

음성인식기술이 본격 정착하게 되더라도 모바일 인터넷의 이용도는 크게 늘어나게 될 것이다. 나아가 그 이전 중간단계에서는 음성과 데이터의 결합을 쉽게 하는 방법이 나타나 전화를 통해 합의된 내용을 차후 일일이 재정리하고 재확인하는 절차를 거칠 필요 없이 단지 한두 번 클릭하는 것만으로 완벽하게 저장하는 응용시스템을 마련해 사용할 수도 있을 것이다. 과연 차후 3G가 그 기대대로 시현되게 될 경우에는 이러한 응용시스템의 마련이 보다 용이하게 될 것이다.

모바일 위젯(widget)의 이용도 모바일 인터넷의 이용을 편리하게 할 것이다. 위젯이란 시계, 달력, 지도, 뉴스 등의 형태를 가지면서 화면에서 보여지는 작은 창으로서 브라우저를 열어 이용하던 다단계에 걸친 기능을 브라우저를 열지 않고도 간략하게 이용할 수 있게 해주는 것이다. 이것은 이용자들로 하여금 쉽게 컨텐트를 검색하고 전송할 수 있게 해주는 것으로서 RSS와 마찬가지 성격을 가진 서비스이기도 하다. 위젯이 있음으로써 그 이용자는 컨텐트의 바다를 일일이 헤맬 필요 없이 자신이 관심을 가지는 분야의 컨텐트를 자동 전송받을 수 있어 편의제고 및 시간절약을 도모할 수 있다.

위젯이란 유선인터넷에서 이용되는 기법이나 휴대폰에서도 이용될 수 있는 것이다. 위젯의 내용은 이용자가 자신의 관심에 따라 규정할 수도 있고 서비스업체가 표준적인 것을 정해 제공해 주기도 한다. 모바일 위젯을 이용하기 위해서는 이용료를 내는 경우도 있고 무료이되 광고를 보아야 하는 경우도 있다. Nokia를 비롯한 많은 이동통신업체들이 위젯의 개발과 전파에 힘을 쏟고 있다.

유선 웹에서의 풍부하고 다기한 컨텐트를 번역하거나 번안하여 모바일 인터넷에서 쉽게 사용할 수 있게 될 경우에도 모바일 인터넷 활용은 확대될 수 있을 것이다. 미국에서 2000년부터 그러하였듯이 디지털 사인의 법적 효력을 강화하는 것도 모바일 인터넷의 활용 폭을 넓히는 계기가 될 것이다. 반면 모바일 인터넷의 사용증대는 사생활권보호(privacy) 및 정보보안(security)의 문제와 관련해 유선인터넷에서의 그것보다 더욱 심각한 고민을 불러오게 될 것이다.

유선인터넷의 다양한 활용방도를 유선을 통한 접속이 안 되는 곳에서 활용할 수 있게 해주는 방법은 휴대폰을 일종의 모뎀으로 쓰는 것이라 하겠다. 이 경우에는 PC를 가지고 인터넷을 이용하는 것과 같되 핫스팟이 아닌 곳에서 휴대폰으로 접속을 이루어 마지막 1마일의 문제를 해결하는 것이다. 이를 위해서는 접속을 가능하게 하는 SW, 접속을 유지해주는 이동통신사의 서비스, 물리적으로 접속을 할 수 있게 하는 USB 데이터 케이블이나 블루투스 링크가 필요하다.

4. 무선망 개방 등

유선망에서 그러하였듯이 무선망에서도 망 개방의 문제가 대두하게 될 것이다. 무선망이 개방될 경우 포털, CP 등은 이동통신서비스업체에 의존하지 않고 독자적으로 수익사업을 벌릴 수 있게 될 것이고, 그로써 기존의 망사업자의 우위가 해소되는 한편 컨텐트 및 서비스 제공부문에서는 보다 활발한 경쟁이 일어나게 될 것이다. MVNO(mobile virtual network operators)와 기타 새로운 조직이 나타나 시장을 나누면서 활발한 활동을 벌린다면 이러한 경향은 더 가속화될 것이다. MVNO가 기존의 이동통신사업자와 경쟁할 수 있기 위해서는 가격경쟁력을 갖추어야 한다. 이와 관련해 유럽의 MVNO는 성공적이나 미국의 그것은 그러하지 못한데 그 원인으로 전자는 무선인터넷의 여러 방법을 널리 활용하고 SIM(Subscriber identity module)카드를 편의점을 통해 파는 등 코스트절감을 위한 노력을 하고 있는 데 비해 후자는 단말기 보조금을 주고 마케팅을 위해 소매점을 두는 등 거대 이동통신사업자와 크게 다르지 않은 행동을 하기 때문이라고 한다.

종래 UHF의 전파를 어떻게 활용할 것이냐가 관심거리가 되고 있다. 아날로그TV를 디지털TV로 개체하게 됨에 따라 더 이상 새로이 활용할 여지를 가지게 되었다고 판단된 이 700메가 헤르쯔 대역은 음성통신 목적의 휴대전화용으로 쓰일 수도 있고 브로드 밴드를 수용하게끔 모바일TV나 WiMax로도 쓰일 수도 있다. 후자로 될 경우 보다 많은 디지털 컨텐트를 소비자들에게 전달하는 길이 보강될 것이다. 혹자는 이 대역을 TV 이외의 이용에 개방하는 것이 TV방영과 충돌을 가져올 소지가 있다고 하여 신중론을 주장하고 혹자는 차세대 인터넷을 독려 발전시키기 위한 개방망(open access network)으로 발전시켜야 한다고 주장하고 있다. 2007년 World Radiocommunication Conference에서는 후자의 방향을 택하고 개방의 시기는 각국에 일임하기로 하여 앞으로 이 대역의 브로드 밴드방식의 사용이 늘어나게 될 것을 기대하게 만들었다.

합병과 통합도 활발해지게 될 것이다. 이렇게 망개방이 이루어지게 되면 가입자들에게 제공할 컨텐트와 서비스를 이동통신사업자가 규정하던 이른바 담장 안의 정원(walled garden) 비즈니스 모델과는 달리 소비자가 인터넷에서 직접 서비스를 선택할 수 있게도 될 것이다. 이는 이동통신사의 소비자에 대한 지배력을 약화시킬 것이나 동시에 사용자의 증가와 보다 많은 사용을 가져올 수도 있다. 이통사의 컨텐트 및 서비스 제공능력, 네트워크의 준비, 관련 SW의 장만 등에 의존하며 이러한 망의 개방은 점진적으로 추진될 것이다.

5. 모바일 인터넷 발전에 대한 조감

모바일 인터넷이 아주 널리 확장될 것이라고 보는 비전이 있다. 유비쿼터스 경제사회에서 세상의 거의 모든 객체가 센서와 자신의 사정을 알리는 발신 능력을 갖게 됨으로써 이른바 스마트 객체(smart dust)로 되고 그러한 것들과의 교신이 모바일 인터넷에 의해 이루어지게 되리라 예견하기 때문이다.[14] 나아가 유선인터넷에서는 미국에 뒤졌으나 모바일 폰의 보급 및 이용에서는 미국보다 앞선 유럽이 이 비전의 실현에 보다 큰 노력을 쏟고 있다는 것도 이와 더불어 감안해야 할 사항이다.

모바일 인터넷에 대한 이상의 기대는 멀지 않은 장래에 채워지게 될 것이다. 이를 채우려는 노력이 현재 세 가지 방향에서 이루어지고 있으며 현재 이들은 부분적으로는 성공하고 있다. 첫째, 기존의 모바일 폰 서비스에 인터넷 기능을 부가시키어 확대 발전시키면 된다고 보는 종래 모바일 폰 서비스 제공 무선통신사업자들은 모바일 폰을 가지고 모바일 인터넷으로 확대 전환시켜 보려고 노력하고 있다. 일본의 도코모, 우리나라의 SK 등이 이를 대표하는 예이다. 이러한 움직임에서 가장 현저한 노력은 휴대폰에 커뮤니티 서비스를 도입하려는 것이다. 이동통신사업자들은 기왕에 존재하던 사회 네트워크 서비스 제공자와 제휴하거나 독자적으로 브랜드를 구축해 가면서 이동통신의 사용자들이 친구나 동료들에게 생각을 표현하고 공유하려는 욕구를 채우는데 도움을 주려 하고 있고 거기에서 새 시장을 찾으려 하고 있다. 예컨대 미국의 이동통신사업자는 Youtube나 Myspace와 제휴해 UCC와 사회 네트워크 서비스를 제공하고 있으며 우리나라에서는 SK에 의한 CyWorld가 자체 브랜드를 가지고 커뮤니티 서비스를 제공하는 데 선두주자가 되어 있다.

이와 대비되어, 인터넷이 종래 컴퓨터를 기반으로 하는 운영체계에 근거하여 존립해 왔다는 점을 주목하는 둘째 입장은, 종래의 유선인터넷 운영체계와 대응하는바 무선인터넷 운영체계를 컴퓨터에 탑재하여 모바일 인터넷시스템을 완성하고, 그것의 연장으로서 모바일 폰 기능도 부가하고자 하고 있다. 종래 유선인터넷 운영체계를 석권해 온 MS가 이런 입장을 대표하고 있다. PC 대신 TV를 가지고 이러한 통합을 기도하는 입장은 이런 입장의 변종이라 할 수 있다.

이상의 2가지 입장과 구별되는 세 번째 입장은 모바일 인터넷의 운영체계를 새로이 마련하려고 한다. 여기에는 종래 유선인터넷의 운영체계와 대응하는 독자적 모바일 운영체계를 도입해 휴대폰 등 이동성 단말기에 탑재해

14) New York Times, 'Wireless Sensor Networks Spread to New Territory,' July 26, 2004.

이용하도록 하려는 것과 모바일 운영체계를 마련해야 한다는 데는 동의하되 그것을 종래 MS의 Window처럼 개별 기업이 소유하는 것으로 할 것이 아니라 공개표준(open standard)으로 하여 개별 기업의 독점도 배제하고 개발도 신속하게 이루어질 수 있도록 하자고 하는 2종이 있다.

아직 모바일 인터넷이 그 기대하는 바에 비해 미흡하다고 할 수밖에 없는 상황에서 이들 세 가지 입장은 모두 진보과정, 발전과정에서의 노력이라 할 수 있다. 나아가 이들 중 어느 것이 다른 것보다 먼저 현재의 미흡한 모바일 인터넷을 획기적으로 발전시킬 것이냐에 앞으로의 관심이 모아진다 하겠다. 궁극적으로 소비자를 위해서는 각종 기기나 시스템 사이에서 호환성(interoperability)이 이루어지는 것이 가장 중요하다. 따라서 이상의 각종 사업자들은 다른 종류의 사업자보다 먼저 호환성을 이루어냄으로써 선두주자의 우위를 점하려는 노력을 하게 될 것이다.

종래 휴대폰의 이용방법은 이동통신사업자가 지정하는 응용방법에 의해 제약되고 있었다. 휴대폰을 근거로 하여 운용체계를 도입하려 할 때에는 이동통신사업자의 의사에 반하는 운용체계를 도입할 수가 없었고 이른바 이들이 규정한 담장 안의 정원(walled garden)에서 벗어나기가 어려웠다. 이동통신사업자는 이런 제약을 부여할 수 있다는 입지를 이익을 늘리는 방법으로 활용하여 왔다. 그러나 유력한 공개OS를 새로이 개발하여 성능이 제고된 휴대폰에 장착할 수 있게 된다면 그 결과는 휴대폰과 무선인터넷을 결합한 것으로 되어 고성능 휴대폰을 일종의 모바일 컴퓨터로 전화시키는 것으로 된다. 이러한 고성능 스마트폰으로는 워드프로세서, 스프레드 쉬트, 비디오 게임 등 종래의 PC에서의 이용방법은 물론 최근 유행하는 비디오 공유, 사회네트워크 등도 수용할 수 있게 될 것이다. 나아가 이러한 모바일 컴퓨터에는 PC에 대해 그러한 것처럼 이용자가 원하는 SW와 서비스를 수용하여 이용하게 할 수도 있다. 이는 이동통신사업자에게 제약받아 왔던 종래의 휴대폰을 이용해야 하는 모바일 인터넷을 크게 뛰어넘는 것이 된다.

그래 이런 의도를 가지고 Google, 삼성이나 모토롤라 등 휴대폰 제조회사, 스프린트나 차이나 모바일 등 이동통신사, Qualcomm이나 Intel 등 칩 제조사 등이 개방휴대기기 대연합(Open Handset Alliance)을 만들어 활동하기 시작하였다. 이 대연합은 아직 그 용도가 확정되지 않은 700메가 헤르쯔 대역을 활용할 수 있게 될 것도 기대하고 있다. 단 이러한 대연합이 진정으로 혁신적인 것이 되려면 소비자의 선호에 지근거리에서 부응하는 컨텐트 제공자를 포함해야 하겠는데 이번에 결성된 연합은 그러하지 못하여 한계를 가지고 있다고 할 수 있다. 또 이러한 노력이 결실을 맺기 위해서는 5년 정도의 시간이 소요될 것이라는 전망이다. 더불어 이를 위한 많은 투자를 해야 하는데 그것을 회수하고 수익성을 확보하기 위한 수익모델을 찾아내는 것도 고민거리이다.

미국의 대형 이동통신사는 이런 움직임에 대해 냉담하다. 기왕의 사업의 입지가 침식당하게 되는 것을 걱정하기 때문일 것이다. 또 현재의 상황에서 상대적으로 우수한 이동통신 단말기를 가지고 독자의 서비스를 제공하고 있는 Blackberry나 iPhone의 Apple도 이것에 적응할 방도에 대해 고민중이다.

기존 이동통신 사업자가 가지고 있는 폐쇄체제(closed system)와 대연합이 지향하는 개방체제(open system) 사이에서는 사실상 냉전이 벌어지고 있다고 할 수 있다. 후자는 융통성을 가지고 빠른 발전을 가져올 가능성이 있으나 재원조달 등에서 상당한 불확실성을 가지는 것이 문제이고 전자는 그 반대라 하겠다. 이러한 성격의 냉전은 브라우저에 관한 것 등 과거 여러 곳에서 일어났던 것이다. 그것이 현재에는 무선인터넷 플렛폼의 마련 또는 스마트폰의 개발에서 가장 첨예하게 나타나고 있다 할 수 있다.

성능이 제고된 스마트폰은 그 자체로 웹을 수용할 수 있을 것이다. 그러면 종래 그래 왔듯이 이러한 웹을 광고의 기반으로 활용할 수 있게 되고, 그로써 광고로 수입을 확보하는 비즈니스 모델을 마련하게 되면 무료 내지 아주 낮은 가격에 이런 스마트폰이 제공하는 각종 서비스를 구가할 수도 있게 될 것이다.

휴대폰이 스마트폰으로 발전하게 되어 사진, 비디오, 음악, 게임 등을 모두 수용할 수 있게 된 것과 병행해 단거리 무선서비스를 값싸게 할 수 있게 하는 Wimax기술을 그것과 결합시켜 이용하게 된다면 이른바 초고속 휴대인터넷 Wibro(wireless broadband)을 실현할 수 있다. 이것은 종래 이동통신사업을 하지 않았던 통신사업자에게 값싼 무선사업의 길을 열어주는 것으로 되어 무선인터넷의 지평을 확대하게 될 것이다. 이것은 WiFi 등 기존의 값싼 무선인터넷 서비스보다는 소통거리를 넓히게 될 것이고 또 전송도 고용량에 고속으로 될 것이라는 데서 우위를 가지게 될 것이다. 소통거리의 제약 때문에 어느 범위를 넘어서는 것은 도리 없이 이동통신사업자의 네트워크에 의존할 수밖에 없었던 사정을 지양할 수 있게 할 소지도 가지고 그 이상 이들의 안테나가 포괄하는 지역을 넘어서서도 초고속 무선인터넷을 할 수 있게 만들지도 모른다. 그러나 자판의 제약으로부터 유래하는 입력(typing)의 한계 등으로부터 벗어나기는 힘들 것이다.

다양한 방식으로 개선된 무선 네트워크와 개량된 단말기에 따라 언제 어디서나 인터넷 접속이 가능하게 되면 이동중에도 인터넷에 접속하여 다양한 정보와 컨텐트를 즐기게 될 것이다. 무선기술이 4G로 진화되게 되면 이런 상황은 매우 일반적으로 되어 정보공유 및 정보평등을 시현하게 될 것이다. 동시에 이는 인터넷의 이용을 획기적으로 늘리게 되어 백본망 등에서의 현재의 과잉공급의 문제를 80% 이상 해결하게 될 것이다.

기지국으로부터 100미터 이내의 거리로 정의된 현재의 핫스팟(hot spot)에서 무선인터넷을 주로 사용하는 제약된 경우와 비교해 볼 때 이러한 것들은 크게 발전된 것이다. 또 스마트폰에다 이왕 개발되어 있는 GPS 프로세서를 탑재하여 독립된 GPS기기 없이도 길을 찾아가며 지역정보를 무료로 얻게 하고 제공되는 광고도 접하게 하는 서비스가 여러 형태로 실현될 것이다. MS, Google, Yahoo 등 검색서비스 제공자 뿐만 아니라 Nokia, Apple 등 단말기 제조업체도 이런 과제를 추진하고 있기 때문이다. 대단히 널리 퍼져 있는 휴대전화를 감안할 때 여기에 컨텐트를 삽입하여 이용하도록 하는 서비스가 큰 시장으로 될 것은 명약관화하다. 단지 문제는 여기에 넣어야 할 컨텐트로서 어떤 것이 적합하겠느냐 하는 것이다.

고속이동 중에 지상파방송을 수신할 수 있게 하는 DMB(digital media broadcasting)도 새로운 환경을 조성하게 될 것이다. 이것은 휴대용 단말기를 쓴다는 점에서 휴대 인터넷의 일종이라 할 수 있다. 그러나 종래의 무선인터넷이 주로 음성인 컨텐트를 이용하려는 것인데 비해 이것은 주로 비디오인 컨텐트를 이용하려는 점에서 그것과 차별화된다. 또 방송을 수신하기 위해 휴대용 단말기를 쓴다는 점에서 방송을 시청하는 수단으로서 TV를 쓰는 위성방송 등과 구별되면서 이른바 통신과 방송의 융합을 상징하는 일례가 되고 있다. 위성방송의 시청이 종래 TV시청처럼 피동적인 것이라면 이것은 이용자가 휴대전화의 이용료 및 수신료를 내고 시청한다는 의미에서 능동적 요소를 가지고 있고 또 양방향성을 가지고 있다. 그러나 이것을 이용하려면 이용정도에 따라 차이가 있겠으나 일반적으로 부담이 증가하게 될 것이기 때문에 정액만을 내면 얼마든지 볼 수 있는 위성방송에 비해 이것은 불리한 처지에 있다 할 것이다.

이런 불리를 극복하고 또 사업적으로도 성공하기 위해서 이것은 흡인력이 큰 컨텐트를 공급할 수 있어야 할 것이다. 그러나 휴대전화기를 이용한다는 점에서 방영되는 내용은 짧아야 할 것이다. 이런 컨텐트가 어떤 것이 될 것이냐가 관심거리가 되고 있다. 우선 그 후보로는 드라마, 스포츠, 뉴스 등이 이야기되고 있다. 그러나 휴대폰의 작은 화면으로 TV 컨텐트를 보는 것은 결국 TV시청의 대용물에 지나지 않는다. 따라서 어떤 것을 휴대폰으로 보다가 TV 옆에 가게 되면 즉각 TV로 바꾸어 볼 수 있게 장치해야 그 수요를 지속시킬 수 있을 것이다. 단 휴대폰을 항시 자주 쓰는 젊은 세대에게는 사정이 달라질 수 있는 소지가 없지는 않다.

휴대전화로부터 이용자의 소재지, 이용방법, 이용 정도와 이용의 내용 등을 알 수 있도록 하는 정보추출의 방법이 개발됨에 따라 프라이버시의 문제는 더욱 심각해지고 있다. 모바일 인터넷이 그 이전 이상으로 이 단면에서 의외의 폐해를 가져오게 될 소지가 있다.

06 | 효과적 이용의 길

1. 유선인터넷과 무선인터넷 분업체계의 활용

유선인터넷 및 무선인터넷의 비교우위에 따라 수요 측면에서 이 둘 중 하나가 선택되고 있다. 유선인터넷에서는 DSL 및 케이블 방식이 경쟁하고 있고 무선인터넷에서는 노트북 PC를 쓰는 것과 휴대전화를 쓰는 방법이 경쟁하고 있다. 현재 전자는 이동중에는 사용할 수 없다는 약점을 가지고 있고 후자는 속도가 느리다는 약점을 가지고 있다. 그래 이동중에 좀더 빠른 속도를 향유하면서 인터넷을 이용할 수 있도록 하는 방법인 Wibro 등이 대안으로 기대를 모으고 있다. 앞으로 차세대기술 3G 및 4G가 실제화되게 되면 이러한 고민은 없어지게 될지 모른다. 무선인터넷 표준으로는 Wi-Fi 및 블루투스(bluetooth) 등이 경쟁하고 있다. 1마일 정도에 한정되고 있는 Wi-Fi의 영역(coverage)을 수마일 정도로까지 확대하는 Wimax 기술도 논의중에 있다.

처음 브로드 밴드를 이야기했을 때 브로드 밴드에 대해 가졌던 기대는 그것이 현재의 소용량 데이터 이상인 대용량의 데이터를 언제 어디서나 신속하게 처리해줄 수 있을 것이라는 것에 모아져 있었다. 그러나 적어도 당분간은 이런 기대의 모든 요소가 충족될 것 같지는 않다. 현재 보다 구체화된 기대는 '언제 어디서나'에 대한 요망은 접은 채 속도 및 처리용량에 있어 획기적 개선을 이루게 될 수 있을 것이라는 데 한정되어 있다. 현재 가용한 기술을 가지고 볼 때 당분간은 대용량의 데이터를 써야 하는 용도에는 주로 유선방식을 이용하게 될 것이며 데이터양은 소용량이면서 위치정보를 이용해야 할 필요가 있거나 맞춤서비스가 요망되거나 기동성이 요구되는 용도를 위해서는 속도면에서의 불리함에도 불구하고 무선방식을 이용하게 될 것이다.

그러나 종국적으로는 이러한 분업체계도 변화하게 될 것이다. 종국적으로는 양쪽에서 기술이 발달하게 되어 무선을 쓰던 용도는 유선을 쓰게끔 이동해 가고 유선을 쓰던 것은 무선을 쓰게끔 이동해 가, 유선과 무선의 이용이 전적으로 이용목적에 의해 결정되게 되는 이른바 Negroponte switch가 실현되게 될 것이다. 단기적으로는 무선사업의 허가를 받은 사업자가 이미 큰 돈을 내고 획득한 사업권에 연연하여 이러한 통합으로의 움직임에 반발할 소지가 있으나 결국은 유선과 무선이 서로 간에 접속을 공개적으로 보장하게 될 것이고 그로써 백본망의 공동영역(commons)을 형성하고 이를 각종 창의적 방식으로 선용하게 되는 양상이 전개되게 될 것이다. 단 아직은 이러한 전망은 실감나지 않는 대상인데 이는 3G기술의 발달이 예상했던 것과 달리 크게 지연되어 아직 실용화되어 있지 못한 것과 무관하지 않다.

2. 기간망 공급과잉의 극복

물리적 네트워크의 기간망(backbone network)이 지탱할 수 있는 서비스 공급능력을 충분히 이용하고 있지 못하다는 의미에서 인터넷에서 아직은 가상 네트워크(virtual network)가 충분히 발달되어 있다고 할 수 없다. 공급과잉 내지 수요부족의 양상이 거의 모든 나라에서 보여지고 있다. 아무리 가상 네트워크의 차원에서 공개표준(open standard)을 세우고 경쟁을 촉발시킨다 하더라도 물리적 네트워크의 차원에서 과잉인 백본을 가지는 기본 상황에서 벗어나기는 어려울 것이다. 그에 따라 전체적으로 경쟁은 한정될 수밖에 없게 된다. 그로써 이용요금은 비싸지게 되고 이것이 다시 수요부족의 원인이 된다는 악순환의 진단도 있다.

미국에서는 백본망에서의 광섬유 케이블의 이용도가 2%정도라는 극심한 평가도 있었다.[15] 우리의 사정은 이 보다는 나을 것이나 크게 다르지는 않을

15) Broadband의 전망에 대응하여 가장 일찍 투자가 이루어진 분야가 광케이블망을 비롯한 초고속통신망의 구축분야이다. 그러나 이것은 지식정보화 사회를 위한 여타 요인들의 투자 없이 독자적으로는 진행된 것이었다. 다른 요소의 구축과의 균형을 맞추지 못한 것이기에 그것이 충분히 쓰이게 되기 어려운 것은 당연했다. 그래 미국에서는 2002년 현재 이것의 2%정도가 사용되고 있을 뿐이며 이러한 불완전사용이 통신업계의 주요 회사들 파산의 주요 원인이 되었다고 추리한다. R. Litan, “Telecommunication Crash: What To Do Now?”, Policy Brief #12, The Brookings Institution, December, 2002.

것이다. 현재 미국이나 우리나라에서 물리적 네트워크가 크게 과잉이라는 것을 시사하는 것이다. 상당한 기간 이것에 대한 투자는 전혀 필요하지 않다는 이야기도 있었다. 이런 점을 볼 때 단기적으로는 수요가 늘어나게끔 트래픽을 증대시키는 일이 중요함을 알 수 있다. 이는 우선적으로 수요를 확충하는 방안을 마련하도록 해야 한다는 당위성을 제시한다. 이러한 당위성을 채우려면 인터넷을 활용하는 다양한 용도를 개발하여 네트워크 서비스에 대한 수요가 늘어나도록 해야 한다. 물론 이러한 수요는 사용을 하고 그 대가를 내는 수요이어야 한다. 사용자가 기꺼이 사용료를 내고 인터넷을 활용하게 되어야 하고 사용은 즐거운 사용이면서 또 가치 있는 사용이 되어야 한다. 모든 트래픽들이 모두 부가가치를 지니는 모습을 지니게끔 되어야 한다.

3. 수급균형을 도모하기 위한 투자의 길

물리적 네트워크는 상당한 정도 선행 투자되어 있으나 응용방법이나 컨텐트는 결코 충분하다고 할 수 없으며, 수요의 개발은 특히 미흡하다고 하는 수급상의 불균형은 시간을 두고 점진적으로 해소되어야 하고 또 해소될 것이다. 여기에서 이러한 각종 불균형 중 어떤 것을 먼저 해소하고 어떤 것을 차후에 해소하는 것이 좋겠느냐와 관련하여, 이런 목적을 위해 시행해야 할 투자프로젝트 사이에서 투자의 '순서와 속도'의 문제가 대답되어야 한다. 이는 물론 어떤 시점에서 주어진 기술조건, 가용한 자본, 예견되는 수요 등에 의존할 것이다.

이것의 연장선상에서 논의되는 문제가 프로세스 능력(processing power), 보관 능력(storage) 등의 자원을 어떻게 배분해야 좋으냐 하는 것이다. 종래 이런 과업은 IT전문가가 담당했었으나 이제는 이를 SW에 일임하고, 사람은 기술적 문제 이상인 비즈니스에 좀더 힘을 쏟자고 하는 경향이 보여지고 있다. 나아가 현재 데이터 센터의 용량을 30% 밖에 사용하지 않는다고 하는 관찰 등과 관련하여 이러한 장비, 나아가 개개인의 PC까지 과소활용되고 있다는 점을 어떻게 극복하느냐 하는 것도 관심거리로 되고 있다.

이런 문제점과 관련해 추상적 차원에서의 경제논리가 제공하는 원칙은 분명하다. 즉 어떤 투자노력의 사회적 한계효용과 사회적 한계비용이 일치하게끔 하는 수준에 이르도록 그러한 투자를 해야 하리라는 것이다. 여기에서 사회적 한계효용이나 사회적 한계비용은 어떤 개인이 인지하는 개인적 한계비용이나 개인적 한계효용과 다르다. 그런데 이들 사회적 한계효용과 사회적 한계비용을 인식하는 데 있어 효과적인 방법은 없다. 따라서 투자의 사회적 한계비용과 사회적 한계효용이 일치하게 되는 수준으로 신규투자를 시행해야 한다는 이상의 경제적 논리를 인터넷관련 투자의 순서와 속도를 결정하는 실무적 차원에서 철두철미하게 관철할 수 있을지는 의문이다. 그럼에도 불구하고 비용과 효용이 대응되게끔 정보화사회를 건설해 나가야 한다는 원리는 불변이며, 이러한 원리에 근접해 가기 위해서는 원칙적으로 자신의 위험과 책임으로 투자를 하는 민간기업에 의존하는 것 밖에 다른 도리가 없다. 즉 인터넷 관련 투자도 관련 기업들의 경쟁 속에서 시행되도록 제도화되어야 할 것이며, 정부나 학계는 기업에게 개별 기업 이상의 차원에서 이루어지는 대국적 경제상황에 대한 정보를 제공하는 정도의 역할을 하는데 그쳐야 할 것이다.

여러 기술이 경쟁하는 과도기 상황에서는 각 기술의 비교우위에 따라 기술선택이 이루어지게 될 것이다. 예컨대 상당 시간 머물며 작업할 수 있는 상황에서는 쉽게 이용할 수 있고 값싼 WiFi 등을 선호하게 될 것이나 자동차를 타고 가는 등 이동 중에는 스마트폰을 이용하는 것이 불가피하다는 것을 인지하게 될 것이다. 더 나아가서는 앞으로 3G, 4G기술이 완성되고 나면 그것에의 의존이 점차 더 커지게 될 것이다. 이런 과정에서는 무선기술의 표준화 경쟁이 치열하게 전개될 것이다.

뒤에서 보듯이 smart dust라고 지칭되기도 하는 작은 센서가 단계적으로 여기저기 깔리게 되면서 새로운 형태의 무선 네트워크를 형성하게 될 것이고 이것이 소위 유비쿼터스 사회의 도래를 앞당기게 될 것이다. 그에 따라 예컨대 교량을 관리함에 있어 교량의 부식상태를 알려주는 무선네트워크가 활용됨으로써 교량관리를 쉽고 효과적으로 바꿀 것이다.

종래 전파이용을 허가하면서 각국은 무선사업자에게 상당한 부담을 지웠고 또 전파이용을 허락받은 이들은 무선 네트워크를 건설하면서 상당한 투자를 하였다. 이에 이들 무선사업자는 이런 투자자금을 회수하기 위해서 단말기를 만드는 데까지 참여하면서 네트워크의 이용방법에 대해 간여해 왔다. 그런데 이들의 이러한 간여는 이들 이상의 새로운 주체가 무선 네트워크의 이용방법이나 컨텐트를 새로이 창안하고 개발하는 데 방해가 되는 측면을 가지기도 했다. 과연 이들의 간여가 상당할 때 무선인터넷 환경을 충분히 활용할 수 있게 하는 응용시스템과 컨텐트를 개발해 낼 수 있을지는 확실하지 않다. 반면 무선전화사업자들 이상의 다른 여러 사람들의 경쟁적 노력이 필요하다. 원칙적으로 보아 네트워크 사업자의 응용시스템 개발에의 경직적 간여는 바람직스럽지 않다. 이에 정부는 아직 배분되지 않은 전파대역 등을 공동이용할 수 있도록 조치하면서 각종 무선관련 창의적 노력을 촉진하는 길을 마련해야 할 것이다. 휴대용 단말기의 장시간 사용을 보장하는 배터리의 용량증대문제도 해결되어야 할 것이다.

5

인터넷의 현저한 활용 예

01 • 각종 활용 예
02 • 전자상거래
03 • 이 러닝(e-learning)
04 • 이 연예(e-entertainment)
05 • 통신과 방송의 융합

01 각종 활용 예

인터넷이 영향을 미치는 분야는 사람의 생활 전반에 매우 광범위하게 펼쳐져 있다. 실상 새로운 미디어인 인터넷은 정보검색, 의사소통, 커뮤니티의 형성 등을 통해 기업의 생산활동, 개인들의 소비활동 등 여러 분야에서 이미 많은 영향을 미치고 있다. 여러 관점에서 인터넷의 활용방법을 여러 가지로 분류해 볼 수 있다. 그런데 이러한 것 중 경제학에서 본격 다루어야 할 대상이거나 경제논리를 써 더 생각해야 할 주요 대상들은 전자상거래(e-commerce), 이 러닝(e-learning), 이 연예(e-entertainment) 등이라 생각된다. 그러나 이들을 다루기 이전에 유념해야 할 몇 가지 현저한 활용예도 살펴볼 필요가 있다.

인터넷은 기왕의 오프라인 세상에서 전개되어 왔던 여러 가지를 온라인 세상에서도 시현할 수 있게 하였고 또 기왕의 오프라인 세상에서는 없었던 새로운 것을 온라인 세상에서 제공함으로써 인간생활에 새로운 공간을 조성하기도 하였다. 과연 인터넷이라는 미디어가 세상을 변화시켰고 앞으로도 그러할 것이라는 점은 틀림없다. 그러나 경제학적으로 볼 때 아바타나 도토리 등 종래 실제세계에서는 없었다가 인터넷 속 가상 세계에서 새로이 나타난 것들이 과연 인간의 효용의 증대시키고 삶의 질을 개선하였으며 그로써 경제적 가치를 가지는 것으로 되었는지 여부에 대해서는 이론이 있을 수 있다. 예전의 엔터테인먼트에서는 몸을 부딕치며 함께 즐기는 것(축구, 기타 게임하기 등)이 대종이었으나, 이제는 PC 등을 가지고 가상 세계에서 혼자 새로이 생긴 대상을 가지고 즐기는 것으로 되었는바, 인터넷 중독이라는 부작용을 상기할 때 이것을 예전의 그것처럼 놀이로 보아 좋은지도 마찬가지로 논란의 대상이 될 수 있다. 아무튼 사람들이 가상 세계에 보다 많이 참입하게 됨에 따라 사람들의 행동 양식이 달라졌으며 이런 변화의 실상과 효과 등은 심리학적 내지 사회학적으로도 검토해야 할 사항이라 하겠다.

인터넷은 새로운 의사소통의 수단으로서 이메일을 널리 쓰게 하였다. 이것으로써 먼저 만난 적도 없고 보지도 못한 사람들과도 의사소통을 할 수 있는 길을 열었다. 이는 의사소통을 쉽고 간편하게 만들었을 뿐 아니라 민주화를 가속한 것이라고 칭송되었다. 많은 의사소통을 기반으로 하여 종전 보다 훨씬 더 많은 일을 할 수 있게 하였다. 그러나 이메일은 종래 얼굴을 맞대고 대화를 하는 경우나 전화로 의사소통을 하는 경우에 비해 감정이 개재될 소지를 없애 말뿐만 아니라 표정이나 몸짓으로 문맥 이상의 추가 정보를 전할 수 있는 길을 배제하였다. 그로써 이메일을 써서 동시에 많은 사람과 소통할 수 있게는 되었으나 그 하나하나의 소통에서의 효과성은 제한되는 양상을 야기하게도 되었다. 여기에서 이메일만을 가지고 의사소통하려고 해서는 안 되고 다른 방도도 함께 활용해야 한다는 것이 인지되었다. 특히 큰 조직의 구성원 모두가 의사소통을 하여 효과적인 협업을 이루고자 할 때에는 이메일만으로는 안 되고 기왕의 다른 방법도 동원해야 할 것을 알게 되었다.

인터넷은 여러 가지 새로운 서비스 내지 그것들의 제공회사를 대두시켰다. 그 가장 현저한 예로 각종 SW제품 및 MS나 Oracle와 같은 SW제공회사를 들 수 있겠다. 이런 회사는 인터넷 이전에는 그 필요가 미약했던 SW를 PC를 쓰는 개인 또는 기업활동에 적극 활용하지 않을 수 없게 상황을 바꿈으로써 새로운 경제활동을 현재화시켰다. 더불어 이런 활동과 연계되고 이에서 파생되는 여러 가지 서비스도 창출해냈다. 개인이나 기업들이 어떠한 전산시스템을 설치해야 하는지 또는 정보보안을 위해서는 어떠한 대처를 해야 하는지에 대해 자문을 하는 각종 컨설팅 서비스도 생겨나게 하였다. 인터넷은 경제의 서비스 부문이 커지는 데 결정적인 기여를 하였다.

인터넷은 개인, 영업사원, 기업들에게도 추가의 편의를 제공하였다. 즉 개인에게는 자신의 블로그를 장식하거나 나름의 게임을 창작할 수 있게 하였고, 영업사원에게는 현장에서 얻어지는 각종 데이터를 기존의 다른 데이터와 결합하여 활용도를 제고하고 활용방안을 확대할 수 있게 하였다. 기업에게는 저가로 보다 철저히 맞춤화된 서비스를 제공하고 그에 따르는 성과를 누릴 수 있게 하였다.

인터넷은 기존의 경제활동의 방법을 변화시키어 그런 활동을 효율적으로 만들었다. 전자상거래 등 아래에서 살펴볼 것들의 대부분은 이러한 성격의 것들이다.

1. 신변자료의 정리 및 효율적 활용

사람들은 매일 매일 살아가면서 어느 시간, 어느 곳에서 누구를 만나 어떤 일을 할 것이고 했는지 등의 잡다한 신변자료를 가지고 산다. 통상 이런 것들은 수첩에 메모해 두고 관리했다. 그러다 인터넷이 확산되고 그를 통해 여러 SW를 손쉽게 쓸 수 있게 되자 이런 자료를 더 효과적으로 정리하고 더 효율적으로 쓸 수 있게 되었다. 종래 컴퓨터를 가지고 어떤 일을 하려면 프로그래밍을 해야 했고 이는 전문가만이 할 수 있는 일이었다. 그런데 근자에는 쉽게 쓸 수 있는 프로그램 또는 응용(application)방법을 인터넷을 통해 쉽게 구할 수 있게 되었고 더구나 그러한 것들을 섞어(mash up) 자신의 이용목적에 맞는 응용방법을 만들어내는 일도 가능하게 되었다. 이는 우선 개인의 생활을 편리하게 만들었다. 나아가 기업에 대한 ERP(enterprise resource planning)제도와 유사하게 개인의 정보에 대해서도 서로 공유하면서 협업(collaboration)을 할 수 있게 하였다.

2. 건강 웹(health web)

건강관련 정보를 디지털화하여 웹에 저장하여 놓았다가 그것을 볼 수 있는 권한을 가진 사람이 필요한 때 어디서나 볼 수 있게 하는 기반인 건강 웹이 만들어져 활용되고 있다. 본래 어떤 방대한 자료를 디지털화하는 것은 늘 상 그러하듯이 힘들고 돈이 많이 드는 작업이다. 그러나 근년 의료계에서 건강 자료를 상당한 정도 디지털화해 가고 있다. 때문에 남은 과제는 이런 노력을 표준화시키어 정리하고 그 결과를 어떻게 효과적으로 관리할 수 있게 하느냐의 문제가 된다. 이러한 작업의 비즈니스 가능성에 대해서는 별 우려가 없다. 50세 전후의 많은 사람들이 건강에 대한 정보를 찾아 많은 시간을 보내는 사정을 감안할 때 이들이 필요한 정보를 찾아 보는 때 광고도 보게 함으로써 광고를 유치하여 광고료를 받아 이런 성격의 웹의 운영비를 조달할 수 있다고 낙관할 수 있다.

개인에 대한 자료 중 건강과 관련된 자료의 취급은 특히 예민한 문제이다. 이러한 자료는 의사 등 건강을 치료 관리하려는 관계자에게는 필요시 어디서나 신속 정확하게 접근할 수 있게 되어야 하나 동시에 정당한 권한이 없는 사람이 함부로 접근하여 그 자료를 남용하는 일이 가능하게 해서는 안된다.

이에 이러한 건강관련 데이터를 인터넷에서의 웹에서 관리하도록 하되 그 내용을 암호로 처리하고 프라이버시 침해의 문제를 야기하지 않게끔 거기에 접근할 수 있는 권한을 가진 사람들만 온라인 접근을 가능하게 하는 시스템이 마련되어 가고 있다. 이런 웹에는 해당 개인의 건강관련 과거의 기록뿐 아니라 의사가 새로운 진단한 결과 및 처방을 입력하여 업데이트된 자료가 총괄적으로 들어 있다. 근자 MS를 비롯한 세계 유수 SW업체가 이런 사업을 선도하고 있다. 이러한 사업의 비즈니스 모델로는 이러한 웹을 유지관리하는 한편 여러 가지 건강이나 질병과 관련된 자료를 넣어 이를 검색하게 하고 그런 검색에 광고를 첨부하는 검색광고 모델을 생각하고 있다. 이것이 차차 보급되고 보편화되리라 보인다.

건강관리를 위해 인터넷을 활용하려는 데에는 상당한 선행투자가 필요하다. 프라이버시 관련 사회적 이견도 해결되어야 한다. 따라서 덴마크 같은 나라는 이 사업에 앞서 있으나 다른 나라는 아직 괄목할 만한 진전을 보여주지 못하고 있다. 앞으로 많은 곳에서 큰 진전이 있을 것으로 예견되는 분야이다.

3. 온라인 중매

남녀를 중매하는 일은 전부터 있어왔다. 그러나 이 일은 다소 조심스럽고 번잡스럽기도 한 일이었다. 그런데 이 일을 인터넷을 이용하며 온라인으로 할 수 있게 됨으로써 덜 번잡스러우면서 더 효율적으로 할 수 있게 되었다. 여기에서 한편으로는 신상명세서 작성, 사진 마련, 희망사항의 표현 등과 관련해 남녀 각각에게 보다 효과적으로 자신을 표현하도록 조언과 지도를 하고 필요 전문서비스를 소개해주고, 다른 한편으로는 남녀에 대한 정보를 취합해 보관하면서 남녀 모두를 보다 철저히 점검함으로써, 서로 희망하는 적합한 상대를 만날 수 있도록 주선해 준다. 이런 때 의사소통 수단으로 이메일이나 IM을 이용해 하도록 함으로써 직접 만나야 하는 번잡함을 피하고 인상적 사진을 찍을 수 있게 한다던지 자신을 제대로 표현하지 못한 신상명세서를 수정보완하게 한다던지 하는 자문을 해주고 이용할 수 있는 서비스를 제공해 주기도 한다. 그럼으로써 커플이 만나 성사될 가능성을 높이면서 사진이나 신상명세서를 보정해 주는 새로운 서비스도 창출해낸다. 이러한 온라인 중매는 종래의 중매보다 코스트가 덜 들면서 중매라는 업무를 수행하는 데에는 효과적이다.

4. 인터넷의 정치적 이용과 전자투표

최근에는 인터넷을 정치 프로세스에서도 사용하게 되었다. 국민들에게 메시지를 전달하는 매체로서 신문이나 방송 등 올드 미디어 이외에 인터넷이라는 뉴미디어의 활용의 폭을 넓혀가고 있다. 대중을 한 곳에 모아 놓고 대규모집회를 하거나 올드 미디어를 이용하던 과거 보병전에서의 메뉴를 이제 인터넷이라는 고공전에서의 메뉴가 화려하게 보강하게 된 것이다. 메시지를 전하기를 원하는 정치집단은 자신의 웹 페이지를 운영하고 있고 또 다른 페이지에 댓글을 달고 있다.

선거운동에서도 블로그, Youtube 등을 매개로 인터넷이 쓰임세를 증폭시켜 가고 있다. 선거운동에서는 TV 등 올드 미디어를 이용하는 것이 대단히 중요하다고 여겨지고 있다. 그런데 이를 이용하려면 막대한 비용이 든다. 또 1위와 2위가 못되는 후보들은 올드 미디어에서 관심을 끄는 것이 어렵게 되어 있다. 이에 3위 이하의 후보들은 뉴 미디어에 관심을 기울이게 되고 이를 잘 이용하려고 하게 된다. 이러한 이용에 성공하게 되면 나름대로의 성과도 거둘 수 있다.

웹은 적은 비용으로 효과적인 선거운동을 할 수 있는 수단으로 각광받기도 했다. 그러나 웹에서의 내용 및 그 영향력은 블로그를 만드는 사람이나 인터넷 이용혁신가에 결정적으로 의존하는데 이들은 종래의 선거전략가들이 모으고 조직하여 일사불란하게 이끌어갈 수 있는 만만한 대상이 아니다. 때문에 웹을 통한 정치운동은 저비용의 운동이기는 하나 동시에 예측불허의 운동으로 되고 있다.

한 때 인터넷의 효과적인 이용이 선거의 승패를 좌우했다고 평가된 적이 있었다. 그 이후 모든 정치집단은 이 뉴 미디어를 활용하는데 뒤지지 않으려고 노력하게 되었다. 그 결과 각 경쟁적 정치집단 사이에서 이것 이용의 효과성이 평준화되게 되었다. 결과적으로 정치 커뮤니케이션 매체로서 인터넷의 절대적 중요성은 커졌으나 경쟁집단 사이를 차별화하는 힘의 상대적 중요도는 하락하게 되었다.

미국의 일부 지역 지방선거에서는 인터넷을 이용하는 전자투표를 통해 지역의 대표를 선정하고 있다. 그런데 종이를 쓰지 않고 오로지 전자적인 수단에 의존하는 e-voting은 SW면에서의 해킹가능성, HW의 결함이나 고장, 전력공급 중단사고 등과 관련된 약점을 가지고 있다. 전자투표시 조작의 가능성 및 해킹가능성이 상당하다고 우려되고 있다. 아직은 불완전하다고 평가받아 그것에 대한 신뢰가 약하다. 그래서 인터넷 이용 전자투표는 차후 그 곳에 잠재해 있는 오류를 발견하고 시정하는 단계를 상당한 기간 거친 후에야 본격적으로 사용될 수 있으리라는 의견이 많다. 이에 따라 순수한 의미의 e-voting은 2005년 11월 캘리포니아의 선거 이후 당분간은 중단되었다는 평가이다. e-voting을 하면서 동시에 그 결과를 종이에 프린트하는 병행식이 그것을 대신하고 있다.

전자적으로 투표하는 e-voting은 아직 불안한 것이다. 소득격차에 따르는 디지털 디바이드에 따라 디지털 세상에서는 사회 상류층의 영향력이 상대적으로 커지게 되었는데 e-voting에서의 불완전성은 상류층의 영향력을 더 커지게 하였다. 이 점을 고려하면 e-voting으로 종래의 민주정치가 훼손될 것을 염려

하지 않을 수 없다. 인터넷을 정치과정에 이용하는 것에 대해 상당한 우려가 표명되고 있다.

e-voting의 결함을 무시할 수 없는 것이 아니나 동시에 그것의 편리함이 있고 종래의 종이투표지를 이용하는 방식을 가지고도 부정선거를 완전히 막지 못했다는 의미에서 종이투표방식의 결함이 없는 것도 아니기 때문에 이들 두 가지 방법의 장점을 결합해 제3의 대안을 만들어 보려는 시도가 진행되고 있다. 그 하나가 매 투표자를 일련의 수자로 차별화한 뒤 전자투표를 하게 하되 전자투표의 결과를 무작위로 복사하여 투표에 참여한 제3자에게 주고, 그런 제3자들로 하여금 투표된 것의 결과를 보여주는 웹에 가서 점검하도록 하는 것이다. 이때 자신이 받은 다른 사람의 투표의 결과가 웹에서 제대로 기록 집계되어 있는지 여부 투표에 착오나 부정이 있는지 여부는 투표용지 복사본에 의거하여 확인 가능하다. 이로써 전자투표된 것 중 무작위로 추출된 일부가 오류나 부정이 없이 제대로 집계되고 있는지를 투표자가 아닌 제3자가 확인하는 과정이 개재되게 되고, 이것이 투표한 것이 누락되거나 선거에 간여하는 측이 투표지를 다른 것으로 바꾸거나 없애는 등의 부정을 저지를 여지를 최소화한다. 또 자신이 전자투표한 것의 복사본을 자신이 직접 가질 수 없어 매표의 가능성이 배제되게 되며, 무작위로 추출되어 제3자에게 복사본을 준 투표결과표를 2중 또는 3중으로 발행하여 무작위성을 제고하고 전자적 조작을 할 경우 발각될 가능성을 높게 한다.

이런 제안을 하는 측의 계산에 의하면 무작위로 추출되어 받은 투표지 복사본을 웹에서의 대응하는 것과 대조 확인하는 정도의 감시활동을 하는 자발적 감시자가 50명 정도 되기만 하면 투개표의 부정을 95%의 확률로 막을 수 있다고 한다. 그런데 선거 시 후보자들의 관련자 및 자발적 감시참여자가 50명을 넘을 것이기에 이런 전자투표와 종이투표방식의 결합은 기존의 투표방식에 별 변화를 주지 않으면서 큰 경비의 추가 없이 공정선거의 효과를 얻을 수 있을 것이라 한다. 인터넷을 이용하는 전자투표의 변용으로 대중으로 하여금 선거의 공정성을 감독할 수 있게 하고 그로써 저코스트의 선거감시체제를 만들 수 있다는 것이다.[1)]

---

1) The New York Times, “A Paper Trail for Voting Machines,” Jan. 7, 2008.

전자투표에 대한 열기가 식은 것과 달리 선거과정에서 UCC를 활용하려는 변화는 매우 활발하다. 종래 대통령 후보자들의 정견을 듣고 평가할 수 있게 하는 마당으로서 TV에서의 토론이 애용되었다. 여기에서는 후보자들과 미리 지정된 토론자들이 함께 모여 후보자의 여러 문제에 대한 의견을 밝히고자 하는 서로 간의 질문 답변 및 지정 토론자의 질문과 후보자의 답변이 있었다. 그런데 이러한 방식은 비싼 TV의 시간을 이용해야 했기에 돈이 많이 들었고 또 그 주된 시청자가 50대 이상이라는 등 사정 때문에 젊은 연령층에 대해서는 파급력에 한계가 있었다. 그런데 최근 동영상 중심의 UCC를 매개로 하는 Youtube 등 의사소통의 길이 활발하게 쓰이게 되자 TV토론 대신 이를 활용하려는 움직임이 나타나게 되었다. 여기에서는 널리 공모하여 선정한 UCC의 제공자들로 하여금 후보자들에 대한 질의를 하고 대화를 하게 한다. 이들로 하여금 동영상을 이용하여 종래 말로만 하던 후보자와 토론자 사이의 대화를 좀더 실감나게 하고 이미지를 효과적으로 활용하는 것도 장려한다. 나아가 이렇게 UCC를 담은 웹을 가지고 토론에 참여하는 연령층이 20대 부근일 것이라고 보아 종래 방관자이었던 젊은 계층을 선거에 참여하게 유도한다. 이러한 토론내용을 TV채널 중 상대적으로 비싸지 않은 TV채널을 통해 방송도 하고 또 웹으로 만들어 차후 원하는 때 언제나 볼 수 있게 하기도 한다. 그로써 토의내용을 알리는 데에서는 더 강력하게 되면서 행사비용은 과거 TV토론에 비해 크게 줄어들 수 있게 한다.

5. 데이터의 채굴, 이용확대 및 속성출판

이메일, IM, 사회 네트워크, 전자상거래 등 여러 방법으로 인터넷을 이용하면서 사람들은 이용의 족적을 남기게 된다. 이러한 족적은 달리 활용할 수 있는 자료가 된다. 인터넷 이용으로 남은 자료를 채굴하여 그것들을 날씨, 스포츠 이벤트, 트래픽 패턴 등 일상적 정보와 결합한 뒤 응용수학적으로 모델에서 써서 활용하게 되면 의외의 정보를 얻을 수 있다. 나아가 이러한 정보는 매우 유용하게 쓰일 수 있다. 예컨대 Wal-Mart는 재고관리와 상품진열의 배치에 이런 성격의 자료를 쓰고 있다고 하고, 은행들은 ATM을 이용하는 고객의 이상 징후를 발견하여 적의 대응하는데 이러한 자료채굴 및 활용의 도움을 받고 있다 한다. 트래픽 흐름을 알고 정체를 막기 위한 차별화된 요금을 부과하는 때나 소비자의 성향이나 소득을 알아 광고의 중심 포인트를 결정하려는 때에도 이런 방법을 활용한다.

기업은 그와의 거래를 위하여 개인이 자발적으로 제공한 자료뿐만 아니라 거래행위 기타를 통해 표출한 정보도 이익을 도모하는데 활용한다. 그런데 이러한 자료는 해킹의 대상으로 되기도 하고 그로써 개인은 손해를 보기 쉽다. 그러나 기업이 수집한 자료를 도둑맞았을 때 기업이 손해배상을 해야 하는지는 분명하지 않다. 현재 기업의 자료취급 소홀에 대한 처벌은 미흡하거나 불충분하다.

개인자료의 처리에 대한 이러한 미비점에 대응하는 서비스가 나타나고 있다. 적극적으로는 자료로서의 파일, 기타 서류, 주요 메모나 메시지, 업무실적, 목표, 해야 할 일의 체크 리스트 등을 관리하고 필요한 주의의 환기를 시켜 주는 서비스가 있고, 소극적으로는 개인을 대신하는 가상의 주체를 만들어 이로 하여금 사이버 세상에서 개인을 대신해 행위하도록 함으로써 현행 법제하에서(기업과 기업 간의 관계에서와 달리) 기업과 개인 간의 관계에서 상대적으로 불평등한 입지에 처하여 있는 개인이 불리함을 극복할 수 있는 방도를 제공해 주는 서비스가 있다. 예컨대 유한책임을 갖는 가상주체 LLP (Limited Liability Persona)를 만들어 개인을 대표하게 함으로써 개인의 자료를 불공평하게 이용하는 상대방에게 기업처럼 대등하게 대응하는 길을 제공하고 있다. 이는 지적재산권에 대한 DRM처럼 개인의 정보에 대한 소유권을 관리해 보려고 하는 노력이라 하겠다.

출판사는 여러 원고 중 어느 것을 책으로 출판해야 할 것인지를, 방송국은 여러 희곡 중 어떤 것을 TV쇼로 만들어야 할 것인지를 고민한다. 이런 때 여러 후보자에 대해 사이버 머니로 거래할 수 있게 한 온라인 장터를 만든 다음 가장 높은 가격을 구가하며 가장 높은 인기도를 시현하는 원고나 희곡을 출판하거나 쇼로 만들기로 결정할 수 있다. 이런 때 온라인 장터에의 참여는 자유이다. 경우에 따라서는 참여하고 사이버 머니를 받기도 한다.

컴퓨터로 읽을 수 있는 원고가 준비되기만 하면 15분 이내에 출판하는 것을 가능하게 한 기기도 나타났다. 이는 출판을 일종의 복사기를 이용하는 수준으로 간편하게 만든 것으로서 장정이나 이윤을 제외하면 300쪽 정도의 책을 만드는 데 드는 비용이 미화 3불 정도에 불과하다 한다. 이러한 속성 염가의 출판은 앞으로 지식사회에 의외의 영향을 미칠 것이다. 우선 절판된 책, 수요가 소량인 책들의 출판을 가능하게 할 것이고, 특히 한번에 대량을 출판할 경우 위험을 맞아 파산하기까지 하는 소규모 출판사들로 하여금 보다 적극적으로 출판에 매달리게 할 수 있을 것이다. 그러나 최소 한 권을 출판하는 이러한 출판방식이 퍼지게 되더라도 서점이 없어지게 되지는 않을 것이라 본다. 여러 종류의 책을 보고 나서 그 중 몇 개를 선택한다는 필요를 채우고 또 서점 나름대로의 분위기를 즐기려는 수요는 계속 되리라 보기 때문에 서점은 계속 존속하게 되리라 본다.

6. GIS 및 GPS

종래 지도란 2차원 공간인 종이 위에다 지형에 대한 정보를 넣은 것이었다. 지도에 컴퓨터 SW 및 데이터베이스가 추가되어 이른바 GIS(geographical information system)로 되었는데 이것은 지도 이상의 역할을 하면서 의사결정에 기여하고 있다. 지도를 출발점으로 하고 그 위에서 관련되는 건물, 각종시설 및 그들 간의 관계에 대한 제약조건, 각 위치에서의 각종 재화나 서비스에 대한 수요 등의 정보를 함께 인지할 수 있게 함으로써 도시에서 길을 닦는 것, 군사시설의 배치, 약국 등 점포의 위치선정 등에 관한 의사결정에서 활용할 수 있게 하고 있다. GIS는 현재 가장 많은 일자리를 만들어 내는 분야로 알려져 있으며 이를 위한 기술자, 프로그래머, 분석가, 프로젝트 관리자 등 직종에서 고용이 급속히 늘어나고 있다.

GPS(geographical positioning system)는 지구 상공의 31개의 위성으로부터 정보를 받으며 구체적으로 어떤 지점에서 정보를 받으려면 최소한 4개의 위성의 도움을 받아 위도와 경도를 알아 이를 가지고 사람이나 물체의 위치를 파악하는 것이다. 여러 가지 부가되는 정보도 알려주는 이 시스템은 매우 유용하게 쓰이고 있다. 범죄행위를 한 사람이나 범죄행위에 관련된 물체의 위치를 추적하고 필요시 관련자에게 그 위치를 알려주는 이 시스템의 이용은 한편으로는 위험한 물리적 추적행위 등을 회피하게 하면서 범죄자를 검거할 수 있게 하고 다른 한편으로는 위험인물에 대한 데이터베이스를 추가함으로써 범죄를 예상하여 대비할 수 있게 하여 범죄행위에 대한 경계 강화 및 범죄 예방의 효과도 갖는다. 또 치매에 걸린 노인이나 어린이들의 위치를 파악하고 이들이 일정한 지역을 벗어나게 되면 관련자에게 그러한 사정을 알리는 시스템을 마련함으로써 의외의 사고를 방지할 수도 있게 하고 있다.

GPS용 기기로 GPS서비스를 이용할 수 있다. 그런데 GPS기기가 아닌 휴대폰으로 GPS 서비스를 활용할 수 있게 한 것이 몇 가지 예에서 상업적 성공을 거두고 있다. 의료지원단, 택배, 영업사원 등이 어떤 특정 지점에 도달하게 되면 미리 예정되어 있는 메시지를 받게 하는 서비스나 식당, 파출소, 호텔, 거리 등 지형지물을 알려주는 서비스는 종래 이런 종류의 일을 할때 필요로 하던 정보의 60% 이상을 쉽게 휴대폰으로 다운로드 받을 수 있게 하여 애용되고 있다. 또 골프코스에서 그린의 홀까지의 정확한 거리 및 바람의 방향 등을 알려주는 서비스도 관심을 높여 가고 있다.

그러나 데이터를 많이 가질 수 있게 되는 것이 좋은 것만은 아니다. GPS를 장착한 휴대폰을 소지하고 이용하는 사람이 어디에 있는지를 추적하는 것이 가능해져 어린이나 치매 노인들이 길을 잃더라도 금방 찾을 수 있게 된 것이나 범죄인을 쉽고 정확하게 추적할 수 있게 된 것은 좋은 일이다. 그러나 그 이면에서 숨으려 할 때 숨을 길이 없어지게 됨으로써 프라이버시가 쉽게 위협받는 사태가 일반화되고 있다. 사람들 사이의 관계에서 보면 친구들 사이에서는 서로 어디에 있는지를 아는 것을 선호하나 10대의 자녀들은 부모가 자신이 어디 있는지를 항시 아는 것을 반기지 않으며 피고용자도 고용주가 자신의 소재를 항시 파악하고 있는 것에 대해 거부감을 가진다. 부부나 연인 사이에서는 어떤 때는 소재의 노출을 당연시하고 거부하지 않으나 다른 때는 심하게 거부감을 가지는 등 복잡한 사정을 지니기도 한다. 그럼에도 불구하고 GPS의 보편적 활용은 이상의 상이한 관계에서의 차별화의 필요를 외면한다는 한계를 가지게 된다. 데이터를 무조건 발굴하여 널리 이용하는 것이 반드시 바람직스럽지만은 않다는 미묘한 측면을 보이는 것이다.

7. 블로그의 다양한 이용

블로그의 활발한 이용은 인터넷이 쓰이는 지평을 넓혔다. 블로그의 광범위한 이용은 개인들의 의사표시의 자유를 확대시키는 것으로도 되었다. 이것은 전자상거래, 구인 및 구직, 사회운동, 저널리즘의 분야에서 그 이전의 웹보다 사람들과 지근거리에 위치하면서 생활을 변화시켜 가고 있다. 그저 참여적 저널리즘(participatory journalism)의 차원에서나 인정받았던 블로거들은 2004 민주당 컨벤션에 초청받음으로써 미디어의 일환으로 공식적으로 인정받게 되었다. 라디오라는 미디어가 1924년 공화당 컨벤션에서 처음으로 미디어로서 인정받았고 TV가 1952년 공화당 컨벤션에서 처음으로 미디어로 인정받게 되었던 것과 비교되며, 2004년 민주당 컨벤션을 계기로 블로그도 정식으로 미디어임을 공인받게 되었다는 해석까지 낳았다.

그로써 언론의 주체가 크게 다양화되고 있다. 이와 대응하여 공정성, 불편부당성, 창의성, 전문직업의식 등 전통적 언론인이 마땅히 갖추어야 하는 자질이 블로거들에게도 요망되게 되었다. 동시에 여타 기존의 언론 매체 종사자들처럼 이들 블로거에게도 취재원을 밝히지 않아도 되는 특권을 부여해야 하지 않는냐 하는 논쟁도 낳았다. 블로그를 만들기가 매우 쉽다는 사정 때문에 이들에게 언론인의 특권을 허용하게 되면 너무 많은 사람들이 그러한 특권을 주장하게 할 것이기에 사법절차 시행을 위해 필요한 증거를 얻는 일이 극히 어려워지게 될 것이라고 걱정하는 의견이 있는가 하면, 대중의 알 권리를 충족시키는 데 봉사하는 이들의 활동을 보아 어떤 기준을 만들어 활동의 자율규제체제를 마련하게 한 뒤 이들에게도 언론인의 특권을 허용해야 한다는 의견도 개진되고 있다.

블로그는 언론계에서도 의외의 영향력을 행사하고 있다. 종래 올드 미디어의 세계에서 어떤 글이 편집과정에서 제외되게 되면 그것은 영영 망각되고 밖으로 알려질 기회를 잃었다. 그러나 블로그가 활용되게 되자 배제된 글을 블로그에 실을 수 있게 되었고 이런 것이 차후 알려지고 간과되었던 진가를 발휘할 수 있게도 되었다. 종래의 공식 언론이 놓친 테러나 참사현장을 생생히 중계하기도 하여 공식적 언론과정에서 무시되었던 것이 새로운 생명력을 가지게 되는 일도 가능하게 했다.

블로그의 일종에 140개 문자 이내로 메시지를 작성해 간결신속성을 추구하는 마이크로 블로그(micro-blog)가 있다. 이는 지금 어디 있고 무엇을 하는지 등 사소하고 일상적인 사항을 서로 관심을 가지고 있는 지인들 사이에서 전달하고 전달받는 때 이용하는 것으로서 이를 이용할 때 PC는 물론 핸드폰이나 PDA를 모두 쓸 수 있게 하여 편리하다.

블로그 또는 웹을 이용하여 타인이나 제3의 기업에 대한 악의적 글이나 불평을 표시하는 경우가 종종 있다. 이들은 통상 주의를 끌지 못하기에 무시해도 좋은 것이나 경우에 따라서는 신문 등 기존의 매체에서의 그것보다 더 큰 영향력을 가지게 될 수도 있다. 이에 그저 무시해도 좋은 경우가 아니라면 이른바 악필에 대해서는 어떻게든 대응해야 하게 되는데 예컨대 해당 블로그나 사이트에 삭제요청을 하거나 반대의견을 제시할 수 있게 해야 한다. 그 외에 다양한 다른 의견을 제시하여 그러한 악의적인 의견의 중요도를 일반이 판단할 수 있도록 해야 한다. 많은 경우 자신을 헐뜯는 악평이 있다는 것을 모를 수가 있는데 이러한 것을 식별하고 대응방법을 제시하는 서비스를 제공해 주는 업체도 나타나고 있다.

8. 커뮤니티 활동과 그 파장

인터넷 커뮤니티를 형성하여 동호인 활동을 하고 인맥관리를 하며 친목을 강화하는 수단으로도 블로그를 선용하고 있다 미국의 Myspace나 Facebook, 우리나라 다음의 카페나 싸이월드의 미니홈피는 새로운 공동체의 장을 마련하여 생활을 풍요롭게 만드는 데 기여하고 있다. 흔히 사회 네트워크(social network)라고 불리는 이런 커뮤니티에서 논의되는 것의 90% 이상이 시시한 신변잡기라고 하는 비판이 없지 않다. 그러나 나머지는 유용한 아이디어나 의견을 나누면서 사회공동체의식을 진작시키는 역할을 하는 것이다. 이것이 블로그를 새로운 의사표시의 장으로서 확고한 지위를 가지게끔 만들었다 보인다. 단 이런 때 그 의사표시의 내용 중에는 직장에 대한 것이 있고, 그 중에는 직장에서 반기지 않는 내용을 가지는 경우도 있어 이것을 기화로 해고당하는 사태도 나타나고 있다. 여기에서 개인에 의한 의사표시자유와 직장인으로서의 도리를 어떻게 조화시키어야 하느냐 하는 것이 새로운 문제로 대두하고 있다. 아무튼 블로그의 번성으로 블로그에 글을 쓰고 원고료를 받는 직종까지 생겨났고 여기에 게재하는 광고를 파는 비즈니스도 생겨났다.

커뮤니티 사이트는 여러 일을 주관하는 호스트 사이트(host site)가 되기도 한다. 또 집, 일자리, 팔거나 살 물건, 편승의 부탁이나 취미생활의 공유 등에 관한 정보를 공표하여 신문에서 볼 수 있던 바 분류된 작은 광고(classified advertizing)와 같은 역할을 하기도 한다. 이런 때 누구에게나 공표하게 하는 식으로 대상을 제한하지 않을 수도 있고 제한된 사람들에게만 공표하게 하여 일종의 프라이버시를 도모하려고 할 수도 있다. 이러한 호스트 사이트의 이용자가 많아지고 광고를 수용하게 되면서 광고요금이 싸지게 되면 이는 오프라인에서의 사소한 광고를 구축하게 될 수도 있을 것이다.

실리콘 밸리의 젊은 부자들은 평생 쓸 수 있는 막대한 부를 가지고 있음에도 불구하고 계속 새로운 일을 탐색하고 있는데 이들이 가장 많이 매달려 있는 분야가 커뮤니티 사이트를 활용하여 사회 네트워크를 구축해 활용하도록 하는 것이라 한다. 커뮤니티 사이트의 중요성을 시사하는 것이라 하겠다.

커뮤니티의 수와 종류가 많아지자 소수 또는 부자들만을 위한 특이한 것들도 생겨나고 있다. 이들 중에는 회원가입을 제한하면서 상류사회의 생활 및 습관을 고수하고 과시하는 것들도 있고 이들을 대상으로 하는 사치품에 대한 광고시장도 생겨나고 있다. 이런 것에 대해서는 이들이 고급취향의 선도자라고 하는 칭송이 있는가 하면 끼리끼리의 모임에 불과하고 그런 곳에서의 광고효과도 보잘 것 없다는 비하도 있다. 컴퓨터에 친근한 젊은 세대를 대상으로 하는 사이트 및 비즈니스에 종사하는 사람들 사이에서의 활동을 다루는 사이트가 활발하다. 이에 반발하여 다소 나이가 든 세대를 위한 사이트도 나타나고 있다. 통상 직장에서의 일을 통해 컴퓨터를 배우게 된 이들은 젊은 세대보다 컴퓨터에는 덜 능숙하나 동시에 젊은 세대와는 다른 관심사항을 가지고 있다. 이들은 한번 어떤 사이트를 방문하기 시작하면 이탈하는 정도가 작다는 특징을 지닌다. 나아가 이들은 구매력을 가지고 있어 광고의 주요 대상으로 되고 있다. 동호인들이 방문하는 사이트를 알려주어 동호인들의 기호와 성향을 알 수 있게 하는 서비스도 나타나고 있다. 같은 아파트에 사는 사람들끼리 인근 생활정보의 공유, 시설관리, 보다 친근한 관계유지 등의 목적을 가지고 소규모의 커뮤니티 사이트를 운영하기도 한다. 이런 때 패스워드 등을 이용하면서 외부인의 접근을 배제하기도 하고 그런 사이트를 위하여 다른 커뮤니티 사이트에 대한 것 이상으로 노력과 정성을 들이기도 한다.

커뮤니티 사이트가 사회 네트워크로서 유력한 역할을 하게 되자 이런 사이트를 나름대로의 목적에 활용하려는 시도도 생기고 있다. 비교적 동질적인 사람들이 모여 이용한다는 사이트에 개인들이 자신의 사진, 이력, 생활습관, 연락처 등을 공개하게 되자 서로 친밀감을 느끼는 사람들끼리 의견을 교환하고 서로 연락하기도 하는 상황이 전개되고 있다. 이에 이러한 상황전개를 활용하려는 움직임도 생기고 있다. 우선 이러한 곳의 정보를 보고 수요를 식별하여 마케팅하려는 시도가 있다. 이용자에 대한 데이터를 채굴하여 이용자에게 맞는 광고를 그래픽 디스플레이 방식으로 제공하는 것이 활발하게 시도되고 있다. 이런 광고방식이 Google의 검색광고에 버금가는 광고의 길이 될 것이라는 낙관도 있다. 이러한 사이트의 내부에 소조직을 위한 사회 네트워크를 만들어 공용의 문서를 저장하고 공동의 일정을 관리하며 개인블로그를 설치하도록 권유하고 의견교환도 하는 움직임이 상당히 활발해지고 있다. 이를 통해 브레인 스토밍(brain storming)을 하고 상호간에 서로서로의 작업을 평가하며 일을 수행하기 위해 주어진 자원의 배분방법을 결정하려 하고 있다.

이러한 노력은 일종의 게시판 역할을 한다고 할 수 있는 것으로서 조직내에서 정보공유를 쉽게 하고 전문가를 식별하는 통로로도 되고 있으며 새로운 인재를 찾아 팀을 보강하는 데에도 유력한 방도가 되고 있다. 동시에 그것은 서로 이메일하는 것을 줄여 의사교환을 보다 효율적으로 할 수 있게 하고 상호소통을 위한 시간을 줄이는 작용도 하고 있다. 그러나 정보의 누출을 경계하여 내부정보의 공유를 할 수 없는 성격을 지닌 조직(예컨대 SW개발기업), 이해충돌의 소지가 있어 이른바 방화벽을 설치해 놓고 같은 조직 내에서라도 서로 간에 의견교환을 해서는 안 되는 조직(예컨대 금융기관이나 회계기업 등) 등의 업종은 이러한 사회 네트워크가 자생했을 때의 위법성에 대한 위험을 고려하여 그 생성을 막고 있다.

사회 네트워크 중에는 구성원 사이에서 신속하고 계속적인 의사소통을 특히 중시하는 종류도 있다. 이들은 블로그를 비교적 간단한 내용으로 채우면서 그 내용을 동호인들에게 인스턴트 메시징을 통해 계속 교환하고 더 대화하기도 한다. 이로써 일종의 가상 세계에서 끼리끼리의 친밀한 관계를 형성하고 즐긴다. 이러한 관계는 실제세상의 네트워크와 매우 유사하다. 그러나 가상 세계에서 전개되고 있다는 점에서 그 이전에는 없었던 새로운 것으로서 인간사회의 한 발전이라고 할 수 있겠다. 이것은 여기에 너무 빠지게 하여 중독현상을 야기하는 부작용을 낳기도 하다. 사회 네트워크를 이용하여 의사교환을 하고 의견을 공유하며 광고를 하는 일의 한 파생적 활동은 정치적 이벤트를 둘러싸고 정보를 전파 공유하는 데서 더 나아가 서로 학습을 하기도 하는 것으로 발전해 가고 있다. 예컨대 대통령 후보자의 토론의 이전과 이후에 서로의 의견을 교환하고 전문기자들의 의견도 구하는 식으로 활용방식을 확장해 나가고 있다. 이런 것의 현저한 예를 Facebook이나 Myspace에서 볼 수 있다.

커뮤니티 사이트 중 몇 개가 유명해져 많은 트래픽이 몰리게 되자 이런 사이트 중에는 그 이용을 개방하여 그 곳에 응용방법을 추가하게도 하고 나름대로의 위젯을 설치할 수 있는 재량권을 허용하기도 하는 Facebook 같은 것이 나타나고 있다. 사회 네트워크가 그 내부에 사회 네트워크를 가지게 된 것이다. 이것은 이용자들로 하여금 그 나중의 독자적 프로그램을 이용할 수 있도록 하고 또 선호하는 내용을 일부 지인에게 보낼 수 있게 하는 방도인 피드백 시스템 mini-feed도 허용함으로써 인기를 높여 가고 있다. 단 이렇게 이 사이트 내에 내부 사이트를 만들어 이용하고 광고도 수용하기 위해서 이용자는 Facebook이 제공하는 전속SW(proprietary SW)를 써야 한다. 애초에 Facebook이라는 사이트를 이용해 출발했다는 데서 기인하여 일종의 제약을 받게 된다.

Facebook의 이용자는 서로 협력함으로써 인기가 있는 책, 음악, 영화, 와인 등에 대한 친구의 평가를 들을 수 있게 되었다. 또 새 사이트를 개설하는 것에 비해 유명 사이트 내에서 출발하는 것에서 기인하는바 트래픽 증가의 이득도 누릴 수 있었다. 이용하는 사람들은 이미 정립되어 있는 네트워크 사이트에다 사이트를 마련함으로써 전혀 생소한 새로운 사이트를 개설하는데 따르는 투자의 위험도 줄이고 있다. 이러한 도정에서 어떤 내부 사이트 내지 위젯이 많은 방문객을 가지게 되면 그 곳에다 광고를 수용할 수도 있어 수입을 얻게도 된다. 단 이러한 광고로부터의 수입을 컨텐트 소유자와 Facebook이 어떻게 나눌 것인지 또는 그것으로 어느 정도의 수입을 확보할 수 있을지는 두고 보아야 할 것이다.

사회 네트워크의 다른 예인 Myspace는 작가들이 창작곡을 실연하고 그것을 판매할 수도 있게 하는 특정한 스튜디오 등 공간을 일종의 플렛폼으로 마련하여 창작활동을 북돋우고 있다. 아마추어 예술가들에게 나름대로 활동할 수 있는 장을 열어주는 일은 음악곡의 창작 및 연주에서 영화필름의 제작 및 시연으로 확대되고 있다. 여기에서의 창작활동에 대해서는 하등 제한이 없으며 창작물의 가격은 작가들이 결정하도록 하여 iTunes 모델에서의 1불이라는 경직성 및 기기판매 목적에 관한 비난을 피하고 있다. 당장은 작가들의 판매수입에 대한 기여분을 요구하지 않아 Myspace에게는 방문자가 많아지는 것이 이익이 되는 정도라고 할 수 있다. 그러나 종국적으로는 작가들의 수입의 일부를 할당받는 방식으로 종착되게 될 것이라 여겨지고 있다.

Facebook과 같은 사회 네트워크를 이용하는 사람이 많아지고 특히 그런 사람들이 대학생 등 동질적 집단이라는 사정 및 이들 방문자의 수가 어떤 사회과학적 서베이의 표본수보다 많다는 사정이 인지되게 되었다. 이들 사이트 방문자들이 보여주는 친구들 사이에서의 행태나 관계에 대한 자료가 의외의 유용한 표본이라는 것이 인식되게 되었다. 이에 따라 이러한 자료를 활용하여 사람들이 가지는 가치나 습관이 사회적 행위나 관계에 대해 미치는 영향이나 그 반대 방향에서의 작용에 관해 탐구하는 갖가지 연구가 사회학, 심리학, 인지과학, 언론정보학 등의 여러 시각을 가지고 나타나게 되었다.

친구에게 자신의 동정이나 생각을 전한다고 한 이러한 피드백이 프라이버시를 침해할 수 있음이 문제되기도 했다. 종래 온라인상에서 사람들이 행한 행위는 은밀한 상태에서 검색엔진 등에 의해 분석되어 타깃광고 등에서 쓰였던 정도였다. 그 후 그 성격상 사회 네트워크에서의 친구에 대한 의사표시나 추천이라고 생각한 것에 대해서 명시적 피드백이 잦아지게 되었고 이러한 피드백에서의 정보를 분석해 광고성 이메일이 있게끔 상황이 달라지게 되었다. 이용자에 따라서는 이것을 전혀 반갑지 않은 것으로 여기는 사람이 있다. 그럼에도 불구하고 사회 네트워크의 하나인 Facebook은 이용자가 피드백을 거절할 수 있도록 하는 옵션을 작고 짧은 시간 내에 선택하지 않으면 안되게 설정하여 사실상 그것을 거부하기를 어렵게 만드는 한편 거부를 하지 않으면 수긍한 것이라고 여기는 자의적 해석을 했다. 거부옵션을 선택하는 것을 용이하지 않게 만들었고 그 이면에서 이용자들의 프라이버시가 사실상 노출되는 반갑지 않은 사태가 전개되게 하였다.

네트워크 이용 및 광고에 대한 전속 규칙을 강요하는 이러한 상황은 결코 정당화될 수 없는 것이다. 아무리 유명한 Facebook이지만 피드백을 원하지 않는다면 거절할 수 있어야 한다. 그래 거부하지 않으면 승인한 것이라고 의제하는 자의성에 대한 심한 비판이 있었고 이런 비판에 임하여 Facebook은 종국적으로 피드백을 거절할 수 있는 옵션을 선택하지 않은 경우 승인이라고 의제하지 않기로 하는 타협안을 받아들이게 되었다. 전속규칙을 부분적으로 완화하지 않을 수 없게 되었다. 이에 따라 회원의 이용기록을 추적해 친구라고 한 사람들에게 자동적으로 전파하고 그런 자료를 타깃마케팅에 쓰는 프로그램도 제약받게 되었다.

그 대상자가 누구인지를 특정할 수 없는 대중을 대상으로 한 광고(mass advertisement)와 대각선 위에 있는 광고방식이 입에서 입으로 전파되는 구전광고이다. 구전광고는 그것이 미치는 범위에서는 제한적이나 개별 대상에 대한 영향력은 크다. 이에 사회 네트워크에서의 광고에서 이러한 구전광고의 장점을 활용하려는 시도가 나타나고 있다. 즉 사회 네트워크에서 그 이용자는 친구들에게 메시지를 보내면서 동시에 자신의 선호를 나타내게 되는데 이러한 선호를 보고 그것에 상응하는 광고성 메시지를 첨부하는 방식으로 광고를 함으로써 사실상 구전광고의 장점을 이용하는 시스템을 지니게 된 것이다. 이때 이러한 광고성 메시지의 첨부여부는 사회 네트워크를 이용해 첨부물을 내보내는 자의 재량이며 광고는 네트워크의 파트너로서 등록한 회사가 제공하는 광고에 한정되고 있다. 네트워크는 파트너의 광고를 통한 기여에 대응하여 네트워크의 다른 이용자의 선호에 대해 더 이상 알려주기도 하였다. 단 네트워크가 이용자의 선호에 대한 정보를 타깃광고를 하는 마케팅 전문가 등에 널리 공개할 것인지 또는 그러한 것이 용인될 수 있는지는 확정된 것 같지 않다. 이런 변화는 더 두고 보아야 할 사안이라 하겠다.

Facebook의 성공은 다른 커뮤니티 사이트의 시기와 더불어 그러한 성격의 서비스에 대한 표준화의 요구를 불러일으켰다. Myspace를 소유하는 News Corporation이나 Google 등 여러 커뮤니티 사이트 제공자는 각종 사용자가 프로그램을 올리고 전파하는 데 일정한 표준을 준수하게끔 해야 한다고 하면서 수준 이하의 프로그램이 횡횡하는 것을 방지하려하고 다른 프로그램과의 호환성도 높여 보고자 하고 있다. 이를 위해 소위 OpenSocial이라는 원천공개SW를 가지고 일종의 표준으로 삼은 뒤 Facebook의 전속SW에 도전하고 있다. 어떤 사회 네트워크 사이트에서도 통용될 수 있는 SW를 제시하면서 사회 네트워크에의 폭넓은 접근을 시도하고 있다. 이런 Open Social은 어느 하나의 전속모델의 독주를 견제하려 하고 있는 것이라 하겠다. 이는 전유SW를 고집하는 것의 한계를 보이면서 그런 것을 원천공개SW를 가지고 대체하려는 움직임과 같은 성격을 가지는 변화이다.

네트워크의 강점은 가입자가 n 배로 늘어남에 따라 그 가치가 n 제곱 배로 늘어난다고 하는 네트칼프의 법칙의 도움을 받을 수 있다는 것이다. 그런데 이상의 사회 네트워크 중에는 가입의 방법이나 가입하는 후보자를 제한하여 가입자의 증가를 한정시킴으로써 네트칼프 법칙에 유래하는 강점을 십분 활용하지 못하는 것들도 있다. 그것들이 추구하는 가입자에 대한 제한과 네트워크 효과의 활용 사이에서 어디에선가 조화가 찾아져야 하겠음을 시사하는 것이다. 현재는 조화의 길을 모색하는 단계라고 할 수 있다. 드디어는 어떤 조화의 길이 찾아지게 될 것이다. 그런 도중에 이런 곳에 방문객이 많다는 사정을 활용하려는 시도가 더 격렬하게 나타나게 될 것이다. 이러한 방문객들에게 각각이 흥미를 가지는 컨텐트를 제공하려고 하면서 광고를 보게 하는 방식이 주가 될 것인데, 이런 때 컨텐트는 전문가에 의해 만들어진 것 이외에 UCC를 포함할 것이며 내용별로는 악곡, 비디오물, 게임 등을 포괄할 것이다.

한편 커뮤니티 사이트가 개방되어 있다는 것을 기화로 하여 그 곳에서 불법행위를 하는 경우도 생기고 있다. 이러한 불법행위는 방지되어야 하겠는바 불법행위를 방지하는 데 있어 그런 사이트를 운영하며 이익을 보는 사이트도 책임을 져야 한다는 것이 법원의 결정에 의해 확정되었다. 그로써 Facebook 등 커뮤니티 사이트는 앞으로 불법행위를 감시하고 예방하기 위한 자원과 노력을 투입하지 않으면 안 되게 되었다.

9. 대중의 지혜의 활용

인터넷은 대중의 지혜를 동원하여 활용하는 방도를 마련했다. UCC와 관련해 보았듯이 인터넷은 범인들이 의사를 표명할 수 있는 장을 마련하였는데 이런 아마추어들의 생산물 중에는 전문가들도 만들어내지 못하는 값진 것도 있다. 그동안 사장되어 왔던 대중의 지혜가 실력을 발휘할 수 있는 놀라운 계기가 인터넷으로 열리게 되었다 할 것이다. Wikipedia에서 볼 수 있었듯이 이러한 대중의 창작물은 전문가들이 만든 백과사전보다 생산코스트가 낮다는 장점 이외에 다루는 범위가 넓고 신속한 업데이트를 가능하게 한다는 장점을 가지고 있다. 전문가의 지혜에 못지않은 대중의 지혜를 보여주었다. 대중의 일종인 소비자가 내용을 만든 광고물을 전문가가 기술적으로 가미를 한 다음 실제 광고에서 쓰기도 하는데 이런 때 광고는 공급자의 일방적 모노로그가 아니라 공급자와 수요자 사이의 다이어로그의 성격을 가져 배전의 효과를 가지게 된다.

대중의 지혜가 보여지는 다른 예를 탄산가스 배출의 조절문제와 관련해 엿볼 수 있다. 일상생활을 하면서 개인의 배출하는 탄산가스는 전체에 비해 보면 너무 작아 개인들은 지구환경문제에 대해 무감각한 경우가 많다. 그러나 인터넷을 통해 개인의 일상적 행위가 탄산가스를 얼마나 배출하고 있는지 내지 자신의 처신은 평균치에 비해 어떠한지를 항시 인지하게 한다면 소극적이었던 개인들에게도 보다 적극적인 자제를 촉구할 수 있게 된다. 나아가 이러한 자제행위의 결과는 측정될 수 있으며 그것은 전문가가 가상적 상황에서 실험해 얻은 결과보다 실제적인 것으로 될 수 있다. 이렇게 대중의 지혜에 의거해 사회 전체에 대한 문제에 대해 대처함으로써 정부에 의한 기준의 마련이나 표준을 설정하는 노력을 보완할 수 있다. 지구 온난화 문제에 대해 보다 효과적으로 대응할 수 있는 길을 구체화할 수 있다.

10. 세컨드 라이프(second life) 모델 등의 활용

현실세계와 상응하게 가상 세계에서 집을 지어 장식하고 거래하며 학교에서 공부를 하고 여러 취미생활을 즐길 수도 있게 하는 것이 세컨드 라이프 모델이다. 여기에서는 아바타를 가지고 자신을 대리하게 하면서 다른 사람들과 교류한다. 3차원의 환상의 세계에서 그 곳의 다른 플레이어들과 말하고 거래하고 오락을 즐긴다. 단 이 가상 세계에서는 그 곳의 어느 곳으로든 거리나 장애물에 구애받지 않고 쉽게 이동해 갈 수 있어(teleport) 자동차를 타고 드라이브를 하고 주차를 하는 것 등은 없고 또 실제세상에서는 불가피하나 구태여 내놓고 하려고 하지 않는 행위인 배설을 하거나 음식을 먹는 것 등의 행위는 보이지 않는다. 그러나 인간생활의 다른 모든 것들은 거의 재현되고 있다. 세컨드 라이프는 실제 세상에서 하는 것을 다시 하거나 실제생활에서는 미처 하지 못하나 하고 싶은 것을 할 수 있게 할 뿐 아니라 실제생활에서하려면 구체적으로 상당한 자원을 투입해야 하기에 자원의 제약 때문에 감히 하지 못하는 것을 실험할 수 있게도 하는 마당이 되고 있다. 현실세계에서 쉽지 않은 일인 세대를 뛰어 넘는 대화를 할 수도 있게 하며 현실사회에서 충분히 주지되어 있지 않은 사실을 공표하고 알리는 수단으로 활용할 수 있게도 한다. 여기에서는 거래의 수단으로 사이버 머니가 쓰이며 이것은 특히 실제세상에서의 돈과 교환되기도 한다.

그런데 가상 세계 세컨드 라이프에서 벌어지는 것 중 많은 것은 실제세계의 대응하는 것에서 크게 벗어나지 못하고 있다. 그 곳의 은행이나 소방서는 실제세상의 그것과 흡사하며 세상에서 볼 수 있는 패션, 옷차림, 가구 등으로 치장을 한다. 단 그 곳의 사람은 잘 생기고 근육이 발달한 젊은 남자와 예쁜 젊은 여자가 대부분이다. 여기에서도 돈을 쓰기 위해서는 벌어야 한다는 원칙이 암묵리에 준수되고 있다. 복권에 당첨되어 횡재를 하거나 노력해 돈을 벌지 않고도 쓰며 즐기기만 하는 경우는 실제세상이 아닌데도 그 곳에서도 별로 보이지 않는다.

세컨드 라이프의 세계에서 규제제도는 없으나 이도 차후 도입되어야 할 것이라 전망되고 있다. 세컨드 라이프는 종래 사이버 커뮤니티의 발전이다. 동시에 그 곳에서의 여러 사람들 사이의 관계는 일종의 다중 온라인 게임이라고도 볼 수 있다. 이런 속성을 보고 많은 오프라인 기업들이 세컨드 라이프로 몰려들고 있다.

세컨드 라이프의 실험에서 어떤 성격의 상대방이 필요한 경우인데도 그러한 상대방을 만들어 내거나 이미 만들어진 것을 만날 수 없다면 실험은 이루어질 수 없다. 나아가 이 모델을 확실히 활용하는 좋은 방법이 잘 알려져 있지 않다고 할 수 있어 그것이 일말의 우려를 내포하고 있다. 동시에 실제세상에서는 존재하지 않는 실험이 가지는 진정한 의미와 가치를 어떻게 이해해야 하는지에 대한 논란도 없지 않다.

세컨드 라이프에서의 실험을 위해서는 필요한 PC의 사양이 높아야 하고 관련 SW를 장만해야 하며 초고속인터넷 접속이 수월해야 한다. 이런 조건을 충족시키기 위해서는 상당한 돈이 든다. 여기저기 광고도 많다. 성인물과 카지노를 피하려고 해도 신경을 써야 한다. 아직 세컨드 라이프에의 진출의 실익은 잘 알려져 있지 않으며 또 진출에 소요되는 비용이 중소기업 등에게는 부담이 되기도 한다. 이에 이것의 이용이 아직은 많다고 할 수 없고 그에 따라 이용자의 수에 의존하는 광고효과도 크다고는 할 수 없다는 평도 있다. 그러나 이것은 실생활과 가장 근접한 가상 세계이기에 차차 가입자가 많아지고 가입비용이 낮아지게 될 것이라 예상하고 있다. 실익 있는 커뮤니티 활동으로 정착되어가게 될 것이라 보고 있다.

세컨드 라이프가 성인들을 위한 가상 세계라고 한다면 이에 대응하면서 어린이들을 위한 가상 세계라고 할 수 있는 것들도 많이 나타나고 있다. Club Penguin이나 Webkinz 등이 그것들인 바 이런 사이트는 종래 어린이 TV채널에서 다루어 온 소재 등을 컨텐트 유통채널로서의 인터넷의 이점을 활용하게 하고자 하면서 컨텐트를 제공하는 방식을 게임이나 사회 네트워크의 구도와 결합시켜 놓은 것이다. 어린이들로 하여금 주어진 컨텐트를 가상 세계에서 경험하며 즐기도록 하는 구도를 갖고 있다. 어린이를 위한 이러한 가상 세계는 어린이 연령층에 따라 몇 가지로 차별화되어 있는데 유아, 초등학생, 십대 등의 관심사항이 서로 확연히 다르기에 이에 대응하는 것이라 하겠다. 어른들을 위한 가상 세계가 어른들로 하여금 실제세상에서 경험하는 경제적, 법제적, 사회적 갖가지 제약을 뛰어넘어 실제세계에서 겪는 것과 다른 경험을 할 수 있게 하는 마당을 제공하는 것이라면 어린이들을 위한 가상 세계는 어린이들로 하여금 이들의 생활을 규율하는 부모들의 속박으로부터 벗어나 자유로이 놀고 상상의 날개를 펴면서 그들의 욕구를 충족시킬 수 있게 하는 마당을 제공하는 것이라고 하겠다.

어린이들을 위한 가상 세계의 수익모델은 원칙적으로 사이트 이용료에 의존하는 것이나 광고수입에 의존하는 것도 있고 이용료 및 광고를 모두 활용하는 혼합모델도 있다. 어린이들을 위한 가상 세계 전체에 대한 트래픽은 세컨드 라이프의 그것을 훨씬 윗돌고 있으며 이에 대응하여 비슷한 사이트들 사이에서 경쟁도 심하다. 또 어린이들이 이러한 사이트에 너무 몰입하게 됨에 따라 실내에서 보내는 시간이 많아져 건강상 문제가 되고 있다. 실제생활에서 서로 어울리면서 배양해 가야 하는 사교성을 쌓을 기회를 잃게 되는 것은 아니냐 하는 우려도 있다.

11. P2P모델의 이용 등

DMCA에 따라 파일교환은 불법행위 내지 매우 골치 아픈 일이 되었다. 지적재산권 침해와 관련되어 매우 어려운 문제를 낳았기 때문이다. 그럼에도 불구하고 P2P성격의 파일교환 SW인 KaZaA 등은 계속 대학 사회에서 번창하고 있다. 물론 이러한 것에 대해 책임의식을 느끼는 ISP로서 대학당국은 포털을 폐쇄하기도 하고 개별 학생이 쓸 수 있는 전파의 용량을 제한하기도 하면서 함부로 파일교환을 하지 못하도록 하고 있다. P2P는 기업에 의해서도 이용되고 있다. 예컨대 여러 곳에 여러 사업장을 가지는 다국적기업은 중앙에 서버를 놓고 모든 정보를 집중시키기보다 P2P방식을 택해 기업 내 어느 누구의 PC에 저장되어 있는 정보라도 이용할 수 있게 하고 있으며 그로써 기업 내 공동작업을 원활하게 할 수 있게 하고 있다. 또 여러 거래주체가 P2P네트워크를 통해 상품정보를 주고받으며 거래를 함으로써 거래비용, 마케팅비용, 시스템 구축비용을 절감하면서 상호간 비밀보장에서도 실익을 얻고 있다. P2P모델이 몇 곳에서 부활하고 있는 것이다.

이메일처럼 편리하게 쓰일 것으로 기대되는 것으로서 최근 이용의 폭을 늘려가고 있는 인터넷 서비스가 RSS(Really Simple Syndication)이다. 이것은 사람들의 PC에 미리 그가 지정한 웹 사이트로부터의 정보를 자동적으로 흘러갈 수 있게 하는 서비스로서, 사람들로 하여금 이 서비스에 의거해 일일이 지정한 웹 사이트를 하나하나 방문하지 않고서도 그런 사이트로부터의 관련 정보를 자신이 원하는 방식으로 볼 수 있게 하는 것이다. 예컨대 뉴욕 타임스라는 RSS공여자로부터 주요 기사제목 및 내용요약, 기타 관련된 사이트 등을 RSS로 자동으로 공급받으며, 또 다른 RSS공여자로부터 쇼핑에 대한 업데이트된 정보나 날씨에 대한 정보를 제공받는 것이다. 이런 정보는 이메일의 성격을 지니고 있어 이용자로 하여금 편한 때 볼 수 있게 하는 재량성을 부여하고 있다. 마치 TiVo를 통해 TV 방영물을 차후 편리한 시간대에 볼 수 있게 되었듯이, RSS에 의해 그 수신자는 이렇게 편리하게 공여된 정보를 자신에게 편리한 시간대에 볼 수 있게 되었다.

이러한 RSS는 그 자체로서 하나의 의사소통의 수단이 되기도 하여 그것에 광고를 게재할 수 있게 되었다. 이러한 광고게재에 의해 RSS서비스의 운영은 하나의 비즈니스로서 정립되게 되었다. 그 방법으로는 RSS가 유도하는 웹 사이트를 이용자가 방문하는 경우 그러한 웹 사이트에서 광고를 보게 할 수도 있고, RSS로 수신자가 요망하는 정보를 내보내는 도중에 광고를 내보내는 방식을 취할 수도 있다. 나아가 이러한 광고의 여지는 RSS방식으로 여러 가지의 정보를 흘려보내면서 광고수입을 얻으려고 하는 많은 RSS서비스 제공자를 탄생시키게 되었는데, 이들은 그야말로 나름대로의 컨텐트 중개자가 되고 있다. 이로써 RSS는 정보전달의 역무를 하면서 광고게재의 수단으로 되었고, 이에 따라 이메일을 대체할 수 있는 서비스로도 되었다.

이메일이 상호간 의사소통의 수단으로서 특성을 가지고 있다면 RSS는 일방적으로 정보를 전하는 수단으로 되어 있어 이메일과 차별화되면서 각자의 비교우위에 따르는 분업양상을 이루어 가고 있다. 특히 이메일의 경우와 달리 RSS를 통해 정보를 제공하는 자는 자신이 직접 수신자의 신원, 이메일 주소, PC의 위치 등을 알려고 하지 않으면서 수신자의 수요에 맞추어 이 서비스를 제공한다는 특성을 가진다. 이 점에서 이 서비스는 정보를 받기는 원하나 스팸에 시달리지는 않으려는 수신자들이 선호하고 있다.

현재 뉴욕 타임스 등 신문사, 구글이나 야후 등 검색엔진이 이 서비스를 운영하고 있으나, 차후 모든 운영시스템에 RSS가 탑재되어 이용자에게 보다 쓰기 편리한 것으로 되게끔 발전될 소지가 있다. 그 역할은 더 커질 것이라 전망된다.[2)]

02 | 전자상거래

1. 의미와 연혁

의 미

전자상거래란 컴퓨터 또는 다른 전자적 매체를 통해 개방형 네트워크를 활용하며 수행하는 상거래를 지칭하는데, 상거래만을 목적으로 하여 만들어

2) New York Times, July 5, 2005, “Marketers See Opportunity as a Web Tool Gains Users”.

진 특정 네트워크를 이용하는 경우도 있으나 인터넷을 이용하는 경우가 주가되고 있다. 인터넷에서 주어지는 많은 정보를 활용하여 새로운 상품을 취급하거나 새로운 비즈니스 전략을 세우고 그로써 새로이 시장이 조성되거나 기왕의 시장이 확충되게 되는데, 이를 배경으로 하여 활성화되는 상거래가 전자상거래이다. 전자상거래는 인터넷의 응용 예로서 가장 중요한 것이다.

전자상거래는 생산과 소비를 연결시키는 상거래의 한 종류로서 기왕에 있어 왔던 다른 상거래와 병존하고 있다. 전자상거래를 위해서도 예사 상거래에서와 마찬가지로 관련 정보의 탐색, 주문, 중개, 운송, 광고, 지급결제의 단계가 모두 개재되어야 한다. 그러나 이런 기능을 수행하는 데 있어 전자매체를 집약적으로 쓰고 최근에 와서는 인터넷에 크게 의존하고 있다는 점에서 다른 경로를 통하는 상거래와 차별화된다. 한편으로는 인터넷을 사용하는 인구가 증가하고 표준이 통일되고 있고 다른 한편으로는 인터넷이용 전자상거래의 대체수단인 VAN의 유지비용이 부담스럽게 되었다는 사정변화에 힘입어 인터넷 기반 전자상거래의 비중이 높아지고 있다. 전자상거래는 그 자체로서 여러 가지 장점을 가지고 있기 때문에 전체 상거래에서 그 비중을 높여가고 있다. 전자상거래는 앞으로도 계속 진화되어 갈 것이다.

연 혁

전자상거래는 배타적 네트워크(exclusive network)인 VAN(Value Added Network)에서 시작되었다. 이것을 이용하여 전자적으로 정보를 교환(electronic date interchange: EDI)하는 방식을 이용하며 주문, 대금청구, 정보의 전달 등을 비교적 안전하고 쉽게 하면서 거래를 완료할 수 있게 되어 전자상거래가 시발되었다. 배타적 네트워크 VAN에는 네트워크의 회원 이외의 다른 사람이 그 곳에서의 거래에 참여할 수 없었다. 덕분에 보안 내지 안전성(security) 면에서 별 문제가 없었다. 과연 이러한 VAN 네트워크는 지난 20여 년간 잘 운영되어 왔다. 예컨대 GE(General Electronic)는 수많은 하청업체와 거래하고 교류하면서 이들과의 의사소통을 위해 배타적 네트워크를 깔아 놓고 이것을 통해 전자상거래의 이점을 십분 누려왔다.

그러나 네트워크의 네트워크라고 할 수 있는 인터넷이 보편화되게 되자 구태여 VAN을 이용하는 경우보다 인터넷을 이용하는 경우가 거래비용상 싸고 거래 상대방의 수도 쉽게 늘릴 수 있어 유리하다는 것을 알게 되었다. 그 이후 인터넷을 이용하는 전자상거래가 상대적으로 많아지게 되었다. 이미 구축되어 있는 인터넷을 이용하면 되기 때문에 추가 투자를 최소화할 수 있었고, 거래 상대방인 구매자나 판매자를 시공을 넘어 크게 늘릴 수 있었기 때문이었다. 세계에서 가장 큰 잡화점인 Wall Mart도 그에 대한 수많은 공급자와의 거래에서 중간비용을 줄이기 위해 구매부서의 일을 온라인(on-line)으로 처리하며 전자상거래의 발전에 일역을 했다.

그럼에도 불구하고 인터넷기반 전자상거래의 발전이 순탄했던 것만은 아니었다. 기존의 거래 프로세서가 전자상거래를 할 때 표준적으로 요구되는 것과 조금만 다르더라도 이를 바꾸어 표준과 맞추어야 하는데 이런 변화는 기존의 조직운영방식을 다소 변화시킬 것도 요구했기에 반드시 쉽지만은 않았다. 이런 변화를 무난하게 겪어 나가기 위해서는 최고경영진의 확실한 지원이 필요했다. 새로운 거래 상대방과는 새로이 신뢰를 쌓아가야 했으며, 새로운 기술 및 프로세스를 익히고 분쟁해결절차를 확실히 해야 했다. 가격결정방식을 수정하고 지급결제방법을 인증하면서 신용카드의 사용범위를 확정하는 등의 사소하고 기술적인 변화도 수용해야 했다. 그런데 큰 조직은 반드시 그렇지 않더라도 작은 조직으로서는 이러한 변화를 수용하는 것이 쉽지 않았다.

아무튼 VAN기반 전자상거래에서의 배타성은 개방 네트워크인 인터넷상 전자상거래에서는 더 이상 계승될 수 없게 되었다. 그 이면에서 인터넷 전자상거래에서 나타나는 바 온라인상에서의 주문과 거래의 체결 및 그것을 따라오는 오프라인(offline)상에서의 배송문제 등과 관련되어 있는 보안 내지 안전성에 대한 불안감은 배타적 네트워크인 VAN에 비해 보다 커지게 되었다. 이러한 점 때문에 보안의 문제가 특히 심각한 경우에는 지금도 인터넷을 이용하는 전자상거래를 택하지 못하고 보다 안전한 VAN을 사용하게 되어 있다. 예컨대 미국의 Fedwire나 우리나라의 BOK-wire는 보안문제를 특히 의식하고 있기 때문에 은행간 거래의 결제성격의 전자상거래를 수행하는 데 여전히

VAN을 쓰고 있다.

VAN을 쓰지 않고 인터넷을 이용하고자 하면서 거기에 수반되는 보안문제를 해결하기 위해서는 인트라넷(Intranet)을 따로 구성해 쓰는 경우가 많다. 그 구성원들에게만 ID와 패스워드를 주고 그들만의 배타적인 접근을 허용하되 그 외에 접근자에 대해서는 방화벽을 통해 접근을 차단하는 것이다. 인터넷을 이용하되 그것을 소수만이 허용되는 인트라넷(intranet) 방식으로 운영하면 보안면에서의 위험성은 크게 줄어들게 된다. 그러나 이로써도 VAN만큼 안전하지는 못하다.

인터넷을 이용하는 전자상거래에 있어서 지급결제에 대한 불안은 아직 완전히 해소되지는 않았다고 여겨지고 있다. 때문에 규모가 큰 거래를 하는 때에는 아직 인터넷을 통하는 전자상거래를 기피하는 경향이 있다. 반면 소규모 거래에 있어서는 인터넷기반의 전자상거래가 활발하다. 소규모의 전자상거래에서는 결제수단으로 신용카드를 흔히 쓰는데, 이것 이용시의 사고 내지 잘못된 이용에 따르는 손실을 신용카드 회사가 보험을 통해 배상하고 있어 결제면에서의 불안이 어느 정도 보완되고 있기 때문이다. 그러나 인터넷을 이용하는 전자상거래에서 예컨대 해킹이 있어 손해를 보게 되었을 때 이를 누가 어떻게 보상해야 하는지가 아직 확실하지 않다. 인터넷 전자상거래에서의 보안문제는 아직 완전히 해결되었다고 하기 어렵다.

2. 종류, 기반과 지불수단

종 류

주체로 본 전자상거래의 종류에는 B2B, B2C, B2G가 있다. B2B(Business to Business)는 기업과 기업, B2C(Business to Consume)는 기업과 소비자, B2G(Business to Government)는 기업과 정부 사이의 전자상거래를 의미하는데, 이들 사이에서는 결제과정에서 차이가 있다. B2C의 예로는 아마존에서 물건을 사고 그것을 택배를 이용해서 배달하게 하는 것을 들 수 있고, B2B 예로는 자동차와 제약회사 등이 그들의 거래선인 다른 회사들과 거래를 하는 것을 들 수 있다. B2G의 예로는 정부의 조달을 생각하면 되겠다. B2B의 규모는 일반적으로 크나 일말의 불안을 지니고도 있다. B2C의 규모는 소액인 경우가 주종인데, 신뢰성, 결제문제에서의 불안 등이 B2C거래를 소액거래로 한정시키고 있다.

우리나라에서의 특히 B2B의 규모가 상대적으로 적은데 이것은 준조세 등의 요인에 따라 기업거래를 종래 완전히 투명하게 할 수 없었다는 그동안의 정치사회관행과 관련이 있다고 보인다. 그럼에도 불구하고 B2B와 B2C의 영역은 모두 증가하고 있다. 증가 양상은 ① 동일한 아이템의 거래량이 늘어나는 경우(아마존에서의 책처럼 거래아이템은 질적으로는 같으나 거래량이 양적으로 늘어나는 것), ② 질적 변화가 생기는 경우(책만 파는게 아니라 CD, DVD, 장난감 등도 팔게 되는 것), ③ 인터넷 뱅킹, 증권거래 일중거래(day trading)에서처럼 새로운 거래영역이 생기고 거래량도 증가하는 경우 등을 포괄하고 있다.

기업간의 거래는 통상 소수의 기업들 사이에서 장기적 안정적 관계를 지니며 지속되어 왔다. 소수의 기업만이 참여하는 거래군이 형성되어 왔던 것이다. 이들 참여기업은 이메일을 쓰고 전자적으로 문서를 교환하기는 하면서 자기들끼리의 긴밀한 관계 내에서 거래를 하며 그것을 인터넷에서의 경매로 대체하려고 하지는 않는 경향을 보이고 있다. 이에 따라 인트라넷 방식을 제외하면 인터넷을 이용한 B2B거래는 예상과 달리 크게 증대하지 않고 있다.

종래 소매형태의 전자상거래는 온라인거래의 이점을 잘 살릴 수 있는 것이 중심이었다. 실물을 직접 만져보고 거래해야 하는 것이 아닌 것, 구매 후 추가 서비스를 반드시 필요로 하지 않는 것, 부식 부패되지 않는 것, 충동구매의 대상이 되기 쉬운 것, 부피나 무게에 비해 값이 작은 것 등의 성질을 가지고 있는 상품인 책, CD, DVD, 장난감 등이 그것들이었다. 그러다가 옷이 가장 주요한 거래항목이 되고 또 여자들이 인터넷 상거래에 참여하는 정도가 점점 커지게 됨에 따라 B2C의 거래규모는 점차 증가하고 있다. 여기에서의 거래는 오프라인에서의 거래와 유사한 양태를 띠어가고 있다.

형태로 본 전자상거래의 종류로는 수요자와 공급자 숫자의 크기에 따라 피라미드형, 나비형, 컨소시엄형이 있다. 피라미드 모델은 GE 와 같이 수많은 하청업체를 거느리고 전자상거래를 하는 경우이다. 나비(bufferfly) 모델은 수요자와 공급자가 각각 많은 경우인데 이런 것이 형성되기가 쉽지 않아 실제적으로 이 형태를 가지는 예는 많지 않다. 컨소시엄 모델은 Ford, Crysler, Toyota 등 소수의 자동차 회사끼리 모여서 수없이 많은 하청업체와 전자상거래를 통해 거래하고 결제하는 형태이다.

기반(platform)

전자상거래를 위해서는 매매거래를 체결하고 재고관리를 하며 배송하는 SW를 갖추어야 하고 이를 밑받침하는 웹을 디자인해 관리해야 한다. 종래 많은 기업들은 이를 위해 eBay, Amazon 등의 상거래 플랫폼을 이용하였다. 그러다가 점차 자신의 웹 사이트를 만들고 그 곳에 자신의 경험과 다른 곳의 더 나은 SW를 가지고 eBay 등의 것을 대체할 자신의 플렛폼을 마련해 이를 직접 활용하며 본격적으로 상거래를 하게 되었다. 전자상거래가 활발하게 이루어지기 위해서는 기술적이고 문화사회적인 인프라가 구축되어 있어야 한다고 여겨지고 있다. 이 중 기술적 인프라의 요소로는 표준거래방식 및 안전성을 갖춘 네트워크, 서버 및 관련 SW, 보안장치, 결제방법 등이 열거되고 있다.

안전하게 거래를 할 수 있도록 하는 인터넷기반이 마련되어야 하고 그 위에서 인터넷 전자상거래의 기초요소인 웹을 이용하며 거래를 인터넷의 용어로 할 수 있어야 한다. 이를 위해 컴퓨터 및 인터넷 접근이 보장되어야 함은 기본이다. 네트워크간 연결성이 보장되어야 하며 거래에 필요한 프로토콜을 갖추고 있어야 한다. 거래의 안전성을 보장하기 위해서 접근의 통제(access control), 이용하는 데이터의 무흠결성(integrity), 본인확인 절차(identification), 확인 후 번복급지(non-repudiation) 등을 위한 방도 및 전자지급결제의 수단을 가지고 있어야 한다. 유선인터넷은 물론 무선인터넷으로도 전자상거래를 할 수 있어야 한다. 암호화를 하고 그것을 푸는 키를 부여, 보관, 인증하는 제도도 갖추고 있어야 한다. 전자결제를 할 수 있게 하는 제도가 정비되고 전자결제도 법적으로 인정되어야 한다. 또 이런 식으로 전자상거래를 하는 것이 과다한 거래비용을 수반하는 것이 되지 않도록 관련 통신비용 등이 저렴해야 한다. 지적재산권의 보호제도도 보조를 맞추고 정비되어야 한다.

나아가 전자상거래를 문화사회적 인프라가 수용하도록 해야 한다. 어느 사회나 특유의 관습, 편견, 금기 등을 가지고 있는데 인터넷을 통해 상거래를 하는 것이 이런 요소들과 충돌하게 되어서는 안 된다. 나아가 그런 거래의 성사에 필요한 소비자 보호장치, 프라이버시 인정, 거래의 법적 인정 등이 필요하다. 전자상거래를 수행할 인력도 양성되어야 한다.

기술적 인프라와 문화사회적 인프라가 모두 상당한 정도 갖추어져 있어야 실효성 있는 전자상거래를 할 수 있다. 그런데 기술적 인프라의 요소들은 외국에서 수입할 수 있고 그럴 경우 이들을 일거에 갖출 수도 있다. 반면 문화사회적 인프라는 오랜 시간을 거치며 정비되어야 하는 것이다. 때문에 인터넷과 충돌하지 않는 사회문화적 인프라를 미처 구비하고 있지 못하다면 이를 단시간 내에 완비하기는 어렵다. 이에 따라 물리적으로는 다른 나라에서 잘 작동하는 기술적 인프라를 수입해 갖추어 놓았으면서도 문화사회적 관행 때문에 그것을 제대로 활용하지 못해 정상적으로 전자상거래를 하지 못하는 경우도 생긴다. 인간관계, 사회적 관습 등의 요소를 외면하고 기술 자체에 매몰되어 상거래관련 정보화를 추구하다가 잘못된 관행을 자동화하고 전자화하는 것으로 되어 사실상 잘못된 관행의 영역을 확대하고 결과적으로 비효율을 초래할 수도 있다.

지불수단

종래의 지불수단은 현금, 수표, 신용카드 등이었다. 그러다 인터넷이 일반화되자 인터넷을 통하는 지불방법이 나타나게 되었다. 즉 인터넷으로 접근가능한 계좌(bill-paying account)를 유지하고 지불의 요구 등 의사를 이메일 등 전자적 방법으로 전달하면서 인터넷을 통해 지불을 완료하는 것을 가능하게 하는 방법이 나타나게 되었다. 이런 방법은 인터넷기반 전자상거래에서는 가장 자연스러운 지불수단이라 할 수 있다. 그러나 이 수단을 안심하고 활용할 수 있으려면 지급결제의 안정성이 선결되어야 한다.

전자지불의 방도는 매우 편리하다. 그러나 신분사기(identity theft) 등의 위험도 있어 거래 상대방에 대한 신뢰를 전제조건으로 하고 있다. 이러한 방향으로의 첫 번째 노력은 자기테이프를 부착했던 종래의 신용카드를 대신해 칩을 내장한 스마트카드를 도입하는 것이었다. 후자는 전자에 비해 자료저장 용량이 크고 개인 키, 패스워드(pass word), 계좌번호, 기타 개인적 정보 등을 해킹당하게 되었을 때에도 저항력이 상대적으로 높아 우수하기 때문이다. 또 카드를 쓰는 데 있어서는 인증(authentication), 디지털 사인(digital signature), 키의 교환(key exchange) 등에서 분업체계를 형성해 놓아 그것에 내재하는 견제와 균형이 지급결제의 안정성을 높이고 있다. 그런데도 스마트 카드 이상의 방법이 필요시 되고 있으며, 이를 위해 MS나 Unysys 등 SW회사 및 은행연합의 각종 기구들이 노력하고 있다. Visa, Master Card는 암호화를 개재시킨 장치 SET를 크레딧 카드에 내장시켰고, 이것의 공개표준을 정립하기 위하여 Europay와 함께 EMV 표준을 만들었으며 Association for Payment Clearing Services를 결성해 협력하고 있다.

소액거래의 결제를 위해서는 e-cash, e-money 등이 쓰이고 있다. 그러나 거액결제를 위해서는 인터넷 이전의 비공개망인 EFT(electronic fund transfer) 및 SWIFT가 쓰이고 있으며 1만불 이하 무역거래에 대해서는 TradeCard제도도 이용되고 있다.

iTunes의 이용, 클릭에 따르는 광고료 내기 등에서 알 수 있듯이 온라인 세상에서는 서비스를 이용하면서 소액을 지불해야 하는 경우가 많다. 이에 서비스를 이용할 때마다 그에 대한 대가를 손쉽게 지불할 수 있게 하는 수단을 갖추어 놓아야 한다. 이른바 micro-payment라고 지칭되는 바 소액결제의 방도가 필요하게 된다. 이것으로 지재권 사용에 대해 작은 대가를 낼 수 있다면 지재권의 생산자와 소비자 사이의 대립관계도 이완될 수 있을 것이다. 단 micro-payment의 방법은 완전차별화(perfect discrimination)를 가능하게 할 잠재적 위험성을 갖고 있는데 이러할 경우 소비자후생이 크게 저하될 소지가 있으니 이러한 위험성에 대비하는 것이 필요하다.

종래 소액결제를 위하여 크래딧 카드가 사용되었었고 또 digicash 등 온라인 머니가 이용되었다. 그러나 이러한 결제수단은 서비스를 자주 여러 회 이용하는 데도 불구하고 매회 이용대가를 지불해야 하는 구조를 가지고 있으면서 동시에 서비스의 이용에 대한 대가에 비해 이러한 지불수단의 이용을 수반하는 수수료 내지 비용이 적지 않았다. 때문에 이러한 방도는 기꺼이 이용되지 못하였다. 이를 개선하기 위하여 각종 micro-payment의 필요를 모아 통합하는 체제를 구축하여 이를 여러 주체가 공동의 네트워크로서 이용하는 방안이 강구되고 있다.

나아가 일정한 대가를 받고 일정한 기간의 컨텐트 이용을 포괄적으로 허가하는 대안도 나타나 행정적 비용을 줄이는 방안으로 제안되고 있다. 그 예로서 매출액의 일정비율을 사용허가료(license fee)로 받기로 하고 라디오나 TV 방송국에게 음악이나 영화필름을 무제한 송출하는 경우도 있고, 일정 기간을 기준으로 하여 개인들에게 사용료를 내게 한 다음 그 기간 동안 무제한 컨텐츠 사용하는 것을 허가하는 경우도 있다. 이러한 방식은 불완전한 가격차별화(imperfect price discrimination)를 초래할 것이다. 지재권자의 독점이익이 줄어들게 하면서 동시에 매회 micro-payment를 하는 경우에 비해 작은 행정적인 비용을 수반하는 것이어서 편리하다.

결제시 인터넷의 이용방법으로 유선인터넷과 무선인터넷을 가릴 이유가 없다. 모바일 인터넷으로 안심하고 지급을 하거나 계좌이체를 할 수 있게 된다면 지불행위의 기동성 및 편의성은 크게 높아지게 될 것이다. 거래를 위한 계좌는 은행에 유지할 수도 있고 또 자신의 웹 사이트에 유지할 수도 있다. 비은행계좌 운영 예 중 가장 성공적 케이스가 후술될 PayPal이라고 하겠다. 인터넷에 연결된 휴대폰을 가지고도 결제를 할 수 있다. 많은 사람들이 휴대폰을 소지하고 다니기 때문에 이 결제방법은 관행화되기만 하면 매우 광범위하게 쓰일 수 있다. 예컨대 책 등에 전자칩을 부착하여 휴대폰을 이용해 그것을 인식하여 서평을 읽거나 주문을 하게 하거나 배송을 부탁하거나 선물로서 보내도록 할 수 있다. 이는 현장에서의 오프라인거래를 수월하게 하고 특히 결제를 간편하게 함으로써 소비자로 하여금 보다 쉽게 책을 선택하고 구입하도록 하는 요인이 된다.

PayPal은 eBay에 속해 있다. eBay를 통한 거래를 할 경우 그 대가를 신용카드 등 재래의 결제수단이 아니라 PayPal에서의 계좌를 통해 결제할 수 있게 서비스하고 있다. 그 과정을 보면, 먼저 은행예금구좌나 신용구좌를 확인해서 이상이 없을 경우 결제의 양 당사자로 하여금 eBay에 등록하여 PayPal에 개인계좌를 가지게 한다. 그리고 거래에서의 구매자가 상품을 받고 PayPal에 대금을 보내주라고 이메일을 보내면 그것으로 구매자가 상품취득을 확인한 것으로 본다. 이렇게 확인한 Paypal는 구매자의 구좌로부터 판매자 구좌로 대금을 이체해 준다. 그로써 사실상 PayPal는 자금이체를 중계하는 역할을 하고 수수료로서 매매가격의 2.2%~3.4%정도를 받는다.

이는 새로운 결제기구를 창조한 것과 같고 온라인에서 쓸 수 있는 현금(online equivalent of cash)을 만든 것에 상응한다. 이 방법은 지급결제의 안전성 제고에도 기여하고 있다. 이러한 PayPal를 이용하면 ① 신용카드를 쓸 경우 구매자가 물건을 파는 사람 모두에게 자신의 신용카드번호를 공개해야 하는 것과 달리 PayPal에게만 공개하면 되게 함으로써 통상적으로 신용카드를 이용하는 경우 보다 안전성을 향상시키고 그로써 사기가능성이 줄어들게 하며, ② PayPal를 통해 거래할 경우 PayPal가 모든 가입자에게 500달러 정도의 보증을 해주어 일시적 잔고부족의 위험에서 자유로워지며, ③ PayPal에 구좌를 가진 사람이 원할 경우에는 그 구좌에서 돈을 꺼내서 PayPal 펀드를 통해 자금관리를 해주는 등 부가기능도 이용할 수 있다.

이러한 결제수단의 등장은 은행결제의 영역을 줄어들게 할 것이다. 특히 음악파일 다운로드에 드는 금액을 지불하는 등의 소액결제에서는 PayPal와 같은 것의 사용이 많아질 것이다. 나아가 이러한 기구에 참여하는 사람이 많아지면 많아질수록 이것은 긍정적인 방향의 네트워크 효과를 가지게 될 것이다. 이용수수료가 줄어들게 될 수 있다.

이러한 온라인 지급수단의 등장은 그 이전의 것에 비해 몇 가지 이점을 가지고 있다. 첫째, 수표를 제작하고 교환하고 우송하는 등의 비용을 줄일 수 있게 한다. 둘째, 지급결제에 소요되는 시간을 절약할 수 있게 한다. 직접 지불하더라도 시간절약이 가능하고, 후술되는바 Yahoo Finance, PayTrust, CheckFree 등 중간 브로커를 이용한다면 이런 절약은 더 확연해지게 된다.

PayPal의 성공은 경쟁자들을 불러왔다. Citigroup은 C2it을, eBay는 BillPoint를, 은행 컨소시엄은 CareerBuilder를 등장시켰다. 이들은 서로 경쟁하면서 소비자후생의 증대를 가져오고 있다. 그 한 예로 Google에 의해 도입된 Checkout은 단 한번 신상정보를 입력하게 하는 것만으로 전통적 신용카드를 써서 하는 결제방식을 그대로 인터넷에서도 답습해 쓸 수 있게끔 포용하였다. 결제행위와 광고를 연계시킴으로써 다른 경쟁자들보다 저렴한 결제수수료를 징구하면서 시장점유를 늘려가고 있다.

최근 들어서는 이러한 결제수단을 이용할 때의 수수료가 신용카드 이용시의 수수료보다 저렴하다는 점이 주목되어 상당수의 소매상들이 이런 수단으로의 전환을 강구하고 있다. 그러한 전환을 촉구하고자 이런 수단의 이용시에는 특별히 할인을 해주거나 기타 추가의 서비스를 제공하기도 하고 있다. 나아가 이러한 변화를 수긍하고 적응하려는 신용카드측에의 움직임도 있다. Paypal을 통한 결제를 수용하는 가맹점보다는 신용카드의 가맹점이 많다는 점을 감안하여 신용카드사는 Paypal과 제휴하여 Paypal 결제의 이점을 누리려는 고객에게 자사 가맹점에서도 결제를 할 수 있게 함으로써 결제수요가 일방적으로 줄어드는 것에 대해 대응하고 있다.

현재 이러한 온라인 지급수단 제공주체는 각각 이들 수단을 자신들만의 배타적 네트워크로 운영하고 있다. 그런데 누가 어느 네트워크에 가입하고 있는지 관계 없이 모두가 다른 네트워크에 가입하고 있는 사람들과도 상호결제를 할 수 있어야 편리할 것이다. 이에 이들 상호간에서 한 네트워크 가입자가 다른 네트워크 가입자에게 송금을 하거나 받는 것을 허용할 것인가가 당장 과제가 되고 있다. 나아가 이들 온라인 결제회사들은 오프라인으로 그 업무영역을 넓혀 가려고 하고 있다. 단 이러한 목적을 위해 협력하는 것은 반독점행위로 비판받을 가능성이 있다는 것과 결부되어 주저되고도 있다. 또 이렇게 비은행 응용시스템 제공기관이 지급결제업무에 뛰어들게 되면서 은행 등 금융권과의 업무영역 조정에 관한 긴장을 야기하고 있다.

지불수단으로 가장 흔히 쓰이는 것이 신용카드(credit card)이다. 그런데도 사람들은 온라인에서 신용카드를 이용하는 것을 꺼리는데 그 이유는 온라인상태에서 신용카드번호를 입력하는 것을 꺼림직스럽고 불안하다고 여기기 때문이다. 여기에서 신용카드번호를 입력할 필요를 없애면서 신용카드로 후불결제를 할 수 있게 하는 타협책이 제시되어 주목받고 있다. 이 결제서비스에서는 신용카드번호 대신 주소와 개인별 번호(미국은 사회보장번호, 우리는 주민등록번호)의 일부를 온라인 상태에서 입력하게 하고, 그것으로써 외상으로 구매를 할 수 있게 한 뒤 이때 이용한 신용을 차후 신용카드로써 일괄 결제하도록 하고 있다. 그로써 통상 신용카드를 사용하는 메커니즘을 이용하되 개별거래에서는 온라인 상태이기에 입력을 꺼리는 신용카드번호 대신에 그것의 대체물을 입력하게 한다. 그 후 이런 개별거래의 총계를 통상의 신용카드로 신용카드 메커니즘을 이용하여 결제하게 한다. 이렇게 함으로써 기왕에 익숙한 결제방법을 이용할 수 있도록 하면서 온라인 상태에서 꺼리는 잦은 신용카드 번호의 입력행위는 하지 않아도 되도록 하고 있는 것이다. 더구나 이러한 방도로 신용을 이용하는 때의 수수료를 보통 신용카드를 쓸 때의 수수료보다 낮게 하여 이런 서비스를 이용하는 소매상 등으로부터 환영받고 있다.

현금보다 편리하다는 점도 가지고 있어 한정적으로 현금을 대체하고 있는 것이 비접촉카드(contactless card)이다. 이것은 접촉없이 결제를 할 수 있게 하여 다른 카드나 수표를 쓰는 경우보다 소요되는 결제시간이 짧다. 또 잔돈을 주고 받지 않아도 되게 하여 현금보다 편리하다는 이점도 가진다. 비접촉카드는 신속한 결제를 하려고 하는 25불내외의 소액거래에서 선호되고 있다. 또 신용이 문제되어 신용카드를 발급받지 못하는 사람이거나 어린이나 노인 등 신용거래와 친숙하지 않은 이용자들을 대상으로 하여 선불카드(pre-paid card)의 형태의 비접촉카드가 도입되어 활용되고 있다. 이 카드에 넣는 칩을 휴대폰에 탑재하여 휴대폰을 비접촉카드 대신으로 쓰기도 한다.

에스크로 서비스

보통 상거래를 할 때 매도인과 매수인은 동일한 시간, 동일 장소에 소재하면서 거래대금을 주고 거래물품을 인도받아 거래를 종결한다. 그러나 인터넷을 통한 전자상거래에서는 일반적으로 매도인과 매수인이 동일 장소에 있지 않다. 또 매매를 체결한 뒤 배달중 사고도 있을 수 있어 물품을 인도받는데 일말의 불안이 있다. 온라인 거래로 계약을 체결했다고 하더라도 운송은 오프라인에 의존할 수밖에 없기 때문이다. 물론 온라인으로 직접 배송이 가능한 사이버재(cyber property)는 여기에 대해 예외가 된다. 또 매매계약을 체결했다가 이를 취소하거나 차후 배달되어 온 물품이 마음에 들지 않아 반품하려 하는 경우에 이를 어떻게 처리해야 할지에 대해 불편한 점이 없지 않다. 사기가 개재하게 될 위험성도 작지 않다. 이러한 불편함은 온라인 경매의 결제의 경우에 최고조에 달한다.

이러한 불편함을 극복하게 하는 수단이 법률적으로 위탁서비스라는 의미를 갖는 이른바 에스크로(escrow) 서비스이다. 이 에스크로 서비스에서 경매로 낙찰받은 자는 그 대금을 물품의 출품자가 아니라 에스크로에게 보내고 그러면 에스크로는 매수자인 낙찰자가 매수대금을 보내왔다는 사실을 출품자에게 알린다. 대금을 냈다는 사실을 안 출품자는 물품을 낙찰자에게 보내고 이를 받은 낙찰자는 물품에 만족할 경우 이런 사실을 에스크로에게 통보한다. 그러면 이러한 통보를 받은 에스크로는 낙찰자로부터 예탁받았던 대금을 출품자에게 보낸다.

에스크로 서비스는 인터넷 경매에서의 사기가능성 등 불안을 극복하기 위해 대금수수에 중간관리인을 둔 것이라 할 수 있다. 이러한 중간관리인이 있음으로써 불안은 크게 줄어든다. 그 대신 거래의 쌍방은 중간관리인에게 약간의 수수료를 내야 한다. 또 이러한 중간관리인은 신뢰할 수 있는 주체가 되어야 한다. 이런 주체가 사기를 하게 된다면 에스크로 서비스는 존립할 수 없게 된다. 이러한 서비스의 발전은 여타 결제제도에도 의존한다. 예컨대 신용카드제도가 잘 발달되어 있지 않은 중국에서는 신용카드의 사용이 많지 않다. 그로써 개인들은 편리한 결제수단의 하나를 결여하고 있는 꼴이다. 이러한 상황에서는 에스크로 서비스에 대한 필요가 상대적으로 강렬하게 된다.

3. 인터넷 전자상거래의 효과

가장 개방적인 네트워크라는 데 기인하여 인터넷은 전자상거래를 성사시켜 나가는 데 있어 여러 가지 이점을 가지게 된다. 우선 거래의 대상이 잠재적 이론적으로는 지구촌 모든 곳의 모든 사람으로 확대되고 거래의 시간도

1일 24시간, 1년 365일 모두 거래할 수 있게 확대된다. 정보의 획득이 쉬워지면서 시간적 공간적 제약으로부터 벗어날 수 있어 구매자는 별 거래비용을 들이지 않고 상품의 질과 가격에 대한 상세한 정보를 쉽게 얻어 가장 유리한 거래를 할 수 있다. 구매자는 세계 어느 곳에 소재하든 제약받지 않고 세상에서 가장 싼 것을 구입할 수 있다. 판매자에게는 전 세계의 모두가 잠재적 고객으로 되어 판매대상이 크게 확대된다. 그로써 다른 경로에 의존하는 상거래에서 보다 가격이 싸지게 될 소지가 있다. 고객이 많아지는 것과 대응해 재고 관리에 효율화를 기할 수 있고 여타 서비스를 제공하는 데에서도 능률을 제고하기 쉽다. 이러한 측면을 보아 투명성(transparency), 저가격(low price), 확대된 가용성 및 선택의 여지(big availability and selection), 제품에 대한 보다 늘어난 정보(good information about product) 등의 속성을 이야기하며 전자상거래를 칭송하고, 그로써 소비자들의 만족도가 그 이전보다 높아졌다고 평가한다. 더불어 기업의 투명성이 높아지고 그것은 이어 경제 전체의 투명성을 제고하게 된다고도 한다. 과연 여러 지역에 대한 정보를 가지고 있어 유력했던 다국적기업들 중 일부는 인터넷 전자상거래의 발달로 위축되는 모습을 보이고 있다.

한편 전자상거래를 하지 않더라도 웹의 검색과정에서 상거래를 위한 여러 정보를 획득하여 오프라인에서의 거래에서 활용하는 부수적 효과를 가질 수 있는데, 이런 이점도 주목할 만한 것이다.

전자상거래의 대상은 초기에는 책, CD, 티켓, 장난감, 광고물 등 구매자가 매입을 위해 직접 만지고 확인하는 절차가 긴요하지 않은 것들이었다. 그러나 차차 사진이나 동영상을 이용하여 물품의 성질을 자세히 설명하는 방도가 마련됨에 따라 이제는 실제세상에서도 직접 만져보고 확인한 다음에야 거래하던 중고차, 옷, 부동산 등도 취급하게끔 되어 책이나 CD 이상으로 그 대상이 확대되었다.

전자상거래는 수요자와 공급자가 직접 거래할 수 있게 함으로써 이들 사이에 존재해 오던 중개인의 입지를 약화시키었다. 전통적인 중개상은 위축되게 하였고 에스크로와 같은 새로운 중개인이 나타나게 변화시켰다. 동시에 공급자들 사이에서 경쟁을 격화시켰다. 역경매(reverse auction) 등으로 거래를 소비자가 주도하는 경향이 부각되게 되었으며 맞춤형 생산, 소량생산도 많아지게 되었다.

전자상거래를 통해 온라인으로 거래를 성립시킨 다음에는 구입한 물품의 배송의 문제를 해결해야 한다. SW 등 온라인 배송이 가능한 것에 있어서는 배송이 별도로 어려운 문제가 되지 않는다. 그러나 물리적 형체를 가진 물품은 여전히 오프라인의 운송방법을 통해 배송해야 한다. 부패하는 것과 그렇지 않은 것, 중량 대비 가치가 높은 것과 그러하지 않은 것, 책 기타 인쇄물 등 운송비에 대해 사실상 보조가 있는 것과 그러하지 않은 것 등에 대해 상이한 배송채널을 선택해야 한다. 여기에서 배송이 핵심과제로 부각되고 이 역무를 수행하는 기업이 중요하게 된다. 부패하는 것, 가치 대비 무거운 것, 운송비에 대한 보조가 작은 것일수록 유통은 지역적으로 여러 곳에 흩어져 있는 할인점이나 편의점에 위양되는 경향이 있다.

누구에게나 개방되어 있는 인터넷에서 이루어지는 전자상거래이기에 각종 범죄 유사행위가 있을 수 있다. 특히 주목되는 것은 사기이다. 사기는 주로 판매자를 중심으로 하여 자행되는데, 판매를 한다고 하면서 대금을 받고 잠적하거나 판매한다고 한 상품과 다른 상품을 보내거나 약속한 시일 내에 보내지 않는 것 등이다. 그러나 구매자도 상품을 구매하기로 하고 대금지급의 약속을 어기거나 배송되어 온 제품에 공연한 시비를 걸어 반품을 하기도 한다.

이러한 사기행위가 자행되어서는 궁극적으로 전자상거래가 지속될 수 없다. 그래서 이를 방지하기 위한 여러 가지 노력이 시도되고 있다. 이러한 노력의 핵심은 판매자와 구매자에 대한 정보를 되도록 자세히 알려 보다 확실한 상황에서 거래를 할 수 있게 하는 것이다. 더불어 몇 가지 규율도 요구되고 있다. 예컨대 판매자에게는 취급할 수 있는 품목에 제한을 두고, 보유하고 있지 않는 물건의 판매(short sale)를 금지하며, 중국이나 홍콩 등 사기거래 내지 해적행위가 자주 일어나는 곳의 판매자 리스트를 알려 조심하게 하는 것 등이다. 더불어 판매자에게 판매와 관련된 서비스의 수준을 높이도록 권고하고 새로이 참여한 판매자는 공인된 결제방식을 채택하도록 요구한다. 또 구매자에 의한 판매자의 평가시스템을 운영하여 새로운 구매자들이 판매자를 선택하는데 참고하도록 한다. 구매자의 대금지급을 보장하기 위한 제도를 확실히 함은 기본이다. 과연 이러한 제도를 운영함으로써 eBay같은 온라인 장터는 사기거래를 크게 줄일 수 있었다고 알려져 있으며 특히 옷, 핸드백 등 사치품의 거래에서 효과가 컸다고 한다. 에스크로 서비스도 사기예방 방도로서의 의미를 가진다.

전자상거래의 실제에서 국내에서의 거래에 비해 외국과의 거래가 작다. 사기 등 잘못이 생겼을 때 사법제도를 통해 구제를 받을 가능성이 작다고 여기는 신뢰성에 대한 인식이 이러한 현상의 원인이 아닐까 추정된다.

이상의 경제적 차원에서의 변화와 더불어 사회문화적 차원에서의 변화도 감안해야 하겠다. 브랜드 이미지가 중요해졌고, 쇼핑시간이 짧아지게 되었으며, 지불방식과 인터넷 광고에 대한 인식이 달라지게 되었다. 해킹방지에 대한 관심이 높아졌고 암호기술 및 사생활보호 등에 대한 관심이 증가하게 되었다는 점 등도 이런 차원에서 소화되어야 하겠다.

전자상거래의 기반으로서 인터넷이 가지는 부적합한 점이 없지 않다. 인터넷이 공공재이었다가 사유화되었다는 데서 유래하는 것이지만, 인터넷에서는 그 이용의 다과 및 이용의 중요성의 경중에 따라 이용료를 차별화하는 효과적인 방법이 아직은 없다. 따라서 전자상거래시 사회적 또는 사적으로 대단히 귀한 것과 그러하지 않은 것을 차별화하여 달리 이용료를 징구하질 못하고 있다. 나아가 스팸이 들끓고 웹캐스팅(web-casting)이 범람하는 데도 무력하며, 사생활(privacy)이나 개인에 대한 정보가 침해되더라도 적절히 대응하지 못한다는 약점도 있다. 인터넷에서 정보를 얻기 쉽다는 데서 사생활 침해문제가 야기되었고 이것이 거래정보에 관련된 불안을 가져와 인터넷기반 전자상거래를 그 극대한으로 발달하지 못하게 막고 있는 것이다.

4. 전자상거래의 과세

전자상거래를 과세의 대상으로 삼아야 하느냐 하는 것이 문제가 되어 왔다. 인터넷에서 개인들끼리 거래를 할 때 사실상 과세가 어렵다는 점과 사업자가 개인으로 위장하고 거래를 하면 사업자에 대해서도 개인에 대해서처럼 과세를 하기가 어렵다는 점이 주목되어 왔다. 통신판매를 통해 다른 주에 소재하는 소비자에게 판매한 거래에 대해서는 해당상인에게 판매세를 징구할 의무가 없다는 종래의 미국의 판례를 고려해 인터넷 전자상거래에 대해서도 과세를 하지 말아야 한다는 주장도 있었다. 아직 전자상거래 업종은 유치산업이라 할 수 있으니 당분간 과세를 유예해야 한다는 주장도 있었다.

그러나 과세를 하지 않기로 했을 때에는 지방정부의 조세수입이 전자상거래의 규모에 상응하는 정도로 줄어들게 될 것 및 오프라인 거래에 대해서는 과세하는 것과 대비해 형평성을 잃게 되는 것이 아니냐는 문제점이 적시되어 왔다. 또 판매자와 구매자가 다른 지역에 있는 경우 어느 지역의 지방정부가 과세권을 가지느냐의 문제, 이들간에 세율이 다를 때 어느 것으로 과세해야 하느냐의 문제, 이런 판매관련 세금과 소득세 사이의 일관성을 어떻게 유지할 수 있느냐의 문제 등 여러 다른 문제점도 더불어 제기되어 왔다.

전자상거래의 대종을 이루는 B2B에서는 거래를 한 기업을 결국 과세할 수 있어 전자상거래 단계에서 과세를 해야 하느냐 여부가 별로 심각한 쟁점이 되지 않는다. 따라서 B2C거래가 문제가 되는데 이 거래가 모든 사람들에게 정착되었다고 할 수 없는 현재의 상황에서는 이에 대해 과세를 한다고 하더라도 큰 조세수입을 얻을 수는 없을 것이라 추정되고 있다. 또 이를 위한 징세행정비가 새로이 소요되리라는 점도 언급되고 있다. 이런 여러 점을 볼 때 효과적인 징세를 위해서는 징세의 차원에서 기술적 발전이 선행되어야 하리라 한다.

전자상거래의 과세는 어차피 불가능할 것이라는 의견도 있다. 예컨대 A지역에서 판매가 계획되고 B지역에 소재하는 서버를 이용해 거래를 성사시킨 다음 C지역에서 주문서를 받아 D지역에서 주문을 처리하고 E지역에 있는 창고의 물건을 F지역에 있는 고객에게 배달하게 G지역의 배송인에게 조치하고 H지역에서 결제가 이루어진다고 할 때 과연 이상의 A부터 H까지의 여러 곳 중 어느 지역을 관할하는 지방정부가 과세를 해야 하는지를 결정한다는 것은 무리라고 보는 입장이다. 이러한 입장은 한 지역에 점포를 가지면서 사업을 하고 과세 당하던 종래의 기업에 비해 전자상거래를 하는 온라인기업은 다른 종류의 기업이라고 보아 이 둘을 동일하게 취급하지 말아야 한다고 한다. 후자가 사이버 세상에서 비교우위를 가진다는 사실을 인정해야 정당하리라고 한다.

유럽은 전자상거래에 대해 과세해야 한다는 입장을 취하고 있으나 미국은 전자상거래를 장려하기 위해 적어도 당분간은 과세하지 말자는 입장을 취해 왔다. 그러다가 각 주간에 세율을 통일하려는 움직임이 생기고 또 과세를 구매자가 아닌 판매자에게 하자고 의견이 모아짐에 따라 미국에서도 과세를 하는 방향으로 의견이 굳어져 가고 있다. 이를 위해 연방 차원에서 국회가 새로이 관련법을 제정할 것을 요망하고 있다.

과세의 대상이 새로이 나타났다는 점과 그로써 징세행정을 드디어는 바꾸어야 한다는 점이 많은 논란 끝에 인정되게 되었다. 이런 도중에 국가간 법과 제도가 서로 다르다는 점이 문제로 부각되었으며, 이 중 하나인 관세문제의 해결과 관련해서는 WTO를 중심으로 하여 무관세화를 추진하여 세계를 통일해 보자는 움직임이 대두하였다. 첨예하게 대립하고 있는 지적재산권의 문제와는 다른 양상을 보이고 있다.

5. 인터넷 전자상거래의 주요 예들

최근 미국에서 관찰되는 전자상거래의 중요한 변화를 보면, 이들은 기왕의 모든 재화 및 서비스를 대상으로 하지 않고 차라리 특정한 몇 개 부문에서만 활발하다는 것을 알 수 있다. 나아가 이들은 기존 거래관행에서의 중간상을 배제하고 인터넷으로 그러한 중간상의 역할을 대체하려는 성향을 보이고 있다. 이러한 변천의 예 중 현저한 것들로는 다음의 것들을 들 수 있다.

부동산거래

예전에는 부동산거래시 중개인을 통해야 했고 일정한 중개수수료를 내야 했다. 그러다가 이런 중개상의 기능이 인터넷에 의해 대치되게 되었다. 인터넷에 능한 젊은이들이 부동산의 매매 또는 임대차에 대한 정보를 모아 데이터베이스에다 저장해 놓고 거래를 하려는 사람들로 하여금 거기에서 필요로 하는 부동산을 찾도록 한 다음 필요 부동산을 찾은 사람들로 하여금 스스로 계약서작성 등에 대해 교육받아 계약을 완결하도록 했다. 이러한 과정에서 중개사자격을 가진 사람, 교육을 하는 사람, 데이터베이스를 유지 관리하는 사람, 최종단계에서 계약을 성사시키고 수수료를 받는 사람 등에 의한 분업이 이루어지게 되었다. 이를 통해 데이터베이스를 관리하는 사람은 사고팔려는 사람들과 좀더 친밀한 접촉을 하려고 노력하게 되었고, 또 이러한 식의 중개과정에 참여하려는 사람의 수도 늘어나게 됨에 따라 수수료도 싸지게 되었다. 거래의 규모도 늘어났다. 이러한 변화의 힘은 도도하다 할 수 있어 머지않아 종래 방식의 부동산중개는 그 입지를 상실하게 될 것이라고 전망되고 있다.

보 석 상

아마존, 이베이, 블루나일 등의 신종 보석 소매상이 등장하면서 종래의 초일류 보석상인 티파니, 제이크 등의 입지가 흔들리고 있다. 이들 신종 소매상은 티파니처럼 최고급 보석뿐만 아니라 중저가 보석도 취급하고 있다. 보석판매를 위하여 판매하려는 보석을 사이트에 사진으로 올려놓고 관련 설명을 부기하여 놓고 있다. 나아가 보석의 감정방법, 가치, 사용방법, 재판매(resale)의 기회와 방도 등에 관한 정보도 제공하고 있다. 이로써 종래 티파니를 통해서는 감히 알 수 없었던 정보를 공짜로 알 수 있게도 되었다. 게다가 거래 후 생각이 바뀌면 일정한 조건하에서 돈을 되돌려 받을 수 있게까지 보증(머니 백 게런티) 해주기 때문에 가짜보석을 사게 될 위험성도 없어졌다. 종래의 초일류 보석상은 매우 부유한 사람들만이 가는 곳으로 인식되어 보통사람들은 가기를 꺼리고 가서는 심리적 압박을 받기도 했다. 그러나 인터넷에서 정보를 탐색하고 적당한 보석을 고르는 데서는 그럴 이유가 없다. 인터넷은 보다 많은 사람들로 하여금 적극적으로 보석을 찾도록 변화시켰다.

전화, 텔레콤

소프트웨어, 헤드폰 등의 발달로 인해 인터넷 폰의 성능이 일반전화의 그것과 차이가 거의 없게끔 개선되고 요금은 종래의 전화보다 30%~50%정도 싸지게 되자 인터넷 폰을 선호하는 수요가 급증하고 있다. 기술발전으로 시내전화와 국제전화의 실제 원가가 거의 비슷해짐에 따라 종래의 전화회사의 국제전화요금도 많이 낮아지게 되었다. 종래의 전화요금 구조였던 시내요금＜시외요금＜국제전화요금의 구조가 깨지게 되었다.

이처럼 품질은 비슷해지고 가격은 더 싸지게 되었기 때문에 종래의 전화는 인터넷 폰을 이용할 줄 모르는 사람만이 이용하는 것으로 될 전망이며 그 이면에서 기존의 전화회사들의 입지는 축소될 수밖에 없게 되었다.

호텔 예약

종래에는 여행사를 통해 호텔을 예약했고 여행사는 예약을 위해 호텔체인에 연락했으며. 호텔체인은 호텔 건물의 주인에게 체인의 이름을 빌려주고, 관리, 기술지도, 마케팅 등을 대신 해 주면서 방값의 8%~10%를 프랜차이즈 피(franchise fee)로 받았다. 그러나 이제는 트레블러시티 등의 온라인 여행사(travel agent)를 통해 호텔체인을 통해 빌리는 것보다 10~30% 싸게 방을 빌릴 수 있게 되었다. 더구나 이들 온라인 에이전트를 이용할 경우에는 방, 교통사정, 시설 등을 온라인으로 미리 보고 다른 방들과 비교도 할 수 있기 때문에 이 방법은 기존의 방법보다 선호되고 있다. 그 이면에서 호텔체인의 입지는 축소되고 있다.

체인이나 온라인 에이전트는 모두 방을 1년에 최소한 몇 개를 팔아줄 것을 약속해야 한다. 그런데 체인보다 수수료를 덜 받는 온라인 에이전트는 방을 싸게 내놓을 수 있기 때문에 더 많은 수요를 가지게 되어 이런 성격의 약속을 더 확실히 지킬 수 있다. 그에 따라 호텔주인은 체인에 의뢰하는 것보다 온라인 에이전트에게 의뢰하는 것을 더 선호하게 되었다. 여기에서 호텔체인의 입지는 다시 약화되고 있다. 그래서 체인에서는 자신과 온라인 에이전트 중에서 하나만 선택하라고 호텔주인에게 압력을 넣으면서 자신과의 배타적인 계약을 강요하려 하고 있으며 이를 어기고 온라인 에이전트와도 거래를 할 경우에는 벌금을 부과하거나 체인에서 추방하기도 하고 있다. 이런 상황에서 새로 생기는 호텔들은 주로 온라인 에이전트를 이용하려는 경향을 보이고 있다.

호텔예약과 비슷한 성격의 일이 비행기예약이나 음식점예약이다. 온라인으로 예약을 하는 것이 신속하고 원하는 좌석을 확보하거나 선호하는 서비스를 받을 수 있게 하는 소지를 높일 수 있어 편리하다. 나아가 이는 서비스 제공자에게 코스트를 절감하면서 좀더 준비할 수 있는 여지를 주어 효율성을 높일 수 있게 하고 있다.

대금지급(bill payment)

인터넷 서점을 통해 책을 사고 대금을 지불하기 위해서는 신용카드번호를 알려주어야 한다. 따라서 이런 거래가 지속되기 위해서는 결제의 안전성에 대한 보장이 필요하다. 그런데 최근까지 인터넷 서점들은 신용카드의 안전성에 대한 확약이 없이 신용카드회사가 가입한 보험만을 대비책으로 삼고 신용카드를 이용하게 하였다. 일부에서는 오프라인(offline)에서 물건을 구입하는 때에도 신용카드의 안전성에 문제가 있기는 마찬가지이기 때문에 인터넷을 통한 거래에서 그것의 안전성에 과민반응하는 것은 부적절하다고 말한다. 그렇지만 다른 일부에서는 현재 인터넷에서의 익명성에 비추어 그 곳의 소매상이 별 대비책도 없이 신용카드 거래를 지속하는 것은 더 위험하다고 한다. 아무튼 이러한 불안 때문에 인터넷에서 신용카드는 소액결제에서 주로 쓰이고 있다. 온라인 뱅킹도 마찬가지의 문제점을 지니고 있다.

이러한 문제에 대비하기 위해 등장하게 된 것이 전자적으로 수표를 주고받으며 결제할 수 있게 한 '디지털 체크'이다. 여기에서는 View point, End point exchange 등의 회사가 디지털체크의 아카이브를 유지, 관리하고, 관련 소프트웨어를 보급하면서 인터넷을 통하는 지급결제의 안전성을 책임져 준다. 또 디지털 체크의 이용에서 잘못이 생기면 손해를 배상해준다. 이로 인해 디지털 체크의 이용이 종이 수표보다 늘어나고 있다. 종래의 수표는 일반은행에 예금을 가지고 있어야 발행할 수 있었고, 수표책의 인쇄나 배달에도 비용이 들었다. 하지만 종이수표를 쓰지 않는 디지털체크는 종이 수표보다 결제를 위해 소요되는 시간(수표를 받아서 실제로 쓸 수 있게 되기까지의 시간: 발행자의 은행으로부터 내 은행의 내 예금구좌에 오기까지 걸리는 시간)을 크게 단축시키고 있어 월마트 등에서 특히 환영받고 있다. 이와 비슷한 것이 앞에서 본 바 이베이의 PayPal이다.

이는 일종의 결제기구를 새로 창조한 것과 같다. 온라인에서 쓸 수 있는 현금(online equivalent of cash)이 만들어진 것과 유사하다. 나아가 이 방법은 앞에서 설명되었듯이 지급결제의 안전성 제고에 기여하고 있다.

이러한 결제수단의 등장은 은행을 통한 결제를 줄어들게 할 것이다. 특히 음악파일 다운로드에 드는 금액 등을 지불하는 소액결제에서는 PayPal 같은 것의 사용이 많아질 것이다. 나아가 이러한 기구에 참여하는 사람이 많아지면 많아질수록 이런 것은 긍정적인 네트워크 효과를 가지게 될 것이다.

소프트웨어 거래

MS의 Window와 달리 리눅스는 소스코드를 공개하고 그것을 근거로 하여 SW의 개량을 도모하면서 활용영역을 늘려가고 있다. 리눅스는 소프트웨어 자체에 대해서는 돈을 받지 않고 설치비용 등만 받기 때문에 MS, 오라클 등 전통적 SW업체에 대해 큰 위협이 되고 있다. 현재 이것은 서버 소프트웨어 시장의 25%정도를 잠식한 상태라 평가된다. 물론 MS나 오라클도 보안SW를 저가로 제공하거나 할인하는 것 등으로 이에 대응하고 있으며, IBM 등은 리눅스를 돕는 이외에 무료 소프트웨어를 제공하는 회사를 지원하면서 이들과의 경쟁을 부추기고 있다.

이상의 여러 예가 보여주는 전자상거래의 몇 개 부문에서의 변화는 현저한 것들이다. 이들이 있어 인터넷이 우리의 경제생활을 엄청나게 바꾸었다고까지는 할 수 없겠지만 그것들의 영향력을 무시할 수 없는 것도 또한 사실이다. 위의 예들을 보면 몇몇 분야에서는 오프라인 비즈니스의 근거가 소멸되거나 크게 약화되어가고 있으며 그것이 온라인 비즈니스로 대체되고 있다. 물론 이런 변화가 현저하게 이루어지지 않는 부문에서는 종래대로의 비즈니스가 진행되고 있다. 예를 들어 집을 살때 多대多의 거래인 경우에는 여전히 전통적 중개업자가 큰 역할을 하고 있고, 자기가 건설한 집을 하나씩 파는 경우에만 구매자들에게 웹으로 사려는 집을 확인하게만 할 뿐 거래는 종래의 오프라인에서와 크게 다르지 않은 방식으로 종결하고 있다. 새 건축물을 분양할 때에도 분양하는 건설업자가 힘을 발휘하고 있다. 이를 볼 때 어떤 부문에서는 변화가 있었지만 어떤 부문에서는 큰 변화가 없었음을 알 수 있다.

6. 최근 변화

이런 변화의 초점은 결국 어느 정도 표준화가 이루어지게 되어 보거나 만지지 않고도 살 수 있는 상거래의 대상이 얼만큼 어떤 식으로 늘어나고 있느냐 여부로 압축된다. 책의 경우 모양은 비슷하고 내용이 중요하다. CD, DVD 같은 경우도 차별화의 필요가 별로 없다고 할 수 있다. 그래서 전자상거래의 초기에는 이들만이 거래대상이었다. 하지만 고급 스포츠카는 직접 타보고 사는 것이어 전자상거래의 대상이 아니었다. 그러다가 표준화가 가능한 저가의 후진 옷을 인터넷기반 전자상거래의 대상으로 포괄되게 되었다. 그러나 디자인이 중요한 고가의 고급 옷은 표준화되기 어려워 인터넷에서 거래되지 않고 있다. 표준화 되기 어렵고 취향, 물건의 속성 등이 매우 중요한 상품은 변화가 잦을 수밖에 없어 인터넷에서 활발히 거래되기 어렵다.

종래 옷이나 구두 등 패션 상품은 입어보거나 신어보고 사는 것이라고 생각하여 온라인 거래의 대상으로 될 수 없는 것으로 알았다. 그러다가 3차원 영상으로 물건을 자세히 보여주고 설명하며 마음에 맞지 않을 경우 쉽게 반품할 수 있게까지 하게 되자 이런 것들을 대상으로 해서도 거래가 이루어지게 되었다. 물건을 설명하는 사이트를 통하여 자신의 선호와 치수를 제시하고 주문하는 것까지 가능하게 됨으로써 이런 물건의 온라인거래의 여지는 더 넓어졌다.

나아가 종래 거래의 성사를 위해 직접 만져보고 입어보는 것이 필수적이었던 때에는 구매자가 인근 지역의 사람들에 한정될 수밖에 없었는데 이제 이상과 같은 방식으로 온라인거래를 하게 되고 나서는 지역적 제약으로부터 벗어날 수 있게 되어 수요가 잠재적으로 크게 늘어나게 되었다. 소매에 신기원이 이루어지게 되었다고도 할 수 있다.

전자상거래를 보다 용이하게 하기 위해 물건의 수취장소, 다양한 배달장소, 우체국을 이용하는 배송과 반송의 여러 측면이 최근 개선되고 있다.

인터넷을 이용하는 상거래가 쉬워지고 많아지면서 이것에 기반하여 새로운 기업의 창업도 늘어나고 있다. 그전에는 없던 새로운 상품이 생기고 새로운 영업방법(business model)이 나타나고 새로운 성격의 기업가들도 등장하고 있다. 여러 곳에서의 가격을 비교할 수 있게 하고 사용자의 사용 후기나 평가 내지 평가순위를 알려주어 쇼핑을 돕는 서비스도 나타나고 있고 쇼핑을 중개하면서 쇼핑몰로부터 수수료를 받는 중개상도 등장하고 있다.

인터넷을 이용하는 쇼핑이 늘어날수록 그에 상응하여 반품도 늘어나고 있다. 특히 근년 옷 등이 인터넷 거래의 중요 항목이 되면서 반품의 빈도도 훨씬 높아지고 있다. 카달로그를 이용해 구입하는 쇼핑의 반품률이 33%라고 하면 인터넷 숍핑의 그것은 40%에 이른다고 한다. 이에 반품된 것만을 전문적으로 취급하는 새 업체가 나타나게 되었다. 이들은 생산자와 긴밀한 관계를 유지하면서 반품된 것을 손을 본 뒤 생산자에 연계시켜 다시 판매할 수 있게 하는 새로운 일을 담당하고 있다.

소비자의 검색과정을 분석하여 신경향을 찾아내고, 자사에 대한 평가, 경쟁사와 비교해 본 장단점 등을 탐색해 주는 일종의 자료채굴(data mining)서비스도 나타나고 있다.

인터넷을 통하는 전자상거래의 결제시 신용카드를 쓰는 경우가 많아지는 것과 상응하여 신분절도(identity theft)도 성행하고 있다. 나아가 이에 대응하여 이를 막는 비즈니스도 나타나고 있다. 신분절도를 방지하는 서비스는 가입자에게 일정한 서비스료를 받으면서 휴대전화번호와 신용카드 번호를 대신해서 쓸 PIN번호를 신고받는다. 그 다음 결제의 필요에 임해 신용카드를 이용하겠다는 신청이 있게 되면 가입자 자신의 목소리로 미리 녹음된 바 신용카드를 사용할 것인지 여부를 묻는 메시지를 가입자의 휴대전화에 보내 신분절도방지서비스가 작동하고 있음을 보이면서 안심시킨 다음 신용카드를 사용하려 할 경우에는 PIN번호를 누르게 하고 그렇지 않다면 *를 누르게 한다. 신용카드를 사용하려는 자로 하여금 본인임을 확인하게 하는 이러한 과정은 종래에는 매우 번잡스러웠던 본인 확인과정을 휴대전화를 쓰는 이상의 과정으로 대신하게 한 것이다. 나아가 이러한 서비스는 정크메일을 차단해 준다던지 *를 눌러 위험이 감지된 경우에는 달리 신고가 없는 한 신용카드의 사용을 일시 동결시키는 등의 추가 서비스로 보완되고 있다.

이러한 변화에도 불구하고 전자상거래가 최근들어 어떤 포화상태에 이르지 않았느냐 하는 관찰을 하는 사람이 있다. 소매거래에서 전자상거래가 차지하는 비중은 5~7%로서 더 이상 늘어나지 않기 때문이다. 그것이 더 이상 늘어나지 않는 이유로 몇 가지가 적시된다. 온라인 상거래를 하는 것은 마치 일처럼 인지되어 쇼핑의 즐거움을 가지지 못하게 한다는 것, 전자상거래에 대한 피로를 느끼게 되었다는 것, 거래의 성사는 온라인으로 하나 배달은 오프라인으로 해야 하는데 배송비용이 비싸 배송 이전의 코스트절감을 무의미하게 한다는 것 등이 그것들이다. 높은 배송비용을 회피하는 방안으로 주문은 온라인으로 하나 배송은 구매자가 상점에 직접가 물건을 받는 식으로 해결하는 혼합형(hybrid)이 선호되고 있다. 이런 때 물건을 가지러왔다가 다른 물건을 사기도 하기에 이런 혼합형은 상인들로부터도 환영받고 있다.

7. 인터넷 뱅킹

인터넷 뱅킹은 종래의 은행업무를 인터넷으로 수행하는 것으로 전자상거래의 일종이다. 인터넷 뱅킹을 하기 위해서는 인터넷 뱅킹을 취급하는 은행에 가서 본인 확인절차를 거쳐 패스워드의 설정, 약관동의, 비밀번호 설정 등을 마친 후 계좌를 개설해야 한다. 그런 다음에야 인터넷을 통해 이 곳에 자금을 예치하기도 하고 이 곳으로부터 자금을 인출하기도 할 수 있다. 이는 은행서버에 잔액에 대한 정보가 축적되어 있다는 것을 전제로 하는 것이다. 인터넷뱅킹의 이용기기로서는 네트워크에 접속가능한 기기인 PC나 휴대전화를 차별하지는 않으며, 후자에 의존하는 경우에는 인터넷 뱅킹은 모바일 뱅킹이 된다. 인터넷 뱅킹을 할 수 있게 되는 것은 네트워크형 e-money를 가지게 되는 것과 같다고 할 수 있다. 네트워크에 1일 24시간 접속이 가능하므로 인터넷 뱅킹을 이용하면 은행서비스를 24시간 받을 수 있게 된다.

인터넷 뱅킹에서는 안전성을 높이고 금융사고를 줄이기 위하여 개인인증, 계좌비밀번호, 보안카드라는 3중의 보안장치가 마련되어 있다. 패스워드만에 의존하는 것으로는 자신의 거래내역 등을 도취(hijacking)당할 가능성이 없지 않아 불충분하다. 이용자가 비밀번호를 입력하는데 오류를 범할 수도 있고 타인이 이용자의 비밀번호를 은밀히 또는 강압적으로 인지하여 입력할 수도 있기 때문이다. 후자의 경우라도 입력을 가입자 본인이 했는지 또는 다른 사람이 했는지를 식별하기가 어렵다. 보안카드의 상시 소지도 귀찮아 3종의 보안장치로도 안전을 보장하지 못 할 수 있다.

그래서 이에 대한 대안으로서 위변조가 어려운 스마트 카드를 이용하게 하는 것, 지문이나 음성이나 기타 신체적 특성을 인식하는 과정을 삽입하는 것, 특정 개인만이 알고 있는 문제를 질문해 본인인지 여부를 확인하는 것, 혹은 특수한 열쇄를 지니고 다니게 하는 것 등의 보완책이 제시되고 일부 실시되고 있다. 그러나 이들은 모두 인터넷 뱅킹의 이용을 사실상 불편하게 하고 이용비용을 증대시키는 요인으로 된다는 한계를 가지고 있다. 암호화기술의 확보 및 표준화 등에서는 아직 많은 기술적 문제가 남아 있다.[3)]

인터넷 뱅킹은 은행과 통신사업자들의 제휴로 진행되고 있다. 인터넷 뱅킹에서의 수수료는 신용카드 등에 비해 적다. 결제가 즉시 이루어지므로 결제도중에 불가피하게 잠기게 되는 자금이 적어 자금부담이 작고 현금관리도

---

3) 은행에서의 잔고조회나 30만원 이상의 전자상거래를 결제를 위해서는 공인인증서를 받아 사용해야 한다. 우리나라에서는 2005년 4월 현재 1,000만건의 공인인증서가 발급되어 있다고 알려져 있다. 그런데 사람들이 보통 이 인증서를 PC에 저장하기에 IP주소만 알면 로그인만으로 이것에 접근하여 해커 등이 불법이용할 수 있다는 위험성이 밝혀졌다. 전자정부사업과 더불어 우리나라에서 정보보안에 문제가 있다는 것을 보여주는 대표적 예라 하겠다.

용이하기 때문이다. 인터넷 뱅킹만을 독립적으로 운영하는 형태도 있고 기존의 은행이 기존의 은행업무와 이것을 병렬적으로 운영하는 형태도 있다. 후자의 경우에는 본인의 계좌들 사이에서의 연결이 가능하다.

인터넷 뱅킹은 새로운 지급결제의 수단을 제공하고 있다. 그런데 기존의 지급결제수단에 비해 그것은 장점도 가지고 있고 단점도 가지고 있다. 종래의 수단인 현금을 수수하는 것이나 수표를 수교하는 것과 비교해 보면, 전자에 비해서는 결제규모에 제한을 받지 않아 거액거래도 취급할 수 있다는 장점을 가지고 있고 잘못된 결제가 이루어졌을 때(디지털화된 자료의 축적과 보관이 크게 쉽기 때문에) 과거를 추적하여 정당한 것으로 회복해 가기 쉽다는 장점도 가지고 있다. 또 후자에 비해 보아서는 종이를 쓰는 현재의 장황한 지급결제절차를 거치지 않고서도 간략히 지급결제를 이루어 낼 수 있다는 장점을 가지고 있다. 그러나 종래의 지급결제수단을 이용하는 결제에서는 그것에 대한 분쟁이 생기더라도 보통 특정 국가 내에서 일어나는 것이기 때문에 해당 국가의 법에 의거해 법적인 해결을 구하는 것이 용이한 반면, 인터넷 뱅킹에서는 결제의 지역적 범위가 특정 국가에 한정되지 않고 여러 국가에 걸쳐 있을 수 있기 때문에 사고가 일어났을 때 이를 규율할 수 있는 법적인 방도가 아직은 정비되어 있지 않아 법적 불안이 있다.

실상 국가간 법제가 다르다는 사정에서 유래하는 이러한 인터넷 뱅킹에서의 약점은 심각한 것이며 이를 보완하고자 하여 각국 법제의 미흡 및 불일치성을 극복해보려는 노력이 현재 EU를 비롯한 여러 곳에서 전개되고 있다. 그러나 가까운 시일 내에 이런 과제를 완료해 통일된 법제를 마련할 가능성은 크지 않다고 여겨지고 있다. 이에 따라 지급결제수단으로서 인터넷 뱅킹의 이용은 종래의 현금이나 수표들과 함께 결제수요의 성격에 따라 선택적으로 쓰이게 될 것이라 짐작할 수 있다. 크게 보면 인터넷 뱅킹의 비중은 점점 커지고 있는데, 이는 그것의 편리성이 증가하는 추세를 반영하는 것이라 보인다.

인터넷에서의 상시 접속이 보장된다면 인터넷에서 쇼핑을 하고 인터넷 뱅킹으로 돈을 주고받는 일이 증가하게 될 것이다. 이는 컨텐트와 자금을 이동시키면서 수입을 얻는 수익모델의 번성을 시사한다. 음악, 화상, 동영상 등 디지털 컨텐트의 온라인 거래가 많아지면 많아질수록 인터넷을 이용하는 지급결제의 수요가 더욱 늘어나게 될 것이고 이는 인터넷 뱅킹이 더욱 번창하게 만들 것이다.

휴대전화를 이용하여 인터넷 뱅킹을 하는 모바일 뱅킹의 경우 거래를 위해서 과거에는 길고 복잡한 입력과정을 거쳐야 했다. 때문에 모바일 뱅킹은 외면받아 왔다. 이에 복잡한 입력과정을 통해 입력해야 할 정보를 미리 입력하여 칩에다 내장시키어 놓고 이러한 칩을 은행의 자동화기기에 단지 접촉하는 것만으로 쉽게 입력을 완료할 수 있게 한다면 이러한 외면을 해결할 수 있을 것이다. 실로 현재의 모바일 뱅킹은 입력과정에서 입력해야 할 여러 정보를 미리 담은 IC칩으로 번잡스러운 다단계의 입력과정을 대체하였다. 나아가 칩 접속을 위해서는 자체비밀번호, 계좌비밀번호, 보안카드번호의 3중 보안체계를 지니게 하여 보안대책을 강화하였다. 또 휴대전화와 모바일 뱅킹 서비스 간의 모든 정보를 암호화하여 전송하도록 하는 보안대책을 쓰는 경우도 늘어나고 있다.

SIM카드를 쓰는 편법을 통하면 한정된 종류의 서비스에 대해서는 휴대폰을 통한 모바일 뱅킹을 할 수 있다. 비교적 싼 고정비용을 가지고 모바일 네트워크를 구축하는 것이 가능하게 되어 미처 유선 전화망에 대한 투자를 하지 못했고 앞으로 하기도 어려운 여러 나라에서 모바일 인터넷이 널리 펴질 수 있게 되자 이들 나라에서는 이를 은행 네크워크 대신으로 쓰려 하고 있다. 전통적으로 지급결제업무는 은행 네트워크가 담당하여 왔다. 그러나 은행 네트워크가 미처 발달되어 있지 못하면서 이동통신의 네트워크는 포설되어 있는 상황에서는 전자를 대신하여 후자를 쓰고 있는 것이다. 즉 현금을 인출하거나 구매대금을 지급하거나 송금을 하려고 할 때 개인들은 각자의 휴대폰의 SIM카드를 이용하여 이상의 금융거래행위를 하고 이러한 행위를 매개하고 통제하는 매개자로서의 이동통신사는 그가 관리하는 은행의 계좌를 통하여 이러한 행위를 뒷받침하는 것이다. 이로써 개별적으로 은행에 계좌를 가지고 있지 않은 개인들끼리도 이상의 이동통신망에 의거하여 금융거래를 할 수 있게 되는 것이다. 결여되어 있는 은행 네트워크를 이동통신 네트워크가 사실상 대체하게 되는 것이다. 단 이러한 때 이동통신사는 은행이 아니기에

SIM카드의 잔액에 대해 이자를 지급해서는 안 되고 또 이러한 매개과정에서 유동(floating)자금의 형태로 남아 있는 자금을 이용하려고 해서도 안 되게 규정되어야 한다.

모바일 뱅킹은 특히 넓은 국토 면적을 가지고 있으면서 발달된 은행지점망은 가지고 있지 못한 개발도상국에서 유용하게 쓰이고 있다. 은행과 관련을 갖고 있거나 독자적인 모바일 사업자에게 예금을 하고 그 예금한 돈의 범위 내에서 물건을 사고 지불을 하거나 타인에게 송금을 할 때 지불의 요청 또는 송금의 요청에 대한 텍스트 메시지를 모바일 사업자에게 보냄으로써 은행을 이용하는 것과 유사하게 지불 및 송금의 목적을 이룰 수 있게 하기 때문이다. 이로써 이른바 모바일 지급결제제도를 가지게 되는 것이다. 이때 모바일 사업자는 그 성격상 은행처럼 지점망을 가질 필요가 없다. 이러한 모바일 뱅킹 사업자는 예금 범위 내에서 지출을 할 수 있게 하는 현금카드(debit card)를 발행하기도 하고 신용도를 확인하는 관계를 정립한 고객에게는 신용평가제를 운용하면서 소액대부도 하는 정도로 업무영역을 늘이기도 한다. 그러나 모바일 네트워크의 본래적 취약성을 상기할 때 여기에서도 정보보호가 문제가 될 수 있다. 이런 취약점으로부터 유래하는 사고의 범위를 일정한 범위 내로 한정하고 또 돈세탁에 악용될 가능성을 최소화하기 위하여 단위거래의 규모를 소규모로 한정시키려 하고 있다.

모바일 뱅킹이 널리 퍼지게 됨으로써 은행제도를 이용할 수 없어 소외되었던 서민층의 여러 사람들이 금융이용의 기회를 가지게 될 수 있을 것이다. 그로써 물물교환경제가 화폐를 사용하는 화폐경제가 되고 또 각종 금융기구를 가지는 금융경제가 되어 경제발전을 하게 된 것에 대응하게끔 이것은 경제성장에 기여하게 될 것이다.

점차 개선되고 있는 데이터 전송속도의 여건하에서 칩을 이용하는 모바일 뱅킹은 편리하고 경제적이어서 은행이용의 기존 행태를 바꾸게 될 공산이 크다. 그러면 기존 방식의 은행고객은 물론 유선 인터넷 뱅킹의 고객도 모바일 뱅킹으로 이동해 갈 공산이 크다. 이용자 신분확인절차의 강화 및 128비트 암호화기술의 활용은 모바일 뱅킹을 크게 안전하게 만들 것이고 한번 사용하고 난 데이터는 즉각 지워지도록 하는 것도 불안제거에 기여할 것이다. 미국에서는 ATM기계를 써서 할 수 있는 서비스 정도 이상의 서비스를 모바일 뱅킹으로 이용할 수 있게 되었다. 모바일 뱅킹을 할 수 있도록 하는 SW를 은행이 주도적으로 마련하는 경우 이런 서비스를 이동통신사를 통해서도 이용할 수 있게 함으로써 한정된 지역에서만 이용할 수 있는 ATM을 이용하는 경우보다 금융서비스이용을 훨씬 편리하게 만들고 또 확산시키고 있다.

이때 은행과 이동통신사 간의 관계가 어떻게 설정되어야 하느냐 하는 것이 문제될 소지가 있는데, 결제서비스를 담당해 온 은행이 이로써 이동통신사의 하나의 컨텐트 제공자로 전락하게 되지 않느냐 하는 우려가 있기 때문이다. 또 모바일 뱅킹의 이용료가 문제되는데 이동통신사를 통한 데이터 전송시 요금을 부담하여야 하기 때문이다. 모바일 뱅킹의 이용료에 대한 상한을 설정하는 등 특별장치가 없을 경우 모바일 뱅킹을 이용하려면 의외로 상당한 요금을 부담하지 않으면 안 되게 될 여지가 크다.

2004년 하반기 모바일 뱅킹은 우리나라에서 100만명 이상의 가입자를 가지고 있는 것으로 조사되었다. 휴대폰의 메모리 용량이 더 커지고 거기에 여러 기능을 내장시킬 수 있게 될 경우 모바일 뱅킹은 그 영역을 더욱 넓혀가게 될 것으로 보여진다. 나아가 이것은 단지 은행업무를 하는 것으로부터 증권업무 및 보험업무도 할 수 있게끔 업무영역을 확장해 나갈 것이다.

03 | 이 러닝(e-learning)

1. 이 러닝의 의미와 선결조건

정보통신기술 및 전파 방송기술을 이용하여 이루어지는 학습을 이 러닝이라고 하고, 그 구체적 형태에 따라 이를 다시 온라인 교육, 사이버 교육, 웹기반 교육, 원격교육, 위성교육 등으로 표현하기도 한다. 이 러닝을 할 수 있게 되면 학습을 위해 들여야 하는 코스트를 절감할 수 있다. 종래 방식의 교육에서는 학교시설 등을 마련하고 많은 교사들을 확보하는 데 많은 비용을 들여야 했으나 이 러닝에서는 종래방식의 투입을 상당부분 생략할 수 있으면서 온라인을 통해 종래보다 더 많은 사람을 대상으로 하여 대량교육을 할 수 있기 때문이다. 이 러닝에서는 교과과정의 배경설명, 전후관계의 이해, 광범위한 참고문헌의 참조 등이 가능하고 반복학습을 하거나 복습을 하게 하는 것이 용이하다. 더 나아가 학생들의 반응을 아는 시스템을 활용할 수 있는 경우에는 각개 수요자의 필요에 상응하게끔 교육내용, 시간대, 진도 등을 조정할 수 있어 이른바 수요자 중심의 교육을 시현할 수 있다.

이 러닝을 위해서는 HW 및 SW로 이루어진 교육네트워크, 교육할 내용물, 이를 온라인으로 전수할 수 있게 하는 플랫폼(platform) 등이 선결되어 있어야 한다. 다시 말하면, 이런 요소들을 갖추게끔 하는 경제적 자원이 준비되어 있어야 한다. 플랫폼은 최신기술에 의한 것이면서 표준화되어 있어야 좋다. 우리나라는 초고속인터넷이 크게 발달되어 있어 인터넷이 이러한 플렛폼이면서 학습의 수단으로 되어 있다.

2. 이 러닝의 효과

이 러닝에서는 면대면(face-to-face) 교육이 불가능하다. 교사와 학생 사이에서 얼굴을 맞대고 서로 질문과 대답을 하고 받으며 상호반응하는 식의 직접적 의사소통은 불가능하다. 이 러닝은 의사소통면에서의 이러한 약점을 보완하고자 하여 많은 교육보조자료를 쓰고 있다. 애초에는 CD-ROM에 담은 것을 교육보조자료로서 많이 이용하였으나 그 이후 이것과 네트워크에서 즉각 꺼내 쓸 수 있는 것 사이에서 업무분담이 이루어지게 되었다. 그래서 용량이 크고 전송에 시간이 많이 드는 멀티미디어 자료는 CD에 담아 두었다 이용하고 텍스트로 된 간단한 컨텐트는 네트워크상 웹에 두었다가 필요시 검색해 쓰는 체계를 택하고 있다. 또 그 내용물로는 사진, 원전 문서, 그림, 포스터, 실습에 대한 기술 등 모두를 활용하고 있다. 이런 보조자료를 최대한으로 이용함으로써 멀티미디어 자료나 시각적 자료를 자유롭게 쓰지 못하는 상태에서 이루어져 온 교실에서의 종래 교육의 한계를 극복해 보려고 하고 있다. 애니메이션을 활용하고 시나리오 방식 또는 튜토리얼 방식의 교수법을 쓰기도 하여 흥미를 제고하기도 한다. 그로써 면대면 교육을 하지 못하는 데도 불구하고 나름대로의 양방향대화의 수단을 가지기도 하여 학생들로 하여금 더 실감나게 공부할 수 있도록 하는 여건을 만들고 있다.

상대적으로 풍부한 교육보조자료를 쓸 수 있다는 가능성이 학생들로 하여금 자발적이고 적극적으로 수업에 참여하게 하는 데 유효하게 작용한다. 이것이 교사와 학생들이 얼굴을 맞대고 서로 상호소통을 하면서 학습하지 못하는 열악한 사정에서 유래하는 취약점을 극복하는 요인이 되기를 기대한다. 이 러닝에서 학습의 진도를 학생들의 능력에 맞출 수 있다는 것도 수요자중심 교육의 성격을 보여주는 것으로서 주목해야 할 점이다. 이 점의 다른 측면은 학생들의 자습이 학습의 중심을 차지하게 되어 피동적으로 끌려가며 공부하는 경우에 비해 학습의 효율이 높아지게 될 수 있다는 것이다.

이 러닝은 교육행정 차원에서 비용절감을 가능하게 하였고 원격교육을 통하여 교육이 미치는 범위를 종래 이상으로 확대하는 긍정적 역할을 하였다. 그러나 이를 위해서는 네트워크를 더 확장하고 여러 장비를 마련하고 다양한 교육보조자료를 마련해야 하는 등 많은 투자가 선행되어 있어야 한다. 나아가 이러한 새로운 기기 및 환경은 이용자에게 친근한 것이면서 지속적으로 개량되는 것이어야 한다. 효과적인 이 러닝을 하기 위해서는 교사들의 초기 준비가 많아야 하나 그 이후에는 많은 교사가 필요 없게 된다. 여기에서 이 러닝은 교사들의 반발을 불러올 수 있다. 또 그것은 대학에서 소수의 유명강사를 탄생시키어 예컨대 대학의 분위기를 흐리게 할 소지도 가지고 있다. 단 이러한 약점에도 불구하고 동시에 이는 보다 많은 학생들에게 유명강사의 강의를 듣고 접할 수 있게 함으로써 저비용 고효율의 교육방법으로 되어 각광받고 있다. 이와 관련해 미국 MIT의 'The MIT Open Courseware' 에서 차용해 쓸 수 있는(http://ocw.mit.edu/) 디지털 컨텐트가 유명하다. 국제적 공동이용을 의식하고 만들어진 공개 코스물(open courseware)을 십분 활용하는 것도 중요하다.

사이버대학으로서 유명한 미국 산프란시스코의 Phenix online university의 경험은 인터넷 강의의 생명은 일류 교수의 강의이고 사이버대학의 경쟁력은 저렴한 등록금에서 비롯된다는 점을 알려주고 있다. 이런 점을 보아 이 러닝은 비싼 교육비 때문에 저소득층이 교육을 제대로 받지 못하고 이것이 사회적 불평등의 근본 원인이 되고 있는 양상을 극복할 수 있게 하여 계층간 교육기회의 균등화를 가져올 수 있을 것이라 기대되고 있다. 그러니 범세계적 공공재격인 교육자료 공동체(educational commons)를 개발하고 효과적으로 이용하게 하는데 참여하고 지원해야 하겠다.

이 러닝은 아직 교실교육을 대체하지는 못하고 있다. 대학에 학생을 모을 수 있는 정규대학이 원격교육(distance learning) 성격의 이 러닝을 하는 경우는 아직 없으며, 그 성질상 교실교육이 어려운 평생교육 내지 계속교육의 영역에서나 이 러닝이 활발히 이용되고 있다.

이 러닝 성공의 핵심은 역시 컨텐트이다. 다양한 컨텐트가 제공될 수 있어야 한다. 이런 컨텐트는 오로지 학교를 전제로 하는 학습만을 위한 것이 아니라 생활하는 데 필요한 자녀교육방법, 금융기관 이용방법, 건강유지의 길, 이력서 및 지원서 작성요령 등 여러 가지를 포괄하는 것이어야 한다. 이런 컨텐트는 반드시 30분이나 1시간을 보아야 하는 큰 분량의 것일 필요는 없고 10분을 학습한 후 차후 사정이 허락할 때 그 다음을 볼 수 있도록 하는 작은 분량의 것이어야 좋다. 사용자의 필요에 대응해 그 파일의 크기도 다양하게 제공되어야 좋다. 이런 컨텐트는 이 러닝 서비스의 공급자가 일방적으로 주도해 만들기보다는 관계되는 내용에 대한 전문가, 교사, 학생, 컨텐트 개발의 기술자가 협력해 마련하는 것이 좋다. 이렇게 만든 것이 학습자들로 하여금 효과적으로 학습할 수 있게 하는 것이 되리라 보기 때문이다.

이 러닝의 종류로서 인기를 끄는 한 예가 iPod 등 단말기를 가지고 어휘를 익히고 문제풀이를 하게 하는 것이다. 이러한 학습은 두꺼운 책을 가지고 다니지 않더라도 할 수 있기에 짬이 나는 때 언제 어디서나 할 수 있어 교실이나 공부방 등 일정한 장소에서 하는 학습을 보완하고 있다.

3. 이 러닝의 비교우위분야

이 러닝은 다음의 세 가지 분야에서 비교우위를 보여 왔다.

파트타임 MBA교육

직장에 다니느라 별도로 시간을 내 학교에 다닐 수 없는 직장인이나 항시 움직이며 살아야 하는 사람들에게 학교라는 고정된 공간에 가서 교육을 받는다는 것은 불가능하다. 그러나 계속 발전하는 사회에서 이들도 계속 교육을 받아야 한다는 점은 더욱 절실해지고 있으며, 인터넷을 통한 온라인 교육이 이러한 수요를 채우고 있다. 이러한 수요 중 가장 대표적인 것이 MBA교육과 관련된 것인데, 미국에는 이런 방향의 영리 추구의 교육기관이 많다. 이들은 교육자료의 질과 권위를 높이기 위하여 Stanford, Columbia 등 일류 MBA교육기관의 협력을 받아 교육자료를 마련하고 있으며, 교실이 아니기 때문에 결여될 수밖에 없는 교사와 학생 사이의 상호 교류미흡이라는 약점을 보충하기 위하여 광범위한 '문제 및 해답'(questions and answers)의 데이터베이스를 구축해 놓고 이를 이용하도록 하고 있다.

가상학교(virtual school)

기존의 중학교, 고등학교에서 보면 범죄가 많이 발생하는 등 위험이 적지 않고 교실에서의 분위기는 산만하다. 또 그 곳 교실에서의 교육이 평균수준의 학생을 대상으로 삼고 교육내용을 선택하다 보니 그렇게 선택된 수준을 능가하거나 그 수준에 못 미치는 교실에서의 다른 학생들은 불만을 가지지 않을 수 없게 되어 있다. 이런 학생들을 대상으로 하여 각자 집에서 학습할 수 있도록 한 것이 온라인으로 이루어지는 가상학교 교육이다. 가정에서 교육이 시행되는 경우가 많다는 점을 보아 이것은 home schooling이라고도 부른다.

기업 대상 온라인 학습

일에서 벗어나 일정기간 학교의 교실 교육을 받을 수 없는 처지의 직장인들을 대상으로 하여 일을 하는데 필요한 내용을 온라인으로 교육받게 하는 것이다. 이는 일종의 OJT(on the job training)라 할 수 있으며, 구체적 문제를 전제로 하여 그 해결책과 관련된 것을 교육하는 것이기에 문제기반 학습(problem-based learning)의 성격을 가진다.

노조의 조합원 교육

노조는 조합원의 복리후생을 위해 임금이나 복지수준의 개선을 위한 투쟁을 하는 일방 조합원 능력의 질적인 진전을 도모하기 위하여 온라인 교육프로그램을 운영한다. 계속 변화해 가는 노동현장에서 조합원들이 최선으로 적응할 수 있도록 하기 위하여 경력관리 및 필요기술의 습득에 도움을 주려고 한다. 여러 조합원들의 다기한 요구에 부응하는 다양한 교육자료를 온라인으로 공급하여 각자 습득하도록 한다.

외국어교육 등

외국어를 익히는 경우나 공인회계사, 공인중개사 등 수험준비를 하는 때이 러닝이 활용된다. 이런 때에는 이동중에서도 학습을 하는 경우가 많아 모바일 러닝(mobile learning)의 성격도 가지게 된다.

외국어교육에서의 이 러닝의 성과는 특기할 만하다. 본래 외국어교육은 그 외국어를 모국어로서 쓰는 사람으로부터 교육받아야 좋다. 그런데 이 러닝에서는 면대면 교육이 필수적이지 않기 때문에 교사와 학생이 동일한 지역에 소재하지 않아도 좋다. 이 러닝에서는 외국에 가지 않고도 원어민에 의한 효과적인 외국어교육을 하고 받을 수 있게 하는 것이 가능하다. 예컨대 중국어를 교육함에 있어 중국어교사이 학습과정을 포드캐스트로 따라갈 수 있게 한 다음 그 내용을 더 익히고 본토인과의 대화를 하는 추가과정을 프리미엄 서비스로서 제공하여 더 이상 훈련할 수 있게 하는 식이다. 과연 이런 이 러닝으로써 종래 비교역재이었던 외국어교육이라는 서비스는 사실상 교역재로 되었다. 교육해야 할 것 중 평생교육의 대상으로 되는 것은 결국은 이 러닝으로 이루어지게 될 것이라 보인다.

4. 교육방송과 이 러닝

2004년 교육방송(EBS)에서 51개 과목 5,000여 편의 강의를 가지고 종래의 학원 등에서 이루어지던 사교육을 대신할 교육을 하게 됨에 따라 이 러닝은 새로운 전기를 맞게 되었다. 이때의 특징은 내용전달을 위한 수단으로서 종래의 방송매체인 EBS방송에만 의존하지 않고 인터넷도 활용하게 되었다는 점이다. 이로써 방송할 내용을 일방적으로 송신하는 데 그치지 않고 그것을 인터넷을 이용해 각자 필요한 때 다시 볼 수 있도록 한 것이다. 이는 저비용 고품질의 교육내용을 보다 널리 펼칠 수 있도록 한 것으로서 종래 학원에 다니기 어려웠던 많은 사람들로 하여금 이런 내용에 접근할 수 있도록 하였다는 점에서 획기적이다.

그러나 대단히 광범위한 이 러닝의 실시는 상당한 재원을 소요한다는 등 몇 가지 문제점도 지니고 있다. 첫째, 다기한 수요에 대응하는 다기한 강의안을 마련하기가 쉽지 않다. 예컨대 교육방송에서 비록 5,000여 편을 넘는 많은 강의안을 마련했다고 하나 이것이 수많은 수강생의 학습진도 및 필요에 따른 다기한 요망을 충분히 채울 수 있을지는 의문이다. 둘째, 이 러닝의 약점인 양방향 의사소통면에서의 취약성은 여전하다. 브라질에서는 이러한 약점을 보완하기 위하여 전국적 온라인 강의가 있은 후 각개 학교에서 질의응답을 하는 종래식 교육을 함으로써 이를 보완했다고 하는 바 참고해야 할 사항이다. 셋째, 인터넷을 이용해 접속하는 경우 인터넷 접근의 보장이 계속 문제가 된다. 전국 규모의 강의를 계기로 하여 강의에 대한 수요도 전국적이고 대규모로 현재화될 경우 인터넷 접근에 장애가 있는 곳이 차별화될 여지가 있다는 것을 부인하기 어렵다.

한편으로는 많은 강의안에 대한 요구가 있을시 즉각 내보낼 수 있는 서버가 충분하냐가 문제가 되고, 다른 한편으로는 인터넷 가입자망을 확보할 수 없을 정도로 가난한 사람들에게는 이러한 교육기회가 여전히 접근할 수 있는 범위 이상의 것이라는 점이 문제로 된다. 이런 사정의 이면에서 필요 하드웨어인 ADSL이 연결된 PC나 Cable TV를 생산하는 회사 및 서버 증설에 종사하게 될 회사들만의 이익이 현저해지는 양상이 전개될 수 있다. 후술되는 IPTV의 정착화는 이 러닝의 확산에 도움이 될 것이다.

교육방송에서의 내용 중 인터넷을 이용하는 강의의 부분이 정부주도이고 전국적인 규모를 염두에 둔 것이라 하겠는데 시장을 활용하는 그것의 대안이 이 러닝 몰의 형태로 나타나고 있다. 여기에서는 강의라는 컨텐트를 생산하여 제공하는 강사가 개별적 독자적으로 강좌를 만든 다음 그것을 인터넷을 통해 이용할 수 있게 하면서 수강자의 강의에의 참여도에 따라 보상을 받는다. 개별 강좌는 개인적 창의성 발휘의 산물이며 좋은 강좌가 많이 생겨야 이 사업이 성공할 수 있게 된다. 이러한 강좌의 컨텐트는 일류 학원의 강의내용을 담는 것으로 될 수 있겠으며 열성적 강사의 개별적 노력으로 컨텐트가 만들어지게 하는 것은 그러한 컨텐트 제작을 어떤 기업에 맡기는 것보다 질을 높이고 코스트를 저감시키는 방도로 될 수 있을 것이다.

5. 미래교육에의 대비

이 러닝은 학습방법의 개선 이외에 학업수행을 평가하고 개선할 수 있는 방도를 개발해야 한다는 과제를 가지고 있다. 학습 포트폴리오를 충분히 지닐 수 있게 되어야 할 것이며 디지털 컨텐트의 개발과 활용 차원에서 지식공유체제를 형성할 수 있어야 할 것이다.

도서관의 모든 자료를 디지털화해 온라인 접근을 가능하게 하는 것은 매우 매력적인 과제이다. 그런데 단기적으로 보면 이런 목표로의 진전은 별로 없다. 지재권 문제와 관련되어 저작권이 소멸된 것만으로 온라인화의 대상으로 한정될 수밖에 없는데 저작권이 근년 연장되는 등 이유로 온라인화할 수 있는 대상이 점점 제한되어가고 있기 때문이다. 그러나 장기적으로 보면 책의 디지털화가 꾸준히 진행되고 있다. 종이책의 내용을 전자적으로 접근하게 하는 것이 그런 내용을 종이책에다 담는 것보다 싸고 여러 가지로 편리하기 때문에 책의 디지털화는 가속적으로 진행되리라 보인다. 더구나 나무를 베어 내 펄프를 만든 다음 종이로 만들고 그 위에 인쇄를 하고 인쇄된 것을 제본하여 책을 만드는 긴 과정의 방식의 합당성에 대하여 환경보호의 차원에서 의문이 제기되고 있기도 하여 종이책이 현재 규모로 영속할 수 있을런지는 의아시되기도 한다.

이 러닝은 e-book 프로그램으로 보완되어야 바람직스럽다. E-book사업은 기존의 종이책의 내용을 컴퓨터로 다운로드 받을 수 있게 하거나 무선으로 접속할 수 있게 해야 한다. 마치 도서관카드의 소유자가 도서관에 가서 그곳에 있는 모든 책의 목록과 그 내용을 볼 수 있듯이 이 프로그램은 가입자로 하여금 도서관에 있는 디지털화 된 모든 책과 잡지, 오디오 및 비디오를 접근할 수 있게 해야 한다. 그로써 이것은 도서관 자료의 이동성(portability)을 제고하고 이용을 활성화할 수 있다. 나아가 이것은 블로그 형태의 커뮤니티 서비스로 될 수 있고 또 포털로서의 역할을 하기도 한다. 이러한 것에 대한 접근방법으로는 유선과 무선을 가리지 않는다. 이런 노력의 가장 오래된 선례는 netLibrary이다. 단 음악을 다운로드 받을 때 다운로드용 기기를 한정하는 디지털 잠금장치가 각각이어서 문제점을 야기하고 있음을 상기할 때 e-book에서도 잠금장치의 종류가 많아 이용이 제한받는 일은 없어야 하겠다.

최근 나타난바 E-book사업과 관련해 화제를 모으는 것이 Amazon의 Kindle이다. 이것은 약 200권의 책을 담을 수 있으면서 동시에 네트워크에 저장된 수많은 책과 연결을 할 수 있게 한 독서 기기인데 책뿐만 아니라 신문, 잡지, 블로그의 내용도 접근할 수 있게 하고 있다. 일종의 컴퓨터로서 Wikipedia 및 Google 검색을 할 수 있고 이메일을 보내고 받을 수 있게 하고 있다. 전철이나 비행기를 타고 이동하는 중에도 이것을 유용하게 이용할 수 있고 책 서너 권을 함께 볼 수 있으며 종래 종이책을 구매할 때보다 쉽게끔 한번 터치하면 되는 방법(one touch process)으로 종이책 값보다 싼 값에 책의 내용을 구매할 수 있게 하고 있다. 또 불법도취방지(anti-piracy)SW를 장착하고 있어 불법적 이용을 제한하기도 하고 있다. 복잡하지 않은 방법으로 이용하면서 글자의 크기나 모양을 조정할 수 있게도 하여 노령층을 비롯한 여러 연령층의 독자에게 인기를 끌고 있다. 이것이 책의 수요를 늘이게 될 것이라 여겨져 여러 곳에서 환영받고 있다. 나아가 이것은 출판사에게는 인쇄비용, 유통배급비용을 절감하게 할 수 있어 도움이 되고 있다. 이것은 상대적으로 흡족하게 이루어지고 있지 못한 책의 디지털화를 촉진하게 될 것이다.

궁극적으로 이것이 학습과 연구를 하는 방식을 바꾸게 될 것이라는 예상도 있다. 모든 책과 자료가 디지털화 되고난 다음에는 이런 기기를 가지고 있기만 하면 별도 공간을 가질 필요 없고 일일이 관련 서적을 소장하고 있는 도서관을 찾아갈 필요 없이 찾는 자료를 간단히 찾을 수 있고 그에 근거하여 학습과 연구에 효율을 높일 수 있다. 나아가 현재 블로그에서의 논의, 온라인 포럼, Amazon에서의 서평 등의 방도에서 볼 수 있듯이 저자와 독자들 사이에서의 의견교환이 활발해지게 만들 수 있다. 그로써 문화의 창조과정이 종래 저자라는 소수의 전문가에 전적으로 의존하던 상황으로부터 대중의 지혜에 의존하는 상황으로 진화하게 하는 데 도움이 될 것이다. 누구에게 전속되지 않고 모든 컨텐트를 개방해 널리 이용할 수 있게 하자는 Open Content Alliance의 이념에 따라 모든 책의 내용을 e-book에 담아 누구나 자유로이 접근하게 할 수 있게 될 경우 이러한 대중의 지혜의 활용은 그 힘을 더해 가게 될 것이다.

단 종이책의 내용을 모두 디지털화해 e-book으로 만드는 것이 모든 책에 대해 타당할 것인지는 확실하지 않다는 의견이 많다. 책에 따라서는 e-book으로 만드는 것이 부적합한 것이 있을 수 있기 때문이다. 사전처럼 그 내용을 일시에 모두 읽자는 것이 아니고 필요한 때에 필요한 일부만을 읽는 것이라면 e-book으로 만드는 것이 적합하다. 특히 사전의 방대한 내용 중 일부를 계속 업데이트해 나가야 할 필요를 상기하면 이 점은 더욱 그러하다. Wikipedia가 이를 잘 예시한다. 논픽션인 저술은 알맹이는 일부인데 최소한 책의 모양새를 갖출 수 있도록 하기 위해 내용을 억지로 늘리는 속성을 가지고 있다. 그래서 이런 책을 보려면 별 필요 없는 부분을 보아야 하는 비효율을 감수해야 한다. 또 거기에는 종이의 낭비도 숨어 있다. 그런데 논픽션의 필요한 내용만을 디지털화해 작은 크기의 e-book으로 만들고 그 곳의 참고 자료나 색인 등을 초월연계되도록 한다면 각종 참고사항들의 인용을 훨씬 용이하게 하면서 종래 종이책에 있었던 위의 불편과 낭비를 회피할 수 있을 것이다. 여기에서 논픽션인 저술도 e-book의 좋은 대상이 된다고 하겠다. 소설 중 판타지소설이나 공상과학소설 같은 것을 단순히 글로 기술하는 것 이상으로 오디오, 비디오, 그래픽 등을 활용하여 만들 경우 독자들에게 더 깊은 인상을 줄 수 있을 것이다. 여기에서 이런 것들은 종이책 보다는 e-book으로 출판하는 것이 더 나으리라 할 수 있겠다. 그러나 교과서나 참고서처럼 곁에 두고 여러 번 반복해 보고 앞과 뒤를 왔다 갔다 하며 보아야 하는 것은 기왕에 습관되어 있는 그대로 종이책으로 만드는 것이 좋을 듯하다.[4] 한편 시, 수필, 인생수양록, 처세술 등을 다루는 책은 e-book으로 되기에 앞서 독립된 파일로 된 다음 podcasting의 대상으로 될 것이라 하니 역시 e-book으로 되지는 않을 듯 하다.

이 러닝은 교육(education)적 측면과 오락(entertainment)적 측면을 결합한 e-edutainment로 확충 발전될 수 있다. 실상 이것은 문화컨텐트 사업의 신분야의 하나로서 큰 기대를 모으고 있다. 인고의 대상인 학습의 내용에다 재미의 대상인 게임에 엮어 넣어 놀면서 즐겁게 공부할 수 있게 바꾸기 때문이다. 네트워크 게임에 토익을 엮어 넣은 게임나라의 toeic.net이 그 한 예가 되겠는바, 이러한 게임 속의 학습을 휴대용 단말기를 가지고 이동중에도 할 수 있게 되면 그것은 m-learning으로 되겠다.

이 러닝은 미래의 교육 및 학습체제를 바꾸는데 주요한 역할을 할 것이다. 학습해야 할 내용을 보다 정제되고 계속 업데이트되는 것으로 만들고 그것을 국경을 초월하여 널리 쓰일 수 있게 할 수 있으리라 보여지기 때문이다. 예컨대 세컨드 라이프에서는 하바드대학, 프린스턴대학, 오하이오대학 등 학점을 이수할 수 있는 대학이 실험되고 있으며 인터넷을 통한 이들에의 접근

4) 학교에 너무 많은 책을 가지고 다니는 것을 지양하고 필요한 참고문헌과 교과서를 함께 볼 수 있도록 하고자 하여 우리나라에서 이른바 디지털 교과서를 만들려는 시도가 진행중이다. 그런데 교과서란 종이책으로 되어 자주 앞과 뒤를 들쳐보는 것으로 되어야 좋다는 여기에서의 시각으로 볼 때 디지털 교과서 사업에서 참고서 이상 교과서를 디지털화 하고 종이책 교과서를 모두 없앤다는 것은 문제가 된다 하겠다.

이 가능하게 되어 있다. 또 Wikipedia와 같은 성격을 갖는 Wikiversity는 사이버대학의 무료 포털로서 계속 성장해 갈 수 있을 것이다. 이러한 변화로 세계 공통의 지식 데이터베이스가 마련될 수 있다고 하면 그것을 어떻게 효과적으로 활용하는 것이 학습의 초점으로 될 것이다. 지식의 암기는 필요 없고 관련된 지식의 포괄적 이해가 중요하게 될 것이다. 시험을 보는 때에도 인터넷 검색이 가능한 기기를 가지고 들어가게 되고 잘 준비된 수험생이란 이를 최선으로 활용하고 있는 사람이 될 것이다. 교육의 초점은 엄청나게 다양한 정보를 활용해 무엇을 생산하고 창안해 낼 수 있는 능력을 배양하게 하는 데 맞추어지게 될 것이다.

04 | 이 연예(e-entertainment)

1. 의미와 선결조건

연예오락사업은 디지털 융합(digital convergence)으로 가장 많은 영향을 받았으며 또 앞으로 더 받을 사업이다. VOD(video-on-demand)서비스는 영화관에 가거나 비디오 필림을 달리 구입하지 않고 인터넷을 통해 영화를 다운로드 받아 영화를 감상할 수 있게 하였으며 영화산업에게 one-source, multi-use의 방도로 추가의 수입을 얻을 수 있는 길을 열어주었다. 이것이 앞으로 영화산업의 중심부문이 될 것이라고 하는 예견도 있다. 나아가 일단 영화로 된 소재는 어렵지 않게 게임에서 소화될 수 있다. 게임이 있음으로써 one-source, multi-use의 이점은 더욱 강화된다.

촬영, 편집 등을 고가의 장비를 쓰지 않고 캠코더나 PC를 써 할 수 있게 됨에 따라 영상산업이 크게 확장할 수 있게 되었으며 아날로그 필름을 스캐닝을 통해 디지털화하는 디지털 리캐스팅(digital recasting)도 이 산업의 공급체계를 바꾸는데 기여하였다. 게임을 만드는 것에 대한 자금지원이 있게 됨에 따라 TV에서의 쇼처럼 유명 탈렌트를 동원하고 배경을 화려하게 함으로써 게임의 내용을 충실하게 만들 수 있었고 그로써 게임의 영화나 TV쇼에 대한 영상면에서의 열위가 줄어들게 되었다.

그런데 Napster 경우에서 보듯 이렇게 개선된 게임은 지적재산권 침해의 제물로 될 가능성을 동반하고 있다. 따라서 지재권관리용 SW를 내장한 RealPlayer 또는 Window의 Media Player 등에서처럼 인터넷 이용과 지재권 보호의 조화가 게임과 관련해서도 추구되고 또 준수되어야 할 것이다.

사이버 게임에는 게임용 기기에 근저를 둔 것과 PC에 근저를 둔 것이 있다. 애초에는 게임용 기기를 이용하는 것이 압도적 대세를 이루었으나 차차 PC의 성능이 좋아지고 PC가 게임을 수용하게 됨에 따라 PC게임이 그 위상을 높여가게 되었다. 이는 게임기의 가격이 반드시 낮지 않아 부모의 그늘을 갓 벗어난 20대가 새로운 게임기를 속속 사는 것이 어려웠다는 점, 이들에게 게임기를 놓아둘 장소의 마련도 쉽지 않았다는 점, PC게임에서 역할담당게임(role-playing game)이 더 활발하게 전개되었다는 점 등에 기인한다. 많은 사람들에게 PC는 필수품이 되었기에 PC게임은 게임 플렛폼으로서 확고한 위상을 차지하게 되었다. 최근에는 여러 사람이 참여하는 게임(cooperative multi-player game)이 연령, 지역의 한계를 넘어 그 영역을 넓혀가고 있다. 이것은 사회 네트워크의 성격도 띠고 있어 게임 이상의 사회적 파장을 가질 소지도 지니고 있다.

게임산업도 영상산업처럼 촬영, 편집 등에서 PC를 쓰게 된 변화의 덕을 보고 있다. 게임산업에서 스타도 나타나고 또 게임대회의 스폰서도 나타나 이 산업이 자리잡는데 도움을 주고 있다. 스폰서의 지원이 당장은 게임대회 참가비와 더불어 이 산업의 주된 수입원으로 되고 있다.

게임을 하는데 소요되는 시간이 문제가 된다. 하나의 게임을 끝내는 데 50~60시간이 소요되고 그에 따라 게임을 시작한 사람 중 20%정도만이 게임을 마치는 경우라 한다면 게임을 하더라도 불만이 없을 수 없다. 그래 5~6시간 또는 그보다 단시간 내에 게임을 끝낼 수 있도록 게임의 규모를 조정하는 것이 게임에 대한 수요를 늘릴 수 있는 길이 되리라 보고 있다. 나아가 게임의 규모를 이렇게 줄이는 것은 게임을 어렵지 않게 완료할 수 있게 하여 게임을 하는 사람에게 좋을 뿐만 아니라 게임개발을 용이하게 하고 개발코스트도 줄일 것이기에 게임공급자에게도 득이 되리라 여겨지고 있다.

교습 온라인게임(instructional online game)은 게임의 형식 속에서 교육적 내용을 교습시키려는 것이다. 오늘날 메시지의 홍수 속에서 사람들의 관심을 20여 분 정도 끌기가 쉽지 않은데 이 방법은 12~17세의 젊은이들 80% 이상이 온라인 게임을 즐긴다는 사정에 의거해 젊은이들이 자발적으로 즐기는 게임에다 교육적 내용을 담아 주의를 끄는 작업의 어려움을 우회하면서 교육적 내용은 전달해 보려고 하는 것이다. 여기에서는 교육적 내용을 담은 컨텐트가 중요하게 되는데 이때 세상의 모든 것을 선과 악으로 2분하는 단순화는 피해야 할 것이라고 여겨지고 있다.

사람들이 모여 교류하는 사회 네트워크에 온라인 게임을 올려 이용하게 하는 것이 의외의 반향을 불러오고 있다. 여기에서는 온라인 게임 중 젊은이들이 선호하는 복잡한 것을 피하고 비교적 간단한 종류를 선택하면서 외부인에 의한 그러한 게임의 변형을 허용하는 융통성을 허용하는 것도 있다. 그에 따라 종래 복잡한 온라인게임에 접근하지 못했던 연령대도 참여할 수 있게 하여 온라인게임의 확산에 기여하고 있다. 또 게임을 하다 채팅을 하기도 하는 등 사회 네트워크의 장점을 십분 이용하는 일이 가능하게 하여 사회 네트워크의 방문자를 늘리는 결과를 초래하고 있다.

2. 온라인 게임에서의 비교우위

초고속 인터넷망이 잘 깔려 있다는 우리의 여건이 우리나라에서 온라인 게임이 발달할 수 있도록 한 주요요인이었다. 검색 등에 상대적으로 덜 매달렸던 우리는 대용량 서버를 게임에 이용할 수 있어 서버공용기술을 개발하면서 그래픽기술도 배양할 수 있었던 것도 도움이 되었다. 또 온라인 게임에서 게임개발자로서는 서버를 관리하는 것을 통하여 게임내용이 복사되고 침해받는 것을 통제할 수 있어 지재권을 보호하는 데 다른 종류의 게임 플렛폼을 쓰는 경우보다 유리하였다. 더불어 익명의 여러 사람들과 비교적 쉽게 어울리는 습성, 정보공유의 성격, 수요자들의 즉각적 반응 등에 힘입어 게임개발에 유리한 시장을 가질 수 있었던 것도 비교적 일찍 온라인 게임을 발달시킬 수 있게 만든 요인이 되었다. PC방이라는 우리만의 제도가 있었다는 것도 우리나라의 온라인 게임시장을 크게 발전시키는 요인이 되었다. 그러나 그것에서의 컨텐트 개발 및 마케팅에 대한 아쉬움도 지속적으로 토로되고 있다. 그러면서 기본 스토리에 게임의 요소를 가미하여 하나의 작품으로 완성해내는 제작능력이나 제작과정과 제작 후 마케팅과정을 총괄적으로 기획하고 관리해 나가는 관리능력의 부족을 절감하고 있다.

온라인 게임산업은 인터넷을 통해 게임을 할 수 있게 하면서 일정 기간에 대한 이용료를 받거나, 게임을 하는 사람들로 하여금 유료인 아이템을 구입하게 유도하면서 아이템 판매수입을 취하거나, 사이버 머니가 오가는 구조를 만든 뒤 게임하는 사람들에게 기본이 되는 칩은 무료로 제공하되 그 이상의 칩을 원하면 유료로 매입하게 하면서 칩을 판매하여 수입을 얻는다. 다른 종류의 게임과 달리 온라인 게임에서는 중앙에서 서버를 관리하면서 게임의 진행을 모니터하고 칩의 판매를 관리할 수 있어 게임내용을 해킹당하는 등의 위험성으로부터 상대적으로 자유스럽다.

종래 전용 게임기를 사고 비교적 장시간을 소요하는 대형 게임을 즐기는 게임마니아들에게는 돈을 내고 게임타이틀을 구입하여 즐기는 것이 당연하였다. 이러한 게임마니아들을 많이 가지고 있는 사회에서는 온라인 게임은 사소한 것이었다. 그러다가 게임산업이 게임을 즐기는 대상을 게임마니아 이상으로 넓혀야 할 필요를 가지게 되고 그에 따라 상대적으로 짧은 게임도 취급해야 할 필요가 인지되게 되자 이러한 사회도 온라인 게임을 보다 폭넓게 수용하려고 하게 되었다. 그래 이들은 게임타이틀을 판매해 수입을 얻으려고 하는 대신에 온라인 게임을 무료로 다운로드 받아 즐기게 하면서 게임 아이템을 팔거나 광고를 보게 하는 방식을 가지고 수입을 확보하려 하고 있다. 이때 큰 게임의 주요 내용을 번안하여 작은 게임에서 다시 활용함으로써 one-source, multi-use를 시현하고도 있다.

온라인 게임은 서버를 이용하기 때문에 게임SW를 게임 이용자에게 도용

당해 게임 타이틀을 판매하지 못하게 됨으로써 맞게 되는 손해로부터도 비교적 자유스럽다. 그러나 해커가 서버에 칩입하여 이용자의 주민등록번호를 도취해 악용하거나 게임시스템 전체를 도취하여 의사 서버 노릇을 하면서 아이템 거래를 장악하는 데에는 무력하다. 이에 해킹을 추적하여 피해를 최소화하거나 1회용 비밀번호를 발급하여 의사 서버로부터의 피해 가능성을 줄여보려는 대책이 강구되고 있다. 또 다른 나라의 업체가 국내업체를 M&A하거나 기술을 도취하여 유사제품을 만들거나 컨텐트를 표절하는 것에 대해서도 별로 대응하지 못하고 있다. 해당 국가의 정부가 이러한 불법행위를 단속해야 마땅하나 그러하지 않을 경우 달리 대응방법이 없다.

PC나 게임기가 널리 보급되지 않았으나 휴대폰은 많이 보급된 곳에서는 모바일 게임의 전망이 밝다. 모바일 게임은 기차나 버스로 이동중에 시간을 때울 수 있는 방도를 제공하기도 하기에 환영받고 있다. 그러나 많은 메모리, 복잡한 그래픽스, 게임을 즐기기 위한 사전교육의 선행 등의 선결요건을 가지는 PC게임과 구별되어 모바일 게임은 게임을 너무 길지 않은 시간 내에 마칠 수 있게 하는 것으로 되어야 좋다. 이런 차별과 관련이 있는 듯 PC게임을 하는 연령층은 주로 10대이나 모바일 게임을 하는 연령층은 20～45세라고 한다.

또 게임을 하는데 과다한 비용이 소요되어서도 안 된다. 여기에서 게임제작업체와 데이터통신요금을 좌우하는 통신업체의 협력이 필요하게 된다. 단 모바일 게임을 하는 도중 또는 하기 이전에 광고를 보게 의무화하는 경우에는 사정이 다소 달라질 수 있다. 휴대폰을 가지고 있는 사람이 대단히 많다는 것이 모바일 게임의 밝은 장래를 시사한다고 한다.

은퇴한 노인들이 소극적으로는 소일거리로서 또 적극적으로는 치매예방을 위해 게임을 하는 경향이 나타나고 있다. 물론 이런 때의 게임은 비교적 간단하고 건강을 해칠 만큼 장시간을 요하는 것으로 되어서는 안 된다. 노인들이 모이는 요양소는 물론 승객이 한 곳에 머물러 있어야 하는 장기 유람선도 노인이나 승객들의 게임을 하려는 성향에 부응하고자 쉽게 게임을 할 수 있는 환경을 조성하려 하고 있다.

3. 에듀테인먼트

게임산업은 에듀테인먼트(edu-tainment)에 큰 기대를 걸고 있다. 이것이 즐겁게 게임을 하는 도중에 교육받아야 할 내용을 자연스럽게 익히도록 함으로써 아주 효과적인 학습을 할 수 있게 만들 것이라 보기 때문이다. 이때 학습해야 할 컨텐트를 확보하는 일은 비교적 용이할 것이기 때문에 그것을 게임에 녹아들도록 하는 것만이 문제가 되겠는바, 여기에 재미난 스토리를 결부시키는 것이 필요하리라 한다. 예컨대 80일간의 세계일주라는 게임에서는 여행도중에 들르는 여러 나라에서 여러 사건과 부딪치고 해결해 나가야 하는데 이런 해결을 위해서는 여러 가지 지식이 필요하다. 그러니 이를 구하는 과정에서 이들 나라의 역사, 지리, 문화, 경제 등을 탐구하게 하고 그런 것을 잘 알지 못하면 게임에 이기지 못하게끔 게임을 설계함으로써 관련 사실을 열심히 공부하고 여러 이벤트를 헤쳐 나가는 경험을 체득하게 유인할 수 있으리라 한다.

우리나라의 사교육시장의 실상을 보면 에듀테인먼트의 큰 발전이 나타나고 있지 않다는 것이 이상하다. 이런 기대에 부응하려면 우리가 좋은 스토리를 창안해 내야 하고 그것을 가지고 기획을 한 다음 3D 애니메이션 방식으로 생산을 한 뒤 마케팅하도록 하는 일련의 작업을 할 수 있어야 할 것이다. 그러나 우리는 이 중 애니메이션 부분에서만 부족함이 없음이 감지될 뿐 다른 단계에서는 여러 어려움이 있기 때문에 에듀테인먼트의 발전이 장애 받는 것이라 한다.

4. 포드캐스팅

디지털 오디오 파일을 생산하거나 기존의 것을 재구성하여 공여하는 포드캐스팅(podcasting)이 떠오르고 있다. TiVo가 TV프로그램을 보고 싶을 때 볼 수 있도록 시간대를 바꿈(time shifting)으로써 그 독자적 영업영역을 열었듯이, MP3파일을 접속할 수 있는 기기를 가지고 다니는 사람들이 많아지게 된 것을 계기로 하여 포드캐스팅은 오디오 또는 비디오 컨텐트를 파일형식으로 저장해 가지고 있다가 듣거나 보고 싶을 때 듣거나 보도록 함으로써 독자적 영역을 개척해 냈다. 그로써 이것은 이익을 내는 비즈니스 모델로 정착될 수 있게 되었다. 이러한 때의 컨텐트로는 이용자의 관심을 모으는 연속극 방식이 주종이 될 것으로 여겨지고 있으며 이러한 것을 이동중에 듣고 보려고 하는 사람이 많을 것임을 감안하여 그 방영시간은 5~6분을 소요하는 비교적 짧은 분량의 것이 될 것이라 한다.

이용자는 포드캐스팅되는 많은 컨텐트 중 일부를 자신의 선호에 따라 선정하여 이용할 것이기 때문에 포드케스팅은 개인별로 프로그램된 미디어(personally programmed media)라고도 성격지워진다. 또 이러한 내용은 스트리밍(streaming) 방식으로 제공되고도 있다. 이러한 것의 수입확보의 방법으로는 프리미엄 컨텐트를 유료로 하는 것 이외에 광고를 받는 방법이 쓰이고 있다. 앞으로 이것은 기존의 라디오 산업과 병행해 발전하게 될 것이라 전망되고 있다.

그러나 포드캐스팅에서 광고를 하고 수입을 확보하는 방법은 아직 성공을 거두지 못하고 있다. 포드캐스팅에서는 프로그램의 서두, 중간 및 말미에 광고를 하며 특히 말미의 광고는 관련 웹 페이지를 알리는 방식으로 매우 짧게 이루어져야 자연스럽다고 보나 동시에 기법상 많은 개선이 있어야 한다고 여겨지고 있다. 이러한 광고를 부정적으로 보는 이용자의 거부감에 대응하고자 예컨대 중간 광고를 지극히 짧게 하거나 방영되는 컨텐트와 관계를 가지는 것으로 하거나 광고를 컨텐트 방영과 시차를 두지 말고 동시에 중첩적으로 하도록 하자는 등의 대안이 제시되어 있다. 더불어 이러한 광고의 효과를 측정하는 방법이 개발되어야 광고수입을 늘릴 수 있게 될 것이라 보고 있다.

포드캐스팅은 비디오물보다는 오디오물과 관련해서 활발하다. 심한 경우 AM라디오의 방송시간 1시간 중 52분이 광고라는 이야기가 예시하는바 기존의 라디오를 들으려면 광고에 시달려야 했다. 광고를 작게 하거나 하지 않음으로써 시청자를 광고로부터 상대적으로나마 해방시키고 있는 것이 인터넷 라디오이다. 이른바 인터넷 라디오라는 것이 많이 생겨나 기왕의 라디오 방송국과 경쟁적이고 보완적인 관계를 유지하고 있다. 과거에는 인터넷 라디오를 들으려면 계속 컴퓨터 옆에 붙어 있어야 했다. 최근에는 이것만을 위한 단말기가 나타나 오디오물 포드캐스팅을 용이하게 이용할 수 있게 하고 있다.

이 단말기는 라디오 안테나 대신 내장된 WiFi 수신기를 장착하고 있고 밧데리를 에너지 원으로 하기에 가지고 다닐 수도 있다. 나아가 인터넷 라디오방송국이 많이 나타나 코미디, 어린이물, 특수언어 방송, 힙합 음악 등 다양한 컨텐트를 확보하여 내보내게끔 발전하였다. 단 이러한 인터넷 라디오가 음악을 내보내면서 내는 로열티는 매우 작다. 그래서 음반업계는 이에 불만을 가지게 되었고 그로써 이러한 로열티도 서서히 증가해 가고 있다.

종래 TV에서 경제 현안에 대한 뉴스와 평가를 하는 프로그램이 많은 시청자를 모았다. 특히 금융시장에 대한 실시간 뉴스를 전하고 평가를 하면서 재테크에 대한 조언도 하는 프로그램은 비록 연예 프로그램은 아니나 인기가 높았다. 그런데 이제는 포드캐스팅으로 이를 모방하게 되었다. 먼저 오디오 포드캐스팅이 나타났다. 여기에서 포드캐스팅은 블로그의 오디오 판이라고 이해해도 되게 되었다. 그러다가 비디오 블로그를 수단으로 하고 실시간 뉴스를 전하고 그에 관련된 전문가의 해설과 대담을 취급하면서, 이를 스트리밍 방식으로 보내거나 관련되는 웹을 방문해 볼 수 있게도 하는 비디오판 포드캐스팅이 나타났다. 이것은 오디오판 이상이 되면서 TV와 경쟁하게 되었다. 대학에서의 강의를 PC로 다운로드 받아 MP3 플레이어에서 듣고 공부할 수 있게 한 이른바 iTunes 대학도 포드캐스팅의 새로운 경지를 연 것이라 하겠다.

05 | 통신과 방송의 융합

1. 디지털 컨버전스

통신과 방송의 융합은 종래 통신과 금융의 수렴, 통신과 유통의 수렴 등 각종 수렴(convergence)을 이야기하던 여러 가지 중 하나이되 그 중 가장 현저한 현상이다. 이것은 디지털 기술을 쓰면서 여러 가지 컨텐트가 디지털화되어 비슷하게 또는 하나로 수렴되어 가는 것(technical convergence)을 관찰한 미래예측가(visionary)들이 모든 정보통신서비스가 궁극적으로 하나의 큰 관로(pipe)를 통해 모든 가정에 배달될 수 있다(network convergence)고 예견한데서 유래한 것이다. 전화, TV, 인터넷 등은 현재까지 각기 독립된 관로를 통해 제공되어 왔다. 그런데 앞으로는 이런 서비스들이 드디어 인터넷이 핵심인자가 되는 하나의 큰 관로를 통해 제공되는 방식으로 수렴하게 될 것이라는 것이다. 그로써 컨텐트의 유통방식이 현재와 다르게 진화될 것이라 본다. 이러한 것의 예로 들 수 있는 것이 IPTV나 webcasting이다.

그러나 이러한 수렴은 단기간 내에 실현될 것으로 보이지는 않는다. 이러한 수렴은 단순한 디지털화 이상이 되리라 보이는데 적어도 아직까지는 기술발전이 그러한 수렴이 실제화 하는 것을 뒷받침해 주지 못하고 있기 때문이다. 또 수렴의 대상이리라 보여지는 기존의 통신, 방송, 인터넷 등에서의 이해관계자들이 자신들의 영역에서 확보하고 있는 독자성을 양보하려고 하지 않는 것도 수렴을 어렵게 하는 요인이 되고 있다.

새로운 산업영역의 빠른 대두를 지원하려는 입장과 사회문화적 가치를 지키는 규제체제를 유지 보전하려는 입장이 대립하고 있다. 이러한 대립 속에서의 어려움을 해결하는 방도의 하나로서 대립하는 입장을 조화시키는 방안을 제시하는 역무수행주체로서 단일 행정관청 또는 최소한 행정부가 모든 위원을 임명하는 독임제위원회를 두자는 안과 정치적 세력관계를 반영하는 여러 위원들로 구성되는 통상의 위원회를 만들자는 안이 대립하고 있다.

역무수행주체와 관련해 이렇게 대립하는 의견이 조정되어 하나로 통일되고 그로써 통신이나 방송 각각에 대해 존재하는 현재의 규제기구들이 하나로 통합된다면(regulatory convergence) 독자 영역을 고집하는 차원에서의 다툼은 지양될 수 있을지 모른다. 그러나 이에 대해서 쉽게 낙관할 수는 없다. 미국에서는 FCC(Federal Communication Commision)가 통신과 방송을 모두 관장하고 있어 규제기구가 통합되어 있다고 볼 수 있다. 일본에서도 총무성이 통신과 방송을 모두 규율하고 있다. 그런데도 불구하고 이들 두 나라 모두에서 통신과 방송 사이의 이해관계의 대립은 해소되어 있지 않다. 이런 점을 보면 규제기구의 통합이 융합을 가져오리라는 희망도 크게 기대할 것은 못 된다는 것을 알 수 있다. 단기적으로 해결해야 할 기술적 장애가 여럿 있고 통합 후 제공해야 할 컨텐트는 부족하다. 그래 현재 수렴이라는 말은 애초의 미래예측가(visionary)들이 쓰던 용법으로부터 그 의미가 크게 축소되어 디지털 기술을 쓰고 또 그것을 멀티미디어방식으로 대량 활용하는 것을 지칭하는 정도의 한정된 의미를 가지게 되었다고 해석되고 있다.

앞에서 전화의 컨텐트는 전화선을 배타적으로 점유하는 통화의 쌍방이 결정하나 그 응용방법은 양방향 '통화'에 한정되어 있다는 의미에서 제약되어 있어, 매체로서의 전화는 응용불문(application-blind)하지 못하다고 하였다. 또 방송의 컨텐트는 방송국이라는 송신자가 일방적으로 결정하고 그것의 상대방인 수신자는 그것을 피동적으로 받을 뿐 내용결정에 아무런 적극적 역할을 못하고, 방송현장에서 송신자와 수신자가 상호작용을 통해 수신자의 요망이 컨텐츠 형성에 기여하게 될 여지는 별로 없다고도 하였다. 이에 방송 컨텐트의 생산에 방송서비스의 수요자가 참여하는 길이 배제되어 있다는 의미에서 방송은 내용불문(content-blind)하지 못하다고 하였다. 그런데 이 둘과 대비되어 인터넷은 그 응용방법에 있어 제약이 없이 자유스러워 이른바 application-blind하고 또 그것이 취급하는 내용물에서도 하등 제약이 없이 자유스러워 content-blind하다는 점을 주목했었다. 이 점을 보아 인터넷은 그것과 비교될 수 있는 통신이나 방송보다 발전가능성이 크다고 보았다. 미지의 세계를 개척하는데 다른 어느 매체보다 우월하다고 했다. 과연 전화나 방송 등 기존의 의사소통수단 내지 미디어와는 달리 인터넷에서는 컨텐트의 생산과 선택은 물론 응용방법의 생산과 선택의 차원에서도 이용자가 참여할 수 있는 여지가 많아 상당히 자유스럽다고고 할 수 있다. 이에 통방융합이 바로 이러한 인터넷을 중심으로 하여 일어나게 될 것을 예견하게 되는 것이다.

통방융합은 디지털 수렴이 가능하다고 본 여러 현상 중 가장 빨리 실현되리라 여겨지는 후보이다. 이른바 전화로 대표되는 통신과 TV로 대표되는 방송이 인터넷을 중심축으로 해서 하나로 수렴되고 통합될 것으로 보았다. 그런데 단기적으로는 이것이 종래의 통신사업자와 방송사업자 사이에서 업무영역 분쟁을 불러일으킬 수가 있다. 과거의 개념으로 보아 순수하게 통신이라고 볼 수도 없고 또 순수하게 방송이라고 볼 수도 없는 어떤 것 또는 제3의 새로운 서비스가 나타나게 될 경우 통신과 방송 각각은 이것을 모두 자신의 업무영역에 속한다고 주장하면서 다투는 양상이 전개될 가능성이 크기 때문이다. 궁극적으로는 실제로 실현되는 기술과 시장수요에 따라 통신과 방송의 양면성을 지니는 새로운 종류의 서비스가 널리 수긍되고 그 독자성을 인정받게 되는 양상이 이루어지게 될 것이다. 그러나 그러한 수렴과정이 순탄하지만은 않을 것이다. 이러한 변천과정에서는 정부의 개입이 있을 수 있고 그에 따라 새로운 규제를 받게 될 수도 있을 것이다. 이러한 미래의 세세한 변화상을 예측하기는 어렵고 그것을 낙관하기는 더 어렵다. 그럼에도 불구하고 이러한 융합이 어떻게 전개될 것인지에 대해 무심할 수도 없겠기에 이를 짐작해 보려는 노력을 하지 않을 수는 없다. 이하 이를 위하여 먼저 종래의 방송과 통신이 지니던 성격을 다시 한번 반추하고 점검해 보자.

2. 문화적 · 지역적 특성의 고려가 가져오는 문제

종래 방송에서는 문화적 특성 및 지역적 특성을 자못 강조해 왔다. 어느 매체보다 강력한 친투성을 가지고 여러 사람들에게 동시에 강력한 영향력을 가지는 TV라는 매체의 특성을 감안해 볼 때 여론이 어떤 하나의 TV매체에 의해 독점되는 것을 예방하는 것이 초미의 관심사이었으며 이를 위하여 TV컨텐트의 다양성을 확보하려고 하였다. 동시에 그러한 컨텐트는 사회문화적 가치에 의해 기속되어야 한다고 보아 규제할 수 있어야 한다고 여겼다. 이를 구체적으로 도모하기 위하여 방송규제기관에 의한 사전규제가 인정되었고 그것의 내용은 컨텐트 규제는 물론 사업에의 진입, 경영, 경쟁상황, 소유비율 등을 규제하는 것을 포함하였다.

방송을 하기 위해서는 필수적으로 전파를 필요로 한다. 그런데 전파란 본래적으로 제한적인 자원이다.[5] 또 그러한 전파란 그것이 미치는 지역이 넓지 않고 한정적이기 때문에 매우 넓은 지역은 여러 개의 방송권으로 분리되어야 했다. 동시에 제한된 전파자원에 기인하여 어떤 한 방송권에서 영업할 수 있는 방송국의 수에는 제한이 없을 수가 없었다. 그로써 제한된 수의 방송국으로부터 발원된 방송프로그램들이 제한된 지역에 미치게 되는 방송시스템이 마련되었다. 여러 지역에서 각 지역마다 독자성을 지니는 방송국을 가져보려고 하게 되었고 결과적으로 이들 각 지역은 모두 소수의 독자적 방송국을 가지게 되었다. 방송국의 지역별 할당제가 정립되게 되었다.

나아가 이러한 방송국들이 방송하는 프로그램 중 문화 내지 철학을 반영하는 뉴스 등 프로그램과 관련해서는 민주주의적 가치에 따라 여론독점을 배제할 수 있어야 한다고 여겨졌고 그로써 어느 지역에 방송국이 하나만 있게 되어서는 아니 되었다. 사회적으로는 다기한 의견이 개진될 수 있는 제도가 마련되어야 한다고 생각하였다. 그 결과 각 지역마다 복수의 방송국이 있으면서 서로 다른 프로그램을 방영하는 현재의 체제가 정립되게 되었다. 모든 지역에서 라디오 방송국이나 TV방송국의 수는 복수로 되었으며, 이러한 복수의 방송국을 선정하는 방법으로는 정부가 방송국을 인가하는 방식을 택했다. 인가방식이 채택된 것은 1920년대 풍미하던 정치이념인 사회민주주의의 영향

5) 라디오방송이 비행기와의 교신을 방해할 수 있다는 것, 여러 방송국이 방송하여 전파사용이 난맥상을 이루게 되고 어느 방송국도 제대로 된 방송을 할 수 없게 된다는 것, 전파사용에 대한 규칙을 정하더라도 이를 지키지 않는 아마추어 무선사가 적지 않다는 것 등이 전파자원을 제한적이라고 여기고 그것을 사회 전체의 입장에서 관리해 보려고 하게 된 원인으로 되었다. 이에 따라 초기에는 음악방송을 못하게 하거나 광고방송을 못하게 하고 방송시간을 하루 2시간씩으로 제한해 윤번제로 방송하게 하는 등의 사례가 있었다.

을 받은 때문이었다.[6)]

이와 관련해 특기할 점은 일단 전파사용을 인가받은 방송국은 배당받은 전파를 마치 사유인 것처럼 배터적으로 사용해 왔다는 점이다. 그 본질상 한정된 기간 동안만 이용하도록 인가받은 것에 지나지 않았음에도 불구하고 관행적으로 방송국은 그런 전파를 사실상 소유하는 것처럼 처신해 왔다는 것이다. 과연 이러한 점은 일단 인가받은 방송국을 팔 때 그 대금이 모두 파는 사람에게 귀속되고 방송국 재산의 주요 부분인 전파의 사용권에 대한 대가가 공공에 귀속되지 않았다는 사실을 통해서 확인되고는 하였다. 판매대금의 큰 부분인 전파사용권의 가치는 마땅히 공공에 귀속되어야 할 성질의 것이었음에도 불구하고 전파사용을 최초에 인가받은 개인이 그것을 가지는 것이 묵인되어 왔다. 이는 본래 공공재산이라고 했던 전파가 사실상 사유화되는 것을 방치한 것이라 하겠고 전파의 희귀성이 그만큼 약화되었기에 가능하게 된 것이라고 볼 수 있겠다.

방송국들은 원칙적으로 청취자나 시청자로부터 돈을 받지 않았다. 그 대신 광고를 하고 그것을 청취자나 시청자가 듣고 보게 한 다음 광고수입을 얻어 방송국을 운영하는 체제를 지녀왔다. 이른바 '광고에 의해 지탱되고 채널은 한정되어 있는 방송체제' (advertiser-supported, limited channel broadcasting system)가 정립되어 온 것이다. 나아가 이런 체제에서 광고에 의해 지탱될 수 있는 TV방송국의 수는 3개 내외라는 연구 및 경험측도 대두하게 되었다. 이런 체제하에서는 광고시장은 지역시장일 수밖에 없었으며 이것이 다시 지역문화의 특성을 강조하는 성향(localism)을 보다 공고히 하는데 기여하였다.

---

6) 본래적으로 제한된 자원을 이용하는 방식으로는 이렇게 인가하고 규제하는 방식 이외에 정부가 직접 관리하는 방식 및 후술되는 바 통신 네트워크처럼 common carrier로서 운영하는 방식이 있다. 실제 공산주의국가 등에서는 정부가 방송을 직접 관장하고 있었고 과거 프랑스나 네덜란드 등에서는 이를 common carrier로 운영해 일개 사로 하여금 전송을 전담하게 하고 다른 여러 회사들로 하여금 분담해 컨텐트를 공급하게 하였다.

3. 기술발전 및 인터넷의 영향

기술발전과 인터넷

근년의 기술발전에 따라 이러한 체제는 더 이상 지탱되기 어렵게 되어가고 있다. 우선 소수의 방송국만을 유지할 수밖에 없다고 여겼던 것의 근본 원인이었던 희소자원으로서의 전파가 이제는 과거처럼 희소하지는 않다는 점이 밝혀졌다. 시간분할 또는 코드분할 방식을 통해 전파를 나누어 쓸 수 있도록 하는 기술이 개발됨으로써 종래 하나의 방송국이 방송목적으로만 쓰던 전파를 나누어 이제는 여러 주체가 여러 다기한 목적으로 쓸 수 있게 되었다. 또 전파로 전송되어 온 것을 받아 케이블로 전파가 미치지 못하는 지역에도 보낼 수 있게 되었으며 비디오 테이프나 DVD를 써서 방송내용을 녹화한 뒤 전파가 미치지 못하는 지역으로 가져가 재방하는 것도 가능하게 되었다. 전파의 속성에 따라 방송국을 지역적으로 할당해야 했던 필요가 소멸되었다. 또 제한된 전파의 사용을 배분하는 방식으로 과거 사회민주주의적인 이념에 따라 정부가 인가하는 방식을 취했던 것도 신성불가침의 방식은 아닌 것으로 되었다. 정부 인가방식 대신에 시장메커니즘을 이용하여 배분하는 대안도 나타나게 되었다. 스펙트럼 경매는 이를 가장 상징적으로 예시하고 있다.

지상파TV와 전혀 다른 기술적 기반을 가지는 케이블TV가 나타나 방송에 참여하게 되었다. 케이블TV는 전파자원을 이용하지 않고 케이블 네트워크를 통해 방송을 한다. 그런데 이것이 종래 지상파TV에 비해 손색없는 방송을 할 수 있다는 것이 알려지게 되었다. 케이블TV의 등장은 방송부문으로 하여금 방송이란 한정된 전파자원 때문에 정부의 인가를 받은 소수의 방송국만으로 운영될 수밖에 없다고 했던 종래의 강박관념으로부터 해방될 수 있게 하였다. 방송채널이 대단히 많이 늘어날 수 있는 여지가 있다는 것을 알려주었다. 그에 따라 여론독점, 지역주의(localism), 방송부문에 대한 규제의 필수성 등에 대한 종래의 기본생각을 바꾸지 않을 수 없게 만들었다.

이렇게 새로이 전개된 상황에서는 예컨대 3개 내외의 소수의 TV방송국에 의해 선정된 프로그램을 지역주민 모두가 시청해야 하는 사정, 더 나아가 전국이 단일 방송권으로 되어 있을 때 전 국민이 3개 내외의 TV방송국이 선정한 한정된 내용을 방영하는 이른바 바보상자에 매달려 있어야 했던 사정이 더 이상 불가피한 것이 아님이 알려지게 되었다. 여러 개의 방송채널이 가동되어 다양한 프로그램을 방영하고 그러한 다기한 프로그램을 그런 것 각각을 선호하는 사람들에게 공여되는 체계가 가능하다는 것을 알게 하였다. 전파관련 기술적 요소가 장애가 아니고 프로그램이 충분하지 못하다는 것이 장애가 되는 상황으로 되었다. 종래 방식의 broadcasting만이 불가피한 것이 아니며 소수의 시청자를 대상으로 하는 narrowcasting도 가능하다는 것도 알게 하였다. 이러한 narrowcasting은 반드시 광고를 수입원으로 할 필요가 없이 그러한 프로그램을 선호하는 시청자들로부터 시청에 대한 요금을 받아 운영할 수 있다는 것도 인지하게 되었다. 이른바 플렛폼의 다기화가 이루어지게 된 것이다.

그러다가 인터넷이 일반화되고 초고속화되어 대용량의 데이터를 신속히 전파할 수 있게 되자 사정은 다시 변하게 되었다. 인터넷이 브로드 밴드 데이터를 전송할 수 있는 수단으로 부각되고 더구나 인터넷에서의 양방향성을 활용할 수 있다는 점이 주목되게 되자, 종래의 방송에서처럼 방송국이 방송할 프로그램을 일방적으로 정한 뒤 일방적으로 내보내는 것 대신 인터넷을 통하여 수요자와 양방향으로 대화하면서 수요자가 선호하고 수요자의 의사를 반영하는 프로그램을 선별적으로 공여할 수 있음을 알게 되었다. 새로운 플렛폼이 주어지게 되었다. 서비스의 이용에 대한 과금뿐만 아니라 여러 컨텐트를 재배합하여 패키지로 만드는 것(repackaging)에서 컨텐트 소비자의 선호를 훌륭히 반영할 수 있게 되었다.

지상파TV가 아닌 다른 미디어의 침투성은 지상파TV가 종래 가지던 정도에는 못미친다. 그러나 이런 다기한 매체와 공존하게 된 지상파TV의 침투성도 과거의 그것에는 못미치게끔 상대적으로 위축되었다. 이에 따라 한정된 방송국이 일단 인가받은 것을 기화로 하여 지역특성을 강조하며 방송시장을 독과점하고 기술발전을 수용하지 않으려고 하던 폐쇄주의적 태도는 더 이상 그 타당성을 지닐 수 없게 되었다.

반면 종래 통신은 네트워크를 제공하는 것으로 자족했었다. 통신은 네트워크를 그 이용자가 어떤 컨텐트를 써 가면서 이용하는지에 대해서는 무관심했었다. 즉 통신서비스 제공자는 네트워크를 이용하는 여러 이용자가 나름대로의 컨텐트를 가지고 통신하는 데 있어 전송서비스를 제공하기만 하는 '커먼 캐리어'(common carrier)로서 만족했었다. 그러던 통신이 인터넷서비스에 참여하게 된 것을 계기로 하여 단순히 커먼 캐리어 내지 네트워크 오퍼레이터(NO)의 역할을 하는 이상 ISP의 역할도 하게 되었고, 이를 계기로 하여 컨텐트에 대해서 무관심할 수 없게 되었다. DSL방식을 통해 직접 또는 간접적으로 대단히 많은 가입자를 가지는 인터넷서비스 제공자가 된 것을 발판으로 삼아 인터넷이 제공하는 narrowcasting의 기회를 적극 활용해 보려고도 하게 되었다. 이는 종래 음성을 전하는 전화서비스로부터의 수입이 계속적으로 떨어지고 있는 상황이기에 더욱 그러하였다. 특히 개인화되고 수요에 용이하게 부응하는 인터넷의 속성을 십분 이용함으로써 디지털 비디오를 효과적으로 제공하는 narrowcasting분야에서 종래 통신의 주체는 다른 어떤 경쟁자보다 우위를 점할 수 있으리라고 인식하게 되었다. 이에 따라 통신은 자연히 새로운 형태로 전개되는 narrowcasting에 대해 힘을 쏟게 되었다.

규제체제 변화의 필요

종래 방송에서는 사회문화적 규제가 현저했고 통신에서는 산업적 규제가 통용되어 왔으며 이 둘 사이에서는 규제체제의 성격이 서로 다르다는 것이 인정되어 왔다. 방송은 한정된 전파자원을 이용하도록 사전에 인가를 받은 소수의 방송사업자가 한정된 지역에서 방송국 자신이 선택한 내용을 내보내는 것이었기에 사회문화적 고려 및 지역사회의 특별한 정서를 반영해야 한다고 여겨 이른바 사회적 규제를 받는 것을 당연시했다. 이때에는 지선의 민주주의적 가치라 할 수 있는 의사표현의 자유가 반드시 보장되어야 했다. 또 폭력, 음란물을 여과 없이 내보내거나 도박을 장려하거나 비속한 언어를 쓰는 등 미풍양속에 반하는 내용을 온 식구가 모여 있는 저녁시간대에 무차별하게 배달하여서도 안 되겠기에 이들에 대한 대책도 강조되었다.

이러한 요망은 방송내용에 대한 방송국의 자율규제로 채워졌다. 나아가 방송국의 자율규제를 효과적이고 확실하게 보장하는 장치로서 인가과정을 활용하였다. 일정 기간마다 새로이 받아야 하는 인가를 무기로 하여 자율규제를 유도하고 이로써 방송되는 컨텐트 내지 내용을 어느 정도 사실상 사전에 규제해 왔다고 할 수 있다. 방송국의 수가 근본적으로 한정될 수밖에 없었다는 사정을 배경으로 하여 규제당국은 이러한 소수의 방송국을 규제할 수 있다고 생각하였으며 이런 방송국 또한 역시 소수일 것이라 여겨졌던 컨텐트 생산자를 어느 정도 규제할 수 있으리라고 생각하였기에 규제당국은 결국 컨텐트에 대한 규제를 할 수 있다고 생각하였다. 나아가 컨텐트 규제시 관련 업계를 매개체로 하는 이른바 자율규제의 방안이 좋은 방안이라고 여겨져 활용되었다. 사전규제에 대한 일종의 낙관론이 자리잡고 있었다.

그러나 미국에서 전파의 사용 재인가의 기간이 종래 3년에서 8년으로 늘어나 재허가 과정이 사실상 별 의미 없는 심사과정으로 되자 인가를 근거로 하는 위의 낙관론은 무력하게 되었다. 또 글로발리제이션 운운하며 사회가 통합되어 가는 과정에서 한 국가의 일부 지역이 지역적 가치를 주장하며 독자적 규제체제를 가져야 하겠다고 하는 것도 사실상 무의미하게 되었다. 또 내용선별에 대한 의욕 및 그것을 시현하려고 하는 규제과정을 가지고서도 사회양속에 반하는 내용이 방영되는 것을 완전히 막는 것은 불가능하였다. 규제의 핵심이 과거의 실적을 보고 재인가를 할 것이냐 여부를 결정하는 것이었기에 의도적이거나 실수로 부적합한 내용이 방영되는 것을 100% 차단할 수는 없었다. 방영된 것 중 부적합한 것을 보고 사후에 징계하는 정도였다. 의도는 사전규제이었으나 실제적 결과적으로는 사후규제가 되고 말았다. 사전규제에 대한 이상의 낙관론은 컨텐트 생산자의 수가 많아지게끔 상황이 바뀌면서 지탱하기 더욱 어렵게 되었다.

결과적으로는 사후규제로 된 이러한 방송 컨텐트의 규제체제가 누구에게나 반드시 당연시되었던 것은 아니었다. 방송이라는 미디어의 확연한 존재 및 불가피성을 인정하고 그것의 중요성이 점점 증대되어 가고 있다는 사실을 수긍한다 하더라도 이것이 그 이전서부터 있어 왔던 미디어인 팜플렛 발행, 대중 집회, 잡지발행, 신문발행 등과 비교해 보아서는 언론의 자유, 의사표시의 자유를 훨씬 제한하는 미디어라는 것을 인식한 입장이 있었다. 이런 입장은 방송에서의 규제하려는 성향을 못마땅하게 보아 왔다.[7] 민주사회에서의 어떤 가치보다 언론의 자유를 중시하는 이런 입장은 CATV 및 인터넷의 등장으로 방송에서의 규제가 사실상 완화되는 방향으로 변화되게 된 것을 정말 환영하였다. 신문 등에서는 방송에서와 같은 규제가 없이 언론의 자유가 지탱되어 왔는 데 비해 방송에서는 그러하지 않아 그것이 위축되어 있었다고 보았고, CATV나 인터넷 등의 등장에 의해 방송에서도 신문에서와 같은 정도의 언론의 자유를 구가할 수 있는 계기가 마련될 것으로 보았다. 이런 시각에서 보아 인터넷의 등장 이후에도 방송이 그 내용을 사전에 규제하겠다고 하는 미련을 보이는 것은 시대착오적인 것이요 크게 잘못된 것이 아닐 수 없었다. 이것은 1980년 텔레텍스트를 통한 신문을 방송과 같다고 보고 때문에 텔레텍스트 신문은 신문에 당연히 귀속되는 언론의 자유를 가질 수 없고 방송처럼 규제받아야 하지 않겠느냐고 의아심을 표명했던 당시 미국 FCC 의장의 입장과 마찬가지로 시대착오적인 것이라 평가받았다. 본질적으로 기술발전 후 변화된 방송의 위상과 본질을 잘못 파악한 것이라 보았다.

방송의 변화

기술발전 후 방송은 크게 바뀌었다. 변화의 길로서는 우선 상대적으로 늘어난 주파수역(spectrum)을 방송에 배정하여 방송국의 수가 늘어나게 하는 것을 생각할 수 있고 또 주파수(frequency)를 높임으로써 스펙트럼의 추가배정 없이 기존의 스펙트럼을 가지고도 더 많은 내용을 내보낼 수 있게 하여 사실상 방송국의 수를 늘이는 것과 같은 효과가 나타나도록 하는 것을 생각할 수 있다. 압축기술을 동원하여 주어진 내용을 압축해 내보내게 함으로써 한정된 시간 내에 보다 많은 내용을 방영할 수 있게 하는 것도 방송국의 수를 늘려 프로그램이 많아지게 하는 것과 유사한 효과를 가지는 변화의 길이 될 수 있다. 과연 케이블TV는 복수의 채널을 운영하면서 방송 유사기능을 수행하여

---

7) I. de Sola Pool, *Technologies of Freedom-On Free Speech in an Electronic Age*, Harvard University Press, 1983.

지상파TV의 훌륭한 대체수단으로 되었고, 위성을 이용하는 방송도 지상파방송의 유력한 대체수단으로 되고 있다. 프로그램을 담은 비디오 테이프나 비디오 디스크도 온라인 상태로서는 아니나 TV의 내용을 상당히 대신할 수 있어 TV의 불완전 대체재가 되고 있다. 그러나 이상의 여러 가지 중 현재 가장 유력한 TV의 대체재는 역시 케이블TV(CATV)라 할 것이다.

CATV방송은 케이블을 이용해 프로그램을 전송하는 것이다. 이것은 일단 방송되는 내용은 모두 상시 전송되어야 하고 시간진행에 따라 분할할 수 없으며(indivisible) 방송 중간에 간섭받게 되어서도 안 된다(uninterrupted)는 등의 성격을 가져 지상파TV방송과의 유사성을 가지고 있다. 이것에는 TV라는 표현이 부가되어 있어서 CATV 등장 초기에는 별 생각없이 이것을 TV의 일종이라고 생각하였다. 그러나 TV가 한정된 자원인 전파를 사용하고 있다는 것을 본질적 특성으로 하고 있는 데 비해 CATV는 그러한 전파를 전혀 사용하지 않고 케이블을 이용하고 있다는 점에서 종래의 TV와 크게 다르다는 점을 그 후 인지하게 되었다. 전파자원의 한정성 때문에 종래의 TV가 가졌던 지역성 등 여러 특이성을 CATV는 반드시 가질 필요가 없다는 것도 알게 되었다. 과연 1977년 미국 고등법원이 CATV는 TV가 아니라고 정식으로 판결을 내린 것을 전기로 하여 CATV는 TV로부터 독립하여 독자성을 인정받게 되었다.[8)]

CATV는 통상 108개의 채널을 가지고 있는데 이 중 20여 개만을 가지면 지상파TV의 모든 프로그램을 다 소화할 수 있다. 그러고 나면 나머지 88개 채널은 다른 용도를 위해 쓸 수 있는바 실제로 이들은 교육, 지방자치, 뉴스, 스포츠, 어린이, 종교, 고급문화 예술, 포르노그래피, 텔레 컨퍼런스(tele-conference), 비즈니스 데이터 커뮤니케이션, 비디오텍스, 텔레 마케팅(tele-marketing) 등의 다양한 쓰임에서 활용되고 있다. 더불어 투표자 교육, 어린이 교육, 지역문화의 활성화 등을 위해 독립적 채널이 주어지게 되어야 한다는 주장도 개진되고 있다.

보다 많은 채널에 컨텐트를 공급해야 하기에 CATV는 지상파TV보다 컨텐트의 개발에 보다 적극적이어야 한다는 성격도 가지고 있다. 나아가 CATV는 잔여 채널을 그것을 이용하려는 사람들에게 임대해 주고 임차인 나름의

8) 앞의 I. de Sola Pool의 책 164페이지.

이용을 양허함으로써 common carrier로서의 성격도 보이고 있다. CATV가 지상파TV 이상의 성격을 가진다는 점을 다시 보여주는 것이라 하겠다. 지상파TV와 달리 CATV는 공중일반을 대상으로 하는 채널도 가지고 있고 사적인 영역을 다루는 채널도 가지고 있다는 것도 이 둘 사이의 차이를 보이는 것이라 하겠다.

그런데 CATV가 TV의 유력 대체물로 등장한 이런 상황에 인터넷이 다시 등장하게 되었다. 특히 인터넷에서 블로그가 성행하게 되면서 블로거(blogger)들로부터 나름대로의 컨텐트가 생산되어 일반에 공여되게 되는 양상이 보여지게 되었으며 이것은 인터넷에 많은 컨텐트가 생산될 수 있는 소지가 있다는 것을 알려주는 것이 되었다. 나아가 인터넷은 컨텐트를 널리 전파하는 새로운 방도라는 것도 확인되었다. 그러자 이것을 종래의 방송과 유사하게 인지하여 그것의 내용규제를 당연시한 다음 종래의 방송규제체제 속에 포함시키려고 하는 시도가 나타났다. TV방송에서의 규제를 CATV에 대해 연장해 보려고 했던 과거의 시도가 인터넷에 대해서 재현되게 된 것이다. 인터넷관련 비디오 iPod나 스트리밍 프로그램과 같은 것들에 대해서도 TV에서 그리했던 것처럼 사전규제를 해야 하지 않겠느냐 하는 생각을 가지게 된 것이다. 인터넷기반 위에서 TV방송과 반드시 동질적은 아닌 컨텐트를 제공하게 되리라 보여지는 인터넷기반 TV인 IPTV에 대해서는 이러한 시각이 특히 강력하였다.

인터넷에서는 사실상 컨텐트를 작성해 내보내는 것이 매우 용이하다. 인터넷에서는 컨텐트를 생산해 내보내는 데 있어 장벽이 매우 낮아 많은 이른바 '저장벽편집자'(low barrier publisher)들이 배출되고 있다. 그런데 이런 상황에서 이들 모든 사실상의 편집자를 일일이 당국이 인가한다는 것은 대단히 부자연스러운 것이다. 이는 이른바 웹 2.0의 환경 속에서 참여와 공유의 기치 아래 UCC 생산이 더 활발하게 되었다는 점을 볼 때 더욱 그러하다. 또 자국의 법이 미치지 않는 곳에 소재하는 저장벽편집자는 사실상 규제가 불가능한 대상이다. 저장벽편집자들이 생산해내는 컨텐트를 일일이 사전에 규제한다는 것은 상식적으로 용납되기 어렵다. 이들은 과거 팜플렛을 발행하듯이 의사표현의 자유에 근거하여 컨텐트를 생산하여 방출하고 있기 때문에 이들 각각의 컨텐트를 종래의 지상파TV방송에서의 그것처럼 인식하고 대응하는 것은 불가능할 뿐 아니라 헌법위반으로 될 공산이 크다. IPTV의 모든 주체를 과거의 방송국처럼 일일이 인가한다는 것은 부자연스럽고 상식적으로 용납되기도 어렵다.

TV방송, 특히 생방송에서 비속어, 성적 연상을 하게 하는 발언, 모욕하는 말이나 욕설 등을 규제해야 하느냐가 문제되고 있다. 미국의 FCC는 이러한 것을 규제해야 한다고 보아 이러한 것을 방영한 방송사를 벌금으로 징계하기로 하였으나 뉴욕 고등법원은 그러한 것이 쓰인 문맥에서의 예술적 고려, 실제 사용관행(사회지도자들의 사용 여부), 일반 시청자들의 반응 등을 고려해야 하며 특히 의사표현의 자유를 억압하는 것으로 되어서는 안 된다고 보아 FCC의 결정을 번복하였다. 적합성을 결여한 품위 잃은 언어를 써서 어린이들에게 나쁜 영향이 미칠 수 있다는 가능성은 이들을 보호하기 위하여 개발된 내용여과기술을 써 최소화할 수 있다고 보았다.[9] 생방송의 내용에 근사한 IPTV컨텐트를 다루는 데 있어 참고할 만한 점이라 하겠다.

오늘의 IPTV와 내일의 IPTV

CATV가 종래의 지상파TV와 같지 않듯이 IPTV도 지상파TV와는 다른 것이다. IPTV는 동영상 프로그램을 인터넷을 통해 TV화면으로 볼 수 있게 하는 것으로 이를 위해서는 인터넷 동영상을 압축하는 방식의 표준화가 이루어져 전파사용의 성능을 크게 개선할 수 있어야 하며 무선과 유선을 연결시키는 미디어 어댑터(media adapter)도 가져야 한다. TV와 IPTV가 다수를 향해 컨텐트를 전달할 수 있기 때문에 broadcasting의 성격을 가지고 있다는 점은 같다. PC처럼 하는 것이 아니고 TV처럼 보는 것이라는 이런 성질을 보면 IPTV는 TV의 성격을 지닌다. 그러나 IPTV는 채널 수가 한정적이지 않고 또 프로그램을 전달함에 있어 시간적 공간적으로 신축성을 가지고 있고 양방향대화(interactivity)의 성격을 가지고 있어 소비자가 원하는 때와 장소에서 소비자가 원하는 컨텐트를 전달할 수 있다는 장점을 가지고 있다.

9) New York Times, "F.C.C. rebuffed by Court on Indecency Fines'," June 5, 2007.

이론적으로는 전세계의 모든 곳에 IPTV서비스를 보내는 것이 가능하다. 그러나 이용료의 납부문제 때문에 이 가능성은 시현되고 있지 않다. 또 IPTV로는 종래의 TV는 취급하지 않는 UCC도 볼 수 있다. 인터넷의 성격을 가지는 IPTV로는 방송을 보면서 이메일을 하고 다른 IPTV사용자와 메시지를 주고받는 재량성을 발휘할 수 있다. IPTV는 PC를 이용하는 것보다 쉽게 검색이나 쇼핑을 할 수 있게 하기도 한다. PC에서 검색이나 쇼핑을 위해 여러 단계에 걸쳐 키보드와 마우스를 움직여야 하는 것과 달리 IPTV로는 미리 입력된 절차를 이용하여 검색이나 쇼핑을 즉각 간단하게 할 수 있게 한다. IPTV에서의 이러한 다양성을 보아 혹자는 그것을 TV, VOD(video on demand), TiVo와 같은 시간이동(time-shifting)의 서비스를 모두 갖춘 것이라고 한다. 이런 점에서 IPTV는 기왕의 TV 이상의 것이다.

인터넷을 전송매체로 가지고 일부 외국에서 시현되고 있는 오늘의 IPTV를 보면 그것은 CAS(conditional access system)의 기반 위에서 386급 PC정도의 지능을 가진 모니터를 수신수단으로 삼아 일정한 지능을 갖추게 한 다음 사업자가 선택한 프로그램을 다운로드할 수 있게 하면서 프로그램 이용시 정보에 대한 요망 등을 하면 수용하는 정도의 한정된 양방향대화성만을 가지고 있다. 돈을 내거나 광고를 보지 않고는 이용할 수 없도록 되어 있으며 일반 인터넷 이용시 세계 어느 곳의 사이트도 이용요금의 걱정없이 다 접근할 수 있다는 의미의 개방성은 IPTV에서는 시현되어 있지 않다. IPTV로 즐길 수 있는 프로그램은 한정되어 있고 기존의 TV 등에서의 프로그램을 치환해 이용하는 데 있어서도 매끄럽지 못하다. 마지막 1마일 문제의 해결을 위한 개선이 요망되고 있다. CATV를 참고로 하면서 IPTV는 채널을 늘리고 종래의 방영시간과 다른 방영시간을 가지는 프로그램을 수용하려 하고 있으나 이를 의도한 대로 이루어내지 못하여 어려움을 겪고 있다. 이상의 각종 어려움을 극복하려면 상당한 투자를 해야 하리라 보는데 누가 어떻게 투자를 할 것인지에 대한 확신도 없다. 오늘날의 IPTV는 참여형 프로그램을 수용할 수 있고 양방향성의 방송을 무제한 가능하게 할 수 있을 정도로 획기적인 것은 결코 아니다.

그러나 386PC의 지능은 이미 가용한 기술을 가지고도 제고할 수 있는 것이며 부족한 컨텐트는 UCC 등을 통해 차차 보강될 것이다. 전문가 내지 프로만이 컨텐트를 생산하던 기존의 신문이나 TV와 달리 대중이 정보의 원천이고 편집자가 되어 세련되고 섬세하지는 못하나 광범위한 컨텐트에의 신속한 접근을 가능하게 할 수도 있을 것이다. IPTV에 대해 확실한 투자를 할 수도 있다. 오늘날의 기술적 어려움을 극복할 수도 있을 것이다. 따라서 내일의 IPTV는 이용시간, 내용, 이용 후 대가 지불방법, 이용기기와 방식 등에서 오늘의 IPTV와 달리 다양한 융통성을 지니는 매체가 될 수도 있다.

IPTV로는 실시간 게임 및 T-commerce를 할 수 있다. 또 IPTV는 종래 음성통신 위주의 영업을 하던 통신사업자로 하여금 인터넷 및 연예사업을 할 수 있게 하는 업무영역 확장의 방도가 된다. 예컨대 HBO나 ESPN 등 유사채널을 수용할 수 있게 한다.

IPTV는 통신의 속성을 지녀 소비자와 양방향대화(interactive)할 수 있는 직접적인 접점을 가지고 있다. 지상파TV는 물론 CATV나 위성TV에서 모든 채널의 컨텐트는 항시 일방 전송되어야 하고 사용자가 발휘할 수 있는 재량성이라는 것이 TV에 연결된 셋톱박스(set top box)를 이용해 주어지는 여러 가지 채널 중 어떤 채널을 선택할 것인가를 결정하는 정도에 한정되고 있는 것과 달리 IPTV에서 사용자들이 셋톱박스를 통해 원하는 채널 내지 서비스를 요청하고 이런 요청이 해당 컨텐트를 가지는 서버나 DB에 전해져 on-demand 컨텐트가 전송되게 될 수 있다. 인터넷망에 의존하는 IPTV에서는 쉽게 광대역 자료를 수용할 수 있어 브로드 밴드 TV로서의 성질도 갖는다. IPTV에서의 전송은 실시간 스트리밍(streaming)에서는 기존의 TV방송과 다르지 않게 멀티캐스팅(multicasting)의 형태를 취하나 개인화된 서비스를 내보내야 하는 때에는 유니캐스팅(unicasting)의 형태를 취한다.[10] 또 시간적 신축성(time shifting) 및 공간적 신축성(space shifting)을 갖고 있어, 각 개인이 원하는 시간에 이용할 수 있고 인터넷이 연결된 전 세계의 모든 지역에서 이용할 수도 있다. 그러나 이러한 가능성은 마지막 1마일에서 속도가 늦어지게 되면 실현될 수 없다. 마지막 1마일의 문제를 광섬유를 써 해결하는 경우라면 이러한 우려는 자연히 해소되게 된다.

10) 전자상거래, 화상전화, VOD, 컨텐트와 연계된 광고, 채팅 등과 관련하여 후자의 진가가 발휘된다.

지상파TV의 컨텐트를 중앙에서 결정하는 데 비해 IPTV의 컨텐트 생산은 상당한 정도 인터넷의 변방(edge)이라고 하는 컨텐트 제공자에게 위양되어 있다. IPTV는 광범위한 컨텐트 개발군을 포용하고 있다. UCC를 가장 쉽게 수용할 수 있어 융통성이 크다. 각종 블로그 및 Myspace나 Youtube를 이용하는 개인들이 생산하고 유통시키는 컨텐트를 수용할 수 있는 여지를 가진다. 물론 UCC의 수용은 지상파TV나 케이블TV 등 주류 미디어에서도 있을 것이고 이런 것 모두가 미디어 생태계의 변화를 가져올 것이라 하는 추측도 있다. 그런데 이러한 것의 수용면에서 IPTV는 주류 미디어보다 더 적극적일 것이라 여겨진다. 이들보다 잠재적으로 월등 많은 채널을 가지고 있다고 할 수 있고 이를 활용하고자 하여 종래에는 소홀히 되었던 프로젝트(이른바 롱 테일의 프로젝트)를 적극 수용할 수 있기 때문이다. 이 점에서 IPTV에서의 컨텐트 수용 여지는 지상파TV는 물론 CATV에서 보다도 크고 발전가능성은 높다고 할 수 있다. 백과사전에서의 Wikipedia, SW에서의 Linux처럼 정보의 원천을 대중에 두고 있어 신속한 업데이트도 가능하다. 컨텐트 확대재상산을 위해서는 IPTV가 다른 어느 것보다 가장 유력하다 할 수 있다.

지상파TV에서의 전송은 일방적인 데 비해 IPTV의 그것은 소비자의 의견을 듣고 요망하는 것을 반영하는 재량성을 지니고 있어 이른바 양방향대화성(interactivity)을 가지고 있으며, 그로써 컨텐트를 각종 수요에 따라 구분하고 차별해 제공할 수 있다는 장점을 가지고 있다고 하였다. 이렇게 컨텐트를 소비자에 따라 차별해 제공할 수 있다는 특징은 많은 채널을 가지고 많은 상이한 컨텐트를 제공할 수 있는 CATV에서도 찾아 볼 수 없었던 장점이다. 실로 IPTV의 컨텐트는 틈새를 형성하는 소수이나 어떤 특정한 내용에 대해 강렬한 수요를 가지는 수용자를 대상으로 하여 급속히 발전하고 있다. 이러한 내용은 다수의 대중을 대상으로 하기에는 부적합한 것으로서 이른바 silvercasting의 형태를 취하고 전개되고 있다. 이로써 IPTV에서는 CATV에서 보다 사적 영역을 다루는 범위가 더 넓어지고 있다.

IPTV의 상업성

인터넷을 통해 각종 서비스와 컨텐트를 제공하는 데는 코스트가 든다. 그런데 인터넷의 발전과정에 연유하여 현재 인터넷에서는 이러한 코스트를 부담하게끔 이용자에게 이용료를 징수하도록 하는 방법이 마땅하게 주어져 있지 않다. 일부 서비스를 유료화하고 종래 무료로 제공하던 보통 컨텐트와 더불어 유료인 프리미엄 컨텐트(premium content)를 제공하여 코스트를 회수하고 추가 투자를 위한 재원을 마련해 보려고 하나 아직 충분하지 못하다. 그런데 앞의 UCC에 대한 논의와 관련해 보았듯이 UCC제공에 대해 보상하려는 실험이 최근 한창 진행되고 있다. Myspace, Youtube 등에서 여러 가지 컨텐트에 대해 차별화된 보상을 하는 방법이 시험되고 있다. 그 위상이 잘 정립된 이를 컨텐트 호스트가 컨텐트를 적정하게 보상하지 못한다고 보아 이들을 대체해 보려는 웹 호스팅(web hosting)의 경쟁자들도 나타나고 있다. 궁극적으로는 UCC의 공급자와 수요자가 다수로 되어 경쟁시장이 조성되게 됨으로써 컨텐트의 균형가격을 보장하는 시장메커니즘이 작동할 수 있게 되리라는 기대도 있다. IPTV에서 컨텐트의 유료화의 어려운 과제가 해법을 찾게 될 소지가 있다.

IPTV가 상업적으로 성공할 수 있기 위해서는 채널 50개 이상을 가지고 각종 프로그램을 제공하여 이용자들의 흥미를 유발시킬 수 있으면서 기왕에 편히 TV를 보던 습관을 바꾸도록 할 수 있어야 한다. 몇 가지 단계를 거쳐 원하는 것을 보고 이용하는 것이 가치가 있다는 점을 설득하여 TV, 케이블TV, 위성방송과 경쟁하는 초기 상황을 헤쳐 나갈 수 있어야 한다. 또 이용료가 부담이 되지 않게끔 적어도 초기에는 소액의 정액제제도를 채택해야 하리라 여겨진다. 단 이런 소액의 정액만으로는 IPTV사업을 지탱하기 어려울 것이다. 따라서 IPTV사업은 독자적인 것으로 되기 보다 유선통신사의 음성통신, 인터넷 접속서비스와 함께 하나의 패키지로서 제공되는 것으로 되기 쉬울 것이다. IPTV의 상업적 성공은 반드시 충족시키기 쉽지 않은 여러 전제 위에 서 있다고 하겠다.

IPTV에서의 내용규제

이러한 점을 볼 때 종래 지상파TV에서의 규제를 IPTV에 대해 대해 연장해 적용하겠다는 것은 과거 CATV에 대해 연장해 적용하려고 한 것이 그러하였듯 타당하지 않다. 이러한 점은 인터넷 플렛폼을 이용하면서 다양한 방식으로 narrowcasting하는 것, 특히 silvercasting에 대해 생각하면 더욱 그러하다. 한 걸음 더 나아가 전화플렛폼을 기반으로 하면서 디지털 브로드 밴드 데이터를 주고받는 것을 가능하게 하는 이동인터넷(wireless broadband: Wibro)을 상기해 보면 이는 가장 적극적인 쌍방 교신의 방법을 통해 narrowcasting을 할 수 있게 하는 것이니 이를 지상파TV와 차별화하는 것은 당연하다 할 수 있다. 물론 이것은 화면이 작고 이동중에 교신을 해야 한다는 점에서 스포츠 중계를 비롯해 장시간을 요하는 프로그램을 수용하는 데는 부적합하다. 이런 컨텐트의 전송에 있어서는 지상파TV를 따르지 못한다는 나름대로의 한계도 가지고 있다. 결과적으로 broadcasting과 narrowcasting은 각각 필요한 곳에서 적절히 제공되게 분업체계를 이루어야 할 것이다. 이런 점을 무시하고 IPTV 등에 대해서도 종래 지상파TV에서의 규제체계를 기계적으로 연장하겠다는 것은 매우 잘못된 것이다.

물론 인터넷을 통하는 표현과 관련해서도 명예훼손, 어린이에 대한 성인물 제공, 지적재산권 침해, 거짓 광고 등이 용인되어서는 안 되겠고 때문에 이런 것은 종래의 방송 등 미디어에서 그러했던 것처럼 제한되어야 한다. 그러나 그러한 제한을 방송에서처럼 인가권을 매개로 하는 사실상의 사전규제로 하는 것은 부적합하다. 실질적으로 사후규제의 성질을 가질 수밖에 없을 것이다. 소비자보호기관, 공정거래기관, 사법기관 등에 의해 이상 열거된 것 등과 관련된 잘못이 있다는 것이 사후적으로 밝혀지는 경우 그런 행위에 대한 일벌백계의 시정조치를 하는 사후규제의 방식 이외에 다른 도리는 없을 것이다.

기술적인 차원에서 생각해 볼 때 IPTV의 운영자도 모르게 이용자가 그것을 이용하는 것은 불가능하다. 때문에 IPTV의 이용자가 개인의 사생활을 침해하거나 프로그램 내용을 훼손하더라도 발각되지는 않는다는 일은 적어도 논리적으로는 있을 수 없다. 그런 내용을 퍼뜨린 사람을 위치추적기술을 써서 사후적으로 틀림없이 식별할 수 있기 때문이다. 그러나 사후식별을 위해서는 많은 돈이 들기 때문에 그런 것을 모두 적발한다는 것은 어렵다. 모든 불법행위를 처벌한다는 것은 음악파일 관련 지재권침해자 모두를 처벌하지 못하는 경우에서 보듯이 대단히 어려운 과제이다. 그런 것을 사전적으로 배제하기도 어렵다. 사후적인 식별 후 처벌을 받을 것을 각오하고 행하는 불법행위를 사전적으로 방지할 수는 없다.

나아가 IPTV의 경우에서는 내용규제를 시도한다 하더라도 그 대상이 반드시 자국의 주권이 미치는 국민에 한정되지 않고 그 이상으로 되기 때문에 그런 시도가 무산될 수가 있다. 자국의 주권이 미치는 영토를 전제로 하고 있는 기존의 방송에서와 같은 방식으로 IPTV의 내용을 규제하려한다는 것은 인터넷 플렛폼에서는 사실상 실효를 거두기 어려우리라는 점을 감안해야 하겠다. 인터넷의 범세계적 성격을 고려하면 사후규제를 위해서도 국제적 공조가 불가피하다. 여러 모로 보아 인터넷을 통한 브로드 밴드 컨텐트의 제공에 대해서 종래의 방송에 대한 규제체계를 원용하려는 것은 부적합하다. 만약 그것에 대해 규제체계를 마련한다 한다 하더라도 그것은 방송에 대한 그것과는 다른 어떤 것이 되지 않으면 안 될 것이다.

또 설사 그것을 규제한다 하더라도 그런 규제는 민간의 창의력 발휘를 억제하는 것으로 되어서는 안 된다. 이 점을 보아서도 그것은 근본적으로 사전규제(ex ante regulation)의 형태보다는 사후규제(ex post regulation)의 형태를 가지게 되어야 할 것이다. 통방융합적 컨텐트를 방송적 시각에서 규제하고 또 통신적 시각에서 규제하는 중복규제를 하게 됨을 경계해야 할 것이며 내용심의시에도 심의를 가능한 한 단순화하고 자율규제에 많이 의존하도록 해야 할 것이다. 방송에서의 공익성 및 통신에서의 보편적 서비스의 이념이 통합정리되어야 할 것이며, 아마도 네트워크-서비스-컨텐트의 각 단면에서 규제체계가 정리되어야 할 것이다.

이에 즈음하여 어린이들이 성, 폭력, 비속어 등에 노출되는 것을 방비해 보려고 했던 정보사려법(information decency act)에 대해 위헌판결이 있었기에 방송에서의 컨텐트에 대한 사전규제가 어렵게 되었다는 점이나 IT기술의 발전에 따라 내용을 여과하는 기술(information filtering devices)을 활용할 수 있게 됨으로써 부모나 교사들에 의해 나쁜 내용이라고 여겨지는 것을 사전에 차단하는 것이 가능하게 되었다는 점을 상기해야 하겠다. 이러한 점들을 감안하게 되면 방송에서의 사전규제의 필요성은 다시 약화된다는 점을 유추할 수 있겠다. 아무튼 그것은 종래의 방송에서의 그것처럼 인가권을 매개로 하는 사실상의 사전규제라기보다는 사후규제의 성질을 가질 수밖에 없겠으며 DRM에서의 사후규제와 상응하리라 하겠다. 소비자보호기관, 공정거래기관, 사법기관 등 규제기관에 의해 사후적으로 잘못이 밝혀지면 시정되고 처벌되는 방식을 취하게 될 것이다. 우리나라는 2000년 방송법을 통해 사전규제의 소지를 없앴고 사실상의 사후규제를 자율규제의 형식을 취해 방송심의위원회에 위임하였다.

인터넷을 통한 브로드 밴드 컨텐트의 제공에 대해서 종래 방송에 대한 규제체계를 원용할 수는 없다. 인터넷 컨텐트에 대한 규제체계를 마련하려 한다면 그것은 방송에 대한 그것과 다른 어떤 것이 되지 않으면 안 된다는 것을 인지하여야 한다. 아마도 당분간은 이런 식의 다른 어떤 것이 무엇인지를 명확히 인지하지 못한 상태에서 통신과 방송의 양측 규제기관과 정책기관이 인터넷이라는 제3의 서비스에 대해 각자의 영유권을 주장하는 양상을 보이는 식의 과도기적 처신을 할 가능성이 크다. 그러나 종국적으로는 그런 주장들을 타협하고 조정하는 과정을 거쳐 새로운 무엇으로 구체화될 것이다. 나아가 차후 번성하여야 하고 또 그리 되리라 보이나 단기적으로는 미지의 대상인 제3의 서비스가 민간의 창의성에 힘입어 활발하게 발전할 수 있게 만들려면 규제체제는 이른바 가능한 업무를 열거하는 열거주의(positive list system)로 되어서는 안 되겠고 그 대신 해서는 안 되는 것만을 열거하고 나머지는 모두 가능하게 하는 비열거주의(negative list system)로 되어야 할 것이다.

인터넷 컨텐트 규제의 실천

인터넷에서의 컨텐트에 대한 사후규제의 방법도 다양한 차원에서 조심스럽게 모색되어야 할 것이다. 그 하나의 후보로 컨텐트를 생산하는 측의 자율규제를 생각할 수 있다. 컨텐트 생산자들은 자발적으로 자율규제기구에 참여하고 이 기구는 컨텐트의 내용에 대해 일정한 자격(예컨대 TrustE 로고의 사용자격)을 부여한 뒤 일반 이용자로 하여금 이러한 자격을 획득한 컨텐트 생산자의 내용물은 걱정 없이 보도록 유도할 수 있다. 선별된 컨텐트를 소비자가 선호하게 유도함으로써 자율규제를 회피하는 컨텐트 생산자는 시장에서 불리하게 되고 도태되게 할 수 있다.

다음 컨텐트가 최종 이용자에게 전달되는 과정에 간여하고 있는 모든 주체들을 규율해 보려고 할 수도 있다. 즉 네트워크 사업자, ISP, 컨텐트 공급자, 이용자들 각각에 대해 내용규제를 할 수 있겠는지를 차례차례 고려해 볼 수 있겠다. 먼저 네트워크 사업자에 대해 생각해 보면 이들에게는 하등 간여의 여지가 있을 수 없겠음을 추론할 수 있다. 이들은 단지 컨텐트를 전달을 하는데 기여할 뿐 컨텐트의 내용을 파악하는 등의 지능적 행위를 하지 않는 주체이다. 때문에 이들에 대해 내용규제에 참여하라는 것은 무리가 될 것이다. 다음 ISP에 대해서는 한정적인 참여를 요구할 수 있겠다. 이들은 컨텐트의 내용에 대해 한정적이나마 알 수 있는 주체이기에 내용물에 대해 한정적이나마 여과장치를 하도록 하고 또 기계적 여과장치 이상 사람에 의한 모니터링을 하도록 종용할 수 있겠다. 동시에 전파되어서는 안 될 컨텐트임을 알고도 그것을 전파하였다면 징계받도록 해야 할 것이다. 반면에 이들이 음란물 등 전파되어서는 안 되는 컨텐트임을 모르고 있다가 그런 사실을 고지받은 경우라면 그런 컨텐트를 방출하는 사이트를 폐쇄하던지 재발 방지의 경고 메시지를 보내도록 종용해야 할 것이고 이에 부응하지 않는 경우에나 처벌되어야 할 것이다. 실상 이들의 이러한 위상은 1998년 DMCA에서 결정된 것으로 이 법에서의 이들의 한정적인 입증책임을 확대하여 이들로 하여금 보다 적극적인 역할을 하게 하려면 그것을 의무화하는 명시적 법규를 마련해야 하리라 한다. 나아가 이들이 컨텐트를 구하기 위해 UCC에 대해 보상하는 것과 대응하게끔 일반 대중에 의한 음란물의 신고에 대해서도 포상을 하는 제조를 마련하면 좋을 것이다. 이와 관련해서 우리나라의 포털들은 물론 미국의 Google도 음란물 등의 철저한 관리에 미흡하다는 현실을 외면해서는 안 될 것이다.

컨텐트의 규제는 결국 컨텐트 공급자에 맞추어져야 한다. 그런데 인터넷상의 컨텐트는 어떤 하나의 나라에서 발원한 것이라고 하더라도 지구상 모든 나라로 쉽게 파급되어 나갈 수 있는 성격의 것이다. 어떤 부적절한 컨텐트는 그것이 발원한 나라에서는 말할 것도 없고 다른 나라에서도 폐해를 초래할 수 있다. 부적절한 컨텐트를 방출한 사람의 위치를 추적하여 식별해 내는 것은 불가능하지 않다. 그러니 이론적으로 그런 사람을 그를 규율할 수 있는 나라에서 실정법에 따라 규제할 수가 있다. 그러나 다른 나라에서는 이 나라의 컨텐트 제공자에 대한 법적 관할권 내지 제재권이 없다. 혹시 제재를 받아야 할 대상이 자국에 오거나 자국에 재산을 소유하고 있는 경우에나 제재가 가능할 뿐이다. 여기에서 컨텐트 규제를 위한 국제적 협조가 필요하게 된다.

이상적으로는 각국이 모두 동일한 법제를 가지게 되어 어떤 부적절한 컨텐트의 제공이 모든 나라에서 동일하게 불법적인 것으로 되게 함으로써 구태여 국제적 공조를 거론하지 않고서도 처벌할 수 있도록 하는 것이 좋을 것이다. 그러나 이렇게 되지 못할 경우에는 컨텐트 공급자에 대해 관할권을 가지는 나라가 외국의 요구를 수용하는 선에서 대처하도록 하는 방도 외에 다른 방도가 없다.

나아가 부적절한 컨텐트의 공급자가 있다면 그 반대편에는 그것의 수요자가 있을 터인데, 이러한 수요자의 피해를 최소화하기 위해서 피해자의 나라가 전달되어 오는 경로를 봉쇄하는 등 대응조치를 취할 수 있겠다. 마지막으로 이용자도 자구행위를 할 수 있겠다. 부당하게 전파되어 오는 컨텐트를 삭제하는 이외에 그러한 컨텐트를 보내는 곳을 추적하는 기술을 동원하여 손해를 끼치는 곳을 찾아낸 후 손해배상을 요구하는 등 대응을 할 수도 있겠다.

통신과 방송의 협력은 필수

통신과 방송의 융합은 실상 일찍이 통신분야에 들어와 성과를 낸 IT기술이 방송분야에 들어가 방송을 변환시키려는 것이라고 할 수 있다. IT기술은 통신이나 방송의 영역으로 뿐만 아니라 금융, 유통, 의료 등의 분야에도 들어가 각각 통신과 금융의 융합, 통신과 유통의 융합, 통신과 의료의 융합 등의 현상을 이루게 될 것을 상상하게 하고 있다. 이 과정에서 IT의 핵심적 역할이 새삼 인지되어 정보산업은 모든 사람의 과업(information industry is everyone's business)이라는 관찰이 나타나게 되었다. 또 정보의 실용화를 위해 필요한바 정보화투자를 수행해 나감에 있어 그것이 갖추어야 하는 여러 요소 중 컨텐트의 상대적 부족을 유념하게 되어 컨텐트가 제일(content is the king)이라는 말도 나타나게 되었다. 과연 이러한 융합은 미래 어느 시점에 가서는 정말로 융합된 어떤 것 내지 제3의 무엇으로 나타나게 될 것이다.

그러나 이러한 것으로 완결되기 이전 단계에서의 그것은 인터넷의 영향을 수용하는 각종 미디어가 각자 자신의 비교우위를 발휘하면서 소비자의 선호에 대응해 발전해 가는 방식의 윈-윈(win-win)의 길을 밟아 나가야 할 것이다. 그 일례로 오디오 컨텐트 파일을 iPod나 MP3단말기에 다운로드 받아 이용하는 podcasting의 경우를 생각해 보자. 이것은 기본적으로 이용자의 파일 다운로드라는 행위를 전제로 하는 것이나 특별히 포드캐스팅 서비스 제공자가 이용자에게 지속적으로 새로운 파일을 전송해 주도록 설계할 수도 있다. 이런 지속적 전송이 신문이나 잡지의 내용을 전달하는 것으로 되면 그것은 종래의 라디오와 별로 다를 것이 없다. 그러나 뉴스 등 전달 이상으로 취재경위, 배경, 에피소드, 취재시의 감상 등을 함께 다룬다면 라디오 이상의 인기를 끌 수 있다. 라디오와 차별화되면서 일단 생산한 컨텐트를 질적 및 양적으로 더 이상 활용하는 방향으로 진화시킨 것이 되기 때문이다. 인터넷기반 podcasting을 가지고 라디오의 기본 역할을 수행하면서 그 이상으로 발전시키고 다양화시킨 것이다.

IPTV나 Wibro가 narrowcasting을 하게 된다고 하더라도 당장은 컨텐트의 부족에 허덕이게 될 것이다. 소비자의 수요에 맞고 그들이 원하는 시간에 원하는 내용을 융통성 있게 제공할 수 있으려면 신축성 있는 전송능력을 가지고 있다는 것만으로는 부족하고 소비자가 찾고 원하는 컨텐트를 미리 준비해 두고 있어야 하는데 아직 이러한 컨텐트가 없기 때문이다. 현재의 IPTV가 내보내려는 것과 가장 근사한 것은 지상파TV가 많이 보유하고 있다고 할 수 있다. IPTV가 취급하리라 보여지는 컨텐트를 그 중요도의 순위에 따라 고려해 보면, 드라마, 영화, 낚시-바둑-여성-패션 등의 전문정보, 뉴스, 스포츠, 어린이가 될 것이라고 하는데, 이런 예상이 시사하듯이 IPTV가 영업을 하게 될 때에 그것은 컨텐트를 확보함에 있어 지상파TV와 CATV에 의존해야 할 것이다. 이에 즈음하여 아직은 종래의 방송 컨텐트를 통신 네트워크를 이용해 송수신하는 때 있는 그대로 쓰기가 어렵고 스크린의 크기, 컨텐트의 분량 등에서 조정이 불가피하다는 점도 염두에 두어야 할 것이다. 물론 이러한 컨텐트도 장기적으로는 UCC제공자를 비롯한 많은 컨텐트 제공자(CP)들에 의해 더욱 보강될 것이다. 아무튼 이런 측면을 고려하였을 때 IPTV나 Wibro가 상당한 기간 기존의 지상파TV에 의존해야 함은 명백하다.

이런 시각에서 볼 때 지상파TV는 윈-윈 전략체제에서 강한 입지를 가지고 있다. 또 기존의 컨텐트 및 새로운 컨텐트를 개발하는 데 있어서도 종래 컨텐트를 많이 생산하고 조달해 본 경험이 있는 지상파TV와 그것에의 프로그램 제공자(program provider)가 비교우위가 있다 할 것이니 지상파TV는 이를 십분 활용하는 협력체제를 구축할 수 있어야 할 것이다. 이러한 점은 Yahoo, AOL 등 인터넷 기업들이 종래의 컨텐트 기업을 구입하거나 이들과 제휴하려고 노력하고 있다는 점을 보아서도 확인할 수 있다. 뿐만 아니라 지상파TV는 추가의 창구(window)를 통하여 수입을 늘이는 방법에 대해서도 경험을 해본 바 있다.

저소득층 등에게 무료로 정보 및 오락을 제공하기 위해서는 기존의 지상파TV방송이 지속되어야 한다는 사회적 필요가 있으며 이것은 지상파TV에 대한 우군이 된다 할 것이다. 웹에 기반한 미디어가 그 자신을 알리기 위하여 지상파TV에 광고를 내보내는 경우가 있는데 이러한 현상 역시 대중과의 친근성에 근거한 현재의 지상파TV의 강점을 보여주고 있는 것이다.

지상파TV 자체가 광고주의 웹에 연결할 수 있는 방도를 마련한다거나, 지역뉴스를 보다 자주 방송한다거나, 스포츠 중개시 관련 통계를 보여 관심을 제고한다거나, 다큐멘터리를 더 많이 취급한다거나, 극장이나 운동경기표 구입을 위한 연결점(link)을 제공하는 식으로 종래보다 소비자의 세세한 욕구에 부응하려고 하는 변신하고 있다는 점도 주목해야 할 사항이다. 이른바 '고급화된 TV' (enhanced TV)를 지향하려 하고 있는 것이다. 게임 쇼, 서베이, 지역모임의 개최, 아카데미상 시상식 등에서의 예상투표 등을 이러한 TV의 고급화 노력이 수용할 것이다. 물론 이러한 것을 실현하기 위해서는 지상파TV로 상당한 투자를 해야 한다. 더불어 코스트 절감, 효과적 포맷의 개발 등 노력도 병행되어야 한다. 단 이러한 노력을 한다고 하더라도 한정된 수의 채널을 가지고 있을 뿐인 지상파TV로서는 그것으로써 수용할 수 있는 것 이상의 고급, 다기한 수요를 상대하는 데 역부족이라는 점을 알아야 한다. 이런 부분을 보아서도 네트워크 운영자로서 강점을 가지고 있고 막대한 투자자금을 조달할 능력을 보유하고 있는 기왕의 통신사업자와의 협력은 필수적이다.

일반적으로 말해 지상파TV, CATV, 위성TV 및 IPTV, Wibro 모두가 공존하며 활약하게 되어야 할 것이다. 전자 셋은 스포츠 중계 등 실시간 대량의 데이터를 일방적으로 보내는 것을 담당하고, 양방향대화성이 요망되는 수요를 충족시키는 데에는 IPTV가 대처하고, 이동중의 멀티미디어 수요에 대해서는 Wibro가 대처하게끔 되어야 할 것이다. 이와 관련해 지상파TV에서의 광고가 상대적으로 위축되고 다른 매체의 광고가 늘어나는 변화가 생길 수 있을 것이다. 상대적으로 한정적인 채널 수와 제한적인 비즈니스 모델을 가지고 있는 CATV보다는 IPTV가 UCC를 수용하는 데에는 유리할 것이다. 새로운 컨텐트를 다양하게 공여하는 다른 매체의 유지 운영을 위해서는 상당한 경비가 들 터인데, 종래의 광고수입만으로는 부족할 것이기에 다른 수입원도 모색되어야 할 것이다. 모든 매체들은 이용을 하면서 이용료를 내게 하는 시스템을 정립하게 되어야 할 것이다.

one-source, multi-use

2005년 현재 미국의 경우를 보면 지상파TV를 대체하는 미디어의 양대 산맥은 케이블TV와 위성TV라 할 수 있다. 지상파TV의 광고수입의 증가율의 8배에 접근하는 증가율을 가지고 케이블TV의 광고수입이 커지고 있다는 것이 최근 보도이다. 더구나 후자는 광고수입 이외에 월정액의 이용료 및 일회시청 이용료(pay-per-view)라는 추가의 수입원도 가지고 있다.

통신시장이 자유화되고, 소득이 증가하며, 인구구성에서 노인과 여성이 증가하게 되자, 노인과 여성이 보다 큰 발언권을 갖게끔 변화하고 있다.

이들이 건강, 육아 등에 선호를 표명하게 됨에 따라 다양한 채널을 이용하여 이런 선호에도 부응하는 컨텐트를 제공하는 것이 중요하게 되었다. 이런 과정에서 지상파TV는 상대적으로 위축되게 되었다. 한편 인터넷을 이용하는 VOD(video on demand)에 대한 수요는 아직 미미하다. 경쟁은 미디어간에서 일어나기보다 프로그램의 선정, 고급화된 서비스 공여, 광고 마케팅 등에서 일어나고 있으며, 이러한 경쟁의 와중에서 한편으로는 전략적 제휴가 시도되고 다른 편으로는 수평 또는 수직적 인수와 합병이 추구되고 있다.

이때 핵심이 되는 분야는 디지털 비디오, 고속 인터넷 접근, 케이블전화 등이었으며, 기능적으로는 컨텐트, 패키징(packaging), 프로세싱(processing), 전송, 및 단말기 등에서의 새로운 가치창조가 주목되었다. 이러한 가치사슬의 변화 속에서도 가장 강자는 여전히 지상파TV이다. 이들은 CATV 및 컨텐트 생산업체에 지분참여하면서 브로드 밴드 플렛폼을 개량하게 작용하고 있다. 반면 기존의 통신사들은 위성방송사와 협력을 꾀하고 있다. 이들은 위성방송이 지역성을 뛰어 넘고 있다는 점을 주목하고 있다. 이들에서는 커뮤니티와 컨텐트를 구축하여 특수한 웹 사이트를 만들려는 노력, 접근을 쉽게 해(access-facilitating) 인터넷관련 사업으로 진출하려는 노력, 전자상거래를 활성화시켜 보려는 노력 등이 현저하다.

지상파TV, CATV, IPTV 모두가 분업체계 속에서 활약하는 가운데에서도 보편적 서비스는 누구에게도 보장되어야 할 것이다. 그리고 이 역무는 아직까지 그래왔던 것처럼 주로 지상파TV가 담당하게 되기 쉬울 것이다. 그러나 이를 위한 보편적 서비스기금을 지상파TV 혼자 마련하게 되어서는 안 될 것이다. 지상파TV 대비 상대적으로 시장점유를 늘려나갈 CATV 및 IPTV도 보편적 서비스기금의 마련을 분담하게끔 되어야 할 것이다.

IPTV와 관련해서 소수이고 전문적 수요를 가지는 수용자군을 대상으로 하여 다기한 컨텐트가 마련되고 있다는 것을 주목할 필요가 있다. 자전거 타기, 포커, 라크로스, 사진, 채식주의 식단, 포도주, 공포영화, 애니메이션 등 내용면에서 매우 다양할 뿐만 아니라 프로그램의 크기에 있어서도 3분~5분, 22분~60분, 2시간 등으로 다기한 컨텐트가 마련되고 있다. 또 뉴스 및 광고를 취급함에 있어서도 언어, 지역, 시청시간대 등에 따라 다기한 차별화가 진행되고 있다. 나아가 Google Video나 Apple의 iTune을 통한 on demand화도 진행되고 있다.

이러한 변화 속에서 미디어산업의 성격이 더 이상 1국산업이 아니고 여러 나라의 기업이 협력해 여러 나라에서 비즈니스를 하는 다국산업으로 바뀌게 되었다는 것도 감안되어야 하겠다. 미디어 산업전체를 감안하면 어떤 한 나라의 지상파TV에 대한 규제가 미치는 범위가 지극히 한정적이라는 점을 외면해서는 안 되겠다.

2006년 1월 25일 방송위원회는 종합편성 및 보도채널 사업에 통신기업의 진입을 제한하는 것의 일환으로서 IPTV사업에 대한 신문, 뉴스통신사, 통신서비스, 단말기제조 대기업의 참여를 33% 이하로 제한한다는 계획을 공표하였다. 방송시장의 특수성을 원용하여 새로운 진입을 제한하고 기존의 방송사보다 큰 자본력을 가지는 주체의 활동을 제한하겠다는 의도를 보인 것이라 여겨진다. 그런데 이는 인터넷을 중심으로 하여 사실상의 방송이 진행되고 있고 그로써 한정적이나마 이미 통방융합이 이루어져 있으며 이 현상이 앞으로 더욱 가속될 것이라는 사정을 외면한 몰시대적인 조치이다.

케이블TV와 IPTV가 모두 유선 멀티미디어사업이라 하고 동일 서비스에 대해서는 동일한 규제체계가 적용되어야 한다고 보아 케이블TV에서와 같이 IPTV에 대해서 사업권을 지역으로 한정하는 구도를 가지게 해야 한다는 주장이 있다. 그러나 이것은 IPTV의 특성인 탈공간성 및 탈시간성을 외면하고 이에 근거한 소비자의 선택, 특히 지상파TV나 케이블TV가 지니지 못하는 수요자와의 양방향대화성(interactivity)을 무시하는 잘못된 인식이다. IPTV가 미치는 범역은 종국적으로 108개 채널 이상이 될 수 있을 것이고 그 속에서의 사실상의 다기한 채널이 소비자의 다기한 욕구에 대응하게 운영될 것이다. 그곳에서의 컨텐트 공급방식도 TV나 케이블TV와는 다르다는 것도 간과해서는 안 된다.

앞에서 보았듯이 통방융합은 이루기 위해서는 여러 조건을 충족시킬 수 있어야 한다. 그런데 이런 조건들이 현재 충족될 수 있는 사정이 아니며 내일의 IPTV도 결코 단시일 내에 완성될 수 있는 것이 아니다. IPTV는 차라리 지상파TV의 컨텐트를 보다 집약적으로 활용하여 이른바 one-source, multi-use를 시현하는 데 주력할 것이고 부수적으로 새로운 컨텐트를 활발하게 제작하는 데 지상파TV의 파트너로서 역할을 하게 될 것이다. 컨텐트 공급의 절대절명성을 상기할 때 단기간에 IPTV가 지상파TV를 대체할 여지는 없다.

한편 이런 컨텐트 공급의 과제가 해결되지 않는 한 방송위원회와 정보통신부라는 2개의 규제기구가 통합되어 하나의 기구로 되어 통신과 방송을 모두 다루게 된다고 하더라도 융합의 과제가 순탄하게 진행되리라는 보장은 없다. 통합된 규제기구에 해당하는 미국의 FCC를 보더라도 통합된 규제기구가 통방융합을 반드시 보장하지 않는다는 것을 알 수 있다. 그러니 추구해야 할 길은 통신과 방송의 현재의 주체들의 협조체제를 구축해 함께 노력하도록 유도하는 것이어야 한다. 이것이 이른바 윈-윈의 길이 될 것이다. 이를 위해서는 통신 및 방송 모두에서 새로운 플랫폼을 써서 새 역무를 하려고 하였을 때 독자적으로 하는 데에는 준비와 역량이 부족하다는 점을 인지하고 이런 부족한 것을 채우기 위해 각자의 비교우위를 살려 협력하도록 하는 것이 절대 필요하다는 것을 실감해야 할 것이다. 이렇게 하는 것만이 이른바 one-source, multi-use를 실현하게 될 것임을 기존의 방송은 간과하지 말아야 할 것이다.

4. 통방융합의 단기전망

통방융합의 현장은 단기적으로는 종래의 통신사업자와 방송사업자 사이에서의 업무영역 분쟁으로 나타나게 될 것이다. 과거의 개념으로 보아 순수히 통신이라고 볼 수도 없고 또 순수히 방송이라고 볼 수도 없는 제3의 새로운 서비스를 이들 각각이 모두 자신의 업무영역이라고 주장하고 다투는 양상이 전개될 것이다. 그러다가 궁극적으로는 시현되는 기술과 시장수요에 따라 통신과 방송의 양면성을 지니는 새로운 종류의 서비스가 독자성을 인정받게 될 것이다. 이러한 과정에서 정부개입과 규제를 받게도 될 것이다. 이런 때 컨텐트를 확보하는 것이 어느 누구에게도 가장 중차대한 과제가 될 것이고, 중장기적으로는 P2P모델을 적극 이용하는 content-on-demand 관련 서비스가 역동적으로 제공되게 될 것이다. 블로그가 보다 널리 활용되며 UCC의 비중이 커지게 될 것이다. 물론 이런 것으로의 이행과정에서 컨텐트의 공급체제를 일부 대기업이 지배하게 되어 이들이 빅 브라더(big brother)로서 행세하는 양상이 보여지면서 컨텐트의 활력 있는 생산이 일시 위축될 가능성도 있고, 그로써 컨텐트 생산 및 유통에 효율적인 P2P모델이 좌절을 겪게 될 수도 있을 것이다. 그러나 대단히 많은 컨텐트가 필요할 것이기에 종국적으로는 대기업 엘리트에 의한 컨텐트와 아마추어에 의한 UCC가 모두 소용되게 될 것이다. 종국적으로는 소비자 중심의 유통 및 생산시스템이 마련될 것이며 인터넷에 의한 새로운 컨텐트 및 응용방법의 생산이나 유통을 제약하는 기존의 미디어 및 전통기업들은 이러한 변화를 수긍하고 적응하지 않을 수 없게 될 것이다. 인터넷을 반항아라고 보고 그것에 대항하려 하기보다 그것의 유용성을 빨리 인정하고 그것이 제시해 주는 변화에 적응함으로써 전통적 미디어는 차라리 그 권위를 높여 가게 될 것이다.

미국에서도 방송사업은 그 발전에 분명한 한계를 가지고 있다고 보고 있다. 방송은 사양산업이라고 단정되고 사양산업이기 때문에 그 존립을 위해서 치열하게 로비를 할 것이 자명해 FCC라고 해도 어찌할 수 없다고 통방융합 과정에서의 현재의 정체상황을 평가하기도 한다. 반면 통신이 새로운 플랫폼으로 방송 유사의 서비스 사업을 한다고 할 때 이를 위한 콘텐트를 가지고 있지 못하다는 점에 대해서도 분명히 알고 있다.

통방융합을 구체화해 가는 과정에서는 막대한 투자가 필요하고 이러한 투자를 위한 재원을 마련하는 것도 필요하다. 나아가 이러한 재원은 방송사보다는 통신기업에서 나올 수 있다고 한다. 미국에서도 통신기업이 방송사들보다 크다. 이에 통신기업의 자본에 의존하면서 컨텐트를 개발하는 방식으로 통방융합이 진행되게 될 것이라 예견하고 있다.

미국은 과거에 통신업과 방송업을 모두 해 본 경험이 있는 AOL-Time Werner와 같은 기업을 가지고 있다. 이것의 경험은 분명 통방융합에 긍정적인 요인일 것이다. 그런데 이것의 경험이 가져오는 풀러스적 요인을 감안하더라도 통방융합이 쉽게 이루어지거나 통신기업 또는 방송기업의 어느 하나가 절대적 영향력을 발휘하는 결과가 나타나기는 어렵다고 전망되고 있다.

그러니 이런 전례가 없는 우리의 경우 통방융합을 이루어 내기는 더 어려울 것이다. 설사 최근 SK나 KT가 컨텐트 확보에 신경을 크게 쓰고 있다고 하더라도 이는 달라지지 않을 것이며 통신기업이 통방융합의 결과물을 지배하게 되기는 어려울 것이다. 과연 컨텐트가 없는 상황에서는 인터넷기반에서 방송유사기능을 하도록 허용되었다 하더라도 당분간 그러한 역무가 가치를 창출하는 구체적 사업으로 되기 어려울 것이다. 따라서 우리는 다음의 두 가지 일을 먼저 하는데 힘을 쏟아야 할 것이다.

첫째, 방송산업의 경제적 기반을 조명하고 그것을 방송 및 일반 국민들에게 널리 알려야 한다. 방송의 주 수입기반인 광고가 급속히 잠식되어 나갈 것이라는 것 및 규제당국의 허가유무와 관계없이 인터넷기반의 방송유사의 사실상 현상이 머지않은 시일 내에 현저하게 나타날 것이란 사정을 널리 알려야 한다. 이를 위해서는 미국을 비롯한 외국과 우리나라 방송사의 수익 및 비용을 위시한 방송사업의 경제적 기반과 그것이 어떻게 변화해갈지를 분석할 수 있어야 한다. 둘째, 인터넷기반 방송유사업무를 본격적으로 하게 되었을 때 필요시되는 컨텐트를 마련할 방도를 준비해야 한다. 이를 위해서는 기왕에 방송이 가지고 있던 컨텐트를 그대로 또는 변형해서 새로운 서비스에서 어떻게 활용할 수 있을 것인지를 연구해 두어야 한다. 또 새로운 서비스만을 위한 새로운 포맷의 컨텐트를 어떻게 마련할 것인지도 강구해 두어야 한다. 이 마지막 과제와 관련해서는 아마도 무선인터넷 컨텐트의 확보가 핵심이 될 것이다.

이렇게 함으로써 독자적으로는 능력부족임을 실감하게 된 통신과 방송 각각이 서로 협력할 수 있는 길을 찾도록 해야 할 것이다. 통신과 방송의 비교우위를 감안하며 협력하는 것이 불가피함을 알려야 한다. 더불어 컨텐트를 마련하는 데 있어 무선인터넷 컨텐트의 마련이 중심되는 부분으로 될 것이라는 점도 알아야 한다.

유럽에서는 반독점에 대한 고려로 인하여 영업지역에 있어 지역적 제한을 받아온 CATV사업자가 그런 제한을 벗어나는 방도로서 DSL망을 설치하고 있다. 기존의 규제체제하에서 케이블TV로서는 영업지역을 확대하는 것이 불가능하기 때문에 DSL망을 이용해 영업지역 제한을 넘어서려고 하는 것이다.

통방융합이 방송쪽으로부터도 적극적으로 시도되고 있음을 보이는 예이다.

미국에서는 그 업무영역을 속박받지 않으면서 자유로이 투자할 수 있는 정보전문회사라는 것이 준비되어가고 있다. 이러한 회사의 업무는 컨텐트 개발 및 이용일 것이라고 하고 미처 선용되지 않은 틈새업무(niche opportunity)가 많을 것이라 여기면서 새로운 상황에서 적응해가려 함에 있어 과거 미디어업계에서 CEO를 맡았던 인재를 영입해 개척사업을 맡기고 있다. 그가 투자를 해나감과 관련해 종래 벤처기업에서의 그것 이상의 재량권을 부여하려 하고 있으며, 많은 자본을 필요로 할 것이라고 보아 사모펀드(private equity fund)보다 더 자유로운 특별한 기업형태를 만들어 이용하려 하고 있다. 선발된 CEO에게 그의 경험, 명예뿐만 아니라 자금도 투자하도록 하여 투자시 재량권을 잘못 행사하는 것을 제한해 보려 하고 있다.

디지털화의 변화는 누구에게나 불가피한 것이다. 그러니 그러한 변화를 보다 건설적으로 활용하는 것이 초점이 된다. 디지털화의 변화 속에서 새로운 사업을 시작하거나 운영하는 것의 코스트가 상대적으로 싸지게 될 것이니 많은 틈새서비스(niche offering)도 나타나게 될 것이다. 잡지 및 TV채널에서 이는 현저한데 이 현상은 다른 인터넷 응용분야에도 학대되어 나가게 될 것이다. 다기한 틈새사업이 많이 나타나게 될 것이고 종래 경시되어 왔던 이른바 '꼬리'(tail)부분에서의 각종 사업이 주목을 받게 될 것이다.

5. 적합한 컨텐트 마련이 핵심

비디오 블로그 중에는 최근 많은 방문자를 가진 것들이 있다. 이들은 자신의 블로그에 텍스트뿐만 아니라 비디오 데이터를 싣고 방문한 여러 사람에게 이를 보게 함으로써 방문자에 대해 사실상 방송을 한 것과 같은 효과를 과시하고 있다. 이들의 방문자는 자신의 편리한 시간대에 방문할 수 있어 방송을 시청할 때의 시간적 속박으로부터 벗어나고 있다. 특히 이런 것들의 UCC로서의 성격은 종래의 톱다운 방식의 미디어문화를 바꾸어 나가고 있다.

그런데 이러한 비디오 블로그는 수없이 많이 생겨날 수 있다. 이를 형식적으로 보면 무한대의 사실상의 방송채널이 이미 마련되어 있으면서 활용되기를 기다리고 있다는 것이며, 이런 새로운 상황에서의 초점은 어떻게 좋은 컨텐트를 마련하여 방문자가 많아지게 하고 거기에 광고도 실어 수입을 올릴 수 있느냐 하는 것이 되고 있다.

과연 블로그는 정부로부터 허가를 받을 필요 없이 누구나 개설해 활동할 수 있다는 의미에서 풀뿌리언론(grassroot journalism) 또는 참여언론(participatory journalism)으로 인지되고 있으며 그 컨텐트를 마련하는 점을 보아서는 공개원천(open source)의 미디어라고 하고 있다. 경우에 따라서는 정규의 언론이 미처 관심을 쏟지 못하거나 미흡하게 다루어온 것들을 훌륭히 다루어 미디어의 하나로서의 입지를 착실히 다져 가고 있다. 어떤 것은 기존의 언론에 못지않게 윤리의식을 가지고 냉엄하게 처신하는 것도 있고 다른 것은 틈새언론(niche journalism)으로서 기존의 그것들과 다루는 대상, 주요 지출의 내용, 수입확보 방법에서 가지는 차이를 강조하는 것도 있다. 이들 모두는 새로운 생태계(ecosystem)를 형성해 가고 있다고 평가받고 있다. 그 종류도 다양하게끔 발전해 가고 있는데 정보를 수집 정리하는 것을 초점으로 하는 것, 여러 블로그를 모아 그룹을 형성하는 것, 읽을거리의 목록(reading list)를 제시하는 것, 여러 신문과 방송의 뉴스를 묶고 종합하는 것, 상품 등에 대한 정보를 제공하는 것 등 여러 가지가 있다. 한편 방문자가 많은 블로그 중에는 광고를 받아 그 자신이 새로운 비즈니스로 변신하는 것도 있다.

블로그가 가져오는 하나의 문제는 여러 블로그를 총체적으로 고려했을 때 정보가 너무 많다는 것이다. 이제는 그러한 정보를 유용도를 가지게끔 분류하고 정리해야 한다는 과제를 가지게 되었다는 것이다. 과잉정보에 매몰되지 않고 어떻게 의미있는 관심들을 끌어낼 수 있느냐 하는 것이 큰 관심사이다. 또 과거 브랜드의 중요성을 감소시키는 블로그에서의 부정적 효과를 대체할 수 있게끔 블로그의 긍정적 효과를 어떻게 조출해 낼 수 있느냐 하는 것도 심각한 문제로 되고 있다. 너무 많은 정보로부터의 혼란을 극복하고 대중의 지혜를 어떻게 도출해내느냐 하는 것이 관건이 되겠다. 더불어 이러한 미디어가 상대로 하는 대상이 누가 될 것인지가 종래의 미디어보다 더 불확실하기 때문에 불특정 다수에게 성의껏 대응하지 않았다가는 의외의 낭패를 볼 수 있다는 점도 불안요인으로 되고 있다.

지상파TV는 케이블TV, 위성방송, 인터넷기반 양방향대화성(interactive) TV 등 이미 많은 경쟁자를 가지고 있다. 지상파TV는 이런 변화의 시대에 임해 기왕의 시장을 기계적으로 지키려는 것에 초점을 두어서는 안 될 것이다. 비교우위를 살려 훨씬 적극적으로 적응해 나가야 할 것이다.

회고해 보면 종래 지상파TV에서의 TV시청은 방송되는 시간에 TV수상기가 있는 장소에 있어야 가능한 것이었다. 방송국에서 제공되는 프로그램을 시청하기 위해서는 불가피하게 시간과 장소의 속박을 받았다. 그러던 것이 VCR의 등장으로 시간상 제약을 다소 벗어날 수 있게 되었고 TiVo의 등장으로 원하는 시간에 TV프로그램을 보는 것이 가능하게 되었다. 이 둘로써 시간의 속박으로부터 벗어나게 되었다 할 수 있다. 나아가 채널 수를 획기적으로 확대한 CATV는 종래 한정되었던 프로그램의 수를 늘리어 시청자들을 지상파TV에서의 프로그램의 속박으로부터 벗어날 수 있게 하였다. 그러다가 이러한 프로그램을 노트북 컴퓨터나 휴대전화에 다운로드하여 휴대하고 있다가 필요한 때 어느 곳에서나 볼 수 있게 하는 길이 생겨 이용자들은 시간의 속박뿐만 아니라 장소의 속박으로부터도 벗어날 수 있게 되었다. 이를 실현하는 방법으로 미국에서는 TiVoToGo, iPodTV, Archo 등이 있다. 나아가 노트북 컴퓨터나 휴대전화를 무선인터넷에서 쓸 수 있게 됨으로써 프로그램을 미리 다운로드해 두었다가 볼 필요 없이 직접 방송되는 프로그램을 볼 수도 있게 되었다. 장소의 속박으로부터 가일층 벗어나게 된 것이다. 시간, 장소, 프로그램으로부터의 제약을 벗어나게 한 이러한 발전은 프로그램의 가치를 그 이전보다 증대시키게 되었다. 컨텐트의 중요성이 커지게 되었고 좋은 컨텐트를 가지고 있고 그런 컨텐트를 제공하는 주체의 위상이 제고되게 되었다.

좋은 컨텐트를 마련해 제공하는 것이 통방융합의 실현에 초점이 된다고 할 때 기존의 방송업계는 이러한 기술발전에 의해 상대적으로 유리한 위치를 점하고 있다고 할 수 있다. 이들은 축적되어 있는 많은 컨텐트를 이미 가지고 있고 많은 컨텐트 이용자들의 선호도 알고 있다. 또 이런 것을 기반으로 하고 재활용하여 이른바 파생 컨텐트(derivative content)를 많이 만들어내는 데에서도 유리한 입지를 차지하고 있다. 예컨대 인터넷포털의 선두의 하나인

AOL은 DVD로도 볼 수 없는 과거의 영화를 인터넷TV인 In2TV를 통해 내보내 기존의 컨텐트를 새로이 활용하는 선례를 보였는데, 여기에서는 종래 통신의 범주에 속한다고 해야 했던 주체인 AOL이 방송과 경쟁적이 아니라 보완적으로 활동하고 있음을 알 수 있다. 이는 동시에 새로이 전개되어 나가는 통방융합의 상황에서 컨텐트를 가지고 있는 측의 비교우위를 다시 한번 보여주고 있는 것이라 하겠다.

한편 인터넷에 습관된 젊은 세대는 기존의 종이신문은 물론 TV뉴스도 안보는 쪽으로 바뀌어가고 있다. 이들은 인터넷에서 요약된 뉴스를 보는 것으로 종래의 세대가 신문을 보고 TV뉴스를 시청하는 것을 대신하고 있다. 이들과 관련해 보면 TV도 신문처럼 사양산업이다. 사양산업을 붙들고 그것을 대신할 새로운 산업의 발현을 막아보려는 것은 과거의 러다이트 운동(Luddite movement)처럼 어리석은 것이다. 그러니 지상파TV업계는 이보다 자신의 비교우위를 살리는 길을 적극적으로 추구하여야 할 것이다. 이를 위해서는 많은 투자가 필요할 것이고 그를 위한 자본은 통신업계 및 산업과의 협력을 통해 마련할 수 있을 것이다. 바보상자라고 지칭되던 TV에서의 정보는 신문의 정보에 의해 고급화되고 심층화될 수 있을 것이고 IPTV 등 다른 채널을 통해 융통성과 신속성을 제고할 수 있을 것이다.

방송업계는 다른 미디어들과 새로운 통방융합시장에서의 최선의 비즈니스 모델을 찾아내는 데 고민해야 할 것이다. 러다이트적 사고선상에서 광고수입이 잠식되어 가는 것을 걱정할 것이 아니라 새로운 비즈니스 모델을 가지고 어느 정도를 광고수입으로 확보하고 어느 정도를 구독료 내지 이용료로서 확보할 것인지를 강구해야 할 것이다. 컨텐트의 마련이 핵심임을 명심하고 UCC의 수용방안을 강구해야 할 것이며 이런 변화에 장애가 되는 저작권 문제를 해결할 길을 찾아야 할 것이다.

이에 즈음하여 참고할 만한 것은 IPTV가 동구에서 번성하게 될 것이라는 시각이다. 이는 동구가 많은 컨텐트를 가지고 있기 때문에 그런 것이 아니다. 오히려 CATV나 위성TV의 네트워크를 가지고 있지 못하고 있는 동구제국에게 이들을 마련하기보다는 신매체인 IPTV 네트워크를 마련하는 것이 싸기 때문이다. 네트워크를 마련하는 방도의 하나로서 IPTV가 코스트면에서 우월함을 보이는 한 단면이라 하겠으며 매체의 선정이 중차대하지는 않음을 시사하는 바라 하겠다. 컨텐트의 마련이라는 핵심과제의 문제를 외면한 채 네트워크의 역사적 성격을 가지고 정책판단을 하는 것은 본말을 전도하는 것에 지나지 않음을 이야기하는 바라 하겠다.

우리나라는 사실상 단일 방송권으로 되어 있기에 방송의 지역적 특성(localism)은 별 의미를 갖지 않는다고 할 수 있다. 방송권역을 이야기하고 재전송권을 문제삼는 것은 인터넷을 통해 방송을 할 수 있게 된 상황에 임해서는 졸업해야 할 사안이다. 통방융합을 향한 새로운 상황에 맞는 협력관계를 정립할 수 있어야 하며 이에 대응하게끔 저작권의 관리문제 등이 조정되어야 하겠다. 우리나라 지상파TV 뉴스에서의 의견은 대동소이하다. 우리나라에서 다양한 여론을 접할 수 있게 되는 것은 여러 지상파TV들 사이의 차이를 통해서가 아니라 이들과 신문 등 다른 미디어와의 차이를 통해서이다.

또 지상파TV의 중심관심사인 보도나 종합편성은 새로이 진입하려는 제3의 매체에게는 주요 관심사가 아니다. 이들은 진입 후 상당한 기간 이러한 기능을 위한 컨텐트 작성에는 큰 자원을 투입하려고 하지 않을 것이다. 어차피 비교우위를 살리는 협력이 필요하겠기에 33%란 지분율제한은 출발시의 지분에 대한 예시는 될 것이나 차후 성장과정에서 달라질 수밖에 없을 것이다. 차후의 시장의 전개와 필요투자를 위한 재원조달능력에 따라 이러한 지분율은 어차피 변화할 수밖에 없을 것이다. 그러니 초기의 지분율에 연연하기보다는 각자의 비교우위를 밑받침하는 자산으로서 기왕의 경험, 컨텐트 창출능력, 관리능력 등 무형자산을 제대로 평가받도록 하는데 더 신경을 써야 할 것이다. 방송에서 찾을 수 있는 컨텐트 제작 및 관리능력과 통신에서 찾을 수 있는 전송과정에서의 양방향대화성(interactivity) 삽입능력을 공평하게 평가해 출발한 뒤 이들을 모두 활용하는 협조체제를 구축해 나가도록 해야 할 것이다.

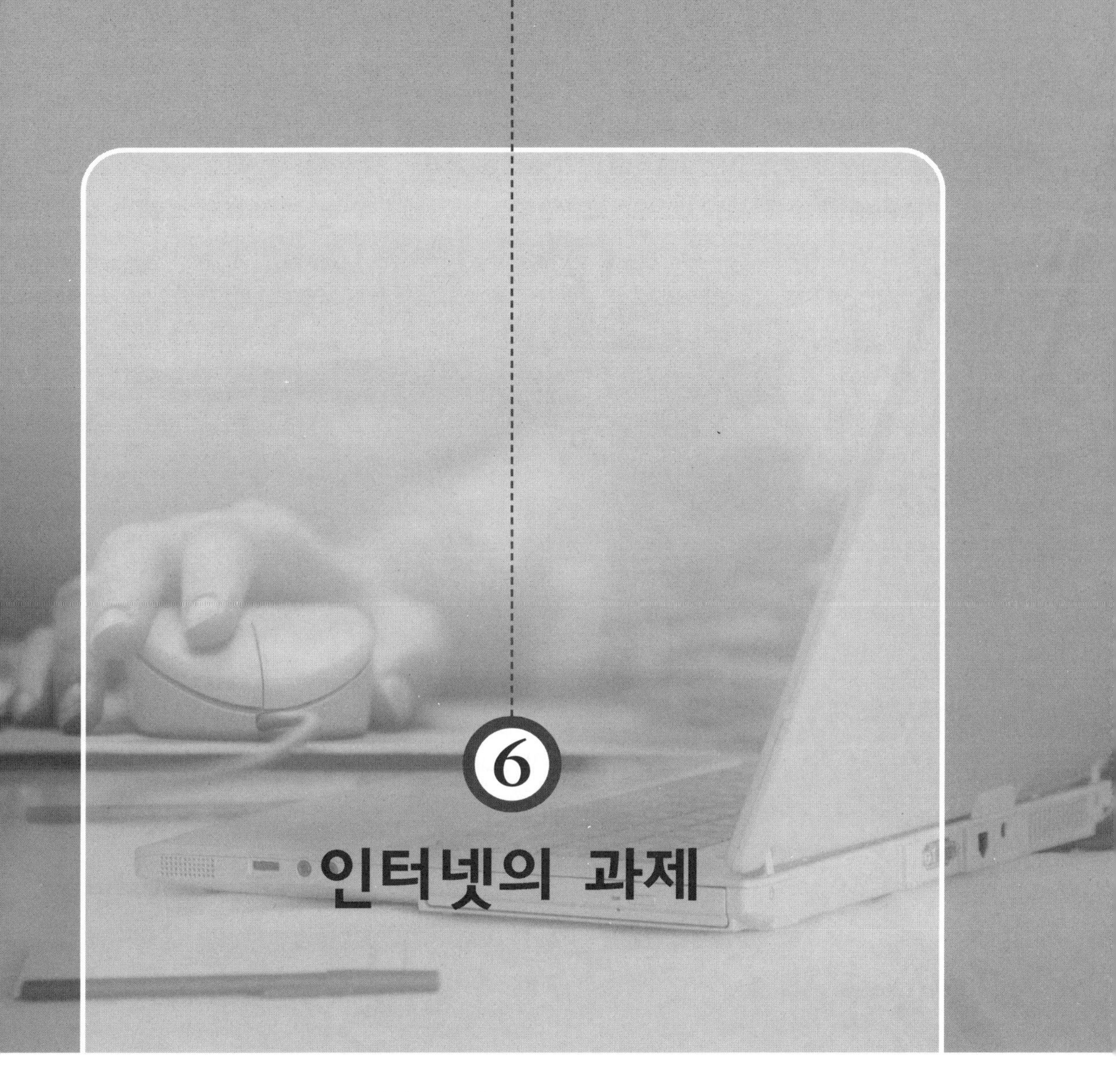

6 인터넷의 과제

01 | 과제인식의 단초

1. 불가피한 일시적 공급과잉

정보통신분야에서는 일시적으로 공급이 수요를 능가하는 현상이 늘상 있어 왔다. 예컨대 전화서비스를 제공하기 위해서는 서비스 제공 이전에 전화네트워크를 마련해 놓아야 하는데 이러한 네트워크는 차후 늘어날 수요를 감안하면 충분히 큰 것으로 준비해 놓을 수밖에 없다. 그러한 즉 충분히 큰 네트워크의 공급량에 대응하는 정도의 상당한 수요가 실제화 되기 이전까지의 상당 기간 동안에는 불가피하게 공급이 수요를 초과하는 현상이 나타날 수밖에 없다. 정보통신분야에서는 많은 시간 동안 초과공급 상황이 불가피하고 그에 따르는 비효율을 피할 수 없다.[1)]

공급능력을 고려하는 데에는 물리적 네트워크가 핵심이 되겠으나 이러한 인프라의 이용을 가능하게 하는 각종 응용방법, 컨텐트, 이들을 기꺼이 활용하도록 하는 법제도적 측면에서의 여러 요소들도 함께 감안하여야 한다. 이들 요소들 사이에서 어느 정도의 균형이 유지되어야 서비스의 원활한 공급이 가능해질 것이고 그에 따라 기꺼이 사용료를 내는 수요를 증대시킬 수 있을 것이다.

---

1) 미국에서 인터넷 접근에 대한 과세문제가 계속 논의되고 있으면서 아직 실현되고 있지는 않은데, 이러한 태도는 인터넷 이용을 적어도 당분간은 촉진시켜야 한다는 이유에서 과세를 피하려는 데서 비롯되고 있다.

2. 증가되어야 할 유가수요

일단 공급능력이 주어져 있다고 하면 그것을 적의 활용하는 수요가 현재화되어야 한다. 또 이러한 수요는 일시적 초과공급 상태를 본격적으로 해소할 수 있게끔 점진적이나 계속적으로 늘어나게 되어야 한다. 수요는 그것을 좌우하는 통상적 요인 몇 가지에 의존한다 할 수 있다. 가격(요금), 컨텐트의 내용 또는 질, 응용방법의 다양성, 수요를 좌우하는 법제의 적합성 여부가 잠재하던 수요를 실제로 현재화시키는 요인이 될 것이다. 단순히 수요를 늘리기 위해서는 요금을 무료로 하거나 저렴하게 해 이용이 많아지도록 유도할 수가 있다. 인터넷 이용을 정액제로 하고 그 정액을 저렴하게 하며 인터넷 카페, PC방 등의 이용방식을 적극 소개 보급하면, 네트워크 외부경제성에 힘입어 수요가 늘어나게 될 수도 있다. 그러나 채산성을 보장하지 않는 수요의 증대는 무의미하다. 모든 수요는 응당한 대가를 내는 수요로 되어야 한다.

대가를 내는 사용을 활성화시켜야 한다는 과제는 인터넷 세상을 형성하고 있는 모든 관계자가 협력하여 풀어야 할 과제이다. 이런 과제는 이를 위한 여러 관계자의 하나인 예컨대 네트워크 제공자(network operator: NO)가 다른 관련 사업자와 협조없이 독자적으로 해결하기 어려운 것이다. 네트워크 제공자는 각종 응용시스템 제공자(application system provider: ASP) 및 컨텐트 제공자(content provider: CP)들과 협력하여 종국적으로 이러한 유가사용을 활성화시킬 수 있어야 한다.

3. 잠재적 수요의 현재화

앞에서 인터넷 이용의 방법을 여러 가지 시각에 따라 열거해 본 바 있다. 다른 사람의 의견을 듣고 자신의 의사를 밝히는 등 의사소통을 하고, 검색을 하며, 배우고 학습하거나, 계약과 거래를 하며 각종 서비스를 창안해 부가가치 제고행위를 하는 것들이 그것들이다. 그런데 이런 일을 하는 과정을 기능적으로 살펴보면 이왕 알려진 응용방법이 제시하는 수요 이상의 수요가 잠재해 있다는 것을 알 수 있다. 즉 인터넷 이용이라는 새로운 방도를 통해 일상생활 중에서 더 많은 수요가 개발되어 왔고 앞으로 더 개발되고 진작될 수 있을 것임을 알 수 있다. e-business, e-education, e-health, e-entertainment, e-transportation 등의 여러 영역에서 인터넷에 대한 잠재적 수요가 존재하고 있으며 차후 이들을 현재적 수요로 전화시키게 될 때 수요가 크게 늘어나게 될 것을 알 수 있다.

앞으로 각 가정에서 인터넷에의 접근성이 더욱 증대되고 그 이용의 편의성이 더욱 제고될수록 미래의 인터넷 수요는 더 늘어나게 될 것이다. 이러한 비전의 끝에 가서는 가전제품 등 생활주변 용품 모두에 대해 IP주소가 주어지고 그것을 통해 이들 모두와 인터넷으로 소통하게 되는 상황을 상상할 수 있다. 이른바 '지각 있는 가정 네트워크' (intelligent home network)의 여건이 조성되는 미래의 유비쿼터스 사회에서 이러한 상황이 실현될 것이라 할 수 있다. 그러하게 될 경우 나타나는 수요는 언제 어디서나 인터넷에의 접근을 가능하게 하는 것으로부터 유래될 것이다. 나아가 이러한 변화의 최대 수혜자는 앞에서 보았듯 유선 인터넷이라기보다는 무선인터넷, 그 중에서도 특히 모바일 인터넷이 될 가능성이 크다. 언제 어디서나 인터넷에 접근할 수 있도록 하는 데에는 모바일 인터넷이 다른 방식의 인터넷 사용보다 월등 유리하기 때문이다. 물론 이는 사람들이 intelligent home network의 여건 속에서 생활하더라도 일상생활 중 많은 시간을 한 곳에 머물러 있기보다 계속 움직이고 있을 것이라는 사정을 전제로 하는 것이다.

앞으로도 상당기간 인터넷 공급능력의 확보를 위한 투자에 매달리게 되겠으나 동시에 그 기간이 네트워크의 제공자에게는 수요부족의 매우 어려운 시절이 될 수 있음을 가벼이 보아서는 안 되겠다. 그러다가 수요의 증가로 드디어 이러한 어려움이 해소될 것이다. 현재의 전망을 따를 때 프로세서 사이에서의 데이터 교환 및 의사소통이 차차 늘어나게 되면서 네트워크 사용은 네트워크상에 계속 머물러 있으면서 고도화되는 양상을 띄우게 될 것이고, 이를 계기로 하여 수요부족은 점진적으로 해소될 것이다.

4. 보안문제의 해결

반면 인터넷의 증폭된 사용을 꺼리게 되는 요인으로 프라이버시가 침해될 여지가 있다거나 거래를 하고 대금을 지급할 때 지급결제에 불안이 있을 수 있다는 등 인터넷 보안문제(internet security problem)를 들 수 있다. 이런 문제의 존재 자체가 인터넷 사용을 위축시키는 것이기에 이런 문제를 해결하는 것이 또한 인터넷 사용을 활발하게 하는 기본전제가 될 것이다. 즉 이러한 우려가 없게끔 인터넷 보안문제를 해결하는 것이 인터넷관련 모든 당사자 공통의 과제가 된다 할 것이다.

기술적으로 인터넷을 이용한 모든 행위는 흔적을 남기게 되어 있기에 이를 추적하여 잘못을 징계하는 것이 가능하다. 다만 이를 위해서는 많은 비용과 노력이 소요된다는 것이 문제이다. 이를 다소 용이하게 하는 방법은 인터넷 실명제를 실시해 모든 인터넷 이용자로 하여금 직접 또는 우회적으로 이용자임을 밝히게 하는 것이다. 이는 익명성이라는 인터넷의 이점을 훼손하는 것이며 또 언론의 자유를 제한하는 것으로도 될 수 있어 시비거리가 된다. 나아가 개인이 인터넷을 이용하는 과정에 개재하고 있는 ISP를 비롯한 중개자는 병원, 학교, 공공기관, 금융기관 등과 마찬가지로 개인에 대한 정보를 본인의 허락없이 공개할 수 없도록 되어 있다. 그러나 이러한 요망은 철저히 지켜지지는 않고 상황에 따라 가변적이다. DMCA에 의해 ISP의 음란정보의 게시에 대한 책임이 한정되었다는 점은 앞서 언급된 바 있다.

5. 보편적 서비스

궁극적으로는 누구나 인터넷을 부담 없이 사용할 수 있게 되어야 한다. 이용요금이 부담스러워 인터넷 이용을 못하게 되는 경우는 없어져야 한다. 이런 의미에서 장기적으로 인터넷에의 접근은 이른바 보편적 서비스(universal service)의 하나로 되어야 한다. 이는 모든 인터넷 사용에 대해 사용요금을 내게 된다 하더라도 적어도 기본적 사용에 대해서는 요금이 너무 높게 되어서는 안 된다는 것을 의미하는 것이다. 더불어 인터넷 사용이 지역적으로 제한을 받게 되어서도 안 된다. 이는 이른바 범세계적 로밍(global roaming)이 필요하다는 것이다.

이하에서는 이러한 인터넷의 과제인식을 전제로 하여 그 중 비교적 단기간 내에 해결해야 할 단기적 과제를 먼저 살펴보고 그 다음 보다 긴 기간을 두고 해결해야 할 장기적 과제를 고려해 본다. 단기적 과제가 이미 확실하게 제기되어 있는 문제들이어서 그 구체적 해결책을 강구하거나 현재의 미흡함을 극복하는 것을 초점으로 하는 것이라면 장기적 과제란 아직 그 실체가 확실히 나타난 것은 아니면서 정보사회에 대한 전망에 의거하여 볼 때 차후 제기될 문제라 할 수 있는 것이거나 그 해결방향은 있으나 그 실현이 단기적으로 어려운 것이라 할 수 있겠다. 물론 보는 시각에 따라서는 아래의 단기적 과제와 장기적 과제를 다르게 구분해 볼 수 있겠다.

02 | 단기적 과제

1. 수요개발과 수입원의 확보

인터넷을 위한 물리기반망이 공급과잉으로 되기 쉽다는 앞의 우려가 시사하듯이 당분간 네트워크의 공급은 적어도 백본망 수준에서는 부족하지 않으리라고 여겨진다. 그러나 이러한 물리망과 보조를 맞추어야 하는 응용시스템이나 컨텐트는 아직 이러한 물리망에 상응하는 정도로 마련되어 있지 않다고 보인다. 실상 이렇게 컨텐트나 응용시스템이 부족하다는 것이 구체적으로 물리망을 이용하려는 수요의 부족을 초래하는 한 요인으로 되고 그로써 물리망의 과잉공급이 운운되게 된 것이다.

응용망 및 컨텐트개발을 위한 투자

당장 급한 것이 물리망에 비해 부족하다고 여겨지는 응용시스템과 컨텐트를 보강하는 일이다. 이를 위해서는 이들을 공급하는 노력이 왕성하게 일어나게 되어 수요가 개발되고 진작될 수 있도록 하는 것이 중요하다. 응용방법은 물론 컨텐트의 개발을 위해서도 자원과 노력의 투입이 필요하다. 또 지속적으로 컨텐트의 개발이 이루어지도록 하기 위해서는 개발을 위해 투입된 자원과 노력에 대해 정당한 보상이 이루어지게 하는 시스템을 갖출 수 있어야 한다.

응용방법이나 컨텐트의 개발이 왕성하게 이루어질 수 있도록 하기 위해서는 이런 때 쓸 수단을 표준화하는 것이 도움이 된다. 종래 각종 자료의 포맷이 그것을 작성할 때 이용한 SW에 의존하였기에 서로 다른 경우가 많아 그것들이 공유되고 널리 쓰이게 될 여지가 한정되어 있었다. 이에 포맷을 표준화한다면 공유의 여지가 커져 그 사용이 늘어나고 인기도 높아지게 될 것이며 또 그런 것에 기승하여 파생제품을 만들 소지도 높아지게 될 것이다. 나아가 이러한 표준포맷을 원천공개의 성격을 가지게 한다면 모두가 그것을 이용하면서 로열티를 지불해야 하는 부담으로부터 자유로워질 수 있으면서 그것의 개선 내지 개량이 신속하게 이루어지게 할 수 있을 것이다.

종래 표준적 포맷의 일 예가 IBM이 주도하는 컨소시엄에 의해 제공되어 왔다. 그런데 2007년 9월 MS가 마찬가지 성격의 표준포맷 Office Open XML을 제시하고 그것을 Window 기반 위에서 쓸 수 있도록 하는 SW를 무료로 제공하겠다고 하여 이런 움직임에 동참하였다.[2] 텍스트로 된 자료의 90%정도가 MS의 포맷을 쓰고 있음을 감안할 때 텍스트 이외의 다른 형태의 자료에도 자신의 포맷을 확산시키려고 하는 것은 MS로서는 당연한 일이라 할 수 있다. 나아가 이것은 웹 브라우저가 있기만 하면 그 위에서 각종 SW와 응용서비스를 무료로 제공하면서 MS에 도전하고 있는 Google 등 다른 경쟁업체들의 노력에 대항하기 위한 처신이기도 하여 이해할 수 있는 것이기도 하다.

2) New York Times, "Microsoft Favored to Win Open Document Vote," September 4, 2007New York Times, "Panel Rejects Microsoft's Open Format," September 5, 2007.

그러나 MS는 과거 브라우저 전쟁에서 자신의 브라우저를 OS에 묶어 제공하려고 하면서 경쟁 브라우저를 구축하려고 하다가 독점의 판정을 받아 무산되고 결국 브라우저를 무료로 제공하게 된 전력을 가지고 있는 회사이다. 이런 독점화 시도의 전력을 떠올리는 사람들은 설사 MS가 표준포맷을 Window에 연결시키는 SW를 무료로 제공하기로 한다고 하더라도 그것이 종국적으로 SW나 응용서비스의 개발을 Window에 의존하게 하는 것으로 될 것이고 의존이 확실시 된 이후에는 MS가 그러한 우월적 입지에 근거하여 새로운 SW나 서비스를 도입해 팔 때 독점적 행위를 할 위험성을 가지게 되리라고 경계하고 있다. 이에 이들은 MS의 포맷을 표준으로 공인하는 것에 동의하지 않는다.

인터넷상 웹에서 SW나 응용방법을 직접 구해 자신의 필요를 채우는 것은 on-demand 환경에서는 자연스러운 일이다. Google 등 무료 SW를 제공하고 있는 회사들은 이 점에서는 이런 추세에 부응하고 있는 것이라 할 수 있다. 이런 상황에서 MS도 그에 적응해야 하겠기에 photo-sharing SW나 disk-storage SW를 무료로 제공하면서 이들을 Window와 결합하는 SW도 무료로 제공하고 있는 것이다. 그러나 OS로서 Window의 압도적 지위와 MS의 전력을 두려워하는 사람들은 MS의 이러한 SW 무료제공을 의아시한다.

궁극적으로 각종 SW와 응용방법을 융통성 있게 쓸 수 있도록 되어야 한다는 점을 다시 확인하고 볼 때 여러 주체가 그것도 원천공개의 방식으로 이들을 제공하겠다는 것은 반가운 일이며 환영해야 할 것이다. 나아가 계속 개량되는 표준을 갖게 되는 것도 바람직스럽다. 이에 여러 주체의 올바른 방향으로의 노력을 장려하고 그로써 유용한 표준을 만들어 응용시스템 및 그것을 활용하는 컨텐트가 풍성하게 되도록 분위기와 제도를 정비하는 것이 중요하다. 그것을 따르는 투자의 활성화를 기대해야 하겠다.

유료사용관행의 정립

통상 인터넷을 이용하면서 물리망에 대한 사용료를 내는 것은 당연하게 여기나 응용서비스망이나 정보시스템 및 컨텐트에 대해서 대가를 내는 것은 반드시 당연하다고 여기지 않는다. 종래 유선인터넷에서의 정보검색의 예에서 습관되어 검색의 대상인 컨텐트는 아무런 대가를 내지 않고 무료로 이용해도 좋은 것이라고 생각하고 있다. 한번 그 이용에 익숙하게 된 정보재를 다른 것으로 바꾸지 않고 계속 사용하게 된다는 인터넷에서의 고착현상(lock-in) 때문에 초기에 수요자를 확보하고자 하는 서비스사업자들은 무료 또는 코스트 이하로 컨텐트 포함 서비스를 제공하려고 경쟁하는 양상이 빈번하였으며 이것을 상당한 정도 관행으로 정착시켜 버렸다. 이러한 관행도 매 사용에 대해 정당한 보상을 하도록 하는데 장애가 되었으며, 이것이 보상시스템의 정립을 지체시켜 왔다. 그러나 이런 관행을 가지고는 좋은 컨텐트를 계속적으로 공급하기가 어려울 것이다. 그러니 이런 관념을 빨리 지양해야 하겠고 물리망 사용료, 응용시스템 사용료, 컨텐트 사용료 각각을 모두 내도록 하는 유료사용 관행을 정립할 수 있어야 하겠다.

기왕에 굳어져 온 인터넷 무료사용의 관행은 경제학적 효율도모와도 일치하지 않는다. 우선 대학이나 대기업체에서는 LAN을 통해 인터넷을 쓰는 경우가 대부분인데 이러한 LAN은 대학 또는 기업체가 마련하고 있고 이를 이용하는 사용자는 하등 대가를 내지 않고 있어 그 사용이 효율적으로 되리라는 보장이 없다. 가정에서는 DSL, cable, ISDN, 기타 전화망을 가입자망으로서 쓰고 있는데, 그 속도 때문에 사실상 사용되지 않는 전화망이나 속도가 별로 흡족스럽지 않은 ISDN을 제외하면, ADSL이나 케이블의 사용요금의 책정방식은 사용량에 무관한 정액제로 되어 있는 경우가 많아 역시 효율성의 기준을 충족시키지 못하고 있다.

앞으로 무료 이용의 관행은 바뀌어져야 한다. 이는 정보화사회를 형성하는 다른 요소의 사용에 있어서도 마찬가지이지만 특히 컨텐트의 이용에 있어서 더욱 그러하다. 뒤에서 보듯 모바일 인터넷에서는 무료 이용의 관행을 지양할 수 있는 소지가 있다. 그러니 유료 이용 관행의 정립은 모바일 인터넷 이상 모든 인터넷 이용으로 확대하여 실제화할 수 있어야 할 것이다.

광고 이외의 수입모델

수입획득의 가장 큰 파이프는 아래에서 본격 다룰 광고이다. 광고료 징수 이외의 다른 수익모델로는 매 이용당 이용료를 징수하는 방식과 일정기간을 단위로 하여 구독료를 징구하는 방식이 시도되고 있다. 그러나 이들 역시 현재로서는 반드시 성공적인 방도라고 하기 어렵다. MS에 의해 발간되던 Slate는 최고급의 논객이 최고 수준의 글을 싣도록 기획된 온라인 잡지였다. 이런 고급잡지를 보기 위해 사람들은 기꺼이 구독료를 내고 구독하려고 할 것으로 보았다. 그러나 구독료를 내는 방문객은 한정적이었다. 그래 동 온라인 잡지는 무가지로 전환되었다. 과연 구독료 모델은 별 효과적이지 못했다. MS는 Slate의 구독과 더불어 MS의 검색엔진을 이용하는 사람이 늘어나고 관련 포털을 방문하는 방문자가 늘어난 간접적 효과를 보고 위안받았던 정도이었다. 그러나 이런 간접적 효과가 미흡하였는지 MS는 이 잡지를 처분하였다.

100만명의 온라인 구독자를 가진 Wall Street Journal은 구독료모델을 실현한 대표주자이다. 유력 컨텐트를 가진 New York Times, Financial Times도 상당수의 온라인 유료구독자를 가지고 있었다. 그런데 2007년 하반기 들어와 이들은 이러한 유료구독정책을 바꾸려는 의사를 보이고 있다. 아무리 유력정보를 제공한다 하더라도 유료로 하는한 구독자가 그러하지 않았을 경우에 비해 작아지고 그로써 광고를 할 수 있는 기반이 위축되게 된다. 따라서 유료구독료 정책은 광고수입을 한계지우게끔 작용한다고 볼 수 있다. 여기에서 New York Times 등은 유료구독제도를 아주 없애거나 신속한 정보를 많이 자주 보려는 사람에 한해 유지하려는 방식으로 정책을 수정하고 있다.

유력정보가 이용료모델의 바탕

재미거리 이상으로 긴요하고 권위 있는 정보를 준다고 여겨지는 Wall Street Journal 등의 경우에 있어서나 인터넷으로 정보를 제공하면서 구독료 내지 이용료를 받는 데 성공하고 있다. Lexis-Nexis가 미국 판례의 데이터베이스를 구축한 뒤 온라인 구독을 가능하게 한 예는 특수한 정보를 제공하는 일의 성공가능성을 보여준 것이라 할 수 있으며 Dialog와 함께 이용료모델의 선두 예가 되었다. 이들 회사는 멤버로 등록한 회원들에게 접속시간에 따라 이용료를 부과했다. 구독료모델의 한계에 대한 유일한 예외라 할 수 있는 것이 성인물을 제공하는 모델인데 이는 정말 예외적이라 해야 하겠다. Economist지의 최근 자료는 무료로 이용할 수 있다. 그러나 과거목록에 들어가 있는 자료를 검색하는 것은 유료이다. 이런 가운데 이용료를 내지 않고도 검색을 할 수 있는 Google의 역할이 점차 증대하는 것은 이런 이용료모델을 상대적으로 취약하게 만들고 있다.

VOIP에의 진출

인터넷을 써서 수입을 얻을 수 있는 새로운 사업의 하나가 VOIP(voice over internet protocol)이다. 인터넷 전화라고 불리기도 하는 이것은 중앙교환기를 핵심으로 하는 기존의 전화네트워크 대신 인터넷 네트워크를 써 전화를 할 수 있게 하는 것이다. 이를 위해서는 송신자의 음성을 디지털 양식으로 바꾸어 인터넷을 통해 수신자에게 이동해 가도록 한 다음 수신지에서 이를 다시 음성으로 바꾸는 과정이 개재되어야 한다. 이것은 인터넷 사용방법인 웹이나 이메일 등과 함께 쓸 수 있다는 점에서 기존의 전화보다 편리하다. 뿐만 아니라 전화의 써킷교환방식 대신 인터넷의 패킷교환방식을 쓰고 있다는 점에서 기존의 전화보다 값싸게 전화서비스를 공급할 수 있는 소지를 가지고 있다. 또 이 방식에서 물리적 케이블의 총소요량이 줄어들어 설비비나 보수비의 절감도 가능하며 이것이 추가의 코스트인하의 요인으로 되고 있다. 이런 점을 보아 VOIP는 음성통화의 가격체계를 크게 바꿀 것이라고 예견된다. 현재의 음성전화요금을 완전 무료로 하지는 못한다 하더라도 아주 낮은 수준의 정액제로 바꿀 소지가 크다고 한다.

VOIP는 가격면에서 이점을 가지는 이외에도 여러 가지 부가서비스를 가능하게 함으로써 종래의 전화보다 선호될 소지를 가지고 있다. 즉 음성메일(voice mail), 통화대기(call waiting), 발신자 표시(caller ID), 3자간 통화(three-way calling), 제3의 장소에서의 음성메시지(voice message) 청취 등도 가능하게 하며, 특히 화상회의(video conferencing)를 쉽게 실현하게 할 수 있다. 하나의 IP폰을 가지고 여러 개의 전화번호를 사용하게 하기도 한다. 이러한 부가서비스의 존재가 기왕의 전화에 비해 VOIP가 경쟁력을 갖게 하는 요소라 하겠다. 같은 인터넷기반 사업인 IPTV를 VOIP와 함께 할 수 있게 되면 이것에 대한 선호는 일층 커지게 될 것이다.

현재 우리나라에서는 이것의 요금이 일반전화의 그것보다 싸며 특히 국제전화를 하는데서 요금차이가 크다. 이렇게 요금이 싸다는 것 및 부가서비스가 존재한다는 것이 이것의 이용을 늘리게 될 것이다. 그런데 앞으로 브로드 밴드 데이터의 소통이 늘어나 인터넷에 대한 수요를 크게 증가시키게 될 것이라는 사정에 더하여 일반전화 및 휴대전화를 가지고 VOIP를 할 수 있게 되어 인터넷에 대한 수요가 늘어날 것을 모두 감안하면 수요증대는 정말 굉장해지게 될 수도 있을 것이다. 혼잡에 의한 정체를 야기하게 될 수도 있을 것이다. 그리고 이런 가능성을 고려하면 언젠가는 현재의 싼 요금이라는 VOIP의 이점은 사라지게 될 소지가 없지 않다. 단 아직 혼잡의 문제는 VOIP와 관련해 제기되지 않았고 그에 따라 요금이 싸다는 사정은 상당 기간 지탱될 것이다.

이미 컴퓨터 네트워크가 존재하고 있을 때 그것에 얹어 VOIP를 도입하는 것은 매우 쉽다. 기존의 전화와 달리 VOIP를 이용하는 데에는 전화를 설치한 장소에서 유래하는 공간적 제약을 받지 않는다는 이점도 있다. 이사를 가더라도 인터넷 연결이 가능한 한 번호의 변경 없이 VOIP를 쓸 수 있다. 인터넷의 탈공간성에서 의존하는 것이기에 인터넷을 쓸 수 있는 한 하나의 전화번호를 가지고 서울, 동경, 뉴욕, 런던 등 어느 곳에서도 송신과 수신이 모두 가능하다. 인터넷 네트워크가 완전히 무료로 될 수 있다면 이를 이용하는 VOIP도 무료로 될 수 있다. 이러한 사정은 당연히 국제통화에도 연장되어 적용될 수 있다. VOIP에서는 다소 수정된 보통 전화기를 이용할 수도 있으니 PC이용이 절대적 필요사항이 아니다. 이는 본질적으로 P2P모델을 이용하는 것이어서 각개 가정이 콜센터 기능을 수행할 수 있게도 하고 있기 때문이다.

각 주마다 전화에 대한 규제체계가 다른 미국에서는 이것의 도입이 미국 전역을 하나의 통일된 규제체계를 가지는 것으로 바꾸게 될 것을 기대하고 있다. 그로써 사회적으로 통일된 체계를 가질 수 있어 큰 이익을 얻을 수 있을 것이라 여기고 있다. 과연 미국에서는 전화번호나 메일박스를 하나로 단순화하려는 변화가 보이고 있고 이런 때 인터넷 전화의 유용성은 더 부각될 것이다.

VOIP는 인터넷 이용을 아주 값싸게 할 수 있게 하는 사업자에게 유리한 사업영역이다. VOIP에서 인터넷에 접속하려 함에 있어 가장 값싸고 편리한 방법이 WiFi 네트워크를 이용하는 것이다. 이에 따라 이 네트워크를 쓸 수 있는 핫스팟에서는 그 곳의 이용약관에 따라 다소간의 이용료를 내거나 무료로 VOIP사업을 전개할 수 있다. 그러나 아직은 이 네트워크를 편리하게 이용할 수 있도록 하는 단말기는 일반화 되어 있지 않아 이 방법의 이용은 다소 제한되고 있다. 그런 상태에서 핫스팟에서는 WiFi 네트워크를 이용하고 그 밖에서는 이동통신 네트워크를 간단 없이 이용할 수 있게 하는 단말기도 개발되어 있다. 또 핫스팟이 아닌 집에서 이를 이용하기 위해서는 무선 라우터(wireless router)를 설치하는 방법이 있다.

VOIP를 가지고 인터넷 접속이 불가능한 보통 전화를 쓰고 있는 상대방과도 통화할 수 있어야 한다. 단지 VOIP를 설치한 사람들끼리만 통화할 수 있다면 네트워크 외부경제성을 십분 활용할 수 없을 것이기 때문이다. VOIP 통화는 일반전화 네트워크에 접속될 수 있어야 하며 이에 대응하여 숨어 있는 접속료를 내야 한다. 이는 VOIP 요금 및 낮은 요금에 기인하는 경쟁력이 접속료에 의존한다는 것을 의미한다. 당연히 이러한 접속료의 수준에 따라 VOIP의 채산성은 영향을 받을 것이다. 그러나 VOIP가 한정적으로 쓰이고 있는 현 상황에서는 접속료문제가 정식으로 부각되어 있지 않다.

인터넷 전화를 쓰게 되면 전화요금이 무료로 되리라고 하는 이야기가 있으나 엄밀히 말하면 이것은 사실이 아니다. 인터넷 이용이 완전히 무료로 될 수는 없다. 현재의 상황에서 인터넷을 쓰는데 정액의 기본료만 내면 한계비용이 제로인 상태에서 인터넷을 마음껏 쓸 수 있고 그런 이용 중 하나가 인터넷 전화라고 생각하여 무료라고 하나 이는 통화의 쌍방이 모두 상당한 투자를 하고 난 연후 컴퓨터를 쓰고 있고 또 말을 주고 받을 수 있도록 하는 장치인 해드셋을 가지고 있는 경우에 한정되는 것이다. 보통 전화기를 가지고 인터넷 전화를 걸려고 하면 전화기에 인터넷 모뎀을 부착한 특별한 장치와 이런 장치를 써서 통화를 가능하게 하는 조치가 필요하며 이런 조치를 해주는 서비스를 받기 위해서는 별도의 돈을 내야 한다. 통화의 쌍방이 iPhone이나 Blackberry Phone 등 특별한 전화기를 가지고 있는 경우 이 중 일방이 전화를 걸면 그것은 중간의 웹 브라우저를 작동시키어 중간에서 양 방향으로 연락을 하여 통화를 할 수 있게 하는데, 이 경우에는 비싼 이러한 특수전화기를 사야 하는 이외에 그런 시스템에 가입한 것에 대한 이용료를 정기적으로 내야 한다. 또 이런 경우라도 무료 통화가 가능한 것은 이런 제도가 포괄하는 국내의 한정된 지역에 한정되며 그러한 구역을 벗어나 예컨대 국외로 전화를 하려고 하면 외국의 인터넷 사업자의 도움을 받아야 하기에 별도의 돈을 내야 한다.

현재의 상황에서 VOIP를 수용하는 데 있어서는 무선전화사업자보다는 종래의 유선전화사업자와 케이블TV사업자가 비교우위를 가지고 있다. 반면 이동통신사업자는 상대적으로 불리한데 이들의 네트워크의 유지비용이 유선통신사업자의 그것에 비해 본래 비싸기 때문이다. 3G, 4G가 시현될 경우라도 그런 것들의 유지비용이 매우 싸게 되어야 이동통신사업자가 VOIP에서 유선통신사업자와 경쟁할 수 있을 것이다. 현재의 상황에서는 WiFi를 이용하는 인터넷 전화가 이들을 위한 주파수의 확보비용과 안테나 설치 보완 등의 비용을 고려해 볼 때 가장 싸다고 할 수 있다. 그러나 WiFi를 이용할 수 있는 지역이 아직 한정되어 있고 또 이것의 이용이 쉽게 해킹될 수 있어 보안성 면에서 크게 취약하다는 약점을 가지고 있다. 이에 중요한 국제전화를 하는데 이 네트워크를 써서 하는 방식으로 바뀌리라 낙관하기는 어렵다.

최근의 상황에서 보면 인터넷 전화사업자가 케이블TV사업자 및 기존의 전화사업자의 전화에 비해 어려운 처지에 있다. 음성전화 서비스의 질이 상대적으로 떨어진다는 점과 케이블TV가 TV와 전화라는 결합상품을 판매하고 있고 기존의 전화사업자가 전화와 인터넷 서비스 등 여러 상품과의 결합상품을 판매하고 있는 데 비해 인터넷 전화회사는 단지 전화서비스만을 파는 정도이기 때문이다. 미국의 1위 VOIP 전화사업자는 적자이고 2위 VOIP 전화사업자는 시장에서 퇴출되었다.

코스트 회수와 TV식 광고방식 한계의 우회

인터넷상에서 웹을 통해 여러 정보를 제공하고 또 그 이상의 서비스를 제공하는 행위는 시간과 노력을 요하는 행위이다. 이를 위해서는 코스트가 들어가므로 당연히 이러한 코스트를 회수할 수 있어야 하며 그래야 제대로 된 정보나 서비스를 제공하는 일이 지속될 수 있다. 그럼에도 불구하고 위에서 보았듯이 인터넷을 이용함에 있어 이용은 하나 대가는 내지 않아 사실상 코스트를 무시하는 관행이 형성되어 왔다. 이런 관행하에서 인터넷 서비스 제공자가 그나마 유망하다고 보아 시도해 보았던 수익확보 방법은 TV를 흉내낸 '광고받기'의 방법이었다. 이용료를 받지 않는 한 광고는 필수이었다. 인터넷을 이용하는 사람으로 하여금 그 의사에 관계없이 이른바 배너(banner)광고를 보게 하고 광고주로부터 광고 게재료를 받는 방식이었다. 그러나 이 방식은 인터넷에서는 TV에서처럼 효과적이지 못했다. TV의 경우는 그 시청자를 사실상 붙들어 놓고 광고를 보지 않을 수 없게 할 수 있어 이 방법이 유효했다. 그러나 인터넷에서는 그러할 수 없어 이런 광고의 방법은 별로 유효하지 못한 것으로 판명이 났다. 초월연계(hyperlink)를 활용해 즉각 다른 사이트로 이동해 갈 수 있는 인터넷 사용자를 TV시청자처럼 10초 또는 20초 동안 광고를 보지 않을 수 없게 붙들어 놓는다는 것이 불가능하였기 때문이었다. 결국 TV광고식의 인터넷 광고의 효과는 크지 않았고 그것의 광고단가는 기대 이하이었다. 요컨대 배너광고는 기대에 못 미치는 수익모델이었다. 검색결과와 스폰서 사이트를 연계(sponsored link)시키어 사이트를 광고하게 하고 실제로 그런 사이트를 클릭하는 행위를 통하여 그 곳을 방문한 실적을 파악한 후 이 실적에 따라 광고료를 매기는 Google의 검색광고 방법에 비해 보아 이것의 효과는 약했다. 무의식을 통해 브랜드 이미지를 막연히 전하는 정도에 지나지 않았다고 할 수 있는 정도이었다.

배너광고가 검색광고에 비해 효과적이지 못한 방법인 것은 자명하나 이것도 인터넷에서 활용하고 있는 광고의 방법의 하나이기에 이것의 광고료를 어떤 기준을 가지고 계산해야 할 것인지가 관심거리가 된다. 제일 먼저 이용된 방법은 어떤 사이트를 방문(hit)하는 히트의 수를 기준으로 하는 것이었다.

사이트에 대한 관심의 표시가 잠재고객의 수에 대응한다고 보았기 때문이었다. 그러나 어떤 사이트 페이지에는 여러 개의 그래픽이 있을 수 있으면 이럴 경우 매 그래픽을 히트하면 광고료도 늘어나야 하는 모순이 나타나게 되었다. 그래서 히트 대신 페이지뷰(pageview)가 그것을 대체하게 된 뒤 아직 널리 쓰이고 있다. 이것으로는 사이트에 대한 관심을 어느 정도 표시한 방문을 측정할 수 있다고 생각할 수 있기 때문이다.

그러다가 비동기 자바언어(asynchronous JAVA-script) 및 XML이 나타나자 사정이 달라졌다. 이 SW는 주가 그래프의 내용을 수정하거나 이메일의 내용을 수정하는 등 기존의 페이지의 일부를 자유로이 수정 보완할 수 있게 하는 것이다. 사람들이 이 SW의 대두 후 이것을 이용하여 어떤 페이지의 내용을 수정하거나 업데이트하게 되었다. 이러한 때 어떤 페이지를 여러 번 방문해 그 곳에서 보내는 시간은 길어졌다. 그러나 방문목적이 분명해 방문자의 광고주에 대한 잠재고객으로서의 가치는 평상 방문자와 같다고 할 수 없었다. 한 사람이 한 페이지를 여러 번 방문하는 일이 잦아지게 된 이런 상황에서는 방문의 수가 브라우징의 횟수를 의미하지 고객의 수를 의미한다고 하기는 어렵게 되었다. 페이지뷰의 광고의 기준으로서 가치가 전과 다르게 되었다. 반대로 Youtube 사이트의 방문의 경우에는 하나의 히트는 어떤 한 사람의 방문으로 계산되나 방문한 사이트를 여러 명이 함께 감상하는 경우가 많아 하나의 방문이 많은 잠재고객을 의미하는 경우로 되고 있다. 결국 배너광고에서는 실질적으로 고객이 될 수 있는 방문자의 수를 알아내는 것이 중요하다 하겠으나 이상의 사유로 그것이 결코 쉽지 않은 일로 되었다.

검색에 연계된 광고방식은 달라

Google에서 검색결과와 연계시키어 광고를 하는 것은 소비자와 대화하는 방법으로 인지되고 있다. 이때의 검색은 여러 가지 방식으로 변화해왔으나 핵심검색(core search), 쇼핑검색(shopping search), 지역정보검색(local search), 여행정보검색(travel search) 등에서 보듯 다양한 관심사항을 대상으로 하고 있다. 이런 것들에 대한 검색결과를 보여주는 때 검색결과의 옆에 이른바 링크된 사이트라고 불리우는 사이트를 위치시키는데, 이들 링크된 사이트는 될 수 있는대로 방문을 많이 받을 수 있는 좋은 자리를 차지하려고 하고 그것을 위해 광고료를 가지고 경쟁을 한다. 예컨대 중고차에 대해 검색을 하면 중고차에 대한 각종 설명을 해주는 검색결과를 보여주는 데 그 옆에 그런 결과 이외에 중고차를 팔거나 관련 서비스를 제공하려는 웹을 스폰서 링크로서 위치시키고 방문자가 이런 웹을 클릭했을 때 스폰서한 사이트로부터 광고료를 받는 것이다. 현재 이러한 검색 및 광고의 방법을 동원하고 있는 광고시장에서는 Google이 선두주자이고 Yahoo와 MS가 Google을 뒤쫓고 있다. 이들이 검색된 사이트의 순위를 결정하는 기준이나 링크된 부분의 각종 사이트들의 순위를 결정하는 기준은 각사의 영업비밀로서 서로 다르리라 짐작된다. 그런 한계 속에서 스폰서 사이트의 위치부여의 기준에 대해 알려진 것에 의하면, Google은 클릭 수에 광고단위가격을 곱해 얻어지는 광고수입을 기준으로 하고 있고, Yahoo!는 1 클릭당 단위가격이 높은 것을 기준으로 한다고 한다.

보다 많은 방문자를 유치하고자 하는 검색시장에서의 경쟁은 치열하다. MS는 그의 백과사전 Encarta의 내용도 검색의 대상으로 포함시키면서 자사 검색서비스가 선별하도록 기도하고 있다. MS는 일반 웹에서의 자료 이외에 이용자 자신의 PC에서의 자료도 검색할 수 있는 기능을 종래의 검색기능에 추가하였다. Google도 검색대상에 사용자 PC의 하드디스크도 포함하게끔 SW를 개량하였다. Amazon은 검색대상에 사용자의 구매패턴으로부터 추출한 여러 서적의 컨텐트를 추가하는 방식의 개선을 이루어냈다. 블로그를 이용해 여러 블로그의 컨텐트를 제공하면서 광고하는 소규모의 경쟁자들도 나타나고 있다. 검색결과가 과다할 경우 이를 사용자에게 무차별적으로 알리기보다는 사용자가 사용목적에 따라 차별적으로 대응할 수 있게끔 검색결과를 분류해 제공함으로써 관계없는 정보를 보는데 시간을 낭비할 필요를 없애고 보다 가치 있는 검색결과를 볼 수 있도록 하려고 하는 등 새로운 기법도 도입하고 있다. 이런 것을 통해 검색광고시장에서의 과점경쟁을 뚫어 보려고 하고 있다.

검색 및 광고시장에서의 사기와 광고방법의 개선

클릭을 통한 광고수입모델이 성공을 거두게 되자 사기행위가 이를 따르게 되었다. 클릭 후 광고내용을 보지도 않는다면 응당 광고효과가 없을 것이다. 그럼에도 불구하고 이런 모델에서는 그저 클릭의 횟수가 많기만 하면 많은 수입을 챙길 수 있다는 허점을 가지고 있었다. 이에 이 허점을 노려 허위의 클릭으로 클릭 횟수를 늘려 수입을 크게 하려는 사기가 자행되었던 것이다. 이는 클릭을 통한 광고모델을 근본적으로 위협하는 것으로서 검색 및 광고회사는 이를 적발하려고 노력하고 있으며, 이런 적발을 돕는 회사도 나타나고 있다.

웹에다 광고를 하는 경우 광고효과를 어떻게 측정할 수 있느냐가 관심거리가 된다. 이것이 광고료 결정의 기준이 되기 때문이다. 애초에는 방문자가 많아야 한다는 생각에서 방문자 수에 대응하는 페이지 보기(pageview)를 기준으로 하였으나 차차 단지 방문을 했을 뿐 그 곳에서 보낸 시간이 짧다면 그 곳에서 많은 시간을 보낸 방문자보다 가치가 못하다고 보아 광고효과가 미미할 가능성을 고려하게 되었다. 여기에서 페이지뷰 대신 사이트에서 보낸 시간을 기준으로 택하려고 하게 되었다. 그러나 이것도 반드시 타당하지는 않았다.

방문시간이 길다고 하여 어떤 특정한 목적을 가지고 방문하는 경우에 있어서는 그런 방문자에 대한 광고효과는 크지 않을 수 있기 때문이다. 예컨대 이메일을 호스트하는 사이트에는 방문객은 많으나 이들은 이메일을 이용하려는 뚜렷한 목적을 가지고 방문하는 것이기에 다른 관심을 불러모으기 힘든 대상이다. 인스턴트 메신저를 이용하는 경우에는 한 번 방문 후 계속 창을 열어 놓고 있기도 하는데 이는 실제 이용하지도 않으면서 종일 이용하는 것처럼 보이게 된다. 스포츠나 뉴스를 보내는 경우에도 이용자의 이용시 이용시간은 길어지게 된다. 또 위젯을 많이 수용한 사이트에서도 이용시간은 길어지게 된다. 반면 관문으로서의 역할을 하는 많은 포털은 클릭 수는 많으나 즉각 다른 데로 이동해 가는 경우가 많아 포털이 아닌 다른 사이트와 비교해 볼 때 클릭 수에 비해 광고효과는 제한적이다. 웹에서의 광고효과를 재는 방법은 앞으로 더욱 개선되어야 할 과제이다.

일반적으로 말해 광고의 효과를 정확히 잴 방법은 없다. TV의 시청자수를 정확히 알 수 있는 방법은 없다. 구독자 수를 정확히 알 수 있는 신문의 경우에도 한 장의 신문을 여러 명이 볼 수 있기에 구독자수로 광고효과를 재는 척도로 삼는데 어려움이 있다. 이러한 점은 인터넷에서의 광고에서도 대동소이하다 할 수 있는바 예컨대 구매력이 있는 방문자와 그러지 못한 방문자를 동질적으로 취급하는 것도 모순이고 구매가 상대적으로 용이한 국내에서의 방문자와 외국의 방문자를 같이 취급해서도 안 될 것이기 때문이다.

클릭사기에 대한 대안으로 제시된 것이 단지 클릭하는 것 이상 구매를 하고자 통화를 하는 경우에만 광고료를 내게 하는 pay-per-call의 방식이다. 검색결과를 보이는 화면에서 스폰서 웹에 인터넷 전화 또는 수신자부담 전화로 통화를 할 수 있게 한 다음 실제로 통화가 이루어진 경우에만 광고료를 내게 하는 것이다. pay-per-call 방식은 단지 전화번호는 가지나 자신의 독자적 웹은 가지지 않은 광고주도 이용할 수 있게 하기에 변호사, 미용실 등 개인서비스 사업자들이 선호하고 있다. 이런 방법보다 더 진전된 방식은 실제로 구매가 성사된 경우에만 광고료를 내게 하는 pay-per-sale 방식이다. 클릭 후 제품을 실제로 구매한다거나 SW를 다운로드 받는다거나 하는 구체적 행위가 있을 때에만 광고료를 내도록 하는 것이다. 이렇게 되면 광고를 하고 아무런 효과를 보지 못하는 상태에서 광고료를 내는 경우에 가질 수 있는 불만을 최소화할 수 있다. 종국적으로 모든 광고는 pay-per-sale의 방식으로 정착되게 될 것이라 여겨진다. 아무튼 이러한 광고방식의 개선은 광고의 효율성을 높이고 광고효과를 어느 정도 측정할 수 있게 하여 광고주에게 큰 도움이 되고 있다.

반면 이런 방법은 광고를 할 수 있는 공간을 파는 포털에게는 부담이 된다. 광고를 할 수 있는 공간을 내주었으나 그 곳을 활용한 광고주가 아무런 매출을 성사시키지 못하여 하등 광고료수입을 얻지 못하는 경우도 생기기 때문이다. 여기에서 광고할 수 있는 공간을 파는 사이트 운영자는 근본적으로 제한적인 광고공간을 효율적으로 판매하는 방법을 강구하지 않을 수 없게 되었고 그 결과 광고주를 선별하여 광고를 보고 구체적으로 구매행위를 하는 등의 행위가 따라오게 될 확률이 큰 광고주를 선별하여 이들에게만 광고공간을 팔려고 하는 양상을 보이게 된다.

단지 광고를 보기만 하면 포털이 제공하는 서비스를 무료로 이용할 수 있게 한 모델은 이러한 서비스를 이용하려 하는 사람들을 모이게 할 수 있다. 이에 따라 방문자가 많아지면 광고수입도 많아지게 되어 포털로 하여금 더 많은 서비스를 제공할 수 있게 한다. 이른바 선순환의 구조를 이루어 내게 된 것이다.

컨텐트와 광고를 제공하는 일은 그 후 그것과 다른 서비스를 추가할 수 있게 발전하였다. Google은 방문객이 컨텐트를 볼 때 효과적인 광고를 할 수 있는 방법을 광고주에게 알려주는 부가적 사업을 그의 광고유통회사 Adsense를 통해 하고 있다. 또 컨텐트 및 광고를 만드는 데 Youtube의 비디오 클립도 활용할 수 있게 하면서 비디오 광고 및 배너광고의 영역을 넓혀가고 있다. 웹이나 블로그를 거치는 트래픽을 근거로 하여 그것을 광고와 접목시킨 것이라 할 수 있겠는데 아직 노력에 비해 성과는 크지 않은 것으로 평가되고 있다.

이런 방식으로 광고를 하고 얻은 광고료수입은 컨텐트 제공자, 웹 운영자, 이런 서비스를 운영관리하는 Google이 나눈다고 하나 그 배분의 원칙은 알려져 있지 않다. 광고를 보기만 하면 MS의 Office와 같은 응용시스템이나 무선통신사의 무선서비스 등을 무료로 쓸 수 있게 하는 사업도 시도되고 있다. 이러한 시도가 MS나 이동통신사의 기반을 흔드는 것이 되어 심한 반발을 불러일으킬 것임에도 불구하고 광고기반 서비스제공 모델은 계속 확장을 꾀해가고 있다.

검색 및 광고 모델의 영향 및 광고방법의 개선

이론적으로 보아 검색 및 광고의 방식은 광고가 미치는 영역을 인터넷이 도달할 수 있는 전체영역으로 확대하였다고 할 수 있다. 즉 광고의 효과가 종래의 올드 미디어를 전제로 할 때 광고가 가지던 시간과 공간적 제약을 벗어날 수 있게 하였다. 나아가 광고이 대상을 알고하는 광고하는 이른바 표적광고(target advertizing)를 가능하게 만들었고 이를 통해 광고의 효율성을 높이었고 광고의 효과를 상당한 정도 정확하게 측정할 수 있게도 하였다. 이들은 광고의 대상이 되는 이용자의 성격을 파악하는 데 있어 이용자들이 과거 검색한 것이나 구입한 물건, 관련 네트워크를 방문한 것(예컨대 Google의 경우 이용자가 AdSense를 이용하면서 방문한 사이트) 또는 과거의 방문에서 추출할 수 있는 문맥상 정보를 최대한 활용하고 있다. 더불어 공개된 사회경제적 통계나 소비자에 대한 데이터도 그것에 추가해 사용하고 있다.

그 성격상 광고란 소비자의 행태를 잘 안 다음 그것을 바탕으로 하여 광고할 수 있어야 효과적이다. 그런데 소비자의 행태를 파악하는 것이 힘들었기에 종래 올드 미디어에서는 광고의 효과를 알기도 힘들었다. 종이매체에서는 설문을 작성하여 대답하게 하거나 인터뷰를 하여 소비자의 의도와 성향을 파악하고자 하였으나 이를 위해 들여야 하는 시간과 노력이 적지 않았고 결과를 얻는 도중에 반발에 직면하기도 했다. 라디오나 TV에서는 어떤 프로그램을 누가 선호하는지를 알기 위해 소비자들에게 특수기기를 설치해 준 뒤 그것에 응답하게 하였는데 이를 위해서는 기기비용, 설치를 유인하는 비용 등으로 상당한 비용을 들였으면서도 그것으로부터 얻을 수 있는 정보는 상당히 부정확하다는 등 매우 한정적인 것들이었다. 반면 온라인 상태에서 검색을 하거나 전자상거래를 할 때에는 그 이용절차의 일부로서 이용자 자신을 자발적으로 알리게 할 수 있어 이용행태에 대한 자료를 매우 광범위하게 수집할 수 있다. 더구나 이를 분석하는 것도 어느 경우보다 쉽다. 이것이 뉴 미디어로부터의 자료는 인터넷을 표적광고를 할 수 있는 최선의 마당이 되도록 만들었다. 표적광고는 광고를 보는 사람의 인적 사항까지를 감안하며 시청시간대, 선호 및 거부사항, 과거의 구매행태 등을 근거로 하여 광고내용과 광고시간을 차별화하여 광고하기 때문에 시청자의 거부감을 최소화하면서 시청의 이탈을 방지하는 효과적인 광고방법이다.

나아가 광고방식도 반드시 클릭을 필요로 하지 않는 것을 포괄하게끔 확장되었다. 인터넷을 통하는 광고의 비중이 광고료지출의 크기로 보아 TV를 통하는 광고 보다 아직 절대적으로는 작으나 상대적으로는 커지는 것을 계기로 하여 온라인 광고의 방식은 몇 단계로 진화되어 왔다. 먼저 클릭 없이 인터넷상에서 그저 광고를 보게 하는 전시광고(display ad.)방식이 있었다. 이는 인터넷에서의 온라인 광고가 종래의 TV에서의 광고를 뒤따르고 있는 예라 하겠다. 그 후 종래 신문에서의 분류된 소광고(classified ad)를 모방하고 수용하는 Craiglist 등 특정 사이트가 나타났다. 그러다가 검색광고를 계기로 타깃광고가 본격화되었다.

온라인에서의 광고는 차후 더 지능화되었다. 단순히 메시지나 이미지를 전하려는 노력에서 벗어나 광고하는 기업의 로고 내지 이미지는 물론 소재지, 제품의 종류 및 가격, 재고상태 등을 실었다. 그 이외에 광고가 대상으로 하는 개인에 대한 정보를 활용해 표적을 선정한 다음 지역별 개인별로 차별화된 광고를 내보냈다. 그 결과 뉴욕에 사는 고객에 대한 광고와 서울에 사는 고객에 대한 광고가 다르게 되었다. 사회 네트워크의 특성을 이용하는 대화형 광고(conversational ad)도 나타났다. 사회 네트워크에서의 친구들을 대상으로 사실상의 광고가 이루어지게 하는데 서로 선호하는 것이 무엇인지까지도 아는 신뢰하는 친구들 사이에서 입에서 입으로 사실상 마케팅 메시지를 전파하게 하는 방식이다. 이런 구전광고는 높은 광고효과를 구가하고 있다. 동시에 주요 뉴스를 자동적으로 전하는(news feed alert) 방식을 통하여 이런 메시지의 전파에 가속력을 붙이고 있다. 단 이런 방식에서는 친구를 규정하는 기준이 문제가 되는데 만약 친구로서 어중이떠중이가 모두 포함되게 된다면 이러한 사회 네트워크는 너무 큰 잡동사니 네트워크로 되고 그 곳에서 전파되는 메시지는 의미를 잃은 잡음으로 될 소지도 없지 않다.

표적광고의 영향과 발전

초기 인터넷에서의 광고란 AOL처럼 많은 이용자를 가지는 포털에 배너광고를 띠우는 것이었다. 그러다 검색엔진 및 커뮤니티 사이트 등 사람들이 많이 모이는 곳이 나타나게 되고 모이는 사람들의 속성을 파악할 수 있게 되자 타깃광고가 가능하게 되었다. 타깃광고는 광고주에게는 광고비용을 절감할 수 있게 하였다. 광고주에 따라 다르겠으나 미국에서는 이러한 광고로 광고비용을 그 이전보다 반 정도로 줄일 수 있었다는 이야기가 흔하다. 나아가 종래 방식으로는 비싼 광고비 때문에 감히 광고를 하지 못했던 중소기업들도 광고를 할 수 있게 만들었다. 광고를 본 증거가 있을 때만 광고비를 내어도 되는 검색과 결부되는 광고를 할 수 있게 한 것은 예산제약 때문에 종래 방식으로 광고를 하는 것에 엄두도 내지 못 했던 기업들 상당수를 광고시장에 진입할 수 있게 하였다.

그러나 자료의 채굴 및 그에 따른 타깃 마케팅은 프라이버시를 희생시키고 있는 것이 아니냐는 의아심도 낳고 있다. 자신이 채굴한 정보를 자신만이 은밀히 사용하는 것을 제한하기는 어려우나 이러한 정보를 제3자에게 유통시키는 것은 프라이버시 문제와 관련해서도 용허되기 어려우리라 여겨지기 때문이다.

타깃광고는 여러 면에서 계속 개선되어 가고 있다. 클릭을 하면서 보인 패턴을 분석하는 데서 더 나아가 이용자의 심리기술학적(psycho-graphic) 특성도 활용하려 하고 있다. 특히 게임을 하는 도중에 삽입시키어 하는 광고에서는 게임 플레이어에 대응해 계속 변하는 내용을 가지고 광고를 해 광고효과를 크게 높이고 있다. 프랑스 사람에게는 불어로 된 게임에서 광고를 하고 어떤 지역에서 플레이되는 게임에서는 그 지역의 업체를 광고하는 식으로 인적, 지역적 차별화를 꾀하고 있다. 단 이렇게 타깃광고가 치밀해지자 사생활의 침해문제가 더 심각해지고 있다.

타깃광고를 통해 광고수주를 하는 것 이상으로 추가의 서비스도 취급하게 분화해 나가고 있다. 표적광고를 하는 과정에서 광고의 대상을 잘 파악한 다음 이들에 대해 효과적인 판매를 하려고 한다면 어떤 판매전략을 취해야 할 것인지를 결정해야 한다. 여기에서 판매전략의 수립을 돕는 서비스가 필요하게 된다. 종래 올드 미디어 중에서도 판매전략서비스 제공 전문회사와 제휴하는 경우가 있었다, 그런데 뉴 미디어에서 타깃광고에 성공하게 되자 뉴 미디어에서도 광고를 판매전략서비스와 연계시키어 일관된 서비스로서 공급하려는 시도가 나타나게 되었다.

타깃광고는 상황변화에 대한 변신에서도 능하다. 광고의 내용을 디지털 자료로 만들기 때문에 수정과 변환이 쉽기 때문이다. 광고대상의 나이, 활동지역, 처한 상황, 과거에 비슷한 광고를 본 적이 있어 다시 광고에 노출된다면 지루해 할 것인가 여부 등에 따라 광고내용을 다소 바꾸는 식으로 변신을 하고 있다. 나아가 이러한 변신을 하는데 각 지역출신 사람들을 써 해당 지역의 언어를 써 가면서 수정 보완하는 방식을 택함으로써 변신 후 최대의 효과를 기하고 있다. 물론 이때 어떤 지역출신 인사가 다른 나라의 사람으로 된다면 이는 일자리를 다른 나라에 수출한 것에 해당된다.

포털이 제공하는 기능 중 검색에 못지않은 것이 커뮤니티 서비스 사이트를 제공하는 것이다. 이런 사이트에는 여러 사람들이 몰려와 서로 교제를 한다. 이런 과정에서 사람들은 말을 하고 행동을 하며 어떤 말이나 행동을 했거나 앞으로 하겠다는 것을 표출한다. 그런데 이러한 것들이 그런 사람들의 호불호나 관심분야(스포츠, 패션, 게임, 재테크, 자동차, 건강 등)를 인지하게 하는 자료원이 된다. 이에 따라 검색엔진이 이용자의 클릭을 보고 이용자의 성향을 파악하여 타깃광고를 할 수 있었던 것처럼 커뮤니티 사이트들도 커뮤니티의 운영중에 얻은 정보를 근거로 하여 타깃광고를 하려고 하게 된다.

이러한 광고지반의 마련에 있어서의 핵심은 네트워크와 컨텐트의 결합이라고 할 수 있다. 검색포털에서의 컨텐트가 텍스트 중심이라고 한다면 그 후 번창하게 된 커뮤니티 사이트에서의 컨텐트는 비디오 중심이라는 차이가 있을 뿐이다. 후자에서는 그런 사이트의 일환인 사회 네트워크에다 사람들로 하여금 개인적 비디오물을 올려 일반으로 하여금 찾아오게 하면서 그 곳에서 광고도 수용하게 한 다음 광고수입을 비디오 컨텐트를 제공한 사람과 네트워크가 나누는 예가 현저하다. 이때 사회 네트워크는 그것을 이용하는 사람들에게 소장하고 있는 비디오 컨텐트를 대여하기도 하고 컨텐트를 보강할 만한 비디오 클립을 빌려주기도 하며 광고를 수용하는 방법이나 기법에 대해 도와주기도 한다.

그 후 이런 사이트는 Youtube나 Myspace 와 같은 범용 사이트를 벗어나 특정한 목적이나 선호를 가지는 사람들이 모이는 특용 사이트로 확장되었다. 나아가 이러한 특용 사이트의 수가 많아지게 되자 광고를 받아 이들에게 배분하는 중개인도 나타나게 되었다. 이들 특용 사이트나 그 중개인들은 이용자와 광고의 내용에 대한 긴밀한 의론을 통해 보다 효과적인 광고를 할 수 있게 돕고 있다.

많은 비디오물을 가지고 있고 그런 것을 인덱스하여 비디오 검색서비스를 제공하는 비디오 검색엔진은 검색서비스와 커뮤니티 서비스의 성격을 부분적으로 모두 가지면서 그 독자적 광고지반을 구축해가고 있다. 이들은 비디오 컨텐트를 가지는 사람들로 하여금 그런 것을 검색서비스에 올려 인덱스되게 한 후 이용자의 방문을 받게 하면서 그러한 비디오에 적합한 광고를 부착해 내보내고 그로써 얻은 광고수입을 애초의 컨텐트 제공자와 나눈다. 이런 때 컨텐트 제공자가 그의 비디오가 인덱스되는 것을 원하는 이유는 그렇게 하는 것이 보다 많은 트래픽을 유치하는 길이 되기 때문이며, 그런 비디오에 어떤 광고를 부칠 것인지는 전적으로 호스트인 사회 네트워크의 재량이다.

고객에 대한 정보를 수집하여 타깃 마케팅을 위해 이용할 수 있는 입지를 가지고 있는 주체는 검색서비스나 커뮤니티 서비스 제공자에 국한되지 않는다. 이동통신사도 가입자이자 이용자인 고객의 이름, 주소, 통화횟수, 대상지역, 제공되는 여러 서비스 중 선호하는 서비스 등에 대한 정보를 가지고 있기 때문에 이런 정보를 활용해 표적광고를 시도할 위치에 있다. 이들은 이런 광고서비스를 한다면 고객에 적합한 정보를 제공할 수 있게 된다는 입지를 차지하고 있다. 반면 원하지 않는 광고를 내보내 귀찮게 할 소지가 없지 않고 또 프라이버시 침해의 위험도 가지고 있다. 나아가 이러한 정보를 자신만이 쓰지 않고 제3자에게 제공하였다가는 통신비밀보호법을 위반하게 될 수 있다. 이러한 사정에 따라 이동통신사의 표적광고는 아직은 활발하지 않다.

세컨드 라이프 등 가상의 세계에서 사람들은 아바타 등을 매매하거나 교환하고 주택이나 가구도 거래한다. 따라서 가상 세계에서의 사람들의 행위도 이들의 성향을 파악할 수 있게 하는 기반으로 되며 그 결과를 광고에다 이용하려고 하게 된다. 단 이러한 자료는 사회 네트워크로부터 얻을 수 있는 자료보다 양적으로 빈약하고 질적으로도 낮다고 평가되고 있다.

고객에 대한 정보 이상 비고객에 대한 정보

검색엔진업체는 검색하는 방문자에 대한 정보를 가지고 있어 광고의 효과를 높일 수 있었고 광고유치에 성공하였다. 이러한 정보는 또 이른바 타깃

마케팅(target marketing)을 가능하게 하는 기본자료가 되어 효과적인 수요증대를 가능하게 하였다. 그러나 마케팅의 대상은 기왕에 방문했던 고객뿐만 아니라 이전에는 방문이 없었던 비고객을 포괄해 하게끔 일반화되어야 한다. 그리고 이들 비고객에 대해서는 검색엔진업체라고 하더라도 특별한 정보를 가진 것이 없다. 이에 이들 비고객에 대한 효과적인 마케팅 방법이 강구되어야 하겠고 이를 위해서는 종래의 광고기획회사 등 일반 공중에 대한 정보를 가지는 주체의 중요성이 다시 인정되게 된다. 과거에 방문을 했고 특별한 정보를 남긴 일이 없는 잠재고객에 대해 광고를 하기 위해서는 사회학, 심리학, 철학, 역사 등 문화인류학적 이해와 그것에 지도된 판단이 도움이 될 것이기 때문이다.

비고객에 대한 정보를 수집하는 방법의 하나로서 관련 업체를 조직해 개별 기업들로 하여금 스스로 자신에 대한 정보를 제공하게 하면서 그런 정보를 가공 종합하여 다시 관련업체에 제공하는 사업이 주목된다. 대저 어떤 업계의 개별 기업의 책임자는 나름대로 업계의 사정에 대해 일가견도 가지고 있고 업계의 미래에 대한 전망도 하고 있어 개별적으로 경영을 해나가고 있다. 그러면서도 이들은 업계의 다른 기업의 책임자들이 어떤 견해를 가지고 있는지에 대해서 궁금하다. 이런 때 정보를 가공하는 중간의 제3자가 나타나 각개 업체의 책임자들에게 실상의 파악 및 미래의 전망에 관한 질문을 하여 이들 전문가의 견해를 들어 종합한 다음 그것을 가공하고 해석하여 업계를 모두 아우르는 사정인식 및 미래전망에 대한 정보를 생산한 다음 그 결과물을 각각의 업체에 제공할 수 있다. 이러한 때 제3의 중간자는 스스로 새로운 사업을 창안한 것이다. 종래에는 존재하지 않았던 관계 전문가들의 평균적 견해 및 다양한 변이에 대한 정보를 새로이 생산해 해당 업체들로 하여금 활용할 수 있게 돕는 것이다. 나아가 이런 때 얻어지는 정보는 개별 업체가 자신의 고객에 대해 가지고 있는 정보 이상의 정보이기에 위에서의 비고객에 대한 정보를 포괄할 수 있으며, 이런 의미에서 여기의 중간자인 제3자를 이용하는 방법은 비고객에 대한 정보를 얻는 수단의 일종이 된다.

TIVO는 방영시간에 제약받지 않고 TV프로그램을 볼 수 있고 TV에서의 광고를 건너 뛸 수 있게 한 서비스였다. 그런데 이 서비스에 대한 가입자가 늘어나 이런 가입자수가 종래 시청률조사기관의 표본 수보다 많아지게 되자 가입자에 대한 정보가 이 회사의 주요한 자산으로 되었다. TIVO를 통해 제공되는 각종 프로그램의 시청에 대한 정보를 가입자의 인적정보와 결합하면 특정 프로그램의 시청자의 연령층이나 성별 및 차별화된 선호 등을 알 수 있게 되어 광고주들에게 불가결의 정보원으로 되었다. 그로써 이 서비스는 각종 프로그램 제공자들에게 비고객에 대한 정보를 제공하는 새로운 서비스를 개발하였다. 이런 정보는 종래의 시청률 조사기관의 정보보다 더 값진 것으로 인정받고 있다. 앞으로 TIVO 세트를 통하여 TV프로그램뿐만 아니라 음악이나 영화도 볼 수 있게 됨에 따라 이 서비스의 업무영역은 더 확대될 것이다.

2. 광고시장의 다이나믹스에의 적응

새로운 광고의 기법 및 도입양태

이상의 광고를 다루는 주체들은 수집한 갖가지 자료를 이용하여 이용자를 과거의 관행에서의 그것보다 훨씬 더 세분화하여 마케팅의 대상으로 삼게끔 변신하고 있다. 초타깃팅(hypertargeting)으로 타킷광고를 발전시키고 있다. 물론 이런 경우에도 후술되는 바 프라이버시의 침해에 관한 논란에 싸여 있기는 마찬가지 이다.

블로그에 광고를 싣는 것이 새로운 수입확보의 방법으로 구체화되고 있다. 블로그가 웹의 이용방법 중 가장 급속하게 증가하는 분야라는 점, 블로그는 동일한 관심 및 동질적 흥미를 가지는 사람들이 모이는 곳이라는 점 등이 블로그를 타겟 마케팅(target marketing)의 장소로 되게 만들었고 이에 블로그에 광고를 게재하려는 시도가 당연히 나타나게 된 것이다. 이때 소비자가 창의성을 마음껏 동원할 수 있게끔 별 제한을 가지지 않음으로써 광고비용을 낮출 수 있다면 이 방법은 앞으로 더 확대 활용될 것이다. 여러 블로그를 짜깁기하거나 합쳐 새로운 블로그에서 이용하는 웹 엮기(web-meshing)가 나타나고도 있는데 이런 추이도 더욱 큰 힘을 얻어가게 될 것이다. 모바일 블로그는 통신 및 엔터테인먼트의 수단으로도 발전해 가고 있다.

검색 및 광고를 비롯한 기타 방식의 온라인 광고는 그 비중을 계속 늘려 나왔다. 개인의 구매결정시 온라인 광고의 영향력이 크다는 것이 실감되었기 때문이고 종래의 미디어를 통해서 보다 웹을 통해 소비자와 직접 소통하는 것이 더 큰 효과를 가지기 때문이다. 여기에서는 게임, 사회 네트워크, 세컨드 라이프 등을 통해 소비자의 참여를 유발함으로써 소비자와의 접촉을 늘릴 수 있었고 또 소비자에게 직접 서비스할 수 있는 접점을 얻었다. 그로써 종래 단순히 주의를 끄는데 불과했던 광고의 효과를 크게 제고시킬 수 있었다. 이와 관련되어 검색 및 광고모델에서 성공적인 광고방법을 보인 Google이 네트워크에서의 광고사업을 강화하고자 Myspace에서 광고할 수 있는 공간을 임차해 실험중이라는 것은 유의해야 할 사항이다. 다른 기업의 온라인 광고 속에 자사의 로고를 끼어 내보내고 광고비를 분담하는 일도 비일비재하게 나타나고 있다.

온라인 광고는 그 영역을 오프라인에 걸치기도 하고 있다. 이벤트를 자주 기획하고 홍보하기도 한다. 스포츠 이벤트를 만들거나 스폰서하고 그런 곳에 소비자들의 참여를 독려하면서 운동방법을 코치하고 휴대폰을 이용하여 인근 지역을 알고 이용하는 방법에 대한 조언을 하면서 아울러 건강유지에 대한 정보도 제공하는 서비스를 폈다. 이러한 과정에서 로고가 찍힌 T-셔츠를 제공하기도 하고 그것을 통해 소비자를 움직이는 광고탑으로 이용하기도 하고 있다. 종래 TV, 라디오 등 올드 미디어만을 이용하던 것과 비교해 보면 크게 다양화된 광고의 채널을 갖게 되었다.

이런 온라인 광고 및 이벤트 이용 광고의 성공의 이면에서 TV, 신문이나 잡지에서의 광고는 상대적으로 위축되었다. 실상 이들 TV 등은 온라인에서 보내는 시간이 늘어나게끔 생활패턴이 변화하는 등 사유로 오프라인에서의 광고가 줄어드는 것을 감수해야 했다. 리모컨(remote control)이 일반화됨으로써 광고시 시청자를 붙들어 두는 TV의 힘은 약화되었다. 인터넷, 비디오 리코드, DVD 플레이어, 비디오 온 디맨드, 휴대전화 등 TV의 대체수단이 많이 나타나게 되었으며 TV를 보는 시청자의 연령층도 바뀌었다는 것들도 TV에 불리하게 작용하였다. 젊은층은 TV 시청 일변도이기보다 PC를 하기도 하고 다른 대체수단을 즐기기도 하기 때문에 TV광고의 소구력은 상대적으로 떨어지게 되었다. 인터넷을 많이 하면서 신문이나 잡지와 같은 종이로 된 매체에 덜 접근하려 한다는 것도 이들을 통한 광고를 줄어들게 하는 요인이 되었다. 사람들이 온라인에서 보내는 시간이 늘어나는 것에 대응하여 오프라인에서 이루어지던 광고가 점차 온라인으로 이동해 가는 현상이 나타나게 된 것이다.

앞으로 모든 미디어가 디지털화되면서 모든 광고도 디지털화되고 쉽게 온라인화 될 것이라는 예견도 있다. 현재 10% 미만의 온라인 광고가 드디어는 100% 가까이 되리라는 것이다. 이러한 예상에는 광고비와 판매실적의 대응성을 보아 온라인 광고의 효과가 확실하다고 보는 인식이 깔려 있다. 과연 온라인 광고는 2006년 전체 광고료의 6%정도를 차지하게끔 성장하였으며 2010년에 가서는 10%에 이르게 될 것이라고 한다. 이에 기존의 올드 미디어의 광고매체는 물론 뉴 미디어의 매체들도 이러한 변화에 적응하지 않으면 안 되게 되었다. 이러한 고민에서 나온 타협책이 웹에서의 광고와 TV에서의 광고가 서로 상승효과를 거둘 수 있게끔 조직해 보려는 것이다. 특히 건강, 스타일, 자녀교육 등의 소재와 관련되는 TV프로그램을 다루면서 다기한 호스트를 초치하여 관심범위를 넓힌 뒤 이런 소재를 더 자세히 다른 각도로도 볼 수 있는 사이트를 제시함으로써 비슷한 내용을 여러 번 활용하면서 광고효과도 제고해 보려고 하고 있다.

Google의 검색 및 광고방식을 TV에도 도입하려는 움직임이 나타나고 있다. 표적광고에서의 효과성을 오프라인 광고에서도 도모해 보려고 하고 있다. 검색서비스를 제공하면서 얻은 자료에 따라 광고주가 원하는 시간대와 채널을 선별한 다음 그 곳에다 광고할 구체적 내용은 광고주로 하여금 작성해 업로드하도록 함으로써 광고효과를 제고해 보려하고 있다. 더불어 시청자의 수와 광고시청시간 등을 알려주는 부대서비스를 제공하면서 그러한 일련의 서비스를 받는 데 대한 대가를 광고주에게 먼저 제시하게 하는 방식(bidding) 또는 경매방식도 도입되고 있다. 실적에 따라 대가를 받으려는 이러한 방식은 유명 스포츠 이벤트에 임해 실제로 진행되는 스포츠 경기의 실제상황에 따라 달라지는 시청률을 고려하지 않고 단지 과거의 자료에 불과한 시청률 등에 의거하여 막대한 광고료를 결정하던 과거 광고시장에서의 관행과는 아주 다른 것이다. 타깃광고는 지상파TV에서 시작되어 케이블TV, 위성방송 등 모두에 확산되어 가고 있다. 그러나 이것이 너무 심하게 되었다가는 광고의 표적이 된 사람들의 짜증을 불러올 가능성도 무시하지는 않아 이것을 적절한 정도까지만 해야 하겠다는 것이 공감되고 있다.

온라인 광고는 의외로 제공되기도 하고, 경우에 따라서는 찾으려는 노력을 해야 그것을 접할 수 있게 함으로써 오프라인 광고와 다른 특성을 갖는다. 온라인 광고는 배너광고, 검색광고, 사회 네트워크나 Youtube에서의 사이트를 통한 광고 등 여러 형태를 취하고 있다. 혼자 가지고 있기에는 너무 값진 내용물을 널리 알리고자 웹에다 올릴 때 그런 컨텐트에 가장 적합한 광고를 가장 잘 선정하는 우수한 알고리즘을 구사하는 Adsense 등의 도움을 받아 컨텐트 제공시 컨텐트와 어울리는 광고를 할 수 있게도 한다. 이에 컨텐트 제공자가 광고서비스를 제공한 측으로부터 받은 광고료수입의 일부를 할양받는 일도 잦아지고 있다. 특정한 대상을 향한 맞춤형 광고도 많고 이러한 광고에서는 특정 대상을 잘 알아야 하기에 기왕의 광고전문가와는 다른 광고전문가가 필요시 되고 있다.

이제 광고란 신문 · 잡지와 같은 종이매체, TV와 더불어 웹이라는 모든 곳에서 하는 것이라는 생각이 정착되어 있다. 단기간에 판매량을 늘리기 위해서는 온라인 광고가 효과적이고 장기적으로 브랜드 이미지를 제고하기 위해서는 오프라인 광고가 우월하다는 생각도 굳어져 가고 있다. 그 가장 좋은 예를 여자들의 관심사이면서 웹 이용자의 3분의 1 이상이 방문한다고 하는 음식요리방법 사이트에서의 광고를 통해 볼 수 있다. 음식 레서피를 알려주면서 주방기기와 가정용품을 광고하던 것은 종래 신문 · 잡지에서는 물론 TV에서도 많이 있었던 방식이다. 이런 방식의 광고는 아직도 계속되고 있다. 그런데 인터넷의 이용이 많아지자 이들의 내용을 다소 번안하고 축약하여 웹에 실어 놓고 광고로 내보내는 일이 많아지고 있다. 이러한 광고는 간략하게 관련 웹으로의 연결되는 길을 알려 주고 있다. 그리하여 관련 웹을 찾아가게 되면 단지 레서피를 보여주는 것뿐만 아니라 그것에 대한 평가와 대안을 제시하는 일종의 커뮤니티에 접근할 수 있게 하고 있다. 그로써 올드 미디어에서의 그것 이상으로 흥미를 제고하여 올드 미디어에서만 광고를 하던 경우보다 더 효과적으로 광고를 한다. 웹에 자발적으로 컨텐트를 제공하려는 사람이 많고 또 모든 검색엔진이 방문자가 많은 이런 사이트에 링크되어 있다는 사정에 도움받아 5~6분의 레서피를 다루는 때 5~6초의 광고를 내보내는 것이 의외의 큰 효과성을 구가하고 있다.

아직 최다 시청자를 모으는 이벤트는 큰 스포츠 결승전이라 한다. 그러나 승부예측이 비교적 용이한 결승전과 그러하지 않은 결승전에 대한 시청자 수가 같을 수가 없다. 여기에서 경기의 진행에 따라 매 경기의 인기가 달라지는데도 불구하고 시청률 등 과거의 자료에 의거해 광고료를 기계적으로 결정하는 방식 대신 차후 실제로 측정될 시청자 수에 의거하여 광고료를 조정하는 조건부 광고료 결정방식도 동원되게 되었다. 광고효과에 따라 광고료를 받도록 해야 한다는 검색광고에서 기원된 생각이 여기에서도 적용되게 된 것이다.

광고와 오락의 결합

TV등 종래방식으로 광고를 함에 있어서도 광고의 방법이 바꾸어가고 있다. 광고를 보는 것 자체가 직접 즐거운 것이 되게끔 광고내용을 세련되게 하고 시청자에게 느낌(impression)을 주는 것으로부터 신청자로 하여금 동참(engagement)하게 유도하는 방식의 변신이 탐색되고 있다. 광고에 오락(entertainment)의 요소를 넣어 광고를 변환시키고 있다. 광고매체들간의 연결성을 제고해 광고효과를 높이려고도 하고 있다. 잡지에서의 광고를 보고 더 이상 비디오로 추가 내용을 보려고 하게끔 유도한 다음 그 곳에다 잡지에 담았던 내용 이상의 전문적 내용도 볼 수 있는 관련 UCC를 삽입하는 방식이 쓰이고 있다. 광고를 보면서 오락성을 감지하게 하고 그런 오락물의 이면의 사정도 추적할 수 있게 하는 내용도 추가하면서 동시에 필요하면 쇼핑을 할 수 있게끔 장치하여 광고 컨텐트가 오로지 광고라는 느낌을 희석시키고 그 이상임을 강조하는 것이다.

광고중개인

광고의 중개인도 나타났다. 이들은 광고주와 웹을 연결해 주는데 이를 위해서 광고주들을 알아야 하고, 적절한 시간과 적절한 사람들에게 적절한 내용의 광고를 내보낼 수 있게 하는 광고의 설계 및 타이밍을 결정하는 기술을 지녀야 하며, 또 이러한 내용을 내보낼 웹을 선정하고, 이를 이용자의 검색과정에서 내보낼 수 있어야 한다. 광고의 매체를 비디오 게임, 휴대전화, 인터넷TV 등에도 넓혀 나갈 수도 있어야 한다. 이러한 온라인광고 중개인의 일은 결코 간단한 것이 아니다. 광고 대상의 기호 및 인구학적 성격을 알고 있어야 적절한 시간, 대상, 시간에 광고를 내보낼 수 있으리라 여겨지기 때문이다.

이러한 능력을 가진 기업들은 광고를 디자인하는 기법 및 어떤 공간에다 광고를 해야 효과적일지 등을 알기에 기법이나 웹의 공간을 매매하기까지 하고 있다. 그러면서 동시에 그 자신이 MS나 Google 등 광고업무를 확대하려고 하는 큰 기업에 의한 인수합병의 대상으로 되고 있다. 이런 사정에 따라 예컨대 2007년 MS는 aQuantiive를 인수했고 Google은 DoubleClick을 인수했다. AOL은 휴대폰 전문 광고회사인 Third Screen Media를 인수했다. 광고서비스 산업에서 기업간 구도가 변화하고 있다.

종래 광고를 다루어 왔고 그로써 광고의 전문가라고 평가받을 수 있었던 이들 광고의 중개자가 그 입지를 넓힐 수 있게 된 한 원인은 이제는 모든 광고가 디지털로 만들어지고 있어 그것의 내용을 수정하고 보강하는 것이 매우 쉽다는데 있다. 광고 컨텐트가 디지털화됨에 따라 광고는 종래 다중을 대상으로 하던 매스 광고(mass ad.)로부터 이제는 특정한 일부를 위한 맞춤광고(customized ad.)로 그 성격이 바뀌게 되었다. 이에 광고를 접하는 특정한 일부를 나이, 지역, 처한 상황, 과거에 비슷한 광고를 보았는지의 여부 등에 따라 구분하여 그 각각에 따라 차별화되게끔 광고의 내용을 바꾸어 내보내는 융통성의 발휘가 필수적으로 되었다. 다른 언어를 쓰는 다른 나라의 사람들에게 광고를 하는 데 있어서는 그 나라의 광고제작자를 활용하기도 하여 제작비를 줄이면서 지역 특성에 더 적합한 광고를 하게도 되었다.

광고매체의 융합

이런 여러 변화 속에서 TV라는 올드 미디어와 인터넷이라는 뉴 미디어의 차별은 줄어들면서 각각에서의 광고방법의 장점을 최대한 활용해보고자 하는 양자간의 합작도 시도되고 있다. 올드 미디어에서의 광고가능한 시간대 중 일부를 뉴 미디어가 일괄 매입하도록 하거나 매각 업무를 위임한 다음 그 시간대에서 타깃 광고의 방법을 활용해 광고하도록하여 그 이전보다 더 효과적인 광고를 하려고 하고 있다. 여기에서의 올드 미디어는 TV, 라디오, 신문 모두를 포괄한다. 광고가 대상으로 하는 고객의 속성을 알아 광고를 하는 온라인 광고의 장점과 기왕에 광고주 및 광고거래의 관계를 잘 알고 있고 광고기법에 대해 익숙한 오프라인 광고에서의 경험을 결합하여, 미처 활용하지 못했던 광고의 기회를 발굴하면서 고객에 더 효과적인 맞춤광고를 하려고 하는 노력도 시도되고 있다. 아울러 전통신문의 인터넷판 웹에 온라인 광고를 올리는가 하면 온라인 뉴스에서 전통신문의 뉴스, 스포츠소식, 금융정보, 컬럼 등을 전재 취급하는 협력관계도 보여지고 있다. 이러한 협력관계는 가까운 미래에 TV의 영상에까지 확대될 것이다.

이를 위해서는 Google이 TV의 광고시간대를 확보하는 문제 및 광고수입의 TV와의 배분문제, 오프라인 정보의 온라인 이용에 대한 보상문제 등 여러 문제를 해결하여야 한다. 이러한 협력은 종국적으로 시청자에게 좀더 적합한 광고가 이루어질 수 있게 하고, 광고주에게는 광고를 하고 얻는 효과를 가늠할 수 있게 하며, TV에게는 광고할 수 있는 시간대의 재고(inventory)를 보다 효과적으로 활용할 수 있는 길을 열어주어, 모두에게 환영받을 것이다.

올드 미디어에서의 광고방식에도 인터넷에서 쓰이는 사이트 방문자 수나 페이지 뷰같은 양적 수치가 광고료의 기준으로 쓰이게 되었다. 이에 이런 수치를 높혀 광고료를 많이 받아보려고 하는 이른바 체리피커(cherry picker)도 나타나게 되었고 방문자 수 등에 허수가 들어가 거품이 들어가 있지 않느냐가 운운되게 되었다. 이러한 거품을 제거하고자 하여 방문자의 체류시간 등 기타 자료로 이런 양적 수치를 보완하려는 노력도 전개되고 있다.

TV쇼나 영화를 원하는 시간에 시원한 TV스크린으로 볼 수 있게 하는 웹

TV 또는 인터넷TV에서는 광고방법이 보다 다양화되고 있다. 즉 종래의 TV에서처럼 15초 내외의 상업광고(commercial)를 하는 것에 더하여 TV쇼나 영화를 보는 시청자의 선호에 상응하면서 이들이 흥미를 끌 사이트를 상징하는 조그만 아이템(ad bug라고 불림)을 on-demand의 방식으로 화면 구석에 띄어 놓고 시청자가 이를 클릭할 경우 관련 사이트의 정보를 볼 수 있게 하는 것이 시험되고 있다.

one-source multi-use는 하나의 컨테트를 여러 채널, 여러 용도에서 쓴다는 것이다. 여기에서 서로 다른 채널들이 하나의 컨텐트를 사용하는 때에는 통상 사용시간대에 차이가 있다. 나아가 종래의 관행에서 컨텐트 제공자는 첫 번째 사용으로부터 가장 큰 대가를 받고 두 번째, 세 번째 사용하게 됨에 따라 사용료가 떨어지는 것을 감수해야 하게 되어 있었다. 그리하여 상당한 시간이 경과한 후의 사용에 대해서는 컨텐트 소유자에 대한 보상이 거의 없었다. 그런데 근자에 들어와서는 이러한 관행을 수정하지 않으면 안 되게끔 사정이 바뀌어가고 있다. 지상파TV로 방영된 컨텐트를 웹캐스팅이나 VOD로 재사용하는 때, 전자에서는 방영은 일회성이나 후자에서의 이용은 여러 사람들에 의해 대단히 여러 번 반복적으로 이루어지고 있다. 때문에 이용의 강도면에서 후자가 전자에 반드시 못 미친다고 이야기를 하기 어렵게 되어 있다. 큰 스포츠 결승전이나 사회적 관심을 모은 이벤트에 관한 컨텐트에서 이러한 현상은 현저하다. 이에 컨텐트 저자권에 대한 보상도 조정되지 않으면 안 되게 되었다. 실제의 수요 및 그것을 동반하는 광고를 계측하여 시간대로 보아서는 사용이 처음이 아니더라도 실질적 이용의 집약도에서 다회성이거나 반복적이라면 과거의 관행에서의 그것보다 큰 보상을 해주지 않으면 안 되게 되어가고 있다. 2007년 발현된 미국에서의 작가들의 파업이나 2008년 우리나라에서 보여진 외주제작 지상파TV 프로그램의 일정 기간 경과 후 재방이나 기타 이용에 대한 외주제작자들의 추가보상 요구는 이렇게 바뀐 현실을 반영하는 것이라고 할 수 있다.

인터넷TV에서의 스트리밍 시의 광고는 종래 TV에서의 광고와 가장 근사하다. 실제로 전자에서의 예상 시청자당 광고료는 후자에 비해 조금 낮은 정도이다. 그런데 후자의 광고료가 예상 시청자 수를 근거로 하고 있고 이런 예상치가 틀릴 수 있기 때문에 여기에는 실제의 시청자 수가 예상 시청자 수를 능가하면 광고주의 이익이 되고 그렇지 않으면 손해가 된다는 불확실성이 개재되어 있다. 반면 전자는 시청자를 정확히 파악할 수 있어 약정한 시청자 수에 이르기까지만 광고를 하고 더 이상 광고하지 않을 수 있다는 확실성을 가지고 있다. 아직은 TV에서 광고를 할 수 있는 기회가 더 귀한 편이다. 여기에서 특히 종래의 TV에서 광고를 할 수 있는 시간의 제약을 의식하는 광고주는 후자를 찾게 되고, 이것은 후자의 광고료를 높이는 결과를 가져오고 있다.

오늘날의 사람들은 TV만을 보는 등 어떤 하나의 일에만 매달리고 있지 않다. TV를 켜놓고 PC에서의 커뮤니티에 들어가 동호인들과 공통의 관심사에 대해 대화하고 있는가 하면 그 중간에 휴대전화를 받고 간단한 이메일을 보내기도 한다. 여러 가지 일을 동시에 하고 있다. 이에 광고를 하려 함에 있어서도 이러한 변화에 적응해야 한다. 사람들의 관심을 일제히 모을 수 있는 어떤 대단한 것을 마련하려고 하기보다 다양한 광고채널을 두루 활용하며 다기한 관심사를 골고루 충족시킬 수 있는 다양한 컨텐트를 마련해야 한다. 광고를 효과적으로 하려 하더라도 양질의 효과적 컨텐트를 만들어내는 것이 중심사안이 된다.

프라이버시 침해가능성에 대한 대응

어떤 개인이 온라인 쇼핑을 하면서 구매한 것이나 하지 않은 것을 인지하고 이용자의 검색습관을 파악하는 것은 그 개인의 정보를 채굴하는 것과 같다. 오프라인 상황에서는 무엇을 물어볼 때 대답을 거부함으로써 개인은 정보채굴에 저항할 수 있다. 그러나 온라인 상황에서는 해당 서비스를 이용하거나 쇼핑을 할 때 이런 일을 하는 과정에서 서비스 이용의 전제조건으로서 이런 정보를 요구하는 경우가 더 많은데에도 불구하고 그런 요구를 거부하기가 쉽지 않다. 이에 따라 온라인 서비스의 이용자는 이메일의 특정한 내용, 생활의 일정, 문서인 자료, 수치자료, 사진, 비디오 등을 노출하게 된다. 그러면 서비스 제공자는 이런 것들을 달리 구한 이용자의 전화번호나 인터넷 주소 등과 결합하여 타깃광고를 하는데 이용하게 되는데 그 이면에서 사생활의 침해가 일어날 가능성이 크다. 그리고 이런 가능성이 오프라인에서의 그 것보다 더 크다.

정보수집자들은 이러한 우려에 대해 사용자들이 자신에 대한 사소한 자료를 알리는 이면에서 자신에게 적합한 시장정보를 광고를 통해 쉽게 알게 되니 별로 나쁠 것은 없다고 주장한다. 여기에서 더 나아가 Google은 이러한 자료를 수집하여 활용하는 것이 고객을 위한 정보보안, 사기예방 및 알고리즘의 개선 등 기술혁신을 위해 필요하다고 말하고 있다. 예컨대 타깃광고의 기법을 이용해 어린이에 대해 유해한 정보를 보내는 것에 대한 증거를 잡아 대처하기 위해서는 이용자의 검색습관을 알 수 있어야 한다는 것이다. 나아가 이러한 자료는 수집 후 18개월 후에는 무기명(anonymous)으로 처리하여 남용가능성을 없앤다고 대납하고 있다.

그러나 그런 주장에 대한 비판자는 무기명 처리의 의미가 무엇인지를 여전히 의아시한다. 프라이버시의 유지를 중시하는 측은 사람들이 자신에 대한 정보가 어느 정도 수집되어 이용되는지를 모르기 때문에 이 문제에 둔감한 것이라 보고 또 이런 정보를 수집하고 광고에 이용하는 과정이 투명하지 않다는 점을 심각하게 주목한다. 이러한 정보를 이용해 소득이 높은 사람에게는 같은 물건에 대해서도 비싼 가격을 치루도록 유도하는 가격차별화의 가능성도 있다고 우려한다. 이들은 자료채굴업자들의 자료채굴을 통한 혁신가능성의 주장에도 불구하고 개인의 컴퓨터에 대한 지배권을 개인이 가져야 한다는 원칙에는 타협이 있을 수 없다고 한다. 어떠한 경우에도 개인들이 그들의 행위를 추적해 마케팅의 자료로 삼는 이러한 행위마케팅(behavioral marketing)을 배제할 수 있는 재량권을 개인이 가지게 되어야 한다고 본다. 검색서비스나 쇼핑을 할 때 행위 마케팅을 배제할 수 있는 옵션을 가질 수 있어야 한다고도 하고, 이를 위해 행위 마케팅을 배제하는 SW를 개발해 설치할 수 있도록 해야 한다고도 한다.

프리이버시 침해가능성 및 광고에 대한 거부감에 따라 광고를 보지 않으려고 할 수가 있고 이를 위하여 광고차단 SW를 동원할 수가 있다. 실제로 이러한 성격의 SW가 원천공개 SW로서 공여되고 있기도 하다. 여기에서 이런 SW를 써 광고를 무차별하게 차단하도록 해도 좋은가도 문제가 된다. 이용료

모델이 언론, 연예, 검색엔진 등의 지속적 존립과 성장을 보장하기 부적합한 상황에서 광고모델은 불가피하다. 그러니 이것을 일률적으로 배제하는 광고차단 SW 설치를 무제한적으로 무차별하게 허용할 수는 없다. 이에 광고에 노출되면서 언론, 연예, 검색엔진 등이 제공하는 웹을 방문하던지 그러지 않던지의 여부는 이용자의 선택에 맡기는 수밖에 없게 된다. 광고차단 SW를 자의적이고 무제한적으로 설치하는 것에 대해서는 한계가 있어야 한다. 이러한 필요는 차단 SW가 원천공개 SW이기 때문에 여러 가지로 변형될 가능성이 크다는 점을 보아서도 그러하다. 동시에 웹을 운영하는 입장에서도 웹과 더불어 광고를 내보내는 모델을 택할 것인지 또는 광고 없이 이용료모델을 택할 것인지를 결정하도록 해야 한다.

검색서비스업체가 이용자의 많은 정보를 관리한다는 것은 금융기관이 그 이용자의 재무관계 자료를 관리하는 것과 비교되고는 한다. 이 둘은 자신의 소유라고 할 수 없는 이용자들의 정보 또는 재무사정을 알고 이용자에게 필요한 서비스를 제공하고 있다. 이들은 전체 시스템의 안정을 도모하기 위해서 개별 이용자들의 정보를 알아야 할 필요를 가지기도 한다. 이에 그것을 악용하거나 남용할 수도 있는데 그로써 프라이버시를 침해하게 되어서는 안된다. 이러한 침해가능성을 배제하려면 이들이 얻은 정보를 즉각 삭제하도록 의무화하면 되겠으나 이는 검색서비스의 경우에는 광고의 효율성을 떨어뜨리는 부작용을 가질 것이고 금융서비스의 경우에는 금융사고의 예방을 어렵게 만드는 코스트를 가지게 될 것이다. 여기에서 전체 시스템의 효과적 운영과 개인의 프라이버시의 보호의 두 가지 가치를 조화시키는 타협안이 필요하게 된다. 예컨대 검색서비스의 경우 정보수집 후 한정된 기간만을 보존하다 삭제하게 하는 방안이 결정되어야 한다. 나아가 최소한 타깃광고를 거절할 수 있는 재량성과 수단이 검색이용자에게 주어져야 한다.

미국에서는 공정거래위원회(Federal Trade Commission)에서 인터넷 서비스업체들의 개인정보의 축적 및 처리에 대한 규칙을 제정해야 할 때가 왔다고 하는 의견이 개진되고 있고 또 그 방안이 모색되고 있다. EU는 이 가능성을 심각하게 여기고 대안을 강구하고 있다.

3. 쓰기 쉬운 응용시스템의 마련

간편화되고 고차원으로 된 입력방법의 개발

PC나 휴대폰에서의 입력은 키보드(key board) 또는 키패드(key pad)라고 불리우는 자판을 통해 이루어지고 있다. 이러한 입력과정은 기계적이어서 정확성을 기할 수 있으나 입력이 불편하기도 하고 또 이런 자판이 더 줄일 수 없는 일정한 크기의 물리적 공간을 차지한다는 약점도 가지고 있다. 여기에서 이러한 물리적 입력용 자판을 터치 스크린(touch screen)으로 대체해 보려는 시도가 나타나게 된다. 이 방법에서는 자판을 없앤만큼 더 크게 만들 수 있는 스크린에다 아이콘이나 위젯 식의 객체를 설치해 놓고 그러한 것을 터치하는 것으로 입력할 수 있게 하려 한다. 이러한 터치는 부정확하게 될 염려가 없지 않은바 이러한 염려는 터치의 정확성을 물어보는 과정을 삽입하여 보강하려 한다. 또 기계적 입력을 하지 못하여 하드웨어 차원에서 가지게 되는 정확성 관련 약점을 터치의 정확성을 보장하는 소프트웨어로써 보강해 보려하기도 한다. 하드웨어로 할 수 있는 것을 소프트웨어로서 할 때 훨씬 큰 재량성을 발휘할 수 있다는 점을 상기할 때 이러한 시도는 입력과정을 크게 개선시키게 될 것이라는 희망찬 기대도 있다.

현재의 입력방식인 유선인터넷의 포인트-앤-클릭 방식을 개선하고 수정하여 이른바 음성인식을 수용하는 것이 긴급한 과제로 대두되어 있다. 음성인식을 통해 무선인터넷에서의 입력과 관련된 난제를 해결할 수 있을지 모르기 때문이다. 현재 주어져 있는 음성인식시스템은 PC 기반의 웹 브라우저와 직접 인터페이스할 수 있게 한 것으로서 스피치 컨트롤을 통해 검색을 하면서 다른 업무를 수행하는 정도이다. 이에 즈음하여 음성인식기술의 급격한 발달을 기대하며 전통적인 마우스와 키보드를 음성인식시스템으로 대체하려는 노력이 있다는 것도 눈 여겨 볼 사항이다.

음성입력을 시현하려 함에는 엄청난 수의 단어의 차별화, 말의 단절 및 연속성의 처리, PC기반 음성인식시스템의 타 기반 시스템으로의 변환 등 여러 문제를 해결해야 한다. 이런 문제의 해결을 위해서 상당한 자원과 시간이 필요하다. 또 이러한 시스템이 제대로 작동하도록 하기 위해서는 디스크 공간이나 RAM, 그리고 속도가 빠른 프로세서가 필요하다. 이런 것의 이면에서 프로세싱 능력 및 저장능력의 증강이 요망된다. 현재 판매되고 있는 음성인식 무선기기는 핸드폰 크기의 디지털 음성 녹음기 정도이나 음성인식시스템 제조업체들은 그것과 다르게 대부분의 프로세싱을 원격 서버에서 처리하도록 하는 시스템으로 발전시키려 하고 있다. 한정된 문장 밖에 인식하지 못하는 기계를 그 이상이 되도록 하고자 서버 등의 개선을 도모하고 있다.

스마트폰과 같은 비PC 기기의 경우에는 현재 유선 웹 브라우저의 인터페이스 한계를 우회하면서 음성인식의 문제를 해결할 수 있을지 모른다. 스마트폰에서는 다기한 인터페이스 디자인이 가능하다고 여겨지고 있다. 음성인식에 대한 사용자의 경험이 아직 초기 단계이기 때문에 무선입출력이 유선 웹에서의 그것을 반드시 닮을 필요는 없을 것이다. 그것을 대체하는 혁신적인 인터페이스 디자인의 개발도 가능할 것이라 기대되고 있다. 이러한 혁신의 결과는 스마트폰 이상 자동차에서의 이용이나 기타 검색을 위한 응용에서 다시 활용될 수 있으리라 보고 있다.

정형화된 입력시스템이 마련된다면 그것을 이용하여 이용자는 여러 번 클릭할 필요 없이 단순히 한두 번 클릭하는 것만으로 쉽게 입력(input)을 할 수 있고, 그로써 그 응용시스템이 제공하는 일련의 과업을 간단히 수행할 수 있다. 그로써 기왕에 정해진바 방식과 절차로는 반드시 간략하지 않은 처리과정(processing)을 실제로는 간단하게 처리할 수 있게 되어 결과적으로는 의미 있고 내실 있는 산출물(output)을 도출하는 것이 가능하게 된다. 다기한 산출물에 대응하는 입력과정의 메뉴를 제공하는 것과 대응하여 다양한 입력시스템을 갖춤으로써 그 중 필요에 맞는 입력시스템을 선택하는 것만으로도 요구에 부응하는 산출물을 얻게 할 수 있다. 이것은 아직 실현되지 않은 희망사항이나 이러한 요망은 모바일 인터넷에서 특히 절실하다.

근년에는 프로들이나 쓰던 여러 도구를 아마추어들도 쓸 수 있게 상황이 바뀌었다. 좋은 컨텐트가 있다면 이런 도구를 써서 아마추어 수준에서 할 수 있는 정도의 창작을 한 다음 그것을 개량하는 프로의 도움도 받아 훌륭한 작품을 만들어 입력할 수도 있게 되었다. 입력과정에서의 기존의 자격조건이 완화되게 된 것이라 하겠다. 각종 이미지와 해설을 삽입할 수도 있게 되었다. 좋은 스토리만 있다면 프로가 만든 것보다는 못하나 그 제작비는 크게 싼 컨텐트를 만들고 확실한 메시지를 전파할 수도 있게 되었다. 더구나 이러한 컨텐트에 광고를 수용할 수 있게도 되었다.

3차원의 매핑기술을 활용하여 Google 지도 위에서 지상의 조형물을 볼 수 있게 하고 나아가 그러한 조형물 내부의 구조와 가구 기타 시설의 배치 등도 알 수 있게 하는 기법의 최근 발전은 종래 웹을 이용하던 입출력방법을 일신하게 되었다. 내부의 가구 및 장식물을 볼 수 있게 한 것은 여러 상점에서 유용하게 활용될 수 있는 것으로서 실제 알리고 광고해야 할 사항을 웹의 고양된 이용을 통해 제3자가 쉽게 접근할 수 있게 한 것이다. 가상의 세계에다 실제세상의 실물을 3차원 공간에 옮겨 놓은 것이라고도 할 수 있겠는바 세컨드 라이프(second life)가 모두 가상 세계에서의 상황이라면 이는 실제세상에 그 실물이 있는 것을 소재로 하여 만든 것이면서 가상 세계에서 쓸 수 있게 한 실물의 모조품이라 하겠다. 이러한 가상 세계의 모조품의 존재는 실물에의 접근 및 이해를 높이어 그러한 실물의 소통을 훨씬 원활하게 만들 수 있을 것이다.

출력의 신차원

현재 인터넷 이용시의 출력은 주로 텍스트 형태로 이루어지고 한정적으로 오디오, 비디오 형태를 취한다. 그런데 이러한 출력 결과는 이용자가 요구한 것에 기계적으로 대응하는 것일뿐 어떤 추가적인 인공지능을 활용하는 단계에 이르지는 못하고 있다. 단순히 요구한 것 이상 정보의 의미나 관계 등을 과거의 검색행태나 결과의 이용방식 등을 감안하여 알려주지는 못하고 있다. 이러한 일이란 전적으로 인간의 판단에 의존할 수밖에 없다고 여겼기 때문이다. 최근 정보의 꼬리표 붙이기(tagging)가 시발점이 되어 정보 사이에 숨어 있는 관련을 식별하여 함께 출력할 수 있게 하는 과제가 추구되고 있다. 특히 사진, 비디오, 블로그 등 너무 많은 자료 중 관심의 대상이 되는 것만을 선별하여 보여주도록 하는 방법의 개발이 추구되고 있다.

가까운 미래에 3-D 프린터가 실용화되어 3차원의 조형물을 출력할 수 있게 될 것이라 예상되고 있다. 종래의 프린터가 2차원의 공간에 문자나 그림을 출력하는 것이었다고 한다면 3-D 프린터는 3차원의 공간에서 인형, 기계의 부속품, 치과에서의 크라운이나 브리지 등을 출력할 수 있게 할 것이다. 현재의 프린터가 종이를 필요로 하듯이 이를 위해서는 이런 물건을 만들 재료를 프린터가 내장하고 있어야 하는데 아마도 이런 재료 중 가장 보편적인 것은 특수 플라스틱이 될 것이라 한다. 나아가 3-D 디자인을 위한 SW를 가지고 조각이나 공예품을 만들 수도 있게 될 것이다.

지능을 가지는 기구가 나타나 3차원에서의 출력을 보다 실감나게 만들 것이 예견되고 있다. 상자(box)형 3차공간의 윗면에 스크린을 장착하고 그러한 스크린에 제시되어 있는 디렉토리를 순차적으로 손대는(touch) 것만으로 3차원의 가상 객체(virtual object)를 인지할 수 있게 하는 출력의 방법이 가까운 시일 내에 실현될 것이다. ATM에서 디렉토리로 준비되어 있는 버튼을 순차적으로 터치하여 준비되어 있는 금융거래 메뉴 속의 과업을 모두 수행할 수 있듯이 지식을 가지는 미래의 가구도 출력할 모든 객체를 메뉴 형태로 갖추어 놓고 있다가 그것의 순차적 터치를 통해 3차원의 공간에서 각종 객체를 보여줄 수 있게 될 것이다.

출력은 그것에 대한 요청이 있을 때 이루어지기도 하고 정보의 공급자로부터의 스트리밍 방식으로 이루어지기도 한다. 이들 두 가지 방식 중간에 있는 것이 일정한 약정을 한 소수에게 지속적으로 출력해주는 것이다. 이런 출력의 대상은 뉴스 기타 시간을 다투는 정보일 수도 있고 또 특정인들만이 필요로 하는 메시지일 수도 있다. 전자를 위해서는 RSS서비스가 있고 후자를 위해서는 메시지를 IM(instant message)으로 보내주는 서비스가 있다. 이런 것에 대한 비판론은 오늘날과 같은 정보의 홍수 속에서 정보제공이 너무 잦고 많을 경우 시시한 정보를 보내주는 것이 과연 가치가 있는 것이냐를 의문시하는 것이다.

편한 이용을 위한 기존 서비스의 결합

기왕에 존재하던 서비스이나 이들을 하나하나 직접 이용해야 했고 함께 이용하는 데 불편했던 것들을 결합하여 쓰기 편한 하나의 결합서비스로 만드는 것이 이용을 편리하게 하여 이용량을 확대할 것이다. 예컨대 이메일이나 파일공유는 모두 기존하던 서비스이면서 각각 독립적으로 이용되고 있었던 것이었다. 그런데 서로 이메일을 자주 주고받는 소수의 커뮤니티에서 공통의 관심사를 다루는 파일을 공유하려 할 때 이들을 각각 따로 취급하기 보다 하나의 결합서비스로 묶어 함께 이용할 수 있게 한다면 편리하게 될 것이다. 나아가 그 구성원이 한정된 커뮤니티에서 파일을 공유하게 되면 다른 사람의 저작권을 침해하는 파일이 마구 통용되는 것도 한정시킬 수 있어 Napster의 비극을 회피할 수 있다. 또 만약 저작권 침해가 있더라도 그것이 외부에 발각되어 사회문제화 되기 이전에 내부적으로 발각해 적정하게 처리할 공산이 크다. 그러니 적은 커뮤니티의 특수한 수요에 대응하는 결합서비스를 융통성 있게 만들 수 있어야 좋겠다.

종래 2차 공간에서 주어졌던 지도에 생활에 소용되는 각종 정보를 묶어 넣는 일, 경우에 따라서는 이를 3차 공간에서 감지하게 하는 일이 이른바 지리 브라우저(geobrowser)의 대두로 활발하게 되고 있다. 이런 작업에서는 지도 위의 어떤 지역의 건물 기타 지형지물을 묶어 넣기도 하고, 각개 점포에서의 가격 기타 거래 상황, 기타 관련된 사회통계를 섞어 넣기도 한다. 그에 따라 어떤 지역을 찾아가는 때 목표로 하는 곳을 지형지물을 보고 쉽게 찾아가게 할 수 있고, 가는 도중 주유소의 기름가격을 비교하여 싼 곳에 가서 주유를 하게 할 수도 있고, 부동산시세와 범죄발생률을 감안하여 집을 구하게 할 수도 있게 된다. 이러한 심층자료의 섞기는 더 확대되어 계속 변하는 자료를 시간에 따라 넣어 4차 공간에서의 자료로 확충될 수도 있다. 이러한 작업에서 소요되는 많은 자료는 주로 crowdsourcing에 의해 입력되어야 훨씬 풍부하게 될 수 있다. 과연 geobrowser를 제공하고 운영하는 MS 기타 여러 주체 중 Google이 crowdsoucing에 가장 적극적이고 그에 따라 GoogleEarth가 많이 애용되고 있다.

실상 이러한 성격의 풍부한 자료는 과거에는 첩보기관이나 한정적으로 갖고 있던 것이었다. 이제 일반도 이러한 자료에 접할 수 있게 되자 예컨대 테러리스트같은 것이 더 창궐하지 않겠느냐가 우려되고 있다. 그러나 이런 자료란 과거에도 얻기 불가능한 것은 아니었으되 단지 얻기에 많은 노력과 비용을 소요했던 것인데 이제 geobrowser 등의 기술발전으로 값이 싸져 보다 일반적으로 쓰일 수 있게 된 것이라 보아야 옳다. 그런 것들로 프라이버시 침해의 여지가 커지고 감시자가 많아질 수는 있겠으나 많은 유용한 정보를 가지고 활용할 수 있게 되었다는 것은 평가해야 할 일이다. 동시에 오용되거나 남용될 가능성이 있는 정보는 최신정보를 실지 않고 조금 지난 정보로 대신하는 방비책을 사용하기도 한다.

웹을 과거 보다 쉽게 이용하게 된 상황을 웹 2.0으로 성격지우는 것에 비견해 혹자는 이렇게 심층적 정보를 종합적으로 이용할 수 있게 된 상황을 웹 2.0 이상이라고 보아 웹 3.0이라고 부르기도 한다. 단 이러한 노력이 아직은 적절한 수입을 얻는 길은 되지 못하고 있다. 그것의 비즈니스 모델은 아직 정착되어 있다고 할 수 없다.

사회적으로 보아 비생산적인 이용의 지양

컨텐트나 응용시스템을 공급하는 노력에 대해 정당한 보상을 해주는 제도를 장만하기 위해서는 그런 것으로부터 효익을 얻게 되는 사람이 그 효익의 크기에 대응하는 만큼의 대가를 내게끔 해야 한다. 이른바 수익자부담의 원칙이 지켜져야 한다. 이는 위에서 언급된바 인터넷 사용의 유료화 이상이다. 이러한 대가를 컨텐트나 응용시스템 공급에서의 한계비용과 일치하게 할 수 있다면 경제학적 효율성을 달성할 수 있을 것이다.

인터넷을 제대로 이용하기 위해서는 기술변화에 대응하여 여러 가지 새로운 것들을 갖추어야 한다. 그런데 이에는 상당한 돈이 든다. 물리망을 이용하면서 관련 통신요금을 내야 하는 것 이외에, 다양화되어 가는 응용시스템과 발달되어 가는 소프트웨어를 그 진보속도에 맞추어 가며 새로이 구입하면서 그 대가를 내야 한다. 또 소프트웨어 및 응용시스템의 진보에 보조를 맞추어 PC나 핸드폰 등 기기를 일정 기간(예컨대 3년)마다 교체하면서 그 비용을 지불해야 한다. 컨텐트의 사용료도 내는 것이 정상이다.

이러한 비용의 크기는 이들 요소들의 가격조건에 따라 나라마다 다르겠는데,[3] 예컨대 미국에서는 이것을 연간 2,000불 정도로 추산한다고 하고 이 정도로 된 것은 과거 보다 근년에 들어와 이들 관련 비용이 상당히 낮아졌기 때문이라고 한다. 그러할진대 인터넷을 이용하는 사람은 그 이용으로 1년에 2,000불 상당의 효용을 얻는 사람에 한정되어야 하리라는 논리가 성립하게 된다. 이는 정보의 바다 운운하면서, 포르노를 보는데 많은 시간을 쓰고 큰 의미 없는 채팅에 몰두하는 비생산적 사용이나 불완전이용(underutilization)을 경계하는 것이라 하겠으며 차별화된 유료사용을 요망하는 것이라 하겠다. 그럼에도 불구하고 모두에게 최소한의 인터넷접근도 보장할 수 있어야 한다. 최소한의 인터넷 이용에 대해서는 그 이용료가 부담이 되지 않도록 해야 한다.[4] 여기에 일정한 사용자에게는 인터넷 사용에 대한 보조를 해 주어야 할 필요가 나타나게 된다. 그 예로 미국에서는 교육과 관련해 인터넷을 사용하는 경우에 대해서는 보조금이 감안된 요율 e-rate를 적용하고 있는데 이는 평상요금 대비 90%의 할인을 내포하고 있다.

보다 많은 사람들로 하여금 인터넷을 이용하도록 하고자 이용료를 싸게 하려고 할 때 그 방안으로 몇 가지가 논의되고 있다. 우선 100불정도의 싼 PC를 공급할 수 있는 길이 있는데 여기에서는 SW는 모두 원천공개 SW를 쓰고 HW도 최고로 경량화하려고 한다. 다음 1개의 PC를 여러 명이 동시에 쓸 수 있도록 하는 길이 추구되고 있는데, 여기에서는 원천공개 SW를 쓰는 것은 물론 하나에 PC본체에 여러 개의 자판, 스크린, 마우스를 붙일 수 있게 하는 방도를 강구하고 있다. 또 각개 사용자의 인터넷과의 연결은 휴대폰을 통하도

3) UNCTAD의 한 연구는 망의 접속비용이 멕시코에서는 월 90불로서 소득의 15%에 해당한다고 밝힌다. 이것은 미국에서의 월 15불과 비교되는데 미국의 15불은 소득의 1%에 상당한다. 또 아프리카에서는 망 접속을 위해 월 200불 이상을 지불해야 한다고 한다. 개도국 일반은 부국에 비해 평균 3배의 접속비 부담을 하고 있다는 것이다.
The Economist, September 23rd 2000, "Untangling e-economics".

4) 정보통신부는 아바타, 벨소리, 게임 등 컨텐트를 구입하고 ARS, ADSL로 결제할 때 상한을 7만원으로 하고 그 이상이 되면 부모의 동의를 받게 조치하였다. 정보화사회에 살아가며 발생하는 구체적 비용에 대해 외면할 수없음을 보이는 구체적 예라 하겠다.

록 하는 방법도 있다.

인터넷을 쓰는 용도 중에서 사람들에게 가장 친근하면서 그 이용도가 가장 많은 것이 이메일을 이용하는 것이다. 그런데 이 이메일의 송신과 수신 과정을 보면 송수신과정에 숨어 있는 부담을 사실상 수신자가 지고 있음을 알 수 있다. 송신자는 큰 부담 없이 스팸메일까지도 마구 보내고 있으나 수신자는 원하지 않는데도 불구하고 이를 받아 보거나 삭제해야 하는 대가를 치루고 있기 때문이다. 이는 편지를 보내거나 전화를 할 때 송신자가 우표값이나 전화료를 부담함으로써 이용의 대가를 치루는 것과는 다른 것이다. 이메일에서의 이런 관행은 타당하다고 할 수 없으며 일종의 인터넷 오용에 해당한다고 하겠다. 여기에서 이메일을 보내는 측에게 우표에 상응하는 일정한 부담을 지도록 해야 한다는 의견 또는 수신자가 정하는바에 따라 대가를 내는 송신자만이 그 수신자에게 송신을 할 수 있게 하고 이런 대가 지불을 위하여 수신자에게 주어야 할 돈을 송신자로 하여금 미리 예치해두도록 해야 한다는 의견 등이 제시되고 있다.[5] 이는 직접적으로는 송수신자간의 부담문제를 다루는 것이나, 본질적으로는 이메일로 인터넷이 남용되고 있으며 이를 빨리 시정할 수 있어야 함을 말하고 있는 것이다. 인터넷 사용에 대해 정당한 대가를 내도록 해야 한다는 당위성을 지지하는 것이다.

4. 컨텐트 유료화의 시도

컨텐트 생산의 영역들

사람들의 일상생활은 각종 재화와 서비스를 생산-유통-소비하는 것으로 이루어져 있다. 따라서 이러한 일상적 일을 직접 수행하거나 그것을 간접적으로 지원하는 일과 관련되어 컨텐트가 지속적으로 개발되고 충원되어야 한다. 그런데 이러한 개발을 잘 할 수 있으려면 학습을 해야 한다. 또 경제적 활동을 하는 이외에 오락 내지 엔터테인먼트도 필요하다. 이에 따라 생산, 거

5) New York Times, "How to Unclog the Information Artery," May 25, 2003.

래, 학습, 오락 등 앞에서 열거된 모든 분야에 있어 컨텐트가 마련될 수 있도록 되어야 한다. 다시 말하면 여러 분야에서 컨텐트의 자생적 생산노력이 진행될 수 있어야 한다. 과연 대중은 채팅을 하면서, 또는 신문이나 TV 등에서 연예 프로그램을 보거나 뉴스를 듣고 의견을 교환하거나 상호 평가를 하면서, 나름대로의 컨텐트를 만들어내고 있다. 이러한 컨텐트에는 대중의 지혜가 개입되어 있다. 그러니 이런 지혜를 식별해 활용할 수 있어야 한다. 그러나 영화, 게임 등 대형작업과 관련하여서는 대중의 단편적 작업은 부적합하거나 불충분하며 엘리트의 역할이 절대적으로 필요하게 된다.

인터넷을 사용해 효용 내지 이득을 얻을 수 있는 분야를 형식적으로 열거해 보면

① e-commerce(B2B, B2C)
② e-education(e-learning)
③ e-health
④ e-banking
⑤ e-entertainment
⑥ e-defence
⑦ e-government(주민등록DB, 전자주민카드, 전자문서유통제도, 전자결제, 고충처리, 통합전산망)

등을 들 수 있다. 실상 이상의 각각에서는 나름대로 좋은 컨텐트를 제공하려고 하면서 그것에 대한 대가를 받는 방도를 찾으려고 하는 노력이 진행되고 있다. 광고를 유치하고 광고료를 받으려 하기도 하고 일정 기간 이용에 대해 일정한 대가를 받는 정액제 또는 이용량에 대응하여 이용료를 받는 종량제 등의 방법으로 이용의 대가를 받아 컨텐트를 마련하는 데 든 자원과 노력에 대한 보상을 하려 하고 있다.

이상의 여러 가지 중에서 아마도 그 사용빈도가 가장 많은 분야가 전자상거래(e-commerce)와 관련된 것일 것이다. 생산활동에서도 생산요소를 획득하기 위해서도 거래를 해야 하고 또 소비생활을 위해 재화나 서비스를 획득

하기 위해서도 거래를 해야 하기 때문이다. 실상 인터넷을 이용하는 전자상거래의 전개는 상거래의 시간과 공간을 확대시켰다. 판매를 위한 고객이 시간, 공간적으로 확장되었을 뿐 아니라 구매에서도 그러한 확장이 이루어져 이른바 외주(outsourcing)를 용이하게 만들었다. 그로써 개별 기업들은 여러 분야에서 사업을 펼칠 필요없이 핵심역량(core competence)을 최대한 활용할 수 있는 부분에 주력할 수 있게 되었다.

전자상거래(e-commerce)와 관련되어서는 이미 상당히 많은 응용시스템 및 컨텐트가 마련되어 있다. 이들이 B2B, B2C의 여러 단계에서 쓰이고 있다. 그러나 실제 거래의 양상을 보면 인터넷에서의 B2B나 B2C의 기구를 이용해 완결시키고 있는 거래의 규모는 인터넷을 통해 의사소통을 하나 거래를 완결시키는 데에는 종래의 방식을 쓰는 종류의 거래의 규모보다 작다. 이 둘은 다시 EDI나 기타 사적인 네트워크를 통해 이루어지는 거래의 규모보다 작다. 이는 인터넷이 제공하는 전자상거래시장이 무언가 미흡한 측면을 지니고 있다는 것을 시사하는 것이다. 그 중 가장 중요한 것은 인터넷에서의 시장이 충분한 안전성을 보장하고 있지 못한다는 불안감이다. 인터넷 쇼핑몰에서 일어나는 사기 등이 이러한 불안의 원인이 된다. 그러나 이러한 불안을 극복하려고 하다 이용면에서 불편하게 할 수 있다는 점도 간과해서는 안 된다. 이러한 미흡함을 해소하기 위해서는 인터넷 거래를 위해 이용해야 하는 응용시스템이 보다 완벽해지고 다양해지게 되도록 해야 한다. 특히 그런 것들 각각이 정형화되어 보다 편하고 쉽게 쓸 수 있게 되어야 한다. 동시에 값싸고 쉬운 응용시스템을 쓸 수 있다는 사실이 널리 알려지게 되어야 한다.

전자상거래는 거래의 주도권을 소비자에게 이전시키는 효과를 가져왔다. 과거의 거래양상은 소비자가 선호하리라고 판단하는 제품을 공급자가 생산하여 적극 마케팅 함으로써 소비자로 하여금 이를 선택하게 하는 방식이어서 공급자가 주도권을 가지고 있는 것이었다고 할 수 있다. 반면 전자상거래에서는 소비자가 원하는 제품을 찾아 관련 자료를 입력하면 생산자는 이에 대응하여 제품을 생산해 제공하는 식으로 바뀌어 있어 거래의 주도권이 소비자에게 이전되었다 할 수 있다.

전자상거래 다음으로 많은 컨텐트를 필요로 하고 있고 또 그 수요도 많을 것으로 예견되는 분야가 이 러닝(e-learning)이 되겠다. 사람은 살아가면서 쉴새 없이 학습하여야 한다. 그런데 과거에는 학습과정이 인고의 과정이었다 그러나 이제는 정보화사회의 각종 편의장치를 이용할 수 있게 되어 그것이 상당히 쉽게 되었다. 단 이러한 변환과정은 결코 충분하다고 할 수 없으며 계속 보강되어야 할 것이다. 나아가 이 분야에서의 컨텐트의 자발적 공급이 다른 분야에서 보다 더 수월할 수 있다는 점을 상기해 두면 좋겠다.

이 엔터테인먼트(e-entertainment)도 이에 못지않게 컨텐트의 자생적 공급이 활발히 일어나고 그 수요도 착실히 커 갈 수 있는 분야이다. 경제생활 이외에 학습을 하고 또 여가를 즐기려 하는 것이 인간생활의 주요 부분이기 때문이다. 이 분야의 역동성은 Napster 모델이 불법화된 이후에도 그 후속 모델들이 속속 나타나 널리 쓰이고 있다는 것만을 보아도 익히 짐작할 수 있는 것이다. 여기에서는 30분 이내의 짧은 웹비디오가 기대를 모으고 있다. 그런 것의 내용으로는 널리 소개되지는 않았으나 흥미나 미소를 자아낼 수 있는 일상생화의 기록, 코미디 등이 유력하리라 전망되고 있으며, 이런 것들은 광고를 수용할 수 있을 것이라 보고 있다. 또 그 전파방법으로는 on-demand 방식 및 스트리밍 방식을 예거하고 있다. e-learning과 e-entertainment는 e-edutainment로 결합될 수 있다. 이를 통해 반드시 즐겁지 않은 학습과정이 즐거운 과정으로 전화될 수 있을 것이기 때문이다.

컨텐트 생산 및 이용의 실상

앞에서 본대로 컨텐트는 엘리트에 의해 생산되기도 하고 대중에 의해 생산되기도 한다. 뉴 미디어의 컨텐트가 다루는 주제는 올드 미디어의 그것과 다소간 차이를 보이는데 전자가 특히 다루게 된 것 중에는 만화, 자동차 경주, 유모어, 취미생활 등이 있다. 컨텐트를 대중이 쉽게 만들고 이를 서로 음미하고 즐김으로써 결과적으로 많은 컨텐트가 생산될 수 있도록 하는 것이 블로그이다. 웹과 블로그를 중심으로 한 커뮤니티 모델이 활용되게 되었으며 후자는 특히 커뮤니티 구성원이 살아가는 데 필요로 하는 각종 정보를 서로 주고받는 방식으로 축적해 나가고 있다. 그로써 컨텐트를 만드는 것이 더 이상 엘리트만의 과업이 아니게 되었으며 웹의 민주화 내지는 인터넷의 민주화가 시현되었다. UCC가 크게 활발하게 된 이러한 사정은 자유, 개방 공유의 기치하의 웹 2.0을 이용할 수 있게 되어 사용자들이 각종 컨텐트를 자유롭게 올리고 그로써 인터넷 관련 새로운 서비스를 보다 용이하게 만들어 직접 제공할 수 있게 됨으로써 더욱 공고하게 된 것이다. 이는 인터넷의 사용방식을 공급자 중심의 구조에서 사용자 중심의 구조로 바꾸면서 양방향 또는 다방향의 의사소통을 보다 용이하게 할 수 있게 되어 이용자들의 적극적인 참여가 자연스럽게 이루어지게 된데 기인하는 것이다. 사실상의 신문(virtual press)인 웹 뿐만 아니라 사실상의 TV방송국(virtual TV station)인 비디오 웹도 활발하게 나타났다. 컨텐트의 온라인 유통이 매우 복잡하게 되어가고 있다. 무료인 아마추어 제작 컨텐트와 유료의 프로 제작 컨텐트가 병존하면서 전자를 전시하는 사이트를 후자가 선전의 무대로 이용하는 일도 나타나고 있다. 온라인 유통이 많아지게 됨에 따라 DVD를 통한 유통은 위축되고 있다. 아무튼 이런 경로는 기왕의 경로에서 활동하던 음반업계, 영화업계, 신문 모두에 충격을 주고 있다.

컨텐트 유료화의 필요 내지 당위성과 관련해 유의해야 할 것이 컨텐트 이용의 실상이다. Mckinsey가 정리한 바에 의해 미국의 초고속 인터넷 사용자의 이용형태를 살펴보면, 접속시간이 가장 긴 대량이용자(heavy users)는 채팅, 이메일, 게임 등을, 이용시간이 중간수준인 중량이용자(moderate users)는 음악, 엔터테인먼트 기사, 같은 분야의 취미 등의 컨텐트를, 사용시간이 가장 짧은 경량이용자(light users)는 이메일, 뉴스, 업무관계 애플리케이션 등의 컨텐트를 이용하는 것으로 나타났다.[6] 이는 모든 컨텐트의 이용이 직접 경제적 부가가치를 창출해 낸다는 의미에서 반드시 생산적으로 이용되고 있지는 않다는 점을 시사하는 것으로서, 사용자가 그 사용에 대해 큰 보람을 느끼고 그에 따라 사용의 대가를 기꺼이 내려고 하게끔 인터넷 사용의 관행이 바뀌어야 하겠으나 수요 측면의 사정을 보면 그런 전환을 쉽게 낙관할 수는 없다는 것을 내포하고 있다.

컨텐트를 표현하는 방법도 현란하게 발전하고 있다. 3차원을 이용하는

6) KISDI IT FOCUS 2001년 11월호, 미국 초고속 인터넷 사용자의 이용형태 분석 및 시사점.

3-D의 기법을 써가며 좋은 이야기로 컨텐트를 전개시켜 나가 사람들로 하여금 환상에 젖게도 하고 초현실을 감지하게도 하고 있다. 기왕의 2-D 기법으로 만들어진 컨텐트의 상당 부분을 3-D로 수정보완하도록 요망하고도 있다. 이런 것들은 실용적이면서 오락적 요소도 가미하게끔 세련되어 가고 있기도 하다.

미국판 싸이월드라고 할 수 있는 myspace.com는 사회 네트워크 이용자에게 동영상, 일기, 메시지 등을 공유하게 함으로써 PC, 휴대폰 이후의 최고의 발명이라고 여겨지기도 하고 있으며 마찬가지 차원에서 동영상의 공유를 용이하게 한 dabble.com이 애용되고 있다. 단 이러한 것들은 중간에 공식적 편집과정이 개재되어 있지 않아 제공되는 컨텐트의 신빙성에 한계가 있다. 쉽고 신속하게 자기를 알릴 수 있어 사려깊지 못하게 과다한 자기과시를 하는 것이 지나치게 많아질 우려가 있으며, 방문자가 수가 많다는 것을 가지고 인기 내지 사회적 중요도를 판정하려는 속성을 가지게 될 수도 있어 중요한 계기에 사려 깊은 판단을 하지 못하게 할 위험도 있다. 마찬가지로 동영상 공유 사이트인 Youtube도 사진, 비디오 필름 등을 컨텐트로 수용하면서 1,000만인의 방문자를 가지는 것으로 등장했다. 그로써 웹이 평범한 사람들을 언론인으로 만드는 계기가 되었다면 이것은 평범한 사람들을 유명인사로 전화시켰다는 평가를 받고 있다. 단 사진, 비디오 필름 등을 어떤 방도와 기준을 써 정리하는 것이 쉽지 않아 이들에다 인덱스를 붙이거나 상위의 데이터(metadata)로서 쉽게 정리해 검색할 수 있도록 해야 한다는 필요가 제기 되고 있다.

UCC 유통의 영역은 종래 PC에 한정되던 것으로부터 휴대폰으로 확장되었다. Youtube와 통신회사 Verizon의 제휴가 이를 시사한다. UCC라는 컨텐트를 제공한 사람들에게 다소나마 보상을 해주게 된 것도 최근의 변화이다. 즉 웹 호스팅 사이트는 UCC생산자로부터 제공받은 컨텐트나 블로그로부터 다운로드 받은 컨텐트의 이용에 대해 이용자에게 직접 또는 간접적으로 대가를 받아 그 중 일부를 컨텐트 생산자에게 주게 되었다.

결국 엘리트에 주로 의존하여 컨텐트를 생산하던 것에서 나아가 다중의 참여 및 다중의 기여에 보다 크게 의존하게 된 이런 모습은 이것이 결과적으로 좋은 컨텐트를 창출하는 것으로 되겠느냐에 좌우되면서 앞으로 더 진가를 발휘할 수 있게 될 것이다. Wikipedia에서 그러하듯이 평범한 여럿으로부터의 지혜가 소수 엘리트의 지혜를 넘는 성과물을 낼 수 있다는 가능성을 십분 활용하게 될 것이다. 그러나 이러한 과정은 종래보다는 그 정도는 약하더라도 여전히 엘리트의 선도에 의존하게 될 것이다.

엘리트가 만든 우수 컨텐트는 기왕의 컨텐트 유통업자인 올드 미디어와 Google이나 Myspace와 같은 신종 컨텐트 유통업자로부터 상당한 대가를 보장받고 초청받게 될 것이다. 그러나 아마추어가 만든 컨텐트는 그러하지 않을 것이다. 컨텐트의 소유자로서는 자신의 컨텐트를 유통시킬 경로와 마당을 구하려고 노력해야 할 것이다. 이런 때 이들은 방문객이 많이 몰리는 신종 유통업자 중에서는 유명 사이트나 유명 커뮤니티를 선호할 것이다. 실상 이들 유명 사이트는 좋은 내용의 많은 컨텐트를 유치하기 위하여 비슷한 내용의 컨텐트를 묶어 같이 전시하는 수단으로서 전문채널도 운영하고 있다. 아마추어 컨텐트 소유자로서는 기존의 올드 미디어보다는 뉴 미디어에 유통을 의뢰하는 것이 보다 나은 대가를 받는 길이 될 것이다. 그러나 이들에 의존한다 하더라도 컨텐트의 대가로 얼마를 받을 것이냐는 둘 사이에서 감지되는 시장 상황에 의존하게 될 것이다. 이런 때 컨텐트 소유자가 홀대를 받는다고 느낄 경우 유명하지 않은 다른 호스트 사이트로 이동해 갈 수도 있을 것이다. 컨텐트 호스팅 사이트와 컨텐트 제공자 사이에서 복잡한 경쟁양상이 전개될 것이나 궁극적으로는 좋은 컨텐트는 좋은 대가를 받는 것으로 종착되게 될 것이다. 결국에는 컨텐트가 왕(content is the king)이기 때문이다.

이러한 호스트 사이트는 사회 네트워크 사이트(social network site)의 성격을 가지는데, 각자 나름대로의 다지인이나 의사표시의 형식을 가지고 있으면서 이를 준수할 것을 참여자들에게 강요하고 있다. 따라서 이러한 강요가 싫은 경우 컨텐트생산자는 자체의 사이트를 만들 수도 있다. 새로운 사이트를 만들었을 때의 과제는 그 곳으로 어떻게 많은 이용자를 모이게 하느냐 하는 것과 일단 모인 방문자들로 하여금 어떻게 그런 컨텐트를 적극 이용하도록 유도하느냐 하는 것이다.

컨텐트를 생산하는 데 시간과 노력이 들어가는 한 컨텐트를 이용함에 있어 그것에 상응하는 보상을 하는 제도가 확실히 정립되어야 컨텐트의 재생산과정이 지속될 수 있을 것이다. 그러나 인터넷에서의 컨텐트 이용은 무료라는 관념이 꾀 깊게 박혀 있어 컨텐트를 유료화하기는 매우 어렵다. 현재 가장 성공적인 방법은 광고를 보게 하면서 컨텐트 이용을 간접적이고 우회적으로 보상하게 하는 방법이다. 그러나 이 방법도 시간과 노력을 들여 컨텐트를 직접 생산한 생산자보다는 여러 곳의 컨텐트를 모아 쉽게 접근할 수 있게 하는 컨텐트 유통중개자를 보상하는 실질을 가지고 있어 이들 유통사업자가 생산자를 적절히 보상하지 않는 한 컨텐트 재생산을 보장하는 방법으로서 한계를 가지고 있다.

직접 수요하는 컨텐트에 대가를 직접 내게 하여 컨텐트에 대한 보상을 가장 충실하게 하도록 함으로써 디지털 유토피아의 이상에 아주 근접해 있는 것이 현재의 시점에서 보면 'Second Life'가 아닐까 한다. 여기에서는 인간의 실생활과 가장 근접한 가상의 세계 및 그 속에서의 생활이 그려지고 있다. 여기에서 사람들은 서로 이야기하고 소통하면서 이른바 참여하고 공유하며 사회질서를 유지하는 규칙을 제정하고 있다. 후자는 영화나 TV에서는 있을 수 없는 현상으로서 여기에서의 활동의 진가를 보여주고 있다. 이러한 가상 세계는 어떤 아이템이나 서비스를 사면서 대가를 지불하여 보상을 한다. 이때의 대가는 합리적인 정도라고 평가된다.

이러한 세계는 어른들을 위한 것들도 있고 어린이들을 위한 것들도 있다. 당연히 후자에 대해서는 규칙이 더 엄격하다. 이런 사이트의 수익모델로는 광고가 많이 쓰이나 어린이들을 위한 것에서는 광고가 미칠 나쁜 영향을 우려해 일정 기간당 이용료를 받는 것이 많다. 장기적으로는 이처럼 이용에 대해 직접적으로 보상하는 방식이 모든 부문에서 통용되게 되어야 할 것이다.

컨텐트의 차별화

컨텐트는 여러 기준으로 구별될 수 있다. 우선 그것이 어디에서 쓰이느냐에 따라 TV 컨텐트, 웹 컨텐트, 모바일 컨텐트로 나누어 볼 수 있다. 이들은 각각 TV, 웹, 모바일 폰에서 쓰이는 컨텐트로서 플렛폼의 차이에 따라 다소 상이하게 만들어져야 하는 것들이다. 이들은 동일한 내용이되 다른 방식으로 만들어지기도 하고 서로 성격상 다른 내용을 가지기도 한다. 이 둘 중 전자의 사정은 TV방송국이 휴대폰용 컨텐트를 TV용 컨텐트와 별도로 만드는 데서 알 수 있다. 하나의 내용을 아무런 수정보완 없이 모든 플렛폼에서 쓸 수 있다면 이른바 멀티캐스트(multicast)가 쉽게 가능해진다.

기왕의 컨텐트의 양이나 컨텐트를 만드는 체제로 보아 TV 컨텐트를 마련하는 체제가 가장 체계적으로 정립되어 있다고 할 수 있고, 여행, 골프, 취미생활 등과 관련해서는 웹 컨텐트가 자연스럽다. 그러나 스포츠 성적이나 증권시세 등 적시에 주어지는 정보는 모바일 컨텐트로 만들어져야 소용도가 크다. 오늘날의 사람들의 생활에서 가장 지근거리에 있는 것이 휴대폰이다. 이에 다른 플렛폼을 전제로 하여 만들어진 컨텐트도 휴대폰을 위해 재작성되어지는 경향이 있다. 이것은 다운로드, 메시지 보내기, 방영 후 비디오 보기, TV프로그램이나 광고주와의 상호의견교환 등에서 점점 많이 쓰이면서 그 비중을 높여가고 있다.

컨텐트를 무료로 제공하더라도 그것과 더불어 광고를 하고 높은 광고수입을 얻을 수 있다면 컨텐트 무료제공은 지속될 수 있을 것이다. 그런데 광고수입이 기대에 미치지 못하였기에 컨텐트를 팔면서 직접 대가를 받도록 하는 이른바 컨텐트의 유료화가 시도되었다. 사람들이 '재미거리' 보다는 '알거리'에 대해 돈을 내려고 한다는 성향을 인지하게 됨에 따라 알거리에 상응하는 컨텐트를 마련하여 유료로 제공하려는 이용료 모델이 대두하게 되었다. 특히 증권(stock), 성(sex), 교육(study), 영화(screen)의 4S를 중심으로 한 컨텐트의 유료화가 시도되었다. 상업적 컨텐트가 점차 늘어나게 되었으며, 닷컴 거품붕괴 이후 이런 현상은 더욱 현저해졌다.

컨텐트 유료화를 의식하고 볼 때 Yahoo 등 일부 포탈이 시도하는 바 컨텐트의 차별화 및 고급 컨텐트의 유료화 전략은 주목해 볼 만하다. 여기에서 일반인들이 종래의 관행에 따라 보통의 컨텐트를 검색하는 것은 여전히 무료이다. 그러나 이러한 무료 컨텐트(free version)와 더불어 보다 고급이고 유익한 컨텐트를 병렬적으로 제시하면서 이런 고급 컨텐트(premium version)를 활용하려면 소정의 대가를 내도록 하고 있다. 후자에서는 심층보도나 고급화된 이메일 서비스를 제공받을 수 있으며, 개인 홈페이지를 꾸밀 수 있고, 아바타 등의 이용도 쉽다는 등 이점이 있다. 후자를 이용하면서 무언가 대접받는 느낌을 갖도록 하고, 가상화폐도 사용할 수 있게 하며 마일리지 서비스도 제공하고 있다.

이에 따라 컨텐트는 차별화되는데 종래처럼 일상적인 컨텐트는 여전히 무료이나 보다 유익한 컨텐트는 유료화의 대상으로 된다. 이로써 컨텐트의 유료화가 부분적으로 시현된다. 그런데 시간의 경과와 더불어 보다 가치 있는 유료 컨텐트가 상대적으로 많아지게 될 것이다. 나아가 이 경향이 압도적으로 되면 컨텐트 사용은 유료가 정상이라는 원칙이 정립되게 될 것이다.

P2P(peer-to-peer)모델의 재활용

유료화라는 기본원칙 정립과 더불어 컨텐트의 양 내지 내용이 지속적이고 자율적으로 증대되어 나가는(self-sustaining) 상황을 조성할 수 있어야 한다. 이를 위해서 P2P모델이 심각히 음미되고 그 이상으로 활용될 수 있게 되어야 하겠다. P2P모델에서 각개 참여자는 이른바 파일공유서비스(file-sharing services)를 통해 자신의 컨텐트를 자발적으로 제공하고 있고 그로써 다운로드와 배분(digital distribution and downloading)이 이루어지고 있다. 이에 따라 파일공유 네트워크(file-sharing network)에 참여하고 있는 모든 참여자는 결과적으로 많은 컨텐트를 접할 수 있게 되며 그런 것을 무리 없이 잘 이용할 수 있게 되어 있다.

물론 P2P모델에서의 이런 시도의 성공여부는 어떻게 각 참여자의 창의성을 살리고 그 기여를 적극화시킬 수 있느냐에 달려 있다. 자발적으로 이루어지는 창의적 노력이 결실을 맺게 되는 경우 컨텐트는 전통적 서버-클라이언트 모델(server-client model)에서 보다 이러한 P2P모델에서 더 용이하게 충원될 수 있을 것이고 그로써 그것을 이용하는 데 드는 코스트도 낮아지게 될 것이다. 그러나 전적으로 자발적인 참여에만 국한하는 경우에 참여가 저조할 수 있고 또 질서유지가 어려울 수도 있다. 이럴 경우 컨텐트의 협력적 자율생산의 모델은 더 이상 지탱되기 어려울 것이다. 여기에서 이른바 창의성 장려와 현상유지 사이에서 갈등(tension between creativity and operational control)이

나타나게 된다. 이런 갈등은 컨텐트의 지속적 확충을 어렵게 한다. 어떤 의미에서는 이러한 갈등을 적정한 정도로 유지하는 것이 협력적 자율생산체제의 확대 발전에 필요하다고도 할 수 있다.

컨텐트 유통사업자의 등장 등 변화

컨텐트는 인터넷을 사용하는 모든 분야에서 지속적으로 생산되고 확충되어야 한다. 컨텐트의 생산과 대가를 내는 소비의 선순환이 이루어지게 되어야 한다. 나아가 이미 개발된 컨텐트의 의미를 새로이 해석하고 새로운 가치를 부여하거나 그런 컨텐트의 배합을 바꾸어 새로운 의미와 용도를 가지는 컨텐트로 재구성해 내게도 되어야 한다. 컨텐트가 디지털화됨에 따라 과거보다 이러한 작업을 훨씬 쉽게 할 수 있게 되었다.

컨텐트의 배분채널이나 최종 응용방법을 제시하여 컨텐트를 새로운 방식으로 활용할 수 있도록 해야 한다. 컨텐트 공급의 경로를 확실히 하라는 것인데, 예컨대 Google의 검색서비스나 Apple의 iPod에서의 성공 예는 기존의 컨텐트의 새로운 이용을 위한 경로의 제공이 얼마나 중요한 것이고 이러한 서비스를 제공하고 있는 해당 주체들에게 얼마나 큰 이익을 가져다주는지를 알려주는 것이다. 이들은 그 자체로서는 하등 자체생산 컨텐트를 가지고 있지 않으나 다른 사람의 컨텐트를 사용할 수 있는 입지를 일단 확보한 다음 그러한 컨텐트를 사용하기 쉽거나 편리하게 만들어 유통시킴으로써 큰 이익을 취하고 있는 것이다.

컨텐트의 유통이 활발해야 컨텐트의 생산 및 소비도 활성화될 수 있다. 기존의 컨텐트 중 대표적인 것이 뉴스, 금융정보, 스포츠, 음식, 건강, 음악, 영화, TV쇼 등이며, 이들은 TV방송국 등 프로인 생산자와 기타 아마추어 생산자가 생산해 소유하고 있다. 따라서 컨텐트 유통사업자는 이들과 교섭하여 사용허가를 받아 효과적으로 사용할 수 있게 하여야 한다. 이들은 컨텐트 수요자가 연령대의 차이에 따라 상이한 컨텐트를 선호한다는 점도 잘 인지하여 예컨대 Yahoo의 이용자들에게 Youtube에서의 인기 컨텐트를 기계적으로 공여하려 해서는 안 된다.

컨텐트 중에는 엘리트가 만든 것도 있고 아마추어가 만든 것도 있는데 컨텐트 유통사업자는 이들에 대해 차별적으로 컨텐트 제공에 대한 대가를 지불하고 있다. 또 이런 컨텐트 중에는 저작권침해의 가능성을 지니고 있는 것도 있는데, 그 침해여부를 확인하여 저작권자와 협의를 함으로써 불법을 회피하려고 하고 있다. Google은 Youtube를 인수한 후 특히 동영상 비디오와 관련된 저작권 침해의 복잡하고 어려운 문제에 대처하기 위하여 우선적으로 침해가능성이 있는 자료를 여과하는 장치를 도입하였고, iTunes 방식으로 여러 컨텐트 제공자와 라이센스계약을 체결하였으며, 그럼에도 불구하고 일어날 저작권 침해시 야기될 손해배상에 대비해 대손충당금 방식으로 기금을 준비해 놓고 있다 한다. 그러나 이러한 방법으로도 컨텐트 소유자들로부터의 지재권 침해소송으로부터 벗어나지는 못하고 있다.

크게 보아 웹은 두 가지 방향으로 발전되어 왔다고 할 수 있겠다. 그 하나는 사회 네크워크로 대표되는 것으로서 보다 인터엑티브하게 변화해 온 것이고, 그 둘은 온라인 비디오를 담는 많은 예가 대표하는바 덜 인터액티브하게 변화해 온 것이다. 후자는 수백개의 웹사이트에다 10대 등 특정 시청자를 의식하면서 차별화된 방식으로 컨텐트를 일방적으로 공여하고 있으나 수입확보의 방법은 신통하지 않아 광고에 의존하려 하고 있다. 그러나 TV식 배너광고로도 충분한 수입을 얻지는 못하고 있다. 그저 컨텐트의 질을 높이면서 오락성을 제고해야 방문자가 많아지고 그로써 광고수입도 늘어나게 될 것이라 기대하고 있다. 나아가 특이한 것, 엽기적인 것, 기존의 미디어가 다루지 않는 사각지대의 내용(예컨대 난민촌에서의 비인간적 인간생활이나 자생문화 등)을 다루는 게릴라성 컨텐트를 가지고 이용자의 확충을 꾀하고 있다.

웹을 기반으로 하는 비디오 컨텐트에 대한 사업전망을 장기적으로 밝다고 보게 되자 이것을 보다 발전시켜 보려는 노력도 나타나고 있다. 다른 채널을 이용하는 것 보다 웹을 이용하는 것이 새로운 아이디어, 새로운 탈렌트 등을 실험하는데 편리하고 또 그 시장이 급속히 확대될 것이라 전망에 자극받아 여러 예술 오락의 장르에서 전문 프로듀서를 활용하여 색다른 컨텐트를 마련해 보려는 시도가 활발하다. 이러한 분야가 유망하다고 생각하여 헐리우드의 전문 컨텐트 생산자들이 뛰어들고 있으며 이들 중에는 컨텐트 생산 후

수입확보를 위해 생산 이전 또는 도중에 광고를 섭외하던 관행에서 벗어나 자체 자금으로 직접 생산하려고 하는 움직임도 보이고 있다. 이러한 컨텐트는 그것의 배급채널로서 RealNetworks, Joost 기타 비디오 포털 및 각개 광고주의 웹을 이용하고 있다. 다른 한편 웹에서의 방영내용을 TV에다 다시 내보내고 이를 다시 TV와 관련된 웹에서 다시 접할 수 있게 하는 다중이용(multi-use)의 현상도 나타나고 있다.

종래 TV등 올드 미디어가 컨텐트를 수용하는 방식과 인터넷이라는 뉴미디어가 수용하는 방식을 섞은 혼합형도 나타날 만하다. 웹을 여럿 열어 하나로 조직해 놓고 그런 통합 사이트에다 올드 미디어의 프로그램을 올려놓는 것 이외에 뉴 미디어의 컨텐트로서 전문가한테 제작을 부탁한 것과 아마추어로부터 공모를 받아 심사하여 선정한 것을 각각 올려 놓는 경우이다. 그러한 다음 각개 이용자로 하여금 이런 다양한 컨텐트 중 그 선호에 따라 원하는 것을 선택하게 한다. 각종 컨텐트들 사이에서 경쟁이 일어나게 하는 것이다. 이런 때 아마추어가 제작한 프로그램은 전문가가 제작한것보다 소규모일 것이다. 그 중에는 3~8분의 비교적 짧은 것도 있다. 궁극적으로 검색방법, 광고의 방법, 내용의 종합(syndication)방법 등에 따라 미래의 비디오, TV, 영화에서의 컨텐트 배분양상이 결정되게 될 것이다.

2005년 미국에서 가장 많은 방문자를 가진 사이트로서 Myspace, Google, Wikipedia를 든다. 한편 웹 트래픽을 보면 트래픽이 많은 상위의 10개, 100개, 1,000개, 10,000개의 웹이 각각 전체 방문자의 20%, 40%, 60%, 80%를 차지한다고 한다. 이들은 인터넷이용의 성향을 엿보게 하는 사항이다. 한편 이른바 긴 꼬리(long tail)의 명제가 시사하는바 방문자가 많지 않은 사이트도 경제적 부가가치를 창출해 내는 한 방문을 받아 나름대로의 진가를 발휘하게 되었다고 한다. 이는 이른바 틈새시장에서도 성공한 것과 상응하는 것이다. 그런데 확률분포가 보여주듯이 이러한 긴 꼬리에 해당하는 사이트도 그 절대수로 보아서 제법 많기 때문에 이들 긴 꼬리에 속한 사이트 전체를 보면 그것들로부터 상당한 부가가치가 창출될 수 있겠음을 알 수 있다. 이는 방문객이 적은 사이트도 나름대로의 가치를 가지고 있어 이들을 단순히 무시해서는 안된다는 것을 시사한다.

5. 보다 고급인 컨텐트의 수용 및 개척

고급 컨텐트

인터넷의 컨텐트는 웹이나 블로그에 저장되어 있다. 사람들은 이들을 검색함으로써 이러한 컨텐트에 접근한 뒤 그것을 이용하게 된다. 그런데 이러한 웹에서 컨텐트란 웹 등을 작성하여 운영하는 사람이 자발적으로 마련하여 제공하는 것이다. 이들은 웹 등을 만든 후 보다 많은 사람들이 자신의 웹 등을 방문하기를 원하면서 제공하는 것이다. 이러한 측면을 보면 웹 등의 컨텐트는 작성자가 '밀어내는(push)' 성격의 것이고 이용자가 '기꺼이 사용하려는(pull)' 성격을 가진 것은 아니다. 건강에 관한 정보 등 예외적인 웹이 없는 것은 아니나 많은 경우 웹 등의 내용은 작성자가 알리고 광고하려고 하는 것이다. 그런데 이런 내용은 이용자가 절실히 요구하는 것 내지 이용해 큰 도움을 받을 수 있는 것이 아닐 수 있다. 이러한 단면을 보아 웹 등의 컨텐트는 반드시 고급의 내용(quality content)을 가진 것이 아니라고 할 수 있다. 물론 이용료를 내고 접근해야 하는 유료 컨텐트를 가진 웹은 여기에서 말하는 기준을 가지고 보아 이용자가 기꺼이 이용하려고 하는 내용을 가지고 있는 것이기에 고급 컨텐트라 할 수 있다. 그러나 이러한 것은 예외적이라 보인다.

학술적 컨텐트의 수용

인터넷에서의 컨텐트는 현재 웹에서의 그것보다 좀더 고급화되어야 할 필요가 있다. 예외적 유료 컨텐트가 늘어나게 되든지 무료로 제공되는 컨텐트도 보다 고급인 컨텐트를 수용하게끔 바뀌든지 고급의 컨텐트로 보강되어야 하겠다. 그런데 고급 컨텐트는 통상 책 속에 있다고 생각된다. 여기에서 책의 다양한 내용을 인터넷을 이용해 접근할 수 있도록 하는 것이 요망된다.

책을 스캐닝하여 디지털화한 다음 인터넷에서 쉽게 이용할 수 있게 하고자 한 것은 구텐베르그 사업(Gutenberg project)을 비롯해 여러 곳에서 시도된

바 있다. 그러나 아직은 그런 노력들이 괄목할 만한 결실을 거두지는 못하고 있다. 책의 내용을 쉽게 검색해 이용할 수 있게 하는 것이 사람들로 하여금 토막지식에는 빠삭하게 만드나 진정한 양식을 체득하도록 하는 데에는 장애가 될 수 있음을 걱정하는 것, 이에 대부분의 도서관이 이런 사업에 대해 소극적이라는 것, 또 많은 책과 관련해서는 저작권 기간이 종료되어 있지 않아 저작권자에 대한 보상문제가 해결되어 있지 않다는 것 등이 이런 결과에 대한 원인으로 되고 있다. 이에 따라 현재 책의 디지털화는 우선 도서관의 책 중 저작권이 만료된 책들을 대상으로 하여 진행되고 있는 정도이다.

Google의 Book Search 사업 등

이러한 점과 관련하여 가장 큰 쟁점이 되고 있는 것이 책의 내용을 디지털화(digitisation)하여 온라인으로 볼 수 있게 하자는 사업이다. 지구상에 존재하는 약 6,500만권을 디지털화하는 데에는 최소한 6~7년이 소요될 것이라 추정되며, 이러한 사업은 Internet Archive, Amazon, MS, Yahoo 등이 하고 있다. MS 및 Yahoo가 일부 도서관과 협의해 책의 디지털화를 진행중이고 또 Amazon이 책의 유료 검색을 시도하고 있다.

그런 것 중 가장 대규모라고 여겨지는 것이 Google에 의한 book search 사업이다. 여기에서는 책을 디지털화 하되 그런 책의 전부가 아니고 일부만을 검색할 수 있게 하려고 한다. 여기에서의 일부란 목차, 검색하고자 하는 핵심단어 내지 중심주제가 들어가 있는 수 페이지, 출판사가 동의해 공개하는 수 페이지를 지칭한다. 이렇게 일부만을 검색의 대상으로 하는 것은 공정이용의 관점에서 보아서도 용인될 수 있는 것이라고 보며 그로써 저작권의 침해의 문제를 회피하는 것이라고 보기 때문이다. 이 사업은 이렇게 하여 저작권을 침해하는 행위라는 비난 및 책임으로부터 벗어날 수 있기를 희망한다. 나아가 이것이 책의 존재를 알리는 방도가 되고 또 책의 일부 내용을 보고 전체를 보아야 할 필요를 느끼게 된 사람들로 하여금 도서관을 찾거나 책을 사게 할 수도 있을 것이라 본다. 이에 도서관 이용의 활성화는 물론 서적출판시장의 확대에도 기여할 수 있을 것이라고 주장한다. 이러한 사업이 미처 알고 있지 못하던 책을 일반에게 소개하고 홍보하는 것으로 되어 책에 대한 수요확대에 기여할 것이라고 한다.

그러나 이런 인식에 출판업계는 동의하지 않는다. 상당수 사람들이 책의 일부만을 보기 원한다고 인지하고 따라서 핵심주제를 포함하고 있는 수 페이지를 읽은 사람들은 그것으로 책을 사서 읽지 않고도 알려고 하던 욕구를 상당한 정도 채우게 될 것이기에 더 이상 책을 사려고 하지 않을 것이라 본다. 때문에 출판업계는 이러한 사업으로 출판업이 붕괴될 것이라 우려한다. 그리고 이들은 핵심주제를 가지는 수 페이지를 공개하는 것을 공정이용 이상의 저작권 침해행위라고 여긴다. 물론 이러한 사업은 책 전체를 읽을 수 있도록 하면서 그 이용료로 책값의 일부를 징구하고 이를 출판사와 나누는 후술되는 바 e-book사업과 구별된다.

고급 컨텐트를 늘려 인터넷 이용의 실효성을 제고시키도록 해야 한다는 입장에서 보면 Google의 이러한 사업은 특히 그것이 지향하는 점을 보아 바람직스러운 것이다. 그것은 최소한 아직 그 진전속도가 불만족스럽다고 밖에 할 수 없는 다른 곳에서의 고급 컨텐트 온라인화 노력에 상당한 자극을 주게 될 수도 있을 것이다.

그러나 Google이 책의 컨텐트의 일부 검색사업을 어떻게 운영하느냐에 따라 예견하지 못한 결과도 나타날 수 있겠기에 우려할 바가 전혀 없는 것은 아니다. 우선 동 사가 일부 검색에 대해 돈을 받기로 하거나 검색결과와 결부시켜 광고를 받기로 할 경우 그 이용요금이나 광고료의 크기에 따라 동 사는 큰 이익을 얻을 수 있다. 그런데 동 사업이 막강한 영향력을 가진 Google이라는 회사에 의해 완성되고 나면 다른 경쟁자가 나타나기 어려울 것이고 그에 따라 동 사는 독점사업자로 독점의 이익을 누리게 될 것이다. 여기에서 이 사업에서의 요금규제 내지 광고규제의 필요가 대두한다.

다음 부분검색을 기술적으로 어떻게 운영하느냐에 따라 동 사는 사람들의 사고방식에 의외의 영향을 미칠 수 있다. 검색결과를 배치하는 것이나 스폰서 링크(sponsored link)를 통해 광고의 기여도에 따라 여러 웹의 순위가 결정되도록 하는 과정을 통해서 동 사가 사람들의 사고방식에 상당한 영향을 미치고 있다는 점이 우려되어 왔었는데, 책의 내용을 부분적으로 검색할 수 있게 하는 이 사업에서도 마찬가지의 방법을 쓸 경우 동 사의 영향력은 더욱 심각한 걱정거리가 되지 않을 수 없기 때문이다. 도서관계는 이러한 차원에서 책의 내용을 검색의 대상으로 하는 것이 사람들에게는 단지 단편적 지식을 전수하는 데 불과하면서 검색엔진에 과도하게 의존하는 습성을 강화하여 각종 정보와 지식에 대한 진정한 이해(information literacy)를 증진시키는 데는 기여하지 못할 것이라 걱정한다. 이에 이들은 Google의 book search사업보다는 차라리 Wikipedia가 나은 대안이라고도 하기도 한다. Google도 이러한 한계를 인식하여 현재의 검색엔진 중의 이른바 고급검색(advanced search)을 통해 검색내용의 질을 높이는 데 신경을 쓰고 있다. 책에서의 고급 컨텐트가 학습하려는 젊은 학생들에 대해 미치는 심각한 영향을 감안할 때 검색결과를 공표하는 방식에 대한 사려 깊은 연구가 선행되어야 하겠음을 절감할 수 있다. 아마도 그것은 상업적 기준 기타 어떤 자의적 기준에 의해 결정될 사안이 아니라 그 이상의 어떤 것에 지배되도록 되어야 할 것이다. 검색 알고리즘을 방치해서는 안되겠다는 것을 알 수 있다.

Google 등에 의한 책의 디지털화 사업만이 이런 성격의 사업의 모두가 아니다. 이른바 Open Content Alliance도 도서관의 책을 디지털화하여 누구나 접근할 수 있게끔 공개하려고 노력하고 있다. Google 등 기업이 책을 디지털화하는 데 드는 비용을 스스로 감당하고 있는 데 비해 독자적 재력을 가지고 있지 못한 이 기구는 독지가들의 지원을 받아 책을 스캐닝하고 디지털화하는 데 드는 비용을 충당하려고 하고 있으면서 Google 등이 책을 검색하게 하면서 가지게 되는 사실상의 영향력에 대한 우려는 하지 않아도 되게 하고 있다. 나아가 이들이 디지털화하는 책과 Google 등이 디지털화하는 책이 반드시 중복되는 것도 아니기 때문에 이러한 중첩적 노력은 책을 디지털화하는 사업을 더욱 가속시킬 것이라 보고 있다. 이러한 측면에서 보아 이들 두 가지 다른 성격의 사업의 우열을 따지고 그 중 어느 하나를 중단시키기보다는 이들이 모두 의도하는 바 과업을 수행하도록 하면서 만약의 부작용에 대비하는 것이 좋을 것이다.

우리나라에서도 네이버 등 포털이 교보문고와 손잡고 도서검색서비스를 시도하고 있다. 검색어 전후의 3쪽, 책 전체의 1% 이내의 분량을 검색할 수 있도록 하려고 하고 있고 검색의 총량이 책의 30% 이내로 되도록 제한해 보려고 계획하고 있다는 전언이다. 이에 대해 지식의 생산과정을 도외시한 채 책의 서사성을 무시하는 데이터베이스를 만들어 책을 해체하고 지식의 생태계를 파괴한다고 하는 비판론이 있는가 하면, 이미 포털을 통한 정보검색에 습관된 사람들에게 책에서의 고급정보까지 접할 수 있는 길을 열어주어 정보활동의 문화를 한 단계 높이고 책의 파생적 판매에도 기여하게 될 것이라고 하는 찬성론도 있다.

전문잡지의 고급정보

책에 있는 정보보다 더 최신이고 고급인 정보가 전문잡지(professional journal)에 들어 있는 정보이다. 따라서 고급정보를 검색의 대상으로 하려면 이러한 전문잡지의 정보도 최대한 활용할 수 있게 해야 한다. 물론 현실은 아직 그러하지 못하다. 이를 볼 때 이러한 정보의 생산 및 유통을 활성화시키는 것이 고급정보를 확충하는 방안이 될 수 있겠다.

현재 고급전문지에 대한 정보는 그 곳에 논문을 게재하려는 학자들에 의해 생산, 공급되고 있다. 이들은 연구자금을 받아 연구한 결과로서의 고급정보를 게재료를 내면서 전문지에 무료로 공급하고 있다. 전문잡지사는 이렇게 게재 신청된 논문을 일정한 절차를 걸쳐 심사하여 선정한 뒤 잡지로 출판한 다음 각종 도서관에 상당한 요금을 받고 판매하고 있다. 이때 전문잡지사는 이런 논문의 저작권도 소유하도록 되어 있다. 그로써 이런 잡지사는 한편으로는 게재료 수입을 얻는 이외에 잡지 판매수입도 수입원으로 가지며 그런 수입이 출판비용을 능가할 경우 그만큼을 이익으로 향유하게 되어 있다. 반면 비싼 잡지구독료 부담 및 도서관 소재 잡지에의 한정된 접근성 때문에 이런식으로 생산되는 고급정보는 널리 유통되지 못하고 있다.

그런데 이러한 고급정보는 온라인으로 무료에 가까운 요금으로 유통될 수도 있는 성격의 것이다. 그럼에도 불구하고 현재의 고급전문지 출판관행 때문에 그렇게 되지 못하고 있고 그로써 고급정보의 유통이 시간상 지체되고 그 유통범위도 제한되고 있다. 여기에서 고급전문지의 정보의 공급, 유통 및 소비에 대한 현재의 구조를 바꾸어 고급정보가 보다 널리 유통될 수 있게 하자는 시도가 나타나고 있다. 이런 노력은 고급정보의 생산자와 소비자가 사실상 전문학자라는 동질적 집단이고 그것의 유통을 위한 비용이 온라인의 환경하에서는 거의 영에 가깝다는 점을 주목하여 온라인 출판 및 유통의 방법을 통해 고급정보의 유통 및 활용을 활성화시켜 보고자 하고 있다. 기존의 출판관계자에게는 신청받은 논문을 심사하는 절차관리의 기계적 기능만을 담당하게 하고 심사를 마친 것들은 온라인으로 출판하고 유통하도록 하여 고급정보의 유통 및 활용이 활성화되도록 만들고자 한다. 이는 공개원천(open source)운동과 일맥상통하는 것이다.

실제 이러한 방향으로의 움직임이 여러 곳에서 보여지고 있다. 우선 온라인 저널이 나타났으며 대학 등 기관에 사이트 라이센스를 주어 이런 기관에 속한 사람들이 자유롭게 이를 이용할 수 있도록 하고 있다. 또 저자들은 발표를 함에 있어 원천공개의 원칙에 따라 원천공개출판(open access publishing)을 하며 그로써 배타적 저작권에 신경쓸 필요 없이 자유로이 통용될 수 있도록 돕고 있다. 대학이나 연구소 등이 원천공개 아카이브(open source archive)를 마련해 공개접근을 보장해주고 있기도 하다. 이런 것들의 혼합형도 나타나고 있다. 유료회원에게는 컨텐트에 대한 즉각적 접근을 허가하고 무료회원에게는 6개월 등 일정한 기간이 지난 다음에 컨텐트를 접근할 수 있게 하여 다소간의 수입도 확보하려 하는 것이다.

최신 의학정보를 다루는 전문잡지는 통상 고가이다. 그 수요자가 극히 제한되어 있는 정보를 다루고 있어 이런 잡지의 수요자가 수적으로 소수라는 것이 그 주된 원인일 것이다. 한편 이런데 실린 내용은 상당한 시간이 지난 후에야 온라인상태로 공급되고 있다. 그런데 최근 의학전문잡지에서 종이의 전문잡지를 그대로 둔채 그 내용을 온라인으로 공개하는 실험이 진행되고 있다. 이 중에는 구독료를 받는 것도 있으나 제약회사 등의 광고를 수입원으로 취하면서 광고를 보도록 하되 무료로 볼 수 있도록 하는 것도 있다. 이러한 변화는 이러한 전문정보를 구해 보는 제한된 전문가들로부터 크게 환영받고 있는바, 그 이유는 이것이 전문정보의 유통속도를 높이는 한편 최신자료를 자료를 찾는 시간을 크게 들이지 않고 손쉽게 접할 수 있게 만들기 때문이다.

이상의 방법으로 고급정보가 보다 널리 통용되게 되면 여러 가지 이익을 가지게 된다. 우선 주요 데이터의 온라인 상태에서의 가용성이 커지게 된다. 또 여러 작업을 평가하고 개선하도록 도와 학문활동에서 견제와 균형이 도모될 수 있게 한다. 이러한 것들은 나아가 협동작업을 수월하게 만들 것이다.

온라인을 통한 고급정보의 유통을 본격적으로 활성화시키기 위해서는 전문지 출판과 관련된 현재의 관행이 바뀌어져야 하겠다. 우선 고급전문지에 게재된 논문을 위주로 하여 종신임용 및 승진을 사실상 결정하는 대학의 인사방식이 온라인 저술도 수용하게끔 바뀌어져야 할 것이고 또 연구비를 줄 때 연구결과를 온라인매체에 공개하는 것을 조건으로 할 수도 있겠다. 출판관계자들로 하여금 출판서비스의 기계적 기능만을 담당하게 하고 그것에 대응하는 대가만을 받도록 하면서 출판서비스를 하는 기업들 사이에서 경쟁을 유도하기도 해야 할 것이다. 현재 고급전문지의 출판사는 저작권에는 별 관심이 없다는 점은 이에 도움이 된다.

책에서의 내용은 가장 많이 정제되고 정리된 것인 반면 전문잡지의 내용은 그보다는 덜 정제되었으나 전문가들에 의해 생산된 최신의 것이라고 한다면, 워킹 페퍼나 일반인의 블로그에서의 정보는 더욱 덜 정제된 것이면서 종류에 따라서는 더 유용하게 쓰일 수도 있는 것이라 할 수 있다. 특히 최근 이런 것들은 이른바 커뮤니티 활동을 통해 많이 생산되고 있는 것이다. 그러니 이런 것들도 광의의 고급 컨텐트로서 선용될 잠재력을 지니고 있다 하겠으며, 그것의 선별적 활용방안을 더욱 강구해야 하겠다.

현재 검색엔진을 통해 고급정보를 얻는 길의 하나는 Google scholar를 이용하는 것이다. 우리나라에서는 MHN의 지식인이 이에 해당한다. 여기에서는 웹 2.0의 기반위에서 사용자가 직접 컨텐트를 생산하는 것을 수용하고 있다. 우리나라에서의 활발한 커뮤니티 활동에서도 실생활에 근접하는 컨텐트를 생산해 내고 있다.

6. 무료이용 관행의 극복과 모바일 인터넷의 원용 모색

모바일 인터넷의 비교우위

근본적으로 이용대가를 회수하는 방법을 정비해야 할 필요가 있다. 이용대가를 회수하는 방법으로 광고를 받거나 일정 기간마다 직접 구독료를 받는 방법 등을 앞에서 보았는데, 이러한 것들은 현재의 가격결정방식을 바꾸지 않으면서 수입을 확보하게 하는 방법이라고 할 수 있다. 이와 대비되어 가격결정방식을 새로이 바꿈으로써 사용에 대해서 정당한 대가를 내도록 하면서 서비스 공급자의 수입도 늘어나게 하는 길을 모색할 수도 있겠다. 이 점은 정액제의 각종 대안과 관련되어 차후 검토될 것이다. 여기에서는 모바일 인터넷과 관련시키어 종래 이용하지 못했던 수입확보 방안을 활용할 수 있는 가능성에 대해 살펴본다.

유선인터넷에서 적합한 수익모델이 존재하지 않는다는 것이 인터넷의 장기적 존립과 발전을 어렵게 하고 있다. 반면 모바일 인터넷에서는 사정이 다른데 여기에서는 이용에 상응하여 수입을 확보할 수 있는 길이 한정적이나마 이미 활용되고 있기 때문이다. 이에 모바일 인터넷에 대한 기대가 커지고 있다. 이하 모바일 인터넷의 성격을 살펴본 뒤 이점을 검토해 보자.

mobile phone과 internet의 결합인 모바일 인터넷은 인터넷이되 그것에의 접속수단으로서 PC 대신 휴대전화를 쓴다는 것을 특징으로 하고 있다. 인터넷 라인이 설치되어 있지 않은 노후한 건물에 있는 사람, 항시 이동중에 있어야 하는 영업사원, 항시 움직이는 택시의 운전사 등은 계속 PC와 붙어 있을 수 없어 정의상 유선인터넷을 이용할 수가 없다. 따라서 이들이 일단 인터넷을 써야 하는 경우에는 마지막 1마일 문제를 무선통신망에 의존하는 모바일 인터넷을 사용하지 않을 수 없다.

모바일 인터넷은 아직은 유선인터넷에 비해 여러 점에서 미흡하다. 스크린이 작고, 그래픽은 다양하지 못하며, 색깔은 선명하지 못하고, 반응시간은 느리고, 초월연계는 복잡하며, 검색하려 할 때 대상이 되는 웹이나 컨텐트는 부족하다.[7] 그러나 한정된 경우에서는 검색을 하면 곧 물건을 구입하고 지급하는 일로 연결되고 그로써 모바일 인터넷이 부여하는 이점을 십분 이용할 수 있기도 하다. 반면 모바일 인터넷에서는 이용자를 붙들어 놓고 광고를 하는 전통적 방법을 쓰기가 본질적으로 어려워 광고를 이용하는 수입확보의 길이 매우 제한되어 있다. 안전성 및 보안문제에 있어서도 유선인터넷에서 보다 불안감이 더 크다.

모바일 인터넷 이용방법은 아직 표준화되어 있지 않다. PC에서 MS의 OS 등 몇 개의 표준화되었다 할 수 있는 운영체계를 쓰는 것과 달리 모바일 인터넷에서는 그것을 대신할 표준이라고 할 수 있는 운영체계가 정립되어 있지 않다. 그저 유선인터넷에서 Window에 과다하게 의존했던 것을 다시 반복하지 않겠다는 의지만 강할 뿐이라는 특징을 가지고 있다. 휴대전화기 시장의 80%정도를 점하는 휴대폰 제조회사들의 연합 Symbian에 대한 기대가 이 공백을 채우고 있다. 급변하는 하드웨어 플랫폼, 불안정한 표준, 속도면에서의 열위 때문에 현재의 용법을 효과적으로 이용할 수 있는 시점까지 앞으로 얼마나 더 기다려야 하는지에 대한 불안감도 있다.

그런데 이상의 약점 중 그래픽, 색깔, hyperlink 등에서의 약점은 모바일 인터넷을 쓰려는 상황을 상기할 때 별로 중요하지 않다고 할 수 있다. 이동 중에는 이러한 약점과 관련된 불편함은 별로 심각하지 않기 때문이다. 현재 유선인터넷과 모바일 인터넷은 용도에 따라 차별화되어 쓰이고 있다고 할 수 있는데, 앞으로도 그러하기 쉬울 것이다. 유선인터넷은 정보가 주 기능이고 무선인터넷은 거래가 주 기능이라는 지극히 단순한 주장도 이러한 추론의 연장선상에서 이해될 수 있는 것이다.

데이터 양이 한정된 종류의 정보를 검색하는 경우이거나 정보를 신속하게 주고받는 것이 중요한 경우에는 모바일 인터넷이 비교우위를 가질 가능성이 크다. 그에 따라 GPS를 활용해 목적지 가까이 도달한 다음 선물상점을 찾

7) 모바일 인터넷은 이러한 단점을 가지나 언제 어디서나 인터넷 접근을 가능하게 한다는 장점도 가진다. 이에 따라 모바일 인터넷과 유선인터넷은 상황에 따라 선택적으로 쓰이게 될 것이고 둘 사이에서 절대적 우열을 가릴 수는 없다 할 수 있다. 그러나 이러한 시각에 대한 반대의견은 'broadband is the main selling point, and mobility is just an added extra' 라고 하여 후자의 보완적 역할만을 인정한다.

는 등 지역정보를 더 자세히 알고자 하는 경우이거나 움직이면서 그 부근의 음식점의 위치와 특성을 알기를 원하는 경우이거나 당장 궁금한 스포츠경기의 결과를 알고자 하는 경우 또는 간단한 무선 이메일을 하려거나 현장에 가 있는 영업사원과 의사소통을 하려고 하는 경우에는 모바일 인터넷이 다른 종류보다 더 유용할 것이다. 이런 때 PC를 이용한다는 것은 불편하기 때문이다. 단 이러한 편리성을 더 강화하고 비교우위를 심화시키기 위해서는 모바일 인터넷을 보다 쉽게 이용할 수 있도록 해야 하며 다양한 시스템간의 통합을 가능하게 하는 기술발전도 따라와야 할 것이다. 참고로 영국의 모바일 인터넷사업자 Orange의 데이터이용 서비스 내역을 보면 포털, MMS, 게임다운로드, 음악 다운로드가 4대 용법으로 나타나고 있다.

모바일 인터넷의 전망이 밝다보니 이를 일종의 킬러 응용방법(killer application)으로 인식하여 서로 이에 뛰어들려 하고 있다. 기존의 검색업계는 현재의 휴대폰의 성능을 개선하여 작은 화면과 입력과정의 불편함을 최소한으로 함으로써 모바일 인터넷을 보다 쉽게 이용할 수 있도록 하는 길을 추구하고 있다. 이를 위해 최소한의 문자를 입력하면서도 이용할 수 있는 방안을 탐색하거나, 검색과정을 계단식으로 밟아가게 하여 1단계에서 어떤 도시를 찾은 후 2단계에서 가고자 하는 곳이 속한 업종(예컨대 식당, 호텔, 극장 등)을 찾고 3단계에서 업소의 특징을 찾아가는 식으로 입력과정을 기계화하거나, 주식이나 뉴스는 즐겨찾기나 위젯으로 볼 수 있게 하거나, 음성입력의 방안을 강구하는 등 노력을 하고 있다. 반면 이동통신사들은 기왕의 강자인 검색 포털과의 일정한 거리를 유지하면서 중소검색업체와의 제휴를 통해 독자적 모바일 검색의 길을 마련함으로써 정체되어 있는 수입을 획기적으로 늘릴 수 있는 길을 마련하려고 하고 있다.

모바일 인터넷 서비스를 제공해주는 사업자는 그것 이용자의 선호, 지불능력, 지불습관 등에 대해 비교적 잘 알고 있다고 전제된다. 때문에 그러한 선호 등에 대응하는 웹들을 모아 맞춤화된 서비스를 마련한 다음 그런 것들을 메뉴로서 제시하고 메뉴 중 하나를 선택하는 검색용 바를 치는 입력행위를 하기만 하면 서비스를 제공받을 수 있도록 설계함으로써 이용을 획기적으로 편리하게 만들 수 있을 것이라 기대한다. 나아가 이렇게 할 경우에는 메뉴 중 일부분에 광고를 삽입할 수도 있을 것이라 낙관하고 있다.

아무튼 이러한 단순화를 받아들이고 또 나라에 따라서는 휴대폰의 보급률이 PC보급률보다 더 높다는 것을 상기하고 나면 거래 목적으로는 모바일 인터넷이 매우 편리하고 유력하다는 것을 인지할 수 있다. 과연 거래 목적으로 인터넷을 사용할 때에도 모바일 인터넷을 많이 쓸 것이라 전망할 수 있다. 단 이런 거래는 통상 사소한 것에 대한 소액거래가 되기 쉽다. 구체적으로 다양하고 많은 정보를 세세히 확인해야 비로소 거래가 성립시킬 수 있는 경우라면 모바일 인터넷은 큰 스크린을 가지고 여러 가지 방법으로 많은 정보를 확인하는 PC이용 유선인터넷의 경쟁상대가 되지 못한다. 과연 거액이 개재된 중요거래가 모바일 인터넷을 통해 완결되는 일은 거의 없으며 소액거래(small value transaction)에서만 모바일 인터넷이 빈번히 이용되고 있을 뿐이다. 이와 관련하여 이미 유선인터넷 사용에서 입지를 굳힌 Amazon이나 Yahoo가 무선인터넷에서도 선도적으로 되고자 적극 노력하고 있다는 점은 주목해야 할 사항이다.

과소이용된 모바일 인터넷의 장점 및 그것의 활용노력

그런데 이러한 모바일 인터넷의 이점 중 흔히 간과되고 있으면서 새삼 주목해야 할 것이 그것을 인터넷 유료화의 발판으로 삼을 수 있다는 것이다. 앞에서 언급된 바와 같이 종래 많은 인터넷 이용자들에게 유선인터넷 이용은 정액제이거나 사실상 무료이었다. 반면 무선전화를 이용하면서는 누구도 돈을 내야 한다고 생각해 왔다. 이에 따라 무선전화를 이용하는 모바일 인터넷의 등장을 계기로 하여 그것이 인터넷 이용인데도 불구하고 큰 거부감을 유발하지 않고 돈을 내게 할 수 있게 하는 소지를 가지고 있음을 알게 되었다. 나아가 이러한 수입은 모바일 폰에서의 그것처럼 이용이 많을수록 많아지는 성질을 가진다는 것도 중시되었다. 이 점이 차후 인터넷 이용에 대한 대가를 받는 방안을 강구하는 데 어떻게든 활용되어야 할 주요한 비빌언덕으로서 주목받게 되었다. 무선전화 선불카드를 이용함으로써 이용대금의 지불을 크게 용이하게 할 수 있다는 점이 여기에 추가된다면 그 활용도는 더욱 커지게 될

것이다.[8)]

앞으로 젊은 세대가 인구구성의 주종을 이루게 될 것이고 이들에 접근하려 함에 있어서 모바일 폰으로 접근하는 것이 아주 자연스러울 것이다. 휴대전화로 음악을 듣게 하고자 단말기에 MP3기능을 탑재하여 음악 플레이어 대신 휴대전화를 쓸 수 있게 하면 보다 많은 사람들로 하여금 별도로 MP3를 가질 필요 없이 휴대전화로 음악을 다운로드 받고 또 즐길 수 있게 할 수 있을 것이다. 이로써 모바일 인터넷이 전체 인터넷 시장에서 차지하는 비중이 점차 커지게 될 것이다.

이에 모든 미디어기업들은 이러한 가입자 베이스의 실상에 적응하려고 하고 있다. 시간, 공간의 제약을 넘어 신속히 전해야 할 내용을 SMS방식으로 전달한다거나, 통신요금을 더욱 저렴하게 한다거나, 버튼을 누르는 회수를 최소화하게 하여 접근을 보다 쉽게 변환시키려 하고 있다. 과연 늘어날 것이 분명한 모바일 인터넷 수요에 대해 남보다 먼저 대응하고자 여럿이 경쟁하고 있다.

모바일 인터넷의 유망함을 보고 검색으로 유명한 Google, 운영 SW로 유명한 MS 등이 쓰기 쉬운 운영체계를 만들거나 표준으로 정착시키려고 경쟁하고 있다. 이러한 노력은 단순히 운영체계를 마련하는 것 이상으로 모바일 인터넷에 적합하게 휴대폰 자체를 변형시키는 것까지를 포괄하고 있다. 반면 음성통화를 위해 이미 막대한 투자를 해 놓은 이동통신업계는 모바일 인터넷 시장을 다른 데 빼앗길 것을 염려하며 나름대로의 운용방식 마련에 노력하고 있다. 이러한 노력에서는 모바일 검색으로 자주 찾는 곳을 휴대폰의 첫 페이지로 할 수 있도록 한다던지 검색결과를 이용자들이 선호하는 순서에 따라 배열할 수 있게 하는 등의 재량성을 이용자에게 부여하려 하고 있다. 동시에 음성을 통한 정보의 식별 및 입력방법의 개발에도 큰 관심을 쏟고 있다.

---

8) 유선인터넷에서 사용료를 내지 않거나 사용의 내용과 정도와 대응해 내지 않는 것을 유선인터넷 발전의 기본 원인이라고 생각하는 입장은 무선인터넷에서 유료화를 시도하는 것이 무선인터넷의 확장 발전을 장애지우는 요인이 될 것이라고 본다. 그러나 투자비 회수 및 수익자 부담의 원칙의 입장에서 보면 이러한 시각은 지탱될 수 없는 것이다.

협력관계 형성의 선두

많은 컨텐트를 가지고 있는 헐리우드 등 유력 컨텐트 소유자는 가장 많은 사람들이 사용하는 휴대폰이 주로 음성통화에나 쓰이고 자신들의 컨텐트를 판매할 마당은 못 된다는 것에 대해 불만이었다. 따라서 이들은 자신들의 컨텐트를 모바일 인터넷에서 쓰게 하려는 데 큰 관심을 가졌었다. 예컨대 90분짜리 영화를 3분짜리 30개의 단편으로 나누고 그 각각을 모바일 인터넷 이용자가 필요한 때 사정에 따라 이용하도록 하려고 했었다. 그런데 이들을 보면서 이용료를 내도록 하는 묘법을 찾지 못하였기에 그 대신 광고를 받으려고 하였는데 아직 효과적인 광고방법도 찾아내지는 못하였다.

UCC에 대한 열풍은 모바일 인터넷에서도 이를 수용하도록 만들었다. UCC를 올리고 서로 교환하는 마당을 유선인터넷을 기반으로 하여 제공하던 Myspace 등이 모바일 인터넷 기반위에서 이를 시험하게 되었고 이러한 시도를 하는 새로운 기업들도 등장하고 있다. 이를 위해 데이터를 쉽게 업로드하고 교환할 수 있게 하는 SW의 마련에 큰 투자를 하고 있다.

이런 때 컨텐트 제공자는 모바일 인터넷에서 네트워크 운영자에게 컨텐트를 제공하고 네트워크 제공자는 그런 컨텐트를 팔아 받는 수입의 일부를 컨텐트 제공자에게 주면서 공생 협력관계를 형성해야 한다. 네트워크 제공자는 컨텐트가 있음으로써 네트워크의 이용이 많아져 증가된 수입의 일부를 나누어 줄 수 있는 여유와 유인을 가지게 될 것이고 컨텐트 제공자는 컨텐트 제공에 대한 대가를 확실히 받을 수 있는 길이 생겨 컨텐트 생산에 보다 충실할 수 있게 될 것이기 때문이다. 그로써 이들 간에 상생의 기회가 열리게 된 것이다. 나아가 이는 종래 휴대폰에서는 어려우리라 여겨지던 광고모델을 모바일 인터넷에서 시험하게 하는 계기가 되었다. 짧은 시간에 사용자의 흥미를 유발하는 컨텐트를 보기 위해 그것의 시청 전후에 광고를 보는 것을 감수하게 유도하는 길을 찾으려 하게 되었기 때문이다.

이러한 상생의 모델은 모바일 인터넷을 안정적으로 정착시킬 여러 응용예가 마련되어야 공고히 자리잡을 수 있을 것이다. 모바일 인터넷이 이상의 방식에 따라 정착되기까지는 시간이 걸릴 것이다. 그 도중에 모바일 인터넷을 위한 전용시스템이 정비되고 모바일 인터넷의 컨텐트가 충분히 마련되어야 할 것이다. 현재 모바일 컨텐트로는 음악, 게임, e-book이 주목되고 있고 그 주된 이용자로는 20~30대 여성소비자가 중요시되고 있다. 그러나 이러한 사정은 앞으로 컨텐트의 내용 및 이용자 모든 차원에서 달라지게 될 것이다.

나아가 그러한 확충이 완료되지 못한 미성숙단계에서는 모바일 인터넷에 대한 근본적 요구를 불편한 모바일 인터넷으로 일차 대응한 후 그런 것의 미흡함을 사전 또는 사후에 유선인터넷으로 보강하는 타협책을 가지고 대처하게 되기 쉬울 것이다. 이런 전환기에는 1단계에 모바일 인터넷으로 잠정적 의사결정을 한 후 2단계에 가서 유선인터넷을 써 자세한 것을 충분히 점검하고 거래결과에 대한 증빙을 확실히 하여 그것의 미흡함을 보완한 후 1단계에서의 잠정적 결정을 확정하는, 모바일 인터넷과 유선인터넷의 혼용방식을 쓰게 될 것이다. 그로써 양자간에 보완관계가 형성될 것이다.

구매결정과 결제 편의의 제공

휴대폰은 가장 많은 사람들이 항시 소지하고 있기 때문에 구매를 위한 탐색 및 결제의 수단으로 유용하게 쓰일 수 있는 것이며 온라인 및 오프라인의 행위가 연속적으로 이루어지는 상황에서 특히 유용한 것이다. 즉 책, 햄버거, CD, 비행기 티켓, 집 등 거래해야 할 대상에 관한 가격, 내용, 사진, 비디오 등 자료를 그런 상품에 부착한 칩이나 바코드에다 제시해 놓고 그러한 칩이나 바코드의 자료를 읽을 수 있도록 하는 SW를 휴대폰에 탑재함으로써 휴대폰으로 쉽게 상품에 대한 정보를 검색해 검토해 보고 구매결정을 내리며 결제까지 하도록 할 수가 있다. 이러한 때 이동통신회사는 검색서비스나 결제서비스를 준비하여 제공하는 데 부분적으로 참여하여 수입을 얻을 수 있을 뿐 아니라 이런 서비스를 이용하는 과정에서 휴대폰을 사용하는 시간이 길어지게 되어 수입의 증대를 맛보게 된다. 이로써 요금을 받는 모바일 인터넷을 확대이용할 수 있는 소지가 확인된 것이다.

비디오물의 제공 등을 통한 사회 네트워크에서의 활용

사람들 중에는 이동중에도 비디오물을 보기를 원하는 사람이 있다. 기차나 버스의 승객이나 길을 찾는 사람은 각각 이동중에 대형영화나 TV프로그램처럼 긴 비디오물이 아닌 5~6분짜리 연속극 필름이나 지리정보를 담은 파일을 보기를 원할 수 있다. 휴대폰은 이들의 이러한 요구를 채워줄 수 있다. 커뮤니티를 만들고 사회 네트워크를 활용하는 일은 종래 PC를 통해 이루어져 왔었다. 그러나 휴대폰으로 사진 등 동영상을 취급할 수 있게끔 성능이 향상되고 모바일 인터넷으로 그런것의 전송을 할 수 있게 되자 휴대폰을 가지고도 사회 네트워크에 참여할 수 있게 되었다. 모바일 인터넷으로는 시간과 장소에 구애받지 않고 이동중인 상내와도 소통할 수 있나는 이점을 십분 활용하며 멀리 가서도 지인에게 개인적 자료와 멋진 사진을 보내는 일이 많아지게 되었다. 이러한 일을 쉽게 할 수 있도록 필요 서비스를 제공하는 Twitter, Radar 같은 회사도 나타났다. 요금을 받는 모바일 인터넷의 적용영역이 차차 넓어져 가고 있다.

모바일 인터넷 이용확대를 따르는 유료화의 정착

이상에서 열거한 갖가지 변화 속에서 이용정도에 상응하여 이용의 대가를 내는 인터넷 이용의 실상이 점점 그 비중을 늘려갈 것이다. 종국적으로 이런 이용들이 주종으로 되게 되면 인터넷 이용의 유료화는 공고해지게 될 것이다. 무료이용 관행을 지양할 수 있게 할 것이다.

인터넷 유료화의 싹을 키우고 확산시키기 위해서는 모바일 인터넷 비즈니스가 번창하게 되어야 할 것이다. 이하 모바일 인터넷 비즈니스가 어떠한 양상으로 전개될 수 있겠는지를 짐작해 보자.

무선웹 비즈니스의 역할제고

모바일 인터넷은 이동중 필요한 때에 필요한 정보를 제공해 줄 수 있기 때문에 그 특유의 시장을 가지게 된다고 하였다. 휴대폰을 이용하면서 동시에 자유로이 검색을 할 수 있게 해야 하겠는데 효과적인 검색엔진이 주어져 있지 않을 뿐 아니라 휴대폰용 웹도 충분하지 않은 상황에서는 이런 필요를 채우기가 어렵다. PC를 전제로 한 현재 유선인터넷의 웹 페이지를 기계적으로 번안해 이용하는 것으로도 이런 필요를 채울 수는 없다. 때문에 우선 휴대폰을 이용하는 검색을 가능하게 하는 무선 웹에서의 많은 발전이 있어야 할 것이다. 이러한 휴대 인터넷에는 물론 초월연계(hyperlink) 기능이 어떤 형태로든 들어가야 할 것이다. 그러나 이것이 가능하게 되기 이전에는 PC에서 검색엔진이 나타나기 이전의 사정이 그러했던 것처럼 디렉토리를 만들어 쓸 수밖에 없을 것이고 특히 어떤 표준적인 디렉토리를 준비하는 것이 좋겠다.

아직까지는 무선기기나 스마트폰으로 책을 사거나 음악을 다운로드 받고 항공권을 예약하거나 은행계좌를 확인하며 금융자산 관리자에게 즉각 연락을 할 수 있게 하는 것이 전과 다른 새로운 비즈니스를 창출하였다. 실상 모바일 인터넷은 투명성 제고기능을 통하여 조직을 변화시키고 분권화를 촉진하며 외주(outsourcing)를 늘려 영업방식을 다양하게 만들어 왔고 앞으로 더욱 그러할 것이다. 그에 따라 무선 소프트웨어 및 서비스에 대한 투자도 늘어나게 될 것이다. 모두 가지고 있으리라 여겨지는 무선전화를 이용해 현장의 종업원의 반응이나 시장의 여론을 청취한 뒤 이를 분석하여 대응방안을 강구하게 될 것이다.

시장 점유로 보아서는 심비안 연합의 모바일 운영체계가 제일이고 개별 기업으로서는 MS가 모바일 인터넷 플렛폼의 선두주자이다. 이에 Google이 원천공개 SW를 가지고 무료서비스를 제공하려 하면서 도전하고 있다. 이러한 SW업체의 움직임에 대해 모바일 통신시장에 많은 투자를 이미 해 놓은 이동통신사업자들이 초조해하고 있다. 이들은 투자비를 회수하기 위하여 모바일 인터넷 시장에서 자신들이 가지는 이용자들에 대한 통제력을 놓치게 되는 것을 두려워하여 새로운 서비스의 도입을 제한하려고 하고 있다. 이에 거래비용이나 규모의 경제 및 범위의 경제의 차원에서 SW시장과 성격이 다른 이동통신시장에서 SW업체들의 미래를 낙관할 수는 없을 것이라 본다.

무선인터넷으로는 종래의 이동통신 네트워크를 이용하려고 하는 경우

보다 WiFi 내지 WiMax를 이용하는 경우에서 활발하다. 당장은 이들이 휴대폰으로 TV쇼나 지도의 다운로드, 이메일, UCC전송 등 인터넷으로 해야 하는 일의 최소한을 할 수 있게 하기 때문이다. 이들은 이동통신 네트워크처럼 응용방법에 있어 제한적이지 않고 이용요금도 상대적으로 싸 단기적 현장의 수요를 채워주고 있다. 그러나 이들이 다루는 지리적 영역의 범위가 제한적이기 때문에 그 보다 넓은 영역 및 원거리의 상황에서도 모바일 인터넷을 이용하려고 하는 경우에는 도리 없이 본래의 이동통신 네트워크에 의존할 수밖에 없다.

이러한 맥락에서 작은 도구 또는 미니 웹 사이트라고 인지되는 위젯(widget)을 모바일 인터넷에서도 이용할 수 있어야 할 것이다. 위젯이란 자주 이용하는 뉴스, 주식정보, 날씨 등에 관한 자료를 모아 놓은 작은 사이트인데, PC 초기화면에서의 아이콘처럼 이들을 휴대폰 바탕화면에다 아이콘의 형태로 띠워 놓거나 한두 단계의 조작을 거쳐 접근할 수 있게 한 것이다. 이런 위젯을 이용하면 인터넷에 정식으로 접속하려는 때 밟아야 하는 단계를 생략하거나 단축하면서도 이용자는 원하는 서비스를 쉽게 이용할 수 있게 된다. 이론적으로 하나의 위젯에 매트릭스 형태로 자료를 조직해 놓음으로써 상당히 많은 정보에 단계적으로 접근하는 것이 가능하다. 과연 이러한 위젯으로 정비된 휴대폰은 대단히 많은 컨텐트와 응용방법에 접근하는 것을 가능하게 할 것이기에 ODP(on-device portal)으로 된다 하겠다.

사람들은 자주 접근하는 여러 유용한 컨텐트를 묶어 만든 위젯을 경쟁적으로 도입하고 있는데 이러한 위젯을 근거로 하여 개인화를 하는 일이 잦아지게 될 것이다. 조만간 수천 개의 사이트를 대상으로 하여 다양한 개인화 양상이 전개될 것이다. 이런 과정에서는 당연히 컨텐트로서 UCC 및 이용방법으로서 사회 네트워크(social network)도 소화되게 될 것이다.

그 다음단계로 더 고도화된 수익모델이 마련되어야 할 것이다. 무선 웹 비즈니스의 초점은 즉시성, 위치 및 맞춤화이다. 새로운 비즈니스 모델은 이런 특성들을 긍정적으로 활용할 수 있어야 할 것이다. 가까운 시일 내에 이러한 특성을 시현하는 과업에서 무선 웹이 특히 최적의 거래기능을 제공하는 것이 되리라 예견되고 있다. 편리하게 거래를 할 수 있게 하기 위해서는 다양한 애플리케이션을 제공하는 것과 함께 고객이 좋아하는 맞춤화된 정보를 제공하는 것이 중요하며 이러한 요건을 충족시킬 경우 거래지원 관련가치는 상당히 커질 것이다.[9)]

모바일 인터넷에서의 광고

과거에는 무선 웹에서 광고가 성공할 수 있을지는 장담할 수 없다고 보았다. 특히 사용자가 사용시간에 대응해 사용요금을 지불해야 하는 경우라 할 때 웹 검색과정에 광고를 삽입할 수 있을지는 의아시되었다. 그런데 무선 웹의 발달로 사용시간당 요금과 데이터 다운로드 시간당 요금제도에 변화가 일어나고 광고를 볼 경우 요금을 할인해 주는 길이 어렵지 않음을 알게 되었다. 위젯의 이용도 여기에 도움이 되었다. 이에 일부 무선통신회사는 연결 시간보다 데이터의 양을 기준으로 하여 요금을 부과하는 방식을 채택하고 있는데, 이런 때 광고접속시간에 대응하는 사용량은 요금부과에서 제외하거나 그 사용량에 따라 할인을 하기로 하여 광고에 대한 저항은 약화시키거나 없애고 있다. 모바일 인터넷에서 광고를 수용할 소지가 커지게 되었다 하겠다. 자연히 모바일 컨텐트가 많아지는 것과 발을 맞추어 모바일 광고도 늘어날 수 있을 것이라고 생각하게도 되었다. 휴대전화에다 광고를 하는 모바일 광고시장은 차후 제법 커질 것이란 전망이다. 모바일 인터넷에서도 광고모델이 그 비중을 늘려가게 될 것이다. 이에 모바일 광고전문가를 비롯한 기왕의 광고업자는 물론 무선 네트워크 운영자, 그리고 단말기 제조업자까지 이 시장의 가능성에 대해 대비하고 있다. 광고기법, 광고요금제도 등에 대해 준비하고 있다.

휴대전화에서 하는 광고에 사용자별로 차별화하는 타깃광고를 하려는 시도도 있다. 검색엔진을 운영하는 포털이 검색행위, 이메일 등을 가지고 사용자의 성향을 파악하여 차별화한 다음 표적광고를 하듯이 무선전화에서의

9) 무선인터넷을 비롯한 인터넷의 이용으로 전체 경제 중에서 가장 큰 부문인 서비스부문에서의 생산성이 크게 향상되어 이른바 new economy를 실제화 시키게 되는 면이 특히 주목된다. The Economist, September 23rd, 2000, "Untangling E-Economics."

광고서비스사업자도 통화내용을 인지하여 통화자의 관심거리를 휴대전화 화면에 보내고 통화자가 클릭 등으로 관심을 보이는 경우에만 광고주에게 광고료를 징구하는 무선전화 기반 타깃광고를 조심스럽게 시도하고 있다. 단 이러한 표적광고도 통화내용을 인지하는 과정에서 프라이버시를 침해하는 위험을 가지게 된다. 통신비밀보호법과의 충돌가능성도 있다. 이에 이런 광고는 요금 등에서 이익을 보기로 하고 광고를 보기로 사전 예약한 사람들만을 대상으로 하게 된다. 또 통화내용의 인지는 오로지 통화중에만 허용되고 그런 것을 보관했다가 차후 이용하는 것을 금지하는 등의 방비책도 강구되고 있다. 물론 프라이버시를 중시하는 사람들에게는 이런 미봉책도 용인되지 않는다.

Google은 유선인터넷에서의 광고모델을 휴대전화를 가지고 모바일 컨텐트를 이용하는 데에도 연장하여 적용하려고 하고 있다. 모바일 컨텐트로서 식당의 위치 등 지역정보를 중심으로 하여 모바일 인터넷 이용자가 클릭을 할 때에만 광고주가 광고료를 내도록 하며 광고료는 경매방식으로 결정하려 하고 있다. 이때 입력방식으로는 타이핑하는 것과 음성입력을 모두 수용하려 하고 있다. Google의 유선인터넷에서의 성공에 특히 자극받은 다른 포털들도 2007년에 들어와서는 무선인터넷에서의 브라우저 기능을 개선한 다음 검색서비스 및 다른 서비스를 제공하면서 정식으로 광고를 삽입하려는 시도를 보이고 있다. 이런 때 사용량당 부과되는 요금은 무선통신시장에서의 경쟁이 치열해지면서 점점 인하되게 될 것이다.

모바일 인터넷에서의 광고시장이 앞으로 획기적으로 늘어나게 될 것이라 예견이 있다. 휴대전화의 보급대수가 PC, 신문, TV, 라디오, 전광판 등 다른 광고수단보다 수적으로 많고 휴대전화는 사람들이 항시 소지하고 다녀 다른 광고의 수단보다 시간점유에서도 앞서는 한편 TV 등 수단을 통한 광고시장은 이미 개발되어 있는데 반해 휴대전화의 광고시장은 아직 미개발이라 추가 개발의 여지가 매우 크다고 여기기 때문이다. 휴대전화의 이용자는 가입시 그 취미, 선호 등을 포함한 신상자료를 밝혀야 하고 이용을 하면서 이용행태나 습관을 보이게 되기 때문에 이른바 타깃 광고를 위한 자료를 더 상세하게 제공하는 측면이 있다는 점을 어떻게 하든 더 활용할 수 있어야 한다고 생각하고 있다.

현재 모바일 인터넷 광고시장에서 주로 쓰이고 있는 광고방식은 텍스트 메시지의 일부로 광고문안을 내보내고 그런 광고를 클릭하여 광고를 본 사람은 요금의 할인 등의 방식으로 보상해주는 방식이다. 그러나 앞으로 비디오 클립, 웹 페이지, 음악, 게임 등의 다운로드가 많아지게 되면 이런 것들의 시청과정에서 비디오 광고를 보게 하는 방식이 많이 쓰이게 될 것이다.

모바일 인터넷의 컨텐트 내지 서비스가 더 늘어나게 되면서 그 일환으로 지역정보를 이메일, IM, 뉴스 서비스와 더불어 보내고 광고도 보내는 현재의 관행은 고양되어야 할 것이다. 더불어 이런 광고시장은 질적으로 확대되고 양적으로 커지게 될 것이다.

현재 가용한 서비스의 하나가 휴대전화로 GPS신호를 듣거나 보아 목적하는 데를 찾아가기 쉽도록 하는 것이다. 이는 이미 상용되어 있는바 GPS를 가능하게 하는 기기 PND(personal navigation device)와 경쟁하고 있다. 후자가 통화의 기능을 지니게끔 진화하게 될 경우 경쟁은 더욱 격화될 것이다. 이 둘은 모두 앞으로는 지도를 탑재하고 그 지도 위에 지나가는 지역의 주유소나 식당의 위치 및 기름의 가격이나 메뉴와 가격 등을 추가함으로써 이용자의 편의를 돕는 서비스를 활발하게 전개하게 될 것이다. 이때 지도의 제작은 전문가에 의존하게 될 것이나 그 위에 실는 추가 정보는 전문가에 의존할 수도 있고 UCC를 수용할 수도 있을 것이다. 이러한 모바일 폰의 플렛폼에 검색서비스, 브라우징 서비스도 부가하게 될 것이다.

무선인터넷에 위젯을 설치하게 하고 그 곳에서 광고를 하게 하는 방법이 위에서 언급되었다. 위젯은 여러 번 클릭해야 원하는 사이트에 도달할 수 있었던 과거의 관행을 바꾸면서 광고주에게 컨텐트를 선정하는 데 큰 재량권을 주고 광고의 크기를 조절할 수 있게 하고 있다. 이는 광고주의 발언권을 높이게 되어 광고주에게 환영받고 있다. 그런데 Google은 그의 AdSense 네트워크에서 위젯을 설치하고 광고를 할 수 있게 하면서 광고를 할 때 쓸 수 있는 도구를 제공하기도 하고 컨텐트를 마련하는 데 도움을 주기도 하고 있다. 그로써 보다 쉽게 위젯을 만들어 운영할 수 있게 하고 있다. 이러한 Google의 도움은 위젯의 설정은 물론 그것의 내용을 계속적으로 업데이트하는데 매우 유용하여 차후 큰 광고시장으로 성장하는 데 밑발침이 될 것이라 예견되고 있다. 한편 그 대가를 받는 방법으로 검색엔진에서의 그것처럼 아직은 그 곳에서의 키워드를 클릭하는 때 감지되는 바 이용자와의 상호작용을 근거로 하고 있으며 그 크기는 경매방식으로 결정하고 있다. 단 차후 위젯을 설치하는 것 자체에 대해서도 대가를 요구하게 될 것이라는 예견이 없지 않다.

광고 이외의 수입확보방법도 개발해야

무선 웹에서 수입확보의 방법으로 광고에 의존하는 데에 한계가 있다면 수입확보의 다른 방도를 찾아야 한다. 이에 즈음하여 요금징수면에서 무선전화와 연계성을 도모하는 것이 중요하다는 것을 다시 확인해야 하겠다. 일본에서는 소설보다 짧은 이야기를 휴대폰에 다운로드하여 전철 간에서 읽는 휴대 책(keitai book)이 많이 애용되고 있다. 이는 여성들의 취향에 맞으면서 가벼운 내용의 소재를 책 보다 경량이면서 항시 휴대하는 휴대폰으로 읽을 수 있게 하면서 그 이용요금은 책보다 싸다. 휴대책은 일종의 e-book이다. 저가라는 요인이 휴대책이 인기를 누리게 하고 있다.

휴대책 기타 컨텐트 제공자들은 원칙적으로 말해 초기의 수요개발을 위해 기본적인 컨텐츠는 무료로 제공할 수밖에 없을 것이나 프리미엄 컨텐트와 관련해서는 유료화를 할 수 있을 것이다. 특히 악곡, 짧은 비디오물, 뉴스, 이미지, 게임, 영화 등과 관련해서는 부분적인 유료화가 가능할 것이다. 프리미엄 서비스의 예로는 상황에 필요한 정보를 이른바 '푸쉬' (push)방식으로 제공해 주거나 텍스트 이상 영상을 실시간에 제공해 주는 등 더 편리하고 고급화된 이메일 서비스(enhanced e-mail services)을 제공해 주는 것 및 심도 깊은 분석자료(in-depth reporting) 등을 공여해 주는 것 등을 생각해 볼 수 있겠다. 최근에는 이러한 컨텐트에 대해 등급제를 도입하고 필터를 통해 일정한 컨텐트는 일정한 사용자만이 접근할 수 있도록 하려는 시도가 나타나고 있는데, 이는 종래 이른바 성인물을 유료로 제공하던 것과 일맥상통하는 움직임이라 하겠다.

모바일 인터넷의 다이나믹스

무선 웹 비즈니스가 번성할 수 있게 되기 위해서는 단지 Wimax나 WiFi에 의존해 하는 것 이상 원거리 무선통신을 가능하게 하는 기왕의 무선통신 네트워크를 통해 무선인터넷을 할 수 있게 되어야 한다. 그런데 현재 이동통신시장에서는 네트워크를 점유하고 있는 이동통신사업자가 모바일 인터넷을 하기 위해 써야 하는 기기 및 필요 SW 및 서비스에 대해 결정권을 가지고 있다고 하였다. 그리고 이들은 모바일 인터넷 이용자가 써야 하는 SW와 서비스를 자신의 수요에 맞추어 한정하는 이른바 '담벽 안의 정원' (walled garden)을 형성하면서 이용자의 선택권을 제한해 왔다. 이동통신을 위한 단말기의 호환이나 SW의 호환을 통제하는 이러한 제한 속에서 네트워크의 이용료, 단말기의 가격, SW나 서비스의 요금 사이에 사실상 교차보조를 하면서 최신형 고성능 단말기를 싸게 판 다음 그러한 고성능 단말기의 이용요금을 높게 하고 많이 사용하도록 유도하는 등 자의성을 발휘하여 왔다. 이들은 이러한 통제가 네트워크의 안전성(security), 무흠결성(integrity) 및 규모의 경제성(economies of scale)을 도모하기 위하여 불가피하다고 주장하기도 했다.[10)]

이러한 성격의 주장은 과거에 유선전화와 관련해서도 개진되었던 바 있었다. 그런데 유선전화의 경우 그 네트워크를 개방하고 그 곳에서 쓰는 기기 및 SW와 관련해 경쟁을 허용했음에도 불구하고 아무런 위험이 없었다. 이러한 성격의 주장이 타당하지 않았음을 알게 하였다. 그 반대로 망개방으로 인해 소비자의 후생은 증대되었다는 연구가 있다. 이러한 과거 유선전화와 관련된 전례에 의거하여 볼 때 이동통신시장에서도 walled garden의 제한을 풀고 네트워크에서 이용하는 단말기, SW 및 서비스 각각이 경쟁시장이 되도록 해야 한다는 주장이 제기되고 있다. 구체적으로는 이동통신에서 SIM카드라고

---

10) Apple사에 의한 iPhone은 이동통신사가 아닌 서비스 및 기기 공급자 Apple이 단말기와 그 곳에서 쓰이는 서비스를 마련한 경우로서 walled garden의 제약을 뛰어 넘은 예라 할 수 있다. 그런데 이것에서 값싼 WiFi망을 이용하지 않고 AT&T의 이동통신망을 이용한 것은 안전성(security)에 대한 고려에 기인한 것이라 한다. 그러나 다른 견해는 iPhone은 이미 하나의 컴퓨터가 되어 있어 복잡한 기기로서 컴퓨터가 그러하듯 해킹에 취약하며 안전성이 본래 문제되는 것이며 AT&T망을 이용하는 것과 직접적 관련을 따지는 것은 타당하지 않다고 한다. New York Times, "IPhone flaw lets hackers take over, security firm says," July 23, 2007.

지칭하는 통신카드를 넣어 통신하도록 하면서 그러한 카드를 이동통신사업자와 단말기에 대해 특정화시켜 사업자를 바꾸거나 단말기를 바꿀 수 없게 한 이른바 SIM 폐쇄(SIM LOCK)는 해제해야 한다고 하고 있다. 특히 모바일 인터넷과 관련해 이를 위한 기기나 SW를 개발하는 사업자들은 이동통신사업자의 상기 통제가 모바일 인터넷의 발전을 저해하거나 지연시키고 있으며 그로써 소비자의 부담을 크게 만들고 있다고 한다. 모바일 인터넷용 검색 SW와 지도검색 SW를 가지고 있는 Google이 그런 비판을 하는 대표적인 예라 하겠는데 이 회사는 이동통신 네트워크를 이용하는 모바일 인터넷에서 검색과 지도찾기를 어려움 없이 할 수 있어야 한다고 주장하며 특히 이른바 무선네트워크 중립성(wireless network neutrality)을 보장하도록 하여 많은 기기 생산자와 SW 개발자가 경쟁할 수 있게 되어야 한다고 주장한다. 이런 주장을 하면서 동시에 현재의 이동통신사들의 반대를 우회하고자 하여 스스로 주파수를 확보해 경쟁적인 모바일 인터넷 서비스를 제공하는 길도 모색하고 있다.

이러한 요망을 의식하였는지 이동통신사업자의 네트워크에 대한 통제권을 희석되는 것을 사실상 방치하는 변화가 없지는 않은 것 같다. iPhone사업에서 네트워크 사업자 AT&T는 네트워크의 통제권 일부를 Apple에 넘긴 것으로 해석할 수 있고 Open Handset Alliance에 참여한 Sprint도 네트워크에 대한 통제권을 양보해야 할 소지를 가지고 있다. Verizon Wireless가 이동전화를 전제로 하여 응용방법과 컨텐트를 자유로이 만들 수 있도록 하는 최고의 표준 플렛폼을 마련하겠다고 한 것도 같은 맥락에서의 움직임이라 해석된다.

궁극적으로 휴대폰이 가장 널리 활용되는 단말기가 되리라고 볼 때 이것을 최선으로 이용할 수 있게 하는 최선의 플렛폼이 마련되어야 할 것이다. 이를 볼 때 이동통신시장은 차후 여러 가지 방향으로 자유화되어야 할 것이다. 단말기, SW, 서비스를 공급하는 여러 사업자가 경쟁을 하여 이들 각각의 가격을 적정한 정도가 되도록 유도할 수 있어야 할 것이고, 이를 위해 네트워크 사업자가 플렛폼을 지정하고 제한하는 일은 지양되어야 할 것이다. 네트워크의 재판매하는 MVNO(mobile virtual network operator)가 여럿 나타나 제도화됨으로써 네트워크 이용의 효율화를 기하도록 해야 할 것이다. 음악 애호가, 동영상 애호가, 건강정보에 관심이 많은 사람들 등 특정한 수요계층을 대상으로 관련 정보를 쏘아주는(push) MVNO도 다양하게 번창할 수 있어야 할 것이다.

미국이 예시하는바 다양한 언어를 사용하는 다양한 인종으로 이루어진 다민족사회에서는 상이한 문화에 대응하는 상이한 수요가 있는바 이에 대응하는 맞춤형 서비스를 제공하려 함에 있어서도 MVNO는 중요한 역할을 하게 될 것이다. 각종 보조금제도가 없어지게 되면서 필요 이상의 고성능 기기를 사용하는 데서 유래하는 낭비를 지양할 수 있게도 될 것이다.

더불어 기왕에 무료인 WiFi 나 WiMax 네트워크와 이동통신 본래의 네트워크인 2G 내지 3G 네트워크를 잘 조합하여 효율적으로 쓰게 됨으로써 무선네크워크의 이용면에서의 효율화도 도모하게 될 것이다. 무선통신을 하는데 처음부터 비싼 이동통신망을 이용하려고 하기보다 초기에는 값싼 WiFi망을 이용하다가 이것으로 소통이 어렵게 되면 즉각 이동통신망으로 갈아 탈 수 있게 하는 서비스가 나타나게 될 것이고, 값싼 WiFi망이 출발점에서는 유선전화망을 상당한 정도 대체하는 홈 네트워크를 생산해 내기도 할 것이다. 이러한 네트워크의 통합된 이용도 통신요금을 절감하게 하는 요인으로도 될 것이다.

이에 즈음하여 주목할 만한 것이 종래 단말기 생산자들이 서비스의 제공에도 뛰어들려고 하고 있다는 점이다. 종래에는 단말기 및 장비의 생산, 네트워크의 제공, 서비스의 제공이 각각 여러 주체에 나뉘어져 있었다. 그런데 Apple의 iPhone 및 관련 서비스의 제공에 자극받아 이제는 Nokia나 Ericsson 같은 단말기 제조업체가 자신도 음악 다운로드 등을 쉽게 할 수 있는 서비스 사업에 진출하려고 하고 있고 그것을 가능하게 하는 단말기를 제공하려 하고 있다. 반면 Google이 그의 컨텐트인 지도서비스를 모바일 기기에서도 제공할 수 있게 하려고 하면서 나름대로의 단말기인 Google phone을 만들려고 하고 있는 것은 그 반대방향에서의 동질적 움직임이라 할 것이다. MS도 최근 단말기 제조업체를 인수하였다. 소비자에게 완전한 경험을 제공하려 한다는 명분 아래에서 종래 서로 독립적인 영역을 고수하던 컨텐트 서비스제공자, 단말기 생산자, 네트워크 제공자 등이 서로 다른 측의 영역을 넘보게 된 것이다.

종국적으로 이러한 노력은 각종 응용방법과 SW를 모두 수용하는 플렛폼을 마련하는 것으로 종착되게 되어야 할 것이고 이런 때 개발되는 응용방법은 각종 데이터베이스를 최대한 활용할 수 있도록 하는 내용을 갖는 것으로 되어야 할 것이다. 이들은 데이터베이스의 개방도 포괄하는 것으로 되어야 할 것이다.

그럼에도 불구하고 좁은 화면이라는 휴대폰에서의 불가피한 제약 때문이 있어 이를 이용해 데이터서비스를 받으려는 수요는 한정적일 수박에 없을 것이다. 모바일 인터넷이 인터넷 이용을 거의 모두 대체할 수 있게 되리라 기대하기는 어렵다. 나아가 브라우저를 거쳐 입출력하기 보다 휴대폰에서의 본래적 방식인 음성을 통한 입출력의 방도를 빨리 개발해야 한다는 점도 소홀히 되어서는 안 되겠다.

7. 이용료 결정방식의 개선

인터넷 남용

인터넷은 미국 국방부 및 NSF라는 국가기관에서 시발되었다고 하였다. 국가기관으로서 이들은 내부적으로 인터넷을 사용하였기에 이들에게 인터넷 사용자에게 요금을 부과해야 한다는 상업적 개념은 자연스럽지도 않았고 필요하지도 않았다. 이때 국가기관 내부에서 인터넷을 사용함에 대해 요금을 부과하는 것을 논외로 했던 태도는 당연했다. 그런데 그 이후 인터넷은 상업화되었고 민간부문이 관장하게 되었다. 그럼에도 불구하고 인터넷 사용에 대하여 사용료를 부과한다는 관념은 정식으로 도입되지 못했다. 종래 국가기관 사이에서 용인되어 왔던 관념이 인터넷이 민간부문에서 널리 쓰이게 된 이후에도 지속적으로 승계되어 왔다고 할 수 있다. 그런 가운데 인터넷 백본을 구축하여 이용에 공여하는 데 들인 비용을 회수할 수 있게 하고자 하는 목적으로 주로 ISP들로 하여금 일정한 정도의 요금을 징수할 수 있게 해 왔다. 인터넷에 대한 충분한 수요를 확보하기 위해서는 사람들로 하여금 인터넷 이용에 익숙하게 하고 그로써 인터넷을 쓸 때 이용요금에 대해 신경을 쓰지 않아도 좋게 하는 정액제가 절대적으로 필요하다는 주장도 있었다.

그런데 이런 제도 안에 인터넷 남용이 숨어 있었다. 대기업이나 대학은 LAN을 구성해 그들의 구성원에게 인터넷을 사실상 무료로 이용하게 하고 있다. 그런데 이런 조직구성원들의 인터넷 이용은 이들 조직의 내부 운영의 문제라 할 수 있는 것이기에 인터넷 남용문제와 관련해 심각하게 생각해야 할 대상은 아니다. 조직구성원은 인터넷 이용에 대해 개인적 부담을 하지 않았다. 이런 측면에서 이들 개인은 과거 국방부 직원의 위상과 유사했다. 반면, 조직 전체로서는 인터넷 이용에 대한 요금을 부담해야 했기에 인터넷 이용에 대한 어느 정도의 득실계산을 했다. 따라서 총괄적으로 보아 조직의 인터넷 이용은 심한 남용을 내포할 수 없었다. 이에 비해 소기업이나 가정의 일반인들은 ISP와 계약을 맺고 인터넷 사용대가를 사용량이나 사용내용에 관계없이 일정 기간마다 일정액을 내는 이른바 정액제(flat-rate pricing) 또는 불변요금제에 따라 이용료를 냈다. 그런데 이들은 정액제하에서 인터넷을 사실상 남용해 왔다. 이들의 이용 속에는 과다한 이용을 자제하게 하는 하등의 메커니즘도 들어 있지 않았다. 여기에서 이러한 남용을 어떻게 하든 방지해야 하지 않느냐 하는 문제가 대두하게 된다.

(1) 선입선출방식과 혼잡

현재의 인터넷은 여러 패킷 중 먼저 도착한 것을 먼저 송출하는 이른바 선입선출(first-in, first-out)의 배송구조를 가지고 있다. 패킷의 서버 도착시점이 송출순서의 절대적 기준이 되어 있다. 이런 배송구조하에서 도착되어 송출시켜야 할 것과 즉각 송출시킬 수 있는 송출용량을 비교해 보아 후자가 불충분하다고 하면 네트워크는 한편으로는 패킷이 도착한 순서에 따라 순번을 매긴 다음 먼저 도착한 것을 먼저 송출하고 나중에 도착한 것의 송출을 지연시키면서 다른 한편으로는 송출상대편의 라우터에 이러한 비정상이 나타났음을 알리고 이런 비상사태에 대응해 거기에서도 송출을 조절하도록 유도한다.

물론 이러한 과정에서 패킷의 전송은 여러 개의 라우터를 통하여 이루어진다. 따라서 전체를 보면 전송은 대체로 순조롭다. 그러나 예외적으로 데이터의 양이 많은 패킷이 일시적으로 몰리거나 약속한 서비스의 질을 보장해

주기 위해서 회선(무선인터넷에서는 전파영역)을 한정적인 목적에만 쓰도록 한정하면서 일반이용을 배제하는 경우에는 전송이 어려워지게 된다. 전송은 전체적 평균적으로 지연되고 지체된다. 심한 경우에는 송출되어야 하는 패킷이 단순히 지연되는데 그치지 않고 중간에서 증발되거나 소실되는 경우도 나타난다. 인터넷에 혼잡이 나타난다.

이런 도정에서, 어떤 패킷은 매우 중요한 내용을 가지고 있고 신속히 전달되어야 하는 것인데 비해 다른 패킷은 송출용량에 여유가 있을 때 서서히 전달하여도 좋은 것이라는 등 패킷 간에 내용이나 신속배달의 필요에 있어 차이가 있다 하더라도, 이런 차이는 배려되지 않는다. 다시 말하면 패킷의 속성에 따라 차별화를 한 뒤 송출의 우선순위를 도착순위와 다르게 조정하는 작업은 전혀 이루어지고 있지 않다.

(2) 혼잡극복의 필요

인터넷의 용도 중 주로 텍스트를 전달하는 이메일은 통상 많은 용량을 필요로 하지 않는다. 또한 그 전달에 있어서도 시급성을 다투지 않는다. 이메일에 대해서는 발송 후 어떤 시간 내에 반드시 모든 패킷이 도착하여야 한다는 적시성이 절대적 필요요소가 아니다. 그러나 그것의 내용이 손상되어서는 안 된다. 이메일을 통해 전달되는 것 중에는 경제사회적으로 절대 절명의 중요성을 가지는 것도 있는데, 이런 이메일의 패킷 일부가 손상된다면 그 이메일은 가치를 잃고 그로써 경제사회는 혼란에 빠질 수 있기 때문이다. 반면 게임 등을 위한 동영상은 많은 용량을 소요하는 것이면서 그 성질상 실시간에 서비스가 이루어져야 하는 것이다. 그러나 게임 등 동영상의 상당한 부분에서는 그것을 구성하는 여러 패킷 중 일부가 손상되더라도 동영상 전체를 이해하고 즐기는데 큰 지장을 받지 않는다. 반면에 동영상의 여러 관련 패킷이 큰 시간적 격차를 두고 도착했다가는 그런 것의 재조합이 어려워져 동영상 파일 전체로서의 가치는 손상된다. 나아가 동영상 중에는 별로 중요하지 않은 것들도 적지 않다. 아무튼 인터넷 이용에 관해 이러한 사정만을 보더라도 여러 패킷들 사이에서 그 내용을 보고 배송을 차별화하는 것이 필요하다는 것을 알 수 있다.

인터넷을 이용하는 방도 중에는 용량이 작은 이메일도 있지만 큰 용량을 요하는 동영상의 전송도 있다. 그런데 이들 중 후자가 응용단위(application unit)의 수로 보아서는 20% 이하를 차지하나 패킷을 형성하는 비트(bit)의 수로 보아서는 80% 이상을 차지한다고 추정된다. 이는 인터넷의 공급용량을 이들이 대부분 사용하고 있으나 그 상당수는 절대적이고 긴급한 것이라고 할 수 없다는 것을 시사하는 것이다. 이런 점을 볼 때에도 차별화는 절실해진다.

선입선출이라는 현재의 패킷 배송방법 때문에 중요한 내용을 지니고 있고 신속하게 전달되어야 하는 것과 별로 중요하지 않으면서 전달시점의 정시성이 하등 문제가 되지 않는 것을 차별화하고 있지 못하다는 것, 그로써 중요한 내용을 가지면서 정시배달을 요하는 것인데도 불구하고 적시에 배달되지 못하고 지체될 수 있다는 문제가 '혼잡'(congestion)의 문제로서 논의되어 왔다. 그런데 혼잡이라는 현상은 기회비용의 시각에서 보면 경제사회적 낭비를 내포하고 있는 것이다. 게임 등에서의 별로 중요하지 않은 내용이 많은 비트를 점유하면서 더 가치 있는 인터넷의 사용을 사실상 배제하고 있다는 인터

그림 7-1 데이터의 용량과 복잡성으로 본 각종 이용방법

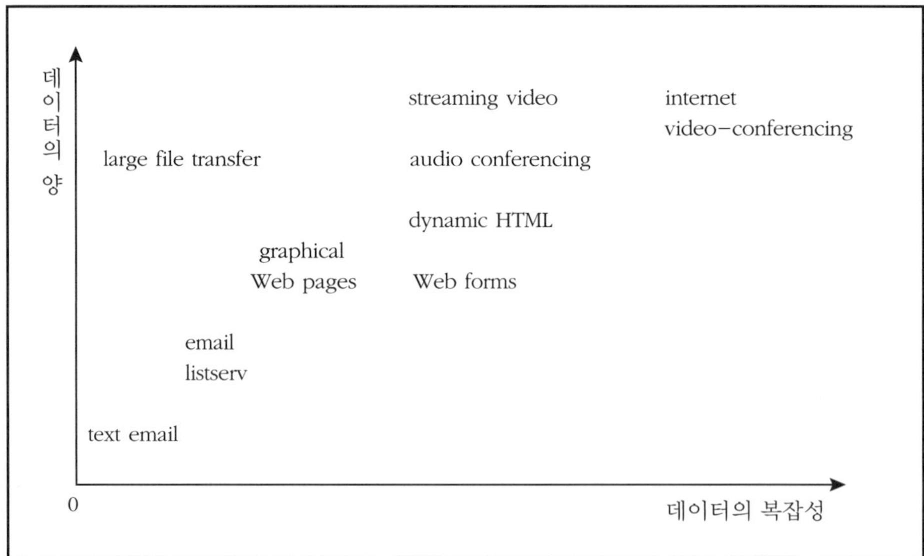

넷의 남용이 자리잡고 있는 것이다.

〈그림 7-1〉은 현재 인식된 바 다기한 인터넷 이용방법들에 대한 데이터의 용량 및 데이터의 복잡성(complexity)에 대한 관찰이다.[11] 〈그림 7-1〉에서 y축은 데이터의 양을 표시하고 x축은 데이터의 복잡성을 표시한다. 이상의 여러 이용방법 중 원점으로부터 멀리 떨어져 있는 이용방법일수록 인터넷망에 대해 큰 부담을 주는 것이라 할 수 있다. 나아가 그러한 이용방법이 보다 집약적으로 활용되는 경우일수록 시장기구를 통한 수요의 조절 또는 공급능력의 증대가 더 필요하다 할 것이다.

(3) 스팸메일의 횡포

이른바 스팸메일을 보내는 사용자들도 많은 비트를 점유하고 있는데 이 점을 상기하게 되면 남용의 심각성은 더욱 가중된다. 원하지 않는데 마구 송달되는 광고성 이메일인 스팸메일은 저가격의 이벤트성 TV광고와 비교되는 바, 제한된 자원인 대역폭(bandwidth), 지체의 허용범위(delay bounds), 패킷의 손실보장(packet loss guarantee) 등을 보다 유용하게 쓸 수 있는 가능성을 배제하는 것이다. 이는 또한 사생활권을 침해하는 것이기도 하다.

남용극복의 필요와 쟁점

따라서 이러한 남용을 극복할 수 있어야 하겠다. 많은 비트를 사용하는 소비자(heavy bandwidth consumer)가 인터넷을 보다 긴요하게 사용하려는 사람을 사실상 배제하고 있다는 사정을 지양할 수 있어야 하겠다. 공공의 자산이라고 할 수 있는 인터넷을 남보다 먼저 마구 씀으로써 좋은 자산을 황폐화시키고 소진시키어 이른바 공유지의 비극(tradegy of commons)이 나타나게 되는 것을 예방할 수 있어야 하겠다. 이에 예컨대 스팸메일에 대해서는 벌금을 부과해야 한다는 의견도 있다. 앞으로 개발되어 활용되게 될 컨텐트 중에는 동영상 방식으로 많은 비트를 소요하는 컨텐트가 상대적으로 더 많아질 것이라는 점을 상기하면 남용극복의 필요는 더욱 시급해진다.

11) A Covell, Digital Convergence, Aegis Publishing Group, 2000.

혼잡이 나타나면 서비스의 질이 저하되는 것은 물론 네트워크 효과도 더 이상 지탱되지 못하게 되기 쉽다. 혼잡은 백본에서 일어날 수도 있으나 교환노드(switching node)에서 일어나기도 한다. 혼잡이 발생하는 경우 또는 심화되는 경우에 일차적으로는 혼잡방지와 관련이 있다고 추정되는 사이트 운영자들로 하여금 스팸메일 등을 차단하는 장치를 하도록 권유할 수 있다. 또 스팸을 보내는 사람을 찾아내 벌금을 매겨 스팸을 보내는 것을 자제하게 할 수도 있고 스팸 차단 SW를 설치하게 할 수도 있다. 그러나 이런 방식으로도 불충분하다면 그 이상의 대응책을 사회 전체적으로 마련할 수 있어야 할 것이다. 어떤 방식으로든 수요와 공급 사이의 불균형을 조절할 수 있어야 할 것이다.

(1) 대응방안 하나: 공급능력의 확대

이에 대한 방안으로서 한편에서는 공급능력을 증대시켜 이에 대응하자고 하는 주장이 있다. 당장 단기적으로는 대가를 내는 수요를 확보하는 것이 긴급과제이니 가격을 높여 수요를 위축시키는 일은 삼가해야 한다고 한다. 앞으로 멀티미디어 수요의 증가와 더불어 데이터의 거대한 용량을 요하는 수요가 속속 나타나 수요가 확대되어 가면 이런 추이를 감안하면서 그것에 발을 맞추며 공급능력을 늘리는 것이 제 1의 대응책이라는 것이다.

(2) 대응방안 둘: 가격기구의 활용

그러나 공급능력을 늘리는 데에는 분명한 한계가 있다. 멀티미디어 방식의 이용 증대로 인터넷 이용량이 크게 늘어날 미래를 상기하고 볼 때 공급능력 증대 일변도로는 계속 늘어나는 수요를 맞추기 어려우리라는 것을 쉽게 짐작할 수 있다. 이런 때 시장기구를 이용해 수급조절을 꾀해 보려고 하게 된다.

어떤 가치물의 남용이 의심되고 그로써 수급불균형이 예상되는 때 경제학이 제시하는 대응방안은 가격기구를 활용하는 것이다. 혼잡이 예상되는 인터넷 이용에 대해 적절한 이용료 또는 대가를 징구함으로써 그 이용료에도 못 미치는 정도의 가치 밖에 없는 이용은 스스로 이탈해 나가도록 유도함으로써 수급조절의 문제를 해결할 수 있기 때문이다. 인터넷 이용의 중요성을 차별화하는 어떤 이용료체계를 도입하여 이용을 차별화할 수 있다면 그 이용료 이상의 가치가 있다고 여겨지는 이용은 실제화 될 것이고 그러하지 못한 이용은 시장에서 스스로 사라지게 될 것이기에 수급균형을 이룰 수 있게 될 것이다. 실제로 AOL이나 Yahoo는 요금을 낸 이메일과 그러지 않은 이메일을 차별화하고 있고 미국에서는 궁극적으로 이메일에 대해서도 현재 편지에 대한 우표와 같은 것을 붙이게 하려고 하고 있다.

(3) 관행적 정액제의 장점 및 그 임무완료

정액제는 인터넷을 사용하면서 사용요금에 대해 일일이 신경을 써야 하는 긴장감 및 불편을 배제하여 인터넷 이용에 생소한 여러 사람들로 하여금 쉽게 인터넷에 접근할 수 있도록 하였다. 결과적으로 그것은 인터넷 이용을 촉진하여 수요를 확장시키는 데 기여하였고 상업화된 인터넷이 자리를 잡는 데 기여하였다. 네트워크 외부성을 고려할 때 특히 인터넷 상업화의 초기부터 채택되어 왔던 이러한 정액제의 공헌은 과소평가되어서는 안 될 것이다.

그러나 이제는 이러한 이용촉진책이 없더라도 인터넷 사용이 늘어나게끔 상황이 바뀌었다. 특히 앞으로는 멀티미디어 관련 이용이 폭발적으로 늘어나게 될 것으로 예견되고 있어 과다이용을 우려하지 않으면 안 되는 상황이 되었다. 게임, 온라인 비디오 등에서의 멀티미디어 용도가 점점 비중을 높여가고 있으며 이러한 변화에 따라 종래 인지하지 못했던 바 수요와 공급 사이에서 불균형이 심화되어 혼잡이 실제화되기도 하고 있다. 스팸메일이 과다해져 심한 경우에는 관련 사이트가 한시적으로 마비되는 사태까지 발생하고 있다. 앞으로의 상황은 과거 정액제가 예찬되었던 사정과는 근본적으로 다르다고 해야 하겠다.

혼잡의 발생은 인터넷 이용의 안전성 문제를 야기하기도 했다. 그러하니 수급불균형의 잠재성 내지 현재성을 막연히 외면하면서 수수방관할 수는 없게 되었다. 이런 안전성 위험이 전자상거래 등과 연관되는 경우에는 의외의 손실과 혼란을 초래하게 될 가능성이 매우 크다. 앞으로의 상황은 정액제가 예찬되던 과거의 그것과 근본적으로 다르게 바뀔 것이다.

(4) 이용차별화의 어려움

인터넷의 남용과 관련해 경제학에서의 수급조절 시스템을 도입하려 할 경우 당장 대두하는 문제는 인터넷 이용 중 어떤 이용을 어느 정도의 가치가 있는 이용으로 판단하고 그런 이용에 대한 이용료를 어떻게 결정하며 그렇게 결정된 이용료를 어떠한 방식으로 징수할 수 있겠느냐 하는 것들이다. 이러한 과제의 해결은 결코 쉽지 않은 것이다. 수많은 인터넷 이용의 실상을 일일이 알 수 있어야 하고 그런 것들을 가치 있는 이용과 그러하지 못한 이용으로 차별화할 수 있어야 한다. 나아가 이러한 방책을 강구함에 있어 기존의 정액제 방식이 가지는 장점인 이용 장려의 측면을 부당하게 위축시키게 되어서도 안 된다. 또 이용의 측정 및 측정된 결과에 따른 요금부과시 필요한 행정절차가 너무 번잡스럽게 되어 이를 따르는 행정적 비용이 종래의 그것보다 크게 늘어나게 되서도 안 된다. 이러한 행정적 비용의 내용으로는 다음과 같은 것들을 생각할 수 있다.

① 이용에 따라 차별적으로 과금을 해야 하는 과금코스트가 있다. 정액제하에서의 단순한 괴금행정 이상으로 이용차별화를 위해 추가의 노력이 들어가야 하기 때문이다. 송출의 대상이 되어야 하는 패킷이 무수히 많을 것이라는 점을 상기해 볼 때 만약 송출을 원하는 모든 패킷에 대해 일일이 실상을 파악해 과금을 하려고 한다면 과금행정비용은 막대한 규모로 될 것이다. 이러한 행정적 코스트는 감내할 수 없을 정도로 클 수도 있다. 그래서 그 대신 오로지 혼잡이 나타나는 때에만 패킷의 자료를 모으고 그것도 모든 자료를 다 모으는 것이 아니라 통계적 무작위추출 방식으로 그 일부만을 모아 과금의 기준으로 삼음으로써 이러한 과금행정을 감내할 수 있는 수준으로 줄일 수는 있을 것이다.

② 정액제로부터의 요금제도의 변화가 요금인상으로 되리라고 예단하고 이에 반대하는 사람들이 나타날 수 있을 터인데, 이들을 대상으로 하여 중요한 시간대에 인터넷을 많이 쓰는 사람에게는 요금이 늘어날 것이나 그러하지 않은 사람들에게는 요금이 하락할 수도 있다는 것을 알리는 데 홍보비용이 든다.

③ 경제 전체적 효과를 인용하며 정액제에서의 일정요금 부과방식의 관행에 젖은 사람들을 설득해야 하는 데도 비용이 든다.

④ 이용의 차별화에 따르는 가변요금제도하에서도 보편적 서비스(universal service)는 보장되어야 하므로 이를 가능하게 하는 기금을 징구할 수 있어야 한다.

이러한 추가적 행정비용을 과소평가하는 것은 결코 옳지 않다. 때문에 이러한 추가비용을 심각하게 의식하게 되면 이용료체계 변경을 통한 수급조절의 방법보다는 공급능력을 늘리는 것이 나은 길이라고 생각할 수 있게도 된다. 그러나 멀티미디어 방식의 수요에서 비롯되는바 앞으로의 큰 수요증대의 가능성은 매우 심각한 것이고 계속 늘어나게 될 수요에 대응하게끔 공급능력을 증대시키는 것도 궁극적으로는 불가능할 것이다. 또 공급능력의 증대는 이용을 보다 편리하게 만들어 새로운 수요를 다시 창출하게 됨으로써, 공급능력 증가 → 수요의 더 이상 증가 → 공급능력 증가 → 수요의 더 이상 증가 식의 악순환을 초래하게 될 수도 있다. 즉 이 방식은 수급불균형 해소책으로서 자기모순성을 가지고 있다. 또 인터넷의 수요가 1일 24시간 일정하지 않고 그 중 어떤 시간대에서만 폭주한다는 이른바 피크 로드(peak load)문제와 관련해서도 공급능력 증대의 방식은 수급조절에 대한 효과적 해결책으로 되지 못한다. 부하가 최고를 걸리는 때에 맞추어 공급능력을 준비하면 다른 때의 공급능력과잉은 말할 수 없이 심하게 될 것이기 때문이다.

결국 정액제를 대신할 가변요금제가 불가피하다 하겠다. 그러나 엄격히 이야기하면 새 방식은 선입선출방식이 부적합한 때에만 작동하게 되어야 타당하다고 할 수 있다. 수요 이상의 공급용량이 있는 경우에는 남용의 문제가 나타나지 않고 선입선출의 방법으로도 아무런 문제가 없기 때문에 가변요금제가 필요하지 않다. 다시 말하면, 인터넷 이용에 대해 이용료를 부과하는 것은 과부하가 있을 때 또는 인터넷 트래픽의 혼잡이 있을 때에만 타당하고, 이러한 혼잡이 실제로 나타나지 않는 많은 경우에 대해서는 정액제 이상의 요금산정방식이 반드시 강제되어야 할 필요는 없다고도 할 수 있다. 그러나 과부하가 나타나는 때에만 새 방식을 적용한다는 것은 시행상 쉽지 않다. 때문에 잠재적 과부하를 감안하며 비교적 단순한 방식을 도입해 과부하 여부에 불구하고 적용해 보려 할 수도 있다. 또 요금제도를 변경함에 있어서 그것이 단순히 요금인상으로 되고 말 가능성에 대비하는 장치도 필요하다. 이를 위해서는 요금제도 변경 후 사용량이 많은 사람에게는 요금인상이 있게 되는 것과 더불어 사용량이 적은 사람에게는 요금의 인하도 있게 되어야 하겠다.

이용료 징수방식의 이론적 탐구

이상 이용료 결정에 관한 어려움을 인지하면서 이하에서는 이용료결정 방법에 대해 기왕에 제기되어 왔던 이론적 논의를 살펴본다.

(1) 정 액 제

가장 널리 알려져 있고 또 현재 쓰이고 있는 것이 정액제이다. 이것은 인터넷을 이용하는 모든 사람에게 일정한 이용기간에 따라 일정한 요금을 내도록 하는 것이다. 이 방법에서는 이용량이 많거나 적은데 따라 이용요금이 달라지지 않아 이용자로서는 과다한 사용을 자제할 이유가 없다. 때문에 이용자가 인터넷을 남용할 소지가 크다. 반면 기간에 따라 요금을 받기 때문에 인터넷을 사용한 정도와 그 내용에 따라 요금을 받는 다른 방식에 비교해 보아 사용량을 측정하고 그것에 대응하는 요금을 계산하는 등으로 회계행정(accounting administration) 및 과금행정(billing administration)이 복잡해져야 할 이유가 없다. 현재의 과금행정에서 보다 추가의 코스트가 들어갈 이유가 없다.

이 방법은 이용에 따라 이용료가 올라가는 데서 유래하는 불안감을 이용자에게 주지 않아 이용을 촉진하는 효과를 가졌다고 평가되었다. 이 측면은 보편적 서비스 정신에 부합하는 일면을 가지고 있다. 그 결과 이 방법은 지금까지의 인터넷 이용증가에 크게 기여하였고, 그로써 네트워크를 마련하는데 든 매몰비용(sunken cost)을 상당부분 쉽게 회수할 수 있게 하였다. 그러나 공유지의 비극과 연관된 바 자원의 남용을 초래한다는 문제점을 가지고 있고 또 피크시 등 혼잡이 발생하는 때에 전혀 효과적이지 못하다는 치명적 약점을 가지고 있다.

(2) 종 량 제

이용한 정도에 대응하여 요금을 징구하는 제도로서 이용량을 측정한 뒤 그것에 따라 미리 결정되어 있는 내용에 따라 요금을 부과하는 방식이다. 이 때 이용량은 바이트(byte)로 측정하기도 하고 패킷(packet)단위로 측정하기도 한다. 종량제에서는 이용량이 많으면 요금을 많이 내야 한다. 때문에 이 방식은 정액제에 비해 이용을 자제하게 유도하는 일면을 가지고 있다. 나아가 이용내용에 따라 차별화하자는 것이 아니고 비교적 측정이 쉬운 이용량의 차이에 따라 요금을 차별화하자는 것이기 때문에 회계 및 과금행정을 크게 복잡하게 만들지는 않는다.

그러나 인터넷 이용중 중요하고 긴급한 이용과 그러하지 않은 이용을 질적으로 차별화하지 않고 단지 많은 용량을 가진 이용만을 자제하도록 하는 정도에 불과하기 때문에 혼잡문제를 극복하는 데 적절하고 충분한 대안이 된다고 할 수 없다. 또 단위량 이용에 대한 요금이 적절한 정도 이하일 경우에는 여전히 남용을 피할 수 없어 혼잡현상에 대해 효과적인 대책으로 된다고 하기 어렵다.

(3) 예상이용량(expected capacity) 예약제

이용자로 하여금 어떤 단위기간에 이용할 것으로 예상하는 정도를 예약구입하도록 하고 그 예약구입량에 따라 차별적 요금을 매기는 방법이다. 단위기간 내에 이용하고자 하는 용량을 패킷단위로 미리 예약하도록 하고 그렇게 예약한 용량에 대응하여 이용료를 내도록 하면서, 예약한 범위 내의 이용은 혼잡이 발생하는 피크 시간대에서라도 우선적으로 배송을 보장해주는 제도이다.

이 방법은 토큰-버켓 측정법(token-bucket metering)이라고도 하는데, 버켓은 예약구매한 예상이용량을 의미하고 버켓 속의 토큰을 가지고 예약구매한 이용량을 실제로 이용하는 정도를 재기 때문에 그렇게 부른 것이다. 인터넷을 이용하면서 버켓 속의 토큰을 써야 하는데 어떤 패킷을 보내는 때 아직 버켓 속에 토큰이 남아 있다면 이용량에 상응하는 토큰이 버켓으로부터 빼내지면서 그 패킷에는 'in'의 깃발을 달아 우선 송출을 보장한다. 반면 어떤 패킷을 보내려는 때 버켓 속의 토큰을 이미 모두 사용하고 난 후라 남은 토큰이 없거나 부족하다고 하면 이것은 예상이용량을 넘는 이용이기 때문에 송출하는 패킷에 대해서는 'out'의 깃발을 달아 그런 패킷을 우선 송출에서 제외시켰다가 차후 혼잡이 해소된 이후에나 송출시킨다.

이 방법에서는 토큰을 사용하는 정도를 측정하는 단위시간으로서 10초, 1분 등 여러 방도 중 어떤 것을 하나 또는 복수를 선택한다. 예상이용량으로 계약한 바 사용할 수 있는 토큰의 다과를 버켓의 크기를 가지고 표시하며 더 큰 예상이용량을 계약할수록 부담도 많아진다. 예상이용량으로 예약한 것 이내에서는 우선 배송이 보장되고 그 이상의 패킷은 'out'으로 분류되어 혼잡시 네트워크의 이용에서 일시 제외되기 때문에 혼잡시 전체 인터넷 이용에 따른 부하가 예상이용량으로 예약한 것 이내로 조절되게 되어 혼잡을 통제할 수 있게 된다. 또 중요한 내용을 가지는 패킷을 전송하고자 하는 이용자로 하여금 그것을 포용할 수 있을 만큼 큰 예상이용량을 예약하게 유도하여 간접적으로 중요 내용을 가진 수요와 그러하지 않은 수요를 다소 차별화한다.

'in' 깃발을 단 패킷은 송출보장이라는 서비스의 질(quality of service: QOS)을 약속받은 것이다. 이에 패킷머리(packet header)에 요망되는 서비스의 질(QOS) 및 과금관련 데이터를 넣어 보낼 수가 있다. 나아가 이들에 대해 우선 배송을 보장하기 위해서는 이를 위해 특정한 파이프(reserved channel)를 예비해 두어야 하고 이 파이프는 다른 용도로는 쓰지 못하도록 해야 한다. 이에 따라 이러한 특정 파이프를 통하는 전송은 패킷전송(packet transmission)으로부터 벗어나 사실상 써킷전송(circuit transmission)에 근사하게 그 성격이 바뀌게 된다.[12] 통상적으로 서비스를 일반 서비스와 여러 종류의 프리미엄 서비스로 구분해 놓고 후자들에 대해 독립적이고 배타적인 파이프를 마련하여 배송을 보장하는 방법이 많이 쓰이고 있는데, 이렇게 수요를 차별화하고 차별요금을 받는 방법을 Paris Metro pricing이라고도 지칭한다.

---

12) channel reservation은 'virtual circuit flow'를 조성하는 ATM방식 또는 TCP/IP에서 'end-to-end reservation of bandwidth'를 보장하는 RSVP방식에 의한다.

이런 방법을 쓸 때 네트워크 사업자는 일단 예매된 것에 대해 대비하는 것이 용이해진다. 네트워크 사업자는 예매량의 크기를 기준으로 하여 네트워크의 크기를 확장할 수 있기 때문이다. 나아가 실제 이용한 것이 예매 이하가 되면 사업자는 예상 외의 이익을 얻게 된다. 그러나 이 방법에도 한계는 있다. 어떤 예외적 시점에서 예매량이 실제 용량보다 과다할 경우에 우선 배송을 보장하겠다고 해놓고서도 약속한 것의 배송을 완벽히 보장하지 못하는 경우를 완전히 배제하지는 못하기 때문이다.

결국 이 방법은 정액제에서의 혼잡문제를 가능한 한 회피하려고 하면서 후술되는 경매제에서의 복잡성도 피하려고 하는 중간적인 위치에 있는 것으로서 뉴질랜드에서 실제로 이용되었던바 있다. 이 방식에서의 사전예약의 단위시간이 1초, 1분 또는 이런 것들의 조합이 되는데, 그 단위시간이 실시간으로 단축되고 예약의 대가가 매 시점의 수급사정에 따라 변동하게 된다면 이 방식은 뒤의 경매제로 수렴하게 된다.

(4) 경 매 제

예상이용량 예약제는 이용을 예약하게 함을 통해 과다한 이용을 사실상 배제함으로써 상당한 정도 네트워크 이용상 혼잡을 사전적으로 배제하고 있다. 그러나 혼잡이 발생하지 않는 때에 대해서도 잠재적으로 이용을 사실상 억제하는 효과를 가져 과다하게 억제하고 있다고 비판받기도 한다. 이에 비해 경매제에서는 피크 타임 등 혼잡이 실제로 발생하는 때에만 일시적으로 한정되는 네트워크의 용량을 그것을 우선적으로 이용하려는 측에게 경매를 통해 배정하는 것이다. 그래서 경매제는 과다억제의 비판으로부터 자유스럽다. 경매제에서는 제한된 자원을 먼저 이용하려는 측에게 이용을 위해 지불하려고 하는 금액을 제시하게 하고 제시한 금액이 높은 순서대로 이용의 순위를 결정한 뒤 그 순위에 따라 제한된 자원을 사용하게 한다. 이에 따라 이용료 결정에 있어 기준으로 되는 것은 패킷의 수가 아니라 이용자가 이용료를 제시하는 과정에서 의식하는 바 이용의 내용 또는 질이 된다.

경매제에서 이용료를 결정하는 방안으로는 두 가지를 생각할 수 있다. 그 첫째로, 자신이 제시한 금액이 아니라 이용이 허용된 제일 마지막 이용자의 차순위자가 제시한 금액으로 이용료를 결정하는 방식이다. 경매에 참여하는 사람들이 써내는 가격(bid price)은 단지 송출을 보장받는 순위 및 송출여부의 경계선을 결정하는 데 쓰일 뿐이고 실제로 내는 가격은 경계선을 제일 마지막으로 통과한 사람의 다음 사람이 써낸 가격으로 정하는 것이다. 예컨대 5개의 패킷을 보낼 수 있는 공급능력의 상황에서 1개의 패킷을 보내려는 10명이 지불하고자 하는 가격을 각각 써낸 경우에 낙찰되지 못한 6번째 응찰자의 가격이 이런 한계가격이 된다. 그 둘째로, 보다 높은 가격을 써낸 사람 순으로 이용을 보장하되 그 이용료는 자신의 차순위자가 제시한 금액으로 하는 것이다. 이러한 때에는 앞의 경우에 비해 네트워크 사업자의 이익이 커지게 될 것이다. 아마도 이러한 두가지 가능성 중 어느 것으로 될 것인지는 시장이 얼마나 경쟁시장에 가까우냐에 의해 좌우될 수 있을 것이다.

이러한 방법은 순위결정을 위한 대가를 제시하도록 하는데 있어 이용자가 진정으로 부담하고자 하는 것을 거짓으로 제시할 이유를 배제하여 이른바 유인 합치적(incentive-compatible)으로 된다. 그로써 경락되었으나 손해를 보게 되는 이른바 승리자의 저주(winner's curse)를 어느 정도는 회피할 수 있도록 하고 있다. 단 경매의 경우 매시 변하는 수급상황에 대응하며 혼잡통행료가 수시로 바뀌게 되는 것을 피할 수 없다.

다른 차원에서 보면 이러한 경매가 이루어지는 시장은 동태적 경쟁시장이라고 할 수 있으므로 경매에서 제일 마지막 통과한 사람이 써낸 가격이 시장가격으로 되고 그렇게 결정된 가격(bid price)은 사회적 한계비용에 접근하게 되어 효율성을 보장하는 것이 된다고 한다.[13] 그러나 실제로 인터넷 서비스시장이 모두 동태적 경쟁시장이라고 하기는 어려울 것이기에 경매방법을 채용한다고 하더라도 일제히 효율성이 보장된다고 단언하기는 어렵다. 네트워크 시장은 기껏해야 3개 또는 수개의 사업자가 경쟁하는 과점적 경쟁시장이라고 볼 수 있다.

이러한 경매제를 운영하기 위해서는 경매를 해야 하는 때와 그러하지 않은 때를 차별화할 수 있어야 하고 또 경매를 집행하는 기구가 있어야 하며 경매시 제공하기로 한 금액을 받아 정리하는 행정절차도 필요하게 된다. 회계

13) J. MacKie-Mason and H. Varian, "Pricing Congestible Network Resources."

및 과금행정이 다른 어느 경우보다 복잡해진다고 할 수 있다. 이런 고려에 따라 경매제 도입에 대한 거부감이 다른 어느 경우보다 크다.

남용방지의 실천: 원가회수와 혼잡회피

앞의 어느 방식을 채택하게 되든 경제사회 전체로 보아서는 이용요금 징수의 결과가 네트워크를 마련하고 유지하는 데 소요되는 비용을 회수할 수 있는 수준은 되어야 하고 또 혼잡이 발생하게 되었을 때에는 우선적으로 송출되어야 할 패킷을 선별하여 선발된 것을 성공적으로 송출할 수 있게 되어야 한다. 네트워크 유지비용의 회수를 위해서는 여전히 정액제와 유사한 기본료가 있어 네트워크에 접속할 수 있는 지위를 확보하려는 모든 사람에게 부과되어야 한다. 나아가 보편적 서비스를 인정하기로 하는 경우에는 네트워크 이용에 의거하여 보편적 서비스 기금을 마련할 수 있어야 한다. 이것에 추가하여 혼잡이 발생하는 때에는 트래픽을 발생시키어 혼잡을 초래한 부의 외부성(negative externality)에 대한 대가를 실제 이용에 대응하는 가변비용으로서 부담하도록 해야 하고, 이러한 것으로부터의 수입은 추가 투자를 위한 재원으로 쓸 수 있어야 한다.

ISP가 3인 이상인 경쟁체제가 이루어질 경우 이용료의 체계는 경쟁 및 시행착오를 거쳐 조정될 것이며, 이러한 과정에서 주어진 체계에서의 이용료를 보고 이용자들 각자의 선호를 표명하게 함으로써 실제 이용은 각자의 한계효용에 상응하는 이용료를 내는 사용으로 종착될 수 있을 것이다. 그로써 혼잡발생시 경제사회 전체로서는 보다 값지게 여겨지는 이용이 그러하지 않은 이용을 우선하는 상태가 시현될 것이다.

앞으로 인터넷의 이용방법은 다양화될 터이고 또 멀티미디어 컨텐트가 많아지게 됨에 따라 혼잡이 나타나게 될 개연성은 더욱 커질 것이라 하였다. 때문에 정액제를 벗어나 수요를 차별화하여 대가를 내고서라도 높은 질의 서비스를 요구하는 수요와 그러하지 않은 수요를 차별화하고 전자를 후자보다 우선적으로 충족시키는 일의 중요성은 더욱 커지리라 하겠다. 이른바 다양한 QOS에 대한 요구가 나타나고 이를 수용하게 되어야 하겠다. 이런 시각을 가지고 볼 때 정액제란 오로지 하나의 QOS를 가지고 있는 제도라고 할 수 있고 그 대안이 되는 다른 제도는 상이한 요구 내지 상이한 응용방법에 따라 다수의 QOS를 제공하는 제도라 할 수 있으며, 경매제가 그 극단을 이룬다고 할 수 있겠다.

1994년 미국 NSFNET 백본의 평균 이용률은 5%정도로 여겨졌었다. 그러나 당시에도 이용이 최고조에 달하는 피크시의 이용은 평균 이용정도의 10배 이상이었다고 하였다. 그 이후 인터넷 이용은 가속적으로 늘어났다. 동시에 상업적 백본도 생기면서 백본의 전체 용량도 늘어났다. 특히 2000년의 닷컴 붐을 보고 막대한 수요증대를 예견한 민간부문이 백본투자를 늘렸다는 것은 주목할 만한 것이다. 그 결과 현재에도 백본의 이용률은 5% 부근에서 별로 달라지지 않았다고 평가되고 있다. 그러나 이러한 백본과 최종사용자를 연결해 주는 ISP(internet service provider)들의 가입자망(access network)은 그러하지 않아 현재 미국의 많은 지역에서 피크 시간대에는 실제로 혼잡이 나타나고 있다. 이에 'free ISP for everyone experiment is over' 이라는 관찰이 나타났고 2001년 미국의 Bluelight.com은 정식으로 인터넷 사용시간을 제한하기 시작하였다.

인터넷을 통해 TV컨텐트에 접근하는 것을 허용하게 되면 이용량이 크게 늘어나게 될 것이다. P2P모델의 광범위한 이용도 수요를 상당히 증대시키는 요인이 될 것이다. 앞으로는 광대역(broadband)기술이 발달하게 되면서 이른바 유비쿼터스(ubiquitous) 컴퓨팅이 보편화되고, 그에 대응하여 특히 tele-conferencing blog의 예가 예시하듯이 데이터를 대량으로 이용하는 사용이 획기적으로 늘어나게 될 것이다. 컴퓨터, 기기, 센서들이 서로 소통하게 될 것이다. 이들은 백본에 대한 수요를 크게 늘릴 것이다. 유비쿼터스 시대에 들어서서는 여러 적극적 용도에 인터넷을 사용하는 일이 늘어나게 될 뿐만 아니라 이러한 적극이용에 따라 나타나는 부작용을 피하고자 하여 사생활권보호나 정보보호 목적으로 인터넷을 소극적으로 이용하는 일도 증가하게 될 것이다.

이렇게 되면 백본이 아닌 ISP들의 가입자망에서는 피크(peak)시가 아닌 때에도 수요가 공급능력을 능가하게 될 가능성이 크다. 한편 콘텐트가 많아지고 편리한 응용시스템이 다양하게 개발되는 것도 수요를 크게 늘어나게 하는 요인이 될 것이다. 이러한 변화를 예상할 때 앞으로 한편으로는 공급능력의 증대를 꾀해야 할 것이고 더불어 이용자 가까운 곳에 컨텐트를 위치시켜 트래픽을 줄이는 caching의 활발한 동원도 강구해야 할 것이다. 그러나 이런 식의 공급증대와 수요의 증대가 서로 경쟁을 하면서 시현될 것이기 때문에 어떤 특정 시점에서 보면 공급과잉 또는 공급부족이 보이게도 될 것이다. 특히 1일 중 피크시간 대에는 공급부족이 자주 나타나게 될 것이다. 이른바 회선혹사현상이 심심치 않게 발견될 것이다.

단순 종량제 이상의 가변요금제에서는 그것이 어떠한 것으로 구체화되든 다기한 이용의 순위를 매기는 시스템의 도입이 선행되어야 한다. 순위 매김 없이 그저 최선으로 서비스하려는 현재의 선입선출의 방식으로부터 탈피하여 긴급하지 않은 트래픽과 주요 임무를 가진 트래픽을 구별하고 후자를 우선시하는 등 그 긴요도에 따라 수요를 차별화하여야 할 것이다. 보다 시급한 이용으로 하여금 우선적으로 인터넷을 이용할 수 있도록 하고 그런 우선권에 상응하는 이용료를 내도록 하는 '이용에 따른 가격결정(usage-based pricing)'의 방법 또는 '이용기반 우선순위모델(use-based priority model)'로 지향해 가는 것이 불가피할 것이다.

이러한 지향을 실제화하는 방법이 어떤 하나로 영원히 고정될 필요는 없다. 관련 기술이 급속히 발전되는 상황에서는 최선의 방법도 달라질 것이기 때문에 어떤 하나의 방법을 가지고 계속 경직적으로 고집할 필요는 없다. 이용에 따르는 가격결정방식은 최소한 시간이 경과하고 보다 우수한 기술이 나타나게 되는 것을 감안하면서 가격을 결정해야 하고, 우수한 대안이 나올 때에는 그것으로 즉각 대치할 수 있는 융통성을 지녀야 할 것이다. 그렇게 해야 정태적 차원에서는 물론 동태적 차원에서도 자원배분의 효율성을 도모할 수 있을 것이기 때문이다. 또 이렇게 함으로써 부차적으로는 선입선출법이 지니는 비효율, 특히 그것에서의 긴요한 정보가 전달되지 못하고 중간에 소실되거나 전달이 지연될 가능성을 회피할 수도 있게 될 것이다.[14] 단 이렇게 가격

14) A. Gupta, D. Stahl, A. Whinston, "Priority Pricing of Integrated Service Networks," 1995, http://cism.bus.utexas.edu/alok/joc-paper/mit-paper.html

을 이용해 차별화하는 것은 디지털 디바이드를 심화시키는 면도 있다는 점은 잊지 말아야 한다.

우리나라에서도 이러한 혼잡현상의 도래가 멀지 않은 듯 보인다. 상위 가입자의 20%가 전체 트래픽의 70% 이상을 점유하고 있어 20 : 80원칙이 적용되고 있지 않느냐 하는 상황이 전개되고 있다. 이들 다량 이용 가입자들은 일반가입자들과 달리 P2P를 이용하는 트래픽을 주로 형성하고 있으며 상당한 불법 컨텐트도 송수신하고 있다고 추정되고 있다. 이런 현상이 지속될 경우 네트워크의 용량 부족은 곧 가시화될 것이다. 일반이용자들이 주로 이메일을 이용하거나 정보검색을 하는 것과 달리 이들은 멀티미디어 콘텐트를 많이 쓰는 게임을 하거나 인터넷 방송 또는 음악의 청취 등을 함으로써 트래픽의 점유율을 증대시켜 나갈 것인데, 이런 추세가 계속될 경우 공급능력의 부족은 명약관화하게 될 것이다. 이를 간접적으로 증명하듯 2000~2003의 4년간 코넷 백본망의 용량은 400배가 증가했으나 그 이용량은 691배가 증가하였다 한다. 우리나라에서와 같이 공급능력이 획기적으로 증가한 나라에서도 사후적으로 보면 공급이 수요에 못미치는 상황이 나타날 수 있음을 예견하지 않을 수 없게 하고 있다.[15)]

03 | 장기적 비전 및 과제

1. 장기비전

이상으로서의 유비쿼터스 사회

장기적으로는 네트워크 및 관련 요소들이 발전하게 될 것을 예상하여 이

15) KT 전략기획팀 내부자료, "국내통신환경변화에 따른 KT의 주요 이슈," 2003 7월.

에 대한 대응책을 마련해 두어야 할 것이다. intelligent home network, smart living, pervasive computing, on demand computing, ubiquitous society 등의 개념이 제시하는 바 장기비전은 우리 생활에서 사용하고 있는 모든 가전기기들에 지능 칩이 내장되어 이들이 일제히 통합되고 연결된 체계하에 있으면서 인터넷을 통해 제어되고 활용되는 인간생활을 그리고 있다. 혹자는 이를 u-생활(u-life)이라고 부르기도 한다. 이런 상황에서는 네트워크, 장비, 기기, 서비스 모두가 발달되어 있고 그들이 서로 연결되어(inter-linked) 일체적으로 활용되면서 이른바 intelligent home networking의 여건을 조성하고 있다. 그 가운데 가계는 자체적으로 게이트웨이를 마련하여 상호 소통하게 되리라고 전망되고 있다. 이는 가정이 이른바 스마트 홈으로 바뀌게 되고, 일상 업무에서는 정보의 검색이나 저장을 쉽게 할 수 있으며, 이를 토대로 뉴스, 오락, 통신 등 여러 면에서 소비자의 생활이 의미 있고 편리하게 될 것이다. 이를 위해서는 이들 모두가 최소한 각자 독자의 주소를 가지고 입출력 하는 소형 컴퓨터인 이른바 스마트 더스트(smart dust)로 되어야 하며, 이렇게 많아진 컴퓨터와 아무런 문제없이 소통할 수 있게 해 주는 네트워크가 마련되어 있어 대용량의 데이터를 빠르게 전파하고 처리할 수 있어야 한다.

이러한 무소부재의 유비쿼터스(ubiquitous) 사회에서는 사람과 사람이 서로 연결되어 있을 뿐 아니라 기계와 기계가 연결되어 있고 사람과 기계가 연결되어 있다. 종래의 전화나 인터넷에서 사람과 사람의 연결 및 그 이후의 상대의 인지 및 상대와의 대화는 자연스러운 것이었다. 전화나 인터넷을 가지고 사람이 보고 듣고 의사표시를 하는 것은 당연한 것이었다. 이런 데서는 이른바 사람과 사람의 연결(human-to-human connection: H2H)이 이루어지고 있었다. 앞으로 인터넷이라는 네트워크가 모든 것을 대상으로 하여 널리 깔리고 기계 기타 물체가 스마트 더스트라고 지칭되는 바 그 자체로서 입력되는 것을 인지하고 그것에 대응하여 출력도 하는 일종의 컴퓨터가 될 것이기에, 이들 기계와 기계의 연결(machine-to machine connection: M2M)이 가능하게 될 것이고, 나아가 사람과 기계와의 연결(human-to-machine connection: H2M 또는 M2H)도 가능하게 될 것이다. 어떤 스마트 더스트이든 입력되는 것을 인지한 다음 주어진 SW에 따라 처리하여 출력하게도 됨으로써 적어도 이론적으로는 이 세상 속의 모든 사람과 물체가 서로 소통할 수 있게 될 것이다. 그리하여 유비쿼터스 네트워크로 이루어진 정보화사회에서 궁극적으로 네트워크는 물과 같이 싸고 모든 곳에서 쉽게 활용할 수 있는 것으로 될 것이다. 이런 상황에 처해 이용자는 필요한 때 어디서나 이를 이용할 수 있게 될 것이다. 또 이때 사람이 아니고 기계라고 파악된 것에는 물리적인 기계설비뿐만 아니라 건물, 교량, GPS의 대상이 되는바 스마트 더스트가 뿌려져 있는 지역, 칩을 몸속에 심은 사람이나 동물 등이 모두 포함되고 있다.

이런 때에는 가정이나 사무실에 있는 움직이지 않는 모든 기기는 물론 자동차나 비행기 등 움직이는 기계들도 그 스스로 정보를 주고받을 수 있게끔 하는 센서와 컴퓨터를 내장하게 되어, 기계와 기계가 소통하는 것을 포함하여 언제 어디서나 모든 것들과 의사소통을 하게 될 것이다. 대단히 많아진 스마트 더스트가 일일이 독자의 주소를 가지고 있어야 하기 때문에 많은 주소가 필요하며 이를 위해 새로운 버전의 주소체계인 IPv6가 실용화되어야 할 것이다. 더불어 네트워크상의 전송속도는 빨라야 하고 안전성도 보장되어야 할 것이다.

유비쿼터스 네트워크 및 그 활용은 생산성 향상이나 삶의 질 개선을 가져올 것이다. 이러한 상황에서는 오늘날의 PC처럼 여러 기능을 가진 범용 컴퓨터(general purpose computer) 이외에 단일의 기능만을 가진 단용 컴퓨터(single-purpose computer)도 많이 쓰이게 될 것이고, 수적으로는 후자가 전자 보다 더 많게 될 것이다. 나아가 후자는 전자에 비해 값이 싸고 고장이 적으며 안전하고 다른 기기와 인터페이스도 쉽다는 등의 장점을 가질 것이다.

현재의 실상은 지구상 대부분의 물체가 스마트 더스트가 아니라는 점이다. 때문에 H2M이나 M2H는 아주 한정적인 범위에서 밖에 이루어지고 있지 않다. 유비쿼터스 사회의 이상이 아직은 현실이 아니다. 이상과 현실 사이에는 많은 문제가 남아 있다. 우선 사람들끼리의 의사소통을 위해서도 디지털 디바이드 문제와 더불어 생각해 보았던바 인터넷에의 접근문제 및 상이한 언어를 쓰면서 의사소통을 해야 하는 데서 유래하는 문제가 있다. 그 다음 모든 물체를 스마트 더스트로 만들기 위해 막대한 투자를 해야 한다는 과제가 있다. 이런 막대한 투자는 결코 단시일 내에 할 수 있는 것이 아니다. 기껏해야 단계적으로 추진해 나갈 수 있을 것이다.

유비쿼터스 네트워크로는 유선 네트워크 및 무선 네트워크가 모두 쓰이게 될 것이며 특히 모바일 인터넷이 많이 쓰이게 될 것이다. 이런 때에는 이를 가능하게 하는 전자파가 충분하냐 하는 것도 문제가 될 것이다. 현재의 무선 주파수역 이용에 개선이 있고 또 새로운 주파수 사용방법이 개발되어 주파수역 부족에 대한 생각은 지금과 달라지게 될 것이다. 그러나 그렇게 된다고 하더라도 이 세상의 모든 사람들과 물체들의 원활한 소통을 위한 소요를 채울 수 있을 정도로 충분한 주파수가 준비될 수 있을지는 확신할 수 없다. 주파수 부족의 실질적 문제는 얼마나 많은 스마트 더스트가 실제로 활용되게 되고 그들 각각이 어느 정도의 강도를 가지고 의사소통을 하게 되겠느냐에 의존하게 될 것이다. 아마도 상당수의 스마트 더스트는 비교적 단순한 의사소통을 하는 종류에 불과할 것이다. 때문에 이들을 위해서는 소량의 데이터를 짧은 거리에 보낼 수 있는 주파수만으로도 괜찮을 것이다. 따라서 무선 소통을 위한 방도 중 가장 값 싼 것이 쓰이게 될 것이다. 이들은 주로 어디에 무엇이 어떤 상태로 있는지를 알려줌으로써 그런 정보를 다른 곳에서 활용하게 하는 비교적 단순한 역할을 하면 족한 것이기에 단순한 것들을 입력받은 뒤 최소한으로 처리한 후 단순하게 출력하는 기능을 수행하게 될 것이다.

현재 알려진 기술중 이런 목적을 위해 가장 적합한 것이 비접촉 전자신호 식별수단인 RFID(radio frequency identification)이다. RFID는 스마트 더스트 중 비교적 간단한 종류에 속한다. 이것은 정보의 업로드(upload)를 하는 것을 주된 업무로 가지는 것이기에 그 반대로 정보의 다운로드를 주로 하는 컴퓨터와 대비되는 것이다. 그래 이렇게 주로 업로드를 하는 기기와 다운로드를 주로 하는 기기들이 혼재할 때 그러한 것이 정보의 흐름에 어떤 영향을 줄 것인지 또는 그렇게 다양한 기기와 더스트가 존재할 때 전체를 총괄하는 통제기능이 필요할지가 문제로 된다. 또 이는 정보의 입력과 출력의 방도가 앞으로 어떻게 발전할 것이냐 특히 인공지능 등을 어느 정도 활용할 수 있게 될 것인지에도 의존할 것이다.

유비쿼터스 사회의 양상을 그려 보면서 현실을 되돌이 보면 현재에도 그런 상황에서 쓸 수 있는 몇 가지가 있다는 것을 알 수 있다. 즉 U-사회를 위한 단계적 투자의 구상에서 초기의 투자사업으로 인지하여도 좋은 몇 가지 시스템이 이미 마련되어 있다고 할 수 있다고 할 수 있다. 그런 것들로는 다음과 같은 것들이 있다. GPS 및 위성통신과 이동통신을 이용하여 화물을 보내고 운송 도중의 상황을 쫓아가면서 매 순간 화물과 관련된 의사결정을 도우는 화물추적시스템이 있다. 비행기 이용과 관련된 사정이 계속 변하는 상황에서도 비행기 좌석을 최대한 활용할 수 있도록 하는 비행기좌석 예약시스템이 있다. 가스나 전기와 같은 공익재의 검침을 무선으로 할 수 있도록 하는 무인자동검침시스템이 있다. 건축물 내지 교량의 열, 진동 등을 감지하여 정상 운영 중인지 또는 이상이 있는지를 발견해 대응하는 건축물 등 유지보수 시스템이 있다. 포도원의 바람, 수분, 온도, 토질의 변화를 모니터하여 포도원 관리에 이용하는 포도원 관리시스템이 있다. 이런 예들은 기계로 하여금 의사판단을 위한 정보를 실시간으로 보내게 하고 그런 정보를 받아 대응을 하는 비교적 간단한 M2H라고 하겠다. 그러나 이러한 M2H를 가능하게 하기 위해서 각각의 경우는 스마트 더스트의 설치, 운용을 위한 SW의 마련, 정보 획득 후의 대응방법의 준비 등을 수행하는 해당 시스템을 마련하는 데 많은 투자를 하였음을 확인할 수 있다.

유비쿼터스 사회를 건설하기 위해서는 M2H, H2M, M2M, H2H 등의 적용영역과 포괄범위가 무한대로 펼쳐나가게 되어야 하고 이와 더불어 현재 존재하지 않는 새로운 성격의 인프라를 마련할 수 있어야 한다. 이상 이미 마련되어 있는 것들보다 조금 복잡한 것으로 시험중인 것의 일례로 자동차를 모는 상황에서 그런 상황에 대한 정보를 지속적으로 출력하게 하고 이를 축적하여 두었다가 사고 발생시의 사고처리방법의 결정, 도로설계의 개선, 부상자의 치료, 차후 보험료율 조정 등에 반영하고 이용하려는 시스템이 있다. 자동차용 블랙박스를 체계화시켜 보자는 것이다.

아직은 이러한 시스템은 그 독자의 목적을 가진 개별 시스템으로서의 성격을 가지고 있다. 그러나 이것이 진정으로 유비쿼터스 사회의 부분이 되기 위해서 이러한 시스템은 다른 시스템과 소통하는 통합된 전체의 부분으로 되어야 한다. 이런 통합시스템을 마련하는 과제는 개별 시스템을 만드는 것 이상의 큰 과제이다. 유비쿼터스 사회를 만들기 위해 필요한 투자가 막대하리라는 것을 다시 확인할 수 있도록 하는 것이다. 그 다른 예로서 사람의 몸 속에 칩을 심고 그 칩이라는 스마트 더스트로 하여금 평상시에는 혈압, 맥박, 혈당 등 건강상태를 알려주는 정보를 지속적으로 주치의에게 전달하게 하여 의사의 의견을 들으며 필요처방을 전달받게 하되, 건강에 대한 적신호가 발발하거나 위기에 처하게 되는 때에는 인근의 의료시설에 즉각 대응할 수 있도록 조치하고 또 그 속에 그 사람의 건강정보도 담아 보내는 U-건강(u-health)시스템도 구상되고 있다.

유비쿼터스 사회의 문제점

유비쿼터스 사회를 건설하기 위해 막대한 투자를 통해 새로운 성격의 인프라를 구축해야 한다고 함을 인지하고 볼 때 가장 먼저 대두하는 과제는 그러한 투자를 하기 위한 재원을 어떻게 마련하느냐 하는 것이다. 또 설사 어떤 방법으로 재원을 마련할 수 있다고 하더라도 그 후 인프라의 유지, 관리, 보수 및 개선을 위해 다시 지속적 투자가 더 필요할 것이다. 이는 인프라 건설을 위한 투자재원의 마련의 필요 및 그런 인프라 유지 및 이용에 대한 이용료를 징수하는 방법을 요구한다. 이런 돈은 결국 이용요금을 징수하여 마련할 수밖에 없겠는바, 이는 다시 이런 이용요금을 어떤 기준에 따라 어떻게 매겨야 하겠느냐 하는 문제를 해결하도록 요구한다.

유비쿼터스 사회를 위해 필요한 투자는 막대한 규모가 될 것이기 때문에 이들 사업을 단계적으로 수행해 나가야 할 것으로 짐작은 되나 그 구체적 내용이 어떤 것이어야 하는지는 확정된바 없다. 이는 투자사업으로 마련된 서비스에 대한 수요가 어느 정도가 될지를 가늠하기 어렵다는 것과도 연관된다. 이런 것들을 볼 때 이들 서비스의 요금을 어떻게 결정해야 할 것인지를 말하는 것은 시기상조라 하겠다. 이렇게 어렵고 복잡한 문제를 푸는 것은 역시 민간의 동물적 충동에 의존해야 하겠음을 유추할 수 있겠다.

U-사회를 건설해 나가는 과정에서 당면해야 하는 다른 걸림돌은 투자사업을 수행해 나가는 데 있어 공개표준(open standard)을 채택해야 하는지 여부이다. 공개표준을 채택하게 되면 그것을 중심으로 하여 여러 지혜가 모아질

수 있어 빠른 발전을 이룰 수 있다. 그로써 각종 시스템이 마련된 연후 그러한 것으로부터의 서비스 이용료가 상대적으로 싸질 수 있다. 그러나 이런 점만을 보고 공개표준의 채택에 대해 낙관하기는 어렵다. 이런 투자를 수행해 가는데 적어도 초기에는 이동통신사업자들의 역할이 현저할 것인데 이들은 자신들의 가입자를 통제하기 위하여 공개표준을 택하는 것을 기피해 온 전통을 가지고 있다. 따라서 이들은 앞으로도 공개표준을 선호하지 않을 소지가 크고 그로써 이러한 사업의 상당수가 비공개표준을 가지는 것으로 될 가능성이 크다. 이는 U-사회로의 진전을 상당히 지체시키게 될 것이다.

인터넷을 이용하는 데서도 사생활권의 침해 및 정보보안의 어려움이 있었다. 그런데 유비쿼터스 사회로 되면 현재의 정보불안 및 프라이버시 침해의 어려움의 정도를 훨씬 넘어서는 정보불안 및 프라이버시 침해의 가능성이 있을 것이다. 이런 어려움은 더욱 확대되고 증폭될 소지가 크다. 유비쿼터스 사회에서는 현재의 인터넷 이용에서 전제하고 있는 것보다 인터넷 이용의 대상이 훨씬 확장되고 해킹도 빈발하게 될 것이면서 사생활 등의 침해가 더 빈번하고 그 피해정도는 더 클 수 있을 것이기 때문이다. 정보중독의 폐해도 만만하지 않을 것이다. 이러한 우려 때문에 U-건강 사업은 현재 보류되고 있다. 물론 이를 위한 투자규모와 투하자본의 회수방법에 대한 불확실성도 간과할 수 없는 장애요인이다.

U-Life에의 단계적 접근

U-생활로부터 얻을 수 있는 여러 환상적인 편의성에도 불구하고 그것을 실현하기 위한 투자를 일거에 할 수 없고 단계적으로 추진할 수밖에 없다는 점 및 사생활권 침해 등 그 부작용에 대한 우려를 함께 고려할 때 어차피 이를 향한 노력은 단계적 단편적으로 이루어질 수밖에 없음을 확인할 수 있다. 앞에서 이런 성격의 투자 중 이미 이루어져 있는 것과 시도중인 것에 대한 언급이 있었다. 후자의 하나로 U-건강에 대한 조심스러운 실험이 언급되었다. 기존의 내시경 대신 몸속에서 움직이면서 내장의 상황을 일일이 사진찍어 전송하고 일정 시간이 경과된 뒤 배설되는 칩은 가까운 미래에 상용화될

수 있을 것으로 보이며, 홍보선전 목적을 앞세워 회원이 되려면 칩을 일시적으로 몸속에 지니게 하는 유명 사교클럽도 등장하게 될 것이라 한다.

그러나 이러한 성격의 시스템의 도입은 기존의 제도 및 생활패턴과의 조화를 깨지 않는 범위 내에서 이루어지게 되어야 할 것이다. 여러 시스템을 통해 아무리 많고 세세한 정보를 수집하여 정리할 수 있다고 하더라도 결국 그러한 정보가 주는 내용은 확률적인 성격의 것일 수밖에 없다는 것을 인지하여 오류나 착오에 대비하는 대비책을 마련할 수 있어야 할 것이고, 더불어 이런 오류를 최소화하기 위하여 어떤 방식으로든 이런 사업을 감사하는 장치도 마련해야 할 것이다. 예상 밖의 영향이 나타나게 되었을 때 시스템의 운영을 일시 중단하거나 폐기하기로 결정하는 공식적 제도도 마련해야 할 것이다.

미국의 형무소에서 죄수 및 간수들에게 칩을 장착하여 죄수들의 폭력행위를 줄이고 간수들의 가혹행위를 줄이게 되었다 한다. 이는 U-사회를 향한 이런 성격의 한정적인 실험이 성공적일 수도 있다는 것을 보여주는 것이다. 그러나 비록 단계적이라고는 하나 아직 존재하지 않는 많은 시스템을 하나씩 둘씩 가지게 되었을 때 시현될 효과를 총체적으로 보고 이런 성격의 사업들의 규모 및 집행순서와 속도를 판단하는 것은 무척 어려운 문제가 아닐 수 없다. 이런 점을 보아서도 유비쿼터스 시대는 가까운 미래에 도래되기 어려울 것임을 알 수 있다.

U-사회로의 진행과정에서도 PC의 역할은 여전히 중요할 것이다. PC 이외에 여러 가지 인터넷 접근방도가 그 각각의 비교우위에 따라 조화롭게 쓰이게 될 것이다. upload 시 보다는 download 시에 트래픽의 양 및 속도에 대한 요구가 클 것이기에 후자를 위해서는 현재 쓰이는 초고속 인터넷망 이외에 위성망이 널리 쓰이게 될 것이다. upload에서는 모바일을 포함한 무선망도 흔히 쓰이게 될 것이다. 그러나 투자사업이 상당히 진척되어 스마트 더스트가 여러 곳에 많이 깔리고 나면 새로운 종류의 upload도 많아질 것이다. 이들 작은 컴퓨터의 주 업무는 이들이 지각한 데이터를 중앙관리를 담당하는 큰 컴퓨터에 올리는 것일 터이기 때문이다. 현재의 기술로 보아 가장 값싼 RFID를 이용하는 경우가 많을 것이고 또 휴대폰이 가장 널리 퍼져 있는 단말기일 터이기 때문에 RFID 및 휴대폰을 모두 쓰는 방법이 가장 큰 통용성을 지

니게 될 것이다. 더불어 이를 수용하고 보조하는 응용망이 병행적으로 발달되어야 할 것이다. 이를 위해서는 주소 수가 대폭 확장되게끔 현재의 인터넷 주소체계를 바꾸어야 할 것이다. 이른바 광대역화 전망에 대응하여 주소의 수가 현재의 그것에 비해 획기적으로 증가되어야 하고 또 네트워크와 관련해 유통처리능력(pipeline), 저장용량(box), 정보처리를 책임지는 주체의 능력이 마찬가지로 획기적으로 늘어나야 할 것이다.

그러나 다양한 네트워크를 너무 조밀하게 깔아 놓고 그것을 최대한으로 이용하려고 할 경우 나타날 수 있는 각종 용도 사이의 충돌가능성도 간과해서는 안 될 것이다. 예컨대 병원에 가면 그 곳의 각종 검사기기의 작동과의 충돌을 염려해 휴대폰을 쓰지 말라고 하는 경고가 있는데 이것은 이들 사이의 충돌의 여지를 시사하는 것이다. 또 슈퍼나 아울렛에서 절도를 방지하기 위해 설치해 놓은 장치가 그런 곳을 이용하는 고객중 전자적 인공장기를 지닌 고객의 장기작동을 해할 수 있다는 점도 경계해야 할 사항을 예시하는 것이다. 여러 목적의 네트워크 및 그것을 지탱하는 단말기 등이 서로 충돌해 이들의 오작동을 불러올 여지가 있음을 유념해야 한다. 과연 다양한 용도를 가지는 네트워크가 많아질수록 이들 사이의 충돌가능성이 커질 것이고 이를 방지하고자 하여 상당한 제한조치도 나타나게 될 것이다. 그러나 각종 네트워크 사이의 이런 모순을 미리 예방한다는 것은 매우 어려운 과제이다. 또 여러 네트워크의 운영에 따른 정보의 과잉으로 프라이버시가 부지불식 손상되는 경우가 많아지리라는 점도 간과하지 말아야 할 것이다.

RFID 사업의 장단

U-사회를 지탱하고자 세상의 모든 것을 최소한 스마트 더스트 이상으로 만들려고 할 때 취할 수 있는 사업 중 가장 쉬운 것이라 여겨지는 것이 RFID(radio frequency identification)사업 또는 무선인식사업이다. RFID는 U-사회에서의 스마트 더스트의 큰 부분을 점할 것이라 여겨지는 것인데 이것이 필요한 모든 곳에 설치되기까지는 상당한 시간을 필요로 할 것이다. 이것의 설치도 결국 단계적인 작업으로 될 것이며 그 첫걸음은 이미 시작되었다고

할 수 있다.

이것은 종래 바코드(bar code)를 가지고 하던 여러 가지 일을 RFID 칩으로 대체하여 보다 능률적으로 할 수 있게 하자는 목적을 가지고 있는 사업이다. RFID 칩은 비교적 소량의 정보를 짧은 거리에서 보내고 받을 수 있게 하는 것으로서 바코드와 달리 비접촉 상태에서 식별을 가능하게 하기 때문에 편리한 것이다. RFID의 유용성은 길을 잃을 위험성이 있는 어린아이나 노인들에게 RFID 택을 지니게 한 뒤 이들의 움직임을 추적할 수 있게 하는 때 과시된다. 비접촉 식별이라는 장점에 힘입어 이것은 재고관리, 은행카드, 교통패스, 패스포트(여권) 등에서도 쉽게 이용될 수 있을 것으로 여겨지고 있다.

그러나 RFID조차도 바코드보다는 비쌀 뿐 아니라 오작동의 우려도 있다. 2003년 이라크전쟁 수행중 RFID의 작동오류로 12억불의 손해를 보게 되었다는 미국회계국(General Accounting Office)의 보고가 있었다. RFID 칩의 코스트가 떨어지고 안전성 면에서 개선이 이루어지게 되면서 그런 칩의 식별수단이 보다 널리 퍼지게 되어야 RFID의 진정한 유용성이 알려질 수 있을 것이다.

프라이버시에 대한 우려로 RFID 칩을 여권에다 넣으려는 사업이 미국에서는 보류되었다는 보도도 있다. U-건강 사업이 지체되고 있는 사유도 이것과 인간 생체시스템과의 충돌우려, 병원에서 쓰는 다른 전파와 이것에서 쓰는 전파의 반작용가능성, 이런 시스템을 만들었을 때의 수요에 대한 걱정(그러지 않아도 높은 건강의료지출이 이것으로 더 늘어나게 됐을 때 개인 또는 건강보험제도로 대표되는 사회가 이를 감당할 수 있는지 여부) 등과 더불어 사생활권의 침해여지가 주요 장애요인이 되고 있다. RFID가 프라이버시를 침해할 가능성이 특히 우려되고 있다. 이에 European Commission은 RFID 이용에 관한 지침을 마련하려고 하고 있고 미국 American Express가 고객의 옷에 RFID를 장착하여 영업의 효율을 꾀하려 하던 것이 시민단체의 반대에 따라 지체되다가 위스콘신 주정부에 의해 본인이 동의하지 않는 한 불법이 된다고 하는 결정을 받게 되었다. 우리나라에서는 주민등록증에다 신상정보 및 건강정보 등 그 이상을 담은 칩을 넣는 사업을 추진하려다 중단된바 있다. 그러한즉 주민등록증에다 정보를 담는 것 이상이라고 밖에 할 수 없는 RFID 택을 널리 붙이는 사업도 쉽게 수용되지는 않을 것이다.

이 사업을 본격 추진하기 위해서는 관련 기술을 확보할 수 있어야 하는데 아직은 이 기술이 미완성이라는 인식이 보편적이다. 이 사업을 수행하여 바코드로 된 모든 것을 대체하려면 상당한 규모의 신규투자를 해야 하는데 이러한 투자비를 누가 어떻게 부담하느냐 하는 것도 실제적 장애요인이 되고 있다. 이 사업을 벌리려고 할 경우 아직 우리나라는 RFID 택, 리더, 안테나 등을 수입해야 하는 처지이기도 하다.

늘어나야 할 IP주소

현재의 IPv.4를 가지고는 약 43억개의 주소를 부여할 수 있다. 이 중 50%는 이미 배정이 끝난 상태이고 배정된 것의 반은 사용중이라고 추정된다. 현재의 이런 사정을 볼 때 아직 주소가 모자란다고 할 수는 없다. 그러나 유비쿼터스 상황에 임하게 되면 PC 등 지능을 가지는 다목적 단말은 물론 하나의 목적을 가지는 단순한 단말을 포함하여 모든 디지털 더스트도 독립적인 하나의 주소를 가져야 하기 때문에 IPv.4가 허용하는 주소의 수는 불충분하게 된다. 주소의 수를 획기적으로 늘려야 할 필요가 생긴다. 이에 현재의 주소체계가 128비트 체제로 바뀌어야 한다고 한다. 이렇게 할 경우 40억×40억개의 주소가 만들어질 수 있어 현재의 주소부족문제를 해결할 수 있다고 한다. 이를 IPv.4를 IPv.6로 전환하는 문제라고도 하는데 이를 위해서는 새 주소체계에 대한 표준화가 먼저 이루어져야 할 것이고 그 결과로서는 새로이 제기될 안전성 면에서의 문제에 대해서도 해결책이 마련되어야 할 것이다.

개선되어야 할 SW 등

U-사회에서 획기적으로 많아지는 주소를 수용하기 위해서는 현재의 HW 및 SW가 모두 수정 보강되어야 한다. 주소가 많아지는 것과 대응하여 네트워크를 지나는 트래픽도 많아질 것이기에, 네트워크가 커져야 함은 물론 그 중간에서 정보를 저장하는 창고도 커져야 한다. 즉 대형 파이프(big pipe) 및 대형 저장소(big box)의 문제가 해결되어야 한다. 흔히 저장용량에는 문제

가 없을 것이라는 낙관이 있으나 동영상 등 정보량이 많은 자료가 전문가뿐만 아니라 일반 아마추어에 의해서도 만들어지고 또 이들이 이중 삼중으로 저장되는 경향을 감안할 때 저장용량도 곧 부족하게 될 것을 짐작할 수 있다. 물론 중단기적으로는 데이터를 생산하는 일과 병행하여 중요성이 덜한 데이터를 정리하여 삭제하는 작업이 진행되어야 할 것이다. 용량이 커진 칩들도 준비되어야 한다. 정보가 전달되는 루트를 결정하고 데이터를 전송시키는 라우터의 성능도 증강되어야 한다. 종래 백본은 쉽게 증가시킬 수 있었으나 백본과 ISP, LAN, WAN 등을 연결지우는 라우터는 상응하는 정도로 성능개선을 이루지 못했다. 그리고 이것이 이른바 트래픽 정체(traffic congestion)의 원인이 되었다. 백본의 증가에 대응하여 핵심위치에 있는 코어 라우터(core router) 및 그것과 ISP, LAN, WAN 등과의 연결을 도모하는 주변 라우터(edge router)가 모두 어느 정도의 균형을 유지하며 확장되어야 하는 이유가 여기에서 자명해진다. 그런데 이러한 하드웨어의 용량을 크게 하는 과제는 상대적으로 쉽게 해결할 수 있을 것이라 한다. HW의 확장 변환에 대해서는 비관적이지 않다.

반면 현재의 각종 SW를 개편해 나가는 문제는 낙관하기 어려운 문제가 되리라 한다. 특히 데이터 흐름의 경로(route) 및 전송(forwarding)을 크게 개선할 수 있는 SW의 마련이 요망되고 있다. 계속 개선되어 가는 SW를 어떤 방식으로 공급하느냐도 문제가 된다. 현재의 MS의 Window의 경우처럼 유료로 하고 정식 판매한 것에 대해 수시로 업데이트를 해주는 방식으로 할 것인지 또는 원천공개 SW로서 다른 SW를 점차 대체하도록 할 것인지 또는 Google이 지향하는바와 같이 모든 SW를 네트워크에 탑재해 필요시 꺼내다 쓸 수 있도록 하고 매번 쓰는 때마다 일정한 대가를 내거나 광고를 보도록 하는 방식을 취할 것인지가 문제가 된다. SW란 수시로 개선되는 것이라는 점을 감안하여 당시 개발된 SW를 여러 사람들이 최선으로 쓸 수 있게끔 하는 체제를 구축할 수 있어야 할 것이다.

기술적으로 해결되어야 할 많은 문제들

위에서 적시된 것들 이외에도 기술적인 차원에서도 여러 가지 문제가 해결되어야 하리라 여겨지는데 그 중 중요한 것으로는 다음과 같은 것들을 들 수 있다.

① 패킷의 질에 의한 배송의 차별화, 즉 QOS(quality of service)를 해결하는 문제이다. 이는 라우팅의 구조를 재설계하고 개선하는 방식으로 1차적으로 대응하고 다음 시장메커니즘을 도입하는 방식으로 보강해야 할 것이다.

② 사생활권(privacy)을 보호하는 문제인데, 이와 관련된 기술진전이 있을 것이고 더불어 사용자들이 안전장치를 보다 쉽게 이용할 수 있도록 하는 안전성-사용자-인터페이스(security user interface)에 획기적 개선이 이루어져야 할 것이다.

③ 기술의 융합현상과 병행하여 인터넷의 브로드캐스팅 기능을 제고할 multicast 면에서의 발전이 이루어지게 되어야 할 것이다.

④ 중요한 응용과 관련해 데이터를 적절한 곳에 보관하였다가 집약적으로 활용할 수 있게 하는 cache, mirror site 등의 집약적 활용도 훨씬 쉬워지게 되어야 할 것이다.

U-사회를 지탱하는 데 필요한 이러한 기술적 구성요소에 대한 이해는 단편적이고 모두 열거한 것이라 할 수 없다. 그것의 대부분은 아직 실현되어 있는 것이 아니다. 그러나 RFID 등 그것 일부에 대한 준비가 상당한 정도 이루어져 있다는 의견도 있다. 이러한 인터넷 요소의 충실화는 그것의 이용방법의 충실화로 연결될 수 있을 것이다.

여러 이해관계자들의 협조

현재의 인터넷은 과거의 것의 장점을 계승하면서 새로운 구성 요소를 추가하여 더 나은 것으로 만드는 식으로 발전되어 마련되었다. 현장에서의 개선이 중심 역할을 해왔다. 앞으로는 최종사용자의 선호가 더 큰 영향력을 발휘하게 될 것이다. 즉 응용불문이고 내용불문이어서 큰 융통성을 가지는 인터넷의 모래시계에서 그것의 최상위에 위치하는 최종사용자가 선호를 표시하면 그것에 부응하는 서비스가 즉각 제공되는 시스템을 만들어가게 될 것이다. 모든 PC와 연결을 유지하고 있으면서(universal interconnection) 마음껏 재량권을 발휘하여 새로운 것을 계속 만들어 나가게 될 것이다. 그로써 수요의 증대에 기동성 있게 대응하는 확장성(scalability), 관계자들이 신뢰를 가지고 이용하게 하는 신뢰성(reliability), 기술발전을 최대한 수용하는 진보성(evolvability)을 모두 지속적으로 충족시키면서 확충되어 나가게 될 것이다. 그러면서 인터넷의 참여자들인 NO, ASP, ISP, CP, 정부 및 사용자 일반과 IPR 소유자들의 이해관계 및 그것의 변화를 반영하고 수용하면서 타협과정을 밟아나가게 될 것이다. 이용자들 중에는 선의의 정상적 이용자뿐만 아니라 스팸머와 같이 나쁜 이용자도 있다는 것을 부인하지 않으면서 각종 이해관계자들 사이에서 나타나는 이해의 충돌을 조정해 나가게 될 것이다.

공개접근기준의 마련

공개접근(open access)을 인정하여 기술발전 및 창의성 발휘의 여지를 최대화하면서 ISP들 사이에서의 경쟁이 이루어지게 되고 소비자의 선택행위에 의해 이런 경쟁의 실상이 조정되는 것이 과거보다 더 필요하게 될 것이다. 어떤 ISP가 일시적 국지적으로 독점력을 행사할 수는 있겠으나 결국에는 다른 ISP의 진입에 의해 제한되는 상황으로 될 것이다. ISP나 해커가 사용자의 신분 및 거래행태에 대한 정보를 수집하여 이용하는 것을 어느 정도까지 허용할 것인가에 대한 기준이 마련될 것이고, 거래자가 상대방에게 자신의 신분을 밝혀야 할 것인지 여부에 대해서도 어떤 규범을 마련하게 될 것이다. 방화벽을 설치하는 것은 그것을 설치하는 사람에게는 필요한 것이겠으나 인터넷에서의 데이터의 흐름을 제약하는 작업이기에 다른 모든 사람에게는 데이터의 흐름을 지연시키는 부담을 주는 것이다. 때문에 방화벽을 설치하는 것에 대해서도 어떤 규칙이 마련될 것이다.

많은 젊은이들은 음악파일을 공유하는 것에 습관화되어 있다. 그러나 공유행위의 상당부분은 현재 DMCA에 의해 불법화되어 있다. 또 그것은 음반업계를 대표로 하는 음악 생산자 및 그 주변의 사람들의 이해관계와도 상반되고 있다. 현재는 그것이 소액의 대가를 내고 음악곡을 다운로드 받는 합법적인 타협책에 의해 부분적으로 정리되어 가고 있다고 할 수 있다. 그러나 이러한 타협책에도 불구하고 법을 어기는 사람들이 많고 이들 모두를 범법자로 단죄하기 어렵기 때문에 이 문제는 결코 해결되었다고 할 수 없다. 그러니 이에 대한 해결책을 빨리 찾아야 할 것이다. DMCA와 같은 것의 개정, 재정리가 있어야 할 것이다.

2. 인터넷 지배관리문제의 해결

근본적으로 인터넷의 지배관리(internet governance)의 문제가 해결되어야 할 것이다. 인터넷의 관리 및 지배문제의 근간은 인터넷상 주소의 배분, 주소 이용기간의 연장 및 종결 등의 주소문제이다. 그 이외에 주소에 있는 개인적 정보의 판매 허용여부 및 공공데이터베이스에서도 이를 수용할 것인가 여부 등도 인터넷 지배관리문제의 내용이 되어야 하겠으나 주소의 배분 및 이용문제에 밀려 개별국가에서 처리하게끔 되어 있다. 이들은 국제협의의 초점으로 되어 있지 않다. 이러한 문제는 미국의 무관심과 외면 속에서 해결될 기미를 전혀 보이지 않은 것들이다.

루트서버의 관리

웹에 접속하기 위해서는 1차적으로 반드시 루트서버를 통하게 되어 있다. 루트서버가 각개 컴퓨터의 주소를 예컨대 123.23.80.0 등의 수자로 결정하는 번호부여(numbering)권과 Google.com과 같은 문자를 그런 숫자로 치환하는 작명(naming)권을 가지고 있기 때문이다. 이러한 권한은 마약, 지재권침해 등 불법행위시 문제되는 IP주소나 도메인 네임을 압수하거나 접속기회를 박탈하는 권한까지를 포괄하고 있다.

구체적으로 웹에 접근하기 위해서는

첫째 단계에서 미국이 관리하는 최상위의 도메인인 com. org. edu. net. gov. mil. 등이거나 개별국가에게 위양된 국가도메인인 us. uk. fr. kr 등을 거쳐야 하고,[16)]

둘째 단계에서 미국이나 각국에서 지정한 차상위의 도메인을 거쳐야 하며(우선적으로 국가도메인을 써야 하는 미국 아닌 나라와 미국의 차상위 도메인의 위계가 다르다)

셋째 단계에서 더 하위의 도메인을 통과하게 되어야 한다.

예컨대 미국의 사이트 econ.berkely.edu에 접근하려면 루트서버를 통해 edu를 거친 다음 미국의 차상위 도메인 berkeley를 통과하여야 비로소 econ에 접힐 수 있고, 우리나라의 사이트 econ.snu.ac.kr에 접근하려면 역시 루트서버를 거쳐 kr을 통과한 후 우리나라의 관리하에 있는 차상위 도메인 ac를 지나 그 다음 단계의 도메인 snu에 도달한 후 snu의 서버를 통해 econ에 접근할 수 있게 되어 있다. 어느 경우에도 있어서도 루트서버에의 의존은 절대적이다.

이런 루트서버는 현재 전 세계에 13개가 있으며 이 중 10개가 미국에 소재하면서 미국의 관리하에 있다. 미국 중심의 인터넷 관리양상의 다른 면을 볼 수 있다. 오늘날의 인터넷이 가지는 범세계성을 상기하게 되면 이러한 양상은 대단히 부자연스러운 것이라 하지 않을 수 없다. 인터넷은 범세계적인 것이나 인터넷 관리는 미국 중심적이어서 결코 범세계적이라고 할 수 없기 때문이다. 과연 미국 민간기구에 전적으로 종속되어 있는 현재 인터넷 관리체제를 가지고는 범세계적 네트워크의 속성에 대응하기 부적절 할 것이라 생각하게 된다. 여기에서 인터넷의 지배관리문제는 여러 차원에서 새로이 생각되어야 하는 과제가 된다.[17)]

---

16) 이러한 것을 최상위 도메인(top-level domain: TLD)이라고 하는데 이것에는 어떤 조직의 타입이나 비영리기구용으로 쓰이는 15개의 자연발생적 최상위 도메인(generic TLD) gTLD와 각국에게 주어진 243개의 국가코드 최상위 도메인(country code top-level domain) ccTLD의 2종이 있다. us, uk, fr, kr 등은 후자인 ccTLD의 예이다. 또 .com, .net, .org, .edu, .gov, .mil, .int, .arpa의 8개는 조직의 타입에 따라 구분된 gTLD이고 .biz, .info, .name, .aero, .museum, .coop, .pro의 7개는 비영리기구용으로 쓰이는 gTLD이다.

17) 무선사업자 연합은 모바일 인터넷을 위한 새로운 도메인을 구상하고 있다. .mobile 또는

주소체계의 관리

인터넷이 상업화된 뒤 미국 민간부문의 노력의 결과 획기적으로 발달하게 되었다는 사실에서 이해할 수 없는 바는 아니나, IP주소의 배분 및 이용 문제의 처리는 현재 단지 미국 상무부의 인가를 받았을 뿐인 미국의 민간부문 자율기구인 ICANN(Internet Corporation for Assigned Names and Numbers)에 위양되어 있다. 이것은 큰 문제가 아닐 수 없다.

인터넷이 미국에서 기원하였다 하더라도 이제 그것은 범세계적 네트워크로 되었기에 그것의 관리는 범세계적 차원에서 이루어져야 타당하다. 국제적 협의를 통해 국별 차이를 최소화하고 국제적으로 통용되는 기준을 마련할 수 있어야 한다. 이러한 의미에서 ICANN에 관리를 위양하면서 범세계적 관리의 필요를 사실상 외면하고 있는 현재 미국의 태도는 비판받고 있다. 과연 UN 등 국제기구가 이 문제를 다룰 준비를 하고 있으며 미국이 반대하면 미국을 제외한 새 관리기구를 마련하자는 의견도 제시되어 있다. 미국이 관리하는 현재의 DNS를 우회하여 새로운 주소 및 관리체계를 협상하자고 하면서 동시에 루트서버의 관리 및 최상위 도메인의 추가 및 할당의 조정도 논의해 보자고도 하고 있다.

이런 태도를 가지는 나라들로는 언젠가는 루트서버를 가지게 될 것이란 기대를 가지고 ICANN을 지원하였다가 그 기대가 무너졌다고 생각하는 나라들이다. 이 점과 관련해 최근까지 미국의 입장을 지지했던 유럽이 입장을 바꾸어 미국의 고립이 심화되었다는 것은 주목할 만한 것이다. 이러한 변화로 인해 미국의 통제권은 사실상 약화되었다. 장기적으로는 미국의 특수한 지위가 약화 될 것이다. 그로써 인터넷에 대한 국별 정책적 차이를 해소하고 또 범세계적 차원에서 주목되는 디지털 디바이드의 문제도 어느 정도 극복할 수 있게 하는 계기가 마련될 수도 있을 것이다.[18] 이와 관련하여 중국, 인도, 브

phone 등이 그 후보로서 거론되고 있는바, 모바일 인터넷을 보다 수월하게 이용하도록 하기 위한 노력의 일환이라 하겠다.

18) 국별로 인터넷 거래에 대한 과세, 프라이버시, 지적재산권문제 등에서 다소간에 차이가 있다. 뿐만 아니라 프랑스가 Yahoo를 이용하는 나치관련 제품의 매매에 대해 문제를 삼은 것이나 중국이 검색엔진에 대해 검열을 하려고 한다는 것 등 실제 인터넷 운영에 대해서도 차이가 있다.

라질 등 여러 나라는 ICANN이 국제기구의 지휘를 받게 되어야 한다고 주장하고 있고 EU는 인터넷 관리에 대해 국제적 합의를 이루어보자고 촉구하고 있다.

한편 중국은 닷 중궈(.中國) 등 한자로 된 주소명을 만들어 사용하고 있는데 13억 중국인구 및 이들이 결국 한자로 된 주소명을 쓸 것이라는 점을 감안할 때 이것은 영어주소의 강력한 라이벌이 될 수 있을 것으로 보인다. 또 아랍 22개국들도 아랍어주소를 실험하고 있다고 하고, 유럽의 몇 나라는 인터넷 주소를 제공하는 관리체계를 서비스하는 기업의 대두를 목격하고 이것들이 현재의 ICANN을 대체할 수 있을지를 주시하고 있다. 주소관리의 미국 편중에 대항하는 이러한 문화현상은 인터넷의 파편화를 초래하고 범세계적 소통을 제약할 염려를 가지는 것이기도 하나 동시에 새로운 상황에 적응하려는 융통성을 과시하는 모습이라고도 할 수 있다.

3. 미래 인터넷의 구상

막대한 투자와 가까운 시일 내에 가용하지 않은 기술을 전제로 하는 U-사회를 먼 장래의 목표점으로 삼고 그것을 향해 변화해 가는 도중에서 나타날 조금 가까운 미래를 예상해 보고 그 곳에서 부각하게 된 이슈들을 점검해 볼 필요가 있다. 이러한 이슈들은 앞에서 살펴본 단기과제 이상의 문제들이다.

산업구조, 기업운영의 변화와 인터넷 이용기법의 확산

인터넷 관리지배문제에 대한 변화가 있게 되면 인터넷을 이용하는 분야도 모든 나라에서 질적 및 양적으로 확대될 수 있을 것이다. 국별 차이가 줄어들고 범세계적 공통성이 중요하게 될 것이다. '코스(Coase)의 정리'는 어떤 기업이 그의 여러 활동 중 외주를 주지 않고 내부적으로 처리하려고 하는 부분을 갖는 중요한 이유로서 그렇게 하는 것이 거래비용을 줄이는 것이기 때문이라고 한다. 그런즉 인터넷이 광범위하게 쓰이게 되면 모든 나라에서 여러 면으로 투명성이 제고될 것이고, 그로써 의사소통 등에서의 거래비용을 절감하기 위하여 외부에 의뢰하는 것과 내부에서 처리하려는 것들을 다시 조정하게 될 것이다. 이는 차후 인터넷 활용이 대폭 확대될 경우 기업이 종래보다 더 많이 외주를 주게 될 것이라는 점을 시사하는 것이고 이에 상응하여 많은 아웃소싱(outsourcing) 수요에 대응하는 틈새시장이 대두하게 되리라는 것을 예견하게 하는 것이다. 그 결과 종래 보다 중소기업의 입지가 공고해지고 활동범위가 넓어지게 될 것이다. 기업차원에서 운영행태가 달라지게 되고 이는 각국의 산업구조에도 영향을 미칠 것이다.

ERP나 CRM 등 기업경영상 효율성 제고를 위하여 쓸 수 있는 수단은 많은 기업에서 아직 그 기대에 미치고 못하고 있고 그에 따라 널리 쓰이지 못하고 있다. 나아가 이렇게 되는 것의 주요 이유로서 기업의 조직문화나 사실상의 정치사회적 관계가 이러한 기법과 반드시 합치하지 않기 때문이라는 진단이 있다. 각개 조직은 모두 나름대로의 특이한 조직문화를 가지고 있는 것인데 경영효율의 제고만을 목적으로 하고 도입된 ERP 등의 기법이 이러한 기업별 특이성과 충돌하기도 하기 때문에 결과적으로 이들이 유효한 제도로서 정착되고 있지 못하고 있다는 시사이다. 그런데 인터넷을 더 널리 써서 모든 기업이 보다 투명해지게 되면 기업별 특이성은 줄어들게 될 것이고 기업간 공통성 또는 유사성은 늘어나게 될 것이다. 그 결과보다 표준화된 시스템이 널리 쓰이게 되는 영역이 확대될 것이다. 그로써 종래 경영효율성 제고를 위해 ERP 등 수단을 구가할 수 없었던 많은 중소기업들도 이들을 활용할 수 있게 될 것이다. 보다 많은 나라에서 보다 많은 수의 기업들이 인터넷 이용에 적극적으로 되고 그것에 기인하는 경영기법 등을 널리 실험하게 될 것이다.

차세대 인터넷

이러한 충실화의 단초는 차세대 인터넷(next generation internet)에 관한 논의에서 이미 예견되고 있었던 것이다. 즉, 현재 인터넷에서의 클라이언트/서버의 구조가 웹 서비스를 중심으로 하는 구조로 바뀌면서, 정보를 가공하고 보관하는 웹의 중요성이 커지고, 각종 대형 프로그램이 그 부분요소(component)로 나누어져 네트워크에 소재하게 되며, 부분요소의 차원에서 개선과 보강이 이루어지면서, 클라이언트도 경량화되고, 공개 표준, 공개 프로토콜, 가장 소통력이 큰 언어인 XML 등이 핵심 역할을 하게 되리라는 것 등이 예견되었었다. 이런 때 데이터, 프로세싱, 인터페이스는 모두 분리되고 이들은 각각 그들이 쓰이는데 가장 효율적인 곳에 소재하면서 활용되게 될 것으로 보았다. 사진이나 동영상 등 컨텐트, 이메일이나 IM이나 사회 네트워크 등 응용방법, 워드 프로세서나 스프래드 쉬트 등 소프트웨어를 모두 네트워크로부터 꺼내다 쓸 수 있게 될 것으로 보았다. 종래 PC에다 많은 기능을 넣어 쓰던 stand alone PC의 관행이 앞으로 네트워크PC로 바뀌게 된다는 거역할 수 없는 추세를 누구나 수긍하게 될 것이라 보았다.

이에 응용시스템의 중심도 회계, 예산, 급여 등 후선업무(back office task)에서 소비자 서비스, 생산 및 판매 등 일선업무(front office task)로 이동하게 될 것이다. 인터넷에 의해 모든 컴퓨터가 통합되어 네트워크와 컴퓨터의 차별화가 불분명해지며, 각종 공개표준이 활용되어 어떤 응용방법이든 그 임계치(critical mass)에 쉽고 빨리 도달하게 될 것이다. 나아가 인터넷의 웹을 끌어다 쓰는 기기는 PC에 한정되지 않고 휴대폰, MP3, iPod 기타 다른 기기로 확장될 것이다.

많은 SW와 응용서비스가 부품화되어 널리 이용되게 되면 이들은 반드시 온라인 상태에서 활용될 필요 없이 오프라인 상태에서도 이용될 수 있게 될 것이다. 예컨대 어떤 SW나 게임을 다운로드 받아 휴대폰에 가지고 있다가 오프라인 상태인 비행기 안에서 이용하는 것이다. 이러한 SW나 서비스가 Google이 추구하는 것과 같이 원천공개되는 것이라면 그런 것들의 개량이 의외로 신속히 이루어질 수도 있을 것이다. 이들 모두에게 광고를 붙이기는 어려울 것이나 이들 이용을 편리하게 하는 지원서비스를 하면서 수익을 얻을 수는 있을 것이다. 아무튼 오프라인에서의 이용은 틀림없이 수요를 확장하는 것으로 될 것이다.

각종 정보를 값싸게 얻을 수 있게 됨으로써 기업이 내부에서 해야 할 과업이 줄어들고 보다 많은 것을 외부에 의존하게 될 것이다. 그로써 시장의 영역이 확대되고 가격기구의 역할이 커지게 될 것이다. 종래 외주의 가능성을 고려 외로 한 채 각개 기업이 내부적 효율화에 주력하던 전통으로부터 벗어나 경리, 마케팅, 채용, 분배 등 기능을 중심으로 외부의 공급자가 대두하게 되고 종국적으로는 이들이 정보를 근간으로 하는 정보공급체인(information supply chain)을 형성하게 될 것이다. 자신이 최효율적으로 할 수 있은 역무만을 기업 내에서 하고 나머지는 그런 기능을 최선으로 수행할 수 있는 기업에 외주를 줌으로써 안으로는 내부를 재정비하고 밖으로는 파트너와의 좋은 협력관계를 유지하여 전체적으로는 정보의 최선 이용에 의한 최고의 효율을 시현하게 되리라는 것이다.

이러한 상황에서 웹 서비스는 재사용 가능하고(reusable), 공개표준(open standard)을 활용하며, 수요에 즉각 적응하고(adaptable), 서비스의 규모를 증대 또는 감소시키기가 용이하며(scalable), 부품화되어(compartmentalized) 있어 짜 맞추는 마감질을 최소한으로 할 수 있게 하고, 각개 부문의 안전장치가 일관성을 지니어 전체적으로도 안전하면서(secure), 불필요하게 되면 쉽게 폐기할 수(disposable)있다는 성질을 가지게 될 것이다. 서비스는 국가, 지역, 개인별로 차별화된 다음 위치파악 SW의 도움을 받으며 이용자에게 맞춤서비스로서 제공될 것이고 RSS 기타 간편한 전달수단이 배전으로 활용될 것이다. 마약, 도박, 불법금융거래 등 불법이용은 자동적으로 차단될 것이다.

아마도 이러한 상황에 이르러서는 정보체인의 관리(information chain management)가 핵심사안이 될 것이다. 종래의 경제사회생활에서는 정보의 내용 그 자체와 더불어 정보의 내용을 적은 종이를 수수하는 등 관련 행위가 함께 묶여 번들(bundle)화되어 쓰여 왔었다. 그러나 앞으로는 정보의 내용을 전달하는 행위와 그것에 부가된 행위가 서로 분리 차별화되고 이 중 매우 효율적으로 될 수 있는 정보의 처리와 전달은 다른 부가행위로부터 독립하게 되어 경제적 효율성을 독자적으로 도모해 나가게 될 것이다. 예컨대 자금을 움직이는 금융거래는 앞으로는 종이증표의 수수와 관계없이 정보시스템 속에서 완전히 독자성을 지니게 될 것이다. 그러나 이러한 예견과 다르게 자금수수는 종이로 된 증표의 수수를 여전히 동반할 것이고 정보시스템 내에서 종결되지 않을 것이라는 이견도 없는 것은 아니다. 이런 이견의 근거로는 상당한 기간 사람들이 종이증표를 써 온 종래의 습관으로부터 벗어나지 못하리라는 것, 정보시스템 내에서의 안전성에 대해 의구심이 크다는 것, 그 안에서의 거래에 대한 인증(authentication)에 대해 법제도적 정리가 늦어 불안이 있다는 것, 종래 종이를 쓰던 시스템을 완전히 이탈하게 되었을 때 경제사회시스템이 더불어 바뀌게 되고 그에 따라 나타날 고용불안 등 부작용에 대해 우려가 크다는 것 등이 제시되고 있다. 그러나 이러한 취약점들은 궁극적으로 극복될 수 있을 것이고 그 이후에는 자금의 움직임을 추적하는 정보의 움직임만이 남게 될 것이다. 그러니 이러한 상황에 임해서는 정보의 움직임을 주목하고 관리하며 활용하는 것이 핵심적인 일로 되면서 이른바 정보체인의 관리가 전면에 부각되게 될 것이다.

컨텐트 신디케이션의 발전

종래에는 기왕의 네트워크 사업자가 ISP를 겸하기도 하면서 인터넷 접근서비스를 제공하여 왔었다. 네트워크에 대한 공개접근(open access)이 이루어지기 이전에는 이들의 우위가 현저했다. 그러다가 공개접근이 강제되자 독립된 ISP들이 성공하는 경우가 생겨나게 되었다. 이들은 각종 컨텐트를 종합하는 컨텐트 신디케이션(content syndication)을 통해 이용자에게 보다 나은 서비스를 제공할 수 있었는데, Yahoo, 네이버 등이 이에 해당한다고 할 수 있다.

이들은 검색서비스뿐만 아니라 대화방 서비스, 사진을 서로 교환하고 음악곡을 다운로드 받을 수 있는 서비스 등을 제공하는 등 복합서비스 ISP 또는 종합 ISP로 변신하였다. 이러한 변신에 먼저 성공한 ISP의 다른 ISP에 대한 우위는 현저하였다. 그러다가 이런 서비스가 분화(unbundling)되고 ISP들간의 경쟁이 심화되면서 네트워크 제공서비스보다는 점점 희소성이 심화되어 가고 있는 컨텐트 및 컨텐트관련 서비스의 가치가 상대적으로 높아지게 되었다. 인터넷의 가치사슬(value chain)의 시각에서 보아 네트워크 사업자의 우위가 약화되고 컨텐트 제공자의 중요성이 커지는 전환(shift)이 이루어지게 되었다. 종합 ISP의 업무 중 컨텐트 신디케이션의 비중이 점점 높아지게 되었다.

무선단말기의 집약적 이용

이러한 변화가 이루어지는 때 가정과 기업에서 중심역할을 할 것으로 기대되는 기기는 무선전화기 또는 휴대폰이다. 무선기술로는 비교적 오래 머물 수 있는 곳에서는 WiFi나 WiMAX가 이용될 것이고 자동차 등 계속 움직이고 있는 곳에서는 3G 또는 4G가 쓰이게 될 것이다. 이러한 상황에서는 언제 어디에 있든 관계없이 사람들은 PC, TV, 기타 가전제품 등을 재량껏 통제할 수 있게 될 것이다.

이러한 때에는 뉴스, 기상정보, 교통상황을 알려주는 기기도 나타나고 메시지를 전해주는 시스템도 나타나게 될 것으로 상상한다. 이와 관련해 B. Gates는 뉴스, 기상정보, 교통상황 등을 즉각 알 수 있게 하는 시계를 예로 들어가며 이런 기기와의 통신은 특수 기술(smart personal objects technology)로 구동되는 PC로 이루어지게 될 것이라고 하였다. 그러나 오늘날의 유선통신과 무선통신의 역할 분담을 볼 때 이는 PC 중심으로 되기보다는 무선전화 중심으로 시현될 공산이 크다. 음성통신에서도 무선전화가 유선전화를 대체해 왔는데 이러한 변화추이는 데이터통신에서도 지탱되게 될 것이다. 무선단말기의 용도는 앞으로 속속 다양화되고 그 기능은 확충될 것이다. 무선전화는 스마트폰으로 되어 그래픽 기능을 보강하고 항시 게임을 할 수 있도록 될 것이다. 휴대폰의 작은 스크린이라는 근본적 한계는 스크린의 화면을 벽면에 확대하는 프로젝터의 개발이나 접고 펼 수 있는 이동형 스크린의 등장 등으로 보완될 수 있을 것이다. 그러나 이들이 완성되기 이전에도 휴대폰의 스크린을 휴대폰 이용과 동시 또는 차후에 TV스크린과 동시에 활용하는 방법으로 보완할 것이다. 휴대폰은 차후 계속 진화할 것이다.

인터넷은 많은 매체를 퇴출 또는 사양길에 들게 하였다. 전보는 없어졌고 음악 레코드나 CD도 생활의 주류에서 밀려났다. 신문도 위축되고 있다. 그러나 아직 국제전화에서는 그런 변화의 기미가 현저하다고 하기 어렵다. 인터넷전화를 값싸게 할 수 있으나 이는 컴퓨터가 있어야 하지 휴대전화를 가지고는 하기 어렵다. 때문에 해외여행 중 휴대전화를 가지고 다니면서 전화를 하기도 하고 이미 알려진 번호로 전화를 받기도 하는데 이런 때에는 비싼 로밍요금 및 사용시간에 대응하는 사용요금을 내는 이외에 다른 도리가 없다. 그러나 휴대전화를 단말기로 사용하면서 인터넷을 이용해 싸게 국제전화할 수 있게 되는 것은 무선인터넷 및 인터넷의 지역불문성을 상기할 때 불가능한 일이 아니다. 현재 기술적 고려, 소비자 지원서비스, 데이터 보관 및 문서화, 국내전화요금 등과의 형평성 등을 고려해야 하고 이들을 만족스럽게 해결하는 방법이 마련되어 있지 않아 해외여행 중 쉽게 이용할 수 있는 값싼 인터넷 전화가 없으나 조만간 등장하게 될 것이다. 현재의 상황에서는 국제적으로 무선전화를 쓰기 위해서는 HW, SW, 기타 장치시설을 가지고 있는 기존의 이동통신 네트워크에 의존할 도리밖에 없으나 차후 이런 모든 것을 SW로 대체할 수 있게 하는 기술이 나타나면 서로 GSM이냐 CDMA냐 등의 서로 이질적인 기술에도 불구하고 간극 없이 소통할 수 있으면서 업데이트도 용이하게 되는 상황이 전개될 수 있을 것이다. 이를 위한 첫 단추는 모든 단말기의 잠금장치를 풀어 어떤 단말기라도 이용자의 계정정보를 담은 SIM카드를 끼기만 하면 이용할 수 있도록 제도를 정비하는 것일 것이다. 이런 첫 걸음은 다른 종류의 제도정비로 보강되게 될 것이다.

모바일 블로깅(mobile blogging, moblogging)도 재미나는 현상이다. 여기에서는 모바일 폰을 가지고 찍은 사진이나 간단한 문자메시지를 자신이 아는 블로그나 이를 수용하는 호스트 사이트에 보낼 수 있다. 블로그의 내용을 만들고 다른 데 전파하는 데 모바일 폰을 이용함으로써 시간적 장소적 제약으로부터 벗어날 수 있다.

현재 휴대폰의 기본용도는 전화를 하자는 것이며 이를 위해서 휴대폰은 항시 전화를 받을 수 있도록 대기상태에 있어야 한다. 한편 컨텐트를 다운로드 받기 위해서 상당한 시간이 필요한데 이 시간 중에는 대기상태로부터 이탈해 나가지 않으면 안 된다고 한다면 휴대폰을 이용하는 다운로드는 어렵게 된다. 통화대기를 하고 데이터도 다운로드 받으며 다른 용도로도 쓰는 복잡작업을 할 수 있도록 되기 위해서는 휴대폰의 기능이 획기적으로 개량되지 않으면 안 될 것이다. Google이나 Yahoo 등은 검색엔진 사업의 성공을 계승하여 무선단말기로도 자유로이 검색을 하고 다운로드할 수 있게 하면서 광고방식에 의한 수입확충을 모색하고 있다.

4. 새로운 환경 속의 새로운 서비스의 확보

무선기술은 차후 더 발전되고 완숙하게 될 것이다. 이하에서는 이러한 기술발전을 전제로 하고 그 역할과 기능이 제고된 새로운 인터넷이 가지게 될 비즈니스 모델 기타 기능적 측면을 고려해 본다. 새로운 형태의 서비스가 나타나고 인터넷이 공익재로 되어 가는 상황을 종래의 성공적 예를 조망하는 것과 더불어 짐작해 본다.

새로운 플렛폼

플렛폼이란 이용자가 어떤 컨텐트를 이용할 수 있게 하는 기반 내지 전제가 되는 제도나 장치를 의미하는 것이다. 플렛폼은 컨텐트 내지 서비스와 대립하면서 컨텐트나 서비스 이전의 모든 것을 포괄하는 일반적인 개념이다. 따라서 플렛폼은 다기한 의미를 가지게 된다. TV방송국이 컨텐트로서의 방송하는 내용을 방송하는 때 전파를 확보하고 컨텐트를 마련하여 방송을 하는 것이 방송 플렛폼을 예시하고 신문사가 신문기사라는 컨텐트를 종이에 인쇄해 보도하는 것이 신문 플렛폼을 보여준다. 마찬가지로 인터넷도 각종 웹에다 다기한 컨텐트 제공자가 실어 놓은 컨텐트를 접할 수 있게 하여 방송이나 신문과 다른 플렛폼을 제시하고 있다. 인터넷이라는 플렛폼은 그 안에서 검색엔지, 사회 네트워크, 게임 등에서 좀더 세분된 하부 플렛폼을 형성해 이용자들로 하여금 그러한 하부 플렛폼을 활용하도록 하고 있다.

플렛폼은 좀더 의미를 가지고도 쓰이는데 예컨대 PC에서의 Window처럼 SW개발자들로 하여금 새로운 프로그램을 개발하여 PC의 용도를 제고하거나 새로운 서비스를 도입할 수 있도록 하는 어떤 지반 내지 표준을 의미하기도 한다. MS의 Window에 대항하고자 Google은 Android처럼 대체 플렛폼을 제시하려 노력하고 있으며 Yahoo는 기왕의 Window운영체계는 승계하되 컨텐트나 서비스를 추가하는 방법은 새로운 방법을 채택하는 다른 대안을 마련하려 준비하고 있다.

인터넷에서 데이터 소통량은 기하급수적으로 증가하고 있다. 이러한 상황에서 사람들은 언제 어디서나 쓸 수 있는 고품질의 초고속 인터넷 접속서비스를 요구하고 있다. 네트워크와 직접 연결된 넷 가전제품, 넷 자동차, 넷 주택이 나타나게 될 것이고 이들 모두에서 쉽게 쓸 수 있는 플랫폼(platform)이 형성되어 다기한 비즈니스를 구현하게 될 것이다.

어떤 플렛폼 또는 그런 것의 하부 플렛폼이 마련되고 나면 거기에다 실어 쓸 수 있는 컨텐트가 마련되어야 한다. 이러한 컨텐트는 주로 UCC의 대부분에서 볼 수 있는 것처럼 비교적 간단하고 사소한 것들이겠으나 전문가에 의해 고심의 과정을 통해 마련되는 고급의 값진 것들도 포괄한다. 고급의 컨텐트를 만드는 것은 사소한 컨텐트를 만드는 것보다 어렵다. 이러한 고급의 컨텐트 중 상당한 길이의 이야기를 만들어내는 일을 스토리 텔링(story telling)이라고 지칭한다. 스토리 텔링은 다른 종류의 고급 컨텐트를 만들어내는 것보다도 어렵다.

컨텐트를 확충해 가고 각종 플렛폼이 개발되어 가고 있는 가운데 이러한 개발의 기반이 되면서 성장을 촉진하는 데 기본이 된다고 여겨지는 광섬유 커뮤니케이션 관련 기술에 대한 기대가 높아지고 있다. 한편 그것에 대립하여 무선 웹 소통량에 대한 수요가 급성장하게 될 것도 예견되고 있다. 더불어 데이터베이스와 서버를 무선 애플리케이션에 연결시켜 주는 소프트웨어에 대한 요구도 커지게 될 것이다. 무선통신회사들은 수백만 개의 무선기기에 각종 애플리케이션을 제공하기 위해 ASP들과 보다 긴밀한 협조를 하려고 할 것이고 이 점과 관련해서 기반기술과 데이터 수용용량이 더욱 중요하게 될 것이다.

아마존닷컴과 야후와 같은 유선 웹의 대표적 주자들은 유선 웹 분야에서 지켜온 선두자리를 이렇게 변화해 가는 환경하에서도 빼앗기지 않기 위해 무선 웹을 공략하고 있다함을 앞에서 말했다. 초기에 무선 웹에서 지원한 전자상거래가 아마존닷컴의 도서주문이었다는 점이 이를 상징하고 있다. 성공한 닷컴 기업들뿐만 아니라 AT&T와 도이치텔레콤과 같은 글로벌 통신회사들 그리고 모토롤라와 삼성같은 무선기기 제조업체들도 무선 웹에 대해 높은 관심을 지속적으로 보이고 있다. PC운영체계와 관련하여 윈도우를 개발하여 제공한 마이크로소프트는 핸드폰을 위한 개선된 운영체계를 마련하려는 데 진력하고 있다.

맞춤화된 서비스

무선인터넷의 번창은 새로운 서비스의 등장 및 집약적 활용을 실현할 수 있게 할 것임을 강조해야 하겠다. 새로운 인터넷은 원하는 때에 맞춤화된 데이터에 접속하는 일을 가능하게 함으로써 다양한 서비스를 구가할 수 있게 할 것이다. 이러한 서비스는 사용자의 위치와 사용시간에 맞게끔 개별화된 커뮤니케이션으로 될 가능성이 크다. 이런 때 컨텐트는 자료검색은 물론 개인의 건강과 안전, 일정 및 지식관리, 오락, 교육, 전자학습, 전자상거래, 사회네트워크 등에 이르는 다양한 것들을 포괄하게 될 것이다. 자동판매기에서 청량음료를 사고 단말기를 이용해 결제하는 것은 무선인터넷의 이러한 가능성을 보여주는 초기단계의 예였다. 소비자가 언제나 들고 다니면서 필요할 때 정보를 검색하고 물건을 살 수도 있도록 하는 무선 전자지갑과 같은 것도 출현하게 될 것이다.

최근의 알고리즘(algorithm)의 발달이 맞춤화된 서비스를 가능하게 하는 것의 근간이 되고 있다. 어떤 과제를 수행하는 과정에서 밟아야 하는 매 단계에서 취해야 할 방법을 알려주는 일종의 공식이라 할 수 있는 것으로서의 알고리즘이란 컴퓨터의 성능이 증강되고 데이터가 많아지게 됨에 따라 꽃을 피우게 된 것이다. 많은 데이터를 최대한 사용하여 어떤 주어진 문제에 대한 최선의 해답을 구하려고 할 때에는 개재되어 있는 문제의 복잡성 및 다면성에 따라 문제를 정식화하고 가능성을 고려하는데 수많은 조합을 일일이 감안하지 않으면 안 되게 되어 있는데 통상 이런 문제의 해결은 인간의 계산능력은 초과하는 것이다. 그러나 계산능력이 월등한 컴퓨터를 활용하게 되면 최선의 해법을 구체적으로 얻을 수 있게 되어 있다. 알고리즘을 쓰는 이런 접근방법의 장점은 사안이 계속 바뀌어 가고 시기에 따라 상이한 데이터를 입력해야 하기에 문제의 규모가 더 커지고 또 그러한 자료의 처리에 사용자들과의 상호소통해야 하면서 사용자들에 대한 차별화된 해법을 제시해야 하는 경우에는 더욱 부각되고 있다. 그러나 데이터가 신뢰하기 어렵다거나 불완전한 경우에는 계산결과를 해석하고 이용하는데 기계적 계산결과 이상의 인간의 판단이 추가되어야 한다. 알고리즘은 병참 조달, 콜 센터 운용, 공항에서의 비행기 이착륙관리 등에서 유용하게 활용되어 왔으나 특히 검색엔진에서 요망되는 사이트를 찾는데 필수적이었다. 달리 말하면 검색엔진의 경쟁력은 알고리즘의 효율성에 직결되어 있었다.

새로운 서비스의 도입은 기술에 의존할 것이나 동시에 그것 개발자의 상상력과 소비자의 기대를 반영할 것이다. 과거에 핸드폰 벨소리를 가지고 관련자들은 큰 돈을 벌었다. 가까운 미래에 비디오게임에서 비디오 커뮤니티를 위한 게임 등 새로운 종류의 모바일 오락기능에서 더 큰 성공의 예가 보여질 수 있을 것이다. 에듀테인먼트도 꽃피게 될 수 있을 것이다.

디지털 컨버전스

근년 통신과 방송의 융합 또는 디지털 컨버전스(digital convergence)가 자주 논의되고 있다. 모든 자료나 컨텐트가 디지털화되게 되면서 동시에 통신에서의 유무선 네트워크를 이용하여 통신은 물론 방송을 하는 것까지 가능하게 되었기 때문이다. 방송망을 통하여 일방적으로 송출만을 했던 종래의 방송 상황으로부터 통신 네트워크를 통하는 방송내용을 피동적 또는 선택적으로 다운로드 받아 즐길 수 있고 또 방송내용과 관련된 의사를 방송국으로 업로드까지 할 수 있는 상황이 가능하게 된 것이다. 이는 통신사업자나 케이블 TV 사업자가 기왕의 서비스시장이 위축되거나 정체되어 가는 것을 보고 그것을 대체할 복합서비스를 내놓아 대응하려고 하는 데 기인하는 것이기도 하다. 예컨대 통신사업자들이 주어진 네트워크의 더 이상의 활용을 위하여 방송 유사의 일에 진입하려는 것이나 방송사업자인 케이블TV가 방송보다 통신의 영역이라고 해 온 인터넷전화 사업에 진입하려는 교차진출하려는 노력에 기인하는 것이다. 케이블TV 사업자는 이로써 TV, 브로드 밴드, 전화를 모두 취급하게 될 수 있다. 이에 대응하여 기존의 전화사업자는 VOIP를 운영하는 것은 물론 IPTV를 시도하고 무선전화사업을 자회사의 형태로 운영하려 할 것이다. 우선은 인터넷 방식을 수용하는 IPTV가 널리 활용될 것이다.[19] 그 도중

19) 단기적으로 IPTV는 실험실 이상의 대규모 수준에서 많은 고객을 대상으로 하여 관련 SW와 HW를 통합할 수 있어야 하며, 채널을 바꿀 때의 단절을 극복하는 문제, 전화나 인터넷을 동

에 무선 네트워크를 이용하는 IPTV 사업자와 자신의 네트워크를 가지고 IPTV 사업을 하는 자 및 임차한 네트워크를 가지고 IPTV사업을 하는 자들 사이에서 상당한 경쟁이 일어나게 될 것이다.

이러한 디지털 컨버전스의 근저에는 모든 정보가 디지털 형태로 웹, 블로그, 이메일 등에 산재되어 있음에도 불구하고 이들을 쉽게 통합하고 정리하는 것이 가능하게 되었다는 사정이 있다. 이러한 정보를 데이터베이스로 만들어 분석하고 활용할 수 있게 된 때문이다. 그런데 최근에는 이러한 정보를 분석하는데 SW에 더 많이 의존하게도 되었다. 이로써 텍스트 및 이미지를 식별하고 공통되는 패턴이나 특징을 찾아내 종래보다 훨씬 신속하게 분석할 수 있어 최신정보를 긴급히 보고 대처해야 하는 상황에서 요긴하게 쓰게 되었다. 예컨대 전염병이 퍼지는 때 이의 실태를 즉각 알아 대처한다거나 복잡하고 긴 생산공정 중 이상을 발견하고 대응방안을 마련하는 데 신속한 데이터의 수집 및 분석과 대응방법 마련에 쓰이게 된 것이다.

웹 2.0은 이러한 방향으로의 변화를 가속시키고 있고 앞으로 더욱 그러할 것이다. 종래 웹 1.0에서는 웹을 작성하기가 반드시 쉽지만은 않아 그것을 제공하는 사람은 상대적으로 적었고 이용하는 사람은 상대적으로 많았다. 웹의 수급에 불균형이 있었다. 그러나 웹 2.0으로 웹의 작성이 쉬워지고 어느 정도 정형화되었으며 종래 텍스트 중심이던 정보가 사진 및 동영상을 포괄하게끔 되었다. 디지털 카메라와 휴대폰의 카메라가 널리 퍼지게 되고 이들을 편집하고 자막을 삽입하는 일이 용이하게끔 하는 여러 수단이 주어지게 되어 제작이 쉬워지게 되었으며 고속 전송기술과 압축기술을 써 전송도 쉬워지게 됨으로써 웹의 공급이 늘어난다. UCC의 증가가 이러한 변화의 가장 현저한 결과라 하겠는데 이에는 아마추어들까지도 오프라인 스튜디오를 사용할 수 있는 길이 마련되었다는 것이 도움이 되고 있다. 더불어 저장공간이 늘어나고 전시장소도 주어져 수요도 늘어나게 되었다. 포털이 컨텐트의 집결 및 릴레이를 용이하게 한 것 및 UCC 공개시장이 나타나게 된 것도 유통을 활성화시키었다. 한정적이지만 저작권 문제에 대해 이용허락을 명시적으로 하게 한

시에 사용할 때 그림이 떨리는 문제 및 설치의 단위시간을 단축하는 문제 등 기술적인 문제도 해결해야 한다.

것도 이에 도움이 되었다. 이에 앞으로 컨텐트 생산은 더 활발해질 것이고 그 이용도 적극적으로 될 것이다. 그로써 사람들이 각종 컨텐트를 자유롭게 올리고 인터넷 서비스를 직접 고안해 제공할 수 있게 될 것이고 그로써 이용자의 적극적인 참여가 현저해지게 되고 양방향 의사소통의 환경이 조성될 것이다. 웹 2.0 이후 플렛폼으로서의 웹 등의 역할은 더욱 고양될 것이다. 디지털 컨버전스에 힘입어 웹의 수급불균형이 점차 조정되게 될 것이다.

예술성을 지니는 인터페이스의 확보

스마트폰 인터페이스 디자인 개발에 있어서 큰 걱정거리는 소비자가 무선기기를 사용하는 동안 그것을 보고 반응할 수 있도록 하는 그래픽 사용자 인터페이스(graphic user interface: GUI)를 확보하는 것이다. 현재 유선 웹의 브라우저나 PC 기반의 애플리케이션을 위한 훌륭한 그래픽 인터페이스는 기술이라기보다 일종의 예술이기 때문에 그것을 객관화하여 기계적으로 전수하기가 쉽지 않다고 한다. 반면 예술성을 지니고 있고 실력 있는 웹 디자이너들은 항상 부족하다. 나아가 이러한 웹 사이트를 여러 언어로 번안해 여러 나라 사람들이 쓸 수 있도록 만드는 것도 중요하다. 이를 위해서는 정확한 번역을 값싸게 할 수 있어야 할 것이다.

무선 웹 디자인에 있어서도 이상의 모든 요소들은 중요하다. 그러나 무선에서는 대역폭의 한계가 두드러지기 때문에 이상의 요망 중 대부분은 당장은 크게 문제되지 않는다. 대역폭이 커지지 않는 한 스마트폰과 무선 PDA와 같은 무선기기에서 움직이는 컬러 그래픽을 절실하게 기대하지는 않을 것이기 때문이다. 단기적으로 무선기기는 주로 텍스트 리스트를 사용하는 레트로 룩(retro 1ook) 기능을 지원하게 될 것이다. 그러나 장기적으로는 이런 한계가 극복되지 않으면 안 될 것이다.

새로운 비즈니스 모델의 마련

비즈니스 모델이란 기업이 거래의 각종 구성요소들을 섞어 만든 총체로서, 고객에게 보다 높은 가치를 제공하면서 스스로는 수입을 증대시키고 이익을 도모하려는 때 쓰는 방법 내지 그 방법의 형상화를 뜻한다. 비즈니스 모델을 차별되게 하는 구성요인으로는 활용하는 자원, 생산하는 상품 및 가격 결정방법, 마케팅 및 광고, PR 등 여러 가지를 든다. 비즈니스 모델은 기업으로 하여금 경쟁력(competitive advantage)을 지니면서 돈을 벌게 하는 활동방식을 총체적으로 인식한 것이다.

새로운 자원의 개발, 새로운 시장의 대두, 기술발전 등으로 경제상황이 근본적으로 바뀌게 되거나 비즈니스 관련 정부의 정책이 달라지게 됨에 따라 비즈니스 모델은 달라지게 된다. 이들이 비즈니스 모델 선정의 여건이 되기 때문이다. 새로운 비즈니스 모델을 개발한다는 것은 따라서 이런 변화에 대응해 종래 활용되어 오던 구성인자의 구성방법 내지 형상화와 다른 새로운 활용방법 내지 형상화를 이루어 내는 것을 뜻한다. 상이한 비즈니스 모델을 가져오는 이상의 요소 중 근년 중시되는 것들은 소비자의 수요, 그러한 수요에 대응하는 가용서비스, 그러한 서비스 제공의 용이성 및 채산성, 특히 최종 소비자들이 직접 지니는 단말기의 이용편의성 등이다. 새로운 비즈니스 모델은 효율성(efficiency)을 높이거나 기왕의 활동과 보완성(complementarity)을 증대시키거나 소비자의 고착(lock-in)을 불러오거나 전혀 새로운 창의성(novelty)을 과시함으로써 각개 경제활동의 가치 및 기업의 가치를 증대시키게 된다. 이는 경쟁력을 제고시키는 방도가 된다. 물론 기업의 입장에서 보면 비즈니스 모델은 이윤, 현금흐름, 업계에서의 위상, 수입, 관련 행위에서의 편리성, 원가절감 등 가시적 성과를 증대시키는 것으로 되어야 한다.

A. Toffler는 그의 최근 저작 「부의 미래」에서 앞으로의 사회에서 주목해야 할 사항으로서 시간, 공간 그리고 새로운 성격의 지식을 주목했다. 앞으로 경제생활을 함에 있어 많은 부분에서 행동의 속도가 달라지게 될 것, 활동하며 가치를 창조하는 공간이 달라질 것, 그리고 지식이 종래의 그것과 내용, 질, 양 등에서 달라지게 될 것으로 관찰하였고, 이러한 사유에 따라 앞으로 개발되고 동원될 비즈니스 모델이 달라지게 될 것을 시사하였다. 과연 디지털 혁명 이후 MS Window, Google의 sponsored link로 무장된 검색엔진, eBay나 Yahoo에서의 새로운 사이버 활동은 이들 각각이 나타나기 이전의 상황과

비교해 보면 시간, 공간, 지식의 일부 또는 전부가 달라진 뒤 막대한 가치를 창조한 비즈니스 모델이었음을 알 수 있다.

오늘날 유무선으로 인터넷을 사용하는 다기한 방법이 나타나는 것과 대응하여 그러한 각종 응용을 보다 편리하게 하는 기기도 다양화되고 있다. 기왕의 기기에 새로운 기능이 추가되어 다기능화되고 복합화되고 있다. 이러한 것들의 예로는 PC의 성능이 좋아지고 Mac PC가 나타나 예술작업등을 보다 수월하게 할 수 있게 한 것, MP3나 iPod가 악곡을 다운로드 받아 즐길 수 있게 하여 종래의 Sony 워크맨을 무색하게 한 것, 전화, 악곡 다운로드, 인터넷 통신을 모두 하나의 기기로 할 수 있게 하는 iPhone 등 현저한 경우라 할 것이다.

스마트폰에 달린 디스플레이 화면의 개발 및 웹 접속 인터페이스 디자인에 대한 새로운 혁신이 기대되고 있다. 현재 스마트폰의 디스플레이는 너무 작기 때문에 우선은 PDA에서 사용되고 있는 정도로는 커지게 될 것으로 보인다. 그러다가 그것은 접거나 말아 가지고 다니다 필요시 휴대폰에 연결하여 쓸 수 있게 하는 방식으로 되어 화면의 제약으로부터 벗어나게 될 것이다. 나아가 단기과제에서 보았듯이 그것에 대한 입력 및 출력차원에서의 개선도 있게 될 것이다.

인터넷 비즈니스 모델의 심화

디지털 기술을 수용하고 인터넷을 본격적으로 쓰게 된 것도 중요한 변화이기에 비즈니스 모델은 종래와 다른 것이어야 하겠는바, 이런 상황에서의 비즈니스 모델, 즉 인터넷 비즈니스 모델은 어떠해야 하는 것이 관심거리가 된다.

일반적으로 말해, 인터넷 비즈니스 모델은 웹 사이트로 출발하여 방문자가 많아지고 일종의 커뮤니티가 형성되게 됨에 따라 그 사이트를 광고수입의 기반으로 사용하게 되면서 형성되었고, 차후 그것을 상거래(e-commerce)나 교육(e-learning), 엔터테인먼트(e-entertainment) 등의 마당으로 쓰게 되면서 정착되고 더 발전되어 왔다.

통상적으로 인터넷 비즈니스 모델은 그것들을 차별화하는 요소 중 몇 가지 기준을 가지고 구분되곤 한다. 이 중 가장 대표적이라 할 수 있는 것이 성과를 나타내는 지표라고 할 수 있는 것들인 수입 또는 이윤을 기준으로 삼아 어떠한 방도로 수입을 얻거나 이윤을 확보하느냐를 초점으로 하여 비즈니스 모델을 2가지로 구분해 보는 것이다.[20)]

우선 수입을 기준으로 삼아 비즈니스 모델을 구분해 보자. 인터넷을 이용하면서 수입을 확보하는 방도로는 인터넷을 이용하는 거래의 규모 등에 대응하여 수수료(commission)를 받는 방법, 방문하는 이용자들에게 광고를 할 수 있는 마당을 마련해주면서 광고주들로부터 광고료를 받는 방법, 매매에 개재된 부가가치에 마크 업을 부가하는 방법, 생산 후 유통과정을 배제하고 소비자에 직접 접근함으로써 생산자가 유통업자에 의존할 때 얻을 수 있는 부가가치 이상을 수입으로 얻는 방법, 소비자를 기업에 소개해 주고 소개료를 받는 방법, 관련 서비스를 이용하게 하면서 일정 기간을 단위로 하여 이용료(subscription fee)를 받는 방법, 직접 서비스를 공급하면서 서비스 제공에 대한 대가를 받는 방법 등 여러 가지가 있다. 그리고 이런 수입확보 방안의 차이에 따라 상이한 비즈니스 모델이 규정되게 된다.

다른 예로서 이윤을 얻는 근본 원천이 어디에서 기인하느냐에 따라 비즈니스 모델이 구분되기도 한다. 매매(e-commerce), 컨텐트의 종합(content aggregator), 중개(broker), 시장조성(market maker), 서비스 제공(service provider), 백본 운영(backbone operator), ISP, 마지막 1마일 제공(last mile provider), 컨텐트 창작(content creator), SW공급, HW공급 등의 역무를 주로 하면서 이윤을 얻는 사업자를 각각 차별화해 다른 비즈니스로서 구분하는 것이다.

이렇게 구분해 본 모든 인터넷 비즈니스 모델은 어느 것이든 비즈니스 모델을 차별화지우는 다른 요소들은 변하지 않고 일정하다는 것을 전제로 하는 것이다. 따라서 이러한 예에서 제시된 비즈니스 모델이 가지는 한계는 자명하다. 나아가 인터넷 비즈니스 모델은 본질적으로 인터넷을 활용하는 것으로서 인터넷의 탈공간성, 탈시간성, 낮은 거래비용, 정보의 범용성, 네트워크

20) J. Cortada, The Digital Hand, volume II, Oxford University Press, 2006.

외부경제성 등을 십분 활용하는 것을 특징으로 한다. 이런 시각에서 본 인터넷 비즈니스 모델은 구체적인 예를 가지고 보아 2종으로 구분해 볼 수 있다. 그 하나는 종래 인터넷이 없었던 때에도 존재하던 굴뚝기업(brick-and-mortal firm)이었으나 이제 인터넷을 활용할 수 있게 됨에 따라 종래의 방식을 보다 효율적으로 전환시킨 종류이고, 다른 하나는 종래 인터넷이 없던 시기에는 존재하지 않았으나 인터넷의 등장과 더불어 새로이 생긴 종류로서 순수 인터넷기업(pure play firm)이라고도 지칭되는 것이다.

인터넷을 비즈니스에 쓰게 되면서 원가를 낮추어 수익을 높일 수 있는 가능성이 높아졌다. 그러나 기왕에 존재하던 기업이 인터넷을 활용하게 된다고 해서 반드시 원가절감을 실현하게 된 것은 아니었다. 모든 기업은 나름대로의 조직문화를 가지고 있다고 할 수 있는데 인터넷의 도입에 의해 새로이 도입된 여러 인자가 기존의 조직문화와 충돌하게 된다면 원가절감을 이루기 어렵게 되기도 하기 때문이다. 비근한 예로 인터넷의 도입으로 조직을 경량화하면서 인력을 감축해야 하는 경우가 빈번히 발생하는 데 인력감축은 결코 쉽지 않은 여러 문제를 불러오고 이때의 혼란은 상당한 비효율을 초래하게 될 수 있다.

반면 인터넷 환경에서 새로이 탄생하게 된 기업은 기존의 조직에서의 잔재와 후유증을 걱정할 필요가 없이 새로운 수익원을 찾아 시현하는 형태를 취하게 된다. 예컨대 한번의 클릭으로 게임을 할 수 있게 하는 시스템을 마련한 뒤 그 이용에 따라 종량제로 요금을 받는 모델로 큰 성공을 이룬 경우도 있고, 아바타나 도토리 등 종래에는 없었으나 인터넷 커뮤니티에서만 통용되는 아이템을 만들어 내 큰 수익을 얻은 경우도 있다. Google이 키워드를 검색할 때 검색결과에 있어서의 위치를 팔아 수익을 확보한 검색 및 광고모델은 그러한 것 중 가장 현저한 것이라 할 수 있다. 이 회사는 여기에서 한 걸음 더 나아가 ad sense, ad word라는 서비스를 제공하면서 추가의 수입을 얻고 있다.

종래의 성공적 모델

MS는 hotmail을 이용하여 많은 데이터베이스를 구축하였고 또 MS internet explorer라는 브라우저를 제공하여 정보화사회의 발전에 공헌하였다 그러나 이런 것보다 핵심적인 것은 MS가 Window를 통해 사용자 인터페이스(user interface)를 획기적으로 개선했다는 것이다. 이런 MS가 검색엔진에서는 현저하지 못해 Google로부터 위협받고 있다. 이러한 위협에 대한 대응으로서 MS는 Windowlive를 시도하고 있다. 이는, SW의 주기는 짧아지나 온라인으로 할 수 있는 일은 많아지는 추세를 수용하여, Window 등을 업그레이드 시켜 가면서 SW를 팔아 수입을 챙기던 종래의 관행으로부터 벗어나려는 노력이다. 즉 업그레이드된 Window SW를 비롯하여 뉴스, 날씨, 메신저, 이메일, 지역지도 등을 웹을 기반으로 하여 직접 네트워크에서 이용할 수 있는 서비스로 전환한 뒤, 그런 서비스를 이용료를 받고 팔려고 하는 시도이다.

최근 인터넷 비즈니스의 가장 성공적인 예가 Google이라고 하였다. 이에 Google에 대한 많은 도전자가 나타나게 된다. 검색시 핵심적 단어를 중심으로 하여 검색결과를 보여주는 방식대신 보다 큰 범위의 주제를 다루는 검색결과를 보여주는 경우도 있고, 결과의 순위를 결정하는 데 있어 방문자가 많은 사이트의 순서대로 보여주는 대신 다른 사이트와 연계(link)가 많은 사이트의 순서로 보여주는 경우도 있다.

광고를 받는데 정보와 지식을 추구하는 검색수요를 초점으로 하는 통상의 검색엔진과 달리 중국판 검색엔진 Baidoo는 중국사람들로부터 수요가 왕성한 연예계 정보나 연예물을 다운로드하게 하는 것을 중심으로 삼아 주로 중국 젊은 사람들로부터의 특유한 수요에 대응하는 검색서비스를 제공하고 있다. 더불어 사진을 검색할 수 있게 하고 그 곳에 블로그를 형성하는 것도 허용하고 있다. 이렇게 하면서 Baidoo는 정보검색 위주의 검색서비스를 적어도 중국에서는 따돌리고 있다. 단 연예물을 다운로드하는 과정에서 지재권 침해문제에 둔감해 법적 분쟁의 위험을 감수하고 있다.

종래 검색의 대상으로 되었던 것이 문자와 숫자로 된 텍스트중심이었다고 한다면 앞으로 중심이 될 것은 사진, 동영상 등 비디오 자료일 것이다. 따라서 이것을 어떻게 시행착오를 가능한한 회피하면서 틀림없이 검색할 수 있게 하느냐가 초미의 관심사가 되고 있다. 이점과 관련해 문자나 오디오 자료보다 비디오 자료의 광고효과가 막강함을 상기할 때 동영상 검색에서 성공하게 된다면 Google 이상으로 큰 광고수입을 얻고 성공할 수 있을 것이라 예견되고 있다. 이러한 때에는 Google도 한 때 검색엔진의 분야에서는 Alta Vista나 Infoseek에 비해 후발주자였으나 sponsored link의 혁신으로 오늘날의 공고한 지위를 차지하게 되었다는 것을 상기하고는 한다. 앞으로 인터넷이 공익재가 되고 네트워크와 서비스가 구분되기 어려운 상황에 들어가서는 이들 과거의 성공 예나 새로운 주역 모두 그러한 신환경에 적응하는 것이 되어야 할 것이다.

인터넷의 공익재로서의 활용

멀지 않은 시간 내에 사람들은 인터넷을 현재의 전기처럼 필요한 때 필요한 만큼 어디에서나 쓰면서 쓴 만큼 이용요금을 내는 체제로 되어, 이른바 '인터넷은 일종의 공익재(utility)' 로 될 것이라 전망하고 있다. 과거 각개 가정에서 전기를 쓰기 위하여 독자적 발전시설을 지녀야 하는 때가 있었으나 이제는 그러하지 않다. 인터넷 사용에 있어서도 이러한 사정과 비견되는 변화가 있으리라 한다. 머지않은 장래에 각개 인터넷 이용자는 그것의 이용을 위해 구비해야 하는 시설과 SW 및 시스템 등에 대해서 개별적으로 투자해야 할 필요가 없이 공익재로서 이미 존재하는 이런 것들을 필요한 때 필요한 만큼 사용하고 그 사용한 정도에 따라 사용료를 내기만 하면 되게 될 것이다. 이런 때에는 모바일 인터넷이 중심역할을 하게 될 것이다. 모바일 인터넷의 가치는 소비자와 투자자 모두가 웹이 지식기반을 강화해 주는 가상의 정보 슈퍼마켓이라는 사실을 인정하고 이를 적극 활용하려고 하는 한 확고하다 할 것이다. 과연 대부분의 구경제 기업들도 이제는 무선 웹을 필수적인 터치 포인트로 여기기 시작했다. 앞에서 단기과제로서 다룬 모바일 웹 비즈니스가 단기 이상의 시계에서도 여전히 중요하고 그 지향하는 바 과업을 이루어내게 되어야 할 것이다.

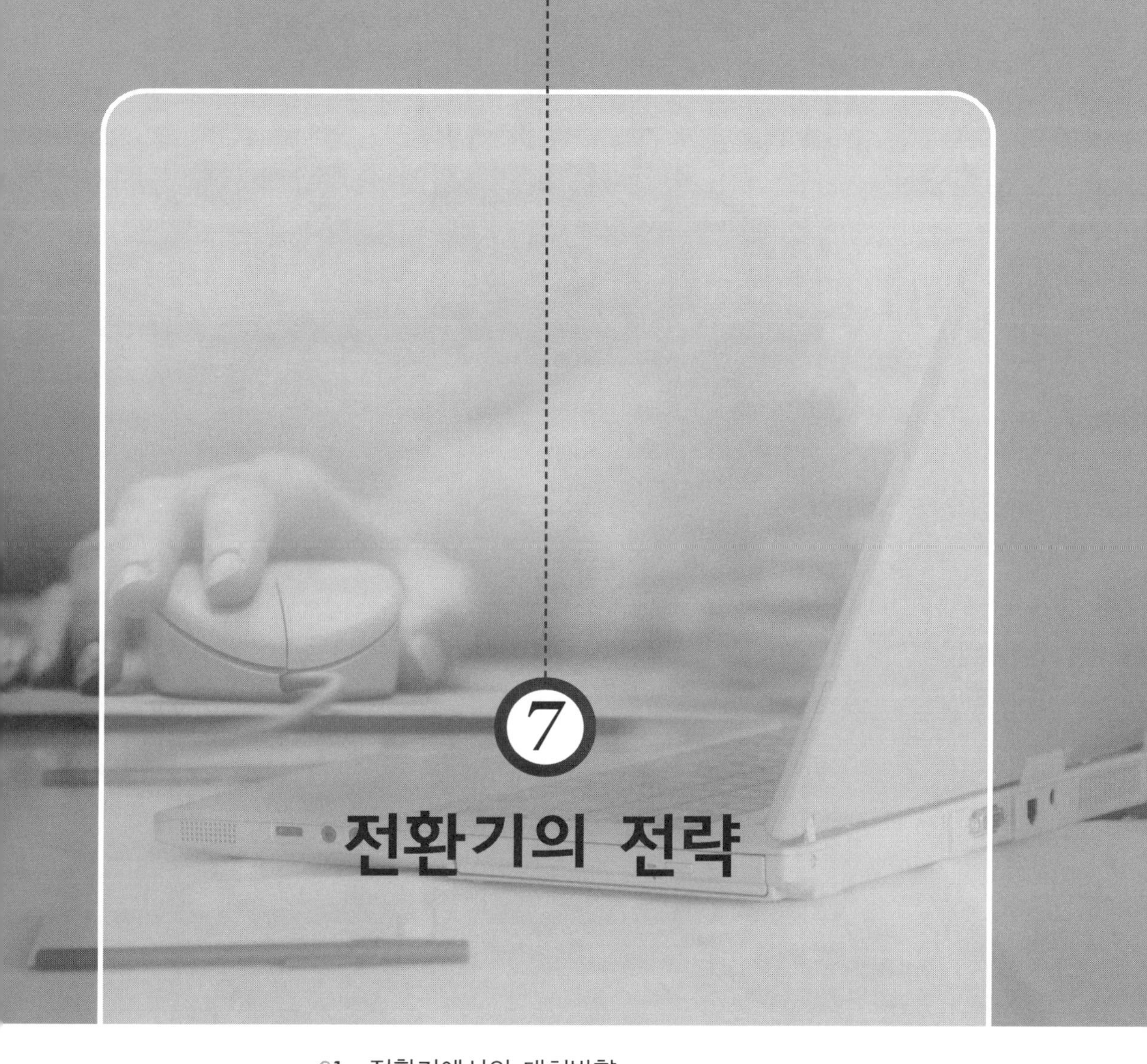

7 전환기의 전략

01 전환기에서의 대처방향

초고속 인터넷 소비강국일뿐 생산강국이라고 하기는 어렵다는 우리의 현실과 유비쿼터스 사회의 실현이라는 미래의 꿈 사이에는 크나 큰 간격이 있다. 전환기에는 이러한 간격을 좁혀나가는 데 힘을 기울여야 하겠고, 형식적으로 위에서 인터넷의 과제라고 적시한 것들을 풀어나가야 하겠다. 그러나 인터넷이 당면한 장단기과제를 일거에 해결해나가기 어렵다고 할 때 전환기의 과업은 현재 활용되고 있는 것들의 운용을 개선하면서 단기과제의 해법 중 쉬운 것들을 집행해나가는 것으로 좁혀질 수 있겠다. 유무선의 배합 중 무선의 비중이 더 커지는 추이를 수용하면서 무선인터넷을 더 간편하게 활용할 수 있도록 하는 제도를 마련하는 것, 3G 및 4G에 대한 준비태세를 점검하는 것, 보안문제에 대한 노력을 증가시키는 것, 가변요금제의 여지를 확대하는 것, 광고방식을 정리하는 것 등의 과제를 풀어나가야 하겠다. 특히 법제도를 정비해야 할 것이고 전자상거래, 이 에듀테인먼트 등의 분야에서 응용방법과 컨텐트를 늘리도록 해야 하겠으며, 새로운 서비스 및 그에 대응하는 일자리가 생겨나도록 UCC의 열풍을 활용할 수도 있어야 하겠다.

유비쿼터스 생활(u-life)의 한 단면으로 이른바 지능형 홈 네트워크(intelligent home network)가 종종 이야기 된다. 집에 적절한 장치를 갖추면 스마트폰이나 디지털 TV로 집안의 전등을 켜고 집안의 온도와 습도, 에어컨 바람의 세기를 조절할 수 있게 되리라는 것이다. 그러나 이런 것은 아무리 빨라도 2010년 이후에 가서나 실현될 수 있을 것이라 한다. 아직 그 실현 시기를 확실히 예단하기 어렵다는 것이다. 반면 이러한 한계 속에서도 유비쿼터스 사회의 단면이라고 할 수 있는 것들이 현재에도 어느 정도 이미 실현되어 있다. 재택근무를 하는 사람으로 하여금 필요할 경우 언제 어디서나 음성, 이메일, 팩스 등을 통해 사무실과 연락을 하는 것이나, 공항 터미널에서 가서 줄을 서지 않고도 항공기 예약을 변경할 수 있는 것, 회의에 참석하기 전에 동료로부터 중요한 메시지를 전달받을 수 있는 것 등의 예에서 그런 것을 볼 수 있다.

이들은 업무의 효율성과 정확성을 향상시키는 것이다. 이러한 변화는 앞으로 지속될 것이다. 나아가 이런 변화를 지속시키기 위해서는 많은 투자를 해야 할 것이다. 그런데 어떤 한정된 시간 내에 투입할 수 있는 투자재원에 제한이 있다고 할 때 이러한 투자는 우선순위를 따라 단계적으로 집행하는 것이 될 수밖에 없을 것이다. 이러한 투자에 대해 너무 맹목적으로 되어서는 안 될 것이다. 또 이러한 단계적 투자전략은 균형정보화의 원칙을 따르는 것이어야 할 것이다.

이러한 투자가 완제품을 만들어내는 것으로 한정될 필요는 없고, 완성품 이전의 시제품 내지 중간단계의 제품을 마련하는 것을 포함하는 것이어야 한다. 기술발전이 빠르고 변화가 심한 상황에서 언제 기왕의 기술보다 더 나은 기술이 나타나고 새로운 표준이 통용되게 될지 모르기 때문에 전략적 부분에서의 수많은 제품에 대해 더 이상의 노력을 경주해 제품을 완성시킬 수 있을 정도로 준비를 하고 있어야 할 것이나 최종단계에서 대량생산을 하느라 많은 재원을 사용하는 일은 우선순위에서 앞선 주요 제품 몇 개에만 한정시키는 투자전략을 취해야 할 것이다. 이런 조심성의 다른 면은 무모한 투자를 경계해야 하겠다는 것이다. 어떤 하나의 사업의 유망성만을 보고 그것과 다른 사업과의 연관관계나 협조사항은 간과한 채 거대한 자원을 투입했다가 상당한 낭비를 초래할 수 있을 것이기 때문이다.

인터넷을 상당한 기간 사용해 그것에 습관이 되어 있으면서 상당한 창의성을 가지고 있는 대중을 주목하여 이들로부터의 집단지혜의 발현을 고무하고 그것을 효과적으로 수용할 수 있는 태세도 갖추어야 할 것이다.

법제도의 정비는 아무리 강조해도 지나치지 않을 것이다. 사회문화적 제도 중 인터넷 시대에서 제공되고 있는 여러 편의장치와 응용방법 및 서비스를 선용하는 것을 방해하는 제도들의 문제점을 찾아내 빨리 교정해 나가야 할 것이다.

02 | 과잉투자의 경계 및 과소투자의 유의

CDMA 상용화의 성공 이래 우리 사회는 무선전화사업에 대해 상당한 자신감을 갖게 되었다. 우리 사회는 모바일 인터넷과 관련된 여러 가지 시험을 하는 최선의 시험대(test bed)가 되었으며 비교적 다양한 서비스도 보여주고 있다. 그러나 3G나 4G를 이익을 내는 사업으로 만드는 데 있어서 우리는 아직 성공적이라고 하기 어렵다. 다른 나라들과 다르지 않아 3G 및 4G와 관련된 투자는 지금은 미래 활용가능성을 염두에 둔 시제품 준비성격의 투자라고 보아야 할 것이다. 과연 시장의 기업들은 이것에 대해 많은 투자를 하고 있지 않다.

그런 가운데 무선에 대한 열기가 엉뚱한 곳에서 일고 있다. 그 하나는 무선 네트워크에의 의존을 늘리려는 경향이다. 앞에서 보았듯이 무선 네트워크는 정보보안면에서 본원적으로 취약성을 가지고 있는 것이다. 한편 우리는 전자정부사업에서 보거나 국가기관이 해킹당했다는 예에서 보듯이 정보보호에 약한 나라이다. 그럼에도 불구하고 우리나라는 무선 네트워크를 크게 확장하여 이용하려는 데 대해 너무 열을 올리고 있지 않은가 여겨진다. 다른 나라가 가능하면 이를 회피하려고 하는 것과 다르다. 그 한 예가 모바일 인터넷 표준을 정립하려는 데서 보여진다. 모바일 인터넷 표준을 제시하여 그것이 범세계적으로 쓰일 수 있게 된다면 더할 수 없이 좋은 일이다. 어떤 모바일 인터넷의 표준을 모든 휴대폰에 탑재하게 강제하는 것은 가입 이동통신사가 어떤 것이냐에 관계없이 컨텐트의 공유를 가능하게 하고 개발활성화에도 도움이 될 수 있기 때문에 일면 바람직스럽다. 그러나 그러한 것의 탑재는 단말기 코스트를 높이고 모바일 인터넷을 별로 이용하지 않는 사람들에게도 불필요한 기능을 구입하게 강제하는 것이 되어 낭비를 내포한다. 표준의 정립이라는 것이 쉬운 일이 아니라는 점을 상기할 때 선도적 표준정립의 이익과 불필요한 장치 강제의 코스트 사이에서의 트레이드 오프를 외면할 수는 없다.

이런 상황에서는 어떤 하나의 표준을 가지고 과욕을 부리고 인위적 강제를 하기보다 는 기업의 판단을 기다리면서 시장의 성숙을 기다려야 하지 않을까 한다.

RFID에 대해 대거 투자하려는 의지가 표명된 것에서도 이런 점을 볼 수 있다. RFID는 종래의 바코드보다 편리한 것은 분명하나 비싼 것이 흠이다. 그런데 바코드조차 가능한 최선으로 활용하지 못하고 있는 현실은 외면한 채 그것의 비싼 대체물인 RFID에 대해 보이는 의욕은 너무 과하다는 느낌이다. 우리나라에서의 RFID에 대한 열기는 과거에 주민등록증을 IC카드로 만들려고 하다 무산된 경우를 상기하게 한다. 주민등록증에다 주소나 생년월일 이상 건강정보 등 많은 정보를 넣을 경우 유용하게 쓸 수 있다. 더구나 우리는 IC칩을 싸게 생산할 수 있는 능력을 가지고 있다. 때문에 IC칩에 정보를 담은 주민등록증을 만드는 것이 우리에게는 물리적으로 별 어려움을 가지지 않는 일이다. 그러나 이것은 IC칩에 넣은 정보가 누출되거나 남용될 경우 사생활권을 침해하게 될 위험성을 가지기도 하는 것이다. 결국 IC칩 주민등록증의 유용성에도 불구하고 이러한 위험성에 대한 우려에 지배되어 우리는 IC칩 주민등록증 사업을 포기한 바 있다.

그런데 이것이 의외의 후유증을 가져오게 되었다. IC칩을 심은 IC신용카드가 이른바 스마트카드로 될 수 있어 마그네틱 테이프에 정보를 담은 현재의 신용카드보다 월등 우수한 것인데도 불구하고 IC칩 주민등록증사업의 중단은 엉뚱하게 신용카드를 IC카드로 바꾸는 사업까지도 그만 두게 만들었다. 그것을 수용할 수 있는 인식기기도 별로 포설되지 않았다. 그 결과 한정적으로 발행된 바 있는 IC신용카드는 무용지물이 되고 말았다.

RFID로 정비된 경제체제를 만드는 것은 유비쿼터스 사회를 만드는 첫걸음임에는 분명하나 이는 시제품에 투자하는 성격의 것이어야 할 것이다. 이것에 대해 대규모 투자를 한다는 것은 비교적 단순한 기술을 대량 설치하는 것에 불과하다. 기술습득의 기회는 별로 없으면서 투자비는 많이 드는 사업이다. 때문에 이런 투자에 대해서는 마땅히 조심스러워야 한다. 또 그것은 무선네트워크가 가지는 취약점을 가지는 것이기도 하여 걱정스러운 면도 지니고 있는 것이다. 그러니 자신이 위험을 감수하는 기업가의 동물적 충동(animal spirit)에 의존하는 경우라면 모르겠으나 정부에 의한 강한 권유는 지양되어야 할 것이다.

RFID의 도입은 재고관리 등에서는 괄목할 만한 성과를 보여주고 있다. 반드시 싸지 않은 RFID이나 그것을 장착하고도 채산성을 맞출 수 있는 사업을 가진 기업은 이를 마다할 이유가 없다. RFID는 단계적으로 도입되어야 할 것이다. 이러한 과정에서 RFID의 단가도 떨어지게 될 것이고 이것이 RFID가 보다 널리 보급되게 하는 요인이 될 것이다. RFID를 일거에 강제하는 일은 없어야 할 것이다.

RFID에 대한 표준은 아직 정립되어 있지 않다. 미국, 유럽, 일본의 표준이 각각 다르다. 더 이상 기술발전이 이루어져 새로운 표준을 만들면서 코스트를 낮추게 될 것이라 예견되고 있다. 이런 발전은 현재 보여지는바 금속이나 액체와 RFID의 충돌을 극복하게 하는 것으로 될 것이라 기대되고 있다. 그래서 그의 가격이 1999년 2불 수준에서 2007년 0.1~0.15불 수준으로 대폭 인하되었음에도 불구하고 RFID는 Wal-Mart와 같은 대기업이나 미국 국방부와 같은 거대조직에서 공급체인관리(supply chain management)에 한정적으로 쓰이고 있을 뿐이다. 그 이상 고급의류, 가전제품, 약품 등 고가품의 소매나 도로통행료 징수, 그리고 운송중인 물건의 온도나 습도의 관리 등에서 사용이 늘어나고 있으나 아직은 모두 소규모의 자족적인 시스템(closed-loop system)에서 쓰이는 정도이다. 여타 시스템을 바꿀만큼 대규모로 이용하려는 움직임은 없다. 범세계적으로 보아도 RFID를 수용하는 시스템을 갖추기에는 장기간이 소요될 것이며 그 도중에 SW가 크게 개선되어야 하고 인력도 훈련되어야 하리라 한다.

과잉투자를 경계해야 하는 것의 반대편에서 과소투자를 유념해야 한다. 우리의 정보보안체계에 대한 과소투자는 이미 잘 인지되어 있다. 그러나 국가기관이 해킹당하고 각종 인터넷 금융사기가 빈발하고 있음에도 불구하고 이를 위한 확실한 대비책 마련에는 적극적인 것 같지 않다. 빨리 암호화에 대한 인식을 바꾸어 정보보안이 널리 생활화되도록 해야 할 것이고 그런 가운데도 발생하는 사고에 대해서는 이를 추적하여 의법 처리할 수 있게 하는 인프라를 정비하도록 해야 할 것이다.

03 새 킬러 응용방법 및 킬러 컨텐트?

킬러 응용방법(killer application)이란 혁신적인 응용방안이면서 동시에 열렬한 소비자의 반응을 불러일으켜 시장에서 성공을 이룬 응용방법을 의미한다. 기술적으로는 혁신적 제품이었으나 시장에서 수요가 미미해 킬러 응용방법이 되지 못하고 실패한 경우로 1974년에 등장했던 AT&T의 사진전화기(picturephone)를 든다. 이것은 통화 상대방의 얼굴을 보며 통화할 수 있도록 한 혁신이어서 그 발명가에게는 큰 기대를 가지게 하였으나 얼굴을 보면서 통화를 한다는 것이 이 전화기를 사는데 드는 비싼 가격을 상회하는 정도의 특별한 가치를 가지는 것은 못된다고 인식되게 되어 킬러 응용예가 되지 못했다. 비슷한 성격의 예로 비디오 회의(video conferencing)를 든다. 함께 한 곳에 모이지 않고도 회의를 할 수 있게 한 이 응용방법은 그 이용의 번잡성이나 가격에 비해 성과가 크지 않다고 평가되어 아직 활발히 쓰이고 있지 않다. 킬러 응용방법에 대한 이런 고려는 시장에서 성공하기 위해서는 기술적 차원에서 혁신 이상으로 시장에서의 소비자 반응을 중시하지 않으면 안 된다는 점을 강조한다.

이상적 상황을 조성해내는 것은 기술발전에 결정적으로 의존할 것이다. 그러한 즉 차근차근 투자를 하고 기술발전을 이루어내 U-사회의 이상을 확실히 실현하게 되어야 하겠다. 그 도중의 이행기 내지 전환기에는 킬러 응용방법 및 킬러 컨텐트를 발굴해내는 것이 또한 중요하다.

인터넷을 전기나 수도와 같은 공익재처럼 쓸 수 있게 되는 상황, '네트워크가 컴퓨터'(network is computer)라는 이상적 상황은 어떤 경로를 통하던 결국은 실현될 것이다. 그리고 이것을 가능하게 하는 여러 단계의 각 시점에서 강렬한 수요가 있는 응용방법이나 컨텐트가 킬러 응용방법 및 킬러 컨텐트가 될 것이다. 과연 이런 것들이 어떤 것이겠느냐 하는 것이 초미의 관심사가 된다.

네트워크가 컴퓨터가 되는 이행기중에 먼저 주목해야 할 것이 모바일 이메일(mobile e-mail)이다. 휴대폰을 가지고 언제나 이 메일을 주고받을 수 있도록 하면 좋겠다고 하는 것이 다른 어떤 다기한 일을 할 수 있도록 하는 웹사이트를 마련하는 것보다 더 시급하다고 보는 의견이 많기 때문이다. 이런 의견에 동조하는 사람들이 휴대폰 사용자의 95%에 육박한다고 하는 여론조사도 있다.[1)]

이런 것에 대한 강한 수요에 안정적이고 포괄적으로 대응하는 모바일 이메일이 매우 중요한 응용방법(killer application)이 될 것이라고 한다. 이를 구체화하기 위해서 유선인터넷의 그것에 대응하는 정도로 무선인터넷을 위한 여러 가지 웹 사이트를 마련하는 방법이 제안되고 있다. 그러나 그것보다는 모바일 이메일을 단독으로 시현하는 것이 쉬우며 더불어 그것을 위한 휴대폰을 복잡하고 고가인 기계로 만들 필요가 없다는 점도 언급된다. 즉 휴대폰중심의 모바일 인터넷 세상이 된다고 하더라도 그것이 반드시 매우 고성능의 기기로 지탱되어야 할 필요는 없으며 간단한 용도를 쓸 수 있는 복잡하지 않은 기기 여러 종류를 가지게 되는 것이 좋으리라 한다. 다기한 용법에 대응하는 다양한 휴대폰을 그 비교우위에 따라 쓰면 될 것이라고 한다. 간단한 기능을 가진 휴대폰의 제도를 유지하는 것이 정보보안상 취약점에 대응하는 데에서도 유리할 것이라 본다.

현재 이를 위한 운영시스템 및 관련 SW는 제법 마련되어 있다고 평가된다. 미국이나 일본에서는 이런 것이 일부 이미 시현되고 있다. 모바일 이메일과 관련해서는 현재 Blackberry에 의해 선도된 모바일 푸쉬 이메일(mobile push e-mail)에 대한 평가가 높다. 이에 대한 수요가 많아 경쟁자도 많이 나타나고 있다. 그러나 이상하게도 우리나라에서는 이런 모바일 이메일에 대한 수요는 미미한듯 보인다. 이런 수요를 문자메시지의 이용이 어느 정도 채우고 있다는 것이 이 현상에 대한 하나의 이유가 될 것이다. 또 직장인들이 이동중에도 이메일을 체크해야 한다고 긴박하게 느끼지 않는 것이 다른 이유가 될 것이다.

외국에서도 오디오 파일을 게시하고 인터넷으로 이렇게 게시된 파일을

1) The Economist, May 14th–20th 2005, "Mobile E-mail: Nascent."

ipod나 MP3에 다운로드해 이용할 수 있게 하는 푸쉬 성격의 podcasting이 높은 인기를 누리고 있다. 여기에서는 어떤 이용자가 특정 포드캐스터에 등록하고 나면 게시된 파일을 자동적으로 푸쉬받을 수 있게 되어 단절이 없이 새로이 게시되는 파일의 내용을 계속 접할 수 있다. 이는 마치 라디오를 듣는 것과 근사하다. 단 라디오는 캐스터가 방송내용을 일방적으로 결정하여 내보내는 것인데 비해 podcasting에서는 다양한 파일 중 이용자가 선택하는 것을 보내는 것이라는 차이가 있다. podcasting은 쉽게 맞춤서비스를 수용할 수 있어 앞으로 이 방향으로 번창하게 될 소지가 있으며 그로써 기왕의 라디오를 보완하는 역할을 하게 될 것이다. 포드캐스팅이나 웹의 내용을 보내는 웹캐스팅은 킬러 응용방법으로까지 되지는 않을지 모른다. 그러나 중시되어야 하는 응용방법임에는 틀림이 없을 것이다.

킬러 컨텐트로서 영화와 스포츠를 드는 경우가 많다. 그래서 이러한 컨텐트의 중계에서의 우선권을 확보하고자 하여 과도한 라이센스 비용을 지불하고 나서는 자금부담에 지쳐 제대로 사업을 수행하지 못하는 경우도 많다. 그러나 큰 이익을 가져다 줄 진정한 킬러 컨텐트는 고비용의 이러한 컨텐트보다는 새로운 컨텐트 내지 쓸 만한 UCC일 소지가 크다. 이에 이를 발굴해 사업으로 확장시키는 일에 더 진력해야 할 것이다. 예컨대 이 러닝을 위한 컨텐트가 우리사회에서 절실함에도 불구하고 이것이 제대로 공급되고 있지 않은데, 그 이유로서 그것을 이용하려는 이용자의 학습방법과 이용의 효과 등을 중점적으로 고려하는 사용자 위주의 컨텐트 개발이 이루어지지 않고 공급자가 성급하게 선정한 내용을 SW사업자에게 하청주는 것에 매달리고 있다는 우리 사회의 딱한 실정을 든다. 수요측으로부터 보아 킬러 컨텐트가 어떤 것이 될 것인지는 확실하나 이런 수요에 대응하는 맞춤형 킬러 컨텐트를 공급하는 체제는 아직 이루어져 있지 않다는 것이다. 체제강화가 절실하다 하겠다. 킬러 컨텐트를 가지기 위해서는 단기적으로 편하고 이미 알려진 것만에 매달리는 근시안적 처신을 하는 데서 벗어나 진정으로 많은 이용자가 원하는 컨텐트를 개발하려고 노력해야 할 것이다.

UCC에 대한 기대는 크나 그것의 활용이 현재화되어 있지 않은 상황에서 킬러 컨텐트에 가장 근접하는 것이라 보는 것이 TV프로그램이나 영화의 번안이다. 기본적으로 TV프로그램이나 영화는 TV나 영화관에서 보는 것이며 그 감상을 위해 본래 30분 내지 120분을 요하는 것들이다. 이들을 컨텐트의 저장을 필요로 하지 않는 스트리밍 방식 또는 저장을 필요로 하는 다운로드 방식으로 배분할 수 있다면 유통코스트를 훨씬 줄일 수 있다. 그에 따라 영화 등을 이들 방식을 통해 PC 및 TV에 싸게 전송할 수 있다. 그러나 이들을 TV나 영화관이 아닌 다른 플렛폼에서 이용하게 하기 위해서는 이들 컨텐트를 다소 번안하거나 변형시켜야 한다. 특히 웹에서 이들을 볼 수 있게 하기 위해서는 이들을 3분 내지 6분 단위로 나눌 수 있어야 한다. 여기에서 TV프로그램이나 영화를 기계적으로 자르는 것이 아니라 3분 내지 6분 단위의 비디오 여러 편으로 나누어 요약하고 다이제스트하는 작업이 필요하게 된다. 이렇게 하여 변형한 킬러 컨텐트를 Youtube, Myspace 등 비디오 포털에서는 물론 휴대폰에서도 이용할 수 있게 하는 과도기의 적응이 미약하나마 시도되고 있다. 또 근자에는 모바일 컨텐트 중 참신한 것은 게임에서 보여지게 되고도 있다.

영화나 스포츠 게임을 보는 경우에도 TV이외에 시청시간대를 옮길 수 있게 하는 TIVO를 이용하기도 하고 VOD를 활용하기도 하며 이들을 저장해 놓은 컨텐트 유통업자가 제공하는 셋톱박스를 TV 옆에 놓고 on demand 양태로 보는 등 응용방법이 다양하다. 그러나 우리나라에서는 이들이 외면되고 있다. 영화나 스포츠게임이 킬러 컨텐트라고 하더라도 그것들과 더불어 그런 것들을 감상할 수 있게 하는 킬러 응용방법도 확충되어야 하는데 이 점은 진지하게 고려되고 있지 않기 때문이다.

인터넷에서의 SW나 컨텐트는 각기 다른 언어로 작성되어 있어 아직도 그들 각각을 위한 특정 디바이스나 플렛폼에서만 이용가능하다는 속성을 가지고 있다. 그런데 인터넷이라는 네트워크에다 이들을 모두 올려놓고 필요한 때 필요한 만큼 꺼내 쓰도록 하자는 이상을 기준점으로 하고 볼 때 이러한 현재의 양상은 매우 불만족스러운 것이다. 그것은 각종 프로그램과 컨텐트의 상호소통을 어렵게 하고 있으며 그로써 기왕에 개발된 것도 널리 쓰이지 못하게 하면서 기업의 비용절감 및 소비자 효용증대에 대해서는 제약요인이 되고 있기 때문이다. 이러한 제약으로부터 벗어나게 하는 초기의 해결책으로 여겨져 온 것이 SUN의 언어 Java의 더 이상의 활용이었다. 자바는 원천공개의 SW이면서 네트워크에 연결된 어떤 디바이스에서도 작동되는 프로그램 언어로서 '인터넷의 언어'(language of internet)라고 칭송되기도 했던 것이다. 이것은 '한번 작성한 다음에는 어디서나 쓸 수 있다'(write once, run anywhere)라는 것을 목표로 삼고 개발된 것이어서, 플렛폼에 대해 독립적(platformless)이라는 성격을 가지고 있다. 자바는 최근에는 모바일 인터넷을 위한 SW 및 컨텐트를 마련하려는 데 널리 쓰이고 있다. 컨텐트 범용화가 킬러 응용방법으로 될 수 있다고 보기 때문일 것이다. 그런데 이러한 범용의 목표를 지향하여 최소공배수를 찾다 보니 이것은 Window나 Macs로 된 전용의 언어보다는 속도가 느리다는 등 효율성 면에서의 약점을 가지게 되었다. 또 활용할 수 있는 응용 예가 한정적이라는 약점도 가지고 있다. 기존의 많은 기업들이 이미 Window 플렛폼을 가지고 있다는 것도 전환을 어렵게 하는 요인으로 되고 있다. 보다 통용성이 큰 언어로 된 응용 예와 컨텐트를 만드는데 우리 사회도 발을 들여놓아야 할 것이다.

보다 일반적으로 말해서는, 응용방법의 플랫폼을 공개하여 다양한 응용방법을 수용하도록 하는 이른바 API(application platform interface)를 활발하게 제시할 수 있게끔 하는 분위기를 조성하는 것이 요망된다. 그런 분위기 속에서 각종 응용방법이 서로 상승작용을 하면서 번창하게 되어 응용방법의 다양화 및 그에 상응하는 컨텐트의 풍성화가 가능하게 될 것이라 여겨지기 때문이다. 이것이 개별 기업으로 하여금 그가 지니고 있는 자원 및 역량 이상으로 컨텐트 등을 산출하고 가치를 창출할 수 있게 할 것이기 때문이다. API의 활성화는 커뮤니티 사이트에서 각종 SW를 소개하고 경쟁하게 하여 SW를 생산하는 플렛폼이 생기게 할 소지도 가지고 있다. 이것은 개방, 참여와 공유의 기치를 가지는 이른바 웹 2.0의 정신과도 합치한다. 최근 Apple은 그의 iPhone에서의 API를 개방함으로써 여러 용도의 새로운 응용방법이 개발되고 활용될 수 있게 하였다. 이러한 개방이 iPhone의 이용에 버그가 스며들게 될 가능성을 높게 한다고 하여 우려되기도 하나 API 개방이라는 큰 추세에 적응하는 것이라 긍정적이다.

킬러 컨텐트나 킬러 응용방법이 활발하게 만들어질 수 있도록 하기 위해서는 이런 목적을 가지는 노력이 보다 광범위하게 이루어지도록 할 필요가 있다. 그런데 각지에 분산되어 있는 인력들이 이러한 노력을 하려함에 있어 지니는 한계 중 하나가 컴퓨터의 용량제한 및 이용가능한 SW 기타 도구의 불충분이다. 최근 이러한 미흡함을 해소해 보려는 시도가 Google이나 IBM의 데이터 센터의 정비 및 개방을 통해 시현되고 있다. 강력한 서버를 갖춘 데이터 센터에서는 많은 자료, SW, 도구 등이 제공되고 있으며 이 곳을 이용할 수 있다면 계산능력(computing power)을 획기적으로 늘일 수 있다. 그런데 이러한 데이터 센터를 개방하여 어디서나 이 곳의 자료나 도구 등을 인터넷으로 접근해 이용할 수 있게 된다면 보다 많은 개발자가 제고된 계산능력을 활용할 수 있게 된다. 나아가 개인의 PC에 보관해 두고 있는 파일을 이러한 데 보관해두고 필요한 때 패스워드 등을 거쳐 이용할 수 있게 한다면 개인PC를 경량화시키면서 개인들은 인터넷 접속이 가능한 어느 곳에서든 이용가능한 PC를 이용하여 자신의 파일을 가지고 작업할 수 있고 또 타인과 공유도 가능하게 되어 편의성을 크게 제고할 수 있다. 이때에는 이용가능한 어떤 PC이든 쓸 수 있으므로 꼭 자신의 PC만을 쓸 필요가 없고 공용에 공여된 어떤 PC를 써도 된다. 그로써 보다 많은 시간을 활용하여 인터넷 위에서 새로운 용도의 많은 서비스를 개발할 소지가 커진다. 현재 이러한 서비스를 제공하는 곳이 없지는 않으니 앞으로의 초점은 이런 서비스를 누가 이용자에게 최대로 편리하게 제공하느냐에 달려 있다 하겠다.

최근의 크라우드 컴퓨팅(cloud computing)의 이념은 네트워크 위에서 SW, 오락 컨텐트, 기타 정보를 PC, 휴대폰, 기타 단말기를 통해 주고받을 수 있고 필요 데이터는 데이터 센터에서 언제든지 찾아다 쓸 수 있게 되는 사회가 멀지 않았음을 알려주고 있다. 이런 때 각종 서비스 제공에 대한 대가는 광고를 통해 회수하게 될 소지가 크다.

데이터 센터에서는 데이터, 서버 등 각종 HW, 그리고 많은 SW가 준비되어 있어 이들을 융통성 있게 쓸 수 있도록 되어 있다. 여기에 이러한 계산용 자원의 풀을 어떻게 하면 보다 효과적으로 쓸 수 있겠느냐 하는 것이 초점으로 된다. 가상화(virtualization)는 SW적인 방법으로 이런 자원을 통합해 활용하려고 하는 노력이다. 종래 하나의 과업을 수행하기 위해 그것에 대응하는 SW를 탑재한 하나의 HW를 써왔던 관행에서 벗어나 프로세서를 단위로 하여 이들 프로세서들에 자유로이 접근할 수 있게 하는 SW를 마련함으로써 HW 및 SW에서의 과잉준비와 잉여능력의 방치를 해소해 효과적 이용을 도모하려는 것이다. 가상화의 노력은 현재 진행중인 것으로 일종의 새로운 플렛폼을 마련하는 것이라고 할 수 있다. 이러한 노력이 결실을 거두게 되면 서버의 통합화가 가능하게 되어 종래보다 적은 수의 HW를 가동시키면서 원격지에서도 큰 작업을 할 수 있게 될 것이어 컴퓨팅의 효율화에 크게 기여할 것이라 예견되고 있다. 이러한 SW를 전속적 SW로 개발하려는 노력도 있고 또 원천개방의 SW로 하면서 주변 서비스를 판매하는 수익모델을 추구하려는 노력도 있다.

04 | 컨텐트 생산의 장려 및 유통의 효율화

UCC의 열기가 뜨거우나 동시에 포털의 횡포가 운위되고 있다. 공룡화된 포털은 아마추어가 생산한 UCC는 말할 것도 없고 전문가들이 생산한 컨텐트도 정당한 대가를 주지 않으면서 이용하려고 하고 있다는 비판을 받고 있다. 그러나 현재 포털은 강자이기에 포털의 이런 태도는 마땅하다 할 수 없다. 포털은 컨텐트 생산의 협력체계를 정립하는 데 선두가 되어야 마땅하다. 컨텐트에 대한 정당한 평가를 할 수 있는 시스템을 발견해 나가도록 해야 할 것이고 이런 과업을 수행해 나가는데 자신들과 발을 맞추어 나가는 우수 UCC개발의 경쟁자들의 대두도 격려할 수 있어야 할 것이다. 그로써 컨텐트 생산 및 관련 서비스의 제공이라는 과업을 일자리를 만드는 유력한 방도로도 전환시켜나가야 할 것이다. 이렇게 할 경우 포털은 많은 간접적 기여를 할 수 있을 것이다. 예컨대 포털은 사람들로 하여금 자신의 경력 및 화법이나 태도를 동영상으로 보여주는 비디오 이력서(video resume)를 작성해 발표할 수 있게 하는 장을 마련함으로써 사람들의 일자리 찾기를 도와주고 고용시장의 효율화에 기여할 수 있을 것이다.

전환기 중 컨텐트는 불충분하고 그러한 컨텐트를 즐기기 위한 기기는 호환성을 결여하고 있으면서 통일되어 있지 않기가 쉬울 것이다. 예컨대 영화 타이틀은 유한하며 그러한 타이틀을 이용하게 하는 방도로는 여러 가지가 경쟁할 것이다. 영화를 영화관에 가서 보거나 DVD로 보는 이외에 PC로 보기도 하고 이를 위한 게임기 등 특수기기를 통해 보기도 할 것이다. 전환기 중에는 이러한 것들은 광의의 대체재이나 쉽게 다른 기기로도 이용할 정도의 협의의 대체재는 못된다. 따라서 전환기 중에는 이들 중 어떤 것을 차별화하지 않으면서 컨텐트가 최선으로 쓰일 수 있게끔 컨텐트를 잘 유통시킬 수 있는 체제를 마련하도록 해야 할 것이다.

종래 텍스트 파일을 다루는 데 있어서도 파일을 교환하는 사람들 사이에서 서로 간에 지켜야 하는 약속을 해야 했던 때가 있었다. 그러다가 웹이 활용되게 됨으로써 별다른 규약이 없이도 잘 소통할 수 있게 되었다. 현재 데이터베이스에 관련해서는 작성방법이 각각이어서 상이한 데이터베이스 간에 소통이 어렵다. 따라서 데이터베이스에 대해서도 웹에 상응하는 바 그 작성방법이 다름에도 불구하고 소통을 가능하게 하는 SW가 마련될 수 있어야 할 것이다. 이렇게 됨으로써 각종 데이터베이스를 마련하더라도 이용에 제한받지 않게 되어 그들의 사용이 늘어날 수 있게 될 것이다. 또 그런 것들의 마련이 원천공개 움직임의 Wikipedia와 상응하게끔 집단지혜를 활용할 수도 있게 되면 이른바 데이터 공유지(data commons)를 형성할 수 있게까지 되리라 기대되고 있다. 이렇게 되면 세컨드 라이프 등 가상의 세상들도 서로 소통하게 될 수 있을 것이라 보고 있다. 그로써 각종 컨텐트의 이용이 효율화될 수 있을 것이다.

웹 전용 컨텐트가 TV프로그램 등을 만들던 프로의 의해 생산되기 시작했다는 것이 이에 즈음하여 유의할 점이다. 이러한 컨텐트는 종래의 TV를 위한 컨텐트를 번안하는 것이 아니면서 그런 것과 차별성을 지니고 있다. 또 저작권 문제와 관련해서는 컨텐트 생산자에게 상대적으로 유리하게 되어 가고 있으면서 젊은 세대의 관심을 중시하고 있다. 웹 비디오 시청자의 인터넷 이용습관조사중 그 단위 시간으로 27분이 적합하다고 하는 것이 있다.

05 | 법제도의 정비

법제도의 정비는 중요하고 특히 우리나라에서는 시급하다. 세계경제포럼(WEF)에 의한 국별 정보통신 기술발전의 수준과 경쟁력의 평가에 의하면 우리는 기업의 인터넷 활용도, 초고속인터넷 가입자율, 초고속인터넷 요금 저렴도, IT확산 정도, 학교 인터넷 보급률, 전자정부 준비도 등에서는 5위 이내의 상위를 점하나 창업절차, 조세범위와 효율성, 입법기구의 효율성 등에 있어서는 평가가 매우 낮아 네트워크 준비지수라는 것이 세계의 19위에 불과하게 최근 하락하였다 한다. 법제도의 정비 차원에서 획기적 개선이 있어야 하겠음을 일러주는 것이다.

통신과 방송의 융합문제와 관련해 통합규제기구를 만드는 것을 최우선시하는 것이나 종래의 방송시스템의 규제를 새로운 매체에도 연장하여 적용하려는 데서 볼 수 있는 영양가 적은 노력에서 벗어나, 좋은 컨텐트를 만들어내게 장려하고 재가공을 쉽도록 하면서 한번 만들어진 컨텐트를 여러 용도로 쓸 수 있도록 하는 시스템의 개발에 유의해야 할 것이다. 미국은 FCC, 일본은 총무성이라고 하는 통합된 규제기구를 이미 가지고 있는 나라들이다. 그런데도 이들 나라에서도 통방융합이 수월하지 않다. 이 점을 상기하면 통합된 규제기구를 만드는 것이란 사소한 일이고 그런 것이 있다고 하여 통방융합을 보장받을 수는 없다는 것을 알 수 있다. 컨텐트의 확대재생산체계를 구축해내는 것이 핵심임을 새삼 확인할 수 있다. 그 다른 편에서 KT나 SK 등 통신기업이 컨텐트 개발기업에 투자하는 것이나 SBSi 등 방송기업이 인터넷관련 비즈니스를 시도하는 것은 통방융합의 선도적 노력이고 통방융합의 구체적 실현의 일종이라 할 수 있다. 그러니 이들을 격려하기는 커녕 시기하는 못난 처신은 지양하도록 해야 할 것이다.

유동하고 있는 지적재산권 문제에 대해 지속적 관심을 보이고 현상파악에 게을러서는 안 되겠다. 이를 다루는 우리의 제도를 국제적 변화에 대응하게끔 탄력적으로 조정할 수도 있어야 하겠다. 지재권관련 변호사, 변리사, 기술전문가, 경제분석가들의 중지를 모아 이에 대응하도록 해야 하겠다. 아마 이런 대응은 법학전문대학원의 운영과 대단히 중요한 관련을 갖게 될 것이다.

전자상거래가 충분히 활용되지 못하고 있는 상황도 재점검되어야 할 것이다. 전자상거래에서 B2B이용이 상대적으로 저조하다는 것은 우리의 상거래관습을 보다 투명하고 공개적인 것으로 만들어야 하겠음을 요청하는 것이다. 마찬가지의 맥락에서 인터넷 부동산중개가 나타나기 조차 않고 있다는 것도 부동산거래제도의 투명화 및 명랑화를 요망하는 것이라 하겠다. 우리나라에서 부동산거래는 과다할 정도로 많은데 이것들이 모두 조그만 점포를 가지고 있는 부동산중개사에 의해 매개되고 있다. 초고속인터넷 강국이기에 온라인에서 부동산중개가 이루어지도록 하면 중개수수료를 대폭 내릴 수 있을텐데 이는 실제화 되지 않고 있다. 관련 전문가들의 진단에 따르면 거래가 실제로 이루어지는 소규모 지역 모두에서 매물에 대한 정보를 중개사들이 전유물로 취급하고 서로 공개하려고 하지 않아 전체에 대한 데이터베이스를 만들기 어렵다는 것, 미국과 달리 우리나라는 별로 넓지 않아 인터넷을 이용하지 않고 직접 실물을 보러 가더라도 추가 코스트가 크지 않다는 것, 거래 후 하자보증에 대해 우리나라 사람들이 중개사 매개 거래에서 보다는 인터넷거래에서 더 불안을 느끼고 있다는 것 등이 그 이유라고 한다. 그런데 데이터베이스를 만들지 못한다는 것이나 어떤 방식으로 중개하던 어차피 불확실한 사안인 하자보증에 관해 온라인거래라고 더 불안을 느낀다는 것은 하등 타당하다 할 수 없는 것이고 인터넷 강국으로서 부끄러운 일이다. 이 역시 인터넷의 소비대국으로서 우리가 일부 서비스만을 편식하고 있다는 점을 알려주는 것이라 하겠다. 그러한 편식에 벗어나 보다 많은 서비스를 향유할 수 있게끔 변신해야 함을 적시하는 사안이라 하겠다. 우리의 부패 내지 투명성 결여 등의 관행에 따라 효율적인 온라인 거래가 과소 이용되는 상황을 지양할 수 있도록 하는 제도의 정비가 이른바 글로벌 스탠다드의 기치 아래에서 종합적으로 추진되어야 할 것이다.

3G, 4G의 주파수를 과거의 관행처럼 배분할 것이라고 예상하고 그것들

을 이용할 구체적 방법의 강구나 소요되는 투자재원의 마련에는 소홀한 채 오로지 사업권을 따려고 준비하고 있는 사람이 적지 않다는 전언이다. 이런 현상은 주파수란 언제나 부족한 것이고 때문에 획득가능한 때 일단 그것을 확보해 놓고 보자는 과거의 태도가 재현되기 때문에 나타나는 것이다. 그러나 최근 주파수이용기술이 획기적으로 발달하게 되어 앞으로는 종래의 아날로그TV 주파수를 나누어 쓰는 방법을 포함하여 가용 주파수를 실질적으로 증대시키는 방안이 많이 나타나게 될 것이고 그것이 주파수 부족문제를 상당한 정도 해결할 것이라는 이해이다. 그러니 과거처럼 사업권 획득에 너무 연연하는 일은 지양되어야 할 것이다.

한미FTA로 많은 외국의 서비스사업자가 들어와 상호주의를 요구하며 다양한 사업을 펼치게 될 때 이들이 소개하는 서비스를 미처 모르거나 그것들의 공급체제를 제때 제대로 갖추지 못하게 될 위험이 커졌다. 이에 대비하여 외국에서는 성업중이나 우리에는 없는 서비스의 공여체제를 정립하는 데도 부지런해야 할 것이다.

06 | 발달하는 주변장치의 활용

기기 내지 주변장치가 변해가고 있다. 이들은 현재의 기기의 한계적 변화에 불과하나 과도기 중 유용하게 쓰일 수 있는 것이다. 그러니 이들의 변화를 적극 활용할 수 있어야 할 것이다. TV의 컨텐트를 휴대폰으로 볼 수 있게 하는 것이 휴대 인터넷(DMB)에 의해 이루어졌다. 이것으로써 좁은 화면의 제약을 벗어나는 것은 여전히 불가능하나 이동중 필요한 때 TV프로그램을 볼 수 있게 되었다. 이것과 반대로 위치하면서 대응하는 것은 인터넷 웹에서의 다양한 내용을 TV의 큰 스크린을 통해 보는 것이다. 이런 역할을 하는 TV를 웹TV라고 지칭할 수 있을 것인데 이러한 웹TV가 전환기 중 마련될 것이라 예견되고 있다. 웹TV는 웹의 내용을 PC를 통해 보려고 할 때 불가피한바 부팅을 위해 다소 기다려야 한다는 점, PC가 아니고 TV이면서도 바이러스의 감염 등을 우려해야 한다는 점, 여러 연결장치와 전선을 가지는 PC를 거실에 놓을 경우 거실의 모양세가 별로 아름답지 않게 된다는 점 등의 약점을 지양할 수 있도록 하면서 리모콘의 조작 등 비교적 간단한 입력과정을 통해 웹의 컨텐트를 TV의 시원한 스크린을 가지고 볼 수 있게 할 것이다. 이는 거실의 안락한 환경에서 PC를 조작하기 위해 양손을 써야 하는 대신 한 손을 조금 쓰는 것만으로도 웹 컨텐트를 접할 수 있게 할 것이다. 물론 이를 통해 볼 수 있는 컨텐트가 PC를 가지고 접근할 수 있는 모든 컨텐트에 미치지는 못하고 미리 결정된 컨텐트에 한정될 수밖에 없다는 제약을 가질 여지가 크다.

아무튼 DMB나 웹TV는 과도기 중의 변종 내지 하이브리드 제품(hybrid product)이라 할 것이다. 구체적인 제품에 따라 다소간 차이가 있겠으나 이런 것을 이용하게 되면 시청해야 하는 광고의 양이 줄어들게 될 것이고 또 컨텐트가 방영되는 시간이 정해져 있다는 의미에서의 시청시간상 제약으로부터도 벗어날 수 있게 될 것이다. 우리나라에서는 365C라고 명명된 이러한 성격의 개방형 TV포털이 나타날 모양이다. 여기에서는 시원한 TV화면을 가진 기기에서 재테크 및 외국어, 신문과 만화, 교육자료 및 백과사전, UCC, 게임, 음악 및 영화, 뉴스, 스포츠, 여성, 광고 등을 현재 PC를 이용하는 것보다 훨씬 편리한 방법으로 모두 접할 수 있을 것이라 한다.

과도기 중 블로그를 통한 양방향대화성(interactivity)이 증대되어 가고 있다는 점은 유의해야 할 사항이다. 종래 라디오나 TV에서의 일반 청중과의 양방향대화성은 주로 전화를 통해 이루어졌다. 그러나 방송 중 전화를 통해 대화를 할 수 있는 상대방의 수자는 극히 제한적일 수밖에 없었기 때문에 이러한 방법으로 할 수 있는 양방향대화는 흡족할 수 없었다. 그런데 그 후 블로그가 널리 통용되게 되었고 시청자가 블로그를 통해 무제한의 의견을 표현하게 되자 그런 것 중 의미 있고 가치 있는 것에 대한 대응도 블로그를 통해 진지하고 심도깊게 이루어지게 됨으로써 보다 고급의 양방향대화성이 시현되게 되었다. 방송국이 일방적으로 컨텐트를 마련하던 경우에 비해 보아 방송의 내용이 질적으로 나아질 수 있게 되었다. 특히 영상물을 블로그에 올리는 비디오 블로그 또는 vlog가 나타나 그 활용영역을 쇼, 소형 다큐멘터리, 뉴스,

예술적 필름 등을 포괄할 수 있게끔 확대해 나감에 따라, 과도기의 타협적 양방향대화성은 상당히 높아지게 되었다.

휴대폰이라는 단말기에 최적화된 컨텐트를 개발하여 휴대폰 이용을 쉽고 편리하게 만들려는 노력도 쉽게 성과를 낼 것이라 전망된다. PC의 화면에 아이콘이 정렬되어 있는 것과 유사하게 휴대폰 이용자의 선호에 맞춘 컨텐트를 정리하여 이용할 수 있게 함으로써 휴대폰을 이용한 컨텐트 활용을 늘리려 할 것이다. 이때 맞춤 컨텐트를 제공하려는 노력의 성격상 컨텐트를 표시하는 모습, 방식, 구성 등은 이용자가 수시로 수정할 수 있게 해야 할 것이다.

IPhone이나 Blackberry는 일종의 스마트 폰으로서 휴대전화의 편리성에다 한정적이나마 PC의 기능을 추가해 휴대폰을 보강한 것이다. 이러한 스마트폰이 위의 기대를 채울 수 있을 것인지가 관심사항이 되고 있다. 실상 이것은 비디오 iPod, 이메일 터미널, 브라우저, 카메라, 일정 관리자 등을 포괄하는 기능을 가짐으로써 종래 가장 강력한 휴대폰이 지니고 있던 기능 이상의 기능을 가져 손에 들고 다니는 컴퓨터로서 상당한 정도 PC를 대신하게 될 것으로 기대되고 있다. 그 사용방식이 키패드를 찍는 것이 아니고 손가락으로 터치 스크린(touch screen)하는 방식으로 되면 이용은 편리하게 될 것이다. 또 이런 스마트폰의 이용요금은 이메일을 할 수 있어 애용되는 Blackberry의 이용요금보다 싸야 되리라 한다. 이러한 과도기의 미완숙된 기기에 대해서는 당연한 것이나 확실히 되어야 하는 문제가 어떤 조건으로 SW 업데이트를 보장할 것이냐 하는 것이다.[2)]

이메일을 할 수 있는 스마트폰에 대한 수요가 매우 클 것으로 통상 예상되고 있고 미국 등 다른 나라에서는 실제로 그러하다. 그러나 우리나라에서는 그러하지 아니한바 그 이유로서 몇 가지를 들고 있다. 우리나라에서는 문자메시지가 널리 쓰이고 있고 또 이메일을 체크하기 위해서는 다른 나라 대비 많은 곳에서 유선인터넷을 이용할 수 있어 이메일 관련 스마트폰에 대한 수요가 강렬하지 않다는 것이다. 또 WiFi를 이용할 수 있는 많은 곳에서 스마

2) iPod가 그랬던 것처럼 iPhone도 온라인 음악의 판매를 증대시킬 것이다. 동시에 이는 CD 등에 의존하던 오프라인에서의 판매를 감소시킬 것이다. 이렇게 상반되는 변화의 순효과가 어떠한 것으로 될 것인지, 그로써 음악산업이 이익을 보게 될지의 여부가 주목거리로 되고 있다.

트폰을 쓰는 것은 기존의 이동통신사업자에게 이득이 되지 않아 단말기에 대한 통제력을 가지고 있는 이들이 스마트폰의 보급에 소극적이라는 것이다. 단 유선사업자 KT는 Wibro를 매개로 이에 적극적인 태세를 가지고 있다. 이상의 원인에 이러한 스마트폰을 가지고 접근할 수 있는 컨텐트가 아직 제한적이라는 점도 추가된다. 결국 Widow Mobile 6.0 등 무선으로 어떤 사이트 전체를 쉽게 브라우징할 수 있게 하는 방도가 보편화되고 컨텐트가 풍부하게 되어야 스마트폰의 이용이 활발하게 될 것이라는 것이다.

지급결제를 위해 인터넷 폰을 이용하는 것이 많은 나라에서 실험되고 있다. 인터넷 폰에 신용카드 기능을 내장시킴으로써 이것으로 신용카드를 대체하게 하면서 소비자 금융의 일 영역에 진출해 보려고 하고도 있다. 소비자금융 또는 신용카드업무가 상대적으로 덜 발달된 나라에서 이런 것에 대한 관심이 특히 고조되어 있다. 인터넷 뱅킹이 휴대폰을 쓰는 모바일 뱅킹으로 확대되고 있다. 모바일 뱅킹에서는 이동통신 사업자의 데이터서비스를 이용해야 하기에 다소간 이용료가 든다는 약점은 있으나 안전성 면에서는 통상의 인터넷 뱅킹과 대동소이하다 한다. 통신방송융합과 유사하게 이는 통신과 금융의 융합으로서 과장되어 인지되기도 하는데, 이런 생각은 통신과 유통의 융합가능성으로까지 확장되고는 한다.

이런 발전과정에서 기기가 더욱 개량 발달되고 인터페이스(interface) 면에서 획기적 개선이 있게 됨으로써 인터넷의 모든 응용방법을 하나의 기기로 모두 수행하게 할 수 있는 상황이 전개될 수도 있을 것이다. 이른바 'all in one'의 비전도 실현될 수 있을 것이다. 정보검색, 전자사전, 지리정보, 신용카드, 쇼핑, 예매, 건강관리, 개인정보관리, 민원서류제출, 구인과 구직, 노래방 기능 등의 모든 기능을 기기 하나를 가지고 모두 수행할 수 있을지 모르며, 현재의 카메라, 캠코더, MPS, TV, 게임기, 휴대전화 등의 기기의 역할을 통합해 수행하는 기기가 출현할 수도 있을 것이다. 단 이러한 비전이 어떠한 식으로 실제화하게 될지는 아직 확실하지 않다. 그런 것의 정보보안면에서의 취약점도 간과할 수 없다. 그러나 그런 때의 핵심기기는 여러 기기 중 휴대전화에 가까운 것으로 되기 쉬운 것이며, 이런 비전의 실현을 위해서는 플랫폼 사이의 호환성이 이루어지고 또 여러 플렛폼을 넘나드는 언어가 있어야 하리라 한다. 보다 가능성이 높은 것은 이들 모두가 아니라 이들 중 여럿을 여러 가지 다기한 조합으로 엮어 통합하는 여러 종류의 'multi-in-one'이 될 것이다. 이를 위해서도 특정 서비스가 PC, TV 또는 휴대폰에 묶여 있는 현재의 상황으로부터 해방되어 이용자가 편하게 쓰는 어떠한 기기에서도 활용할 수 있게 되어야 할 것이다.

무선전화를 쓰는 모바일 인터넷이 현재의 이동통신 요금구조하에서는 다른 무선인터넷의 방도에 비해 비싸고 속도도 느리다는 점을 상기할 때 블루투스 존이나 핫스팟이 아닌 곳에서나 예외적이고 선별적으로 쓰게 될 것이고 또 휴대전화 네트워크를 쓰더라도 상대적으로 요금이 싼 오프 픽 시간대에 쓰려고 할 것이다. 아무튼 1996, 1997년이 PC기반 인터넷의 테이크 오프의 시점이 되었듯이 2008년은 휴대전화기반 인터넷이 테이크 오프하는 시점이 되리라 한다.

점차 음성이나 텍스트보다 데이터를 많이 주고받는 체제로 될 것이다. 그런데 데이터를 주로 이용하는 계층은 게임을 많이 하고 영화를 많이 다운로드 받는 젊은 연령층 등 일부에 한정될 것이다. 예컨대 이런 이용자가 이용자 전체의 5%를 점하나 대역폭의 사용에서는 50% 이상을 점하는 상황이 쉽게 전개될 것이다. 데이터를 이용하는 수요폭증은 데이터의 저장에 대한 수요도 크게 증가시킬 것이며 이런 수요증가에 대응하여 비싼 광섬유 저장용량을 써서 단순히 저장용량을 증대시키는 것 이상 인터넷의 각종 네트워크를 활용하는 방도가 강구되고 이런 서비스를 제공하는 서비스가 나타나게 될 것이다. 사실상 다수의 컴퓨터를 쓰는 효과를 갖게 해 주는 이러한 서비스는 컴퓨터 투자를 위한 재재원이 한정되어 있는 중소기업들에게 특히 도움이 될 것이다.

이런 과정에서 각개 대역폭에 대한 수요와 공급을 조정하게 하는 정도의 요금구조개편이 이루어지게 될 것이다. 그럼에도 불구하고 공급이 딸리게 된다면 피크 시간대에는 이용을 제한하는 일도 생길 수 있을 것이며 이러한 제한을 벗어나는 네트워크를 공급하는 틈새시장도 등장하게 될 것이다.

종래 DVD타이틀을 우편을 통해 임대하던 Netflix는 LG의 고화질의 특수TV를 수용한 다음 이를 가진 가입자에게 video-on-demand에서 볼 수 있는 것보다 훨씬 더 다양한 종류의 영화를 PC로 선택해 볼 수 있는 길을 열었다. 특수 고화질 TV와 인터넷에서의 브라우징을 결합시켜 영화를 즐기는 사람들에게 새로운 편리함을 제공하게 되었다. 이것이 더 진화하여, 특히 영화와 관련해서 컨텐트의 종류로 보아 현재 영화관에 가거나 DVD를 매입 또는 대여해 볼 수 있는 영화 타이틀이나 케이블TV에서 접할 수 있는 on-demand 영화보다 훨씬 다양하면서, 다운로드를 위해 소요되는 시간은 짧고, 그것을 시원한 TV스크린을 통해 보게 하되, 리모콘 같은 것으로 간단히 조작할 수 있을 정도로 인터페이스를 간단하게 하는, 복합형 기기가 가까운 시일 안에 나타나게 될 것으로 점쳐지고 있다. 단 지재권 문제에 볼모 잡히지 않게 하고자 이러한 것은 이른바 DRM-자유의 본질을 가져야 하겠고 또 그 서비스 요금이 현재 PC를 가지고 번잡한 인터페이스를 통해 작은 화면으로 영화를 보는 것에서의 불편을 감수하게 할 만큼 비싸게 되어서도 안 될 것이다.

07 | 이상실현과 사생활침해의 최소화

오늘날의 사회는 수없이 많은 감시망 속에서 존립하고 있다. 여기저기 설치된 감시용 CCTV카메라는 무차별적으로 사진을 찍어댄다. 영국이나 미국의 경우 국민 10명당 카메라 1대가 설치되어 있어 보통 국민은 하루에 보통 300번 사진찍힌다는 추정이다. 전화를 하는 것, 신용카드를 사용하는 것, 웹을 클릭하는 것, 체크 포인트를 지나는 것, 경우에 따라서는 이런 때 지문이나 DNA를 제공해야 하는 것 등을 통해서도 개인의 정보는 속속 수집되어 축적되고 있다. 일일 발달되어 가고 있는 바코드, RFID택, 숨긴 칩 이상으로 어떤 사람의 움직임과 의사표시를 원격지에서 모두 감시할 수 있게 하는 무형의 액체인 smart water 등이 무차별적으로 많은 정보를 수집하고 있다. 그의 정보가 수집되는 사람의 동의나 수집허가에 대한 영장의 필요여부에 대한 검토도 없이 많은 정보가 누군가에 의해 무차별하게 수집되고 있으며 그 중 어떤 것은 어디에선가 분석되고 있다.

다양한 원천으로부터 수집된 자료를 분석하여 미래를 예측할 수 있는 방도를 얻는 작업이 데이터채굴(data mining)이다. 이를 위해서는 일일 개선되어 가고 있는 알고리즘을 동원한다. 그러나 이러한 알고리즘 SW의 실제를 보면 어떤 때는 효과적이나 다른 때는 그러하지 않다. 기초자료가 풍부하고 행동방식이 한정적 예인바 신용카드를 부정사용할 것으로 의심되는 자를 추려내는 데에는 효과적이나, 자료가 많지 않고 정형화하기 어려운 테러리스트 의심자를 찾아내는 데에는 한계가 있다. 이와 관련해 과거 미국의 상원의원 Ted Kennedy가 테러리스트를 식별하려는 과정에서 선별되어 비행기를 5번이나 타지 못하고 조사받았던 것은 유명한 이야기이다.

이러한 정보수집 및 관리는 공공질서를 유지하고 테러를 방지하며 기업비밀을 지키고 개인의 신분절도(identity theft)도 방지한다는 등 긍정적인 역할을 하는데 활용되기도 하나 해커 또는 내부자에 의해 악용되어 공공질서 유지에 반하는 결과를 가져오거나 개인에게 부당한 손해를 주는 부정적인 방향으로 쓰이기도 한다. 나아가 프라이버시를 부당하게 침해하기도 한다. 이에 공익의 보호와 프라이버시 보호의 조화가 추구되어야 하나 이것이 쉽지 않다.

무선 웹도 이러한 정보보안에서의 불안 이외에 사생활침해의 문제에서 예외가 아니다. 현재의 기술을 전제로 할 때에도 수사기관은 위치검색기능을 통해 핸드폰 사용자의 위치를 파악하면서 그의 사생활을 침해하게 될 소지를 가지고 있다. 그러나 많은 사람들은 수사기관이 핸드폰 사용자의 위치를 추적할 수 있는 능력과 권한을 지니고 있는데 대해 반드시 유쾌해하지 않고 있다. 또 기업 중에는 고객의 위치를 항시 파악하여 그가 관심을 가질 만한 정보를 제공하는 서비스를 공여하기를 원하는 기업이 있다. 그 상대편에서는 이런 서비스를 원하는 고객도 있으나 그러하지 않는 고객도 있다. 그런즉 후자의 선호도 존중받게 되어야 한다. 재택근무를 하거나 출장을 많이 다니는 직원을 고용하고 있는 고용주는 원하는 때에 즉각 이들을 찾아 의사소통을 할 수 있기를 원한다. 거래를 제안하거나 입찰을 하려할 때 마지막 순간까지 정보를 받아 최종판단을 할 수 있는 계기를 갖으려고 한다. 그러나 이런 것들은 해당 개인의 자유를 속박하는 측면을 가진다. 편리한 호출기가 때에 따라서는 전자수갑으로 되기도 한다. 그래 여기에서도 어떤 타협안이 강구되어야 한다.

이런 문제의 초점은 무선통신 사용자가 집과 직장에서 무선통신의 편리함을 누리기 위해 어느 정도로 자신의 사생활이 침해되는 것을 용납할 수 있는지이다. 모든 무선통신 사용자는 사전 양해의 과정을 거치고 또 그에 대해 적절한 보상을 받게 되지 않는 한 자신의 사생활이 침해되는 것을 거부할 수 있어야 할 것이다. 이는 사생활보호의 필요를 위해 보편적 컴퓨팅의 시현시도에도 한계가 있어야 한다는 것을 의미한다. U-생활의 일반 환경하에서도 사생활은 보호되어야 하며 보편적 컴퓨팅의 환경에서도 사용자가 기기의 전원을 원하는 때 껐다 켰다 할 수 있게 하거나 아니면 적어도 정보에 접하고 싶을 때에만 접하도록 하는 재량권을 가지게 되어야 바람직스럽다.

각종 데이터를 실시간으로 확보할 수 있다면 이를 적극 활용하는 여러 계기도 마련해 볼 수 있을 것이다. 그런데 데이터를 실시간으로 확보하는 일은 결코 쉽지 않다. 차후 RFID 등이 널리 보급되고 이를 통한 기초 자료를 효과적으로 종합하는 것이 가능하게 된다면 갖가지 가치제고를 위한 응용방법을 마련할 수도 있을 것이나 이러한 응용방법이 마련된다고 하더라도 그것의 사생활 침해가능성을 고려할 때 실제의 의사결정에서 이를 반드시 이용하게 되리라는 보장은 없다. 많은 경우 개인의 사생활권을 위협할 수 있는 소지 없이 의사결정이 실시간에 이루어지게 한다는 것은 매우 어려운 일이다. 그런데 그로써 실시간 의사결정이 언제나 이루어질 수 없다고 한다면 실시간으로 데이터가 제공되어야 할 필요도 없어지게 된다. 그러니 실시간 데이터 확보이 전에 그 이면에 존재하는 사생활권 관리에 대한 규칙을 재삼 숙고해 정립해야 할 것이다.

앞에서 본대로 포털의 서비스와 영향력이 증대되자 그것과 대응하여 포털의 사회적 책임이 논의되었다. 이용자들이 포털에 올린 컨텐트 중 음란 동영상, 비방이나 명예훼손을 하는 것 등에 대해 포털이 컨텐트 생산에 직접 간여하지 않았다고 하여 면책될 수 있는지가 문제되었다. 부적절한 컨텐트가 아무런 여과 없이 마구 유통되더라도 그러한 유통을 가능하게 하는 마당을 제공하는 포털이 적절한 주의를 기울이지 않으면서 자유로울 수 있겠느냐 하는 것이다. 포털이 UCC, 게임, 쇼핑 등의 컨텐트를 받아 이른바 문어발식으로 운영하면서 이들 컨텐트의 생산자에게 정당한 보상을 하지 않고 있다거나 기성 언론을 중개하면서 사실상의 편집권을 행사하여 여론을 왜곡시킬 수 있다는 등의 예와 관련해도 포털의 과다한 영향력이 비판되곤 한다.

포털은 본질적으로 컨텐트의 유통 중개인이기 때문에 유통되는 모든 컨텐트의 내용을 알기가 어렵고 또 이들에게 검열을 하라고 하는 것도 타당하지는 않다. 그러나 컨텐트에 대한 주의를 기울이는데 가장 적합한 위치에 처해 있는 것이 또한 포털이기에 포털로 하여금 어떤 역할을 하게 하는 것도 필요하다. 포털의 책임이 규정될 수 있어야 할 것이며 이는 아직 존재하지 않으나 차후 만들어야 할 새로운 법에 의해 명시되어야 할 것이다. 우리나라에서는 이런 입법의 대안이 될 수 있는 법원의 판결이 내려졌다. 즉 '포털은 독자의 흥미도를 고려해 기사제목을 바꾸기도 하고 기사 아래에 댓글을 달 수 있는 공간을 만들어 여론이 형성되도록 유도하는 점을 고려할 때 명예훼손의 주의 의무가 있다' 고 서울중앙지법은 판시하여 제3자의 명예를 훼손하는 누리꾼의 댓글을 방치하는 것에 대한 책임을 인정하였다.

포털은 많은 이용자에 대한 정보를 갖게 되는데 이런 것 중에는 범죄가 의심되는 행위와 관련되는 것도 있다. 그런데 이런 행위를 인지한 수사기관이 행위자에 대한 정보를 포털에 요구하는 때 포털은 어느 범위로 협조해야 하는가가 문제로 된다. 이에 관련된 논의는 피의자의 이름이나 주소 등의 자료는 수사기관의 소환장을 받으면 내줄 수 있으나 그 이상은 수색영장을 받은 다음 주어야 마땅하리라고 한다.

Google 지도 서비스 중 'Street View' 가 아주 상세한 사진을 보여주고 거기에 더하여 그러한 사진과 어울리는 내용 내지 기물을 부가하여 보여주자 이 서비스가 사생활권을 위협하는 것이 아니냐는 의구심을 불러일으키게 되었다. 이 서비스가 사실상 개인 생활을 누구나 엿볼 수 있게 하는 것으로 될 위험을 가지기 때문이다. 이러한 의구심에 대해 Street View의 사진 속의 개나 가구는 실제하는 객체가 아니라 상상의 산물이라고 밝혔다. 또 그것에서의 자동차 번호판의 숫자나 사람의 얼굴은 식별할 수 없게 처리하기로 하는 타협안을 마련하였다. 공공의 장소에서는 누구나 그 곳에서 식별할 수 있는 것을 사진으로 찍을 수 있는 것이기에 그렇게 허용되는 것에다 상상력에 의한 부가물을 부가한 후 합성하여 놓는다고 하여 특별히 사생활을 침해하는 것으로 보기는 어렵다는 인식이 이런 타협안의 근거가 되었다 하겠다.

08 | 전환기의 미봉책은 불가피

이상이 실현되기 이전의 전환기 중에는 현재의 유선과 무선의 분업체제가 그 분업관계의 진전 속에서 각자의 비중을 바꿔가면서 계속되게 될 것이다. 나아가 유선인터넷과 무선인터넷을 연계해 쓰는 협력방법도 많이 활용되게 될 것이다. 그런 가운데 유선보다는 무선이 수입원에 대한 지배력이 강하고 또 인터넷을 언제 어디서나 쓰려고 하는 수요에 손쉽게 부응할 수 있다는 성질에 기인하여 그 비중을 점차 늘려가게 될 것이다. 그로써 유선의 비중이 상대적으로 줄어들고 무선의 비중이 늘어나는 방향으로 협업체제의 실질 구조가 바뀌어 가게 될 것이다.

인터넷 폰의 비중은 점차 늘어나는 한편 PC 판매의 성장률은 점차 줄어들고 있다. 이에 따라 심지어 MS마저 미래의 성장을 위해서는 무선 웹과 유선 웹이 서로 연계되도록 하는 애플리케이션을 목표로 삼는 등 기업전략을 변화시켜 나가고 있다. 스마트폰 생산업체를 인수하려 하고 있다. 세계적으로 모바일 인터넷 사용자 수가 PC 사용자 수를 넘어서게 되면서 전자상거래도 유선 PC에서 인터넷이 가능한 무선기기로 그 기반을 옮겨가고 있다. 광고도 이런 추세에 적응하고 있다. 우리도 이러한 변화에 적응하도록 해야 할 것이다.

모바일 인터넷에서 유선인터넷의 웹의 내용을 끌어다 쓰려는 유혹이 클 것이나 PC의 넓은 스크린과 휴대폰의 좁은 스크린 및 느린 속도를 감안해 볼 때 이것이 자연스럽거나 쉽지는 않을 것이다. 지면의 배치를 조정하는 기술을 이용하여 다소간의 편의성을 높이기는 할 수 있겠으나 이런 조정이 가지는 근본적 한계를 넘지는 못할 것이다.

전환기 현상의 하나로서 모바일 인터넷 사업자와 유선인터넷 사업자의 제휴협력이 활발히 추진되고 있다. 유무선결합서비스도 시도되고 있다. 이러한 때에는 효율성에 따라 협업이 이루어지게 될 것이므로 응용시스템, 정보시스템, 컨텐트 등의 생산자간의 제휴도 활발해지게 될 것이다. MS는 Yahoo와 같은 거대기업을 인수하여 뉴스, 정보검색, 광고 등을 일관해 다루는 입지를 구축하려 하고 있다. 이로써 원천공개SW를 가지고 자신의 전유SW에 도전하는 움직임을 회피하면서 일거에 많은 방문자를 가질 수 있게 됨을 통해 광고시장에서의 취약점을 헤쳐나가려고 하고 있다. Google은 브라우저 생산기업을 인수하고 원천공개SW를 지지하면서 MS의 전유SW체제를 위협하고 있다. MS가 그의 OS 위에 여러 SW를 디폴트(default)로 등재하여 과거 브라우저 SW와 관련되어 그러하였듯 독점을 강화하게 될 것을 경계하고 이에 대한 규제당국의 개입을 촉구하고 있다. 현상적으로는 서로 상대방의 강점에 도전하는 것이나 실질적으로는 각자 모든 종류의 일을 다하려는 의도를 내보이고 있다. 이런 성격의 경쟁적 통합 노력이 성공하게 될 경우 결과적으로 소비자들은 다양한 메뉴의 맞춤서비스를 누릴 수 있게 될 것이다.

무선인터넷의 제한된 대역폭문제를 우회하기 위해서 당분간의 전환기 중에는 무선기기를 데스크탑 PC용 웹 컨텐트와 연결해 사용하려 할 것이다. 예를 들어 어떤 주요 관심사항을 즉각 알아야 할 필요가 생겼을 때, 스마트폰 디스플레이에서 우선 그 요점을 파악하고 이를 키를 눌러 저장해 두었다가 차후 사무실이나 집에 가서 데스크탑 컴퓨터를 켜 PC와 무선기기가 연결되게 한 다음 텍스트 전문과 그래픽과 관련된 URL을 PC의 넓은 스크린을 통해 보는 것이다. 이는 시차를 두고 무선과 유선을 연계해 쓰는 이용방법으로서 널리 쓰이게 되리라 여겨진다.

휴대폰으로 인터넷을 하려고 할 때의 약점은 화면이 너무 작아 마음껏 검색을 하기가 어렵다는 것이다. 이러한 약점은 그 성질상 완전히 극복될 수 있을 것이라 보이지 않는다. 또 휴대폰에 담을 수 있는 프로세서의 성능을 가지고 폭넓은 사용자 인터페이스를 허용하기도 쉽지 않을 것이다. PC기반 인터넷 이용에 비해 휴대폰기반 인터넷 이용이 가지는 이러한 약점은 성질상 극복되기 어려운 것이다.

그러나 휴대폰기반 인터넷의 용도가 분명 존재하기에 그것의 약점을 우회하는 타협책을 강구해 쓸 수밖에 없겠다. 그 일 예가 검색을 전문으로 하는 서비스사업자에게 검색하고자 하는 내용을 휴대폰으로 문의하면 대기하고 있던 검색서비스업자는 특별한 SW와 검색전문가를 활용하여 5분 내외의 짧은 시간 내에 관심사안에 대한 검색을 완료한 다음 그 결과를 문자메시지로 대답해 주는 것에서 보여진다. 이는 자신의 무선망과 타인에 의한 유선인터넷 이용을 연계해 쓰는 것이다. 다른 방도는 자주 이용하는 용도에 대응하는 위젯을 화면에 뜨게 하고 이용하도록 하는 것이다. 이러한 위젯은 브라우징의 여러 단계를 구체적으로 거치지 않고 몇 번의 클릭만으로 직접 인터넷 이용을 가능하게 하기 때문에 편리하다. 예컨대 뉴스, 날씨, 주식시세, 스포츠게임의 결과 등 그 내용을 잠깐 보기만 하면 되는 것과 관련해 일일이 브라우징해야 하는 절차를 우회하면서 인터넷 이용의 필요를 채우도록 하는 것이다. 이러한 것 말고도 휴대폰으로 간혹 인터넷을 이용하고자 하는 필요는 종종 있을 것이다. 이를 보아도 모바일 인터넷에서 브라우징 기능을 완전 제거하는 것은 옳지 않다. 나아가 이런 식으로 모바일 인터넷의 이용이 늘어나게 되면 무선데이터 요금을 낮출 수 있는 계기도 갖을 수 있게 될 것이다.

컴퓨터는 사람보다 월등 빠른 계산능력을 가지고 있고 문자를 인식하는 데에도 크게 우월하다. 그러나 패턴을 인식한다거나 이미지를 인지하며 문맥의 뉴앙스를 알아내는 데에는 인간보다 못하다. 이러한 컴퓨터의 능력의 한계는 차후 이른바 인공지능의 발달이 메워야 할 공백이라 인식되고 있다. 그러니 인공지능이 충분히 발달하기 이전의 과도기에는 컴퓨터의 약점은 인간에 의해 보완되지 않으면 안 된다. 이런 차원에서 과도기에는 인간과 컴퓨터의 합동작업을 꾀할 수밖에 없을 것이다. 이런 현상은 이미 보여지고 있다. 예컨대 미국 Amazon.com을 위시한 몇 개 회사는 컴퓨터를 인력으로 보충하는 방안을 마련하였고 그것이 시장을 형성해 가고 있다. 즉 아마존은 그것이 취급하는 웹 페이지 중 중복되는 것을 찾아 솎아 내는데 사람에 의존하고 있고, 가격비교서비스를 제공하는 회사는 카달로그의 비슷한 아이템이 여러 곳에 등장하는 것을 예방하는 데 역시 사람의 지능을 컴퓨터와 병렬적으로 활용하고 있다. 이렇게 함으로써 이들은 위에 적시된 바 패턴이나 이미지의 인식 등의 과업을 컴퓨터가 아니라 인간에게 맡기고 이러한 성격의 과제를 맡은 인간은 인간지능을 이용하여 검색 내지 인식을 하게 한 다음 그 결과를 알려주고 그런 서비스에 대해 일정한 대가를 받는 제도를 마련한 것이다.

결과적으로 컴퓨터가 잘하는 텍스트의 인식은 컴퓨터에 맡기고 컴퓨터가 잘하지 못하는 이미지 인식은 사람으로 하여금 하게 함으로써 인간과 컴퓨터의 분업체계를 이루고 그로써 사람과 컴퓨터의 합작으로 문자와 이미지 등을 모두 효과적으로 검색할 수 있도록 한 것이다. 이러한 과정에서 이미지를 차후 보다 수월하게 검색할 수 있게 하는 이미지 태깅(image tagging)의 실험을 하여 공감대를 형성해 가는 한편 쓰레기 자료는 축출해내는 부수적 효과도 얻고 있다. 물론 이러한 합동작업이 언제나 만족스러운 결과를 가져온다는 보장은 없다. 또 여기에서의 인간의 역할은 구체적으로 어느 정도 지능이 높고 교육을 받은 사람이 수행하느냐에 따라 달라질 것인데 보다 지능적인 사람을 동원하려고 하면 그럴수록 이들에게 주어야 하는 보상은 커져야 할 것이다. 나아가 이러한 일은 여유시간과 지능을 가지고 있으면서 그것을 활용하려는 사람에게 일거리를 제공하면서 일종의 시장을 형성해 갈 것이다. 그러니 여유시간을 제공하려는 공급과 기왕의 컴퓨터 검색 이상이 되는 검색 서비스를 이용해 보려는 수요의 구체적 발현에 따라 전환기의 인간-컴퓨터의 합동작업의 실상이 결정되게 될 것이다.

전환기 중에는 각종 통신수단이 분업체계 속에서 모두 쓰이게 될 것이다. 공개적 의사소통을 위해서는 사무실의 유선전화를 쓸 것이고 개인적 의사소통에는 무선전화를 쓸 것이고 공식적인 성격을 갖는 업무처리나 서류교환을 위해서는 이메일을 쓸 것이다. 이런 과정 중에 IM이나 VOIP를 작업공간의 뒤쪽에 끊지 않은채 계속 켜놓고 있을 것이다.

서로 멀리 떨어져 있으면서 음성통화 이상의 화상통화를 값싸게 하기를 원하는 선진국에 온 이민자 또는 선진사회의 저소득계층은 VOIP, webcam 등 이용료가 싼 통신채널을 큰 스크린과 연결해 쓸 것이다. Blackberry등은 직장에서의 업무가 가정에 침투하게 할 것이고 휴대폰은 가정의 일이 즉시적으로 직장에 전달되게 만들 것이다. 음성통화 요금이 더 떨어지게 되더라도 음성통화가 무한정 늘어나지는 않을 것이다. 이야기를 하는데 쓸 수 있는 시간에 한계가 있다는 것을 명백히 인지하게 될 것이며 음성통화처럼 동시적 의사소통을 하는 대신 의사의 전달과 그것을 받아 대응하는데 시차를 가지는 이메일이나 문자메시지 같은 비동시적 소통수단이 점차 많이 쓰이게 될 것이다.

수입을 확보하는 방안으로도 컨텐트를 일방적으로 스트리밍해 내보내거나 다운로드해 이용할 수 있게 하면서 광고를 보게 하는 방법, 사회 네트워크 사이트나 유력 컨텐트를 방문하기 위해 이용료를 내게 하는 방법, 어린이들을 위한 컨텐트에 접근할 수 있기 위해서는(어린이 물에서의 광고는 허용되지 않을 것이기에) 그런 컨텐트에서 등장하는 장난감 등을 사지 않으면 안 되게 하면서 그러한 장난감의 가격을 비싸게 하여 컨텐트의 대가를 사실상 내게 하는 방법 등이 상황에 맞게 선택적 또는 중첩적으로 쓰이게 될 것이다.

참고문헌

Afuah, A. & C. Tucci, *Internet Business Models and Strategies*, McGraw–Hill, 2003.

Aris, A. & J. Bughin, *Managing Media Companies,* John Wiley and Sons, 2005.

Atkinson, R. & A. McKay, *Digital Prosperity*, The Information Technology and Innovation Foundation, 2007.

Barnes, S. & E. Scornavacca, *Unwired Business(Cases in Mobile Business)*, IRM Press, 2006.

Braun, A. & M. Forcinto, *Cryptography, Information Theory and Error Correction*, Wiley–Interscience, 2005.

Bond, R., *New Economy Equity*, John, Wiley and Sons, 2002.

Buckingham, D. & R. Willet, *Digital Generations*, Lawrence Erlbaum Associates, 2006.

Camp, L. & S. Lewis, *Economics of Information Society*, Kluwer Academic Publishers, 2004.

Canavan, J., *Fundamentals of Network Security*, Artech House, 2001.

Castronova, E., *Synthetic Worlds*, The University of Chicago Press, 2005.

Chan–Olmsted, S., *Competitive Strategy for Media Firms*, Lawrense Erlbaum Associate, Publishers, 2006.

Cortada, J., *The Digital Hand*, volume II, Oxford University Press, 2006.

Covell, A., *Digital Convergence*, Aegis Publishing Group, 2000.

Computer Science and Telecommunication Board, National Research Council, T*he Internet's Coming of Age*, National Academy Press, 2001.

Computer Science and Telecommunication Board, National Research Council, *Signposts un Cyberspace(The Domain Name System and Internet Navigation)*, 2005.

Crovella, M. & B. Krishnamurthy, *Internet Measurement: Infrastructure, Traffic & Applications*, John Wiley and Sons, 2006.

Ellis, J., *Ahead of the Curve*, Harvard Business School Press, 2005.

Fattah, H., *P2P: How Peer to Peer Technology is Revolutionizing the Way We Do Business*, Dearborn Trade Publishing, 2002.

Ferguson, C., *High Stakes, No Prisoners*, Random House, 1999.

Filho, W. and M. Weresa(eds.), *Economic and Technological Dimensions of National Innovation Systems*, Peter Lang, 2003.

Gitlow, A., *Corruption in Corporate America*, University Press of America, 2005.

Golstein, J. & Tim Wu, *Who Controls the Internet?: Illusion of a Borderless World*, 번역본, 「인터넷 권력전쟁」, 송연석 옮김, 웅진 씽크빅, 2006.

Gorman, S., *Networks, Security and Complexity*, Edward Elgar, 2005.

Gottschalk, P., *E-Business Strategy, Sourcing and Governance*, IDEA Group Publishing, 2006.

Groebel, J. et al.(eds), *Mobile Media(Content and Services for Wireless Communication)*, Lawrence Erlbaum Associates, 2006.

Gottschak, P., *E-Business Strategy, Sourcing and Governance*, Idea Group Publishing, 2006.

Guah, M. and W. Currie, *Internet Strategy: The Road to Web Services Solutions*, IRM Press, 2006.

Hillstrom, K., *The Internet Revolution*, Omnigraphics, 2003.

Hanmill, L. et al.(eds), *Mobile World: Past, Present and Future*, Springer, 2005.

Kamel, S., *Electronic Business in Developing Countries, Opportunities and Challenges*, Idea Group Publishing, 2006.

Kim, B., *Internationalizing the Internet*, Edward Elgar, 2005.

Laguerre, M., *The Digital City*, Palgrave, 2005.

Lee, D., S. Shieh, J. Tygar(eds.), *Computer Security in the 21st Century*, Springer, 2005.

Moore, S. & M. Seymour, *Global Technology and Corporate Crisis*, Routledge, 2005.

Negroponte, N., *Being Digital*, Alfres A. Knopf, 1995.

Nuechterlein, J. and P. Weiser, *Digital Crossroads*, The MIT Press, 2005.

Panda, M. et al., *On Building Corporate Value*, John Wiley and Sons, 2003.

Passiante, G. et al., *Digital Innovation*, Imperial College Press, 2003.

Petrovic, O. et al.(eds.), *Trust in Network Economy*, Springer–Verlag, 2003.

de Sola Pool, I., *Technologies of Freedom*(*On Free Speech in an Electronic Age*), Harvard University Press, 1983.

Schultz, R., *Conpemporary Issues in Ethics and Information Technology*, IRM Press, 2006.

Scotchmer, S., *Innovtion and Incentives*, The MIT Press, 2004.

Soete, L. & B. Weel(eds.), *The Economics of the Digital Society*, Edward Elgar, 2005.

Stallings, W., *Cryptography and Network Security*(*principles and practices*), Prentice–Hall, 1999.

Tapscott D. & A. Williams, *Wikinomics*, Penguin Group, 2006.

Varian, H., J. Farrell, and C. Shapiro, *The Economics of Information Technology*, The Raffaele Mattioli Lecture Series, Banca Intensa, 2004.

Wiseman, A., *Economic Perspectives on the Internet*, Nova Science Publishers, 2003.

Zhao, F., *Maximize Business Profits Through E-Partnerships*, IRM Press, 2006.

Zysman, J. & A. Newman(eds.), *How Revolutionary Was the Digital Revolution*? Stanford Business Books, 2006.

국문색인

[ㅈ]

영문색인

저자 소개

이천표(李天杓)

서울대학교 상과대학 경영학사, 경제학석사
미국 Brown대학 경제학박사
한국개발연구원 수석연구원
정보통신정책연구원 원장
한국 국제경제학회 회장
현: 서울대학교 경제학부 교수

정보통신경제학

2008年 2月 25日 初版印刷
2008年 3月 5日 初版發行

著 者 李 天 杓
發行人 安 鍾 萬
發行處 博 英 社
서울特別市 鍾路區 平洞 13-31番地
電話 (733)6771 FAX (736)4818
登錄 1952. 11. 18. 제1-171호(倫)

www.pakyoungsa.co.kr e-mail : pys@pakyoungsa.co.kr

定 價 30,000원 ISBN 978-89-10-20510-4